新编21世纪研究生系列教材 · 会计硕士（MPAcc）
· 审计硕士（MAud）

审计理论与实务

第2版

立体化数字教材版

主　编 / 陈汉文　韩洪灵　刘思义
副主编 / 董　望　张鹏东　曹　强
杨道广　陈　俊　周中胜
刘　杰

中国人民大学出版社
· 北京 ·

前言

世界历史，浩浩荡荡。

这是一个变革的时代，这是一个不确定的时代，深化教育改革与探寻新的教育思想正在成为全球共识。教师是立教之本、兴教之源，强国必先强教，强教必先强师。2024 年 8 月，中共中央、国务院发布《关于弘扬教育家精神加强新时代高素质专业化教师队伍建设的意见》，旨在大力弘扬教育家精神，加强新时代高素质专业化教师队伍建设，进一步营造尊师重教的良好氛围。随着世界经济的快速发展与共生互融，专业人才的地位和作用越发突出。会计、审计等专业人才作为市场经济人才基石的组成部分，对我国经济的发展发挥了极其重要的作用。

自 2004 年 3 月国务院学位委员会正式设立会计硕士专业学位（MPAcc）以来，全国已有 250 多个单位获准开展 MPAcc 教育，MPAcc 项目已成为社会科学类发展最快、影响力最大的专业学位项目。财政部 2021 年 12 月发布《会计行业人才发展规划（2021—2025 年）》，对会计高层次人才的培养和建设给予了高度的重视。为适应国家治理体系和治理能力现代化及中国式现代化发展要求，契合社会主义市场经济建设以及现代企业制度和科技发展趋势，满足培养高层次专业审计人才的迫切需求，国务院学位委员会于 2011 年批准设置了审计硕士专业学位（MAud）。截至 2022 年年末，我国开展 MAud 培养的单位已达 60 余家。

随着我国现代科技、新质生产力与金融经济的快速发展，对复合型、创新型的高层次会计、审计人才的需求愈加强烈与紧迫。为此，2022 年 9 月，国务院学位委员会、教育部在其更新发布的《研究生教育学科专业目录（2022 年）》中，将会计、审计专业学位类别分别调整至博士层次。这标志着会计博士专业学位

（DPAcc）和审计博士专业学位（DAud）的正式设立，这对推动我国市场经济的高质量发展与中国式现代化具有里程碑式的历史意义。2024年9月，全国已有20多所院校的会计、审计专业博士项目进入实质性的试办阶段。

因此，构建适合中国国情的高层次、应用型的会计审计专业人才的高质量培养体系成为各培养单位所面临的严峻挑战。基于会计硕士/博士专业学位、审计硕士/博士专业学位的内在属性，其在培养过程中必须注重理论联系实际，必须强调培养学生分析和解决实际问题的能力，而高质量的教材建设是培养质量的关键决定因素。

薪火相传，教材为先。

长期以来，作为MPAcc、MAud等专业学位的核心必修课程，“审计理论与实务”苦于可选的合适教材非常少，很多高校在教学过程中也侧重于理论知识的传授，这使得学生面对实践性的问题时难以适应，解决问题的能力不足，偏离了专业学位培养目标的初心。同时，还存在审计理论与实务教学过于枯燥，导致学生的综合能力难以适应审计职业发展的需求。DPAcc和DAud专业博士项目的开办，必将使得对高质量《审计理论与实务》教材的需求更为紧迫。我们深刻认识到，高质量教材建设在专业学位人才培养中的重要地位和重大使命，高质量的教材是课程建设的“设计师”、“质检员”与“智囊团”。

三十余年来，我们一直耕耘于审计讲坛，投入大量精力致力于本硕博各层次审计系列教材建设的供给侧改革。我们先后出版了本科《审计》教材（辽宁人民出版社、厦门大学出版社与中国人民大学出版社，累计9个版次）、面向会计学术型硕士的《审计理论》教材（机械工业出版社）以及面向会计学博士生的《实证审计理论》教材（中国人民大学出版社，2个版次）等。本书是专门针对会计、审计硕士/博士专业学位核心课程“审计理论与实务”的教材，是对上述系列审计教材的丰富与完善。上述所有教材的最新版都将陆续由中国人民大学出版社出版。

周虽旧邦，其命维新。

本书在编写的过程中力求以“博采众长，融合提炼”为原则，吸纳国内外审计理论与实务研究的最新成果。本书创新性地构建了“以审计基础理论和风险导向审计为内核驱动、以三大类别审计和数智时代审计为外延专题”的原创框架，如图1所示。

基于上述框架，本书共分为六大模块：模块Ⅰ审计基础理论与方法、模块Ⅱ风险导向审计原理与实务、模块Ⅲ国家审计专题、模块Ⅳ内部审计专题、模块Ⅴ注册会计师审计专题、模块Ⅵ数智时代审计专题；其中模块Ⅰ和Ⅱ构成审计基本框架与共性知识，适用于注册会计师审计、国家审计、内部审计，模块Ⅲ至Ⅴ基于注册会计师审计、国家审计、内部审计的个性特点分别设置专题，模块Ⅵ介绍数智时代的审计变革及其带来的机遇与挑战。

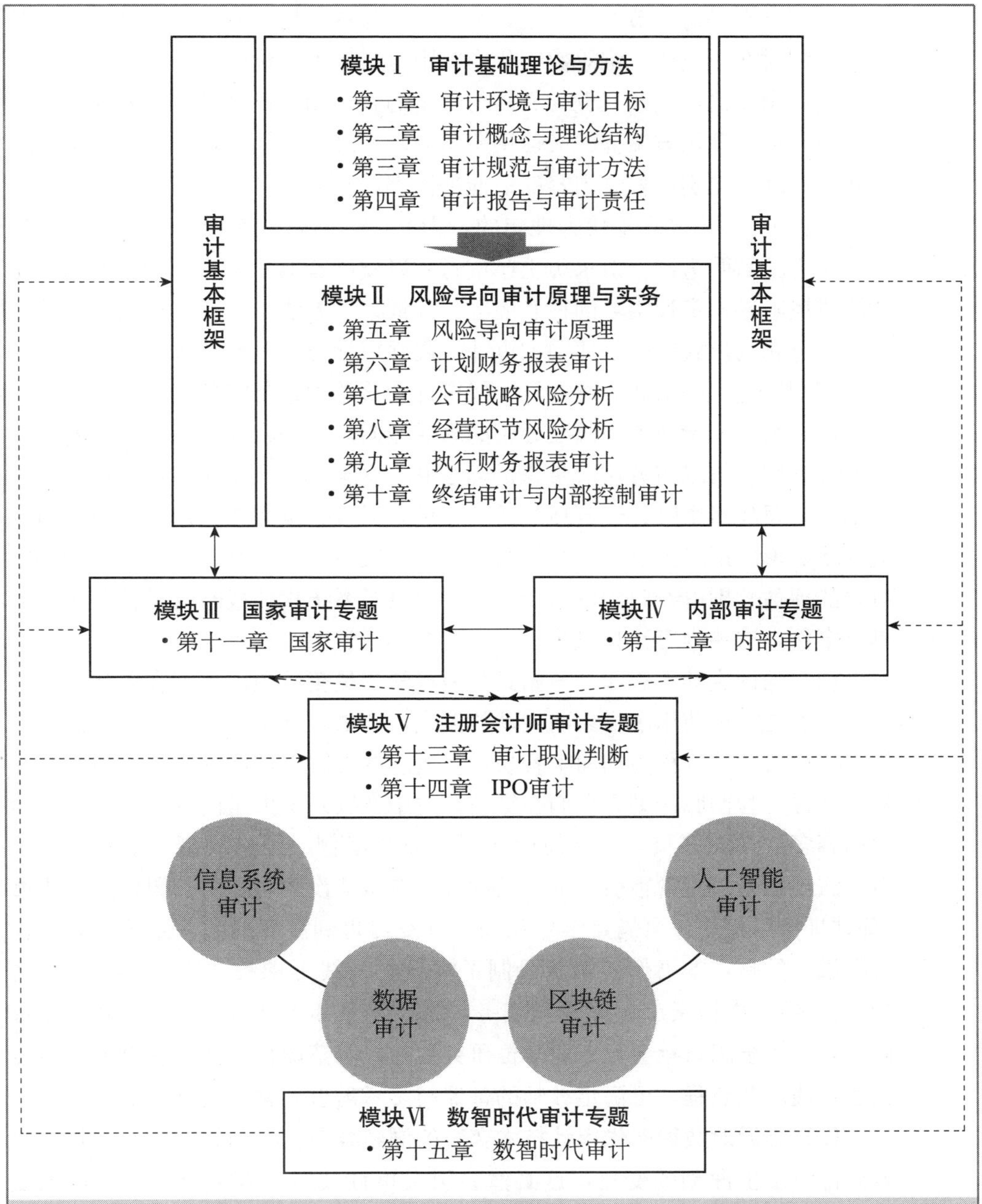

图1 本书的框架

本书试图在以下几个方面作出努力：

(1) 强调思政特色与中国本土化案例导向。本书每章开篇设置了“总书记论审计”与“素养提升”两个思政专栏、每章正文或二维码数字化内容里面包括3个及以上的思政案例，精准对标《高等学校课程思政建设指导纲要》提出的价值塑造、知识传授、能力培养要求，以此引导学生深刻领悟习近平总书记关于审计的重要论述，切实推进习近平新时代中国特色社会主义思想进教材、进课堂。在中国情景化案例方面，本书每一节的开始之处都设置了与本节核心讲授内容高度相关的引导性案例，同时在正文或二维码数字化内容中也嵌入了大量的中国情景化案例。全书合计近200个案例，这些案例为教师与学生的教学相长提供了丰富的素材。

（2）强调理论与实务的最佳平衡导向。经过长时间的审计教学实践，我们力图寻找审计理论与实务教学内容的最佳平衡点，以为“理论”与“实务”的内容占比处于3∶7～4∶6之间是较为理想的。为此，本书第一至四章对关键审计概念的讲解上，力求简明透彻，追求历史厚重感，以使读者能从逻辑上融会贯通；第五至十章构成风险导向审计实务的核心内容，其框架、方法与流程一以贯之；第十一至十四章以专题的形式专门阐述国家审计、内部审计与注册会计师审计的特定问题；第十五章则以专题的形式介绍数智时代审计变革的理论与实务。

（3）强调风险逻辑与风险分析的思想导向。本书融合了正在变化着的审计环境给审计准则、技术与方法所带来的新变化，风险分析与评估的思想贯穿全书始终。本书为公司战略风险、经营环节风险、剩余风险、重大错报风险及审计风险的相互关系及其形成逻辑提供了一个较为深入而一致的框架，对公司战略风险和经营环节风险的评估分别以专门的章节展开，并提供了系统化的战略与经营环节风险分析工具与案例，这些内容正是风险导向审计实务教学中的重点与难点。

（4）强调生动图表和“一站式”教与学工具箱导向。本书在表述方法上一个最大的特点是大量使用了形象而生动的图表，全书合计150多个图表。这些图表的使用，使教与学的过程更加简单容易，对概念的理解更加清晰明了，对审计实务全过程的把握更为彻底深刻。我们在纸质教材中亦嵌入了大量的数字化内容，全书数字化内容多达500多页，包括思政案例、业务案例、经典故事、学术简史、准则指引、法规指引、监管指引、推荐阅读等，在每节设置可随时扫码做题和查阅答案的“即评即测”模块，可满足学生从预习到复习再到测评的“一站式”学习需求。更值得说明的是，本书作者团队录制了本教材的线上课程“审计理论与实务”（在“学堂在线”中搜索审计理论与实务，选“南京审计大学”，即可报名免费学习），同时入选了**全国首批会计专业学位研究生在线示范课程**和**全国首批审计专业学位研究生在线示范课程**，可满足教师的备课与参考需求、学生的反复学习需求。

（5）强调对数智时代审计技术变革的洞察导向。在数智时代，审计环境与审计客体都将发生深刻的变化，这必然会引发审计技术、方法与模式的重大变革。为此，本书以专题的形式（第十五章）较为系统地探讨了数智时代审计技术的变革趋势，包括信息系统审计、数据审计、区块链审计以及人工智能审计等，为学生从理论和实践层面全方位透视数智时代的未来审计提供前瞻性的洞察，有助于学生未来从事该领域的理论、实践与探索研究。

三人同行，必有吾师。

本书由来自南京审计大学、浙江大学、对外经济贸易大学、中山大学、中央财经大学、苏州大学、贵州财经大学、杭州师范大学的同仁共同编撰而成。陈汉文

（南京审计大学）、韩洪灵（浙江大学）和刘思义（对外经济贸易大学）担任主编，董望、张鹏东、曹强、杨道广、陈俊、周中胜、刘杰担任副主编。具体分工如下：第一章（陈俊）；第二章（周中胜）；第三、四章（曹强）；第五、九章（董望、陈汉文）；第六、七、八章（韩洪灵、陈帅弟）；第十、十一、十二章（杨道广 陈汉文）；第十三章（刘思义、吴虹怡、张鹏东）；第十四章（刘思义、赵宇晗、张鹏东）；第十五章（刘杰）。陈汉文、韩洪灵和刘思义参加了前言、全书框架、第一章至第十五章的讨论、编写与修订等工作。

本书适用于高等学校会计硕士/博士（MPAcc/DPAcc）、审计硕士/博士（MAud/DAud）、资产评估硕士（MV）等专业学位研究生及MBA和高年级本科生“审计理论与实务”或“高等审计学”课程，亦可作为高校教师和实务界人士从事审计理论与实务研究的参考书。

本书是财政部会计名家培养工程、教育部哲学社会科学研究重大课题攻关项目（22JZD010）、国家自然科学基金重点项目（71932003）、国家社会科学基金重点项目（22AGL012）及北京市社会科学基金决策咨询重点项目（20JCB001）的研究成果。本书是在借鉴国内外大量著作和文献的基础上编写而成的，对这些著作与文献的作者表示诚挚的谢意，对于文献标注中可能的疏漏表示真诚的歉意。

子在川上曰：“逝者如斯夫。”回望本书初版问世，已是五年。闭门修订，此刻心境亦如五年之前，“战战兢兢，如临深渊，如履薄冰”。虔心等待批评指正。

陈汉文　韩洪灵　刘思义

目录

二维码目录

第一章　审计环境与审计目标

第二章　审计概念与理论结构

第九章 执行财务报表审计

第十章 终结审计与内部控制审计

第十二章 内部审计

第十四章 IPO 审计

第一章

审计环境与审计目标

思维导图

审计环境对审计供需的影响

审计环境对审计需求的影响

- 合伙制与自愿审计需求
- 股份制与强制审计需求
- 资本市场与审计信息需求
- 法律环境与审计保险需求

审计环境对审计供给的影响

- 事务所规模扩张
- 法律环境驱动
- 监管环境驱动

中国审计环境对审计供需的影响

- 审计行业的萌芽
- 审计行业的中断与恢复
- 审计行业的市场化变革的审计
- 组织形式和监管模式的发展
- 注册制下的审计环境变革

审计目标

- 审计行业的萌芽
- 审计行业的中断与恢复
- 审计行业的市场化变革的审计
- 组织形式和监管模式的发展

总书记论审计

“在强国建设、民族复兴新征程上，审计担负重要使命，要立足经济监督定位，聚焦主责主业，更好发挥审计在推进党的自我革命中的独特作用。”

——2023年5月23日，习近平在二十届中央审计委员会第一次会议上的讲话

素养提升

1. 价值塑造

- 充分了解现代民间审计的产生和发展，深刻认识审计保障经济社会健康发展的重要地位和作用，了解审计职责演进和审计目标变革，树立远大崇高的理想，坚守公平正义的价值，增强守法意识，培养责任担当。
- 深刻理解我国审计环境变化的历史逻辑、政治逻辑和实践逻辑，领会其演变规律，持续关注我国审计制度的新变化、新趋势，增强“四个意识”，坚定“四个自信”，厚植爱国主义情怀。

2. 知识传授

- 理解审计需求、审计供给与其所处审计环境的紧密关联，掌握审计需求的代理理论、信息理论和保险理论，掌握审计供给变革的驱动因素。
- 熟悉我国审计环境变化及其对审计供需的影响，熟悉新《证券法》的主要内容及其对注册会计师行业的影响。
- 理解审计目标与其所处审计环境的紧密关联，了解不同阶段审计目标演进背景，对比不同阶段审计目标内涵及其特征。

3. 能力培养

- 建立起对审计环境和审计目标的系统性认识，能够阐释审计需求、审计供给的驱动因素，能够分析我国审计环境变化对审计供需的影响，思考在新《证券法》下，注册会计师行业面临的挑战及应对。
- 能够阐释对比不同阶段审计目标的含义，能够在具体的审计环境下遵守相关法律法规和执业准则，恪守职业道德，运用审计目标指导审计实践。

审计作为社会经济结构中的一项重要制度安排，应环境之变化而产生与发展。审计环境的变化影响利益相关各方的诉求和行动，从而影响并决定了审计的需求和供给。在审计需求和供给的动态变化中，审计的重要性越来越突显，职业界面临的审计责任越来越大。审计需求的增加或审计供给的优化会引致审计目标的变迁，改变审计责任的范围并催生审计技术的变革。本章将从公司制度变化、资本市场发展、法律法规健全以及监管环境变革等视角介绍审计环境对审计需求和审计供给的

影响，并在此基础上介绍审计目标的历史演进。

第一节　审计环境

引例

股份公司是泡沫公司吗——南海公司案

牛顿："我可以计算出天体运行的轨迹，却计算不出人们内心的疯狂。"

1720 年 12 月，名噪一时的南海公司（South Sea Company）股价一泻千里，从 1 000 多英镑跌至 100 多英镑，惊呆了正陶醉在黄金美梦中的债权人和投资人。在这次"南海泡沫危机"中，不仅是普通投资者，连牛顿也损失惨重，他不禁感慨："我可以计算出天体运行的轨迹，却计算不出人们内心的疯狂。"面对数百万英镑的损失，这些"利害关系者"向英国议会发出了严惩欺诈者的呼声。

面对舆论的压力，英国议会组织了一个由 13 人组成的特别委员会调查南海公司事件。经过秘密查证，特别委员会发现该公司的会计记录严重失实，明显存在蓄意篡改数据的舞弊行为。于是，议会决定聘请一位精通会计实务的人对南海公司下设的索布里奇商社（Sawbridge Company）的会计账目进行检查。

第一位民间审计师的诞生

查尔斯·斯内尔（Charles Snell）出生在英国伦敦市，他是伦敦市彻斯特·莱恩学校的会计教师。查尔斯通过对南海公司账目进行查询、审核，于 1721 年提交了一份审计报告书。报告书开宗明义地表明这是"伦敦市彻斯特·莱恩学校的习字教师兼会计师查尔斯的报告"。在该报告书中，查尔斯指出了公司存在舞弊行为、会计记录严重失实等问题。议会根据该查账报告，没收了南海公司全部董事的个人财产，还将一名负有直接责任的经理逮捕。

里程碑式的影响

1720 年 6 月 11 日，英国国会通过了《泡沫公司取缔法》，该法案不仅否定了所有未得到国王或议会赋予法人资格的公司，还成了约束新的股份公司成立的手段。该法案原本是南海公司利用政界盟友的支持和推动而通过的一部法案，英国国会试图通过该法案维持南海公司在伦敦资本市场中的地位。南海公司案发生后，《泡沫公司取缔法》与英国普通法一起更加严格地限制了新股份公司的成立。直到 1825 年英国议会废除《泡沫公司取缔法》时，股份制的发展整整停滞了 100 年。南海公司案对世界民间审计具有里程碑式的影响。该案件孕育了查尔斯·斯内尔这样一位民间审计职业的先驱，他编制的查账报告成为世界最早的由审计师制作的审计报告。南海公司案被学术界视为世界上第一起比较正式的民间审计案例，揭开了民间审计走向现代的序幕。

资料来源：近代民间审计的诞生：英国捷足先登．中国总会计师，2012（6）：144-146.

第一节
即测即评

如本节引例所述，审计需求和供给的产生与特定的环境密切相关。现代民间审计从产生、发展至今，经历了由简单到复杂、由粗浅到深化、由不成熟到相对成熟的过程，这一过程离不开其所处环境的影响和制约。本节从历史的维度梳理审计需求与供给的发展演进，并阐述其与审计环境的关联性。

一、审计环境对审计需求的影响

审计是社会经济发展到一定阶段的产物。生产力低下、自给自足的原始社会不需要审计，所有权与经营权合一且规模较小的业主制企业也不需要审计。合伙企业经营权和所有权的部分分离，为审计需求的产生奠定了基础，出资方依托所有权进行监督，监督内容是经营者履行受托经济责任的情况。股份公司兴起，具有专业化管理能力的职业经理人登上舞台，相关立法使审计逐步从自愿性审计转向强制性审计。随着证券交易的发展，审计承担起向市场传递信号的角色，同时促使法律对审计师相关责任的规范越来越具体化与清晰化。

（一）合伙制与自愿性审计需求

现代民间审计萌芽于15～16世纪的意大利，最早的自愿性审计需求产生于合伙制带来的所有权与经营权的部分分离。当时，地中海沿岸城市正处于资本主义萌芽阶段，盛行两种主要的商业合伙形式：索塞特（Society）与康孟达（Commenda）。[①]在索塞特这种组织里，每一个合伙人都是其他合伙人的代理人，并以其全部私人资产对公司的债务承担无限连带责任。康孟达又译康曼达，是资本所有者将资本委托给船舶所有者或其他商人经营的一种模式，资本所有者只以委托部分的资本为限承担责任，而实际经营者负无限责任。

康孟达关系已经初步形成了独立的资本与有限责任，构成了经营者依其信用从他人处获得资本、出资者将资金委托他人经营而分享利润的原始企业形态，是最早出现的出资人负有限责任的组织形式。随后，民间投资者和船舶所有者之间形成的这种“康孟达契约”的联合合作方式从海上贸易逐步扩展到其他高风险的投资行业中，并最终发展成了较为固定的有限合伙制形态。

---

① 马强．合伙法律制度研究．北京：人民法院出版社，2000.

早期商业合伙形式：索塞特与康孟达

根据原始公司的海上起源说，康孟达这种合伙形态起源于中世纪海上贸易。康孟达可以在短时期聚集起巨额资金，又可使投资者少担风险。与交易内容具有间歇性的特点相适应，康孟达只是在每次航海时才临时产生并以每次航海为目的，具有临时性。

在意大利的商业城市中，同期盛行的索塞特组织最早以家庭血缘关系为基础，随着规模的扩大而逐渐摆脱血缘基础。其中所有合伙人就合伙债务负无限责任，这种无限责任成为商业信誉的可靠保障，因此索塞特在借款、赊购等方面具有一定优势。一些较为成功的索塞特逐渐形成良好的商誉，并固定下来成为商号，形成一种持久的商业企业。

资料来源：穆永强．康孟达起源及历史地位探析．特区经济，2015（3）：135-136.

在合伙制中，尽管合伙人都是出资人，但是有的合伙人参与企业的经营管理，有的合伙人则未参与经营管理。所有权与经营权的部分分离使得所有者与经营者之间形成了委托受托的经济责任关系，即受托经济责任（accountability）。所有者为了了解经营者履行经济责任的情况，一方面要求经营者提供履行经济责任情况的有关信息，另一方面要对经营者履行经济责任的过程、结果及其相关信息进行监督。从理论上说，合伙企业的所有者可以自己履行所有权监督的职能，但由于监督的专业性和专家化，所有者难以胜任。为了提高监督的效力，监督职能转而由专门的监督主体担当，即所有者将监督权力委托专业人员进行审计，这就形成了所有者与审计人员之间的委托受托审计责任关系。合伙企业的部分两权分离促使所有者依托所有权进行监督，监督内容是经营者履行受托经济责任的情况，由此产生了自愿性审计需求。

（二）股份制与法定审计

股份制公司的兴起进一步推动了审计需求的发展。早期的审计工作在委托代理的基础上产生，主要基于委托方自愿性需求，并不过多地受制于外在的制度和法规，也不对第三方负责。随着生产力的发展，公司的形式从合伙制扩展到股份制，经济环境和法制环境都发生了改变，审计逐步演变成强制性的约束，监督责任也扩大到了对第三方负责。18 世纪至 19 世纪中叶，英国发生工业革命，资本主义经济迅速发展，合伙企业进行集体表决的难度伴随着投资者数量的增加而日益增大。公司制，尤其是股份制公司的兴起，解决了上述问题，使得企业的控制决策逐步集中到大股东手中。

由于广大中小投资者的监督收益与监督成本不匹配，通常选择搭大股东的便车，而拥有所有权的大股东，不一定有经营管理企业的能力或意愿，在这种情况下，具有专业化管理能力的职业经理人作为代理人登上舞台。正如本节引例所述，发生于股份制萌芽时期的南海公司案表明，信息不对称会使公司股东和债权人损失惨重。针对该案，英国议会聘请会计师查尔斯·斯内尔对该公司下设的索布里奇商社的会计账目进行审计，并以“会计师”名义出具了一份查账报告。人们意识到，会计系统需要有序化和标准化，揭弊查错需要有独立视角。为了监督公司管理层的经济管理活动，保护投资者、债权人利益和维护社会稳定，1844 年英国议会颁布了《股份公司法》(Joint Stock Companies Act)，对股份公司进行监督。该法规定，董事有登记账簿的义务，该账簿须经董事以外的第三者审查。股东大会有权推选一名或若干名股东代表作为公司的审计师，对公司日常的会计账簿和年度会计报表进行审核。由此可见，对公司报表的审查主要由公司股东或者他们的代表进行。英国 1855 年修订后的《公司法》规定，公司可以聘请外部会计师协助股东代表完成对公司的审计，这是在法律层面将股份公司的审计责任转移给外部审计师的一个起点。一年以后，《公司法》又被修订，取消了强制性审计的要求。随后的 22 年里，股份公司处于可审计也可不审计的自愿状态，于是酿成 1878 年格拉斯哥城市银行重大会计舞弊事件。随即 1879 年修订《公司法》并规定“所有注册的有限公司制银行必须接受年度审计”，在接下来的 21 年里趋严的呼声越来越大，于是促成《公司法》将这一规定扩大到所有股份制企业。在此之下，英国 1900 年的《股份公司法》正式使审计从自愿性审计转向强制性审计。詹森（Jensen）和麦克林（Meckling）（1976）从委托代理的视角发展了代理理论，该理论解释了审计在委托代理关系中发挥的作用，从委托代理角度为审计需求提供了理论支持。

审计需求理论之一：代理理论

代理理论（agency theory）认为，企业是一系列契约（包括与股东的，与经营者、债权人、雇员的，还有与供应商和客户等的契约关系）的联结，企业中相关各方存在相互抵触的利益冲突。现代产权经济学家詹森和麦克林叙述的代理成本由三部分构成：委托人的监督成本、代理人的保证成本和剩余损失。为了减少代理关系下的代理成本，委托人、代理人之间签订了一系列契约。而这些契约的实施需要外部独立第三方的监督，具有良好声誉的独立审计师在审计工作中成为双方的桥梁，促使股东利益和管理人员利益达到最大化。

理性的投资者会意识到代理问题对自身权益的侵害，因而会在委托时事先考虑这部分损失并将其反映在职业经理人的收益中。职业经理人就会以自身的报酬给投资者做出保证，甚至主动提供信息，以建立机制来协调相互冲突的利益。其中，审计就是一种协调和监督机制，同时也能够检验代理人提供的信息质量。

（三）资本市场与审计的信息角色

股份制的兴起推动了资本市场的迅速发展，进而强化了审计需求。“所持份额”自由转让的趋势催生了股票交易市场。在逐步完善的资本市场中，独立审计的内涵不断丰富，承担起信息传递的角色。在世界资本市场发展的过程中，信息失真所导致的投资者、债权人、贸易伙伴遭受损失的案例不胜枚举。因此，在经济活动中，资本市场越发展，信息资源越重要，对信息质量和信息可靠性的要求就越高。

荷兰东印度公司被认为是股份有限公司的起源，它首次使用了“股份”这一全新概念。东印度公司特许状第 7～9 条规定，出资被固定为 10 年期限，在此期间新加入或退出都不被允许。尽管有了股份的概念，但出资者的出资证明类似于收据性质的证书，而不具有证券性质。荷兰东印度公司在实现了股份有限公司的决定性转变之后，其企业形态开始在欧洲各国呈放射状传播。

股份有限公司逐步推行至世界各地，相关立法也逐渐完善，这促进了股份有限公司的规范化。与此相适应，证券交易也在欧洲的原始资本积累过程中出现：1602 年，荷兰建立了世界上最早的证券交易所——阿姆斯特丹证券交易所；1773 年，股票商在伦敦的新乔纳咖啡馆正式成立了英国第一家证券交易所（现伦敦证券交易所的前身）；19 世纪中叶，一些非正式的地方性证券市场也在英国兴起；美国的证券市场在费城、纽约、芝加哥、波士顿等大城市开始出现，逐步形成全国范围的证券交易局面。

阿姆斯特丹证券交易所

（Amsterdam Stock Exchange，1602 年成立）

世界上最早的一个证券交易所

当资本市场缺少与之相适应的产权保障机制和统一的信息披露标准时，欺诈、投机和操纵事件开始出现。20 世纪 30 年代经济危机爆发，其标志是美国纽约证券交易所股市的崩溃，短短两周时间华尔街股票市场蒸发了 300 亿美元的财富。此次危机后，美国国会进行了相关立法，以规范证券市场和限制欺诈行为，避免危机再次发生。

随着资本市场的发展与成熟，信息资源在经济活动中的角色日益凸显，尤其自20世纪60年代后，人类进入信息时代，独立审计承担起了信息传递的作用。无论是企业还是个人，在其融资、投资、收购、兼并、利益分配等决策活动中，都离不开信息的支持，都是信息的需求方。对于利益相关者来说，投资收益不仅包括单纯的股利，还包括股票市场的转让所得，这就使得这部分投资者不仅关注所投资企业的会计信息，还同时关注其他备选投资企业的会计信息，试图通过不断变换投资对象来获取股票价差。基于利益相关者广泛依赖财务信息做决策的假设，学者提出了审计需求的信息理论（information theory）。该理论认为，投资者有财务信息的需求，但不具有判断财务报表是否真实、公允的能力，因此必须聘请具有专门会计专长的审计师来进行审查和判断，进而做出鉴定证明并予以报告。信息理论将审计视为企业向市场传递信息和信号的手段。

审计需求理论之二：信息理论

在股份公司体制下，由于财务报告的外部使用者与公司之间占有信息的质量和数量不同，需要公司通过对外提供财务报表来缓解这种信息不对称。但是外部使用者由于时间、资源以及专业的限制，无法自己确定报告的真实性。因此，他们要聘请独立的审计师来提供对财务报表的鉴证服务，以降低或消除风险。

信息理论产生于20世纪60年代，该理论认为由于审计可以改善财务信息质量并且可以传递有效配置财务资源的信号，人们对审计产生了需求。在该理论框架下，审计的本质功效是提高财务信息的可信性和增进财务信息价值，是一种降低信息风险的活动。审计师通过评估财务报表的信息质量，帮助信息使用者做出合理的经济决策。

（四）法律环境与审计的保险需求

与审计师相关的法律法规的制定或完善总是伴随着社会经济的发展而演进，这些法律法规确定了审计师的相关责任，使得审计不仅具有鉴证功能也兼具风险转移功能。财务信息的使用者除了寄希望于审计能在实质上降低财务风险，还希望通过风险转移的方式将面临的财务风险全部或部分地转移给保险人。20世纪60年代中期以前，审计师法律责任争论的焦点主要集中在审计师是否应对合同之外的第三方承担责任。审计师从仅对合同双方担责到对合同外第三方担责的转变，使得审计需求从合同当事人扩展到第三方投资者，本书第四章将对此展开详细的讨论。

早期，审计师因执业过失而承担的责任限于合同违约责任，即审计师只对客户承担违约责任，而不对与自己没有合同关系的第三方承担责任。1931年，著名的厄特马斯公司申诉道奇与尼文会计师事务所案，即因原告是与被告审计师无合同关系的第三人而败诉。大萧条之后，美国颁布了《1933年证券法》（Securities Act of

1933），将审计师的责任扩大到未知的第三方。美国《1933年证券法》规定，任何在市场上购买已经注册证券的人，如果发现注册说明书中有错误陈述或遗漏均可以提起诉讼；任何获得证券的人也可以向证券发行公司、董事、高级管理人、会计师、证券承销商提起诉讼以期获得赔款。这一条款将原告的范围扩大到任何一个证券的当前持有者。

【扩展阅读】
厄特马斯公司申诉道奇与尼文会计师事务所案

秘密工资会计与拉文索会计师事务所的倒闭

PTL 俱乐部是一家宗教广播联播公司，该俱乐部主席金·贝克（Kim Bakker）利用教徒们的虔诚心理募集资金，然后，他通过设立秘密的工资会计，从中贪污了几百万美元的巨款。PTL 俱乐部在 1984 年由于某些未被揭示的原因而不再聘请德勤会计师事务所为其审计，不久后改为聘请美国第七大会计师事务所——拉文索会计师事务所。

事情败露后，拉文索会计师事务所在 PTL 俱乐部成员们发起的集团诉讼案件中沦为共同被告，不久就被迫宣布破产。

拉文索会计师事务所的破产倒闭揭示了法律责任和审计风险加剧给审计职业界带来的巨大影响，深刻警示会计师事务所应当加强风险管理，谨慎选择客户，并在执业过程中保持独立性。

20 世纪 70 年代的诉讼浪潮体现了社会对强化审计师法律责任的呼声。法律确立了某种程度的针对审计师的追索权，在审计失败时投资者可向其寻求赔偿，审计由此扩展出风险转嫁的角色。审计需求的保险理论阐述了审计的风险承担功能。其基本观点认为，审计是财务报表风险的一个转嫁机制。审计师对第三方担责，意味着审计的价值不仅体现在审计的信息价值上，还具有直接的补偿性。在极端情况下，审计师对审计失败所导致的损失进行全额赔偿，信息使用者甚至不关心审计师是否履行必要的鉴证程序，而只需使用经审计的财务报告进行决策，财务信息不实的决策失败风险将由审计师承担。

审计需求理论之三：保险理论

审计需求的保险理论（insurance theory）在美国自 20 世纪 80 年代开始流行。保险理论有别于代理理论和信息理论，前两种理论都将审计看作纯粹的鉴证机制，认为财务信息的使用者寄希望审计师提高财务信息质量。而保险理论是从财务报表风险转移的角度来看待审计，增添了保险机制的作用。

信息使用者需要审计师作为独立的第三方，对财务信息的可信性发表意见，从而能在实质上降低甚至消除财务信息中存在的错误或舞弊风险。然而审计师与信息使用者之间同样存在信息不对称，难以完全有效地起到监督作用。在保险机制下，不一定需要审计师在实质上降低或者消除财务信息中存在的错误和舞弊风险，同样能够起到降低信息使用者风险的作用。一旦企业发生经营失败，投资者可以起诉审计师来获取一定的赔偿，从而获得保护。保险理论是以风险转嫁理论作为其立论基础的，认为审计具有保险价值，即它能够在审计失败时向投资者提供赔偿。假如投资者是依据审计过的财务报表做出公司证券买卖决策的，并由此遭受了利益上的损失，法律上就提供了某种程度的针对审计师的追索权。除了投资者和债权人，政府官员也希望从审计师那里获取相应的保证。

二、审计环境对审计供给的影响

随着审计需求的深化和扩展，会计师事务所的规模不断扩张，进而影响着其内部决策方式和实务工作方式。此外，对投资者保护力度的加大导致审计法律责任不断加强，审计师违约成本大幅提升，也极大地影响着审计的供给。本部分将基于会计师事务所规模、法律环境和监管环境三个因素分析其对审计供给变革的影响。

（一）审计供给的变革：会计师事务所规模的扩张

企业规模的扩张不断刺激着会计师事务所规模的扩张，会计师事务所的规模则受制于特定的组织形式。会计师事务所组织形式的变革与发展不仅改变了审计师承担责任的方式，也为会计师事务所规模的扩张提供了可能。总体而言，审计组织形式受到行业自律组织和监管机构的限制，其变革依赖于法律环境和制度环境的发展。

1. 独资与合伙制

随着美国大工业的建立，股份公司形式的新型企业迅速将资本聚集到一起，所有权和经营权的分离产生了对受托责任关系的认定与解除的需求。欧洲的投资者们开始委托审计师从欧洲大陆到美国为他们监督受托人受托责任的履行情况。此后，美国工业化的发展使得其对审计人员的需求稳定增长，审计师们开始设立自己的事务所，此时主要以个人独资的形式对外提供服务。

19世纪后期，随着大型普通工商企业的出现，特别是19世纪后期铁路业的大发展，个人独资的会计师事务所在人力和物力上越来越无法满足大规模审计的需求。因此，审计师们开始联合建立较大规模的会计师事务所。1866年，美国历史上第一个合伙制会计师事务所维齐和维齐会计师事务所（Veysey and Veysey）在纽约成立。

2. 公司制

随着美国工商业的进一步发展，为了保持高效、迅速提供服务的能力，会计师事务所也在寻求扩张之道。由于合伙制下的合伙人必须承担连带责任，并且必须在重大问题上取得一致才能做出决策，这一制度极大地限制了会计师事务所的扩张。1910年前后，美国出现了公司制的会计师事务所。但由于公司制典型的资合性质不利于审计师塑造个人声誉、保持技能和独立性以及负责任的态度，公司制会计师事务所从出现开始就引起整个执业界的争论。美国的一些州明确禁止审计师设立公司制会计师事务所以逃避法律责任，但绝大多数州仍停留在争论阶段。

3. 专业服务公司

20 世纪 50 年代，国际贸易和海外投资异常活跃，股份公司的合并浪潮兴起，企业规模越来越大。越来越多的全国性公司、跨国公司的出现迫使会计师事务所扩大规模，以提供及时的服务。会计师事务所规模扩张的需求再一次空前高涨。美国注册会计师协会（American Institute of Certified Public Accountant，AICPA）为了防止审计职业界降低审计质量、规避审计责任，于 1938 年明确禁止会计师事务所以公司制的形式运作，但是合伙制的组织形式又难以满足会计师事务所快速扩张的需求。

随着计算机技术的发展，20 世纪 50 年代出现了民用数据处理设备，审计师发现这些设备的运用能大大提高审计效率，降低审计成本。然而，当时的数据处理设备对一家会计师事务所而言过于昂贵，且存在大量的闲置处理能力。因此，众多会计师事务所希望能够共同投资组建一家专门公司，由其拥有的设备向各个会计师事务所提供数据处理服务，以此扩大审计服务的范围。美国注册会计师协会最终同意了这一诉求，但同时规定会计师事务所投资设立的数据处理公司必须在名称上与实质上都与一般从事审计业务的会计师事务所有所区别，以避免公众产生会计师事务所公司化经营的误解。

4. 有限责任公司和有限责任合伙制

在理论推动和立法支持下，出现了有限责任公司和有限责任合伙制的形式，会计师事务所的规模得以进一步扩大。1977 年，怀俄明州颁布了美国第一部《示范商业公司法》(Model Business Corporate Act)，确立了有限责任公司的组织形式。有限责任公司的经营模式能够满足现在日益复杂的大型会计师事务所公司化的运营需求，从制度需求层面而言是最符合绝大多数审计师要求的审计组织形式。

虽然此后各州均通过了有限责任公司制立法，但并不是所有州都给予审计师成立有限责任公司制会计师事务所的权利，特别是对于跨州及全国性会计师事务所而言，它并不适用。因此，有限责任公司制在 1991 年以前并没有成为会计师事务所的组织形式。直到 1991 年，得克萨斯州通过美国第一部《有限责任合伙法》，确立了有限责任合伙的组织形式。有限责任合伙制是普通合伙制的一种变形，在限制合伙人之间连带责任的同时，促进了会计师事务所规模的进一步扩大。

（二）审计供给的变革：法律环境的驱动

法律环境和法律责任不仅直接影响了审计服务的质量，也对审计行业的发展产生了深远的影响。如果审计师的法律责任过轻，行业整体审计质量较低，审计的作用将难以发挥。如果审计师的法律责任过重，则会打击审计师的积极性，从而损害审计的供给。早期审计师的法律责任较轻，使得审计行业难以提供高质量、值得投资者信赖的审计服务。1929年美国经济危机的爆发使人们意识到这一点，《1933年证券法》和《1934年证券交易法》大大加重了审计师的法律责任。此后，1965年的《民事侵权法新编》、1970年的《欺诈和贪污组织法案》均进一步加大了审计师的法律责任。为此，监管机构不得不一再放宽对审计组织形式的限制，以平衡审计师承担的法律责任，本书第四章将对审计师的法律责任变迁进行较为细致的论述。此外，税收上的负担也促使审计职业界不得不放弃合伙制的组织形式，从而对审计供给产生了深远的影响。

1. 较低程度的法律责任

20世纪初，工业革命使欧美发达国家开始由农业社会向工业社会迈进，但在政治、法律及其他意识方面，仍带有较为明显的农业社会的痕迹。1912年，美国《会计月刊》在社论中指出，当时的法律比较适合农业社会，而不适合工业社会，依靠那种法律已经不能充分保护股东和债权人的利益了。为此，社论提出必须对那些法律进行修订，以确定审计师的法律责任，由此拉开了欧美各国对审计师法律责任进行规定的序幕。

当时的社会环境要求审计师必须做到合理的精细。法官们认为合理的精细意味着审计师只要对现金予以清点核实即可。如果在应收账款或其他资产方面出现问题，审计师不负责任。另外，法律规定，如果客户自己存在过失，哪怕只有一些小过失，审计师就不必对自己的过失负任何法律责任。此外，如果客户要起诉审计师，必须举出三项证据，除审计师存在过失和自己受到损失以外，还必须证实二者之间存在因果关系。

这一阶段，审计师所承担的法律责任非常有限，从而相关法律对审计执业的指导、规范作用较小，审计行业处于较低质量的竞争中。

2. 法律责任的大幅加重

1929年，整个西方世界爆发了经济危机，危机爆发的原因之一便是会计信息的失真。1933年5月，美国国会通过的《1933年证券法》对审计师规定了严格的法律责任。它规定，凡是公开发行证券（包括股票、债券）的公司，必须向证券交易委员会呈送登记表，其中包括审计过的财务报表；如果登记表中有重大错误或遗漏事项，审计师需对登记表中经他审核和报告的错误和遗漏负责。此外，该法还将部分举证责任由原告转向被告。原告仅须证明他遭受了损失以及登记表是令人误解的，而无须证明他依赖登记表或审计师具有过失；相反，审计师却必须证明他本身并无过失或他的过失并非原告受损的直接原因。这一规定大大增加了审计师的败诉风险，从而对审计质量的提高产生了实质性的促进作用。1934年，美国国会制定了《1934年证券交易法》，禁止审计师对重要事实做不实说明或者遗漏重要事实，将审计师的法律责任限定在重大过失和欺诈行

美国《1933年证券法》

为上，并将举证责任归还原告。

《1933年证券法》和《1934年证券交易法》对审计界产生了巨大的影响。二者规定了美国注册会计师的审计责任，加重了处罚力度，提高了其违规成本，从而促使行业整体提升了审计质量。为了避免低质量的审计带来的法律风险，部分审计师开始选择以承担有限责任的方式来规避部分法律责任，这一行为极大地损害了审计职业的形象。针对审计职业界中的这一机会主义行为，美国注册会计师协会于1938年颁布职业守则，其中明确禁止会计师事务所以公司制的形式运作。

3. 来自税务和对第三方责任的双重压力

合伙制企业在税法上的差别待遇和《民事侵权法新编》的颁布使美国注册会计师协会放弃了公司制禁令，允许成立专业公司的组织形式。

第二次世界大战后，美国法律要求美国企业为雇员拨付退休金准备以作为雇员退休福利计划的一部分。按照美国税法的规定，公司为雇员拨付的退休金准备可以作为费用在公司应税所得中列支，不计入雇员的应税收入，公司的高级管理人员在税法上也视为公司雇员，获得同等待遇。然而在合伙制下，合伙人在企业管理结构中类似于公司高级管理人员，却不被视为合伙企业的雇员，其退休金只能全部计入合伙人个人所得税的应税税基。这引起了包括律师、医生在内的各种专业人士的强烈不满，希望通过推动立法，允许他们成立专业公司，以便将合伙人转变为公司的雇员从而绕开税法上的这一差别待遇，并在新的企业组织形式中保留合伙制的经营组织方式。不过，为了避免审计师的机会主义行为，美国注册会计师协会一开始并没有认可这一新的组织形式。

法律环境的改变使美国注册会计师协会的态度开始发生转变。1965年，美国法律学会颁布了《民事侵权法新编》，该法不仅使得集团诉讼的方式更易采用，而且在解释职业人员对第三方的过失责任时，区分了必然预见人和可以合理预见人，并将承担过失责任的对象从必然预见人扩大到可以合理预见人。其中，必然预见人指审计师接受特定目的审计委托或者被告知财务信息有特定目的的使用者。例如，如果审计师被告知经审计的财务报表将要用来申请贷款，审计师需对实际提供了贷款的人负责。而合理预见人则指审计师能够合理预见的很可能是财务报表使用者的任何人，包括过去的、现在的和潜在的无限投资者。这大大加重了审计师的法律责任，使得合伙制下合伙人承担无限连带责任的弊端愈发突出。

20世纪60年代中期以来，针对审计人员的诉讼案件剧增，日渐沉重的审计责任使美国注册会计师协会不得不在1969年放弃了公司制禁令，允许审计师以“个人独资、合伙或性质与协会理事会决议一致的专业公司的形式”向社会提供审计服务，但同时也对专业公司的运作规定了严格的限制条件。在立法上，各州的立法不尽相同，有的赋予了专业公司股东有限责任的保护，而有的仍坚持专业公司股东承担连带责任。即使如此，公司制禁令的解除仍使得会计师事务所的股东在某些州获得了有限责任的保护。

4. 欺诈和贪污带来的责任

1970年，美国法律协会通过的《欺诈和贪污组织法案》进一步加重了审计师的法律责任。该法案规定，有组织的犯罪要支付三倍的损害赔偿费和律师诉讼费。这一规定有效遏制了有组织的欺诈犯罪，但当这一制度与合伙制联系在一起时，则在无形中加重了承担连带责任的所有合伙人的责任。

20世纪60年代新制度经济学兴起，科斯的两篇文章《企业的性质》和《社会成本问题》的价值被学术界重新发掘，对企业性质的讨论成为理论界研究的热点问题。理论的创新推动了立法，1977年怀俄明州颁布了美国第一部《示范商业公司法》，确立了有限责任公司的组织形式。有限责任公司制既具有合伙制下会计师事务所共同经营的运营模式，又能有效地降低审计师的法律负担。从制度需求层面而言，有限责任公司制是最符合绝大多数审计师要求的审计组织形式。

5. 储贷危机引发的变革

20世纪80年代末席卷美国的储贷危机使500多家储贷协会破产，造成上千亿美元的损失。在清查这些金融机构的债权债务的同时，人们发现它们在经营中存在严重的违规行为，为其提供审计服务的会计师事务所因此被追究了渎职责任。当会计师事务所的合伙财产不足以清偿债务时，全体合伙人均被判决承担连带责任，包括那些未参与此类活动的完全无辜的合伙人，传统合伙法上的弊端充分暴露在人们面前，合伙制度的改革被提上了议事日程。

在立法方面，因为有限责任合伙制仅作为普通合伙制的一种变形，很快受到了各州部门的认可，从1991年得克萨斯州通过美国第一部《有限责任合伙法》到1998年，美国所有州及哥伦比亚特区均通过了自己的有限责任合伙法。由于有限合伙制被各州接纳，并没有像专业公司和有限责任公司一样被不同州明显地区别对待或限制，跨州的以及全国性的会计师事务所得以迅速采纳有限责任合伙制。到1995年底，世界六大会计师事务所均已在美国完成转型。

（三）审计供给的变革：监管环境的驱动

审计监管从外部对审计行业进行规范和管理，对审计的组织形式和执业质量均产生重大影响。审计监管主要包括行业自律和政府监管。

1. 行业自律

英美两国审计行业自律的历史较长。市场自愿需求驱动了独立审计的有效供给。100多年来，欧美探索出一条行业协会自律监管的管理之路，通过会计师协会来为审计行业制定制度规范并对违规行为进行惩戒和处罚。

随着英国经济的发展和相关法律的颁布（譬如《公司法》《破产法》等对会计师的强制要求），18世纪中后期会计从业人员壮大，注册会计师事业得到了迅速发展，与此同时也出现了很多不具备相应资格的人试图借此牟利。因此，英国的审计师们出于维护职业信誉、规范职业技术和标准、增强审计师之间的团结协作等原因，于1853年成立了世界上第一个职业会计师协会——爱丁堡会计师公会（Society of Accountants in Edinburgh）。

美国职业会计师协会的发展不同于英国，目前起主导作用的是美国注册会计师协会。它是美国全国性会计职业组织，同时也是世界上最大的会计师专业协会。它最早成立于1887年，当时的名称是美国公共会计师协会（American Association of Public Accountants，AAPA）。美国的注册会计师行业在20世纪初遇到了较为严重的自律危机，行业在公众心目中的形象受损，危及行业根本。在外界压力之下，美国注册会计师协会将行业进行了整合，形成了全国性的组织，目前其主要职权包括规则制定权、业务监管权和部分违规处罚权。行业自律得以长期生存的根本原因是独立审计在实践中能保持一定的独立性。行业自律在严格意义上并不能算监管，它在早期承担起了保障审计供给质量的职责，一定程度上维持和促进了行业的发展。

2. 政府监管

重大财务丑闻的爆发揭示了行业自律对审计行业监管的不足，各国开始成立针对审计行业的政府监管组织，并逐步形成了较为完整的监管体系。

1886—1929年，美国股票市场得到迅速发展。但由于缺乏政府的有效监管，美国股市投机和股票操纵的情况比较严重。这一时期，美国股市发生多次崩盘，包括1929年的股市大崩盘，因此政府开始着手对股票市场进行监管。1934年7月25日，经美国国会批准，按规定成立了证券交易委员会（Security and Exchange Commission，SEC），它具有完全的独立性，并且负有监管联邦证券法案是否得到实施的责任。SEC对国会负责，代表政府行使监管注册会计师行业的职权，并且独立于会计师事务所和上市公司，其目的在于更有力地保护社会公众的利益。

2001年安然事件爆发后，各公司丑闻不断，彻底打击了投资者对资本市场的信心。过往的监管模式已经不能适应新时期审计行业的发展要求，监管模式急需一场改革来恢复整个行业的信誉和人们的信心。为了改变这一局面，美国国会通过了《萨班斯-奥克斯利法案》，将美国审计行业的管制推向了准政府监管模式。同时，美国成立了公众公司会计监督委员会（Public Company Accounting Oversight Board，PCAOB）。PCAOB受SEC监督，主要职责包括：对从事证券市场审计业务的会计师事务所进行年检；对相关案件进行调查和处罚；对从事上市公司审计业务的会计师事务所登记注册；制定审计准则等。

三、中国审计环境对审计供需的影响

与西方国家不同的是，我国民间审计行业的变迁是在一个特殊的历史时期完成的，政治环境在长时间内是影响中国审计行业发展的主要因素。1992年后，随着社会主义市场经济体制的确立，我国市场经济高速发展，经济环境对独立审计行业的影响逐渐增大，审计组织逐渐从挂靠政府的事业单位走向市场，与之相适应的监管体系也开始建立。

（一）审计行业的萌芽

甲午战争后，一些外国会计师事务所先后在中国设立机构，为外资在华机构提供审计及其他服务，并将审计及其他业务传入中国。1918 年留学日本归来的学者谢霖从北洋政府手里取得第一号会计师执照，随后开设我国第一家会计师事务所——正则会计师事务所，标志着我国民间审计的诞生。我国民间审计发展迅速，出现了“立信”“徐永祚”“正则”“公信”四大会计师事务所。由于当时市场经济发展水平不高，独立审计服务的需求较低，会计师事务所的业务相对简单，早期的这些会计师事务所都以个人独资的形式存在。此时尚未建立针对民间审计的监管机构，主要依靠行业自律进行监督和管理。

（二）审计行业的中断与恢复

1956 年，我国企业的社会主义改造基本完成，工商业实行公私合营，民间审计失去了服务对象，民间审计行业暂时退出了历史舞台。1978 年党的十一届三中全会以后，我国商品经济得到发展。1979 年《中华人民共和国中外合资经营企业法》通过后，大量外资涌入我国，我国的对外经济合作和外商来华投资均有了较大发展。为此，1980 年财政部颁布了《关于成立会计顾问处的暂行规定》，宣告了我国注册会计师制度的正式恢复，也明确了财政部是审计业务的监管机构。1981 年 1 月 1 日，注册会计师制度恢复后的第一家会计师事务所——上海会计师事务所成立。

中国注册会计师协会
（The Chinese Institute of Certified Public Accountant，1988 年成立）

为了适应我国经济发展的长期需求，1986 年国务院签署了《中华人民共和国注册会计师条例》和《会计师事务所管理暂行办法》，明确规定会计师事务所必须挂靠政府部门，是“经国家批准的事业单位”。同时，也规定注册会计师可以组织成立注册会计师协会，作为审计行业的自律组织。1988 年，在财政部的组织下，中国注册会计师协会成立，主要职责包括针对审计师的执业检查和违规惩戒，还承担部分行业管理的职责。由于此时的注册会计师不具有独立的执业地位，而是挂靠于政府部门的“事业单位”人员，因此，对该行业的监管尚无明确的体制，注册会计师的法律责任亦不明确，监管受制于客观因素而未深入开展。

（三）审计行业的市场化变革

1992 年 10 月，我国正式将建设社会主义市场经济体制确立为新时期改革的目标，审计行业开始走向市场。为了适应市场经济带来的新要求，1993 年 10 月全国人民代表大会常务委员会通过了《中华人民共和国注册会计师法》，规定会计师事务所组织形式为合伙制和有限责任制。1999 年，全国 4 805 家会计师事务所与主办单位脱钩，改制成由注册会计师个人发起设立的合伙制或有限责任制会计师事务所。此时，为了规避自身的法律责任，大部分会计师事务所选择了有限责任公司制的组织形式。同时，《中华人民共和国注册会计师法》还明确了行业的管理框架并赋予行业协会一部分自律管理权限。

【法规链接】
《中华人民共和国注册会计师法》

1992 年，国务院证券委员会和中国证券监督管理委员会宣告成立，标志着中国证券市场统一体制开始形成。1995 年，国务院正式确定证监会负责对证券期货市场进行监管，并对会计师事务所及其成员从事证券期货相关业务的活动进行监管，成为审计行业的又一监管机构。

（四）组织形式和监管模式的进一步发展

21 世纪初，随着银广夏等重大财务舞弊和审计失败事件的发生，会计师事务所的组织形式成为大家关注的热点问题。2003 年，财政部下发《财政部监督检查局 2003 年注册会计师行业行政监督检查与处罚工作计划要点》的通知，明确注册会计师行业协会的监管职责主要包括：拟定执业规则；负责会员注册及管理；组织考试和继续教育；对会员进行监督检查和内部惩戒等。而对于执业规则的最终审批权、对于审计质量的监督检查和对于违规注册会计师的法律制裁等职能归属于政府监管；同时，对于注册会计师从事证券、期货及金融相关等特殊审计业务的资格认定也由政府部门进行审核确认并监管。由此，注册会计师监管中决定性的权力归政府所有，辅助性权力则归行业协会所有，以政府监管为主的监管模式得以确立。

【扩展阅读】
银广夏事件

如前所述，法律责任会影响会计师事务所组织形式的变化。在 1999 年的会计师事务所改制中，为了规避法律责任，大部分会计师事务所选择了有限责任公司制的组织形式，审计质量难以得到保障。为了适应市场的需求，加强注册会计师事务所的法律责任，2006 年经修订的《中华人民共和国合伙企业法》正式颁布，允许会计师事务所采取特殊普通合伙的组织形式。2007 年在深圳开始试点，会计师事务所组织形式由有限责任公司制转为特殊普通合伙制。2010 年，财政部、国家工商行政管理总局发布《关于推动大中型会计师事务所采用特殊普通合伙组织形式的暂行规定》，全面推进特殊普通合伙制组织形式。

【法规链接】
关于印发《财政部 工商总局关于推动大中型会计师事务所采用特殊普通合伙组织形式的暂行规定》的通知

（五）注册制下的审计环境变革

随着我国经济改革进入深水区，为进一步规范证券发行和交易行为、保护投资者合法权益、促进资本市场持续健康发展，十三届全国人大常委会第十五次会议审议通过了新《证券法》，于2020年3月1日起施行。新《证券法》要求资本市场全面推行证券发行注册制，并将注册会计师发表的无保留审计意见作为首次公开发行的必要条件。

从审计需求来看，由核准制向注册制的变革意味着将政府审核权力让渡给市场，不再设置盈利水平等门槛性指标，由此也就使得投资者更加依赖信息披露来判断上市公司的合理估值，信息可靠性和真实性的重要性不言而喻。注册会计师成为确保财务信息真实公允可靠的最重要守门人，对高质量信息的需求也就决定了更高的审计质量要求。

从审计供给来看，新《证券法》加大了对会计师事务所及注册会计师的事后监督处罚力度和民事赔偿责任风险，强化了审计的法律责任。在此之前，我国会计师事务所及注册会计师通常仅被追究行政责任，而承担民事责任和刑事责任的相对较少，所面临的法律风险相对较低，无法形成实质性威慑。新《证券法》显著提高了会计师事务所及注册会计师面临的审计风险和法律责任，具体表现在两个方面：一是提高了会计师事务所及注册会计师的违法违规成本，加大对会计师事务所及注册会计师失当活动的处罚力度；二是新增代表人诉讼制度，降低了中小股东对上市公司和注册会计师追偿的成本，加大了民事诉讼的可能性和效率，加重了对会计师事务所及注册会计师法律责任方面的影响。违法违规成本的提高和法律责任的加强倒逼会计师事务所强化质量控制，提供更高质量的审计服务。

【法规链接】
《会计师事务所质量评估和分级分类办法（征求意见稿）》

此外，新《证券法》将原《证券法》中会计师事务所从事证券审计业务的准入机制由审批制改为备案制，即由原来的财政部和证监会“双批准”改为报国务院证券监督管理机构和国务院有关主管部门“双备案”。财政部于2020年6月10日发布《会计师事务所质量评估和分级分类办法（征求意见稿）》，进一步规定会计师事务所评级达到A类及以上才有资格承担上市公司审计业务。新《证券法》实施前，全国8 000多家会计师事务所中仅有40家会计师事务所具有从事证券业务的资格，但这40家会计师事务所的业务总收入达到全国会计师事务所业务总收入的60%以上。“双备案”制度减少了政府干预，允许更多的会计师事务所进入上市公司审计市场，加强了审计行业竞争，有利于激发审计行业活力，形成优胜劣汰的竞争机制。同时，“双备案”制度意味着会计师事务所的选聘更大程度上由市场决定，进一步凸显信号机制，促使会计师事务所追求更高的执业质量。

第二节　审计目标

引例

审计的目标是什么——厄特马斯公司事件

弗雷德·斯特公司（Fmd Stem）经营橡胶进口和销售业务，因缺乏营运资金而不得不向多家银行和金融机构贷款。厄特马斯公司是弗雷德·斯特公司的贷款商，该贷款商以弗雷德·斯特公司1923年12月31日的资产负债表为基础，于1924年向弗雷德·斯特公司提供了10万美元的贷款。随后，厄特马斯公司又向其发放了两笔总计65万美元的贷款。厄特马斯公司依据的资产负债表当时已经经过道奇与尼文会计师事务所的查证，事务所出具了无保留审计意见审计报告。

1925年1月，弗雷德·斯特公司宣告破产。法庭证词表明，1923年底公司已经处于资不抵债状态，公司内部一名会计虚构巨额会计分录，向审计人员隐瞒了其濒临破产的事实。为了追回经济损失，厄特马斯公司对道奇与尼文会计师事务所提起诉讼，认为该会计师事务所存在欺诈行为，对12月临时虚构的70万美元的销售收入不加询问或者实施函证。

该案引起了广泛争议，因为道奇与尼文会计师事务所与厄特马斯公司没有任何合约关系，而当时的法律规定，一方只有与另一方有明确的合约关系时，才能向另一方追索由于它的过失行为造成的损失。

最终，法官本杰明·卡道佐（Benjamin N. Cardozo）做出判决，免除道奇与尼文会计师事务所的法律责任，但是他提出了严厉批评："过失行为，即使不等同于诈骗，但也不是不能作为诈骗行为的推断证据……至少在这种过失被认为是重大的情况下，是这样的……（在厄特马斯公司一案中）陪审团可以发现……（道奇与尼文会计师事务所的审计人员）对账目不实视而不见，并盲目地发表了予以赞同的意见。"该案是美国第一例与第三方责任有关的审计案例，扩大了审计人员的法律责任范围。此案之后，类似案件的原告律师们开始以重大过失为由，起诉审计人员。法庭判决综合考虑了社会需求和审计自身能力的变化，引发了执业界对审计目标的思考，体现了审计目标随审计环境的变化而变化的趋势。

如本节引例所述，法官在判定审计责任时，综合考虑审计供给和需求以及二者之间的差异，判决结果体现了法官对当时审计目标的理解。审计目标是审计工作所期望达到的结果，是一切审计活动的指南。审计目标随着审计需求的变化而产生和变化，同时受到审计供给的制约。当审计需求和审计供给之间存在差距时，审计职

第二节
即测即评

业团体和法律法规通常会对审计目标进行调整，以引导执业团体改进和采用新的审计技术。历史地看，审计目标演变可以划分为四个阶段：1720—1930 年的揭弊查错阶段、1930—1980 年的财务报表真实性公允性验证阶段、1980—2002 年的揭弊查错与财务报表真实性公允性验证并重阶段以及 2002 年之后的高强度保证阶段。

一、审计目标的揭弊查错阶段

这一阶段起始于 1720 年民间审计的里程碑式案件——南海公司案，于 20 世纪 30 年代结束。在这一阶段中，审计的目标是揭弊查错。在该阶段，由于审计能力相对有限，揭弊查错的审计目标在这样的环境中产生并指导审计实践。早期的审计发展以英国为主，18 世纪的英国只有国王和议会才能授予公司特许设立权。特许公司与政治具有紧密联系，国王为贸易活动提供的特许权和垄断权等保护措施是特许公司存在的根本基础。公司既要维护其政治保护人的利益，又要满足其投资者的期望，财务信息的准确性是政府以及投资者的普遍需求。

18 世纪 60 年代，英国工业革命将审计的范围扩展到了早期经营权和所有权分离的工业生产活动中。人们意识到，会计系统需要有序和标准化，揭弊查错需要有独立视角，审计的重要性也更加突出，审计工作要具有更强的力度和更高的规范性。19 世纪中叶，股东小组成员定期到访公司，企图证实会计数据，这种要求增大了对专业且独立的审计服务的需求。1900 年以前的英国公司法根据当时的社会需求也规定，公司审计的主要目标是揭露欺诈舞弊和差错。1905 年出版的《迪克西审计学》亦将审计目标定为查找舞弊和欺诈，查找技术性错误，查找原理性错误等。20 世纪初，随着美国资本市场的发展，企业为了获取银行贷款，需要专业人员对资产负债表加以证明，这样的审计需求标志着审计的目标对象从经济业务向资产负债转变。

在这一历史阶段，由于审计行业参差不齐，没有会计师职业团体，揭弊查错的审计目标在产生之后的 100 余年间，不能得到很好的实现。直到 1853 年，苏格兰的民间会计师在爱丁堡自发成立了会计师协会，该协会制定了专业会计师的准入、考试和培训标准。这是对审计行业加以规范的开端，揭弊查错的审计目标得到了初步保证。与揭弊查错的审计目标相对应，审计的法律责任主要集中在揭弊查错是否存在过失。当时司法上对过失和舞弊没有明确定义，将一些内容排除在过失之外（过失不包括错误表述等）。这种情况下，在对过失所包含的部分进行解释时，往往偏向审计师的利益。在法律责任界限不清楚和法律偏袒审计师的环境下，这一阶段审计师所承担的法律责任非常有限，审计师败诉后往往仅承担小部分损失。相关案例包括英国 1887 年利兹地产建筑投资公司诉谢泼德案和 1925 年美国的克雷格诉安荣案。本节引例中所提到的厄特马斯公司事件，也在一定程度上体现了法官对会计师事务所从轻处罚的倾向。

克雷格诉安荣案

克雷格公司（Craig）在1913—1917年间主要作为股票和商品经纪人参与交易活动，交易商品包括棉花、小麦和咖啡等，代表客户交易的股票主要在纽约证券交易所、纽约棉花交易所和新奥尔良期货交易所、芝加哥期货交易所以及它们拥有会员资格的类似交易所进行。1917年5月26日，通过办公室调查，公司发现商品部门员工罗伯特·摩尔（Robert Moore）盗用超过125万美元。

1925年，克雷格公司因此状告在此期间为公司进行审计的审计师安荣（James T. Anyon）及其会计师事务所，认为审计的疏忽造成了公司的损失，并要求赔偿117万美元。法院认为，虽然陪审团裁决审计师犯有过失罪，但克雷格公司自身内部控制存在问题，也应对员工盗用公司财物负责，且审计师也对其内控问题提出了相应建议，“会计师似乎还以书面形式通知了原告，某个分类账不应该被一个员工控制”，“尽管有这样的建议，其中一个合伙人仍旧将该分类账放在摩尔的控制下”。

法院最终判定，审计师退还审计费2 000美元，但是不再赔偿其他损失。

二、审计目标的财务报表真实性公允性验证阶段

随着社会环境的发展，企业经济业务趋于复杂，审计人员重大过失案件增多，揭弊查错的审计目标逐渐向财务报表真实性公允性验证转换。这一阶段于20世纪30年代开始，于20世纪80年代结束，审计人员被要求出具一个具有专家权威的鉴证意见，对其发表意见的正确性和可靠性负责。

该阶段的前期（20世纪30年代到20世纪60年代后期），审计需求发生了较大变化，而审计供给随之增强，这种环境变化促使审计目标从揭弊查错向财务报表真实性公允性验证转变。(1) 管理者经济责任的扩大。第二次世界大战后，股份公司大量涌现，管理者的经济责任扩大，此时企业管理的责任不再仅仅表现在与股东和债权人的关系上，还表现在与其他许多利益相关者的直接关系上，利益相关者对企业财务信息的需求也有所增加。(2) 企业风险承担者的变化。随着企业筹资渠道向证券市场拓展，企业风险的承担者由银行转为股东，风险承担者对财务信息的关注重点由财务状况转为盈利能力。(3) 学术界的推动。1929—1933年经济危机推动了学者对审计需求的认

《审计理论与实践》

美国著名会计师和教育家、普华永道的共同创始人蒙哥马利（Robert Hiester Montgomery，1872—1953）的传世之作，也是美国历史上第一本审计学著作，被誉为西方审计学“圣经”

识，学术界开始出现怀疑揭弊查错审计目标的声音，普遍赞同审计不能也不应该将揭弊查错作为主要目标。这种态度的转变在蒙哥马利的《审计理论与实践》各版次书中均可以捕捉到：1934年第五版在强调揭弊查错的重要性的同时，强调人的本性在于增大利润、降低费用，审计人员应当审查企业的会计处理是否合适且保守，即是否在该记录费用时记录费用，是否在合适的时刻记录无形资产等。第六版中则提到“控制和发现异常的主要责任在于管理”，这种说法将揭弊查错的责任从民间审计转移到了企业内部，使审计行业的风险降低。(4) 审计职业团体的推动。1934年1月，美国注册会计师协会与证券交易所合作的特别委员会发表了名为《股份公司报表的审计》的文件，建议在审计报告意见段中运用“所附资产负债表和利润表按照公认会计原则……公允地反映了公司的财务状况和经营成果”的表述。1936年，美国注册会计师协会对上述文件进行了修改，发表了修订版《独立注册会计师对财务报表的审查》，明确规定审计师应审查财务报表，特别是利润表，并向股东汇报。至此，“财务报表审计”作为一个具有特定意义的专有名词正式形成，审计目标也正式转向“对财务报表的真实性公允性进行验证和报告”。

然而，20世纪60年代后期开始涌现出大量企业管理人员欺诈舞弊案及针对审计师的诉讼。随着管理人员直接参与的欺诈日益增加，社会对注册会计师应承担揭弊查错责任的呼声越来越高涨。1977年AICPA发布了第16、17号审计准则公告(SAS No. 16、No. 17)。SAS No. 16指出审计人员有责任查出可能对财务报表有重大影响的差错和舞弊行为。SAS No. 17则专门阐述审计人员对于揭露非法行为的责任。不过这两个准则仍然是以财务报表为中心来看待揭弊查错问题，只是在重大舞弊已影响到对财务报表发表意见时才将其列入审计关注的问题。因而可以看出，第16、17号审计准则公告虽然有意承担揭弊查错的责任，但对这种责任的认识还未予以完全肯定，对此责任的接受还较为勉强。

美国证券交易委员会自20世纪70年代开始一直重申和强调，独立审计人员有揭露欺诈的职责，并对此不断施压。此外，美国国会在1977年颁布的《反国外贿赂法》(Foreign Corrupt Practices Act) 旨在禁止美国各公司在同国外进行贸易时付款行贿外国官员的行为。此类法案对审计提出了更高要求。此外，学术界对查错防弊进行了重新认识。莫茨 (Robert K. Mautz) 和夏拉夫 (Hussein A. Sharaf) 在《审计哲学》(*The Philosophy of Auditing*) 一书中指出，审计师在当前目标框架下免除责任的标准模糊，企业内部控制和保证契约的防范作用存疑，审计人员产生疑虑时应该拓展自己的工作范围，已有框架下对审计职业的基本态度可能不利于审计职业发展。

尽管社会各方对审计承担揭弊查错职能的需求愈发增大，执业界在该阶段还没有发展出能够应对企业复杂经济活动的审计技术来实现揭弊查错的目标。因此，该阶段揭弊查错仍然被排除在审计目标之外。在财务报表真实性公允性验证的目标引导下，审计职责侧重于就财务报告是否公允地反映了公司的财务状况与经营成果发表一个具有专家权威性的鉴证意见。因此，审计师必须对其发表意见的正确性和可靠性负责。由于审计此时的目的是满足企业外部与企业有经济利益关系的群体的要求，审计师的责任自然地由委托者扩大至第三者。1976 年的 Ernst & Ernst VS Hochfelder 即为外部投资者对审计师的起诉案。与第一阶段的情况不同，该阶段法院的判决几乎一致向社会公众的要求倾斜，审计责任扩大。在 20 世纪 60 年代后期审计供给显著滞后于审计需求和公众期望的情况下，出现了诉讼浪潮，并伴随着司法判决的加重，审计行业出现了空前的危机。

Hochfelder VS Ernst & Ernst

1976 年，美国联邦第七巡回上诉法院（United States Court of Appeals，Seventh Circuit）受理了一起案件。案件中，被告 Ernst & Ernst 是一个会计公司，负责审计第一证券公司（First Securities Company），并负责编制该公司向 SEC 递交的财务报表。原告是该证券公司的客户 Hochfelder，该客户直接从公司总裁那里购买了某些“保证账户”投资，而该总裁将客户的投资据为己有。为防止贪污行为的暴露，他规定禁止任何人拆开投递给他的信。原告称如果不是被告的疏忽，其应该能够发现这一规定并最终发现总裁的欺诈行为；而且被告在给 SEC 的财务报告中并没有任何关于该保证账户的内容。该案的焦点在于，审计师在审计过程中由于疏忽或过失导致第三方受损害的行为能否被追责。法院在该案中判定，除非原告能够证明被告有恶意，否则被告并不承担责任。

在该案中，法院关于审计师的放任行为能否被追责没有做出判定。但在此案之后，所有联邦上诉法院对此问题都做出了肯定的意见。在相关的案例中，这种放任被定义为“非常不合理的行为，这一行为不仅仅是简单的或者不可原谅的疏忽，还极度偏离通常的谨慎义务的要求，从而将被误导的买方或者卖方置于危险境地，无论行为人对此是否明知或是应该知道”。

三、审计目标的揭弊查错与财务报表真实性公允性验证并重阶段

这一阶段始于 20 世纪 80 年代，以 AICPA 第 53、54 号审计准则公告的发布为标志，于 2002 年 PCAOB 成立时结束。在这一阶段中，审计目标体现为财务报表真实性公允性验证与揭弊查错并重。

面对 20 世纪 60 年代后期审计需求和审计供给的较大差异，会计师职业团体以积极的姿态根据需求探索优化审计供给的方式。AICPA 于 1974 年成立了一个独立的“审计人员职责委员会”，专门调查公众对审计的期望与审计人员认识的差距以及存在的问题。1978 年该委员会出具了一份调查报告，认为注册会计师职业没有对美国商业环境的迅速变化做出相应的反应，报告所提出的建议旨在“使得执业界对今后的环境变化做出更迅速的应对”。1988 年，根据环境的新变化，AICPA 的审计准则委员会又发布了第 53～61 号审计准则公告，其中第 53、54 号分别阐述了审计人员揭露和报告客户舞弊和差错的责任以及揭露非法行为的责任；1997 年 2 月发

布取代第53号审计准则公告的第82号审计准则公告《财务报表审计中对舞弊的关注》，进一步明确注册会计师应承担鉴别和揭露某些舞弊行为的责任；2002年10月发布的取代第82号审计准则公告的第99号审计准则公告，又分别对审计人员揭露差错、舞弊和非法行为作了新的修正，重新突出了审计目标中对揭露差错和舞弊的要求。系列准则公告的发布推动了审计目标的转变。与此同时，通过执业界的探索，审计技术也迅速发展起来，审计需求和供给之间的差距得以减小。

阿姆鲁股份有限公司的会计舞弊事件

20世纪80年代中后期，会计舞弊事件频繁发生，这些事件使投资者和纳税人遭受了损失，引起了社会的普遍关注，反映了愈发强烈的审计需求。阿姆鲁股份有限公司于1980年成立于得克萨斯州，主营业务是销售板墙和橱柜等室内家居产品，于1987年在纽约证券交易所上市，上市后的第一个季度发现净收入达不到预期水平。

为了阻止公司股价可能的大幅下跌，公司经理和主要股东罗伯特·列维（Robert Levin）指示首席会计官通过虚增流动客户数量、虚增期末存货数量和夸大项目完工程度的方式虚增收益。舞弊涉及数额巨大，仅1988年第一季度就通过虚增流动客户虚增了近50%的收益。

1990年，美国证券交易委员会对阿姆鲁公司的财务报表进行了审查，于1991年对阿姆鲁公司以及公司高层进行了处罚，之后对公司的独立审计师普华会计师事务所进行了指控，认为其没有采用“富有成效的审计程序”。

审计目标的转变体现了执业界为消除审计需求和供给之间的差距进而减轻民事赔偿负担做出的努力。当时，美国许多职业服务公司、行业协会、审计师和一般公司专门成立了消除滥诉联盟，通过多方努力，游说国会修改法律以改变滥诉现状。国会最终于1995年通过了《私人证券诉讼改革法案》。与《1933年证券法》和《1934年证券交易法》相比，该法最大的突破就是用“公允份额”的比例责任规则代替了以往的连带责任规则。这一规定改变了过去审计诉讼中的“深口袋逻辑”。

“深口袋”理论

“深口袋”理论（deep pocket theory）指出了投资者因审计风险而提出的补偿要求，在审计方面的应用和发展与保险理论相一致。根据美国《1933年证券法》和《1934年证券交易法》的规定，审计人员与被审计单位就存在重大错弊的财务报表给信息使用者造成的损失负连带赔偿责任。但法律中没有明确界定审计人员的过错，且在实践过程中也很难把审计师的审计责任与上市公司的会计责任区分开来。这样，在更多情况下就促使法官在对上市公司等被告的处罚中倾向于加大审计师的法律责任，判令具有赔偿责任的审计师给予赔偿，此即所谓的“深口袋”理论。

四、审计目标的高强度保证阶段

这一阶段自《萨班斯-奥克斯利法案》对高强度保证审计目标的要求及 2002 年 PCAOB 的成立延续至今，审计目标在揭弊查错与财务报表真实性公允性验证并重的基础上，呈现出高强度保证（high level assurance）的发展趋势，体现了执业界对审计责任认识的不断深化。

21 世纪初，美国陆续爆发了一系列财务丑闻，在一系列公司破产中，审计师都扮演了不光彩的角色（如在安然事件和世通事件中），审计需求和供给之间又一次出现了较大差距。为了缓解差距的扩大，美国政府做出迅速反应，出台《萨班斯-奥克斯利法案》，该法案要求审计师更加谨慎、全面地发表审计意见，同时要求会计师事务所收缩服务范围，对审计失败的处罚条款更加严厉和细化。按照该法案要求，审计行业的监管由 PCAOB 代替，该部门采取独立的态度注重对公众的保护，审计行业进入严格的独立管制时期。在 PCAOB 的准则规定下，审计目标朝着高强度保证的方向发展。在我国，注册会计师审计准则也要求“注册会计师能够对财务报表整体不存在舞弊或者错误导致的重大错报获取合理保证”，其中“合理保证”是指“一种高水平保证”①。

该阶段审计责任随着审计监管的增强而得到强化。在客户遭遇破产或者财务困难的情况下，审计师更难以逃脱被起诉或者赔偿的命运。为了防范审计失败风险，保证行业信誉，审计师必须接受法定的审计责任，以新的审计技术方法达成高强度保证的审计目标。

世通事件

世界通信公司（WorldCom，简称世通）是一家美国的通信公司，20 世纪 90 年代后，该公司迅速成长为全美第二大长途电话公司、全球第一大互联网服务供应商。2001 年，公司高额负债的状况引起美国证券监管机构的关注。2002 年 3 月，SEC 宣布对世通公司过往的兼并事件和公司向 CEO 伯纳德·埃伯斯提供 3.66 亿美元巨额贷款一事进行调查。在董事会和大股东的强大压力下，伯纳德·埃伯斯宣布辞职。新任 CEO 通过内部审计发现，公司存在利润操纵现象。迫于 SEC 的压力，世通公司承认其通过做假账虚增了巨额利润 53.3 亿美元，并在随后又发现了两笔错账，使财务丑闻涉及金额增加到 90 亿美元。2002 年 7 月 21 日，公司申请破产保护。

世通公司的审计师是安达信会计师事务所。世通丑闻曝光后，尽管安达信声称“审计师的工作依赖于世通公司管理层的诚实和正直”，意欲洗脱干系，但世通公司高层认为安达信未能发现世通公司的账目有问题“是难以置信的”。该事件继安然事件后，进一步使安达信丧失信誉，走向破产。世通公司破产给美国乃至世界经济带来了诸多负面影响。首

① 财会〔2010〕21 号。

先，破产造成众多债权银行无法收回贷款。据报道，向世通公司贷款1亿美元以上的债权银行超过50家，这些银行都受到了影响。此外，世通公司股票暴跌使得投资世通公司的纽约州养老基金遭受重创。据统计，纽约州养老基金损失约3亿美元，密歇根州养老基金损失达116亿美元。众多中小股民更是血本无归。世界范围内的股市也随着丑闻的曝光出现股价下跌，如东京股市下跌4%，新加坡股市下跌2.15%。

本章小结　　案例分析　　推荐阅读材料

第二章

审计概念与理论结构

思维导图

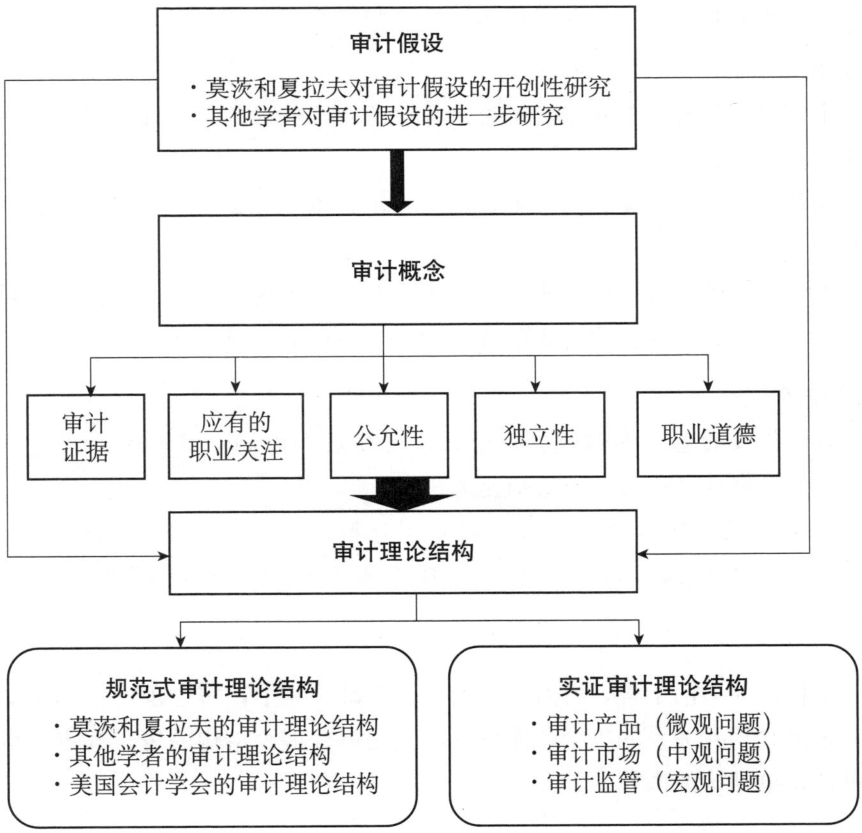

总书记论审计

“审计是党和国家监督体系的重要组成部分。审计机关要在党中央统一领导下，适应新时代新要求，紧紧围绕党和国家工作大局，全面履行职责，坚持依法审计，完善体制机制，为推进国家治理体系和治理能力现代化作出更大贡献。”

——2020 年 1 月 2 日，习近平在全国审计机关先进集体和先进工作者表彰大会上作出的重要指示

素养提升

1. 价值塑造

- 认真学习习近平总书记关于审计的系列重要讲话精神和重要指示，并结合习近平新时代中国特色社会主义思想，充分认识审计在推进国家治理体系和治理能力现代化中的重要作用，从而激发爱国情怀，并立志通过专业知识，成为实现中华民族伟大复兴的中国梦的重要推动力量。
- 通过对审计知识的系统学习，提升职业自豪感和荣誉感，强化社会责任意识，推动公平、正义等社会主义核心价值观的培养和塑造。

2. 知识传授

- 理解审计假设的含义及在审计理论结构中的地位和作用，在此基础上形成对审计理论体系的深刻认识。
- 熟悉审计概念，进而掌握基于审计概念的逻辑推理导出的审计实务遵循的标准、程序和方法。
- 掌握审计理论结构的各组成要素及相互关系整合的内在逻辑，从而加深对审计业务准则、职业道德准则、质量管理准则和审计法律责任的理解。

3. 能力培养

- 理解审计假设的意义和组成、审计概念的发展和内涵、审计理论结构的意义和内容，提升对审计理论架构的认知能力。
- 掌握审计假设的逻辑推理过程、核心审计概念的内涵、审计理论结构的基本框架，提升对审计业务准则、职业道德准则等职业规范的掌握，提高专业胜任能力。

审计作为一门学科，有着坚实的理论基础。其中，审计理论结构是对审计理论各要素及其相互关系的整合，而审计假设是审计理论结构的逻辑起点，审计概念则是审计理论结构的内核。

第一节　审计假设与审计概念

引例

内部控制有效性假设：金亚科技的特殊代码003与006

2018年3月和8月，中国证券监督管理委员会分别对金亚科技和立信会计师事务所进行了处罚。其中没收立信会计师事务所业务收入90万元，并处以270万元的罚款，原因在于立信会计师事务所未发现金亚科技的财务舞弊。金亚科技的会计核算设置了003和006两个账套。003账套核算的数据用于内部管理，以真实发生的业务为依据进行记账。006账套核算的数据用于对外披露，伪造的财务数据都记录于006账套。经核实，金亚科技2014年合并财务报表共计虚增营业收入73 635 141.10元，虚增营业成本19 253 313.84元，少计销售费用3 685 014.00元，少计管理费用1 320 835.10元，少计财务费用7 952 968.46元，少计营业外收入19 050.00元，少计营业外支出13 173 937.58元，虚增利润总额80 495 532.40元，占当期披露的利润总额的比例为335.14%，使金亚科技2014年年度报告利润总额由亏损变为盈利。另外还虚增银行存款217 911 835.55元，在2014年年度报告中虚列预付工程款3.1亿元。

【扩展阅读】
中国证监会行政处罚决定书（金亚科技）

设置两套账，说明其财务报告内部控制本身存在重大缺陷，后来公司发布了“关于对以前年度重大会计差错更正与追溯调整的公告”，进一步印证了其存在财务报告内部控制重大缺陷。内部控制重大缺陷的存在，在一定程度上意味着失去了控制测试的前提条件，从而导致后续的审计行为出现过失。

如本节引例所述，金亚科技财务舞弊的发生与其财务报告的内部控制存在重大缺陷有关。对审计而言，这意味着一个重要审计假设的缺失，即有效的内部控制能够减少错误或舞弊行为的发生。皮之不存，毛将焉附。审计假设是审计理论结构的逻辑起点，审计的概念、原则、程序和方法等必须建构于审计假设之上。本节首先对审计的基本假设进行综述，进而对审计的核心概念进行梳理与界定。

第一节
即测即评

一、审计假设

假设（postulates or assumptions）是人们在长期的实践工作中归纳总结出来的，由概念、判断和推理构成的逻辑关系以及这些逻辑关系的高度抽象。莫茨和夏拉夫认为，假设具有以下基本特征：（1）假设是任何知识学科的发展所必需的；（2）假设是不能予以直接自我验证的；（3）假设是推论的基础；（4）假设是建立任何理论结构的基础；（5）假设的合理性会面临知识更新的挑战。

审计假设亦如此。审计假设是人们在审计实践活动中对审计特征的感性认识，是一种经验结果或为了理论推导而设定的，是不证自明的公认之理或“当然”之理。基于审计假设的逻辑推理，可以得出一套结构严谨的审计概念，并由此形成审计理论结构。审计假设的研究始于 20 世纪 60 年代，形成了多种不同的代表性观点，以下简述之。

（一）莫茨和夏拉夫对审计假设的开创性研究

莫茨和夏拉夫于 1961 年对审计假设的研究做出了开创性的贡献。他们认为，审计的基本假设应包括以下八条：

（1）财务报表和财务数据是可验证的（verifiable）。该假设意味着存在判断财务报表和财务数据形成过程合理性的客观标准，审计人员能在合理的时间、人力和成本范围内取得足够的证据并得出有效的结论。如果作为审计对象的财务报表和财务数据是不可验证的，则审计的存在就失去了必要性。这一基本假设确立了审计存在的意义及其主要目的，并为建立审计方法和审计程序提供了明确的目标。

（2）审计人员和被审计单位管理层之间没有必然的利益冲突（interest conflict）。该假设意味着审计须建立在可避免利益冲突的假设之上，审计的主体应保持超然独立（independent）的地位，才能公正地审查和对财务报表的公允性发表审计意见。如果审计人员与被审计单位之间存在必然的利益冲突，审计的独立性就无法保障，审计的价值将不复存在。基于该假设，审计职业道德准则的发展和演变必然以独立性规则（rules of independence）为核心。

（3）提交验证的财务报表和其他资料不存在串通作弊（collusion）和其他异常行为（deviant behavior）。如果认为被审计单位存在共谋和其他舞弊行为，其送审的资料必然不可能反映被审计单位的经济实质，串通舞弊现象虽然是存在的，但毕竟是少数的特殊现象，一般的审计程序和审计方法应建立在无共谋舞弊现象的假设上。在早期，审计职业界普遍认为，揭弊查错是企业管理当局的职责，认为不仅采用抽样审计的方法难以揭露舞弊行为，即使采用详细审计的方法，要将舞弊差错全部揭露出来也是不可能的。然而，正如本书第一章所述，20 世纪 60 年代后期开始涌现的大量企业管理人员欺诈舞弊案及针对审计师的诉讼表明，社会对审计人员应承担揭弊查错责任的呼声越来越高涨，该假设的合理性和正确性正面临严峻的挑战。

（4）完善的内部控制制度（internal control）可降低舞弊发生的可能性。该假设对审计效率和审计方法的影响至关重要，只有建立在该假设基础之上，审计人员才可以通过控制测试减少对会计数据和经济活动的实质性程序。

(5) 会计原则的一贯应用可使被审单位的财务状况、经营成果和其他财务状况变动得到公允表达(fair presentation)。会计原则通常是经政府认可而被广泛接受的会计处理及财务报表编制的标准,遵循一般公认会计原则(general accepted accounting principle)意味着能公允地反映企业的财务状况和经营成果。这一审计基本假设确立了对审计对象衡量的标准,否则审计工作就无法做出是非优劣的判断。

(6) 如果没有明确的相反证据,对被审计单位来说,过去被认为是正确的事项将来也将被认为是正确的。该假设与会计的持续经营假设及会计分期假设相对应,它意味着期初余额是可信的,审计人员一般只承担鉴证本期业务的真实性的责任。这个假设说明,当期审计应以当期的审计对象为内容,只有在出现了相反的证据时,才有必要对期初余额进行追溯性审查。

(7) 审计师完全有能力独立地审查财务资料并提出报告。该假设意味着,为了确保审计服务的独立性,审计人员在接受审计业务委托时,就不能再接受同一家客户其他会影响审计独立性的业务委托,如管理咨询、会计服务等。这样审计人员除了可以达到形式上的独立性(independence in appearance),还可以保持实质上的独立性(independence in fact),从而使其发表的意见更正确可靠,更能提高被审计财务报表的可信性。

(8) 独立审计人员承担的职业责任(professional responsibility)与其职业地位(professional status)相匹配。该假设意味着审计职业地位的取得与其所承担的职业责任具有高度的相关性;当然,该假设并不意味着审计人员所承担的职业责任是无限的,事实上职业责任是与其职业地位相对应的。

不正当的“亲密友谊”:安永会计师事务所被罚款930万美元

2016年9月19日,SEC对四大会计师事务所之一的安永处以930万美元罚款,因该公司审计合伙人与两家重要客户的关系过于密切,违反了旨在确保公正审计的规定。

SEC调查发现,安永纽约审计团队前高级合伙人格雷戈里·贝德纳(Gregory Bednar)与客户的首席财务官“维持着不正当的亲密友谊”。格雷戈里·贝德纳拿出逾10万美元款待一家审计客户的首席财务官及其儿子。在这起案件中,安永同意支付497.5万美元罚款,前安永合伙人格雷戈里·贝德纳必须支付4.5万美元罚款,并被暂停执业3年。

安永另一个审计团队的前合伙人帕梅拉·哈特福德(Pamela Hartford)与房地产投资信托公司Ventas的首席财务官罗伯特·布雷勒(Robert Brehl)保持恋爱关系,后者在2014年离开了任职公司。哈特福德的上级——安永合伙人迈克尔·卡缅斯基知晓两人的关系,但未能展开合理调查,或在内部提出关切。安永同意为此案支付436.6万美元,哈特福德和布雷勒同意各自支付2.5万美元罚金。哈特福德和卡缅斯基都被暂停执业3年,布雷勒被暂停执业1年。

SEC表示,安永意识到了这两段不恰当关系,但未采取任何行动。SEC执法部主任安德鲁·塞雷斯尼表示："安永没有采取足够举措来察觉或者阻止这些合伙人与客户建立过于亲密的关系，违背了他们作为独立审计人员的角色要求。"安永在和解协议中既未承认也未否认SEC的指控。安永发言人表示，此案件牵涉的个人"违反了多项安永的政策，隐瞒了他们的行为，而这种行为有违安永的行为、文化、价值观、政策和培训全球守则"。按照监管规则，审计人员被禁止与客户关系过密，这样的情况违反了审计机构的独立性原则。

此案例涉及一个审计假设，即审计人员与被审计单位之间没有共同利益或利益冲突，否则会损害审计师的客观和公正，也难以赢得社会公众的信任。

资料来源：刘芳.930万美元！首道"非常关系"天价罚单出笼始末.21世纪经济报道，2016-09-29（11）.

（二）其他学者对审计假设的进一步研究

正如莫茨和夏拉夫在提出审计假设时所强调的那样，必须对这些基本假设不断地加以重新审阅，以确定它们在新的环境下是否能继续成立。前已述及，莫茨和夏拉夫所提出的八项审计假设是开创性的，它对后来的研究产生了深远的影响，后来的学者通过将其顺序略作改动、将其条目进行增删，或改变表述方式等对审计假设进行了进一步的研究。

汤姆·李（Tom Lee）于1972年在《公司审计》一书中发展了莫茨和夏拉夫所提出的审计假设，他基于"动因—行为—职能"的框架将审计假设分成3类共13条：（1）审计必要性假设。1）企业对外提供的会计信息缺乏足够的可信性，股东和其他报告使用者没有充分的理由相信这些会计信息；2）提高企业财务报表中的会计信息的可信性是审计的最基本任务；3）审计是提供会计信息可信性的最佳手段；4）通过审计，会计信息的可信性是可以提高和验证的；5）企业利害关系人对会计信息的可信性是持怀疑态度的。（2）审计行为假设。1）审计师与管理部门之间的冲突并不妨碍审计的实施；2）法律并不限制审计师的行为；3）审计师在精神上和地位上是独立的；4）审计师能承担所胜任的审计任务；5）审计师能对其工作和意见的质量负责。（3）审计职能假设。1）审计可以获取充分可靠的审计证据，并以适当形式在合理的时间和成本范围内进行审计；2）内部控制的存在可使会计信息避免重大的错误和舞弊；3）公认会计概念与基础的适当和一致运用，可以使财务报表公允表达。

戴维·费林特（David Flint）则基于受托责任关系，于1983年在其出版的《审计理论导论》中提出了7条审计假设：（1）受托经济责任或公共责任关系是审计需求的首要条件；（2）经济责任的含义非常重要，但它是模糊且复杂的，如果没有审计很难解除经济责任关系；（3）审计必须具备的特征是其地位的独立性和在调查与报告过程中免受约束；（4）审计的内容以及与这些内容相关的事实或说明，都可被审计证据予以证实；（5）可以对行为、业绩、成果和信息质量确定责任标准并进行计量，然后对照标准做出判断；（6）被审计单位的财务报表和其他报表的含义和目的是充分的和清晰的，审计可以对其可信性做出充分表达；（7）审计可以产生经济效益或社会效益。

C. W. 尚德尔（C. W. Schandl）在《审计理论——评价调查和判断》一书中基于审计证据的评价过程提出了5条审计假设：（1）审计目的假设。收集和评价证据的范围、性质与标准都取决于审计目的。（2）审计判断假设。确定审计活动的目的要求有一个中间的或最终的决定，它使判断或意见成为必要。（3）审计证据假设。过去、现在或预计的证据是进行一项审计所必需的，没有证据就不能形成审计意见。（4）审计标准假设。存在一种抽象的，但能使审计师做出陈述、意见或判断的标准系统。标准是形成审计意见、进行审计的必要条件。（5）审计传输假设。可以通过记忆或外界的存在将数据传输给其他人，且这些数据是有意义的。没有它们就不可能有理解、评价或判断。

打破审计证据充分性假设：信永中和会计师事务所被罚款300万元

【扩展阅读】
中国证监会行政处罚决定书（乐视网）

2022年4月18日，证监会对信永中和会计师事务所及2名注册会计师进行了处罚，其中没收信永中和会计师事务所业务收入150万元，并处以300万元的罚款。原因是信永中和会计师事务所及2名注册会计师没有发现乐视网的财务报表存在虚假陈述。具体表现在：信永中和会计师事务所在对乐视网2015年度财务报表进行审计时，未对广告业务“销售与收款循环”内部控制中的重要环节进行穿行测试；未执行控制测试；IT审计测试——方舟系统的审计结论缺少证据支持；未对广告业务收入设计有针对性的审计程序；未有效执行应收账款函证替代程序。信永中和会计师事务所在对乐视网2016年度财务报表进行审计时，对乐视网内部生成的信息，未获取充分、适当的审计证据证明内部生成信息的可靠性、完整性与准确性；营业收入实质性程序中，对于发现的异常情况，注册会计师未采取进一步审计程序以获取充分、适当的审计证据；营业收入实质性程序中，部分测试样本计算的广告实际投放收入与订单金额存在重大差异，注册会计师未采取进一步审计程序以获取充分、适当的审计证据。

上述审计失败与尚德尔提到的一个审计假设相关，即“过去、现在或预计的证据是进行一项审计所必需的，没有证据就不能形成审计意见”。在本案例中，注册会计师未取得充分可靠的审计证据导致注册会计师发表了错误的意见。

综上所述，审计假设是审计理论结构的基础和重要组成部分，不仅有助于完善审计理论结构的内在逻辑，也是审计实践的合理性的重要前提。如完善的内部控制可降低舞弊发生的可能性假设就是风险导向审计的重要前提，评估被审计单位重大错报风险其中一个重要方面就是评估被审计单位的控制风险。审计人员和被审计单位管理层不存在利益冲突假设就是审计独立性要求存在的前提和原因。会计原则的一贯应用可使被审计单位的财务状况、经营成果和其他财务状况变动得到公允的表达假设就是财务报表审计所使用的标准，也是会计准则的前提和基础，等等。

二、审计概念

在任何完善的理论结构中，概念均占据着重要的地位。审计概念亦如此，它是审计理论结构的内核，对审计概念的逻辑推理可以导出审计实务所需遵循的标准、程序和方法。由核心审计概念组成的概念体系是一个多层次、复杂的框架，概念之间存在众多相互关系。莫茨和夏拉夫在《审计哲学》中提出了 5 个审计核心概念：审计证据、应有的职业关注、公允性、独立性和职业道德，以下简述之。

（一）审计证据

审计证据（audit evidence）是审计师为了得出审计结论和形成审计意见而使用的信息，它包括构成财务报表基础的会计记录中所包含的信息和其他信息。审计过程实质上就是收集、审查、评价和运用审计证据的过程。审计证据的收集与评价过程如图 2-1 所示。

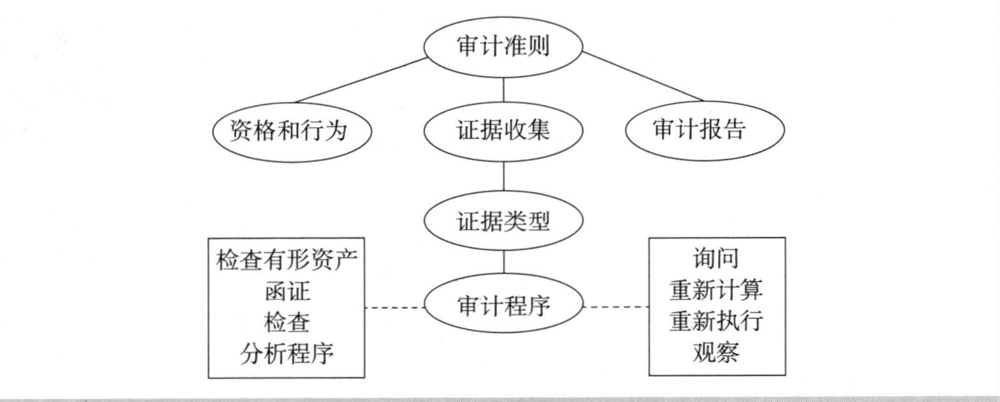

图 2-1　审计证据的收集与评价过程

审计师应当运用专业判断，确定审计证据的充分性（sufficiency）和适当性（appropriateness）。充分性是对审计证据数量的衡量，是指审计证据的数量足以使得审计师形成审计意见；适当性是对审计证据质量的衡量，即审计证据在支持审计意见所形成的结论方面具有相关性（与审计目标相关联）和可靠性（能如实反映客观事实）。

审计证据严重缺乏：中磊会计师事务所被撤销证券服务业务许可

2013 年 10 月 8 日，证监会和财政部决定撤销中磊会计师事务所（简称中磊所）证券服务业务许可。究其原因，中磊所就万福生科上市前三个年度（2008—2010 年度）和上市后最近一期（2011 年上半年）财务报表出具了标准无保留意见的审计报告，但是，中磊所及其注册会计师在审计万福生科 IPO 财务报表的过程中，未对万福生科 2008 年末和 2009 年末的银行存款、应收账款余额进行函证，也未执行恰当的替代审计程序。其中，银行存款函证程序的缺失导致中磊所未能发现万福生科虚构一个桃源县农信社银行账户的事实，万福生科 2008 年以该银行账户虚构资金发生额 2.86 亿元，其中包括虚构收入回款约 1 亿元；应收账款函证程序的缺失导致中磊所未能发现万福生科 2008 年、2009 年虚增收入的事实。因此，中磊所在未通过实施有效的审计程序并获取充分适当的审计证据的情况下为万福生科出具了标准无保留意见的审计报告，在万福生科欺诈上市的过程中未能起到应有的鉴证作用。该案例涉及获取审计证据的审计程序的使用问题以及审计证据的特征等问题。

【扩展阅读】
中国证监会行政处罚决定书（万福生科）

一般而言，当审计证据的相关与可靠程度较高时，所需审计证据的数量较少。审计师获取审计证据时，可以考虑成本效益原则，但对于重要审计项目，不应将审计成本的高低或获取审计证据的难易程度作为减少必要审计程序的理由。对审计过程中发现的尚有疑虑的重要事项，应进一步获取审计证据，以证实或消除疑虑；如在实施必要的审计程序后，仍不能获取所需的审计证据，或无法实施必要的审计程序，应出具保留意见或无法表示意见的审计报告。

获得审计证据的具体审计程序主要包括检查、观察、询问、函证、重新计算、重新执行和分析程序等，本书第三章将对这些具体审计程序进行较为详细的论述。这些具体审计程序基于审计的不同阶段和目的单独或组合起来，可用作风险评估程序、控制测试和实质性程序。不同类型的具体审计程序获取的审计证据的相关性和可靠性存在一定的差异，如表 2-1 所示。

表 2-1　具体审计程序与审计证据的性质

获取审计证据的具体审计程序	提供者的独立性	客户内部控制的有效性	审计师的专业知识	提供者的资质	证据的客观性
检查有形资产	高（审计师执行）	变化	高	正常较高（审计师执行）	高
函证	高	不适用	低	变化（正常较高）	高
检查	变化——外部文件比内部文件的独立性强	变化	低	变化	高
分析程序	高/低（审计师执行/客户提供信息）	变化	低	正常较高（审计师执行/客户提供信息）	变化——正常较低
询问	低（客户提供）	不适用	低	变化	变化——由高到低
重新计算	高（审计师执行）	变化	高	高（审计师执行）	高
重新执行	高（审计师执行）	变化	高	高（审计师执行）	高

续表

获取审计证据的具体审计程序	提供者的独立性	客户内部控制的有效性	审计师的专业知识	提供者的资质	证据的客观性
观察	高（审计师执行）	变化	高	正常较高（审计师执行）	中等

（二）应有的职业关注（谨慎）

缺乏应有的职业关注（谨慎）：立信会计师事务所及2名注册会计师被处罚

【法规链接】
《中国注册会计师职业道德守则第1号——职业道德基本原则》

2018年8月6日，证监会发布公告，立信会计师事务所及2名注册会计师因在金亚科技审计中未勤勉尽责，出具了存在虚假记载的审计报告被处罚。经核查，金亚科技披露的2014年合并财务报表虚增银行存款217 911 835.55元，虚增营业收入73 635 141.10元，虚增营业成本19 253 313.84元，虚增预付工程款3.1亿元。而立信所在对金亚科技2014年度财务报表审计时，未保持应有的职业谨慎，出具了存在虚假记载的审计报告，具体来说，立信所未按要求执行货币资金的函证程序；销售与收款循环函证程序不当，未关注重大合同的异常情况，包括应收账款函证程序不当、对重大合同的异常情况，未保持合理的职业怀疑；采购与付款函证程序不当，审计工作底稿中“发函清单”显示共发出28份函证，其中13份（占函证的46.43%）存在发函地址与发票地址不一致等异常情况，但立信所未关注上述异常情况；3.1亿元预付工程款的审计程序不当，立信所取得的3.1亿元预付工程款的银行对账单系金亚科技伪造并提供，在合同涉及金额较大，且合同形式存在不完备的情况下，立信所未特别关注，未保持合理的职业怀疑，未考虑到因管理层舞弊可能导致的重大错报风险。

应有的职业关注（谨慎）(due professional care or skepticism) 是审计执业过程中非常重要的一个基本概念，也是在审计准则和司法判决中常见的关键术语与标准，但其准确含义至今仍存在争议。应有的职业关注这一概念最早源于法庭的判决。在英国Cooleyon Tort一案的法庭判决中，法官认为，应有的职业关注包含：(1) 拥有与其提供的服务相适应的技能；(2) 要小心谨慎地运用其技能；(3) 保证忠诚和公正。审计职业界一般认为，应有的职业关注是指审计师应持有慎重的实务观念，理智地运用所拥有的知识，在日常的执业中拥有并能运用合理的技能，认识并适当注意自己的经验，做出相当于社会合理期望水平的判断。通常而言，应有的职业关注可分为两部分：(1) 对人的标准，即要求审计师树立谨慎的观念；(2) 对事的标准，即要求审计师在不同情况下确立审计工作应关注的重点。

偏离应有的职业关注可能导致的审计人员的法律责任包括过失 (negligence)

和欺诈（舞弊，fraud）。其中，欺诈在司法判断中一般不易引起争议，但对过失的判决则相当主观，问题的焦点就在于对应有的职业关注的遵循程度。审计师因未保持应有的职业关注引起的过失，依情况的严重程度可分为一般过失（ordinary negligence）和重大过失（gross negligence）。前者是指审计师在执业过程中缺乏合理的关注，即未严格按照审计准则的要求从事审计工作；后者是指审计师在审计过程中缺乏最起码的关注，即在审计工作中未能遵守审计准则的最低要求，具体如表 2－2 所示。图 2－2 说明了审计人员的过失、欺诈与职业关注的关系。本书第四章的审计责任部分将对过失与欺诈展开进一步的讨论。

表 2－2　偏离职业关注导致的审计法律责任

偏离应有的职业关注导致的审计法律责任	含义
普通过失	在特定情况下缺乏人们期待的合理关注。评价审计人员是否缺乏合理关注，要根据在相同情况下其他具有胜任能力的审计人员将会怎样做来判断。
重大过失	缺少人们期待的最起码的关注，相当于草率行为。
共同过失（contributory negligence）	在审计人员的过失行为中包括受害方自己也未能保持合理的关注。
推定欺诈（constructive fraud）	虽非蓄意欺诈或伤害他人，但存在极端或不同寻常的过失。推定欺诈也可以定义为草率的行为：尽管不是蓄意欺诈报表使用者，但明知没有执行充分审计，却仍然发表了审计意见。
欺诈	对于发生的错报，既知道其虚假性，又进行蓄意欺诈。

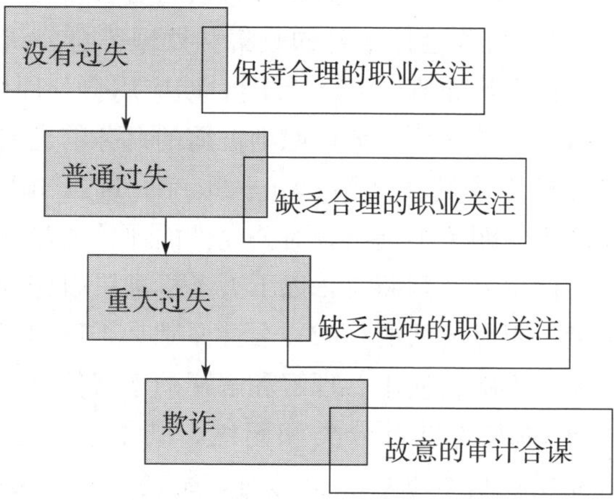

图 2－2　过失、欺诈与职业关注的关系

（三）公允性

追本溯源，公允是从法律上引申过来的一个术语，用来定义一种既是平等的又是公正的状态。股份制所引发的公司股东的分散化及利益相关者的多元化，导致公允这一法律与道德观念开始进入会计领域。1844 年，英国《股份公司法》（Joint Stock Companies Act）首次提出，公司的资产负债表必须是“充分和公允”（full and fair）的，但它没有对“充分和公允”进行界定。1845 年，英国《公司章程法》（Companies Clauses Act 1845）要求资产负债表是一份“真实的报表”（a true statement），损益表需显示“清楚的盈亏”（a distinct view of profit or loss）。至于何为“真实或清楚”，在公司法内并没有相关解释或指引。

1944 年，英格兰与威尔士注册会计师协会（Institute of Chartered Accountants in England and Wales）又提出应该采用“真实和公允”（true and fair）的原则。1947 年，英国特许会计师公会（The Association of Chartered Certified Accountants）建议用“真实和公允”代替“真实和正确”，同年英国《公司法》将“真实和公允”的概念纳入其中。随后，1967 年的英国《公司法》又规定：审计师应当在审计报告中说明财务报表是否符合“真实和公允”的观点。1978 年，欧共体（EEC，欧盟的前身）发布的第 4 号理事会令中，将“真实和公允”作为衡量财务报表的最高标准，并提出，当执行某一条款无法达到所要求的“真实和公允”时，应当放弃执行这一条款，并在注释中进行说明。为配合欧共体的理事会令，其主要成员国如法国、德国等国家随后相继修改了本国的公司法，以体现“真实和公允”的观点。

莫茨和夏拉夫在《审计哲学》一书中论述“公允”时指出，公允这一概念包括三个层次：会计处理恰当、充分揭示和审计责任。贝克奥伊（2004）指出，“虽然公允判断的确切定义还不够具体和清楚，但在会计中它已经被认定是理所当然的”，它已成为会计信息能否被接受者信任的先决条件。美国会计原则委员会（Auditing Principles Board，APB）认为，若财务报表符合公认会计原则，那么就达到了所谓的“公允性”：（1）财务会计信息的收集和处理符合公认会计原则；（2）账簿中信息的描述符合公认会计原则；（3）不同时期应用会计原则的情况得到了适当披露；（4）财务报表格式和符合公认会计原则披露的财务信息要求之间的有限矛盾得到了解决。美国审计准则委员会（Auditing Standards Board，ASB）在其 1975 年颁布的第 5 号审计准则说明书中提出，对公允性的评价并没有一套较好的衡量标准，但审计师对公允性做出专业判断时，以下五条标准可以作为判断基础：（1）所选择和运用的会计政策是否是公认的；（2）会计原则是否适用于环境；（3）财务报告及附注是否包括可能会影响其使用、理解和解释的丰富信息；（4）财务报告中所包含的信息是否以合理的方式进行分类和归纳，既不会太过于详细也不会过于简单；（5）财务报告在反映基本事项和交易时，是否以一种可接受的方式来表述财务状况、经营成果和财务状况变动。国际会计准则委员会（International Accounting Standards Committee，IASC）在 1985 年发布的《财务报表编制的概念结构》（Framework for the Preparation and Presentation of Financial Statement）中指出：“财务报表经常被描述为：按真实和公允的观点反映（或公允表述）了财务状况、经营成果和财务状况的变动。虽然本概念结构没有直接指明这些概念，但在财务报表中运用相关性和可靠性两个质量特征，运用恰当的会计准则，一般就能达到按真实和公允的观点加以表述的结果。”

审计职业界对于“真实和公允”概念的理解与解释并未完全得到司法界的认同。在大量的司法判例中，法院的判决并不以是否符合公认会计原则为衡量标准，而依然坚持揭弊查错是审计师责任的思想。尽管关于“真实和公允”的定义与解释存在一定的争议，但不可否认，它仍然是审计中一个重要且关键的概念。

雷曼会计操纵案

2010年3月11日，美国破产法院指派的调查人沃鲁卡斯提交了一份长达2 200页的调查报告，其中长达300余页的对雷曼会计操纵的描述最引人注目。雷曼是利用资产转移操纵财务报表的，在季末把优质资产以较高的折价出售给第三方，再定期赎回，从而暂时把资产移出资产负债表，降低自身的财务杠杆。雷曼选择出售优质资产而非流动性差的资产，一个重要的原因是处理流动性差的资产损失大，处理220亿美元资产，损失达7.5亿美元，更重要的是，低价出售资产会影响对剩余资产的估值。也就是说，雷曼表面上看是折价出售优质资产，但同时避免了减值准备的计提，从而操纵了利润表。雷曼的会计处理实质上并没有公允反映财务状况。雷曼希望自己的回购交易被认可为销售，而FAS 140规定金融资产转移作销售处理的条件是资产隔离（法律上真实出售）、受让方有权转让、出让方没有控制。雷曼根据这些具体要求一一作了应对。在资产隔离问题上，由于美国没有法律服务者提供法律真实出售的意见，雷曼通过欧洲的子公司进行交易，并从年利达律师事务所取得了真实出售法律意见；在受让方有权转让问题上，雷曼用于回购交易的证券是易于获得的证券，即市场存在、资产正规交易或资产有流动性，并在牌价公开或可以通过其他渠道验证的市场上交易，保证买方可以在回购期内出售资产，回购期结束后随时再次获得。雷曼会计操纵很大程度上都是由于经营失败，融资困难，被迫粉饰报表。

（四）独立性

独立性（independence）是审计价值的形成基础。关于独立性的概念，AICPA职业道德委员会前主席托马斯·G. 希金斯（Thomas G. Higgins，1962）认为，审计师必须拥有的独立性实际上有两种，即形式上的独立性和实质上的独立性，这也是目前较为普遍接受的看法。形式上的独立性是指审计师必须与被审查企业或个人没有任何特殊的利益关系；形式上的独立性又可进一步分为组织上的独立性、经济上的独立性与人员上的独立性三种。实质上的独立性又称为精神状态、一种自信心以及在判断时不依赖和屈从于外界的压力和影响。它要求注册会计师在执业过程中严格保持超然性，不能主观袒护任何一方当事人，尤其不应使自己的结论依附或屈从于持反对意见的利益集团或人士的影响和压力。

"没一罚六"！深圳堂堂会计师事务所迎来监管重罚

【法规链接】

《中国注册会计师职业道德守则第 4 号——审计和审阅业务对独立性的要求》

2022 年 2 月 25 日，中国证监会发布公告，对深圳堂堂会计师事务所（以下简称堂堂所）在*ST 新亿的审计执业中的违法违规行为进行了处罚，没收堂堂所业务收入 1 970 297.01 元，处以 11 821 782.06 元的罚款，并暂停从事证券服务业务 1 年。其中，一个重要的原因就是审计独立性缺失，具体包括：（1）承诺对*ST 新亿 2019 年度财务报表不出具否定或无法表示意见的审计报告并约定或有费用；（2）承诺对因签字导致的行政处罚给予赔偿；（3）承诺支付居间费；（4）违规修改审计报告内容导致出具的审计报告存在虚假记载和重大遗漏。堂堂所上述行为不符合《中国注册会计师职业道德守则第 4 号——审计和审阅业务对独立性的要求》第一百五十九条的规定。

为发展一个在理论上内在逻辑一致的独立性概念框架，SEC 授权独立性准则委员会开展独立性概念框架的研究。独立性准则委员会于 2000 年 11 月发布了《审计人员独立性概念框架》，2018 年国际会计师联合会（International Federation Accountants，IFAC）发布的适用于执行公共业务审计师的独立性准则也主要借鉴了这一内容和思路。独立性概念框架的具体内容如图 2－3 所示。

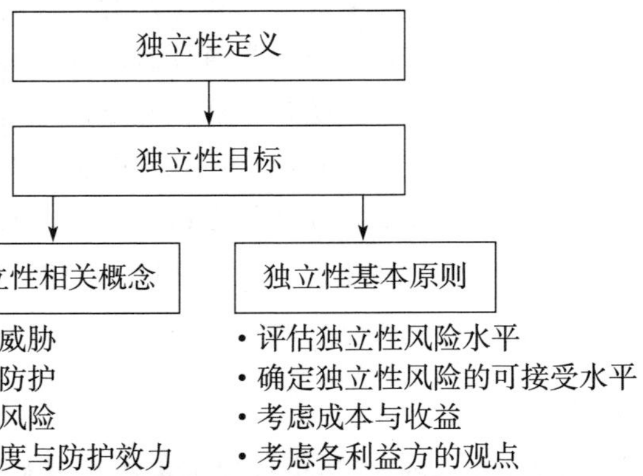

图 2－3　独立性概念框架

在独立性相关概念中，独立性威胁包括自我利益威胁（self-interest threats）、自我复核威胁（self-review threats）、拥护/倡导威胁（advocacy threats）、熟悉/信任威胁（familiarity/trust threats）和胁迫威胁（intimidation threats）。独立性防护则包括禁止、限制、披露、政策、程序、惯例、准则、规则等制度安排和环境条件。审计独立性风险随着独立性威胁的出现而增大，但可以用防护措施加以减轻或消除。特定独立性威胁的程度依赖于许多因素，包括导致威胁的活动、关系及其他情形的性质，感受到的压力大小，所涉人员的职位、职员层次及其正直性。防护效力则取决于防护措施的设计是否能满足目标、如何实施、实施的惯性、由谁来实施、适用对象等。独立性基本原则包括评估独立性风险水平、确定独立性风险的可接受水平、考虑成本与收益、考虑各利益方的观点。

独立性在性质上是审计人员的行为约束与审计职业的核心价值的统一。审计独立性的复杂性产生于审计过程中各方力量博弈的对比。戈德曼与巴列夫（Goldman & Barlev，1975）最早提出审计人员与管理当局的冲突模型。他们认为，审计师在面临管理当局压力时的（独立性）行为取决于审计师和管理当局的力量对比。管理当局的力量在于有权解雇审计师，对审计师的影响主要是经济上的。而审计师的力量取决于服务的性质、对客户的依赖和职业道德准则三个方面，具体如图 2-4 所示。

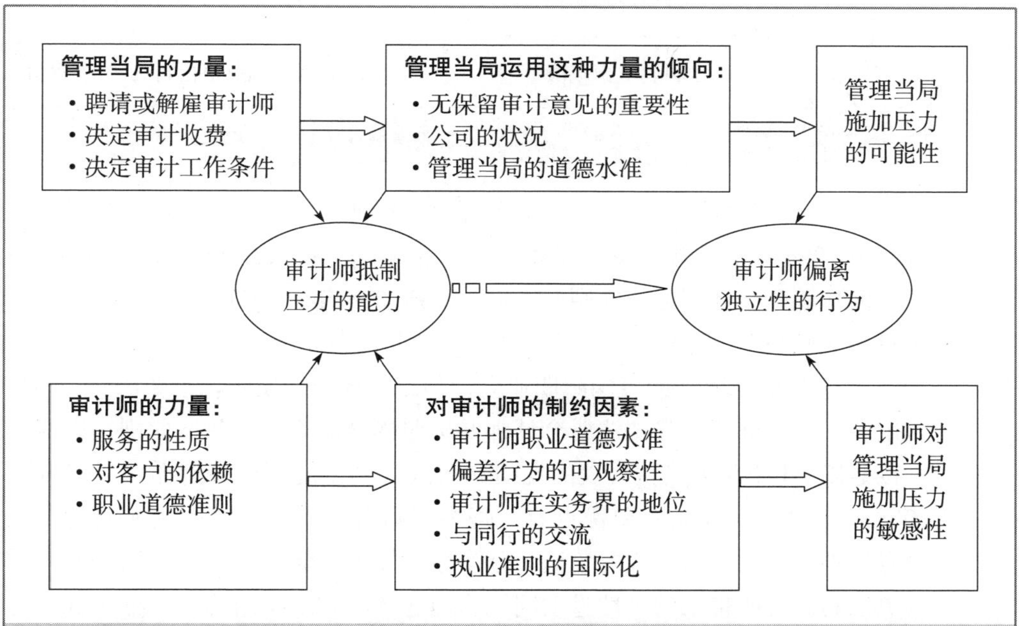

图 2-4　审计师偏离独立性的冲突模型

（五）职业道德

按照安德鲁·阿伯特（Andrew Abbott，1988）提出的职业理论（theory of profession），任何一项职业的产生、维系与发展都必须发展出一套随社会环境的变化而不断变化的抽象知识（观念）体系以保护和发展该职业的职责范围。对于审计职业来说，职业道德（ethical conduct）及其标准的制定与实施就是该职业的抽象观念体系的重要组成部分。这些知识为审计师和社会公众更好地理解和治理职业道德问题提供了统一的边界，从而可迎接职业环境变化所带来的机遇和挑战。

【法规链接】
《中国注册会计师职业道德守则第 2 号——职业道德概念框架》

围绕着审计职业道德行为，世界各主要审计职业团队都提出了框架结构，其中

AICPA 下属的职业道德部制定的《职业道德行为准则》（Code of Professional Conduct）最为全面而详细，AICPA 的《职业道德行为准则》在结构上分为四个层次：职业行为原则（principle of professional conduct）、职业行为规则（rule of professional conduct）、行为规则解释（interpretation of rules of conduct）及职业道德裁决（ethics rulings），具体结构如图 2－5 所示。

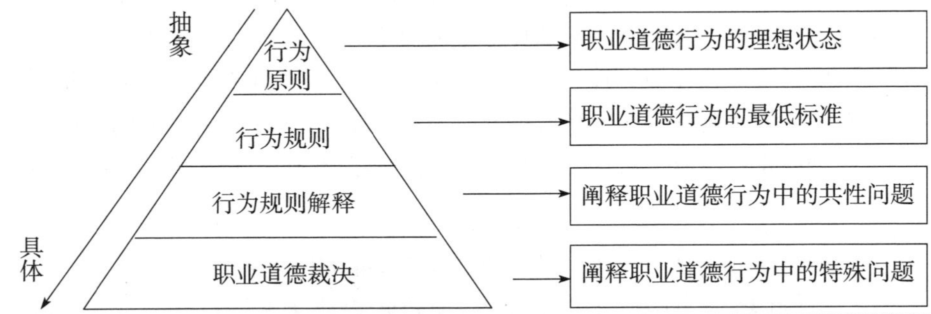

图 2－5　AICPA《职业道德行为准则》框架

国际会计师联合会国际职业会计师道德准则委员会为了协调国际间职业道德规范，于 1996 年 7 月首次发布了基于概念框架法（conceptual framework approach）的《国际职业会计师道德守则》，并先后于 1998 年、2001 年、2004 年、2016 年几次对该守则进行了修订，其中 2004 年首次发布了基于概念框架法的道德守则。2018 年 7 月最新版本的《国际职业会计师道德守则》发布，于 2019 年 6 月 15 日开始生效。概念框架法强调注册会计师要按照概念框架法对基本原则加以应用，而不是按照以 AICPA 为典型代表的规则导向法对具体规则机械遵循（Michael Groom，2002）。概念框架法的主要优点有：基本原则由合乎逻辑的指南所支持，能避免对没有特别禁止的行为方式的争论；基本原则简单易懂，几乎能应用于所有情形，以避免规则导向所带来的刚性过度问题；商业环境和组织结构总是处于变化之中，只有建立原则导向的概念结构才能应对这一变化，而规则导向法则需要更加全面的规则，并不断更新；概念框架法认识到，审计师不能做到完全免于任何威胁，所能做的就是要使对遵循基本原则的威胁降低到不重要的水平；好的指南应该具有前瞻性，这就要求审计师在遵循准则的同时能够发现和确认风险；免于重大的威胁本身不是最终目的，而是达到最终目的应当采取的手段，最终目的是要提供高质量的鉴证服务。

2018 版《国际职业会计师道德守则》包括四部分内容：第一部分是守则遵循、基本原则与概念框架（complying with the code，fundamental principles and conceptual framework），它规定了包括正直（integrity）、客观性（objectivity）、专业胜任能力和职业关注（professional competence and due care）、保密（confidentiality）、职业行为（professional behavior）在内的五项职业道德基本原则，并规定概念框架法是帮助职业会计师遵循基本原则的方法。第二部分是适用于受雇会计师的职业道德规范（professional accountants in business）。该部分涵盖了受雇会计师可能面临的威胁与防护（threats and safeguards）、潜在冲突（potential conflicts）、信息的表述与报告（preparation and reporting of information）、充分的专业能力（acting with sufficient expertise）、财务利益（financial interests）、诱因（inducements）等。第三部分为仅适用于执行公共业务的审计师的职业道德规范（professional accountants in public practice）。第四部分为仅适用于执行公共业务的审计师的独立性准则（international independence standards），它又分为审计与复核业务的独立性准则（independence for audit and review engagements）以及审计与复核业务以外的认证服务独立性准则（independence for assurance engagements other than audit and review engagements）。

利益冲突：注册会计师应履行保密责任吗？

20 世纪 80 年代，美国发生了一起涉及注册会计师保密责任的案件，即范德有限公司诉安达信会计师事务所案。范德有限公司是一家合资投资公司。20 世纪 70 年代末，该公司拟大量投资石油和天然气的开发，以开展多元化经营，根据与金氏资源公司签订的协议，范德公司付款 9 000 万美元用于购买 400 多项自然资源，协议规定全部资源将按金氏资源公司通常接受的正常报价卖给范德有限公司。这两家公司均由安达信会计师事务所进行审计。

审计人员在审计金氏资源公司的过程中发现，其销售给范德有限公司的石油及天然气资源的价格大大高于销售给其他顾客同种资源的价格。但是，安达信会计师事务所在知悉该事后，并没有向范德有限公司透露。范德有限公司过了很长一段时间才发觉上当受骗，随后告知安达信会计师事务所，要么向它透露金氏资源公司违反协议的事实，要么辞去其中一家公司的审计业务。安达信会计师事务所则以其根据美国注册会计师职业道德规范，有责任对金氏资源公司的秘密守口如瓶为由加以拒绝。于是，范德有限公司诉诸法院。最后，法院判其胜诉，责令安达信会计师事务所赔偿 8 000 万美元的损失。这是截至当时，注册会计师职业历史上所发生的一起赔款额最大的起诉会计师事务所的案件。当然，这个案件也引发了注册会计师该在何种情况下进行保密的广泛讨论。

资料来源：廖晓虹．注册会计师的保密责任——由两起案件引发的思考．中国审计．1999（6）：53-54.

综上所述，在审计理论研究中有很多核心的概念，这些概念之所以重要，是因为对这些概念的理解与辨析往往是审计执业准则体系和审计实践的重要内容，也是涉及审计目标和法律责任等的重要理论基础。

从审计执业准则体系来看，如与审计证据概念相关的审计准则就包括《中国注册会计师审计准则第 1101 号——注册会计师的总体目标和审计工作的基本要求》《中国注册会计师审计准则第 1131 号——审计工作底稿》《中国注册会计师审计准则第1301号——审计证据》《中国注册会计师审计准则第1311号——对存货、诉讼和索赔、分部信息等特定项目获取审计证据的具体考虑》《中国注册会计师审计准则第1312号——函证》《中国注册会计师审计准则第1314号——审计抽样》等。与应有的职业关注（谨慎）概念相关的准则包括《中国注册会计师审计准则第1141号——财务报表审计中与舞弊相关的责任》和《中国注册会计师职业道德守则第1号——职业道德基本原则》等。与公允性概念相关的审计准则包括《中国注册会计师审计准则第1101号——注册会计师的总体目标和审计工作的基本要求》等。与独立性概念相关的准则主要是职业道德准则，具体包括《中国注册会计师职业道德守则第1号——职业道德基本原则》《中国注册会计师职业道德守则第4号——审计和审阅业务对独立性的要求》《中国注册会计师职业道德守则第5号——其他鉴证业务对独立性的要求》等。与职业道德概念相关的准则包括《中国注册会计师职业道德守则第1号——职业道德基本原则》《中国注册会计师职业道德守则第2号——职业道德概念框架》《中国注册会计师职业道德守则第3号——提供专业服务的具体要求》《中国注册会计师职业道德守则第4号——审计和审阅业务对独立性的要求》《中国注册会计师职业道德守则第5号——其他鉴证业务对独立性的要求》等。

从审计实践层面来看，审计证据、应有的职业关注（谨慎）、公允性、独立性、职业道德等概念也经常出现在审计法律责任的判决书中，是与审计法律责任密切相关的理论概念。如在证监会涉及会计师事务所和注册会计师的行政处罚决定中往往涉及注册会计师未保持应有的职业怀疑、未勤勉尽责、审计程序执行不到位、未获取充分和适当的审计证据、出具的审计报告存在虚假记载、审计独立性缺失（如深圳堂堂会计师事务所审计*ST新亿案）等。

第二节　审计理论结构

引例

哲学中的审计与审计中的哲学

【扩展阅读】
《审计哲学》简介

1961年，莫茨和夏拉夫出版了《审计哲学》一书，第一次从哲学的高度系统、科学地探索审计理论，为规范式审计理论（normative auditing theory）的发展做出了开创性的贡献。《审计哲学》以抽象科学（与审计相关的知识领域的基础即数学、逻辑学、形而上学等）为核心，并从这一核心中推出框架的最基层，即审计理论研究的哲学基础，进而提出审计假设；审计假设又为基本审计概念的形成和发展提供了基础，围绕审计概念体系形成丰富的理论观念，并形成用于指导审计实务的指南。

《审计哲学》第一次从真正意义上提出了审计理论的基本框架，即“哲学基础—假设—概念—规则—应用”的理论模式，这种要素分解和层次论的思想为以后的审计理论研究奠定了坚实的基础。该书的成功出版，不仅奠定了莫茨和夏拉夫在美国审计理论界的地位，而且使他们成为世界审计理论研究的先驱人物。

如本节引例所述，《审计哲学》一书的出版对审计理论与实务产生了深远的影响。审计理论结构是对审计理论各组成要素及其相互关系的整合。继《审计哲学》后，审计理论界为探寻一套“完整的、首尾相应的审计理论结构”进行了不懈的努力。在此目标的驱动下，审计界发表了一系列著作和文章，形成了多种基于不同逻辑起点的审计理论（概念）结构。总体而言，审计理论结构的研究可以分为规范研究（normative research）与实证研究（positive research）。

第二节
即测即评

一、规范式审计理论结构

在规范式审计理论结构方面，莫茨和夏拉夫、尚德尔、安德森、汤姆·李、戴维·费林特等学者以及美国会计学会所提出的审计理论结构最具代表性。

（一）莫茨和夏拉夫的审计理论结构

《审计哲学》一书包括审计理论的探索、审计方法论、审计假设、审计理论中的概念、审计证据、应有的审计关注、公允表达、独立性、职业道德与审计展望等10章，主要的理论创新贡献表现在：

1. 明确了会计与审计的关系

传统上大多数学者认为，审计只是会计的分支。莫茨和夏拉夫提出，“会计与审计之间的关系是密切的，但它们的性质是根本不同的。二者只是事务上的同事关系，但不存在血缘关系”。通过充分的学理论证，书中得出了审计与会计是截然不同的学科的结论，这对于审计的学科独立性和后续发展具有十分重要的奠基性意义。

2. 确认了审计理论的价值

传统上很多人认为，审计是实务性而不是理论性的，是一系列程序、方法和技术的集合，是一种无须多加论述、调整和论证以形成理论的行为。审计职业依靠审计实务来保持其地位，并没有一套科学的审计理论来支持审计实务。莫茨和夏拉夫认为，在审计行为和思维的背后，存在理论根据和基本原理，将这些思维和原理抽象化和系统化以形成审计理论，对于解决审计实务问题是非常重要的。基于此，莫茨和夏拉夫运用哲学思想对审计理论进行了充分的研究。

3. 丰富了审计理论研究方法

该书运用交叉研究的方法，将数学、行为科学、逻辑学、沟通学和道德学的一些研究方法运用到审计中，从而在一个更宽厚的基础上丰富和发展了审计理论。

4. 阐述了重要的审计概念

该书认为，只有审计概念体系与审计固有的假设、方法和标准一起，才能赋予审计一门独立学科的地位，因此重点阐述了审计证据、应有的职业关注、公允性和独立性等本章前述的重要审计概念。这些审计概念对于审计实践和审计准则制定具有重要的意义并产生了直接的影响。

5. 首次建构了审计理论的基本框架

在“审计展望”一章，该书依次论述了由基本哲学、审计假设、审计概念、应用标准和实务应用领域五部分组成的审计理论基本结构，将各种审计理论的要素有序地排列在一起，较为清晰地反映了审计理论各部分之间的内在逻辑关系，如图 2－6 所示。其中，基本哲学涉及审计决策的科学方法；审计假设是一种信念，是指导行动的根据；审计概念是把理论组织起来的中心，可帮助人们对理论要素加以归类；应用标准是衡量审计质量的尺度，为审计行为提供指南。

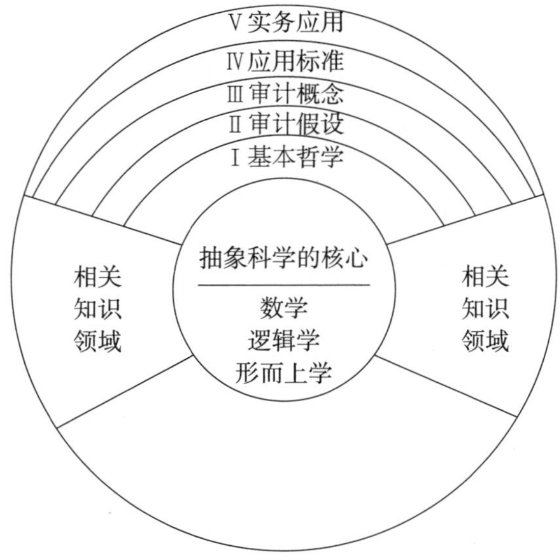

图 2－6　莫茨和夏拉夫的审计理论结构

（二）其他学者的审计理论结构

1. 尚德尔的审计理论结构

1978 年，尚德尔在其《审计理论——评价、调查和判断》中提出了“假设—定理—结构—原则—准则”模式。他认为，任何一门独立学科的形成和发展，都是以假设为逻辑起点的，并从语义哲学、传播理论和思维心理学的角度展开研究，其创新之处在于从假设中衍生了“定理”这一要素，并将说明理论结构组成部分及其相互关系的“结构”作为一个要素。尚德尔更注重审计在信息传播过程中的作用，认为“审计是一种旨在确立某种标准的遵循情况，进而表达意见或判断的人类评价过程”。尚德尔在继承和发展《审计哲学》基本思想和理论结构的基础上，从信息论角度（information perspective）对审计理论进行了全面研究，为审计理论注入了新的活力，将审计理论的研究进一步深化。

审计理论研究的第三座里程碑：尚德尔的审计理论

尚德尔是美国著名的审计学家，其1978年出版的《审计理论——评价、调查和判断》对莫茨和夏拉夫的审计理论思想进行了扩展和深化。全书共分为定义和基本假设、审计结构（审计模式）、信息心理、信息传递上的障碍、审计理论结构的要素、审计程序、审计与调查、审计原则8章。该书的理论价值主要包括：一是丰富和发展了审计理论结构体系；二是首次把审计判断作为审计理论结构的要素来研究。在《审计理论——评价、调查和判断》一书中，尚德尔从审计的基本原理出发，就审计理论的构建提出了自己的设想，为莫茨和夏拉夫的审计理论框架注入了新的生机，从而把审计理论研究和实践又向前推进了一大步。该书被誉为审计理论发展史上的第三座里程碑。该书也有一些不足之处，如其提出的审计假设导向的理论结构就值得商榷。

2. 安德森的审计理论结构

1977年，安德森在其《外部审计学》中提出“目标—准则—概念—假设—方法—过程”的理论模式。安德森的框架并未停留在对基本要素的描述上，而是更注重分析这些要素的相互关系，通过特定线索将这些要素联系在一起，强调审计理论应由一系列的审计概念及其相互关系构成。安德森最大的贡献是用系统论的观点并以目标为基点建立审计理论体系，并将目标的要求与作用延伸到实务即审计过程之中，形成了首尾呼应的审计理论体系。

3. 汤姆·李的审计理论结构

1984年，汤姆·李在其《公司审计》中提出了“本质与目标—假设—概念”模式。汤姆·李从审计本质这一逻辑起点出发，逐渐阐述审计假设、审计目标、审计监督、审计规范及审计信息等审计概念和一系列理论问题。这一目标导向审计理论体系在西方得到推广，其原因在于社会对审计理论的需求是十分务实的，即更多地注重审计理论系统现有功能的完善和具体审计方法的改进，而审计目标正是直接指向审计实务的。

4. 戴维·费林特的审计理论结构

1988年戴维·费林特在其《审计哲学与原理导论》中构建了“本质与目标—

假设—概念—标准”的理论模式，并同时形成了具有突破意义的研究成果——审计控制机制论（control mechanism），认为审计作为一种特殊的控制行为活动，要实现其控制目标，必须拥有并遵循特定的规范标准。

（三）美国会计学会的审计理论结构

围绕着审计理论结构，相关的学会组织等机构也提出了各自的理念与观点。其中，最具代表性的是美国会计学会1972年发布的《基本审计概念说明书》（A Statement of Basic Auditing Concepts）。它由序、审计的作用、调查过程、报告过程和补论（证据的收集和评价）五个部分组成。《基本审计概念说明书》提出的审计理论结构大致包括审计目标、审计职能、审计师属性、审计调查过程和审计报告过程，它从广度和深度两个方面将审计理论研究和审计准则制定向前推进了一大步，具有里程碑意义。

1.《基本审计概念说明书》的主要理论贡献

（1）提出了迄今为止最为权威的审计定义。它认为审计是一个系统的过程，即客观地收集和评价有关经济活动与经济事项认定的证据，以便证实这些认定与既定标准的吻合程度，并将结果传达给利益相关者的系统过程。它开创了用被审计单位信息与已建立标准的符合程度来定义审计的先河。

（2）进一步明确了会计与审计的关系。它认为会计与审计同属于一个经济信息系统，二者在同一个经济系统中发挥着不同的作用。会计的目的在于提供资源利用、管理、控制和报告的信息，审计的目的则在于确定被审计信息与既定标准之间的符合程度。

（3）明确了审计的职能。由于会计信息使用者直接评价会计信息质量面临四个方面的困难，即利益冲突、重要性、复杂性和遥远性，这就需要独立的具有专业能力的审计师来帮助完成对会计信息质量的评价。审计的功能就在于增加会计信息的价值。

（4）论述了审计师的属性。它认为审计师应具备的属性包括个人属性和结构属性。审计师本身应具备的属性是个人或内部的属性，包括独立性、胜任能力、正直性和其他个人特性。结构属性包括使用者授权给他们的属性，这是外部或结构的属性，包括权威性和可接受性。

（5）提出了审计调查过程的一般程序。认为审计目标的实现是通过审计的调查过程完成的，调查过程是一个直接以验证提议的可信程度为目的的查询过程，包括：1）建立用于测试的假设；2）形成主要假设的定义；3）通过审计师的直接洞察力或寻求证据来测试观察结论；4）评价证据并验证每一观察结论的可信程度；5）通过运用假设和观察结论来论证更普遍性的提议以验证可信程度；6）连续测试由审计师进行评价的所有结论的可靠程度；7）通过论证测试的主要假设，其可靠程度必须是合理的以支持职业意见。

2.《基本审计概念说明书》对审计准则制定的影响

（1）强调审计目标和为实现这些目标而进行的程序之间的普遍联系。这对审计准则的制定和审计实务有重大影响，无论是国际、美国还是中国审计准则，皆从财务报表审计目标开始。比如，《中国注册会计师审计准则第1101号——注册会计师的总体目标和审计工作的基本要求》就明确提出了审计的总体目标。

（2）所提出的审计师属性（如独立性、胜任能力、正直性和其他个人特性）对于审计准则、质量控制准则和职业道德准则均产生了基础性的影响。比如，《中国注册会计师审计准则第1101号——注册会计师的总体目标和审计工作的基本要求》第二十七条提出，注册会计师应当遵守与财务报表审计相关的职业道德要求，包括遵守有关独立性的要求。而该报告提出的结构属性包括权威性，即审计师在收集证据和向信息使用者报告的过程中不能有任何的限制，这是注册会计师在审计过程中享有的权利，也是审计业务约定书的重要内容，如《中国注册会计师审计准则第1111号——就审计业务约定条款达成一致意见》第七条就有相应的规定。

（3）所提出的审计调查过程的性质以及真实性和有效性的含义和性质等，对于审计目标的确定、审计证据的特征有着深刻影响。比如，《中国注册会计师审计准则第1101号——注册会计师的总体目标和审计工作的基本要求》第十八条提出，审计的目的就是提高财务报表预期使用者对财务报表的信赖程度。这一目的可以通过注册会计师对财务报表是否在所有重大方面按照适用的财务报告编制基础编制发表审计意见得以实现。该准则第三十条提出，为了获取合理保证，注册会计师应当获取充分、适当的审计证据，以将审计风险降低到可接受的低水平，使其能够得出合理的结论，作为形成审计意见的基础。该准则第十八条提出，就大多数通用目的财务报告编制基础而言，注册会计师针对财务报表是否在所有重大方面按照财务报告编制基础编制并实现公允反映发表审计意见。审计的目标是公允性而非真实性。

（4）提出的报告过程的六要素、信息交流的困难及克服建议对于审计报告准则具有重要影响。近期修改通过的审计报告准则在某种意义上正是这种理念的体现，即如何通过审计报告格式的修改，使审计报告能传递更多的信息。比如，《中国注册会计师审计准则第1504号——在审计报告中沟通关键审计事项》第三条提出，沟通关键审计事项，旨在通过提高已执行审计工作的透明度来增加审计报告的沟通价值。沟通关键审计事项能够为财务报表预期使用者提供额外的信息。

二、实证审计理论结构

【扩展阅读】
瓦茨和齐默尔曼的《实证会计理论》简介

如前所述，审计理论结构可以分为规范式与实证式。本节前述的六种审计理论结构均属于规范式审计理论结构，其主要方法论是研究“审计应该是什么”，从而指明最优审计实践。规范式审计理论研究基于以下共同特征成功地构建了较为全面、严密的“结构化”审计理论结构：（1）全面（comprehension），即以概括性的眼光对审计理论作全面思考；（2）展望（perspective），即从综合的、相互联系的角度考虑每一个审计问题；（3）洞察（insight），即超越偶然认可的惯例或信念去深刻认识推论的前提；（4）想象（vision），即超越时空，预测审计理论的前景和目标。然而，从 20 世纪 60 年代的《审计哲学》到 80 年代的《审计哲学与原理导论》，规范式审计理论结构研究从顶峰陷入了暂时的历史终结。

范式转换（paradigm shift）：实证审计理论的兴起

1976 年，詹森（Jensen）发表了《罗切斯特学派宣言》，反对以特定价值判断为指导的传统规范研究方法，提倡要建立实证研究理论。至 20 世纪 80 年代，实证研究方法首先通过金融经济学、金融理论和会计学理论进入审计研究领域，实证审计研究异军突起，开始慢慢成为西方审计理论研究中的主流派。规范式审计理论研究采用关于“审计应该是什么”的方法论，从逻辑高度上概括或指明最优审计实践应该是什么，但其缺陷是定性描述难以识别审计问题的本质现象，其结论因不具备可检验性从而降低了可信性和可操作性。

自 20 世纪 80 年代开始，审计理论界转而在这些规范式审计理论的基础上展开系列的实证研究，即呈现出审计理论研究的“实证化”（positive study）倾向。实证审计理论研究基本方法论的主要内容不是逻辑实证主义，而是证伪主义。实证审计研究是描述关于“审计现象是什么”的方法论，它为解释现行审计实践和预测未来审计实务提供依据，最大限度地从数据中吸取有用信息，减少分析中的表面化和偶然性，从而提升审计理论的科学性，特别体现在其具体论断的可操作性和可检验性。

实证审计研究拓宽了审计研究领域，它重视对审计主体行为及其动机的研究，引进了经济学的研究成果，如产权理论、契约理论、企业理论等，为解释和预测审计实务提供了新的概念框架，把审计研究的领域扩展到资本市场研究，从而使审计理论研究得到了升华。实证审计研究发轫于探寻自由及管制环境下审计的经济作用，它将审计视为一种经济服务（economic service），从而为理解审计需求、审计供给、审计管制和市场参与各方的行为提供经验证据和理论框架。

【扩展阅读】
实证审计理论：十年回顾

“范式”（paradigm）是美国著名的科学哲学史家库恩（Thomas Samuel kuhn，1922—1996）在《必要的张力》（The Essential Tension，1958 年）一文中首先引用的，后因其经典著作《科学革命的结构》（*The Structure of Scientific Revolutions*）的出版而广为流传并逐渐应用于各门学科的研究中。研究范式是在一定研究方法论基础上形成的研究原则和方法体系。作为一个专门术语，一般而言，在社会科学研究领域，存在四种典型的研究范式：科学主义研究范式（即实证主义研究范式）、人文主义研究范式、社会批判研究范式、复杂系统研究范式。这四种研究范式各具优势和弊端。目前整个社会科学研究范式的发展呈现出综合化和实证化的趋势。

自 20 世纪 80 年代开始，审计理论界开始转向实证研究。Chow（1982）、Watts & Zimmerman（1983）、Oliverio & Newman（1985）、Wallace（1986）等研究为实证审计理论的研究做出了开创性的贡献。近 30 余年来，实证审计理论研究以信息经济学和新制度经济学为理论基础，构建于代理（监督）假说（agent hypothese）、信息假说（information hypothese）和保险假说（insurance hypothese）这三大假说之上。1987 年，瓦莱斯（Wallace）给出了实证审计理论研究的基本框架，如图 2-7 所示。基于瓦莱斯的实证审计理论结构，近 30 余年实证审计理论研究的主要领域包括以下几个方面。

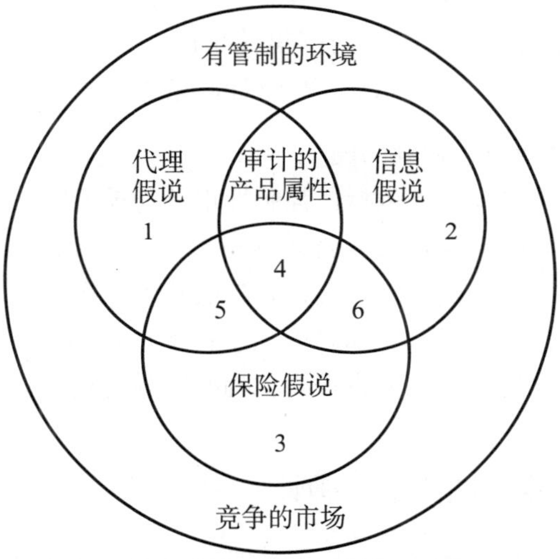

图 2-7 瓦莱斯的实证审计理论结构

注：1—基于代理人的审计需求；2—基于委托人的信息需求；3—为损失提供财务保险的需求；4—保持应有关注的信号需求；5—减少与道德风险有关的损失而有助于契约达成的需求；6—防止与道德风险有关的损失的需求。

（一）审计的产品属性

这一领域的研究主要包括：控制属性（control attributes）、联合服务（complementary services）、可靠性（reliability attributes）和管制遵循（regulation compliance）。建立在审计产品属性之上的实证研究主要包括"溢出效应"（spillover effect）、非审计服务与审计师独立性、持续经营（going-concern）的评价、内部审计和管理服务外包、会计师事务所相互"交易"客户组合行为、审计师轮换以及审计委员会批准的要求对审计产品属性的影响等。

（二）审计的成本与收益问题

这一领域的研究主要包括：审计成本的影响因素（声誉成本、法律环境、审计业务内在特征、事务所分工、行业专门化等）；审计的定价问题；契约中审计信息的角色与道德风险的影响；信息不对称所产生的审计师逆向选择的可能性与审计师变更；审计信号的作用与审计意见购买；审计噪声、偏差和优良度等信息属性；审计信息的私人与公共生产的动机与收益；信息质量及其与强制执行行动和审计实务之间的关系；要求审计师对会计方法进行质量评估的管制对审计师客观性的影响等。

（三）审计的供给及其生产过程

这一领域的研究主要包括：审计准则与审计生产函数；审计测试（audit tests）运用的组合；审计任期与审计投入的变动；“持照”与潜在的进入壁垒对审计市场的影响；管制、竞争与审计市场结构；审计过程中的投入及过程本身（职业判断、专家系统、证据收集规划、与内部审计师的交互影响、审计师群体的性质、定量技术）；会计师事务所的组织结构与审计生产；行业专门化与审计质量；合伙人复核制度、同业互查（peer review）与审计质量等。

（四）审计行业的管制问题

这一领域的研究主要包括：强制性审计与最低限价的影响；审计准则的性质与审计服务的定量配合；私人或公共管制机构的决策过程；“应有关注”与法律辩护的工具；管制措施的成本与收益、管制的政治程序、公众利益（public interest）与管制者自我利益（self-interest）的关系；审计管制领域的国际发展；法律与经济学和审计管制问题的融合；自我管制、政府管制与独立管制的效应与后果等。

《实证审计理论》的四个“强调”

（1）强调研究框架。该书特别强调具体实证审计研究领域的研究框架的提炼与融合。

（2）强调经验证据。该书秉承实证审计研究恪守价值中立的基本方法论思想，注重经验证据及证据的政策含义。

（3）强调研究模型。该书在各章相关的研究领域中总结并给出了大量的“通用”实证审计研究模型，可以为读者进行相关的后续研究提供参考和改进的基础。

（4）强调研究机会。该书重视各章议题与中国问题的相关性，在各章的末尾提出了基于中国本土的未来研究机会，为研究者在这些领域开展后续实证研究提供一些线索。

沿袭审计理论研究“实证化”的趋势，为构建实证审计理论结构，陈汉文和韩洪灵（2012）对近 30 余年来的实证审计研究成果进行了系统的回顾与综评，并以新制度经济学、信息经济学与产业组织理论为基础，初步构建了以“审计产品（微观问题）—审计市场（中观问题）—审计监管（宏观问题）”为总体逻辑的实证审计理论结构，如图 2－8 所示，感兴趣的读者请参阅《实证审计理论》一书（中国人民大学出版社，2012 年）。《实证审计理论》一书特别强调具体实证审计研究领域的理论结构的提炼与融合，该书为各类实证审计研究问题提供了具体的研究框架图，从而为读者提供一个“导游图”式的实证审计理论结构。

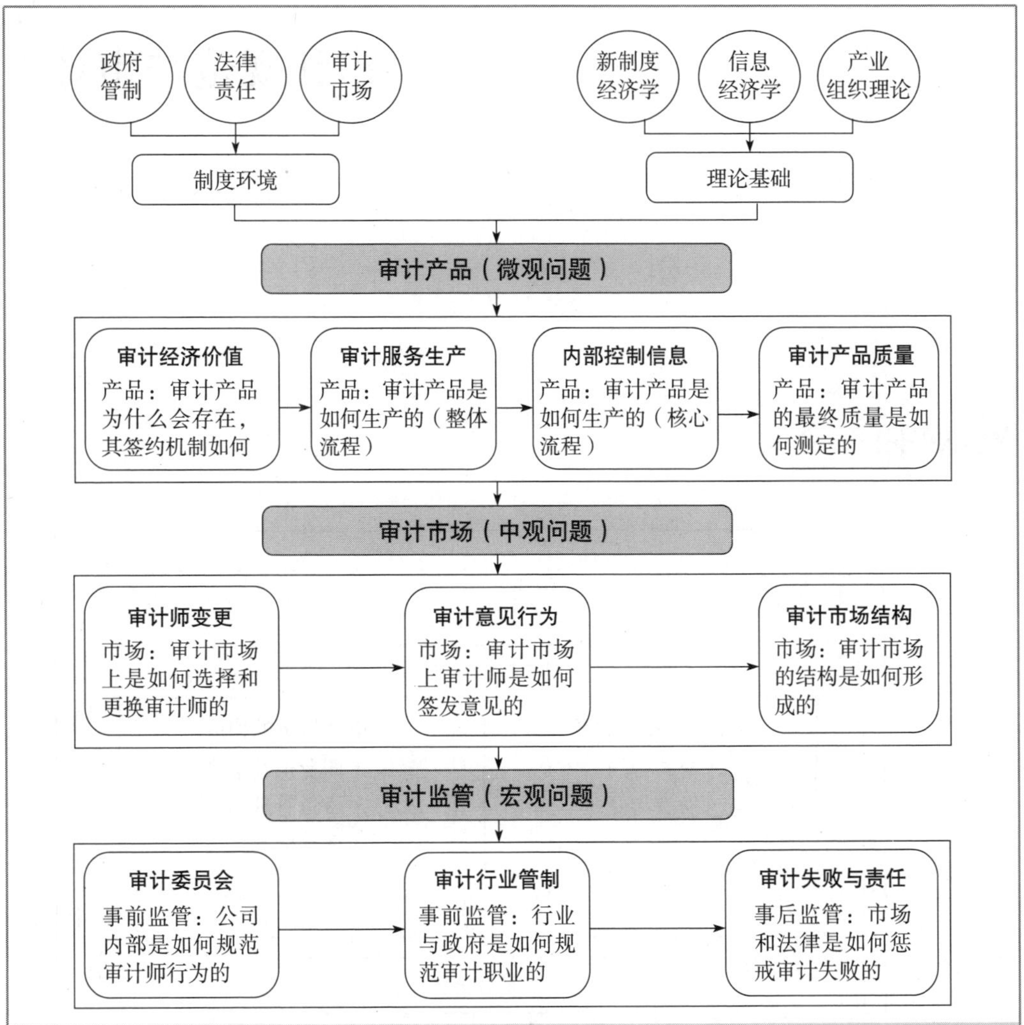

图 2－8　《实证审计理论》的结构

本章小结　　案例分析　　推荐阅读材料

第三章

审计规范与审计方法

思维导图

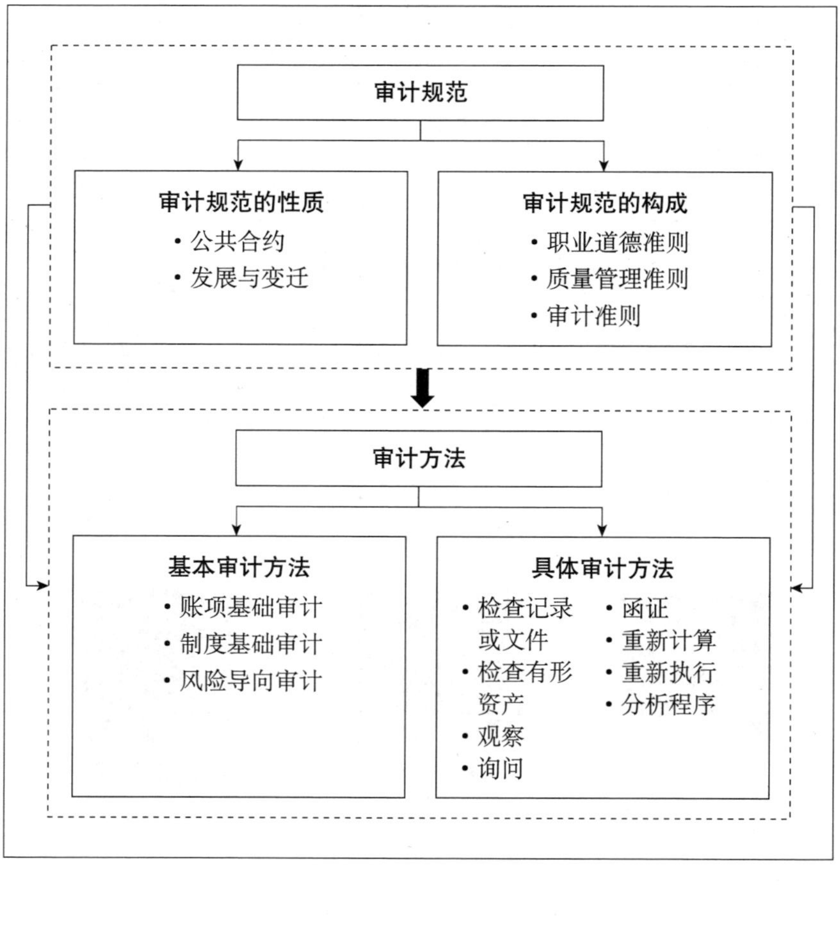

总书记论审计

“审计机关要坚持以新时代中国特色社会主义思想为指导，全面贯彻落实党的十九大精神，坚持稳定中求进工作总基调，坚持新发展理念，紧扣我国社会主要矛盾变化，紧紧围绕统筹推进‘五位一体’总体布局，依法全面履行审计监督职责，促进经济高质量发展，促进全面深化改革，促进权力规范运行，促进反腐倡廉。”

——2018 年 5 月 23 日，习近平在中央审计委员会第一次会议上的讲话

素养提升

1. 价值塑造

- 认真学习习近平总书记对于扎实做好审计工作的重要论述，并结合其关于规矩意识的系列重要讲话精神和重大指示，深刻体会工作和生活中严守规矩的重大意义，切实做到“心有所畏、言有所戒、行有所止”。
- 认真学习习总书记关于“科技强审”的重要讲话精神，并结合其对于科技强国的重要论述，激发以民族振兴为己任的奋斗精神，努力肩负起时代赋予的重任，为加快建设科技强国，实现高水平科技自立自强贡献力量。

2. 知识传授

- 理解审计规范的公共合约性质，在此基础上了解审计规范发展与变迁的内在原因及其“信号显示”功能。
- 了解审计规范的构成情况，并进一步了解审计准则、职业道德准则和质量管理准则的主要内容和最新发展情况。
- 理解基本审计方法的历史变迁脉络，并掌握账项基础审计、制度基础审计和风险导向审计基本方法的特点。
- 了解审计工作中运用的具体审计方法，掌握检查记录或文件、检查有形资产、观察、询问、函证、重新计算、重新执行和分析程序等具体审计方法的定义和应用场景。

3. 能力培养

- 系统地掌握审计师执业过程中需要遵守的各种审计规范，培养学员在审计实践中综合运用所适用审计方法的能力。
- 了解审计规范的性质以及审计基本方法的历史变迁，提高理论分析能力，能够运用相关的审计理论分析审计实践中遇到各种问题。

审计作为市场经济活动中的一个重要领域，主要是提供关于受托责任履行情况的信息及其可靠性的鉴证（Ijiri，1975；杨时展，1990），审计质量会直接影响经营

者、投资者、债权人等社会公众的利益，进而影响整个社会的经济秩序（Zeff，1978）。本章将主要阐述影响审计质量的两个关键因素：审计规范与审计方法。

第一节　审计规范

引例

违规的销售业务审计

【扩展阅读】中国证监会行政处罚决定书（瑞华所）

2023 年 6 月 30 日，中国证监会对瑞华会计师事务所做出行政处罚，没收其业务收入 3 169 811.32 元，并处以 6 339 622.64 元的罚款，同时给予两位签字注册会计师警告，并分别处以 10 万元的罚款。瑞华会计师事务所被处罚的主要原因是其没有遵循审计准则的要求对销售业务进行审计，从而未能发现航天通信控股集团股份有限公司（以下简称航天通信）虚构销售收入的问题。

2017—2018 年度，航天通信控股子公司智慧海派科技有限公司（以下简称智慧海派）通过虚构循环购销业务、虚构海外销售业务、海外委托加工转移定价、虚构研发业务等方式虚增营业收入和利润。而瑞华会计师事务所是航天通信 2017—2018 年度财务报表审计机构，出具了标准无保留意见的审计报告。

瑞华会计师事务所在销售业务审计中未勤勉尽责，对智慧海派与相关客户的销售业务模式未保持职业怀疑，未执行必要的审计程序以识别可能存在的舞弊行为，相关审计程序流于形式。同时，瑞华会计师事务所在对智慧海派海外销售业务审计时，未充分获取反映实物流转完整过程的重要审计证据，未对发货单据等存在的明显异常情况保持职业怀疑。这违反了注册会计师执业准则的相关规定。

第一节 即测即评

在上述引例中，瑞华会计师事务所之所以未能发现航天通信控股集团股份有限公司虚构销售收入的问题，其主要原因是瑞华会计师事务所未能遵循审计规范的要求实施适当的审计程序。如前所述，审计规范是审计质量的重要决定因素，本节主要阐述审计规范的性质及其构成。

一、审计规范的性质

基于契约理论，审计规范可以被视为审计市场中一份关于职业服务质量的隐性的公共合约。作为一份隐性的公共合约，审计规范有利于降低审计职业服务的生产成本，并有助于降低谈判、签约、诉讼等交易成本，其本身还可发挥信号显示（signaling）的功能。

【法规链接】
《关于进一步规范财务审计秩序促进注册会计师行业健康发展的意见》

（一）契约理论、受托责任与审计师的角色

维系一个组织的委托代理关系的一个基本要求就是要对委托代理双方之间的受托责任（accountability）进行界定、履行和解除。受托责任关系可因宪法、法律、合同、组织规则、风俗习惯，甚至口头合约而产生，公司则对其股东、债权人、雇员、顾客、政府或有关联的组织、公众承担受托责任。在公司内部，部门和员工对部门经理负有受托责任，而部门经理则对更高一层的负责人负有受托责任。就这一意义而言，说今天的社会是建立在一个巨大的受托责任网络之上的，也毫不过分（Ijiri，1975）。产生于20世纪70年代初的代理理论（agency theory），其学术渊源可以追溯至科斯于1937年开创的企业契约理论（contractual theory of the firm）。以企业组织为例，契约理论的要义是企业的契约性、契约的不完备性以及由此导致的所有权的重要性。契约的不完备性以及信息非对称性的存在，导致了企业剩余索取权和剩余控制权的分化，而两者的对应便形成了企业制度（即企业所有权安排的具体化）。Sunder（1997）认为，企业契约的有效履行需要对利益相关者的贡献大小、参与方式与程度以及履约信息等进行了解，这便需要计量与监督功能的介入，对参与者在企业契约联结体中的要素贡献与权益进行界定和反映，而这正是现代企业审计的功能所在。

Healy（1985）、Mohrman（1996）、Kirchenheiter（1999）、Lambert（2001）等具体研究了会计系统与会计数据对企业契约运行的各种作用和影响。因此，当讨论委托代理关系时，代理问题与契约的不完备性问题几乎是同一意思。代理理论的目的是分析非对称信息下的契约执行的激励问题，而最优激励机制实际上也是使“剩余所有权”和“控制权”实现最大对应的机制。要建立这样一个机制，最重要的一环就是要构建委托人和代理人之间合理的信息通道，进行及时有效的信息交流与沟通。这一任务在现代企业中主要是由会计信息系统——财务报告供给链来完成的，而审计师在财务报告供给链上扮演着十分重要的角色。

无论是在营利性的企业组织中，还是在政府及非营利组织中，有关当事人的行为在最终意义上都是一种关于受托责任的契约行为，而审计师作为财务报告供给链上的关键主体所提供的会计信息及其可靠性的鉴证则是界定与解除受托责任的媒介物，其重要意义不言而喻。在受托责任关系的建立、运行与解除的过程中，委托人面临的最大困境就是因与代理人信息不对称而导致的代理问题，必须有一个委托人和代理人都能够接受的受托责任度量规则，以检验受托责任执行的效率和效果，保证受托责任履行的完整性和稳定性。而关于受托责任的契约行为总是与审计信息交织在一起的。首先，会计信息是契约当事人订立契约的基础之一，例如，股票发行是公司管理当局与投资者之间的投资契约，投资者在购买股票之前主要通过公司财务报表了解公司财务状况和经营状况；其次，会计信息本身是构成契约的部分，如贷款契约中对利润等会计指标的规定；最后，会计信息是监督契约执行和评估契约执行结果的手段，例如，责任中心对公司总部的期中报告、预算或计划成本等标准执行情况的报告，都是上级委托人对下级代理人进行监控的工具。因此，需要设计信息系统来解决代理问题，即通过为契约的订立提供前置信息、对契约的履行提供监控信息、对契约的执行提供评价信息等途径来使委托代理各方的私有信息公开化，改善各方的信息分布状态。审计师的工作就是为解决这一问题而设计的一个通过缓解委托人与受托人之间的信息不对称分布状态，降低代理成本的社会装置（Ng，1978；Holmstrom，1979；Watts & Zimmerman，1986）。

因此，会计信息系统在解决逆向选择、道德风险等代理问题中占有不可替代的位置；然而，会计信息系统并不总是有效的。建立委托人和代理人之间合理的信息通道、进行有效的信息交流就是社会对审计师的主要职责和职业角色的期望。受雇的内部会计师既需要向组织的管理当局提供内部受托责任信息，如资本的保全与增值情况、股利政策、激励计划、责任指标完成情况等，以支持其决策和日常管理；也需要向组织外部契约人（或利益相关者）提供能如实反映受托责任履行情况、决策的有用信息，以尽可能有效地协调组织与组织外部契约人的利益冲突，提高私有信息的公开化，如对外报告财务状况、能源的节约、污染的控制、对社会的贡献、产品的售后跟踪服务等方面的信息，这些信息向社会展现有关履行社会职能、承担社会责任的信息，并以财务报告、增值表、社会责任报告、职工情况报告、环保报告、养老金报告等形式来解释该组织对社会受托责任的履行情况。如果说内部会计师着重于对受托责任信息的认定、计量和报告，那么外部审计师就着重于对受托责任信息的重新认定、重新计量和重新报告。

（二）审计规范的公共合约性质

在以完善的现代企业制度、发达的资本市场为基础的现代市场经济环境中，人们的经济利益千丝万缕地联系着，这使得有关经济利益的各种制度安排均高度政治化（politicization），并通过民主政治决策程序来选择和实现。与现代市场经济中的经济利益有密切联系的人们可以被称为社会公众，他们通过政治化过程而最终实现的经济利益是最大多数人的最大福利，即公众利益（public interest）。在社会公众及公众利益之间普遍存在的基本联系就是前述的受托责任关系，审计师在受托责任关系中的地位决定了其职业服务质量将为社会公众广泛关注。从审计市场的角度看，各种主体及社会公众为报告或界定其受托责任关系而需要审计师的职业服务，构成审计服务的市场需求；而审计师则以“相对独立”（受雇审计师）或“超然独立”（注册审计师）的身份、态度来提供这种职业服务，形成审计服务的市场供给。因此，在审计市场中，作为需求者的社会公众与作为供给者的审计师之间买卖的是各种类型的审计服务这一“无形商品”。

审计服务的需求者与供给者在进行市场交易时，也需就该项交易签订合约，对服务的品种、质量、交易金额、完成日期等加以约定。然而，审计作为一种无形商品，其质量如同会计信息的质量一样是难以观察的，因此需求者同样面临与供给者关于服务商品质量的信息分布严重不对称的问题，并且处于信息劣势地位。由此，供给者可能会利用其信息优势做出损害审计服务需求者的机会主义行为。例如，会计师事务所的合伙人与公司财务总监亲密的私人关系可能会影响其审计独立性，进而导致其出具不恰当的审计意见。那么，如何在交易合约中对服务商品的质量做出妥帖而周密的约定呢？实践证明，直接、明确、量化的约定是无法达成的，只能通过对该种无形商品的生产、提供程序加以约定，从而间接地实现对其质量的控制、保证与提高。因此，对审计服务的生产、提供程序的约定就构成了该种商品交易合约的一个重要组成部分，或可视之为一揽子合约。这一约定主要包括两部分内容：其一是关于该商品生产、提供过程中供给者（审计师）与相关利益当事人交互行为方面的约定；其二是关于该商品生产、提供程序的方法方面的约定。在某种意义上可以认为，审计服务商品的质量就是这两者的函数。其中，后者作为专业技术，是逐渐累积和发展的，表现为各种专业技术标准（如审计准则等），前者是后者发挥作用的前提和基础条件，因为审计师在提供服务的过程中，存在主观判断（即所谓职业判断）和机会主义行为。这两者共同构成了审计师的行为规范。在此意义上，可以认为审计规范在其性质上是一份审计市场中关于职业服务质量的隐性合约。其内容是对审计师与相关利益当事人的交互行为以及审计标准的约定，明确界定审计师的行为空间和行为方式。经过审计市场的长期发展，这些职业行为规范逐渐得到公认和标准化，从而得以从各单份的交易合约中独立出来，由审计职业团体发布，对全体审计师均具有约束力，成为一份隐性的公共合约。虽然从表面上看，审计规范这一隐性的公共合约仅是审计职业界自身共同达成的，但其实质上是审计职业界作为职业服务的供给者与其需求者（社会公众）所共同“签署”的。

有了审计规范这份公共合约，就减少了社会公众用于收集、获得和处理有关审计服务质量信息方面的时间和精力，使社会公众得以在某些方面免除深思熟虑之苦，从而能应付各种复杂情况及超载的信息，减少复杂的决策行为中所包含的计算量。随着审计职业竞争的不断加剧、职业服务市场的日益细分，审计规范作为一份隐性的公共合约，不仅有利于塑造审计师的优良品格、提升其执业能力，增进本职业内部的团队效率，鼓励生产性努力，克服内部成员搭便车等不良行为，从而降低职业服务的生产成本，提高职业服务的效率与质量，而且其所倡导的正直、公正、客观等行为观念和具体的审计方法也有助于在与职业外部集团的合作与交往中减少推诿、猜疑与设防，降低谈判、签约、诉讼等交易成本，这是审计规范所具有的重要功能。此外，审计规范作为一份隐性的公共合约，本身还可发挥信号显示的功能，它是审计职业界对外就职业信誉和质量做出的公开承诺，也是取得外部信任、树立审计职业形象、保持生存及竞争能力的重要手段。

从审计规范的历史演进中可以发现，正是由于社会公众参与的日益广泛和强化，才极大地推动了审计规范的发展。可以说，审计职业界关于审计规范的每一步行动都是对社会公众参与的回应，是审计规范这一公共合约的“重签”，这是一种典型的合作型社会博弈方式。社会公众参与审计规范这份合约的“签订”或“重签”的方式，除了直接提出要求之外，更强有力的则是借助有关针对审计质量的法律诉讼程序或要求政府加强对审计职业的管制等。后两种参与方式更具有直接的效力，对审计规范的发展（包括其约束内容的演进和约束力度的强化）更具有建设性。社会公众对审计职业服务质量的不满意会使社会公众与审计师之间产生关于审计职业的“期望差距”（expectation gap），即社会公众认为可以从审计师那里获得的信息质量与他们实际获得的信息质量之间存在差别。审计的期望差距又会进一步引起社会公众对审计职业的“信任差距”（credibility gap），信任差距的产生则会对审计职业的生存与发展构成直接的威胁。

此时，一方面，作为职业服务需求者的社会公众会要求政府对审计职业施以更为严格的管制或法律惩戒，甚至要求采取或发明其他替代性的措施以减少对审计职业服务的需求（如以政府的直接监督取代某些审计监督职能）；另一方面，始终处于“内省”（introspective）状态的审计师为保持和发展审计职业服务市场，会自觉地对其现有规范进行某种程度的反省、提升与推进，从而促使审计职业界与社会公众之间就审计规范这一隐性合约达成新的一致，以弥补期望差距与信任差距。这就是审计规范这一隐性的公共合约呈螺旋式上升、发展与变迁的原因所在。尽管审计规范的演进从形式上看是审计职业界自我修正的一种结果，但它作为一种隐性的公共合约，其每一次的修正都是合约双方（审计实务界与社会公众）力量博弈的结果。

二、审计规范的构成

审计规范主要由审计准则（auditing standard）、职业道德准则（professional ethical standard）和质量管理准则（standard on quality management）构成。审计准则是注册会计师在实施审计过程中必须遵守的专业标准；职业道德准则是注册会计师必须遵守的职业行为规范；质量管理准则是会计师事务所为了确保审计质量而建立和实施的控制政策和程序，图 3－1 和图 3－2 分别给出了国际及中国审计规范的构成及其相互关系图。

如图 3－1 所示，国际审计规范主要由国际会计师职业道德准则理事会（IESBA）发布的《国际会计师职业道德守则》（The International Code of Ethics for Professional Accountants）以及国际审计与鉴证准则委员会（IAASB）发布的《国际质量管理准则》（International Standards on Quality Management，ISQM）和《国际审计准则》（International Standards on Auditing，ISA）三部分构成。《国际会计师职业道德守则》的适用范围最广，它是所有职业会计师的行为准则。《国际会计师职业道德守则》不仅适用于 IAASB 相关准则规范的业务，也适用于 IAASB

相关准则没有规范的业务。而《国际质量管理准则》仅适用于 IAASB 相关准则规范的业务，主要包括鉴证业务和相关服务业务，鉴证业务又可分为审计业务、审阅业务和其他鉴证业务。《国际审计准则》的适用范围最小，仅适用于审计业务。

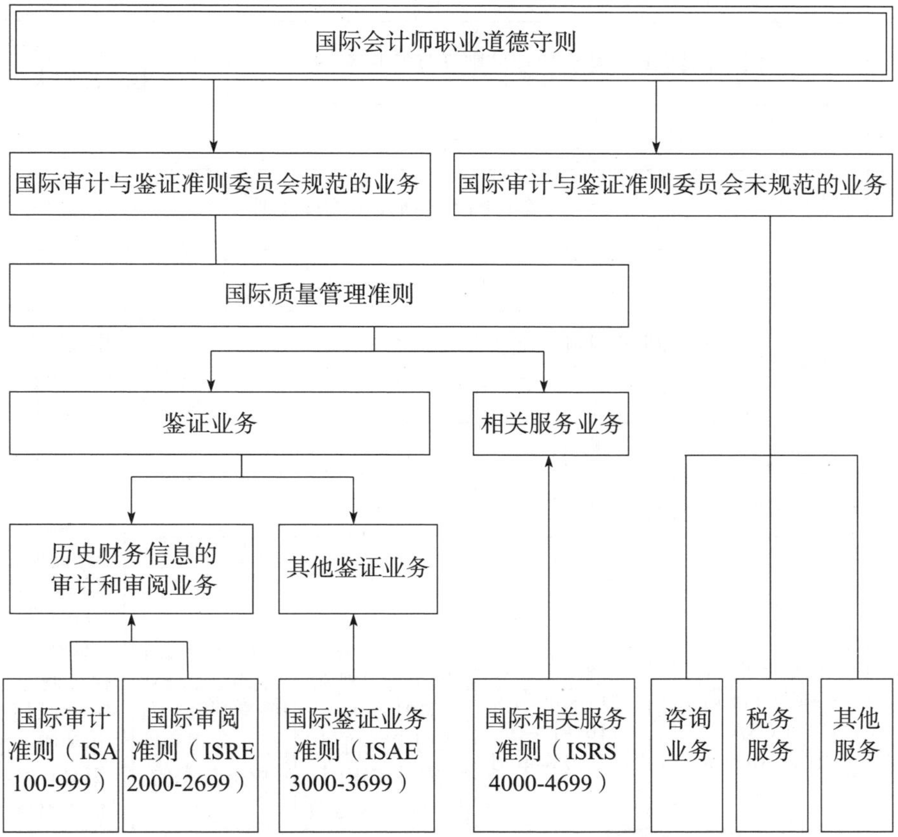

图 3-1 国际审计规范的构成与关系图

图 3-2 为我国审计规范的构成及其相互关系图，基本上与国际审计规范趋同。我国审计规范主要由中国注册会计师协会发布的《中国注册会计师职业道德守则》《会计师事务所质量管理准则》《中国注册会计师审计准则》三部分构成。

（一）审计准则

截至 2018 年 8 月，国际审计与鉴证准则委员会共从 6 个方面颁布实施了 37 项国际审计准则。这 6 个方面包括：一般原则和责任、风险评估与应对、审计证据、利用其他人的工作、审计结论与报告和特殊领域。我国的审计准则体系由 1 项《中国注册会计师鉴证业务基本准则》和 45 项具体审计准则构成，基本与国际审计准则趋同，其差异如表 3-1 所示。

【准则链接】
《中国注册会计师鉴证业务基本准则》

首先，我国发布了《中国注册会计师鉴证业务基本准则》，

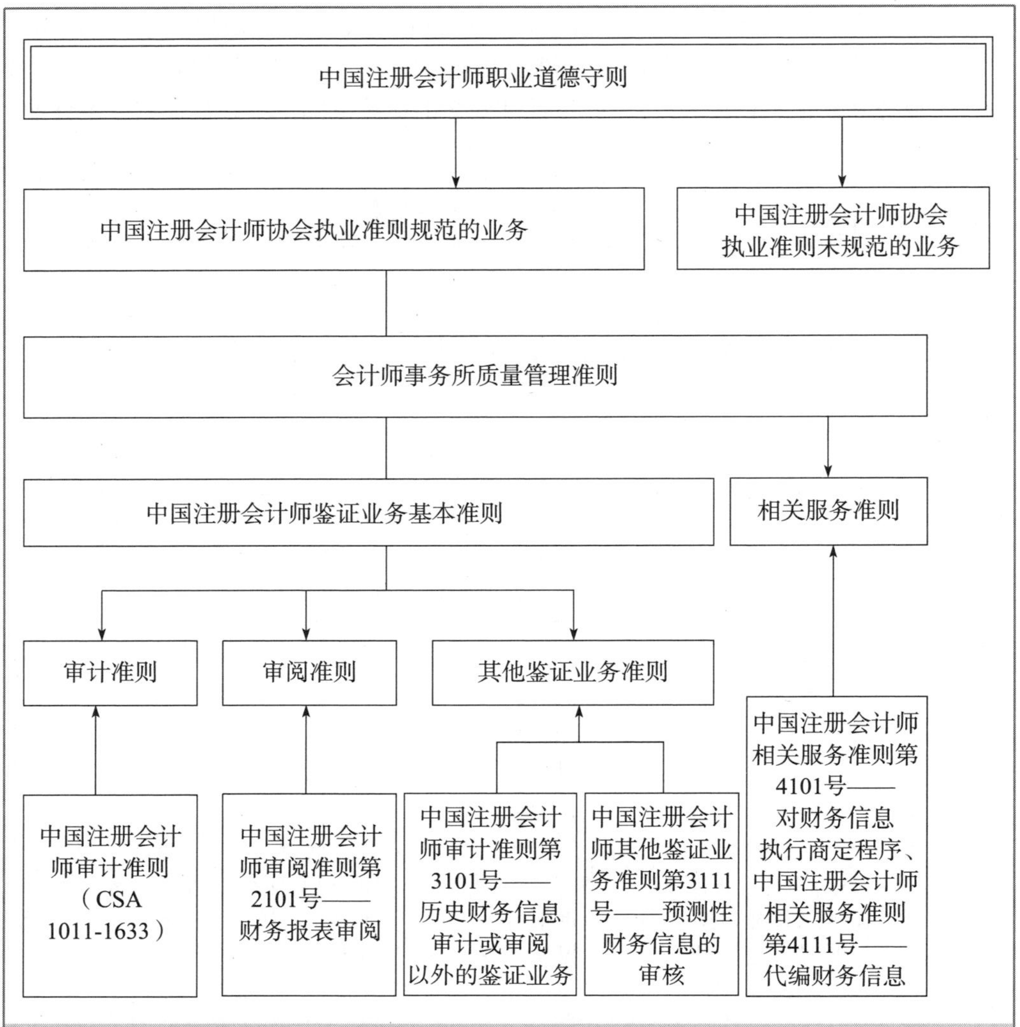

图 3-2　中国审计规范的构成与关系图

该准则规定了鉴证业务的定义和目标、业务承接、鉴证业务的三方（注册会计师、责任方、预期使用者）关系、鉴证对象、标准、证据、鉴证报告等内容。而 IAASB 则在序言部分对相关内容加以强调，没有以基本准则的形式单独列示。

其次，我国具体审计准则比国际审计准则多 8 项。这 8 项准则分别是：《CSA 1153——前任注册会计师和后任注册会计师的沟通》《CSA 1602——验资》《CSA 1611——商业银行财务报表审计》《CSA 1612——银行间函证程序》《CSA 1613——与银行监管机构的关系》《CSA 1631——财务报表审计中对环境事项的考虑》《CSA 1632——衍生金融工具的审计》《CSA 1633——电子商务对财务报表审计的影响》。《CSA 1153——前任注册会计师和后任注册会计师的沟通》和《CSA 1602——验资》是我国特有的审计准则，而对于其他 6 项，IAASB 有 6 项审计实务公告与之一一对应，分别是 IAPS 1000、IAPS 1004、IAPS 1006、IAPS 1010、

表 3-1　国际审计准则与中国审计准则的结构分析

	国际审计准则		中国审计准则		差异
	编号范围	数量	编号范围	数量	
鉴证业务基本准则		0		1	中国注册会计师鉴证业务基本准则
一般原则和责任	ISA 200-290	8	CSA 1101-1199	9	CSA 1153——前任注册会计师和后任注册会计师的沟通
风险评估与应对	ISA 300-490	6	CSA 1201-1299	6	无差异
审计证据	ISA 500-599	11	CSA 1301-1399	11	无差异
利用其他人的工作	ISA 600-699	3	CSA 1401-1499	3	无差异
审计结论与报告	ISA 700-799	6	CSA 1501-1599	6	无差异
特殊领域	ISA 800-899	3	CSA 1601-1699	10	CSA 1602——验资 CSA 1611——商业银行财务报表审计 CSA 1612——银行间函证程序 CSA 1613——与银行监管机构的关系 CSA 1631——财务报表审计中对环境事项的考虑 CSA 1632——衍生金融工具的审计 CSA 1633——电子商务对财务报表审计的影响

IAPS 1012 和 IAPS 1013。

（二）质量管理准则

2020 年 12 月，国际审计与鉴证准则委员会发布了两项质量管理准则，即《国际质量管理准则第 1 号——会计师事务所对执行财务报表审计和审阅、其他鉴证和相关服务业务实施的质量管理》《国际质量管理准则第 2 号———项目质量复核》。这两项质量管理准则自 2022 年 12 月 15 日起生效，目的在于引导审计行业不再着眼于质量“控制”（control），而是通过质量“管理”（management）方法持续开展高质量执业，同时促使事务所领导层承担更多责任，从而确保事务所在发展战略和运营过程中秉持质量至上的理念，不断提升执业质量，并在发现问题后及时采取整改措施，实现质量管理的动态调整优化。

借鉴上述国际质量管理准则的最新成果，中国注册会计师协会修订和拟定了两项质量管理准则，包括新修订的《会计师事务所质量管理准则第 5101 号——业务质量管理》和新拟定的《会计师事务所质量管理准则第 5102 号——项目质量复核》，财政部于 2020 年 11 月 19 日批准发布。对于从事证券服务业务的会计师事务所，应当自 2023 年 1 月 1 日起执行这两项质量管理准则。对于不从事证券服务业务的会计师事务所，执行日期可从 2024 年 1 月 1 日开始。

【准则链接】
《会计师事务所质量管理准则第 5101 号——业务质量管理》

【准则链接】
《会计师事务所质量管理准则第 5102 号——项目质量复核》

《会计师事务所质量管理准则第 5101 号——业务质量管理》共有五个部分。第一部分是总则；第二部分是定义；第三部分是目标；第四部分是要求，包括运用和遵守相关要求、质量管理体系、会计师事务所的风险评估程序、治理和领导层、相关职业道德要求、客户关系和具体业务的接受与保持、业务执行、资源、信息与沟通、监控和整改程序、网络要求或网络服务、评价质量管理体系、对质量管理体系的记录等；第五部分是附录，该部分主要是质量管理领导层示例。

《会计师事务所质量管理准则第 5102 号——项目质量复核》共有四个部分。第一部分是总则；第二部分是定义；第三部分是目标；第四部分是要求，包括运用和遵守相关要求、项目质量复核人员的委派和资质要求、实施项目质量复核和工作底稿。此次修订后的质量管理准则在内容上基本与国际质量管理准则相一致。

（三）职业道德准则

在现有的职业道德准则中，国际会计师职业道德准则理事会制定的《国际会计师职业道德守则》最具代表性。因此，本部分将分别阐述国际与中国职业道德准则，并比较这两者的异同。

1. 国际注册会计师职业道德准则

2018 年 4 月，国际会计师职业道德准则理事会发布了新修订的国际会计师职业道德守则（包括国际独立性标准，以下简称新守则），自 2019 年 6 月 15 日起施行。新守则对原守则进行了全面改写，更易于阅读、理解和执行。除了结构调整之外，新守则还整合了国际会计师职业道德准则理事会过去四年来在职业道德标准建设方面的重要成果，更清晰地规范了职业会计师应该如何处理职业道德和独立性问题。

新守则主要有七个方面的改进：(1) 对现行国际守则的篇章结构和写作体例进行优化，使之更易于理解和执行。新守则的每一节都由引言、要求和应用材料三部分构成，以使守则的篇章结构更加清晰。其中“引言”部分用于介绍该节内容所要阐明的事项，并在运用概念框架的背景下引出该节的要求和应用材料；“要求”部分针对该节中所要阐明的事项，明确职业会计师应当履行的一般义务或具体责任；“应用材料”部分用于提供相关背景信息、解释、行动建议或考虑事项、示例以及其他指引，以帮助职业会计师更好地遵守要求。(2) 分别针对审计师、工商业界职业会计师等执行审计和审阅业务，审计师执行其他鉴证业务等情形下，如何运用职业道德概念框架提供具体指引，并明确要求在运用职业道德概念框架时对新获取的信息以及情况的变化保持警觉，从而强化了职业道德概念框架。(3) 整合“防范措施”项目的最新成果，使守则中规定的防范措施能够与职业道德的不利影响更好地匹配起来。(4) 针对工商业界职业会计师在编制和列报财务信息以及遇到违反职业道德基本原则的压力时如何处理的情形，增加了新的规定或修订了原有的规定。(5) 针对工商业界职业会计师某些条款同样适用于审计师的情形提供了明确的指引。(6) 增加了在遇到职业道德相关事项时，如何运用职业判断的相关指引。(7) 增加了关于在审计或其他鉴证业务中，如何运用职业怀疑的相关指引。

2. 中国注册会计师职业道德准则

中国注册会计师职业道德准则采用的是与国际注册会计师职业道德准则趋同的模式。目前，我国最新的注册会计师职业道德准则是 2020 年 12 月 17 日中国注册会计师协会发布的《中国注册会计师职业道德守则 (2020)》和《中国注册会计师协会非执业会员职业道德守则 (2020)》，自 2021 年 7 月 1 日起实施。《中国注册会计师职业道德守则 (2020)》具体包括《中国注册会计师职业道德守则第 1 号——职业道德基本原则》《中国注册会计师职业道德守则第 2 号——职业道德概念框架》《中国注册会计师职业道德守则第3 号——提供专业服务的具体要求》《中国注册会计师职业道德守则第 4 号——审计和审阅业务对独立性的要求》《中国注册会计师职业道德守则第 5 号——其他鉴证业务对独立性的要求》。

【扩展阅读】
中国注册会计师职业道德守则第 1 号～第 5 号

堂堂会计师事务所审计违规背后

堂堂会计师事务所在审计新疆亿路万源实业控股股份有限公司（以下简称* ST 新亿）2018 年与 2019 年年度财务报告时出具了存在虚假记载和重要遗漏的审计报告，被中国证监会做出“没一罚六”的行政处罚。堂堂会计师事务所违规的背后则是其对注册会计师职业道德的漠视。

堂堂会计师事务所在明知* ST 新亿年报审计业务已被其他会计师事务所“拒接”的情况下，仍与其签订协议，承诺不在审计报告中出具“无法表示意见”或“否定意见”，并要求如发生被监管部门处罚的情形，* ST 新亿应予补偿。

在职业道德基本原则上，中国和国际注册会计师职业道德准则既有相似之处，也有一些差异。表 3－2 描述了这两份职业道德准则在主要原则上的对比结果。具体来看，诚信、客观、专业胜任能力、应有关注、保密和职业行为这六个原则是两个准则中共同规定的，但在具体的定义上侧重点有所不同。

表 3-2 中国与国际注册会计师职业道德准则基本原则对比分析

基本原则	《国际会计师职业道德守则》IESBA	《中国注册会计师职业道德守则》CICPA
诚信	◆	◆
客观	◆	◆
专业胜任能力	◆	◆
应有关注	◆	◆
保密	◆	◆
职业行为	◆	◆
独立性		◆
公正		◆

第二节 审计方法

引例

同济堂的业绩压力与审计函证程序失败

中国证监会于2023年6月12日对大信会计师事务所及其注册会计师做出行政处罚，没收大信会计师事务所业务收入148.11万元，并处以296.22万元罚款，对两位项目签字注册会计师给予警告，并分别处以10万元和8万元罚款。处罚的原因是在执行新疆同济堂健康产业股份有限公司（以下简称同济堂）2016年至2018年年度财务报表审计时，未勤勉尽责，出具的审计报告存在虚假记载。

为缓解业绩压力，保持上市地位，同济堂2016年至2018年年度报告分别虚增利润总额68 000万元、92 000万元、83 000万元，且未披露控股股东及其关联方非经营性占用资金的关联交易11 915万元、27 701万元、156 767万元。

大信会计师事务所之所以没有发现同济堂财务报告中的重大错报，其中一个重要的原因是没有恰当执行函证程序。这主要表现在：首先，大信会计师事务所在2016年至2018年函证程序中，对同济堂部分销售客户回函地址与发函地址不一致情形未予以充分关注，未详细核对发函信息，未发现发函信息中存在的不同单位联系人、电话、地址一致或所留联系方式与联系地址归属区域不一致等异常情况。对此，大信所未保持应有的职业谨慎和职业怀疑，未执行进一步审计程序消除疑虑，未获取充分、适当的审计证据，未能有效应对舞弊风险。其次，大信会计师事务所在 2016 年至 2018 年审计中，未对当期已销户以及期末余额为零的保证金账户（涉及 2016 年 36 个银行账户、2017 年 29 个银行账户、2018 年 6 个银行账户，其中 2018 年未函证的浦发 0169 账户系同济堂主要货币资金造假账户）实施函证程序，且未按规定在审计工作底稿中说明理由。最后，大信会计师事务所 2017 年审计中获取的浦发银行武汉沌口支行审计业务银行询证函回函所加盖银行业务章，与同济堂提供的浦发银行武汉沌口支行 0626 账户 2016 年 12 月、2017 年 6 月对账单以及 0169 账户 2018 年银行流水所加盖的银行业务章形状明显不一致。2017 年浦发银行武汉沌口支行 0626、0634 账户银行对账单部分月份加盖了回单专用章，部分月份加盖了银行业务章，特别是 0634 账户 2017 年 6 月分别存在加盖回单专用章、银行业务章的两份对账单。大信会计师事务所未关注到上述审计证据的异常情况，未保持应有的职业怀疑，未采取进一步措施进行查验。

如本节引例所述，不当地选择和运用审计方法将会对审计质量产生重要的影响。审计方法可以分为基本审计方法与具体审计方法，前者经历了账项基础审计、制度基础审计和风险导向审计三个阶段；后者则包括检查记录或文件、检查有形资产、观察、询问、函证、重新计算、重新执行与分析程序等。

第二节
即测即评

一、基本审计方法

（一）账项基础审计

账项基础审计（transaction-based auditing）是审计方法发展的初始阶段，以凭单审核为重心，以审查账目有无错弊为目标，以数据的可信性为着眼点，从会计科目入手。账项基础审计主要经历了两个时期：古代审计及英国式详细审计时期、美国式资产负债表审计及财务报表审计初期。

1. 古代审计及英国式详细审计时期

如本书第一章所述，民间审计的起源可追溯至 13、14 世纪合伙制企业组织形式的出现。在审计产生初期，由于经济业务较简单，控制手段较原始，财产所有者最为关心的是经商管理者的诚实性，因此该时期审计的目标主要是对财产经营管理者的诚实性进行检查，也就是说早期审计是检查受托人个人的正直性而不是检查会计账簿的质量，只有在认为可能存在舞弊行为的情况下才对簿记的正确性加以验证。

在账项基础审计发展的初期，审计范围还仅仅局限于凭证、账簿和报表，没有形成专门的审计方法。业务活动的开展主要是以交易为基础，进行账证、账账以及账表之间的稽查和核对，在详细审查的基础上判断是否存在舞弊性行为或技术性差错。该阶段的审计活动主要是重复会计人员已经完成的工作，进行独立复核。由于当时企业的规模较小，业务活动较为简单，审计人员常常是对企业一定期间内的所有会计事项进行审计，因而 19 世纪英国式审计又被称为详细审计或完全审计。

2. 美国式资产负债表审计及财务报表审计初期

如本书第一章所述，20 世纪 30 年代以来，美国社会经济环境的变化使得审计目标逐渐由揭弊查错开始向财务报表真实性公允性验证转变，并且审计的受益对象也从单一的股东逐渐扩大到包括债权人在内的多元利害关系人。20 世纪 30 年代以后，美国资本市场的迅速发展使得企业的资金来源开始逐步从银行转向股票和债券市场。尽管银行仍是企业重要的债权人，仍然关注企业的财务状况，但是众多公众投资者的出现使整个社会对企业会计信息的关注迅速转向企业的盈利能力。在这种条件下，资产负债表审计进一步发展到了财务报表审计阶段。美国《1933 年证券法》和《1934 年证券交易法》的颁布实施对这一改变起到了推动和促进作用。

在这一阶段，随着审计实践的发展，审计人员逐步开发出了一些专门的审计方法，如编制账龄分析表、使用函证技术等，其中最为重要的变化是抽样方法的出现。抽样审计技术的出现可归结为两个原因：第一，企业规模的日益扩大及经营活动的日趋复杂，致使会计记录呈几何级数增长，无论是从审计成本还是从审计所要办理的程序来看，都已无法再继续运用详细审计。第二，审计目标变化的推动。由于公允性（fairness）只是一个相对概念，它并不意味着财务报表是完全正确、毫无差错的，因此审计人员认为详细审计既无必要也费时费力。在实践的发展过程中，审计人员形成了这样一种观念，即随机选择部分经济业务进行详细审查也可以获得关于其余同类经济业务是否正确的推论。

【扩展阅读】
《中国注册会计师审计准则问题解答第 3 号——存货监盘》

这一时期的审计范围仍局限于会计凭证、账簿和报表。不过理论界的一些学者已经开始意识到内部控制对审计工作的重要性。总的来看，从英国式详细审计到美国式资产负债表审计及初期的财务报表审计，审计的目标基本都是查找和揭露账面上的差错和舞弊，业务活动的开展则主要是以账面上的会计事项及交易为主线，围绕会计账簿、会计报表的编制过程进行，因此称为账项基础审计，这是基本审计方法发展的第一阶段，发展的时间也最长。

账项基础审计阶段形成了一些具体的审计方法，如核对、检查、监盘、观察、查询和函证、计算等，这些具体审计方法目前仍然是审计人员获取审计证据所必需的审计取证技术。以账项为基础的审计方法具有细致全面、误差小、可靠性高的基本特征，尤其适用于舞弊性审计，在揭露舞弊和不法行为方面具有不可替代的重要作用。但账项基础审计存在以下局限性：（1）审计效率较低，它需要耗费大量的时间和人力。（2）有限制的抽样技术更多地依赖审计人员的主观经验判断，带有很大的盲目性和偶然性，所以抽样风险很大。(3) 以交易为基础的审计是围绕交易进行的，不容易发现程序性错误和会计系统中的缺陷。

（二）制度基础审计

制度基础审计（system-based auditing approach）是继账项基础审计之后一种新的基本审计方法，它以对被审计单位内部控制的评价为基础，以验证财务报表的公允性为审计目标。

1. 内部控制与审计的结合

自 20 世纪 30 年代以来，审计人员开始认识到，研究一个客户的内部牵制系统，特别是会计控制系统，考虑其工作流程和自我检查的效果可以有效地确定客户会计制度的可靠程度，然后可以根据内部牵制的效果来决定抽样范围，从而制定出既有效率又有效果的审计程序。1947 年，国际会计师公会下属的审计程序委员会发布了《审计准则说明草案》（Tentative Statement of Auditing Standards），第一次以审计准则的形式提出了两点要求：(1) 研究内部控制，确定其可靠程度，以此作为制定审计程序和确定抽查范围的依据；(2) 研究内部控制，以此来指导审计测试，其中包括测试内部控制的作用和审计评估时的必要判断。至此，以内部控制评价为基础的审计方式在审计实务中得以确立。

2. 审计方法的变化

在制度基础审计时期，审计范围已不再局限于会计凭证、账簿和报表，而是扩展到了内部控制领域。由于抽查方法不再根据审计人员的主观经验而定，而是建立在内部控制的测试基础上，审计人员必须对企业的内部控制进行研究评价，以此来决定抽样规模的大小及样本的选择。

由于内部控制评价的需要，审计测试分为符合性测试和实质性程序，这是制度基础审计和账项基础审计相区别的重要标志。符合性测试的目的在于确定被审计单位的内部控制是否健全并能有效地运作。符合性测试的焦点在于内部控制，而不是财务报告上的金额或已完成的交易。与符合性测试不同，实质性程序关注的是内部控制产生的结果，而不是内部控制本身，其目标在于验证财务报告中各项内容和金额的可靠性和公允性，所采用的账项余额测试方法与传统的账项基础审计中使用的方法并无本质区别，只不过在制度基础审计下对账项余额的实质性程序是以符合性测试为基础的。符合性测试得出的被审计单位内部控制的情况决定了实质性程序的性质、时间和范围。

【准则链接】
《中国注册会计师审计准则第 1314 号——审计抽样》

在该时期，统计抽样的出现使得抽样技术发生了重大变化。1949 年，奈特（Neter）在《统计抽样方法的抽查和有用性》一文中介绍了在审计测试中所运用的统计抽样技术及其方法，明确指出统计抽样法是审计人员的有益工具，它可以促进审计工作更有效率、更准确、速度更快，且成本更低。进入 20 世纪 60 年代后，统计抽样技术的发展速度明显加快，AICPA 相继出版的关于统计抽样的公告也促进了审计抽样实践的发展。在制度基础审计阶段，审计实践活动中形成了一套较为系统的、富有逻辑性的工作流程。制度基础审计程序的基本特点是先对内部控制进行评价，即首先需要借助流程图、调查表、说明书等方法对被审计单位的内部控制进行初步调查并加以评价，然而这种评价只是初步的，只能对内部控制的强点和弱点获得初步认识，初步得出内部控制可以信赖的结论（如认为不可信赖则直接进入实质性程序）。为了最终确定内部控制的可信赖程度则必须进行符合性测试，符合性测试是在初步评价基础上的进一步深入测试，目的在于确定被审计单位在实际运行中内部控制是否有效地运作，最后根据符合性测试的结果对内部控制做出评价，分析存在的薄弱环节及其对财务报表的影响。

较之于账项基础审计，制度基础审计方法的出现是审计方法历史上的一大进步，但这并不意味着职业界完全抛弃了账项基础审计的基本审计程序和方法；相反，制度基础审计的形成实际上是对账项基础审计的扬弃，它保留了账项基础审计的合理内核，在实质性程序阶段，制度基础审计所采用的方法和账项基础审计所采用的方法是基本一致的，两者之间是一种继承和发展的关系，而不是互相替代的关系。制度基础审计作为一种更为先进的审计方法，仍然存在以下缺陷：（1）内部控制固有的局限性限制了制度基础审计的实施效果。（2）在实践中，审计人员往往缺乏对客户控制环境的深入理解，而这恰恰是导致审计失败的主要原因。（3）没有将对内部控制的评价同审计风险直接联系起来，没有将降低和控制审计风险的要求贯穿于审计全过程。

（三）风险导向审计

风险导向审计（risk-oriented auditing approach）也称为风险基础审计（risk-based auditing approach）。美国审计准则委员会于 1981 年发布的第 39 号审计准则公告——审计抽样（SAS 39）和 1983 年发布的第 47 号审计准则公告——审计业务中的审计风险与重要性（SAS 47）中包含的有关审计风险模式的阐述，对风险导向审计概念的产生起到了重要的推动作用。SAS 47 考虑了当时审计实践的发展，建立并推行了一个被较广泛接受的审计风险模型，即

$$AR = IR \times CR \times DR$$

该公式表示的是各种风险概率值之间的数学关系，其中，AR 为审计风险，IR 为固有风险，CR 为控制风险，DR 为检查风险。

这个模型在一定程度上反映了影响审计风险的各个要素及其在审计过程中的作用，以及风险评价的先后顺序。从 1984 年开始，美国审计准则委员会要求审计师遵循 SAS 47 的要求，在审计中运用审计风险模型。这种以通过对财务报表固有风险和控制风险的定量评估来确定审计实质性程序性质、时间和范围的做法，被职业界称作传统风险导向审计。随着审计环境和技术的变化，传统风险导向审计又进一步发展为现代风险导向审计。本书第五章将对风险导向审计产生的背景、原理及其演进进行系统阐述。

二、具体审计方法

在实施风险评估程序、控制测试或实质性程序时，审计人员可根据需要单独或组合运用以下具体审计方法以获取充分、适当的审计证据。

（一）具体审计方法的类型

1. 检查记录或文件

检查记录或文件是指审计人员对被审计单位内部或外部生成的，以纸质、电子或其他介质形式存在的记录或文件进行审查。检查记录或文件的目的是对财务报表所包含的或应包含的信息进行验证。例如，被审计单位通常会保留每一笔销售交易的顾客订单、发货单和销售发票副本。这些凭证对于审计人员验证被审计单位记录销售交易的正确性是有用的证据。

检查记录或文件可提供可靠程度不同的审计证据，审计证据的可靠性取决于记录或文件的来源和性质。外部记录或文件通常被认为比内部文件或记录更可靠，因为外部文件经被审计单位的客户出具，又经被审计单位认可，表明交易双方对凭证上记录的信息和条款达成一致意见。另外，某些外部凭证的编制过程非常谨慎，通常由律师或其他有资格的专家进行复核，因而具有较高的可靠性，如土地使用权证、保险单、契约和合同等文件。

圣莱达审计失败案中的检查记录或文件程序

2019 年 10 月 28 日，众华会计师事务所（特殊普通合伙）因圣莱达年报审计失败受到证监会的行政处罚。证监会调查发现，众华所未发现审计底稿中存在日期矛盾和倒置问题。审计底稿中存在两份内容一致而签约日期不同的《影片〈饕餮刑警〉版权转让协议书》（以下简称转让协议书或协议），一份协议保存于圣莱达子公司宁波圣莱达文化投资有限公司（以下简称宁波圣莱达）营业外收入审计底稿中，签约日期为 2015 年 10 月 10 日，现场审计时取得，早于宁波圣莱达成立日期 2015 年 10 月 12 日；另一份协议保存于圣莱达重大事项审计底稿中，签约日期为 2015 年 11 月 10 日，是后期重大事项复核时取得。两份协议内容完全一致，但签约日期不一致。上述协议是版权交易事项的关键证据，众华所未发现前后提供的该证据存在日期差异，未发现协议签约日期与宁波圣莱达成立日期存在倒置情况，未对该证据的可靠性保持应有的职业怀疑，导致未能发现圣莱达的舞弊行为。

2. 检查有形资产

检查有形资产是指审计人员对资产实物进行审查。检查有形资产程序主要适用于存货和现金，也适用于有价证券、应收票据和固定资产等。检查有形资产可为其存在性提供可靠的审计证据，但不一定能够为权利和义务或计价认定提供可靠的审计证据。在某些情况下，它还是评价资产状况和质量的一种有用方法。但是，要验证存在的资产确实为客户所有，仅靠检查实物证据是不够的。

东方金钰审计失败案中的检查有形资产程序

2022 年 6 月 28 日，大华会计师事务所因对东方金钰年报审计时出具了存在虚假记载的审计报告而受到证监会的行政处罚。通过调查，证监会发现大华会计师事务所在存货的审计上存在重大过失。大华会计师事务所审计底稿中的《库存盘点表》列示了翡翠毛料、原料的数量、重量、单价和金额，上述翡翠毛料、原料的单价均较高且具有唯一性，但大华会计师事务所仅对其中的部分翡翠毛料、原料进行拍照存档，未获取充分的证据确定上述存货的存在。基于这个案例，大家可以进一步思考一个问题，那就是行为规范在生活和工作中的重要性体现在哪些方面，以及如何在生活和工作中严格遵循行为规范的要求？

3. 观察

观察是指审计人员查看相关人员正在从事的活动或执行的程序。例如，对客户执行的存货盘点或控制活动进行观察。观察提供的审计证据仅限于观察发生的时点，并且因相关人员已知被观察，其从事活动或执行程序可能与日常的做法不同，从而影响注册会计师对真实情况的了解。因此，审计人员在使用观察程序获取审计证据时，要注意观察方法本身具有的局限性。

华锐风电审计失败案中的观察程序

2015 年 11 月 5 日，证监会对利安达会计师事务所做出行政处罚，责令利安达会计师事务所改正，没收业务收入 95 万元，并处以 95 万元罚款。利安达会计师事务所受处罚的主要原因是在华锐风电年报审计中存在重大过失，未发现其销售收入和应收账款存在重大舞弊的情况。华锐风电于 2011 年 1 月在上海证券交易所上市，主要从事风力发电设备的开发、生产和销售。利安达会计师事务所对其应收账款开票部分通过函证程序加以确认，对于未开票部分、未回函客户以及未函证的样本采用了替代程序。替代程序主要是查看吊装单、合同和项目回款。然而，替代程序依赖的核心证据——吊装单存在严重缺陷。根据华锐风电 2011 年审计底稿，大部分吊装单仅有个人签字而无业主方的盖章确认，并且大部分吊装单未注明吊装日期。利安达会计师事务所实施的替代审计程序无法为销售收入和应收账款提供充分、必要的审计证据，应该采取实地观察设备的安装和运行情况等恰当的替代程序。

4. 询问

询问是指审计人员以书面或口头方式，向被审计单位内部或外部知情人员获取财务信息和非财务信息，并对答复进行评价的过程。知情人员对询问的答复可能为注册会计师提供尚未获悉的信息或佐证信息，也可能提供与已获悉信息存在重大差异的信息；审计人员应当根据询问结果考虑修改审计程序或实施追加的审计程序。询问本身不足以发现认定层次存在的重大错报，也不足以测试内部控制运行的有效性，因此审计人员还应当实施其他审计程序获取充分、适当的审计证据。

巨人零售公司审计失败案中的询问程序

美国巨人零售公司是一家大型零售折扣商店，创建于 1959 年，总部设在马萨诸塞州詹姆斯福特。罗斯会计师事务所负责巨人零售公司 1972 年年报审计工作，签发了无保留意见的审计报告。1979 年 1 月，罗斯会计师事务所因未发现巨人零售公司的舞弊行为而受到 SEC 的严厉谴责，并暂停负责该公司审计的合伙人执业 5 个月。在审计过程中，罗斯会计师事务所的审计师没有很好地利用询问程序获得的审计证据。巨人零售公司的财务副总裁伪造了 28 个虚假的贷方通知单（红字发票），来抵减外发的应付给米尔布鲁克公司的账款 25.7 万美元。审计师注意到了这些贷项通知单，询问公司的职员，先后得到三个不同的解释，而审计师并未就答复的不一致获取进一步的审计证据。

5. 函证

函证是指审计人员为了获取影响财务报表或相关披露认定的项目的信息，通过直接来自第三方对有关信息和现存状况的声明，获取和评价审计证据的过程。由于来自独立于被审计单位的第三方，因而函证是受到高度重视和经常使用的证据获取程序。函证常用于对银行存款，应收账款，应收票据，其他应收款，由其他单位代为保管、加工或销售的存货，或有事项，重大或异常的交易等项目的审计。

【准则链接】
《中国注册会计师审计准则第 1312 号——函证》

易见股份审计失败案中的函证程序

2023 年 1 月 17 日，天圆全会计师事务所（特殊普通合伙）因易见股份年报审计失败而受到证监会的行政处罚。证监会经调查发现，天圆全会计师事务所（特殊普通合伙）未按审计准则规定对银行存款实施充分函证程序。天圆全会计师事务所（特殊普通合伙）未对 2015 年度银行询证函保持控制，未亲自获取相关账户银行询证函、现场函证过程失控，未对银行询证函回函快递单寄件人为个人信息等异常情况保持职业怀疑，并未实施进一步审计程序，获取了虚假银行询证函，未能发现易见股份虚增 2015 年度银行存款 1 208 436 000 元；未对核心企业函证过程保持控制，对被询证单位的地址和联系人等影响函证真实性的重要信息未能有效控制和关注，且询证函发出后未有效跟进。

6. 重新计算

重新计算是指审计人员以人工方式或使用计算机辅助审计技术，对记录或文件中数据计算的准确性进行核对。在财务报表审计中，审计人员往往需要大量运用加总技术来获取必要的审计证据。重新计算通常包括计算销售发票和存货的总金额，加总日记账或明细账，检查折旧费用和预付费用，检查应纳税额等。在执行该审计程序时，审计人员的计算并不一定按照被审计单位原先的计算形式和顺序进行。在计算过程中，审计人员不仅要注意计算结果是否正确，而且要对其他可能的差错（如计算结果的过账和转账有误等）予以关注。

鑫光公司审计失败案中的重新计算程序

2002年4月4日，证监会对嘉信达会计师事务所做出警告处罚。受处罚的原因是其在鑫光公司年报审计中存在过失，对鑫光公司1998—1999年度会计报表出具了不恰当的审计意见。其中的一项过失是在审计冶炼厂1998年度会计报表时，对其主营业务成本测试过程中出现计算错误，致使1998—1999年度的利润虚增了647.92万元。

7. 重新执行

重新执行是指审计人员以人工方式或使用计算机辅助审计技术，重新独立执行作为被审计单位内部控制组成部分的程序或控制。例如，审计人员利用被审计单位的银行存款日记账和银行对账单，重新编制银行存款余额调节表，并与被审计单位编制的银行存款余额调节表进行比较。

佳电股份审计失败案中的重新执行程序

2018年7月31日，证监会认定大华会计师事务所对佳电股份2013—2015年度财务报表审计时未勤勉尽责，出具了不恰当的审计报告。依据《中华人民共和国证券法》的相关规定，证监会对其做出没收150万元收入，并处以450万元罚款的行政处罚。大华会计师事务所审计失败的一个重要原因在于对佳电股份2013—2015年度财务报表进行审计时，未对其自行开发的成本核算信息系统相关的重要内部控制实施重新执行程序，从而未能为佳电股份营业成本结转数据的真实性和准确性提供充分和适当的审计证据。

8. 分析程序

分析程序是指审计人员通过研究不同财务数据之间以及财务数据与非财务数据

之间的内在关系，对财务信息做出评价的程序。分析程序还包括调查识别出与其他相关信息不一致或与预期数据严重偏离的波动和关系。例如，审计人员可以对被审计单位的财务报表和其他会计资料中的重要比率及其变动趋势进行分析性复核，从而发现其异常变动项目。对于异常变动项目，审计人员应重新考虑对其所采用的审计方法是否合适，必要时应追加适当的审计程序，以获取适当的审计证据。

科融环境审计失败案中的分析程序

2021 年 12 月 6 日，亚太（集团）会计师事务所（特殊普通合伙）因科融环境年报审计而受到证监会的处罚。经调查发现，在执行收入分析程序时，亚太（集团）会计师事务所（特殊普通合伙）审计底稿《毛利较高——收入确认依据及 15 年前项目合同表》中已标注出多个项目存在毛利率较高的异常情况，其中：1409001 号项目记载毛利率为 96.23%，备注为“用户评价报告 2016 年”；1507041 号项目记载毛利率为 99.80%，备注为“验收申请”；1508047 号项目记载毛利率为 95.18%，备注为“无调试报告，设备?”；1602044 号项目记载毛利率为 99.96%，备注为“调试报告，合同额的 40%”。经查，这 4 个项目的调试报告均由以前年度涂改为 2017 年，并在 2017 年确认收入。亚太（集团）会计师事务所（特殊普通合伙）未有效执行符合性测试和实质性程序，未评估异常项目对审计意见的影响，导致其未能发现科融环境涂改调试报告日期虚增 2017 年收入和利润的行为。

（二）具体审计方法的应用

具体审计方法的应用贯穿于整个审计流程之中，如表 3 - 3 所示。在初步业务活动阶段，审计人员通常运用询问、观察、检查记录或文件的方法确定是否接受业务委托。例如，向被审计单位询问审计报告的用途、审计范围和时间安排；观察客户的经营场所和经营状态；检查与客户有关的记录或文件。

表 3 - 3　具体审计方法的应用

审计阶段	检查记录或文件	检查有形资产	观察	询问	函证	重新计算	重新执行	分析程序
初步业务活动	◆		◆	◆				
风险评估	◆		◆	◆				◆
控制测试	◆		◆	◆			◆	
实质性程序	◆	◆	◆	◆	◆	◆		◆
终结审计和出具审计报告	◆			◆				◆

在风险评估阶段，审计人员会综合运用询问、分析程序、观察、检查记录或文件的方法了解被审计单位及其环境，并在此基础上评估客户的重大错报风险。例

如，询问可能影响财务报告的交易和事项，或目前发生的重大会计处理问题；分析客户的毛利率，并与行业平均水平进行比较；观察被审计单位的生产经营活动；检查被审计单位的内部控制手册。

在控制测试阶段，审计人员可以运用询问、观察、检查记录或文件、重新执行的方法测试被审计单位内部控制的有效性。例如，审计人员可以向被审计单位相关员工询问，获取与内部控制运行情况相关的信息；观察职责分离等不留下书面记录的控制的有效性；检查留有书面记录的控制的运行情况；当询问、观察、检查记录或文件结合在一起仍无法获得充分的证据时，审计人员应考虑通过重新执行来证实控制是否有效运行。

在实质性程序阶段，审计人员主要采用询问、观察、检查记录或文件、检查有形资产、函证、重新计算和分析程序的方法发现认定层次的重大错报。例如，询问被审计单位销售收入的确认情况；观察被审计单位存货的存放场所；检查与销售交易相关的记录和文件；检查被审计单位的固定资产情况；对被审计单位的应收账款进行函证；重新计算产品的生产成本；运用分析程序识别各类交易、账户余额、列报及相关认定的错报。

在终结审计和出具审计报告阶段，审计人员主要通过询问、分析程序、检查记录或文件的方法评价审计证据，并在此基础上出具审计报告。例如，在形成审计报告之前，审计人员须与管理层沟通审计发现的问题和建议调整的事项，并就这些问题和事项询问管理层的意见；在审计结束或者临近结束时，审计人员运用分析程序，确定经审计调整后的财务报表整体是否与审计人员对被审计单位的了解一致，是否具有合理性；会计师事务所委派适当人员检查审计工作底稿，复核审计人员的执业质量。

本章小结　　案例分析　　推荐阅读材料

第四章

审计报告与审计责任

思维导图

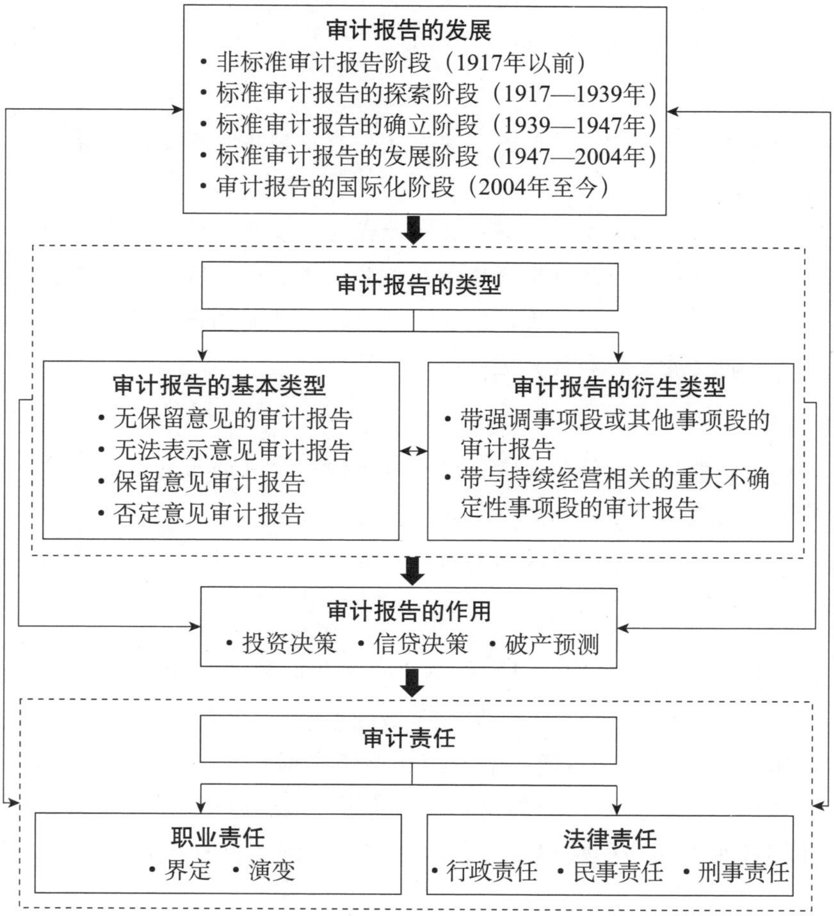

总书记论审计

“要完整、准确、全面向党中央报告审计发现的问题，坚持敢说敢言，不受任何利益驱使，不向任何力量屈服，也不去揣摩领导想法，把问题原原本本报告上来。”

——2023 年 5 月 23 日，习近平在二十届中央审计委员会第一次会议上的讲话

素养提升

1. 价值塑造

- 认真学习习近平总书记关于坚持依法审计的系列重要讲话精神和重大指示，并结合习近平法治思想的立场、观点和方法，促使学员逐步熟悉与践行社会主义法律制度，弘扬社会主义法治精神和社会主义法治文化，成为具有政治意识、法治意识和国家意识的合格公民。
- 认真学习习近平总书记关于更好发挥审计在党和国家监督体系中重要作用的讲话精神，激发学员学以致用、切实增强做好审计学习和工作的责任感和使命感，并激发学员对审计工作的专业认同感。

2. 知识传授

- 了解审计报告的历史演变，熟悉不同发展阶段审计报告中审计要素、内容以及表述上的差异。
- 熟悉审计报告的基本类型，掌握每种审计报告类型所需满足的条件，并在此基础上了解添加强调事项段、其他事项段以及与持续经营相关的重大不确定性段的条件。
- 熟悉审计职业责任的历史演进，掌握审计法律责任的构成以及行政责任、民事责任和刑事责任的发展变化和最新进展。

3. 能力培养

- 了解审计报告类型、审计职业责任以及审计法律责任的历史演进，培养学员用历史和发展的眼光发现、分析和解决现实问题的能力。
- 系统地掌握审计报告类型以及出具条件，培养学员运用审计知识的能力以及职业判断能力。

审计报告是审计工作的最终产品，直接影响到投资决策、信贷决策及破产预测等行为。为了适应审计市场内外环境的变化，审计报告要素一直处于嬗变之中。当审计报告向市场传递的信息存在差错或舞弊时，利益相关者的决策就会被误导，从而产生严重负面的经济后果。其中，若审计师没有恰当履行审计责任，就可能因此承担相应的法律责任。本章将主要阐述审计报告以及与之相应的审计责任。

第一节　审计报告

引例

审计报告与股票价格暴跌之谜

2023年5月4日，新野纺织发布公告称，公司股票交易于2023年5月4日（星期四）开市起停牌1天，于2023年5月5日（星期五）开市起复牌；股票简称变更为*ST新纺。2023年5月5日，公司复牌，股票开盘后股价直线下挫，直接“一字板”跌停。

被实施风险警示的原因是，公司2022年度经审计的财务报告被审计机构出具了带与持续经营相关的重大不确定性事项段的无法表示意见审计报告。

【扩展阅读】

新野纺织：关于公司股票交易被实行退市风险警示、其他风险警示暨股票停牌的公告

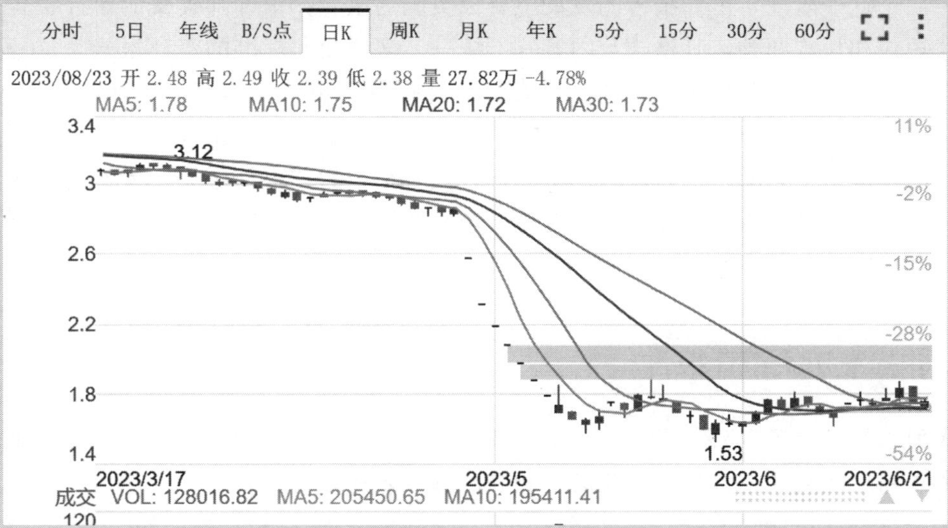

资料来源：新野纺织：关于公司股票交易被实行退市风险警示、其他风险警示暨股票停牌的公告. https://vip.stock.finance.sina.com.cn/corp/view/vCB_AllBulletinDetail.php?stockid=002087&id=9185624.

在上述引例中，会计师事务所发表的审计报告引发了股票价格的剧烈波动，这充分说明审计报告对投资者的决策具有重要的作用。如果审计报告不能对市场主体产生作用，就不会给利益相关者带来任何形式的经济后果，利益相关者就不会关注审计师是否出具审计报告以及出具何种类型的审计报告。审计报告作用的发挥依赖

于审计报告要素的构成及其表达。本节首先回顾审计报告的标准化与国际化演变过程，进而对现行实务框架下的不同审计报告类型进行阐述，在此基础上从投资决策、信贷决策、破产预测等视角讨论审计报告在资本市场中的作用。

第一节
即测即评

【思政案例】
虚假审计报告与公司骗贷案

【审计案例】
会计师事务所因未识别客户持续经营问题被警示

一、审计报告的发展

审计报告随着审计环境的变化而不断地发展演变。在不同的发展阶段，审计报告要素有着很大的变化，在内容和表述上也存在较大的差异。

（一）非标准审计报告阶段（1917年以前）

这一阶段，审计报告的发展主要以英国为主导，审计师提交的审计报告主要有短式和长式两种，其格式与内容并不统一。多样化非标准的审计报告是这一时期的主要特点。该时期审计职业界没有就审计报告的格式、内容、审计的范围、程序、详略程度等方面进行规范。短式报告通常仅包含意见段，长式报告则根据不同客户的具体情况有所区别。该时期审计报告仅有单一的“审计意见”要素。该时期审计报告对审计结论的描述颇为绝对化，通常使用“公允和正确”“真实和正确”“全面和真实”“真实和可靠”等术语。

非标准短式审计报告

我们已经审计了XYZ公司截至1915年12月31日的年度账簿。我们认为，上述资产负债表正确地反映了期末的财务状况，相应的损益表也是正确的。

资料来源：King D L，Case C J. The Evolution of the United States Audit Report. Academy of Accounting and Financial Studies Journal，2003，7（1）：1-16.

非标准长式审计报告

我们已经审计了Blank公司截至1915年12月31日的年度账簿，发现后附的资产负债表和相关损益表是经过正确编制的。

我们认为，该年内只有实际增加的资产计入了资产账户，相关的折旧也是公允和合理的。

存货数量已经由责任人确认，而且已经按照1915年12月31日的成本与市价孰低原则进行了计价。我们认为，应收账款和应收票据状况是良好和可收回的，公司已对有明确归属的负债计提了足额准备。递延费用合理和恰当地反映了应在随后年度经营中承担的支出。

据此，我们证明，后附的资产负债表是经过适当编制的，并公允反映了Blank公司1915年12月31日的财务状况，同时相关的损益表正确反映了该财务年度的经营成果。

资料来源：King D L，Case C J. The Evolution of the United States Audit Report. Academy of Accounting and Financial Studies Journal，2003，7（1）：1-16.

（二）标准审计报告的探索阶段（1917—1939年）

这一阶段审计报告的发展主要以美国为主导。1917年，美国联邦储备委员会（Federal Reserve Board）发布了《统一会计：美国联邦储备委员会的临时建议》（Uniform Accounting：A Tentative Proposal Submitted by the Federal Reserve Board），并广泛分发给银行、制造企业、会计和审计协会，其中推荐的审计报告被称为第一份由权威指南推荐的审计报告。

1917年美国联邦储备委员会建议的审计报告模式

我已经审计了XYZ公司1917年1月1日至1917年12月31日的账簿。我证明上述资产负债表和损益表依据美国联邦储备委员会建议的标准编制，反映了XYZ公司的财务状况和经营成果。

资料来源：King D L，Case C J. The Evolution of the United States Audit Report. Academy of Accounting and Financial Studies Journal，2003，7（1）：1-16.

1929年5月，美国会计师协会（American Institute of Accountants，AIA）发布修订后的题为《财务报表的验证》的公告，其中建议将审计报告分为范围段和意见段，即采用两段式审计报告。这增强了审计报告的可阅读性和理解性，朝标准化模式迈出了重要的一步。

1929年美国会计师协会建议的审计报告模式

我已经审计了XYZ公司1929年1月1日至1929年12月31日的账簿。

我证明后附的资产负债表和损益表反映了XYZ公司的财务状况和经营成果。

资料来源：King D L，Case C J. The Evolution of the United States Audit Report. Academy of Accounting and Financial Studies Journal，2003，7（1）：1-16.

1934 年，AIA 出版了《公司报表审计》，其中包括一份推荐报告。这一推荐报告被称为一次“审计报告结构的革命性飞跃”。公告要求在美国证券交易所注册的公司均采用这一报告模式，它是第一份强制性要求采用的审计报告模式。

1934 年美国会计师协会要求采用的审计报告模式

我们已经验证了 XYZ 公司 1934 年 12 月 31 日的资产负债表和 1934 年度的损益表。具体来说，我们检验或测试了公司的会计记录和其他支持性的证据，获得了来自公司管理层和员工的信息和解释。我们也在总体上检查了公司选择的会计方法和经营与收入账户，但我们未对交易做详细审计。

我们认为，基于我们的检验，后附的资产负债表和损益表的编制遵循了认可的会计原则的要求，公允反映了 XYZ 公司 1934 年 12 月 31 日的财务状况和 1934 年度的经营成果。

资料来源：King D L，Case C J. The Evolution of the United States Audit Report. Academy of Accounting and Financial Studies Journal，2003，7（1）：1-16.

此时，收件人这一要素也引入审计报告。该阶段审计报告主要包括“收件人”、“审计范围”和“审计意见”三个要素。在语言和内容上，审计报告也发生了一些变化。例如，在报告范围段明确提到了“测试”概念；首次将财务报表而不是账簿或账户作为审查对象；在意见段中删除“证明”，表明了对财务报表不是一种担保或证明；引入了“公允反映”术语，将会计准则作为衡量“公允反映”的一条标准，并与“一贯性”一起使用。

（三）标准审计报告的确立阶段（1939—1947 年）

1939 年，AIA 出版了题为《审计程序的扩展》的小册子，经 AIA 批准后，由审计程序委员会（Committee of Auditing Procedure，CPA）作为《审计程序说明第 1 号》（SAP 1）重新发布。SAP 1 中的标准审计报告的要素并未发生变化，但内容和措施有了进一步的改进，主要包括：（1）在范围段中明确提出复核了客户内部控制制度；（2）在提及会计原则时，用“公认会计原则”取代了“认可的会计原则”，强调了审计的权威性；（3）删除了“从公司主管和雇员处获得了资料和说明”，弥补了这一表述易被误解的缺陷；（4）在报告中引进了职业判断的观念；（5）引入了新的审计报告类型——无意见报告。至此，标准审计报告的模式正式确立并成为以后所有修订的基础。

1939 年美国会计师协会要求采用的审计报告模式

我们验证了 XYZ 公司 1939 年 12 月 31 日的资产负债表和 1939 年度的损益表。我们检查了公司的内部控制系统和会计程序，但未对交易进行详细审计。我们采用适当的方法和程序检查或测试了公司的会计记录和其他支持性证据。

我们认为，后附的资产负债表和相关的损益表的编制遵循了公认会计原则的要求，公允反映了 XYZ 公司 1939 年 12 月 31 日的财务状况和 1939 年度的经营成果。

资料来源：King D L，Case C J. The Evolution of the United States Audit Report. Academy of Accounting and Financial Studies Journal，2003，7（1）：1-16.

（四）标准审计报告的发展阶段（1947—2004 年）

1947 年，AIA 制定了《公认审计准则》，随后又在 1954 年对《公认审计准则》进行了修订，将审计师的责任正式确认为第四条报告准则。此时，“内部控制系统”和“未对交易进行详细审计”从审计报告中移除。《公认审计准则》还进一步区分了不同类型的审计报告，包括“鉴于”（subject to）和“除……外”（except to）保留意见之间的区别。随着不同报告类型的增加和广泛采用，撰写审计报告从过去的“实际撰写”转换为“确定报告类型”，即根据审计结果确定审计报告类型及其措辞。

1947 年美国会计师协会要求采用的审计报告模式

我们验证了 XYZ 公司 1947 年 12 月 31 日的资产负债表和 1947 年度的损益表。我们依据公认审计准则实施验证，包括会计记录的测试以及依据环境所需实施的其他审计程序。

我们认为，后附的资产负债表和损益表的编制遵循了公认会计原则的要求，公允反映了 XYZ 公司 1947 年 12 月 31 日的财务状况和 1947 年度的经营成果。

资料来源：King D L，Case C J. The Evolution of the United States Audit Report. Academy of Accounting and Financial Studies Journal，2003，7（1）：1-16.

1988 年，美国注册会计师协会制定了《SAS 58——关于已审计财务报表的报告》。该准则对审计报告进行了重大修订：（1）原来的范围段分解为引言段和范围段，从而使标准审计报告由两段改为三段，内容更加明确。（2）增加了会计师事务所的签名和报告日期。（3）引言段中明确区分了企业管理当局和审计人员各自的责任，没有将它们单独提炼为审计报告的要素。（4）标题正式确立为“独立审计师报告”。（5）审计意见中删除了对“一贯性”的说明，而且明确提出审计只对财务报表是否不存在重大错报漏报提供合理保证。

1988 年美国注册会计师协会要求采用的审计报告模式

我们已经审计了 XYZ 公司 1988 年 12 月 31 日的资产负债表以及 1988 年度的利润表、

留存收益表和现金流量表。编制这些财务报表是公司管理层的责任。我们的责任是在审计的基础上对这些财务报表发表审计意见。

我们依据公认审计准则的要求实施审计。这些准则要求我们计划和实施审计以对财务报表不存在重大错报获取合理保证。审计工作包括在测试的基础上检查支持财务报告金额和披露的证据。审计工作也包括评估XYZ公司管理层采用的会计政策和做出的重要会计估计，以及评估整体财务报告的披露情况。我们相信，我们的审计为我们发表审计意见提供了合理的基础。

我们认为，上述财务报表的编制遵循了公认会计原则的要求，在所有重大方面公允反映了XYZ公司1988年12月31日的财务状况和1988年度的经营成果。

资料来源：King D L，Case C J. The Evolution of the United States Audit Report. Academy of Accounting and Financial Studies Journal，2003，7（1）：1-16.

（五）标准审计报告的完善阶段（2004—2015年）

国际审计实务委员会（International Auditing Practices Committee，IAPC）1983年发布的《审计师关于财务报表的报告》（ISA 13）中的审计报告模式参照了美国1954年两段式审计报告模式。审计报告要素主要包括：（1）标题；（2）收件人；（3）已审财务报表的确认；（4）关于审计准则或审计实务的依据的说明；（5）关于财务报表意见的表述或拒绝表示意见；（6）审计师的签名；（7）审计师的地址；（8）报告日期。IAPC于1994年发布的《审计师关于财务报表的报告》（原ISA 700），受美国1988年三段式审计报告模式的影响，对审计报告进行了修订。审计报告要素主要包括：（1）标题；（2）收件人；（3）开头或引言段；（4）范围段；（5）审计意见段；（6）报告日期；（7）审计师的地址；（8）审计师的签名。

IAASB于2004年12月28日发布了《关于整套通用目的财务报表的独立审计师报告》（新ISA 700）和《非标准无保留意见独立审计师报告》（ISA 701）取代原ISA 700，确立了新的审计报告的格式和内容，并自2006年12月31日起执行。新修订的审计报告准则使审计报告发生了重大的变化。首先，在审计报告中详细分列了管理当局对财务报表的责任与审计师的责任，审计报告由以前的三段式变为五段式。其次，为了尊重国家或地区法律或法规，在审计报告中还增加了其他报告责任。此外，在表述上也做了相应的修订，更便于使用者阅读与理解，而且更强调审计师在审计过程中的专业判断和对使用者的风险警示。在这里，需要注意的是，1983年ISA 13就要求审计报告中包含审计师的签名、审计师的地址和报告日期，并一直延续至今。其中审计师的签名既可以签会计师事务所的名称，也可以签注册会计师的名字，或者两者都签。

（六）标准审计报告的新进展（2015年至今）

2015年初，IAASB发布新制定和修订的审计报告系列准则，改革现行审计报告模式，增加审计报告要素，丰富审计报告内容。在审计报告要素方面的变化主要体现在：第一，新增关键审计事项要素，增加审计报告的信息含量和决策价值。第二，增加“其他信息”部分，提高其他信息的质量。第三，新增“与持续经营相关的重大不确定性”段落，提醒投资者对公司持续经营能力的关注。第四，将原审计报告的“引言段”和“审计意见段”合并成新审计报告的“审计意见”部分；将原审计报告的“注册会计师责任段”调整到新审计报告的“形成审计意见的基础”和“注册会计师责任”部分；将原审计报告的“说明段”取消，并入新审计报告的“形成审计意见的基础”部分。在审计报告的内容和披露上的变化主要体现在：第一，提高管理层、注册会计师对持续经营的责任与报告要求，增加审计报告风险预警价值；第二，对独立性和履行相关职业道德责任做出积极声明，增强使用者的信心；第三，改进对注册会计师责任的描述，使审计责任更加明晰、具体和可理解；第四，强制要求披露审计项目合伙人姓名。

【扩展阅读】
国际审计与鉴证准则理事会完成审计报告改革

2017 年 6 月，PCAOB 公布了修订后的审计报告准则 AS 3101 及其分步实施时间表。和国际审计报告准则类似，AS 3101 保留了现有审计报告的无保留/非无保留意见二元模式，同时对现有审计报告做出了重大变革。改革后审计报告的基本要素包括：(1) 标题；(2) 收件人；(3) 引言；(4) 审计意见基础；(5) 审计意见；(6) 其他信息的责任；(7) 审计师的签名；(8) 审计师的地址；(9) 报告日期。审计师责任和管理层责任的表述依然没有单独列示，而是分布在“引言”和“审计意见基础”部分。除了基本要素外，与国际审计报告准则相同，关键审计事项这一要素被引入审计报告，这也是这次改革中最为重要的内容。同时，PCAOB 的准则要求在特定情形下审计师在审计报告中加入解释性语言（或者解释段），解释段紧随意见段之后。在内容和表述上，PCAOB 也对审计报告做了相应的修订，包括：(1) 进一步加强了审计师现有的审计责任的描述；(2) 在引言中增加“审计师独立性”的表述，声明按照现行的要求审计师独立于被审计单位；(3) 在引言中增加“审计任期”的表述；(4) 增加审计师对其他信息的责任。总体来看，除了表述和格式上的一些差异外，美国审计报告的改革方向是与国际审计报告趋同。

需要指出的是，我国审计报告的发展从一开始就十分重视借鉴国际经验。为顺应市场各方的需求，体现审计准则持续趋同要求，中国注册会计师协会借鉴国际审计报告改革的成果，结合我国实际情况，启动了审计报告准则的改革修订工作。经过近两年的研究、起草、论证和广泛征求意见，2016 年 12 月 23 日，财政部印发《中国注册会计师审计准则第 1504 号——在审计报告中沟通关键审计事项》等 12 项中国注册会计师审计准则（新审计报告准则）。新审计报告准则使我国审计报告的要素、内容和表述都发生了重大的变化，这些变化与新的国际审计报告准则的变

【扩展阅读】
财政部关于印发《中国注册会计师审计准则第 1504 号——在审计报告中沟通关键审计事项》等 12 项准则的通知

化保持趋同。

二、审计报告的类型

2008年全球金融危机发生后，国际上对提高审计质量与审计报告信息含量的呼声日趋强烈。前已述及，2015年，IAASB发布修订后的国际审计报告准则，在改进审计报告模式、增加审计报告要素、丰富审计报告内容等方面作出了重大改进。为顺应市场各方的需求，体现审计准则持续趋同要求，中国注册会计师协会借鉴国际审计报告改革的成果，结合我国实际情况，进行了审计报告准则的改革修订工作。

【扩展阅读】
《中国注册会计师审计准则问题解答第14号——关键审计事项》

在修订后的12项审计准则中，最为核心的1项是新制定的《中国注册会计师审计准则第1504号——在审计报告中沟通关键审计事项》，该准则要求在上市公司的审计报告中增设关键审计事项部分，披露审计工作中的重点难点等审计项目的个性化信息。除该准则外，有6项准则属于作出实质性修订的准则，另外5项准则属于为保持审计准则体系的内在一致性而作出相应文字调整的准则。在修订后的审计报告准则下，审计报告包括四种基本类型，即无保留意见、保留意见、无法表示意见和否定意见的审计报告。此外，审计时可以根据具体情况在上述四种基本审计报告中增加强调事项段、其他事项段或与持续经营相关的重大不确定性段，但这些段落并不影响审计师出具的审计意见。

（一）审计报告的基本类型

1. 无保留意见的审计报告

《中国注册会计师审计准则第1501号——对财务报表形成审计意见和出具审计报告》第十七条规定，如果认为财务报表在所有重大方面按照适用的财务报告编制基础的规定编制并实现公允反映，注册会计师应当发表无保留意见。

【扩展阅读】
标准无保留意见审计报告示例

无保留意见的审计报告应当包括下列要素：标题，收件人，审计意见，形成审计意见的基础，关键审计事项，管理层对财务报表的责任，注册会计师对财务报表审计的责任，按照相关法律法规的要求报告的事项（如适用），注册会计师的签名和盖章，会计师事务所的名称、地址和盖章，报告日期。

2. 保留意见的审计报告

《中国注册会计师审计准则第1502号——在审计报告中发表非无保留意见》第八条规定，当存在下列情形之一时，注册会计师应当发表保留意见：(1) 在获取充分、适当的审计证据后，注册会计师认为错报单独或汇总起来对财务报表影响重大，但不具有广泛性；(2) 注册会计师无法获取充分、适当的审计证据以作为形成审计意见的基础，但认为未发现的错报（如存在）对财务报表可能产生的影响重大，但不具有广泛性。

中国首份保留意见审计报告

我们所接受委托，对浙江凤凰化工股份有限公司 1993 年 12 月 31 日的资产负债表及该年度利润及利润分配表、财务状况变动表进行了审计，我们在审计中根据有关法律、法规、财务会计制度和公司提供的有关文件资料，按照《注册会计师检查验证会计报表规则（试行）》规定，结合公司实际情况，实施了必要的审计程序，对内部管理制度遵守情况和数据记录真实情况进行了必要的检查。

经审查，公司部分产成品和原材料年末溢余，存在某些不确定因素，有待进一步落实。

我们认为，除上述情况外，本报告书后附的资产负债表、利润及利润分配表、财务状况变动表符合《股份制试点企业会计制度》的规定，在所有重要方面恰当地表达了浙江凤凰化工股份有限公司 1993 年 12 月 31 日的财务状况和该年度的经营成果及资金变动情况。

浙江会计师事务所

中国注册会计师：胡少先

中国注册会计师：吴竹轩

1994 年 3 月 12 日

资料来源：浙江省凤凰化工股份有限公司 1993 年年度报告.

【扩展阅读】
保留意见审计报告示例

当注册会计师要发表保留意见的审计报告时，除了规定的审计报告基本要素外，还应当在审计意见段之后增加“形成保留意见的基础”部分，并且审计意见段的标题应当使用“保留意见”。当由于财务报表存在重大错报而发表保留意见时，注册会计师应当根据适用的财务报表编制基础在审计意见段中说明除了形成保留意见的基础所述事项产生的影响外，财务报表在所有重大方面按照适用的财务报告编制基础编制，并实现公允反映。当因无法获取充分、适当的审计证据而导致发表保留意见时，注册会计师应当在审计意见段中使用“除……可能产生的影响外”等措辞，并在形成保留意见的基础部分说明无法获取审计证据的原因。

3. 无法表示意见的审计报告

《中国注册会计师审计准则第 1502 号——在审计报告中发表非无保留意见》第十条规定，如果无法获取充分、适当的审计证据以作为形成审计意见的基础，但认为未发现的错报（如存在）对财务报表可能产生的影响重大且具有广泛性，注册会计师应当发表无法表示意见。

【扩展阅读】
无法意见审计报告示例

当注册会计师要发表无法表示意见的审计报告时，除了规定的审计报告基本要素外，还应当在审计意见段之后增加“形成无法表示意见的基础”部分，并且审计意见段的标题应当使用“无法表示意见”。当由于无法获取充分、适当的审计证据而发表无法表示意见时，注册会计师应当修改审计报告的意见段以说明：注册会计师接受委托审计财务报表；注册会计师不对后附的财务报表发表审计意见；由于形成无法表示意见的基础部分所述事项的重要性，注册会计师无法获取充分、适当的审计证据以作为对财务报表发表审计意见的基础。

中国首份无法表示意见审计报告

石家庄宝石电子玻璃股份有限公司全体股东：

我们接受委托，审计了贵公司1997年12月31日的资产负债表（公司及合并）及1997年度的利润及利润分配表（公司及合并）和财务状况变动表（公司及合并）及相关会计报表附注。这些会计报表的编制由贵公司董事会负责，我们的责任是对这些会计报表发表审计意见。

由于国内电视机市场在本年度内发生的急剧变化导致了贵公司主要产品的市场售价低于其生产成本，贵公司自1997年6月6日停炉检修黑白电视玻壳生产线起，再未恢复生产，而黑白电视显像管自6月12日起，除在12月份有少量生产外，其余时期均为停产。截至审计报告日，贵公司董事会尚无法确定上述产品重新开始生产的日期。

根据我们的审查，贵公司截至1997年12月31日的存货账面价值计人民币119 577 679元系以历史成本入账。鉴于上述市场的原因，我们无法确定这些存货以历史成本计价的会计处理方法的合理性及其可变现净值。

根据我们的审查，贵公司截至1997年12月31日的应收账款共计人民币151 503 073元，其中账龄超过一年以上的应收账款计人民币77 588 156元。基于现行市场的状况，我们不能依据贵公司提供的资料对这些应收账款可能回收的数额做出合理的估计。

根据我们的审查，贵公司截至1997年12月31日的固定资产账面净值计人民币321 686 953元系以历史成本入账。其中大部分的固定资产是用于制造黑白电视机显像管和黑白电视机玻壳。由于贵公司已停止生产上述产品，且至审计报告日贵公司并无重新恢复生产的具体计划和措施，我们无法确定这些固定资产在1997年12月31日的可实现价值。

由于前段所述事项涉及金额巨大，贵公司于1997年12月31日的流动负债超过流动资产共计人民币723 240 798元，且资产负债比率偏低，我们无法确认贵公司依据持续经营的原则而编制的会计报表的合理性。

我们认为，由于贵公司无法就以上所述的事项提供充分和必要证据，使我们不能确定这些事项对会计报表整体反映的影响程度，我们无法对贵公司上述会计报表符合《企业会计准则》和《股份制试点企业会计制度》等有关规定，以及是否在所有重大方面公允地反映了贵公司和贵集团于1997年12月31日的财务状况及1997年度经营成果和资金变动情况发表审计意见。

普华大华会计师事务所

中国注册会计师：周忠惠
中国注册会计师：冯正权
1998 年 4 月 27 日

资料来源：石家庄宝石电子玻璃股份有限公司 1997 年年度报告 .

当注册会计师对财务报表发表无法表示意见时，注册会计师应当修改无保留意见审计报告中形成审计意见的基础部分，不应提及审计报告中用于描述注册会计师责任的部分，也不应说明注册会计师是否已获取充分、适当的审计证据以作为形成审计意见的基础。

4. 否定意见的审计报告

《中国注册会计师审计准则第 1502 号——在审计报告中发表非无保留意见》第九条规定，在获取充分、适当的审计证据后，如果认为错报单独或汇总起来对财务报表的影响重大且具有广泛性，注册会计师应当发表否定意见。

【扩展阅读】
否定意见审计报告示例

中国首份否定意见审计报告

重庆渝港钛白粉股份有限公司全体股东：

我们接受委托，审计了贵公司 1997 年 12 月 31 日资产负债表和 1997 年度利润及利润分配表、财务状况变动表。这些会计报表由贵公司负责，我们的责任是对这些会计报表发表审计意见。我们的审计是依据中国注册会计师独立审计准则进行的。在审计过程中，我们结合贵公司的实际情况，实施了包括抽查会计记录等我们认为必要的审计程序。

1997 年度应计入财务费用的借款及应付债券利息 8 064 万元，贵公司将其资本化计入了钛白粉工程成本；欠付中国银行重庆分行的美元借款利息 89.8 万美元（折人民币 743 万元），贵公司未计提入账。两项共影响利润 8 807 万元。

我们认为，由于本报告第二段所述事项的重大影响，贵公司 1997 年 12 月 31 日资产负债表、1997 年度利润及利润分配表、财务状况变动表未能公允地反映贵公司 1997 年 12 月 31 日财务状况和 1997 年度经营成果及资金变动情况。

此外，我们在审计过程中注意到：贵公司目前正面临沉重的债务负担和巨额的固定资产折旧压力，除非贵公司能尽快达到正常生产经营状态并能与有关负责人就债务重整达成协议，且市场形势在短期内发生有利于贵公司的重大变化，否则贵公司的财务状况和生产经营将陷入极其严峻的困境。

如果贵公司出现不能持续经营的情形，则应对其资产和负债重新加以评价、分类、并据以重新编制1997年度会计报表。

重庆会计师事务所

中国注册会计师：石义杰

中国注册会计师：邓兴政

中国·重庆　　1998年3月8日

资料来源：重庆渝港钛白粉股份有限公司1997年年度报告.

当注册会计师要发表否定意见的审计报告时，除了规定的审计报告基本要素外，还应当在审计意见段之后增加“形成否定意见的基础”部分，并且审计意见段的标题应当使用“否定意见”。注册会计师还应当根据适用的财务报告编制基础在审计意见段中说明：注册会计师认为，由于形成否定意见的基础部分所述事项的重要性，财务报表没有在所有重大方面按照适用的财务报告编制基础编制，未能实现公允反映。

（二）带强调事项段或其他事项段的审计报告

《中国注册会计师审计准则第1503号——在审计报告中增加强调事项段和其他事项段》第六条规定，强调事项段，是指审计报告中含有的一个段落，该段落提及已在财务报表中恰当列报的事项，且根据注册会计师的职业判断，该事项对财务报表使用者理解财务报表至关重要。

【扩展阅读】
带强调事项段无保留意见审计报告示例

如果认为有必要提醒财务报表使用者关注上述事项，在同时满足下列条件时，注册会计师应当在审计报告中增加强调事项段：一是按照相关准则的规定，该事项不会导致注册会计师发表非无保留意见；二是当相关准则适用时，该事项未被确定为在审计报告中沟通的关键审计事项。如果在审计报告中增加强调事项段，应当将强调事项段作为单独的一部分置于审计报告中，并使用包含“强调事项”这一术语的适当标题。注册会计师还应当在审计报告中明确提及被强调事项以及相关披露的位置，以便能够在财务报表中找到对该事项的详细描述，且应当指出审计意见没有因该强调事项而改变。强调事项段应当仅提及已在财务报表中列报或披露的信息。

中国首份无保留加强调事项段审计报告

立信会计师事务所（简称我所），接受上海兴业房产股份有限公司（简称该公司）的委托，对该公司1992年的财务状况及经营成果审核鉴证。

我所根据我国政府颁布的有关法律、法规和会计制度，采取必要的审计程序，对该公司提供的会计凭证、账簿和报表进行了重点审核。根据审核结果，我所认为，本报告所附的资产负债表、利润表及财务状况变动表是根据我国政府有关规定编制，可以反映该公司在上述期间的财务状况、流动资金变动情况和经营成果。

其中委托贷款和个人调节税可按规定办理，利润表所列1992年利润9 402 092.05元是改制后的利润，如按改制前原来的核算规定，对施工管理费、销售费用等共676 694.75元，亦应摊入未完成工程成本费用中，则其利润已达到10 078 786.80元，已完成并略超原定的1 000万元利润的计划（见附表）。

立信会计师事务所

中国注册会计师：潘华恭

1993年2月3日

资料来源：上海兴业房产股份有限公司1992年年度报告.

特定情况下在审计报告中增加强调事项段的情形包括：法律法规规定的财务报告编制基础不可接受，但其是由法律或法规作出的规定；提醒财务报表使用者注意财务报表按照特殊目的编制基础编制；注册会计师在审计报告日后知悉了某些事实，并且出具了新的审计报告或修改了审计报告。此外，注册会计师还可能认为需要增加强调事项段的情形包括但不限于：异常诉讼或监管行动的未来结果存在不确定性；提前应用对财务报表有广泛影响的新会计准则；存在已经或持续对被审计单位财务状况产生重大影响的特大灾难等。

《中国注册会计师审计准则第1503号——在审计报告中增加强调事项段和其他事项段》第七条规定，其他事项段，是指审计报告中含有的一个段落，该段落提及未在财务报表中列报的事项，且根据注册会计师的职业判断，该事项与财务报表使用者理解审计工作、注册会计师的责任或审计报告相关。如果认为有必要沟通虽然未在财务报表中列报，但根据职业判断认为与财务报表使用者理解审计工作、注册会计师的责任或审计报告相关的事项，在同时满足未被法律法规禁止且该事项未被确定为在审计报告中沟通的关键审计事项时，注册会计师应当在审计报告中增加其他事项段。

（三）带与持续经营相关的重大不确定性事项段的审计报告

《中国注册会计师审计准则第1324号——持续经营》要求在审计报告中突出显示持续经营的相关事项，以提醒财务报表使用者关注。其中第二十一条明确规定，如果运用持续经营假设是恰当的，但存在重大不确定性，且财务报表对重大不确定性已作出充分披露，注册会计师应当发表无保留意见，并在审计报告中增加“与持续经营相关的重大不确定性”为标题的单独部分，以提醒财务报表使用者关注财务报表附注中对重大不确定性的披露，说明这些事项或情况表明存在可能导致对被审计单位持续经营能力产生重大疑虑的重大不确定性，并说明该事项并不影响发表的审计意见。

【准则链接】
《中国注册会计师审计准则第1324号——持续经营》

【扩展阅读】
带与持续经营相关的重大不确定性事项段的无保留意见审计报告示例

第二节 审计责任

引例

中国首例证券集体诉讼案

历时近7个月的审理，A股首例证券“集体诉讼”一审判决结果正式出炉。2021年11月12日，广州市中级人民法院对康美药业证券特别代表人诉讼（也称“集体诉讼”）作出一审判决，相关被告承担投资者损失总金额达24.59亿元。

2020年5月13日，因康美药业在年报和半年报中存在虚假记载和重大遗漏，中国证监会对该公司和21名责任人作出罚款和市场禁入的行政处罚决定。2021年2月18日，中国证监会又对负责康美药业财务审计的正中珠江会计师事务所和相关责任人员进行了行政处罚。

2021年4月8日，中证中小投资者服务中心有限责任公司受部分证券投资者的特别授权，向广州中院申请作为五万余名投资者的特别代表人参加诉讼。经最高人民法院指定管辖，广州中院适用特别代表人诉讼程序，对这起全国首例证券集体诉讼案进行了公开开庭审理。

法院查明，康美药业披露的年度报告和半年度报告中，存在虚增营业收入、利息收入及营业利润，虚增货币资金和未按规定披露股东及其关联方非经营性占用资金的关联交易情况，正中珠江会计师事务所出具的财务报表审计报告存在虚假记载，均构成证券虚假陈述行为。经专业机构评估，投资者实际损失为24.59亿元。最终的判决结果显示，康美药业作为上市公司，承担24.59亿元的赔偿责任；公司实际控制人马兴田夫妇及邱锡伟等4名原高管人员组织策划实施财务造假，属故意行为，承担100%的连带赔偿责任；另有13名高管人员按过错程度分别承担20%、10%、5%的连带赔偿责任。

康美药业的审计机构广东正中珠江会计师事务所，因未实施基本的审计程序，严重违反了相关法律规定，导致康美药业严重财务造假未被审计发现，被判决承担100%的连带赔偿责任。此外，作为正中珠江会计师事务所合伙人以及康美药业年报审计项目的签字会计师，杨文蔚在执业活动中因重大过失造成正中珠江会计师事务需承担赔偿责任，也被判在正中珠江会计师事务所承责范围内承担连带赔偿责任。

资料来源：A股首例“集体诉讼”一审判决：康美药业被判赔偿24.59亿元正中珠江负100%连带责任. https://www.163.com/dy/article/GOKPCR6K05199NPP.html.

如本节引例所述，审计责任对审计职业的生存和发展至关重要。莫茨和夏拉夫在《审计哲学》中提出，“作为一种职业，审计应对所有依赖其工作的人承担责任……审计只有接受这些社会责任，才会确立它作为一种职业的地位”。审计责任分为职业责任和法律责任。前者是指审计人员执行审计业务时应当履行的专业职责；后者是指社会强制审计人员履行的专业职责（遵守职业标准）。审计职业责任是形成审计法律责任的本源与前提。

第二节
即测即评

2023 年 2 月 17 日，中国证监会发布全面实行股票发行注册制相关制度规则，自公布之日起施行。与之前的核准制相比，全面注册制的要义是充分贯彻以信息披露为核心的理念，从而使发行上市全过程更加规范、透明。审计机构作为专业核查验证的首道防线之一，需要对发行人信息披露的真实性、准确性和完整性作出审查和判断。全面注册制使得审计机构承担的“看门人”的职责愈发重要，同时也进一步强化了其承担的法律责任。

一、审计职业责任

依据功能主义的观点，职业必须具备四个特点：专业知识的综合体、为公众利益服务的定位、允许进入的标准及对公众信任的需求。社会的需求催生审计职业，审计对公众利益的保护程度决定着社会公众对审计职业的信任程度。如本书第一章所述，在最初的审计报告中并没有关于审计职业责任的表述，它是在持续的审计实践中逐渐确立起来的，并且随着审计环境的变化而不断地演进发展。

在 1917 年之前，审计报告中并没有关于审计责任的直接表述。这一时期，在审计报告中经常这样发表意见：“我们能够保证”（we can ensure）或“我们能够证明”（we have certified）资产负债表或会计账目“真实而公允”（true and fair）或“全面而真实”（full and true）。在这个时期，审计人员对于自身及自身职业所承担的责任范围界定不明，使用过于自信、绝对化的用词，全面夸大了自己所能承担的审计责任。1917 年 4 月，美国联邦储备委员会发布《统一会计》（Uniform Accounts）。该文件系由时任美国公共会计师协会会长的罗伯特·希斯特·蒙哥马利（Robert Hiester Montgomery）和著名会计学家乔治·奥利弗·梅（George Oliver May）起草完成。1918 年，该文件改为《编制资产负债表的公认方法》（Approved Methods for the Preparation of Balance Sheet Statement）重新发布，其中推荐了审计报告的格式。此后，美国各大型会计师事务所逐渐采用这种新的审计报告格式。1931 年结案的“厄特马斯诉道奇案”再次引发职业界对审计职业责任的思考。在这个时期审计人员逐渐认识到自己的责任性质和范围，即仅对会计报表是否不存在重大错报予以合理保证而非绝对担保。

自 20 世纪 60 年代以来，美国审计职业界陷入了“诉讼爆炸”的局面。审计职业界在改进自身职能、完善审计方法和手段的同时，更加注重与报告使用人进行双方责任的沟通。1988 年 AICPA 发布《审计准则说明书第 58 号——被审计会计报表的报告》，其要求审计报告的导言段应包括已审计会计报表（日期、期间）和报表的编制责任以及注册会计师的责任，指出编制报表是企业管理当局的责任，注册会计师的责任是根据审计准则对报表发表意见，同时它还强调了注册会计师对财务报表是否有重要错报不能给予绝对担保，而只能做到合理保证，即注册会计师既不负责审查不重要的错误，也不对所审计的财务报表提供绝对的担保。我国 1996 年发布的《独立审计具体准则第 7 号——审计报告》首次要求在审计报告中表述管理当局的会计责任和注册会计师的审计责任。

2001 年安然事件发生后，审计职业面临来自社会各方面的巨大压力。为应对这些压力，审计职业界明确和加强了审计职业责任。2004 年 12 月 28 日，IAASB 发布旨在规范审计报告新格式的国际审计准则：《国际审计准则 700 号——关于整套通用目的财务报表的独立审计师报告》和《国际审计准则 701 号——非标准无保留意见独立审计师报告》。该准则将注册会计师的责任与管理当局的责任作为审计报告两个并列的构成要素分别列示，更好地解释了管理层和注册会计师各自的责任，对世界各国的审计准则产生了深远的影响。我国 2006 年 2 月 15 日颁布、自 2007 年 1 月 1 日起实施的《中国注册会计师审计准则第 1501 号——审计报告》和《中国注册会计师审计准则第 1502 号——非标准审计报告》充分借鉴了国际审计准则的做法，单独将注册会计师的审计责任作为审计报告的一个段落——注册会计师的责任段，并用小标题提醒报告使用人引起注意。注册会计师审计责任的界定得到进一步强化。

2008 年金融危机波及全球，政府部门、监管机构和利益相关者除了分析金融危机爆发的直接原因外，也在反思金融危机中审计的不足，以进一步发挥审计在促进经济发展和金融稳定中的作用，审计职业责任进一步增强。2015 年 1 月 15 日，IAASB 发布了新制定（修订）的审计报告准则。国际审计报告准则改革，目的是大力加强审计报告对投资者和其他财务报告使用者的效用，为其决策提供更多有用信息。为保持与国际审计准则趋同，2016 年 12 月 23 日，财政部印发了《中国注册会计师审计准则第 1504 号——在审计报告中沟通关键审计事项》等 12 项中国注册会计师审计准则，此后又作出了细微的调整。

修订后的审计报告准则规定，注册会计师对财务报表审计的责任部分应当包括：说明注册会计师的目标是对财务报表整体是否不存在由于舞弊或错误导致的重大错报获取合理保证，并出具包含审计意见的审计报告；说明合理保证是高水平的保证，但并不能保证按照审计准则执行的审计在某一重大错报存在时总能发现；说明错报可能由于舞弊或错误导致。注册会计师对财务报表审计的责任部分还应当包括：说明在按照审计准则执行审计工作的过程中，注册会计师运用职业判断，并保持职业怀疑；通过说明注册会计师的责任，对审计工作进行描述。此外，修订后的审计报告准则还增强了注册会计师对其他信息的责任。修订后的审计报告准则修订了其他信息的定义、新增了年度报告及其他信息的错报的定义，明确了准则的适用范围。同时还增加了注册会计师获取其他信息的程序，修订了注册会计师阅读并考虑其他信息的工作要求。

二、审计法律责任

审计人员因违约（breach）、过失（negligence）或欺诈（fraud）给被审计单位或其他利害关系人造成损失的，按照有关法律和规定，需要承担相应的法律责任，包括行政责任、民事责任和刑事责任。图 4-1 展示了审计人员法律责任的推断流程。

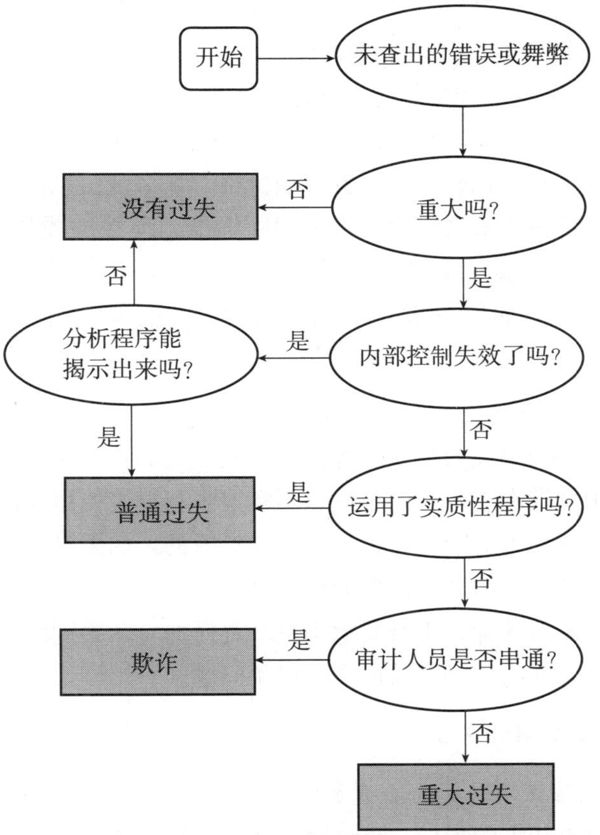

图 4-1　审计人员法律责任的推断流程

（一）审计法律责任的核心问题

在审计法律责任的理论与实践发展过程中，存在若干核心问题和若干重要争议，这些问题和争议可能是法律责任的某一个构成要件，同时又与审计职业特征和社会属性有关。

1. 第三人的责任范围如何确定

第三人的责任问题是审计师民事责任研究的逻辑起点。该问题不仅涉及审计人员民事侵权责任的性质和赔偿范围，还涉及审计职业的社会定位以及审计职业利益与社会公众利益的相互权衡。强化第三人的责任范围，在一定程度上可以更好地约束审计人员的执业行为，但同时也增加了审计行业的职业风险。所以，第三人的责任范围取决于特定社会经济环境下的司法权衡和选择。

2. 审计报告的真实性如何认定

会计界和法律界在审计报告“真实性”上存在很大的分歧。会计界认为，审计报告的“真实性”是指法律上的真实，即只要严格遵循了审计执业准则，那么出具的审计报告就是真实的。法律界则认为，应首先考虑审计报告本身是否真实，而并非审计报告的产生过程和程序，即“客观真实”而非“法律真实”。

3. 审计报告虚假陈述的重大性如何认定

“重大性”的标准是判断审计报告虚假陈述应否承担法律责任的构成要件。在判断“重大性”时有两种观点。一种观点认为应该以股价敏感性作为判断标准。只要某种公开信息可以影响到证券市场价格，那么该信息就属于重大信息。另一种观点则认为应该将投资者敏感性作为判断标准。理性的投资者在购买或出售证券时可能认为某一事实是重要的，那么该事实即具有重大性。在判断审计报告虚假陈诉的重要性时，如何在这两种标准之间做出选择或者有效融合是需要解决的重要问题。

4. 损失上的因果关系如何判定

损失上的因果关系是审计师民事侵权责任的一个重要构成要件，其判定标准在诉讼实践中也存在着较大的争议。不实报告与报表使用人的损失之间的因果关系是借助于报表使用人对于不实报告的信赖形成的，如果没有信赖关系，那么因果关系也就不可能产生。因此，原告的信赖是否存在、合理、为相关交易得以完成的主要原因成为判断审计师是否需要承担民事责任的一个关键问题。而这在理论与实践中是一个难题，同时也是容易产生争议的问题。

（二）美国审计法律责任

1. 判例法下审计师的法律责任

（1）对委托人的责任。审计服务属于有偿服务，审计业务约定的双方之间存在着合同关系。审计师对委托人的过失责任通常也称违约责任。所谓违约（breach of contract），是指合同的一方未能履行合同条款的要求，当审计师违约给客户造成损失时，审计师应负违约责任。违约责任是合同双方以口头或书面协议所界定的一种合同法下的责任，只有作为合同当事人的客户才可以起诉审计师的违约行为。一个违反具体合同条款的例子是，审计师未能在商定的期间内完成指定的服务；一个违反默认合同条款的例子是，审计师为客户填写税收申报单，但因疏忽未发现已审财务报表中有由于客户的员工舞弊造成的重大谎报。审计师只要接受委托执行审计业务，就有恪尽职守、保持认真与谨慎的义务，这一点不论是否已在与委托单位签订的合同（即审计业务约定书）中写明，都是一定存在的。

如果审计师的普通过失、重大过失或欺诈导致委托单位发生了经济损失，即使是对于未能查出委托单位职工盗用公款之类的舞弊事件，遭受损失的委托单位都可以向法院提起要求审计师进行赔偿的诉讼。一旦委托单位对审计师提起诉讼，在判例法下，委托单位（原告）就负有举证责任，即必须向法院证明其已受到损失而且这种损失是由于审计师的过失造成的。

（2）对第三方的责任。第三方（third parties）是指那些与审计师无直接契约关系、但依赖审计报告进行决策的利益相关者，他们既非要约人亦非承诺人。在美国，联邦法院和大多数州法院的判例都要求审计师的重大过失、推定欺诈和欺诈行为需要对所有第三方承担责任。对于审计师的普通过失是否需要对第三方承担责任，联邦法院和各州法院的判决结果不尽相同。这一问题的不同观点主要体现在对第三方范围的不同界定上，各州法院大致形成了三种遵循标准：合约方、已预见的第三方、可合理预见的第三方。

第一个标准是合约方（privities of contract）。在判例法下，传统观念认为审计师对不存在合同关系的第三方不承担责任。1931 年的厄特马斯诉道奇案是第一件关于审计师对第三方责任的案例，它具有里程碑性质的重大意义。该案认为，审计师一般不对无合约关系的第三方承担普通过失责任，这便是著名的厄特马斯主义（Ultramares standard），或者称作契约相对性标准。

首次突破合约方范围：厄特马斯诉道奇案

1924 年 3 月，斯特公司向厄特马斯金融公司申请 10 万美元贷款。厄特马斯公司要求斯特公司的管理当局出具一份经过审计的资产负债表。斯特公司聘请了著名的道奇与尼文会计师事务所对该公司 1923 年 12 月 31 日的资产负债表进行查证，该事务所签署了无保留意见审计报告，并应斯特公司的要求提供了 32 份联号的审计报告副本。

道奇与尼文会计师事务所自 1920 年起就一直为斯特公司查账。因此，它清楚地知道斯特公司会用这些审计报告去向银行金融机构申请贷款，但不清楚具体会向哪些金融机构申请这些贷款。经审计的资产负债表显示，斯特公司的总资产已超过 250 万美元，有近 100 万美元的净资产。在看了资产负债表和审计报告后，厄特马斯公司向斯特公司提供了 10 万美元的贷款。随后，厄特马斯公司又向斯特公司发放了两笔总计 65 万美元的贷款。1925 年 1 月，斯特公司宣告破产。斯特公司的资产负债表反映该公司尽管在 1923 年底拥有 100 万美元净资产，但其实已处于资不抵债的状态。

斯特公司以虚构巨额会计分录的方法，向审计师隐瞒了公司濒临破产的事实。而审计师却未对这笔大额异常的销售保持应有的职业谨慎和职业怀疑态度，未实施必要的审计程序。厄特马斯公司在斯特公司破产后起诉了道奇与尼文会计师事务所。厄特马斯公司认为，事务所在对斯特公司进行审计时，不仅麻痹大意，而且具有欺诈行为。

厄特马斯公司对道奇与尼文会计师事务所的诉讼成了一场旷日持久的法律争端。几经判决和推翻判决，最高法院最终认为，在事务所不知晓出具的审计意见报告将被第三者用来作为发放贷款依据的情况下，让其向第三者承担法律责任是不公平的——这便是著名的厄特马斯主义。

资料来源：李若山，陈曦．弗雷德·斯特公司审计案例介绍．注册会计师通讯，1997（8）：38-42.

第二个标准是已预见的第三方（foreseen third parties）。首先挑战契约相对性的是 Rusch Factors，Inc. VS Levin。原告 Rusch Factors，Inc. 是一家位于纽约州的金融保理公司，被告 Levin 为罗得岛州的会计师事务所。1963 年底至 1964 年初，罗得岛州的一家公司向原告申请融资。为了评估该公司的财务状况，原告要求提供经审计的财务报表。被告制作的财务报表说明，该公司的财务状况良好，但实际上已经资不抵债。同年 2 月，该公司将其财务报表递交给原告，原告信赖该报表，向该公司提供超过 337 000 美元的贷款。因破产接管人接管该公司，原告一部分贷款未能收回。就上述事实，该案法院从《侵权法重述》（第 2 版）第 552 条 37 款的立场出发，认为如果事实上已经预见到的有限的第三方信赖审计师因过失而做出的不实陈述，审计师应向第三方负责，这里的第三方就是已预见的第三方。

罗森布拉姆诉阿德勒案

Touche Ross 是一家会计师事务所，其合伙人阿德勒（Adler）为本案被告。该会计师事务所负责审计上市公司巨人仓储公司（Giant Stores Corporation）的年度财务报表。在会计师事务所不知情的情况下，巨人仓储公司错误记录并不拥有所有权的资产，并且未记录相当数额应付款，结果财务报表不实。会计师事务所未能发现该等管理舞弊，出具标准无保留审计意见。因巨人仓储公司兼并原告罗森布拉姆公司（H. Rosenblum，Inc）部分业务，作为代价，原告取得部分巨人仓储公司普通股。由于信赖该财务报表，原告接受上述兼并。后因舞弊披露，巨人仓储公司申请破产，原告取得的股票也就分文不值了。原告以一般过失为理由之一起诉被告。

资料来源：金勇军．美国会计师第三人责任研究．中国法学，2006（1）：56-73.

第三个标准是可合理预见的第三方（reasonably foreseeable third parties）。除上述两种观点外，美国少数州认为审计师应承担更广泛的第三方责任，它们采取的是“可合理预见的第三方”方法。根据这一概念，审计师应当能够合理预见的、很可能是财务报表使用者的任何使用者，都与具有合同关系的财务报表使用者享有同等的权利。这些使用者通常被称为无限制的使用者。1983 年的罗森布拉姆诉阿德勒案就是这种方法的第一个案例。新泽西州高级法院判决 Touche Ross 会计师事务所对信赖财务报表而受到损失的任何合理预见的第三方承担责任。这种观点认为，如果信赖财务报表的第三方如债权人，其损失没有挽回，整个社会公众的信息成本就会升高，因为债权人要么自己吸收因信赖错误信息而收不回贷款的成本，要么自己聘请审计师对收到的信息进行验证。“可合理预见的第三方”包括所有债权人，股东，过去的、现在的和潜在的无限投资者。

2. 成文法下审计师的法律责任

在美国，涉及审计法律责任的成文法主要有：《1933 年证券法》、《1934 年证券交易法》、1995 年的《私人证券诉讼改革法》以及 2002 年的《萨班斯-奥克斯利法案》。

（1）《1933 年证券法》。在美国，当受害的第三方指控审计师时，首先应当选择这种指控是根据判例法还是成文法（如果有适用的成文法律的话）提出。由于联邦证券法和证券交易法允许进行集团诉讼，并要求审计师按严格的标准行事，因此大多数指控审计师的股东或债权人都根据联邦成文法提出。在民事责任方面，《1933 年证券法》主要针对发行证券申报登记文件中重大事实的不实陈述责任进行了规定，其中规定登记文件不实陈述的法律责任的条款主要在第 11 章。第 11 章（a）规定：当登记文件中对重大事实有错误陈述、隐瞒或误导性信息时，证券购买者有权起诉，除非被告能够证明购买者购买证券时已经知道存在错误或隐瞒，否则任何购买者都可以提起诉讼。第 11 章（a）（4）明确规定了审计师应对审核的登记文件和签署的专业意见负责。第 11 章（b）则规定了免责事由，具体包括勤勉尽职（due diligence）和合理调查（reasonable investigation）。

该法对审计师的要求颇为严格，表现在：（1）审计师与原告的合同关系不是必要条件，合同外的第三方也可以提起诉讼；（2）只要审计师具有普通过失，就要对第三方负有责任；（3）将不少举证责任从原告倒置给审计师。与判例法相比，在适用证券法时，原告不必证明审计师有过失或欺诈，如何依赖审计师的意见、因果关系或者合同关系等，只需要证明在购买股票时蒙受了损失，审计师审计的财务报表有重大漏报或错报。因此，在《1933 年证券法》下，审计师若要避免对原告所负的责任，他必须要向法院证明他本身并无过失或他的过失并非原告受损的直接原因。不过《1933 年证券法》将有追索权的第三方限定为一组有限的投资者——证券的原始购买者，并将损害赔偿限制在实际损失的范围内。就刑事责任来说，《1933 年证券法》规定：故意违反证券法规定及有重大虚假陈述的审计师，一经证明有罪，应处以不超过 10 000 美元的罚金或者不超过 5 年的有期徒刑，或者两者并罚。

《1933 年证券法》颁布后的首个大案：巴克雷斯公司审计诉讼案

1959 年，巴克雷斯公司以每股 3 美元的价格，在美国证券交易所公开上市，发行了 56 万股普通股。巴克雷斯公司的主要业务是承建保龄球道。自 1952 年美国有了自动装瓶机后，保龄球作为一种娱乐性的体育活动受到极力推崇，保龄球道的需求也以惊人的速度增长。巴克雷斯公司在 1960 年时已是美国第三大保龄球道建造商。

1961 年 5 月，为了解决急需营运资金的问题，公司向 SEC 递交了 S-1 有价证券申请上市登记表，要求发行总金额为 174 万美元、期限为 15 年、利率为 5.5%的长期债券。在巨额发债后，市场却发生了变化。人们逐渐开始对新型保龄球道产生兴趣，导致旧型球道市场一落千丈。突如其来的市场变化和大量的外借资金，使巴克雷斯公司在 1962 年陷入了财务危机。1962 年末，由于还不起外部债券的利息，巴克雷斯公司只好按照联邦破产法的规定宣布破产。破产后，购买该公司 1961 年公开发行债券的人们集体上诉，巴克雷斯公司、证券经纪商以及毕马威会计师事务所均成为被告。

该案件是自《1933 年证券法》颁布以来第一个大案，它牵涉在证券法首次对新证券发行作了法律规定以后，该如何处理与此有关的法律纠纷问题。而且，对审计职业界来说，它是《1933 年证券法》颁布以来，第一个强调注册会计师法律责任范围和性质的案件。在巴克雷斯公司的上诉案中，主审法官重点讨论的问题之一便是在核实表中的内容有无重大错误时，注册会计师是否履行了应尽的谨慎责任。

联邦法官麦克林研究巴克雷斯公司的审计工作底稿后，裁定毕马威会计师事务所不能证明其已尽了应有的谨慎责任。与此同时，麦克林法官还指出，注册会计师在无保留意见审计报告中使用了"财务报表真实地反映其财务状况"一词。因此，当财务报表没有达到这一要求时，注册会计师应对其承诺负责。

资料来源：李若山．巴克雷斯建筑公司审计案例．注册会计师通讯，1998（6）：53-58.

(2)《1934 年证券交易法》。关于审计师的法律责任，《1934 年证券交易法》中有两处规定非常重要，即第 18(a) 条款和第 10(b)-5 条款。第 18(a) 条款规定了审计师的不实陈述的民事责任。该条款规定：任何人在根据证券交易法向 SEC 呈报登记文件时如果做出严重的不实陈述或遗漏事实，都必须负责。如果一位投资者阅读了登记文件后相信文件中的陈述，并因此而蒙受损失，就有按第 18(a) 条款的规定提起诉讼的权利。该法同时又规定：一旦原告能够证明确实知道并信赖了被告向 SEC 呈报登记材料的内容，被告就必须负责赔偿，除非被告确能证明其行为是善意的，并且不知道所作的陈述是虚假或令人误解的。

《1934 年证券交易法》涉及的财务报表和投资者数目较多，规定审计师要对使用上市公司年度财务报表和买卖公司证券的人负责。《1934 年证券交易法》对审计师的责任有所减轻，因为它规定"除非审计师确能证明他本身出于善意，而不知道财务报表是虚假不实或错误的"。这就将审计师的责任限定在重大过失或欺诈行为内。《1934 年证券交易法》将部分举证责任也转嫁给了原告，原告应当向法院证明信赖已审财务报表是其受损失的直接原因，只要求审计师证明其行为"出诸善意"，即无重大过失或欺诈行为。

游离于粗心大意与有意而为之间：Hochfeld VS Ernst & Ernst

芝加哥第一证券公司总裁莱斯特·内伊（Lester Nay）采用欺骗手段，说服一些客户投资某个第三者保管账户（escrow account），并声称可获得较高的投资报酬率。事实上，根本就不存在什么第三者保管账户，而是内伊将客户的资金挪作自用。

受骗的客户根据《1934 年证券交易法》细则第 10(b) 条款，向地区法院提出诉讼，指控 Ernst & Ernst 事务所未能采用恰当的审计方式，发现“邮件规则”和欺诈行为。此诉讼仅仅以 Ernst & Ernst 事务所审计不当为由，被地区法院驳回。

上诉法院的观点与地区法院相反。上诉法院认为，Ernst & Ernst 事务所受聘为第一证券公司提供审计服务，并代该公司编制向 SEC 呈交的年度财务状况表。因此，根据习惯法和成文法的规定，Ernst & Ernst 事务所有责任调查第一证券公司内部控制制度的健全性。

美国最高法院的观点又与上诉法院相反。最高法院认为，对细则第 10(b) 条款的解释，应为“故意地欺骗、篡改或欺诈”。最高法院法官鲍威尔在“法院意见书”中写道：在法律已如此明确地使用篡改（manipulation）和欺骗（deception）、诡计（devices）和诈术（contrivances）等术语——这些术语通常理解为蓄意的错误行为（intentional wrongdoing），而且立法过程并无意放宽解释的情况下，我们极不愿意将法律范围扩大到过失行为。

资料来源：Woodward J . Plaintiff's Requirement of Due Care in Private 10b-5 Actions：The Effect of Ernst & Ernst v. Hochfelder. Loyola of Los Angeles Law Review，1977：123-149.

《1934 年证券交易法》的第 10(b)-5 条款又被称为“默示的赔偿规则”，依据该条款提起的集团诉讼多数基于建立在“欺诈市场理论”（fraud on the market theory）基础上的“推定信赖”原则。根据《1934 年证券交易法》的第 10(b)-5 条款进行起诉，原告需要证明：(1) 被告存在重大的、实际的不实陈述行为；(2) 该证券在有效证券市场中交易；(3) 被告不实陈述使理性的投资者做出错误判断；(4) 原告在不实陈述后真相披露前进行交易。而被告可以通过反驳原告的上述证明，或证明原告未信赖该不实陈述，或已知存在不实陈述还进行交易，推翻信赖的推定。当然，这在诉讼实践中很难做到。

《1934 年证券交易法》第 32 条有关刑事责任的规定是：故意违反本法的虚假陈述行为在证实基础上应被处以 100 万美元以下的罚款或处以 10 年以下有期徒刑，或两者并处。如果该人员为非自然人，则应处以 250 万美元以下的罚款；但是任何人如果证明其不知道有关规则规章的规定，个人不得因违反此类规则或规章而判处有期徒刑。

(3) 1995 年的《私人证券诉讼改革法》。20 世纪 70 年代以来，美国证券市场上掀起了针对审计行业的诉讼浪潮，其原因之一是信息的依赖得到“欺诈市场理论”的支持。随着诉讼浪潮和司法审判的加重，审计师行业出现了空前的危机。为了减轻诉讼带来的沉重民事赔偿负担，美国许多职业服务公司、行业协会、审计师和一般公司专门成立了消除证券滥诉联盟，通过多方努力，游说国会修改法律减轻责任。国会终于在1995年通过了《私人证券诉讼改革法》。与《1933年证券法》和《1934年证券交易法》相比，该法法律责任上主要的改变包括：1）将原有的无限连带责任改为有条件的“公允份额”比例责任；2）损失赔偿上限确定方法的改变。

（4）2002年的《萨班斯-奥克斯利法案》。2001年以来，安然、世通、施乐等一连串财务舞弊和审计失败案的爆发，不仅引发了民众的震惊，同时也严重打击了投资者的信心和美国股市。美国政府对会计造假丑闻做出了快速反应，国会两院于2002年7月25日通过了《萨班斯-奥克斯利法案》。该法案由参议院银行委员会主席萨班斯（Paul Sarbanes）和众议院金融服务委员会主席奥克斯利（Mike Oxley）联合提出。该法案中涉及审计法律责任的内容主要包括：第一，通过执业范围之外业务的限制、事前许可、合伙人轮换、向审计委员会报告等制度强化审计独立性；第二，设立了审计行业的独立管制机构——公众公司会计监督委员会，细化了相关的处罚措施；第三，加重了刑事责任；第四，延长了诉讼时效。

（三）中国审计法律责任

我国审计行业自1981年以来得到了迅速的发展。伴随着审计行业的恢复重建，我国审计行业在法律责任方面也逐步完善，主要包括行政责任、民事责任和刑事责任三种。

1. 行政责任

在行政责任方面，《中华人民共和国注册会计师法》（简称《注册会计师法》）、《中华人民共和国证券法》（简称《证券法》）以及《中华人民共和国公司法》（简称《公司法》）都做出了相关规定。最新的《注册会计师法》修订于2014年8月31日。《注册会计师法》第三十九条规定，会计师事务所违反该法第二十条、第二十一条规定的，由省级以上人民政府财政部门给予警告，没收违法所得，可以并处违法所得一倍以上五倍以下的罚款；情节严重的，并可以由省级以上人民政府财政部门暂停其经营业务或者予以撤销；注册会计师违反该法第二十条、第二十一条规定的，由省级以上人民政府财政部门给予警告；情节严重的，可以由省级以上人民政府财政部门暂停其执行业务或者吊销注册会计师证书。

最新的《证券法》修订于2019年12月28日。《证券法》第一百九十一条规定，证券交易内幕信息的知情人或者非法获取内幕信息的人违反该法第五十三条的规定从事内幕交易的，责令依法处理非法持有的证券，没收违法所得，并处以违法所得一倍以上十倍以下的罚款；没有违法所得或者违法所得不足五十万元的，处以五十万元以上五百万元以下的罚款；单位从事内幕交易的，还应当对直接负责的主管人员和其他直接责任人员给予警告，并处以二十万元以上二百万元以下的罚款。《证券法》第二百一十三条规定，证券服务机构违反该法第一百六十三条的规定，未勤勉尽责，所制作、出具的文件有虚假记载、误导性陈述或者重大遗漏的，责令改正，没收业务收入，并处以业务收入一倍以上十倍以下的罚款，没有业务收入或者业务收入不足五十万元的，处以五十万元以上五百万元以下的罚款；情节严重的，并处暂停或者禁止从事证券服务业务；对直接负责的主管人员和其他直接责任人员给予警告，并处以二十万元以上二百万元以下的罚款。第二百一十三条还规定，证券服务机构违反该法第一百六十条第二款的规定，从事证券服务业务未报备案的，责令改正，可以处二十万元以下的罚款。

《证券法》第二百一十四条规定，证券服务机构未按照规定保存有关文件和资料的，责令改正，给予警告，并处以十万元以上一百万元以下的罚款；泄露、隐匿、伪造、篡改或者毁损有关文件和资料的，给予警告，并处以二十万元以上二百万元以下的罚款；情节严重的，处以五十万元以上五百万元以下的罚款，并处暂停、撤销相关业务许可或者禁止从事相关业务。对直接负责的主管人员和其他直接责任人员给予警告，并处以十万元以上一百万元以下的罚款。

《公司法》第二百五十七条规定，担资产评估、验资或者验证的机构提供虚假材料或者提供有重大遗漏的报告的，由有关部门依照《中华人民共和国资产评估法》《中华人民共和国注册会计师法》等法律、行政法规的规定处罚。

行政责任：财政部对德勤会计师事务所依法作出行政处罚

2023 年 3 月 17 日，依据《中华人民共和国注册会计师法》的相关规定，财政部对德勤会计师事务所的违法行为作出了行政处罚：(1) 给予德勤总所警告；(2) 暂停德勤北京分所经营业务 3 个月；(3) 没收德勤北京分所违法所得并处罚款总额 21 190.44 万元，德勤总所承担连带责任；(4) 对德勤相关审计报告的签字注册会计师景某某等 2 名责任人，给予吊销注册会计师证书的行政处罚，对马某某等 3 名责任人给予暂停执行业务 1 年的行政处罚，对牛某某等 3 名责任人给予暂停执行业务 6 个月的行政处罚，对宗某等 6 名责任人给予警告的行政处罚。

德勤会计师事务所受到该行政处罚源于对中国华融资产管理股份有限公司的年报审计。中国华融资产管理股份有限公司 2014—2019 年度不同程度存在内部控制和风险控制失效、会计信息严重失真等问题。德勤会计师事务所未充分关注其多项经济业务实质，未穿透审计底层资产真实状况，对重大投资事项忽略审批合规性，对已识别的异常交易未恰当发表审计意见，未能客观评价企业资产状况，未能准确评估预期信用损失模型参数的合理性，在提供审计服务期间，未保持职业怀疑态度，未有效执行必要的审计程序，未获取充分适当的审计证据，存在严重审计缺陷。

资料来源：《财政部对德勤和华融依法作出行政处罚》的公告 . http://jdjc. mof. gov. cn/jianchagonggao/202303/t20230317 _ 3873336. htm.

2. 民事责任

在民事责任方面，《公司法》第二百五十七条规定，承担资产评估、验资或者验证的机构因其出具的评估结果、验资或者验证证明不实，给公司债权人造成损失的，除能够证明自己没有过错的外，在其评估或者证明不实的金额范围内承担赔偿责任。

2003年2月实施的《最高人民法院关于审理证券市场因虚假陈述引发的民事赔偿案件的若干规定》进一步明确了信息披露义务人虚假陈述需要承担的法律责任，该规定已于2022年1月21日废止。其颁布实施近十九年以来，对于提高资本市场违法违规成本、督促市场参与各方归位尽责、维护投资者合法权益，对推进资本市场全面深化改革、形成资本市场良好生态发挥了重要的作用。

【法规链接】
《最高人民法院关于审理涉及会计师事务所在审计业务活动中民事侵权赔偿案件的若干规定》

与注册会计师民事责任最为相关的法规是2007年6月颁布的《最高人民法院关于审理涉及会计师事务所在审计业务活动中民事侵权赔偿案件的若干规定》（以下简称《民事赔偿规定》）。《民事赔偿规定》在以下方面有所突破：

（1）明确了审计师民事责任的内涵。《民事赔偿规定》第四条规定，会计师事务所因在审计业务活动中对外出具不实报告给利害关系人造成损失的，应当承担侵权赔偿责任，但其能证明自己没有过错的除外。由此，《民事赔偿规定》确定了会计师事务所民事责任是侵权责任，同时进一步明确了会计师事务所的侵权责任是审计责任而非会计责任。

（2）界定了审计师民事责任的边界。第一，《民事赔偿规定》将审计师民事责任的起点确定为“合理注意义务”。《民事赔偿规定》指出，审计师在执业中只要遵守执业准则、规则规定的工作程序并保持必要的职业谨慎，达到行业一般成员应具备的专业水准执业，就不需要承担民事赔偿责任。

第二，《民事赔偿规定》严格区分了欺诈与过失，并在此基础上明确了会计师事务所承担补充赔偿责任和连带赔偿责任的具体情形。《民事赔偿规定》第五条规定，审计师在审计活动中因主观故意出具不实报告并给利害关系人造成损失的，应当认定会计师事务所与被审计单位承担连带赔偿责任。因过失出具不实报告，并给利害关系人造成损失的，根据其过失大小应承担补充赔偿责任。《民事赔偿规定》将职业谨慎作为判定欺诈与过失及过失程度的标准，本书第二章的图2-2展示了过失、欺诈与职业关注的关系。

中国首起会计师事务所虚假陈述证券民事赔偿案

2006年7月31日，武汉市中级人民法院公开宣判：湖北蓝田股份有限公司（后改名为生态农业）连续采用弄虚作假的手段，夸大公司业绩，编制虚假的财务报告并向社会公布，违反了公司信息披露的诚实义务，其行为已构成虚假陈述；华伦会计师事务所应当知道生态农业公司的年度报告虚假却出具无保留意见的审计报告，亦构成共同侵权，应与生态农业公司承担连带责任。83名原告向11名被告索赔617万余元，法院判决被告生态农业公司赔偿原告540多万元。包括华伦会计师事务所在内的其他8名被告，被法院判决对原告的经济损失承担连带赔偿责任。这是会计师事务所在中国内地“虚假陈述证券民事赔偿案”中承担连带责任的首例判决。

资料来源：岳敬飞，牟敦国．蓝田造假判赔540多万，华伦会计师事务所承担连带赔偿责任．(2006-08-02)．http://business.sohu.com/20060802/n244572362.shtml.

第三，《民事赔偿规定》将审计师民事侵权责任的对象确定为利害关系人。《民事赔偿规定》第二条规定，与被审计单位进行交易或者从事与被审计单位的股票、债券等有关的交易活动而遭受损失的自然人、法人或者其他组织属于利害关系人，可以追究审计师的民事侵权责任。

第四，《民事赔偿规定》规定了诉讼条件和诉讼主体列置程序。《民事赔偿规定》第一条规定，利害关系人以会计师事务所在从事《注册会计师法》第十四条规定的审计业务活动中出具不实报告并致其遭受损失为由，向人民法院提出民事侵权赔偿诉讼的，人民法院应依法受理。此外，为了公平分配责任，《民事赔偿规定》第三条规定，利害关系人未对被审计单位提起诉讼而直接对会计师事务所提起诉讼的，人民法院应当告知其对会计师事务所和被审计单位一并提起诉讼。

第五，《民事赔偿规定》完善了不承担民事赔偿责任和减轻责任的情形。在免责方面，《民事赔偿规定》第七条规定了五种会计师事务所可以不承担民事赔偿责任的情形：一是已经遵守执业准则、规则确定的工作程序并保持必要的职业谨慎，但仍未能发现被审计的会计资料错误；二是审计业务所必须依赖的金融机构等单位提供虚假或者不实的证明文件，会计师事务所在保持必要的职业谨慎下仍未能发现其虚假或者不实；三是已对被审计单位的舞弊迹象提出警告并在审计业务报告中予以指明；四是已经遵照验资程序进行审核并出具报告，但被验资单位在注册登记后抽逃资金；五是为登记时未出资或者未足额出资的出资人出具不实报告，但出资人在登记后已补足出资。在减责方面，《民事赔偿规定》规定：“利害关系人明知会计师事务所出具的报告为不实报告而仍然使用的，人民法院应当酌情减轻会计师事务所的赔偿责任。”

第六，《民事赔偿规定》明确了责任顺位。《民事赔偿规定》第十条明确规定，在确定会计师事务所承担与其过失程度相应的赔偿责任时，应先由被审计单位赔偿利害关系人的损失；对被审计单位、出资人的财产依法强制执行后仍不足以赔偿损失的，由会计师事务所在其不实审计金额范围内承担相应的赔偿责任。

第七，《民事赔偿规定》统一适用过错推定原则和举证责任倒置分配模式。《民事赔偿规定》第四条规定，会计师事务所因在审计业务活动中对外出具不实报告给利害关系人造成损失的，应当承担侵权赔偿责任，但其能够证明自己没有过错的除外。在归责原则采用过错推定原则的情况下，则采取举证责任倒置分配模式。

补充赔偿责任还是连带赔偿责任？

2015年11月7日，上海大智慧股份有限公司（简称大智慧）发布关于收到证监会《行政处罚及市场禁入事先告知书》的公告。公告显示，大智慧在2013年存在多起虚增收入的行为，证监会对公司和相关责任人进行了行政处罚。作为大智慧2013年年报的审计机构，因立信会计师事务所在开展审计业务中未勤勉尽责，未执行必要的审计程序，未获取充分适当的审计证据，证监会决定对其作出没收违法所得并处以三倍罚款的行政处罚。

依据证监会的行政处罚，投资者将大智慧告上法院，要求赔偿其虚假陈述违法行为给投资者造成的投资差额等损失，并将立信会计师事务所一同告上法庭，要求其承担连带赔偿责任。一审判决认定，立信会计师事务所应承担连带赔偿责任。立信会计师事务所上诉，主张该案应适用《民事赔偿规定》，根据该规定，因其主观系过失，故其承担的应是补充赔偿责任而非连带责任。

上海市高级人民法院认为，会计师事务所出具的审计报告对于众多投资者的投资行为具有重大的、决定性的影响，在为上市公司出具审计报告时应当更为审慎、勤勉尽责，否则应承担相应的民事责任。我国《证券法》明确规定了证券服务机构应当勤勉尽责，对所依据的文件资料的真实性、准确性、完整性进行核查和验证。其制作、出具的文件有虚假记载、误导性陈述或者重大遗漏，给他人造成损失的，应当与发行人、上市公司承担连带赔偿责任，但是能够证明自己没有过错的除外。《民事赔偿规定》也规定专业中介服务机构知道或者应当知道发行人或者上市公司虚假陈述，而不予纠正或者不出具保留意见的，构成共同侵权，对投资人的损失承担连带责任。

2018年9月30日，上海市高级人民法院发布《上海大智慧股份有限公司、立信会计师事务所与曹建荣、吴明稳等证券虚假陈述责任纠纷二审民事判决书》，其判决结果为：驳回上诉，维持原判。

资料来源：上海市高级人民法院．上海大智慧股份有限公司、立信会计师事务所与曹建荣、吴明稳等证券虚假陈述责任纠纷二审民事判决书．(2018-09-30). http://wenshu.court.gov.cn/content/content? DocID=4c14715f-f709-49a5-8882-a96a00b922a7.

(3) 承认了审计准则的法律地位。《民事赔偿规定》将“执业准则”纳入法律程序范围，强调审计准则的权威性。《民事赔偿规定》第二条规定，会计师事务所违反法律法规、中国注册会计师协会依法拟定并经国务院财政部门批准后施行的执业准则和规则以及诚信公允的原则，出具的具有虚假记载、误导性陈述或者重大遗漏的审计业务报告，应认定为不实报告。第四条规定，会计师事务所在证明自己没有过错时，可以向人民法院提交与该案件相关的执业准则、规则以及审计工作底稿等。第六条规定，注册会计师在审计过程中未保持必要的职业谨慎，存在违反执业准则、规则确定的工作程序的行为，并导致报告不实的，人民法院应当认定会计师事务所存在过失。第七条规定，会计师事务所能够证明已经遵守执业准则、规则确定的工作程序并保持必要的职业谨慎，但仍未能发现被审计的会计资料错误，不承担民事赔偿责任。

（4）强调审判程序的重要性。为保证针对审计师的民事侵权赔偿案件的审判公平，维护社会公共利益和相关当事人的合法权益，《民事赔偿规定》特别强调了审判程序的重要性，规定“涉及会计师事务所侵权赔偿纠纷未经审判，人民法院不得将会计师事务所追加为被执行人”。

2019 年 12 月 28 日新修订的《证券法》第九十三条规定，发行人因欺诈发行、虚假陈述或者其他重大违法行为给投资者造成损失的，发行人的控股股东、实际控制人、相关的证券公司可以委托投资者保护机构，就赔偿事宜与受到损失的投资者达成协议，予以先行赔付。先行赔付后，可以依法向发行人以及其他连带责任人追偿。进一步的，《证券法》第一百六十三条规定，证券服务机构为证券的发行、上市、交易等证券业务活动制作、出具审计报告及其他鉴证报告、资产评估报告、财务顾问报告、资信评级报告或者法律意见书等文件，应当勤勉尽责，对所依据的文件资料内容的真实性、准确性、完整性进行核查和验证。其制作、出具的文件有虚假记载、误导性陈述或者重大遗漏，给他人造成损失的，应当与委托人承担连带赔偿责任，但是能够证明自己没有过错的除外。在最新修订的《证券法》下，连带赔偿责任配合集体诉讼制，不设赔偿金额上限，增加了会计师事务所虚假记载、误导性陈述、重大遗漏等行为的赔偿责任。

【扩展阅读】
康美药业舞弊案民事判决书

2022 年 1 月 21 日，最高人民法院发布了《最高人民法院关于审理证券市场虚假陈述侵权民事赔偿案件的若干规定》（以下简称《若干规定》），自 2022 年 1 月 22 日起施行。《若干规定》全面总结了 2003 年《最高人民法院关于审理证券市场因虚假陈述引发的民事赔偿案件的若干规定》实施以来的市场发展、立法演变和审判工作中面临的疑难问题，根据《民法典》和新《证券法》等相关规定，进一步细化和明确了证券市场虚假陈述侵权民事赔偿责任的构成要件及追究机制等各项主要内容：取消了原司法解释规定的行政刑事前置程序，及时全面保障受损投资者诉权；明确了虚假记载、误导性陈述、重大遗漏、未按规定披露等虚假陈述行为的界定，规定了预测性信息安全港制度，对虚假陈述认定中实施日、揭露日、重大性和交易因果关系等关键内容进行了优化完善，有利于司法实践操作；结合法律规定和司法实践，细化了对董监高和其他直接责任人员、独立董事、保荐承销机构、证券服务机构等主体的过错认定标准及免责抗辩事由，回应市场关切并稳定市场预期；强化了控股股东、实际控制人责任以实施精准“追首恶”，规定了重大资产重组交易对方的责任以规制“忽悠式”重组，追究帮助造假者责任以遏制虚假陈述行为的外围协助力量，阻却保荐承销机构等补偿约定以促成其全过程勤勉尽责，压实相关责任主体的责任；优化了基准日及基准价制度，在传统诱多型虚假陈述的基础

【法规链接】
《最高人民法院关于审理证券市场虚假陈述侵权民事赔偿案件的若干规定》

上补充规定了诱空型虚假陈述的损失计算方法，规定了多账户交易损失计算的处理方法，明确了损失因果关系认定相关内容，系统完善损失认定规则。

【扩展阅读】
康美药业签字会计师杨文蔚被追加为被执行人

根据2016年颁布实施的《最高人民法院关于民事执行中变更、追加当事人若干问题的规定》第十四条第一款的规定，作为被执行人的合伙企业，不能清偿生效法律文书确定的债务，申请执行人可以申请变更、追加普通合伙人为被执行人的。例如，在康美药业舞弊案中，杨文蔚系合伙企业广东正中珠江会计师事务所（特殊普通合伙）的普通合伙人，该合伙企业作为被执行人不能清偿生效法律文书确定的债务，即证监会给予的罚款，故申请执行人中国证监会有权申请追加杨文蔚为该案被执行人。

3. 刑事责任

在刑事责任方面，《注册会计师法》、《证券法》和《中华人民共和国刑法》（简称《刑法》）有相应的法律条款。根据《注册会计师法》第三十九条的有关规定：会计师事务所、注册会计师违反有关规定，故意出具虚假的审计报告，构成犯罪的，依法追究刑事责任。根据《证券法》第二百一十三条和第二百一十九条的有关规定，会计师事务所未能勤勉尽责，出具有虚假记载、误导性陈述或遗漏重大事项的报告，构成犯罪的，依法追究刑事责任。

我国《刑法》（2023年12月29日修订）将注册会计师虚假陈述的刑事责任规定于第二百二十九条。同时，第二百三十一条规定了对单位构成犯罪的处罚。第二百二十九条规定："承担资产评估、验资、验证、会计、审计、法律服务、保荐、安全评价、环境影响评价、环境监测等职责的中介组织的人员故意提供虚假证明文件，情节严重的，处五年以下有期徒刑或者拘役，并处罚金；有下列情形之一的，处五年以上十年以下有期徒刑，并处罚金：（一）提供与证券发行相关的虚假的资产评估、会计、审计、法律服务、保荐等证明文件，情节特别严重的；（二）提供与重大资产交易相关的虚假的资产评估、会计、审计等证明文件，情节特别严重的；（三）在涉及公共安全的重大工程、项目中提供虚假的安全评价、环境影响评价等证明文件，致使公共财产、国家和人民利益遭受特别重大损失的。有前款行为，同时索取他人财物或者非法收受他人财物构成犯罪的，依照处罚较重的规定定罪处罚。第一款规定的人员，严重不负责任，出具的证明文件有重大失实，造成严重后果的，处三年以下有期徒刑或者拘役，并处或者单处罚金。"第二百三十一条规定："单位犯本节第二百二十一条至第二百三十条规定之罪的，对单位判处罚金，并对其直接负责的主管人员和其他直接责任人员，依照本节各该条的规定处罚。"

注册会计师因出具虚假证明文件罪被判刑事责任

2021年8月26日，上海市黄浦区人民法院对注册会计师唐某做出刑事判决：以出具虚假证明文件罪分别判处其有期徒刑 2 年，并处罚金 5 万元。

2013 年 1 月 27 日，浙江 A 公司、上海 A 股份公司委托立信所对浙江 A 公司进行 2012 年度财务报表审计，由唐某作为项目合伙人领导其下属组成的德美审计项目组对浙江 A 公司及浙江 B 有限公司进行加总审计。

在审计工作过程中，时任浙江 A 公司总经理的王某及丁某等人通过电子邮件与唐某等多次沟通，要求对审计报告结果进行调整、提高净资产和净利润等数值，以促成上海 A 股份公司收购浙江 A 公司。唐某明知浙江 A 公司提供的财务凭证不全、调整依据不足，指使其项目组成员对账外款项、废料收入等方面财务数据进行违反审计准则的审计调整，指使未参与该项目的朱某作为签字注册会计师，并于 2013 年 6 月出具审计报告。

审计报告审定数据导致收购时实际净资产虚增 114 042 920.34 元，虚增比例为 117.57%，虚增净利润 47 195 855.73 元，虚增比例为 284.74%。

【扩展阅读】
唐某涉提供虚假证明文件罪刑事一审案件刑事判决书

【审计案例】
中国上市公司审计业务中首个被判处刑事责任的案例

本章小结

案例分析

推荐阅读材料

第五章

风险导向审计原理

思维导图

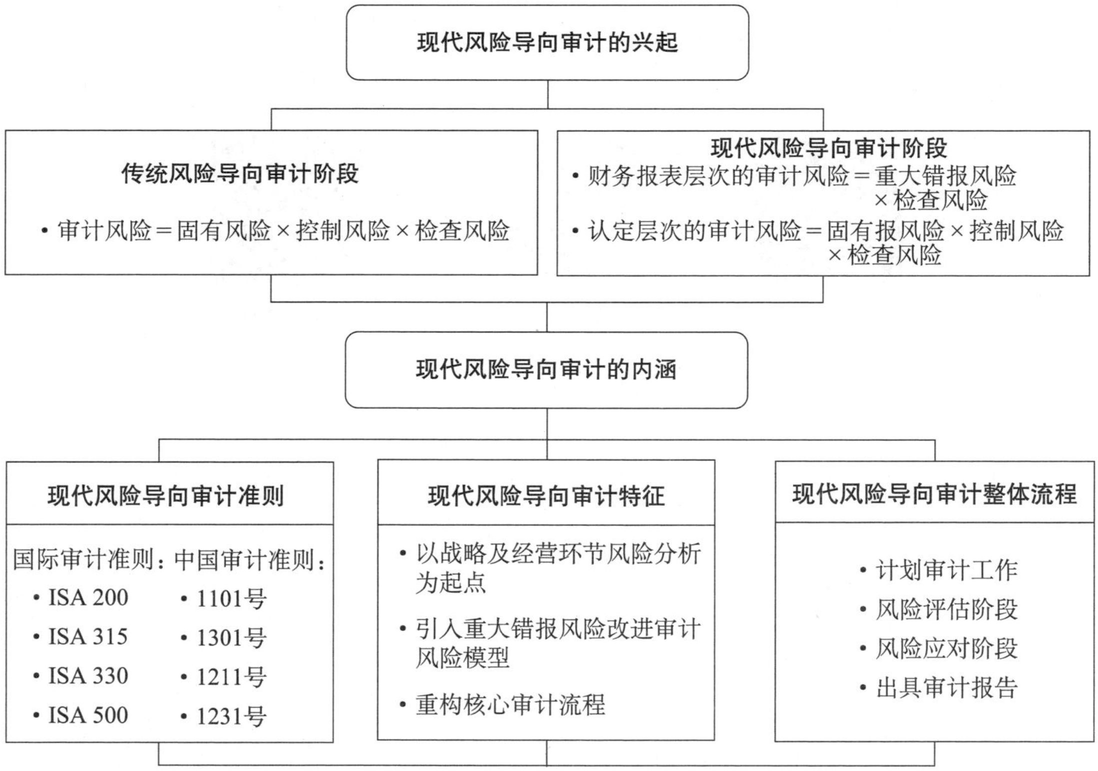

总书记论审计

“审计机关要树立‘四个意识’，自觉在思想上政治上行动上同党中央保持高度一致，坚决维护党中央权威和集中统一领导，落实党中央对审计工作的部署要求。要拓展审计监督广度和深度，消除监督盲区，加大对党中央重大政策措施贯彻落实情况跟踪审计力度，加大对经济社会运行中各类风险隐患揭示力度，加大对重点民生资金和项目审计力度。地方各级党委要加强对本地区审计工作的领导。”

——2018 年 5 月 23 日，习近平在中央审计委员会第一次会议上的讲话

素养提升

1. 价值塑造

- 结合现代风险导向审计的相关知识，深刻理会习近平总书记关于防范化解重大风险的重要论述，在学习、生活和未来工作中自觉树立忧患意识、风险意识、责任意识，坚定底线思维，提高防控能力。
- 中共十八大以来，习近平总书记治国理政的关键词中，有一个词是“关键少数”，自从 2015 年 2 月首次正式提出以来，他在多次讲话中都强调必须抓住“关键少数”。在审计重要性学习中深刻体会“关键少数”思维，并在日常学习和工作中予以应用。

2. 知识传授

- 了解现代风险导向审计兴起的背景与动因，并掌握现代风险导向审计的基本原理。
- 理解现代风险导向审计的基本逻辑及其应用框架，提升学生分析和应对审计风险的能力。
- 了解现代风险导向审计兴起背后的环境与理论变革等因素，掌握现代风险导向审计之准则、特征与流程。

3. 能力培养

- 培养以战略观和系统观为指导思想，以被审计单位经营风险为导向，“自上而下”和“自下而上”相结合的总体把握能力和灵活应用能力。
- 培养能够从复杂的事物中抓住“关键少数”并为之坚持奋斗、做到极致的能力。强化风险意识，培养准确把握各类风险挑战、防范化解重大风险的能力。

【扩展阅读】
国际审计与鉴证准则理事会（IAASB）

如本书第三章所述，随着审计环境的变迁，基本审计方法（模式）经历了从账项基础审计、制度基础审计到风险导向审计的历史嬗变。20 世纪 90 年代后期开始，现代风险导向

审计由国际大型会计师事务所倡导并在其内部逐渐推行，它是以被审计单位的战略和经营环节风险为导向的一种新审计模式。2004年，IAASB在历经多方争论、调研的基础上，最终将现代风险导向审计的基本原理纳入国际审计准则体系，从而加速推动了现代风险导向审计在全球的盛行与实施。本章将主要阐释现代风险导向审计产生的背景、动因及其基本原理。本章所描述的现代风险导向审计的原理将被逻辑一致地贯彻至本书的后续各章节。

第一节　现代风险导向审计的兴起

引例

银广夏陷阱：不可能的产量、不可能的价格与不可能的产品

【扩展阅读】
中国证监会行政处罚决定书（银广夏）

21世纪初是会计舞弊与审计失败事件频发的时期，也是审计方法不断创新的时期。国际上，美国安然公司造假案几乎轰动全球金融界，创造了美国历史上最大的破产记录，其审计机构安达信会计师事务所因此消失于历史的长河。在国内，被称为中国安然事件的银广夏造假案则打破了其令人目眩的业绩神话，引发了学者关于审计模式有效性的讨论。

银广夏公司于1994年6月上市，现证券简称为西部创业。根据年报，银广夏公司1999年每股盈利达0.51元，2000年每股收益在股本扩大一倍的基础上达0.827元。因出色的业绩，2000年底较1999年底，其股价涨幅达440%，全年涨幅位居深沪两市第二名，被誉为“中国第一蓝筹股”。2001年8月，《财经》杂志发表“银广夏陷阱”一文，曝光银广夏虚构财务报表事件。该文从银广夏生产设备的产能出发，质疑其“不可能的产量”；对比其出口产品的国际市场价格，质疑其“不可能的价格”；就其出口产品的生产工艺，质疑其“不可能的产品”。同时，其参考了同样拥有二氧化碳超临界萃取设备的嘉德公司的窘迫命运，对银广夏的“秘密武器”进行讨论。最后通过天津海关提供的银广夏实际出口额，验证了其财务造假案件的真实性：“天津广夏1999年、2000年获得‘暴利’的萃取产品出口，纯属子虚乌有。”

证监会的行政处罚决定书认定：银广夏自1998年至2001年期间累计虚增利润77 156.70万元，每年虚增额分别为1 776.10万元、17 781.86万元、56 704.74万元、894万元（2001年1—6月）。从原料购进到生产、销售、出

口等环节，公司伪造了全部单据，包括销售合同和发票、银行票据、海关出口报关单和所得税免税文件。根据庭审记录，银广夏管理层首先确定“将每股利润做到0.8元”的目标，计算得出天津广夏公司需要制造的利润总额，进一步计算产量、销售量和原材料需求量等数据。随后在黑市上购买了发票、汇款单、银行进账单等票据，伪造银行汇款单、货物出口报关单、银行进账单等全套的会计资料。

资料来源：银广夏陷阱：不可能的产量、不可能的价格与不可能的产品．财经，2001(8).

如本节引例所示，银广夏的系统性财务舞弊和中天勤会计师事务所的审计失败，引发了学术界与监管部门关于审计模式有效性的热烈讨论。风险导向审计（risk-oriented auditing approach）是以风险评估为中心的基本审计方法（模式），风险评估的有效性扮演着极为重要的角色。总体而言，风险导向审计经历了以固有风险和控制风险评估为核心的传统阶段与以战略风险和经营环节风险评估为核心的现代阶段。

第一节
即测即评

一、传统风险导向审计阶段

自1895年英国大法官林德利（Lindley）在London and General Bank的判决中开始追究审计人员的过失责任后，审计责任及由此产生的审计风险问题开始引起审计职业界的关注。1957年《蒙哥马利审计学（第8版）》首次将“风险”这一概念与审计程序的设计紧密联系起来，开始探索审计风险控制的措施和审计方法的改进。将风险概念引入审计学是审计理论和实务发展史上具有重要意义的一个里程碑，它使审计人员对审计风险的认识由被动控制变为主动控制。20世纪70年代，基于风险观念上的审计方法开始在审计实务中被陆续采用（Bell & Wright，1995），这是风险导向审计概念产生的萌芽状态。

ASB于1981年发布的第39号审计准则公告（SAS 39）《审计抽样》和1983年发布的第47号审计准则公告（SAS 47）《审计业务中的审计风险与重要性》包含的有关审计风险的阐述，对风险导向审计模式的确立起到了重要的推动作用。在这些审计准则公告发布之前，虽然会计师事务所为了控制审计风险，已经开始在实务中运用类似的审计风险模型（Public Oversight Board，2000），但未形成能被职业界所广泛接受的公认的审计风险模型。SAS 47考虑了当时审计实践的发展状况，建立并推行了一个较为广泛接受的审计风险模型，即审计风险＝固有风险×控制风险×检查风险①。该模型通过评估固有风险（inherent risk）和控制风险（control risk）确定检查风险（detection risk），再进一步确定实质性程序的性质、时间和范围。

传统风险导向审计是对制度基础审计的一种继承、发展与革新。制度基础审计将审计师视野局限于会计控制和管理控制，传统风险导向审计模型则通过固有风险将审计师的视野从企业内部向更为广泛的领域扩展，包括行业环境、管理层品行和能力等。例如，原国际审计准则 ISA 310《了解被审计单位》和 ISA 400《风险评估与内部控制》要求审计师了解管理层的诚信、行业状况、经济环境等。

然而，传统风险导向审计仍然存在以下缺陷：(1) 简化主义（Bell & Wright，1995）的倾向。它认为通过对报表账户层面各个不同认定的审计，就可以自下而上地对财务报表发表意见提供充分、适当的证据。(2) 对风险的分析和评估是一种狭隘的“会计观”（accounting lens）。它将审计师的注意力和分析与测试重点主要放在账户本身的风险及其会计系统的可靠性之上。(3) 它假定固有风险、控制风险和检查风险之间相互独立。固有风险和控制风险都受企业内外部环境的影响，而且两者之间还会相互影响，这一假设的可靠性越来越受到质疑。(4) 自下而上的审计思路使得审计资源的分配经常难以突出重点，造成有限的审计资源的浪费。在传统风险导向审计模式下，审计师所采用的依然是制度基础审计的基本方法，只是在原有方法的基础上增加了风险定量评估的内容。

因此，传统风险导向审计虽然扩展了风险分析和评估，但是在审计实务中，审计师仍然将风险评估重点放在会计和控制系统上，所采用的审计方法的内核依然是制度基础审计方法，只是在原有方法的基础上增加了风险定量评估的内容，并将风险定量评估视作审计风险控制的一种重要手段。在此意义上，可以说传统风险导向审计未能有效地将企业外部、战略和经营环节风险与财务报告重大错报风险关联起来。

二、现代风险导向审计阶段

基本审计方法（模式）变迁的过程是一种典型的诱致性制度变迁（induced institution change）。正如本书第一章所述，审计环境对审计的需求与供给产生重要的影响，从而引发审计责任与审计方法的变革，审计职业界必须寻求审计模式创新以应对审计环境变革所带来的挑战。本书第三章对基本审计方法（模式）的历史演进过程进行了简要的回顾。简言之，20 世纪 80 年代以后，审计环境及其引发的审

---

① 1978 年，罗伯茨（Roberts）提出了最早的审计终极风险模型：终极风险＝固有风险×控制风险×分析性检查风险×（抽样风险＋非抽样风险）。1981 年，ASB 的 SAS 39《审计抽样》认为，审计风险由固有风险、控制风险、分析性检查风险和详细测试风险等四个子风险组成，其中固有风险和控制风险表示财务报表中重大错误的风险，分析性检查风险和详细测试风险表示财务报表中重大错误未被发现的风险。此外，Holstrum & Kirtland（1983）曾提出审计风险＝固有风险×控制风险×分析性检查风险×实质性程序风险。1987 年，英国审计实务委员会也曾提出一个审计风险模型：审计风险＝固有风险×控制风险×检查风险×抽样风险。

计目标的转变以及系统理论和战略管理思想的发展等众多因素共同推进了现代风险导向审计的产生、形成与确立。

（一）现代风险导向审计的产生背景

1. 审计环境的巨大变化

随着全球经济一体化以及科学技术的迅速发展，企业面临的环境日益复杂，竞争愈加激烈，企业与内外部社会环境之间的关系更为密切（Bell et al. 1997；Zeff，2003）。Hamel & Prahalad（1994）和 Brandenburger & Nalebuff（1996）指出，全球化竞争影响了公司的竞争战略，并且促使企业通过与其他企业建立战略联盟来形成竞争优势。因此，企业所处的内外部环境对企业经营的影响程度逐渐增强。企业的经营状况与经营风险最终将体现在企业的财务报表中，进而对审计风险产生直接的影响（Stice，1991；Lys & Watts，1994；Houston et al.，1999；Bell et al.，2001）。Palmrose（1987）、Stice（1991）和 Lys & Watts（1994）等研究也表明，经营风险高的公司在财务报告中进行误导性陈述的动机更强，也更有可能导致审计师被起诉。经济环境的快速变化使审计人员逐渐认识到，被审计单位并不是一个孤立的主体，它是整个社会经济系统的一个有机组成部分。如果将被审计单位隔离于其所处的广泛的经济网络，审计人员就难以充分地理解被审计单位的交易、风险及其整体绩效和财务状况。

20 世纪 90 年代以来，由于全球化、信息技术及竞争的加强，公司管理层收入和盈利方面的压力与日俱增。例如：随着信息处理技术的发展以及媒体覆盖程度的增加，在高科技泡沫的 90 年代，盈余预测开始驱动资本市场，从而导致公司管理层更为看重报告盈余，因为他们拥有基于报告盈余的奖金（earnings-based bonus）和期权计划（Zeff，2003）。2000 年 8 月，公共监管委员会（Public Oversight Board，POB）形容当时的社会经济环境时亦指出："过去十年间，企业管理者追求盈余、收入或其他目标的压力巨大。资本市场估值加剧了这些压力，因为只要公司没有达到市场预期，股票价值就将剧烈下降。同时，公司管理层的薪酬很大程度上基于取得的收益、其他目标或者股票价格的上涨。这些压力反过来转化为审计师的压力——如何审计以及如何与客户保持关系。"

随着审计市场的饱和，激烈的价格竞争、进一步减少实质性程序的冲动、对于增值服务的关注以及培训、诉讼成本的增加等成为会计师事务所要面对的新的挑战与机遇。很多大型会计师事务所开始逐渐认识到，审计过程需要新的技术和方法以及更多可提供的服务。在设计新的审计程序时，审计职业界主要关注两个方面：（1）如何降低成本和提高效率效果；（2）如何增加审计服务的价值。审计职业界逐渐认识到，审计师应当优化他们关于客户知识的获取能力，在获得更为全面和相关的证据基础上提供更为有效的审计服务。

毕马威研究小组报告指出（Bell et al.，1997），审计的发展应当向组织的战略系统观（strategic system perspective）演进，聚焦于组织战略、可能面临的威胁以及对风险的反应等方面。他们认为，很多战略与经营环节风险同审计风险有直接或间接的联系，通过全面理解客户所面临的风险，在此基础上获取证据支持财务报表的相关陈述能够获得有效的审计结论。此外，在审计的过程中，审计师所获取的关于客户的了解还有助于增加提供给客户和利益相关者的鉴证服务的范围和价值。20 世纪 90 年代后期，这种对客户战略与经营相关风险的重视逐渐获得了认可。由于在对客户的战略及经营环节风险的评估过程中可以进行广泛的知识（证据）获取，从而加深了对客户的了解，因此支持审计结论所需的实质性程序的工作量大大减少了。

2. 双重审计目标的确立

如本书第一章所述，面对 20 世纪 60 年代后期审计需求和审计供给的较大差异，审计职业团体以积极的姿态根据需求探索优化审计供给的方式。AICPA 于 1977 年发布的 SAS 16 和 SAS 17 虽然有意承担揭弊查错和揭露非法行为的责任，但对此责任的接受显得较为勉强。自 20 世纪 80 年代以来，社会公众与审计职业界之间的期望差距越来越大，1988 年在 Tradeway 研究报告的影响下，出于弥合审计期望差距的考虑，AICPA 发布了 SAS 53、SAS 54 以代替 SAS 16、SAS 17，这标志着财务报表公允性验证与揭弊查错并重的审计目标正式确立。

20 世纪 90 年代以来，职业界对舞弊的审计责任采取了更加积极主动的态度。1997 年 AICPA 发表了第 82 号审计准则公告（SAS 82）《财务报表审计中对舞弊的考虑》，该准则继续要求“审计人员计划和实施审计，以便为财务报表中是否不存在因错误或舞弊事项而引起的重要错报取得合理保证”。然而，经济环境的日益复杂、现代企业的巨大规模和极为复杂的经济业务使得这两个并重的审计目标的实现变得非常困难。21 世纪初，许多公司重大的财务舞弊案皆非审计师发现，使得审计实务界和理论界加快了对新的审计方法的进一步探索。

为什么吹哨人不是独立审计师?

2002 年 12 月 22 日出版的美国《时代周刊》杂志封面刊登了三位“年度风云人物”，她们分别是世通公司的员工辛西娅 • 库珀、联邦调查局的员工科琳 • 罗利以及安然公司的员工莎朗 • 沃特金斯三位“告密者”。

辛西娅 • 库珀是世通的一名内部审计员，正是因为她的“告密”，促使世通的审计机构毕马威会计师事务所对世通财务账目进行重新核查，并最终发现了世通的巨额财务造假。

莎朗 • 沃特金斯为安然企业发展副总裁。2001 年 6 月底，她发现安然在利用下设的一些合伙公司虚报收入利润，进行财务欺诈。于是其向监管部门“告密”，其被称为“拆毁安然大厦的女人”。

3. 系统理论与系统管理理论的发展

理论生物学家贝塔朗菲（Bertalanffy）于1937年首次提出一般系统理论。系统是由相互联系、相互作用的若干要素结合而成的具有特定功能的有机整体。系统的行为受其整体结构、各要素之间关系的强度以及这些关系变动的影响。系统论强调系统的整体性，重视各要素如何相互关联并相互协调成为一个统一的整体。系统并非由各个要素简单加总而成，各个要素也不是孤立存在的，它们在系统中发挥特定作用，并且相互关联、相互作用，构成一个不可分割的整体。若将单个要素从整体中割裂开来，它将失去原有的作用。

20世纪60年代以来，管理学家在一般系统理论的基础上逐渐建立起了系统管理理论。1963年，约翰逊（Johnson）、卡斯特（Kast）和罗森茨韦格（Rosenzweig）出版了《系统理论和管理》，较为全面地阐述了系统管理的观点。1970年，卡斯特和罗森茨韦格又合作撰写《组织与管理——系统方法与权变方法》一书，建立了系统管理理论的基本框架。此后，系统管理理论一度风靡管理学界。系统管理理论认为，企业是由各类要素（如人、物资、机器及其他资源）在一定目标下组成的系统，这些要素相互联系，共同影响企业的成长与发展。英国运营科学家比尔（Beer）在"Brain of Firm"中构建了可变系统（variable system）的一般结构，它由五个子系统构成，如表5-1所示。如同生物系统一样，企业组织也是一个复杂有序的系统。同时，企业也是一个开放性系统，它是构成社会系统的一个子系统，与所处环境中的要素（如客户、竞争者、供应商、政府等）存在动态的相互作用。企业管理者需要保持企业内部以及外部各要素之间的动态平衡，以适应情况的变化，实现预期目标。

表5-1 可变系统的层次结构

系统层次	人体组织	功能	企业组织
系统1	器官，肌肉	执行	经营环节
系统2	脊髓	信号处理与传输	信息系统
系统3	脑桥/延髓	自主控制	经营环节中的控制
系统4	间脑，神经中枢	监管系统及其环境，感觉激发系统3和系统5	风险管理程序
系统5	大脑皮层	政策形成	战略管理程序

系统理论和系统管理理论的成熟促进了审计师认知视野的扩展和认知水平的提升，将被审计客户置于复杂的关系网络之中，而这些关系又决定着企业战略目标的实现，进而影响到企业的经营和管理，最终传导至企业的财务绩效和财务报告。系统理论和系统管理理论推动了审计师从关注企业内部扩大到企业外部的各种关系，从而能够更全面地了解企业战略和经营环节风险，进而评估企业重大错报风险。

4. 战略管理理论的发展

战略管理理论的发展为现代风险导向审计的发展提供了最为直接的理论基础。20世纪80年代以后，随着经济全球化、技术发展以及竞争程度加剧，企业战略管理理论的研究重点逐步转移到企业竞争方面。迈克尔·波特（Michael E. Porter）的两部著作《竞争战略》（1980）和《竞争优势》（1985）成为竞争战略的理论经典，将战略制定过程和战略实施过程有机地统一起来。如图5－1所示，企业处于一个复杂的系统之中，企业的战略受到内外部环境的影响。企业需要分析内外部环境（包括行业、竞争者、供应商、客户等），结合企业所处环境中的相对优势，确定企业保持持续竞争优势的战略及目标。公司战略通过企业的管理和经营活动来实现。管理者根据企业的战略目标，设计并执行与之相匹配的经营流程环节，推动战略目标的实现。企业的经营活动最终会反映到企业的财务报告中。在整个过程中，财务报告反映的是结果，公司战略与经营活动则反映了结果实现的过程。审计师逐渐意识到，对该实现过程的了解有助于有效评价财务报告的公允性。譬如，公司经营环境发生变化或者应对不当、公司战略目标与经营环节匹配不当，均可能导致企业陷入困境，对财务报告产生不利影响，从而增加审计风险。战略管理理论使得审计师的视野更为开阔，从传统局限于会计和控制系统，扩展到企业的战略与经营环节层面，将企业内部与外部有机地融合在一起。由此，审计职业界开始逐渐从自我限定的对财务报表的关注中摆脱出来，更加聚焦于关注客户的战略风险、经营环节、控制系统以及经济交易的处理过程等。

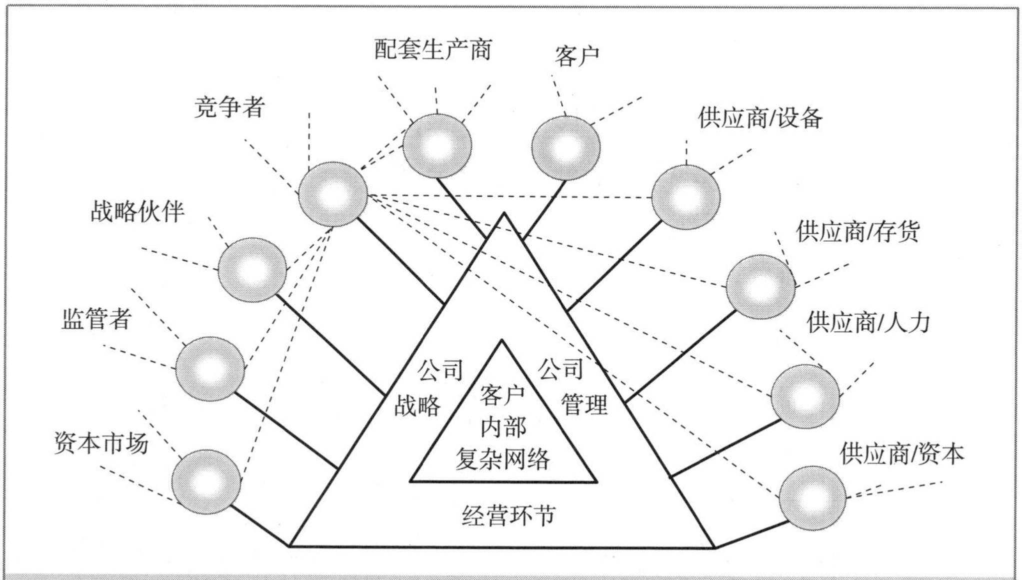

图5－1 企业战略与经营环节之关系网络

（二）现代风险导向审计的实践探索

自20世纪80年代以来，为了缩小审计期望差距和提高审计效率，审计实务界

（尤其是国际大型会计师事务所）开始基于系统观和战略管理理论，积极探索新的审计方法。例如：毕马威会计师事务所、安永会计师事务所、普华永道会计师事务所、德勤会计师事务所、安达信会计师事务所分别开发了 BMP 审计方法（business measurement process）、全球审计方法（global audit methodology）、普华永道审计方法（PwC methodology）、AS/2 审计方法和经营审计（business auditing，BA）。这些审计方法原理大致相同，均体现了现代风险导向审计的核心内容。其中毕马威的 BMP 方法形成较早，比较具有代表性，以下简述之。

毕马威早在 1976 年就实施了与学术界合作的审计领域研究项目。1997 年，毕马威研究小组公布了其研究报告《通过战略系统的视角对组织进行审计》（Bell et al.，1997），提出了 BMP 审计方法。BMP 是一种风险导向的战略系统审计方法，该方法将审计工作流程转变为自上而下从更广的战略系统视角把握客户风险和审计风险，将风险评估的重心从传统基于交易风险导向转向基于公司战略经营风险导向。BMP 扩展了审计师获取信息的广度与深度，能为财务报表认定预期提供更好的指导和帮助。BMP 的框架由五个要素构成：战略分析（strategic analysis）、经营环节分析（business process analysis）、经营计量（business measurement）、风险评估（risk assessment）以及持续改进（continuous improvement）。图 5-2 展示了五个要素之间的相关关系。

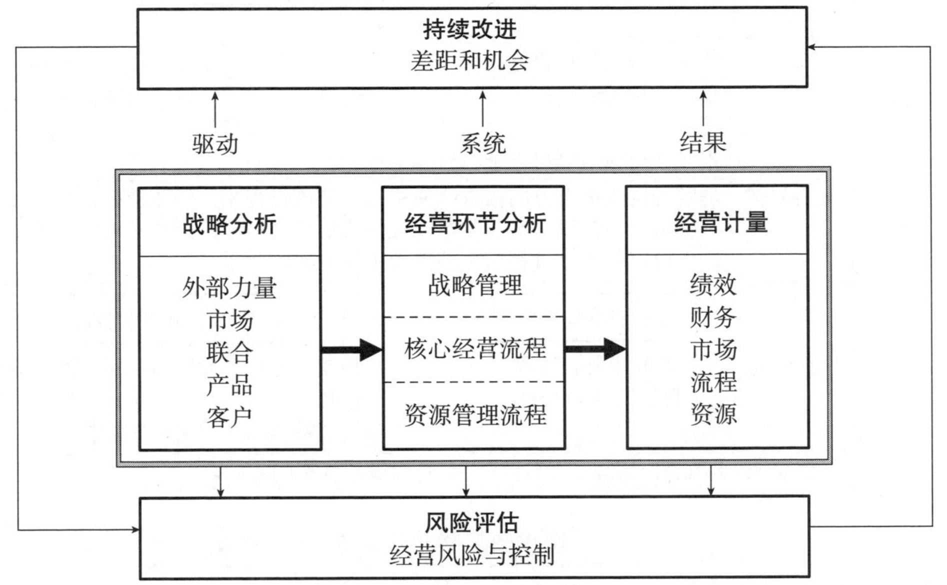

图 5-2 毕马威的 BMP 审计方法

在 BMP 模式下，风险评估从客户的战略分析开始。审计师分析客户所处的行业、客户在该行业中取得持续竞争优势的战略、阻碍战略实现的经营环节风险以及客户对这些风险的反应。公司战略引导经营环节活动，并通过经营环节活动得以实现。审计师通过经营环节分析能够更深入地了解客户关键经营环节、业务流程、业务环节与其他业务环节及外部的关系、维持这些关系的能力以及竞争优势等。

在经营环节分析中，审计师分析识别关键经营环节中的风险，同时了解风险控制的程序及效果。如图 5－3 所示，审计师可以从过程目标（process objective）、投入（inputs）、业务活动（activities）、产出（outputs）、系统（systems）、交易类型（class of transactions）、威胁目标的风险（risk that threaten objectives）以及其他表明业绩差的表征（other symptoms of poor performance）（如低客户满意度）这些维度来了解和分析经营环节。在经营环节分析阶段，审计师应该了解客户如何创造价值、客户经营环节是否与公司战略有效衔接、影响经营目标的重要经营环节风险、风险可能对财务报表的影响等。经营环节分析是审计师形成客户经营绩效和财务状况预期的基础。

过程目标	即某一过程所要实现的目标。描述了这一过程在企业达到经营目标过程中所起到的关键性作用。
投入	指为了完成该过程的业务活动，所必需投入的原材料、资源或信息。
业务活动	是某一过程的活动或子流程，旨在取得该过程的产出。业务活动可能是连续的，也可是非连续的。以下流程用于表示连续业务活动。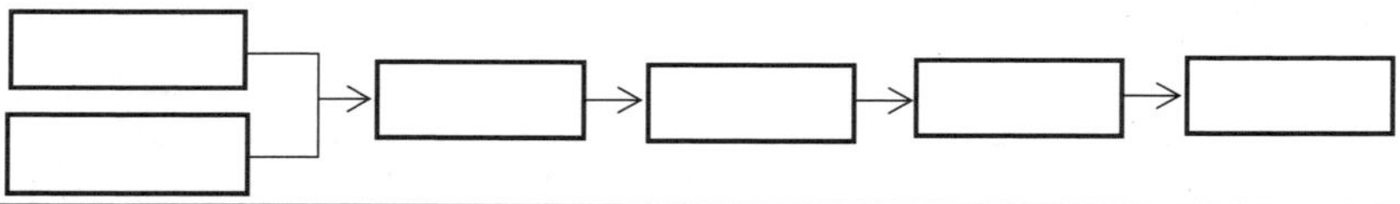
产出	代表了该过程最终的结果，如生产的产成品、半成品、信息或资源。
系统	指为完成过程目标而设计的资源整合体系。其中，信息系统可产生包含反馈的报告，用于反馈经营业绩、财务目标以及遵循情况。信息系统的反馈报告使得该过程可以被执行和被控制。
交易类型	是管理层或第三方的报告所使用的、与该过程相关的数据或信息。交易类别可分为常规交易、非常规交易或估计交易。当需要额外的审计工作时，这里可以描述该过程与额外审计工作之间的联系。
过程风险	威胁目标的风险 → 与风险相关的控制 威胁目标的风险：指可能阻碍过程目标实现的风险。 与风险相关的控制：控制旨在将风险降低到可接受程度的策略或程序，以使过程目标可以顺利实现。其可能被执行，也可能未被执行。
其他表征	即证明或者显示该过程没有达到最佳状态的症状。

图 5－3　BMP 经营环节分析模板

在 BMP 的风险评估环节，审计师需要了解客户的风险管理流程以及控制内外部妨碍公司实现经营目标或者业务环节目标的风险的程度。管理控制的主要目标是保证风险监督和控制活动与公司总体战略目标相匹配。恰当的风险管理程序包括公司战略层面和经营环节层面。战略风险影响公司整体战略目标的实现，经营环节风险则影响特定业务环节目标的达成。审计师应该关注客户的风险管理程序是否恰当，管理者是否考虑所有的重大经营风险，并结合战略和过程风险未被控制的程度判断剩余风险的水平。

经营计量和风险评估在审计期间均持续进行。在经营计量中，审计师对影响客户经营程度大的业务流程和变量进行衡量，分析关键业绩指标的变化并与相似公司比较。同时，审计师评价客户收入确认的政策、报告的盈余质量等，并考虑它们对相关财务报告认定的影响。这些计量和评价与审计师了解的剩余风险结合。当财务信息与非财务信息不一致，或者关键财务报告认定与审计师了解的公司战略体系不一致时，审计师应该增加审计测试。在持续改进阶段，审计师编制和报告流程绩效和财务绩效偏差分析，以及反映公司持续竞争力的信息。此外，审计师识别和报告客户管理中的不足之处，通过改进，进而提升竞争优势，这是 BMP 能为客户提供额外价值的副产品。

总体而言，毕马威的 BMP 模型以战略系统为视角，从战略分析入手，通过“战略风险分析—经营环节风险分析—剩余风险分析”的基本思路，来决定进一步审计程序的性质、时间和范围，体现了现代风险导向审计的核心内容。

（三）现代风险导向审计的正式确立

如前所述，从 20 世纪 90 年代后期开始，现代风险导向审计由大型会计师事务所倡导，并在其内部逐渐推行。然而，监管者表达了对大型会计师事务所重塑审计方法的担忧。1998 年 10 月，SEC 首席会计师特纳（Turner）给 AICPA 审计与鉴证准则主管写信，批评大型会计师事务所重塑审计方法更多地依赖以分析程序为主的风险评估，而不是实质性的详细测试。应 SEC 的要求，美国公众公司会计监督委员会于 1998 年组建了审计效果研究项目组。该研究组于 2000 年秋发布了《审计效果研究组：报告与建议》，通过与审计师的讨论、对审计工作底稿的复核，研究组认为新的审计方法虽然还没有被普遍采用，但其可以极大地提高审计效率。

1999 年，英国、美国、加拿大的准则制定者和学术界专家联合组成了联合工作组（Joint Work Group），该组于 2000 年 5 月发布了名为《大型会计师事务所审计方法的发展》（Developments in the Audit Methodologies of Large Accounting Firms）的研究报告。联合工作组采用实地访谈和问卷调查的方式对在实务中开始逐步推广的现代风险导向审计的运用及其影响进行探讨。联合工作组认为，有足够的理由支持现代风险导向审计方法是一种区别于传统风险导向审计的新方法。促使新的审计方法发展的原因，一方面是审计师需要更好地达到审计的双重目标，另一方面是审计师需要向客户提供增值服务。此外，联合工作组对现代风险导向审计方法的运用进行了分析，认为大型会计师事务所在新的审计方法上的基本认识是一致的，但在运用中存在着一定的差别。最后，联合工作组建议准则制定者修改相关准则，以适应新的、先进的审计方法的需要。

2000 年 7 月至 8 月，IAASB 在联合工作组以及 ASB 的建议下，成立了风险分析联合项目组（Joint Risk Assessment Task Force），对新的审计方法进行研究。

研究结论认为，新的审计方法可以提高审计的效率。2002年底，为了适应新的审计方法的需要，IAASB与ASB都修改了相关审计准则并发布征求意见稿。2003年10月，IAASB发布了三项新的国际审计准则：《了解被审计单位及其环境并评估重大错报风险》（ISA 315）、《针对评估的重大错报风险实施的程序》（ISA 330）以及《审计证据》（ISA 500），并要求从2004年12月15日或之后开始的期间执行这三项新风险准则及相应修订的其他准则，这标志着现代风险导向审计的正式确立。

IAASB发布的新的审计风险准则迅速为英国、加拿大等国家所接受。英国审计准则制定机构在2004年5月宣布计划采纳所有的国际审计准则，10月即完成了该计划过程，并自2004年12月15日开始全面采纳国际审计准则。加拿大的审计准则制定机构——审计与鉴证委员会（AASB）则是通过审计与鉴证准则的国际协调来消除加拿大准则与国际准则之间以及加拿大准则与美国准则之间不应存在的差异。在国际审计准则制定了一系列调整审计风险模型的准则之后，IAASB也相应地进行了准则的协调。

综上，现代风险导向审计的形成起源于审计期望差距的客观存在，始于实务界的探索并运用，正式确立于监管者的准则颁布。监管者从担忧、质疑到调查研究，再到接受肯定，最终到制定准则的过程显示了理论界和实务界对新审计方法的认识趋同过程。

第二节　现代风险导向审计的内涵

引例

安然事件：安达信的战略与经营环节风险评估充分吗？

2001年10月，作为美国企业500强中排名第七的商业巨擘，安然公司由于财务舞弊突然宣告破产，震惊世界。不仅如此，其审计机构安达信会计师事务所从此脱下“五大”的光环，瞬间淹没在历史的巨浪中。安然公司破产是无法避免的事件，还是各界参与的阴谋？安达信对安然公司的战略与经营环节风险评估充分吗？

安然公司的发展历程和商业模式

安然公司成立于1985年，由美国休斯敦天然气公司和北方内陆天然气公司合并而成。在肯尼斯·雷的领导下，公司经历了“开创天然气现货交易模式”“核心业务由天然气转为动力和发电领域”“引入天然气方面的衍生产品交易”“进军电子商务，创建互联网交易平台”四大步跨越，从名不见经传的一家普通天然气经销商，逐步发展成为当时世界最大的天然气采购商和出售商、世界最大的电力交易商、世界领先的能源批发做市商、世界最大的电子商务交易平台，堪称商学院的经典案例。

财务业绩表现与经营环境差别迥异

安然公司 1997—2001 年间共虚报利润 5.86 亿美元，并且未将巨额债务入账。从商业模式看，安然公司通过政府放松能源管制获得了发展机会，通过大力发展金融衍生产品交易和电子商务使规模迅速扩大。然而，在此期间美国经济陷入衰退，能源价格下降，网络经济泡沫破裂，股市下跌，安然公司的能源业务和金融衍生产品交易及电子商务都受到重大影响。面对这种情况，安然公司在 1997—2000 年中，营业收入和净利润保持高速增长，2000 年营业收入增幅甚至达到 150%。如此反常的现象理应引起审计机构的高度重视，安达信理应对其保持怀疑。

资料来源：安然事件及其启示 . http://www.cicpa.org.cn/news/newsaffix/2234_200313_13.htm.

第二节
即测即评

如本节引例所述，安达信对安然公司在战略与经营环节风险评估的不充分是导致审计失败的重要原因。21 世纪初以来，国内外一系列财务舞弊案的爆发极大地损害了资本市场对审计师的信任，从而加快了监管机构制定并采纳基于现代风险导向的审计准则的进程。前已述及，现代风险导向审计沿着“战略风险分析—经营环节风险分析—剩余风险分析—重大错报风险评估—风险应对”的基本逻辑与流程展开，本节将对现代风险导向审计准则、特征与整体流程展开较为系统的阐述。

一、现代风险导向审计准则

（一）国际审计准则

IAASB 推动了现代风险导向审计准则的形成，它于 2002 年 10 月发布了审计风险准则征求意见稿，并于 2003 年 10 月在东京召开的会议上对征求意见稿进行了最后修订，获得委员会通过，审计风险准则自 2004 年 12 月 15 日起正式施行。IAASB 发布的审计风险准则包括以下修订和新起草的准则：(1)《财务报表审计的目标和基本原则》(ISA 200)；(2)《了解被审计单位及其环境并评估重大错报风险》(ISA 315)；(3)《针对评估的重大错报风险实施的程序》(ISA 330)；(4)《审计证据》(ISA 500)。这四项审计准则专门用来指导注册会计师识别、评估和应对财务报表中的重大错报风险，它们统称为审计风险准则（Audit Risk Standards）。IAASB 认为审计风险准则有助于提升审计质量，主要原因在于可以通过全面深入了解被审计单位及其环境评估重大错报风险，再针对重大错报风险设计和执行相应的审计程序来应对风险。将审计应对程序与审计风险更有效地连接起来，使得重大错报风险更高的领域能够分配更多的审计资源。

【扩展阅读】
ISA 200

1. ISA 200：财务报表审计的目标和基本原则

原审计风险模型为：审计风险＝固有风险×控制风险×检查风险。ISA 200 则引入重大错报风险（risk of material misstatement）概念，提出新的审计风险模型：审计风险＝重大错报风险×检查风险。重大错报风险为财务报告在审计前存在重大错报的可能性。重大错报风险并非简单将固有风险和控制风险合并，而是审计思想的实质突破，明确以评估重大错报风险为新起点和新导向。根据该模型，审计师首先评估重大错报风险（ISA 315），再围绕评估的风险来设计和执行审计程序，控制检查风险（ISA 330），最终将审计风险降低至可接受的水平。前者称为风险评估程序，后者称为风险应对程序，它们分别由国际审计准则 ISA 315 和 ISA 330 来规范。新审计风险模型有助于审计师紧紧抓住风险点，合理分配审计资源，有效实现审计目标。该准则同时指出，公司战略目标的实现受经营性质和行业、监管环境、公司规模及复杂性等一系列因素的影响，审计师应该关注影响财务报告的内外部因素。

*ST 昌鱼的潜在重大错报风险的来源是什么？

2017 年 11 月 8 日，*ST 昌鱼发布公告，公司拟出售控股子公司大鹏畜禽 99.9%股权，以年产 10 万头生猪为基础的收益法进行评估，受让方为霍尔果斯融达信息咨询有限公司（简称霍尔果斯），转让金额为 1.05 亿元，预计将增加公司投资收益 4 293.24 万元。值得一提的是，*ST 昌鱼已连续两年亏损，2017 年前三季度继续亏损 2 834.01 万元，因而此次资产出售对于公司 2017 年扭亏进而实现保壳非常关键。

然而，大鹏畜禽已基本停止经营，2016 年营业收入仅为 53.93 万元，且近年来持续亏损。截至 2017 年 8 月 31 日，大鹏畜禽累计亏损已达 1 950 万元。且以大鹏畜禽现实际拥有的猪舍 2.3 万平方米及其他配套房屋 0.25 万平方米推断，大鹏畜禽年产生猪最多不超过 4 万头。如果养 10 万头猪，那么每平方米需要养 4.34 头猪。这不符合常识，应该值得警惕。结合*ST 昌鱼已经亏损两年，如果接下来一年仍然亏损，则其会被暂停上市，其有很强的扭亏动机。因此，*ST 昌鱼出售该资产的交易可能存在重大错报。

资料来源：①陈晴．已转让子公司年产 10 万头生猪缺乏依据*ST 昌鱼遭湖北证监局警示．http://www.nbd.com.cn/articles/2018-01-25/1187054.html.

②*ST 昌鱼将控股子公司大鹏畜禽 99.9%股权转让给霍尔果斯．http://finance.sina.com.cn/roll/2017-11-09/doc-ifynsait6628445.shtml.

审计师需要考虑财务报表层次重大错报风险和认定层次重大错报风险。报表层次的重大错报风险与报表整体存在广泛联系，可能影响多项认定。该风险通常与公司控制环境有关，也会受经济环境等其他因素影响。认定层次重大错报风险与交易、账户余额及列报与披露认定直接相关，影响进一步审计程序的性质、时间和范围。审计师通过进一步审计程序获取充分适当的审计证据，将审计风险降低至可接受水平。此外，该准则还强调保持职业怀疑态度的重要性，要求审计师在设计和实施审计工作时，应当保持职业怀疑态度，充分考虑可能导致财务报告发生重大错报的情形。

2. ISA 315：了解被审计单位及其环境并评估重大错报风险

【扩展阅读】ISA 315

针对重大错报风险，该准则要求审计师了解被审计单位及其环境（包括内部控制），识别和评估重大错报风险，为设计和实施风险应对程序提供基础。审计师应该运用风险评估程序来识别和评估财务报表层次和认定层次重大错报风险。该准则要求，审计师在了解被审计单位及其环境的过程中应该考虑以下因素：行业状况、监管环境和其他外部因素，企业性质，被审计单位选择和采用的审计政策，被审计单位目标、战略和相关的经营风险，被审计单位财务业绩的度量和评价等。公司经营处于行业、监管以及其他内外部影响之中，公司目标和战略随着时间和环境变化而不断变化。经营风险（business risk）可能来源于环境的变化或复杂性，企业未根据内外部环境变化进行及时调整也会导致经营风险。大多数经营风险最终会产生经营后果，进而影响财务报告。因此，了解企业经营风险有助于识别重大错报风险。

3. ISA 330：针对评估的重大错报风险实施的程序

【扩展阅读】ISA 330

ISA 315 规定，审计师应通过了解被审计单位及其环境，识别和评估重大错报风险。ISA 330 则规定，基于 ISA 315 所识别和评估的重大错报风险，审计师应采取不同的措施予以应对，以控制检查风险，使得审计风险降至可接受的水平。该准则针对评估的财务报表层次重大错报风险和认定层次重大错报风险分别提出了总体应对策略（overall responses）和进一步审计程序（further audit procedures）。

总体应对策略包括：向项目组强调保持职业怀疑态度的重要性；分派更有经验或具有特定技能的人员，或者利用专家；提供更多监督；使用不被公司管理层预期到的审计程序；对拟实施审计程序的性质、时间和范围做出总体修改，例如，将执行实质性程序的时间由期中改为期末。进一步审计程序是相对风险评估程序而言的，包括控制测试（如有）和实质性程序（包括细节测试和实质性分析程序）。审计师应该根据评估的认定层次重大错报风险设计和实施进一步审计程序，包括审计程序的性质、时间和范围。

4. ISA 500：审计证据

【扩展阅读】ISA 500

ISA 500 阐述了审计证据的构成，要求审计师设计和实施审计程序以获取充分、适当的审计证据，以得出合理的审计结论，作为形成审计意见的基础。审计证据的获取贯穿整个审计过程，结合 ISA 315 和 ISA 330，获得审计证据的总体审计程序（方法）为风险评估程序、控制测试（如果需要）和实质性程序。获得审计证据的具体审计程序（方法）则为检查记录和文件、检查有形资产、观察、询问、函证、重新计算、重新执行和分析程序。审计师应保持职业怀疑态度，运用职业判断，来评价审计证据的充分性和适当性。当获得的审计证据与其他证据不一致时，或者审计师对用作审计证据的信息的可靠性存在疑虑时，审计师应该修改或增加审计程序。

【扩展阅读】
如何认识和理解会计审计准则的国际趋同——IFAC《执行国际准则面临的挑战与取得的成果》研究报告

可见，IAASB 通过修订审计风险准则，将审计师视野拓展至企业经营战略和经营活动的高度，有助于充分识别和评估财务报告重大错报的风险，针对评估的重大错报风险设计和实施进一步审计程序（控制测试和实质性程序），并强调无论内部控制是否有效，都要对各类重大交易、重要账户余额和重要披露进行详细审计。同时，新审计风险准则强调保持职业怀疑态度，有助于提高发现重大错报风险的概率。

（二）中国审计准则

中国注册会计师协会根据我国审计环境、国际审计风险准则的最新进展和我国注册会计师执业的需要修订或制定了 41 项新审计准则（其中 7 项为鉴证业务基本准则、审阅、其他鉴证业务、相关服务和质量管理准则），新审计准则于 2006 年 2 月 15 日由财政部正式发布，自 2007 年 1 月 1 日起在所有会计师事务所施行。① 新审计准则体系整体上以 IAASB 的审计风险准则为蓝本，全面引入现代风险导向审计模式，实现了我国审计准则的国际趋同，标志着现代风险导向审计在我国的正式确立。新的审计准则体系包含分别与 ISA 200、ISA315、ISA 330 和 ISA 500 相对应的审计风险准则。

1.《中国注册会计师审计准则第 1101 号——财务报表审计的目标和一般原则》

该准则为新起草的一个审计准则，替代了原《独立审计具体审计准则第 1 号——会计报表审计》，引入了现代风险导向审计的思想。该准则第十六条要求“被审计单位在实施战略以实现其目标的过程中可能面临各种经营风险，注册会计师应当重点关注可能影响财务报表的经营风险”。并且该准则修改了审计风险模型，如第十八条规定，“审计风险取决于重大错报风险和检查风险。注册会计师应当实施审计程序，评估重大错报风险，并根据评估结果设计和实施进一步审计程序，以控制检查风险”。

2.《中国注册会计师审计准则第 1301 号——审计证据》

该准则是对原《独立审计具体审计准则第 2 号——审计证据》进行的修订，引

① 本部分主要介绍中国 2006 年全面引入现代风险导向审计模式时的审计风险准则，该准则后续进行多次修订，但现代风险导向审计模式保持不变。

入各类交易、账户余额以及列报与披露的认定概念，作为注册会计师评估重大错报风险、设计和执行进一步审计程序的基础，并将获取审计证据的程序区分为总体审计程序和具体审计程序。

3.《中国注册会计师审计准则第 1211 号——了解被审计单位及其环境并评估重大错报风险》

该准则是对原《独立审计具体审计准则第 9 号——内部控制与审计风险》、原《独立审计具体审计准则第 20 号——计算机信息系统环境下的审计》和原《独立审计具体审计准则第 21 号——了解被审计单位情况》进行整合而形成的，以明确注册会计师的风险评估程序。要求注册会计师从下列方面了解被审计单位及其环境：行业状况、法律环境与监管环境以及其他外部因素，被审计单位的性质，被审计单位对会计政策的选择和运用，被审计单位的目标、战略以及相关经营风险，被审计单位财务业绩的衡量和评价，被审计单位的内部控制。体现了现代风险导向审计的“战略风险—经营环节风险—剩余风险—重大错报风险”的风险评估逻辑。

4.《中国注册会计师审计准则第 1231 号——针对评估的重大错报风险实施的程序》

该准则为新起草的准则，涉及原《独立审计具体审计准则第 9 号——内部控制与审计风险》和原《独立审计具体审计准则第 20 号——计算机信息系统环境下的审计》的内容。该准则解决对重大错报风险的评估结果如何实施审计程序的问题。

二、现代风险导向审计特征

（一）以战略及经营环节风险分析为起点

如图 5-4 所示，现代风险导向审计是以被审计单位的战略和经营环节风险为起点的一种审计模式，通过“战略风险分析—经营环节风险分析—剩余风险分析—重大错报风险评估”的基本逻辑，将审计风险与公司战略与经营环节联系起来，从而使审计师能够从整体和更高的视角来识别和评估重大错报风险。以经营战略及经营环节为起点将审计师的视野从财务报表扩展至经营活动及企业战略，这是一种“整体观”（holistic approach）（Bell et al.，1997；Knechel，2007），体现了自上而下的特点。审计风险与经营风险紧密相连（Eififsen et al.，2001），任何影响企业战略目标实现的风险同时也是审计风险的来源（Knechel，2007）。因此，在现代风险导向审计中，审计师应当了解公司战略以及其所处经营环境（包括内外部环境），识别和评估影响战略目标实现的风险。前述国际与中国审计风险准则体系均体现了以经营战略及经营环节为起点的思路，例如，IAS 315 和中国注册会计师审计准则第 1211 号均要求审计师了解被审计单位的目标和战略，以及可能导致财务报表重大错报的相关经营风险，包括行业发展、业务扩展、开发新产品等。

在大部分情形下，被审计单位战略风险将首先影响客户的经营环节，经由经营环节风险再传导至财务报表；在少数情形下，客户的战略风险则会直接传导至财务报表，对财务报表产生直接的影响。审计师需要了解和评价被审计单位内部控制系

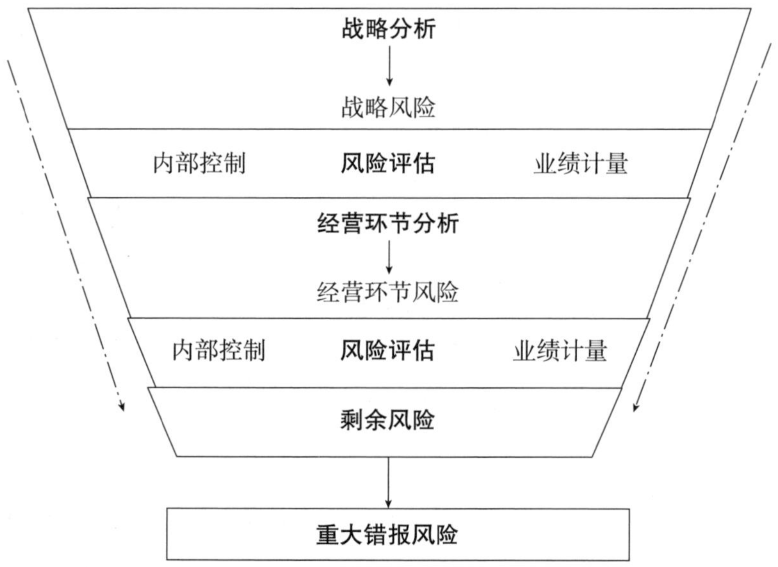

图 5-4 现代风险导向审计的风险评估程序

统，未被有效控制的战略风险和经营环节风险则为剩余风险。剩余风险与被审计单位的内部控制系统有效性相关，内部控制系统越有效，剩余风险越小；反之越大。审计师应该重点关注剩余风险对财务报表的影响，基于评估的重大错报风险设计和执行风险应对程序。

（二）引入重大错报风险以改进审计风险模型

相对于传统风险导向审计将固有风险和控制风险割裂开来，现代风险导向审计的操作性和效果更好。一方面，固有风险难以单独评估；另一方面，重大错报风险的引入，使得审计师从更全面的视角来评价企业风险，有助于准确识别重大错报风险。现代风险导向审计模型凸显了风险评估及风险导向的作用，使得审计师能够聚焦风险，更有效地分配审计资源，从而有助于提升审计效率与效果。

Bell et al.（2008）认为，对于风险低的领域，风险导向审计会减少冗余的审计程序，从而提高审计效率；对于风险高的领域，风险导向审计则会使得审计师更为关注高风险领域，从而提高审计效果。Doogar（2010）研究了美国审计准则 AS 5 替代 AS 2 对审计收费的影响。相对于 AS 2，AS 5 采用自上而下的风险导向审计方法，并让审计师基于他们对重大错报风险（特别是舞弊风险）的职业判断来决定审计程序。结果如图 5-5 所示，在采用 AS 5 的情形下，审计费用与被审计单位的舞弊风险正相关，而在 AS 2 适用的情形下却没有得到该结果。实线 AS 2 表示在审计费用不随风险变化时的收费情况，作为研究参照。虚线 AS 5 为向上的线条，反映了采用 AS 5 时，审计费用随舞弊风险变大而上升。进一步结果表明，参照实施 AS 2 收费情形，对于低舞弊风险客户，AS 5 情形下收取的费用低于 AS 2；而对于高舞弊风险客户，AS 5 情形下收取的费用高于 AS 2。因此，准则 AS 5 对审计费用的影响如最上面一条虚线 AS 5 所示。此外，他们还发现，平均而言，准则 AS 5 情形下的收费比 AS 2 低，即虚线 AS 5 平均收费低于实线 AS 2。该研究有力地表明，自上而下的现代风险导向审计方法能够同时提高审计的效率和效果。

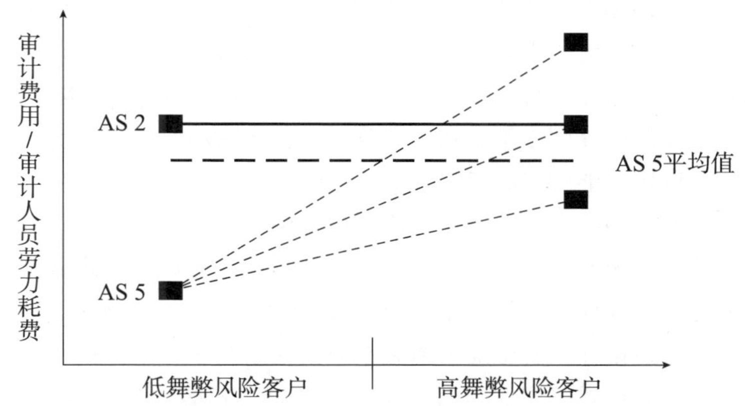

图 5-5　现代风险导向审计提高审计效率与效果的证据

一般而言，战略风险反映了公司整体层面的风险，而经营环节风险则更为具体，往往与认定层面的风险相关。现代风险导向审计将重大错报风险区分为财务报表层次和认定层次，这将使其与风险评估流程更加吻合和内在逻辑一致。区分报表层次和认定层次重大错报风险有助于审计师针对不同风险采用针对性更强的应对措施。例如，针对评估的报表层次重大错报风险采用总体审计策略，对评估的认定层次重大错报风险则设计和实施进一步审计程序。这将有助于审计师更有效率地获取充分适当的审计证据，将审计风险降至可接受的低水平。

（三）重构核心审计流程

图 5－6 简要地对比了传统风险导向审计与现代风险导向审计的核心流程。图 5－6 上半部分为传统风险导向审计下的审计流程。原国际审计准则 ISA 310《了解被审计单位》（Knowledge of the Business）和 ISA 400《风险评估与内部控制》（Risk Assessments and Internal Controls）对审计流程进行了规范。与“审计风险＝固有风险×控制风险×检查风险”的传统审计风险模型相匹配，传统风险导向审计的核心流程分为四个过程：（1）审计师了解被审计单位情况，主要评估固有风险。（2）审计师了解内部控制。（3）在需要时进行控制测试。（4）通过实质性程序以降低检查风险。ISA 310 主要涉及固有风险，ISA 400 则主要对了解内部控制、控制测试和实质性程序进行规范，同时也少量涉及固有风险的内容。根据 ISA 400，了解内部控制和控制测试主要为了评估控制风险，而检查风险直接与实质性程序有关。审计师应该根据评估的固有风险和控制风险设计和执行实质性程序（性质、时间和范

围），以将审计风险降至可接受的低水平。

如图 5－6 下半部分所示，与传统风险导向审计不同，现代风险导向审计的核心流程重构为两个阶段：（1）风险评估。利用风险评估程序，通过了解被审计单位及其环境，识别和评估重大错报风险。（2）风险应对。根据评估的重大错报风险，设计和执行进一步审计程序（包括控制测试和实质性程序）。这两个阶段分别由 ISA 315 和 ISA 330 来规范。现代风险导向审计对核心流程的重构具有以下意义：

（1）聚焦重大错报风险，突出风险评估的本质。传统风险导向审计紧紧围绕固有风险和控制风险进行评估，却没有抓住影响审计风险的本质——重大错报风险。现代风险导向审计则以重大错报风险的评估为重心，并以此为导向设计和执行风险应对相关程序，能够提高审计的效率和效果。

（2）由于固有风险在操作层面难以评估，因此，传统审计模式实际从评估会计和内部控制系统开始，并主要依赖实质性程序应对风险。现代风险导向审计将审计重心前移到风险评估，加强了风险评估程序。只有识别和评估出了重大错报风险，才能更有效地设计和实施应对措施予以应对。为了提升风险评估的效果，审计师的视野也从传统模式关注的内部控制系统和财务报表，扩展到影响它们的经营环节，甚至公司战略，无论从深度还是广度均进行了有益的扩展。例如，由于高管能够超越内部控制（即使内部控制完善），而传统审计方法视野狭窄局限于内部制度，审计师可能无法有效发现高管舞弊，特别是串通舞弊。而将风险评估扩展到企业经营活动、企业战略目标以及行业等，更容易发现舞弊的风险。因此，将审计重心前移到风险评估充分体现了风险导向的思想。

（3）现代风险导向审计除了图 5－4 中自上而下的审计，也同时保留了传统风险导向审计或制度基础审计的基本方法，即强调通过实质性审计程序获得认定层次充分适当的审计证据，再基于审计证据汇总、归纳或推断财务报表整体层次的重大错报。自上而下的思想有助于审计师从更广阔的视角来识别和评估重大错报风险，将风险防范意识贯穿于整个审计过程。自下而上的方法则要求审计师执行充分的实质性程序。ISA 330 以及《中国注册会计师审计准则 1231 号》具有相似的规定：无论评估的重大错报风险结果如何，注册会计师都应当针对所有重大类别的交易、账户余额和披露，设计和实施实质性程序。由此可见，“自上而下”与“自下而上”相结合的审计思想和流程能够降低遗漏重大错报风险的情形。

综上所述，现代风险导向审计在逻辑起点、风险模型、业务流程和审计方法等方面均具有实质性的改进，紧密围绕着有利于识别评估风险和应对风险的方向展开，能够有效提升审计效率和效果。此外，在国际和中国审计准则中，为了提高识别重大错报风险的能力，还强调职业怀疑态度、项目组内部讨论及与管理当局的沟通等方面。现代风险导向审计使得审计师的视野扩展到经营环节和公司战略，甚至企业所处的整个社会经济系统之中，这不断对审计师的素质与知识提出要求（如审计师不但需要具备审计知识，还需要了解企业管理、公司运营、行业等多方面的知识），也为审计师提供了新机会，审计师可以为客户提供更丰富的增值服务，如管理

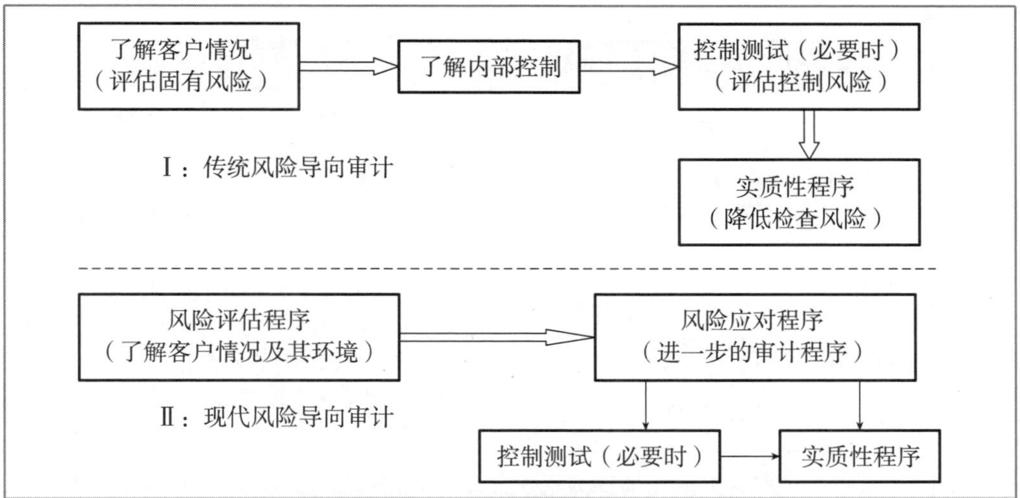

图 5-6　现代风险导向审计的流程重构

咨询等（Eilifsen et al.，2001）。

Eilifsen et al.（2001）以 1997 年毕马威开始采用现代风险导向审计方法审计 Ceskoslovenska Obchodni Banka 银行（简称 CSOB）为案例，研究了传统审计方法变为现代风险导向审计方法之后的变化。他们的研究基于与审计项目组的交流讨论、观察项目审计活动以及查看相应文件。研究发现，审计师会考察 CSOB 的战略和经营环节风险、经营风险的控制系统，并评价剩余风险。基于此开展实质性程序，并扩展鉴证服务的水平。现代风险导向审计对审计业务产生了诸多影响，Eilifsen et al.（2001）发现的 CSOB 审计变化如表 5-2 所示。

表 5-2　传统与现代风险导向审计的比较

业务属性	传统风险导向审计	现代风险导向审计
风险评估	审计风险评估关注与资产估价相关的审计目标（如贷款，投资等）； 其他显著的风险与合规有关（如资本充足率）	**战略风险：** 风险评估考虑组织的特定风险并将这些风险与经营环节风险相联系。政治风险被认为是最为重要的，经济风险次之 **经营环节风险：** 更多地关注与新产品开发、人力资源管理相关的风险。较少关注信贷和投资管理的风险
审计证据	主要依赖于实质性程序获得证据，如交易和账户的详细测试	**主要变化：** 更多的时间被用来同从事关键经营业务活动的客户员工进行交流； 更少的时间被用来进行那些被认为风险较低的实质性账户的测试； 在可行的情况下，业绩指标被用来作为风险状况的证据 **贷款审计的变化：** 贷款文件的审查关注可收回性； 确认明显减少； 抵押品确认和估值被取消

续表

业务属性	传统风险导向审计	现代风险导向审计
审计管理	审计团队讨论的频率较低，大部分工作在年度结束以后进行	关注对客户战略及产生的财务报表后果的理解； 增加了期中审计工作； 取消了低风险审计工作； 改善了审计项目组间（双周讨论）以及同客户的交流
审计团队	审计工作主要由普通职员和高级员工承担；专家较少参与，仅参与团队已识别的个别问题	增加了经理和合伙人的工作时间投入； 增加了专家的时间投入，专家参加常规项目组会议，并据以设定自己的日程安排； 较早地识别了两个重要的审计问题（软件开发，税务风险）
增值服务	除基本审计报告和较少的管理建议外，提供较少的其他服务	提供商业模式及经营风险分析； 提供内容更为丰富的管理建议书； 反馈以前没有被审计师检查的流程
机会扩展	客户不要求额外的鉴证或咨询服务	客户要求事务所参与两项战略计划制定项目的竞标； 客户要求事务所深度参与其私有化改革

三、现代风险导向审计整体流程

图5-7则给出了现代风险导向审计的整体流程，它分为审计计划、风险评估、风险应对和审计报告四个阶段。本书的后续章节将沿着现代风险导向审计的整体流程而展开。

（一）审计计划阶段

《中国注册会计师审计准则第1201号——计划审计工作》对审计师计划审计工作进行了规范。审计师应当在审计业务开始时开展初步业务活动，这有助于确保在计划审计工作时审计师自身已具备独立性和专业胜任能力、不存在因管理层诚信问题而影响注册会计师保持该项业务意愿的情况以及双方对业务约定条款不存在误解。计划审计工作将制定总体审计策略和具体审计计划。总体审计策略将在初步评估企业风险的基础上分配审计时间、调配资源。具体审计计划将通过对重大错报风险的识别，计划相应的进一步审计程序。计划审计工作并非审计业务的一个孤立阶段，而是一个持续的、不断修正的过程，贯穿整个审计业务的始终。本阶段的工作内容将在本书第六章展开详细的讨论。

（二）风险评估阶段

根据现代风险导向审计模型，审计师首先评估被审计单位的重大错报风险。《中国注册会计师审计准则第1211号——重大错报风险的识别和评估》规范了注册会计师识别和评估财务报表层次和认定层次的重大错报风险，从而为设计和实施应对措施提供依据。

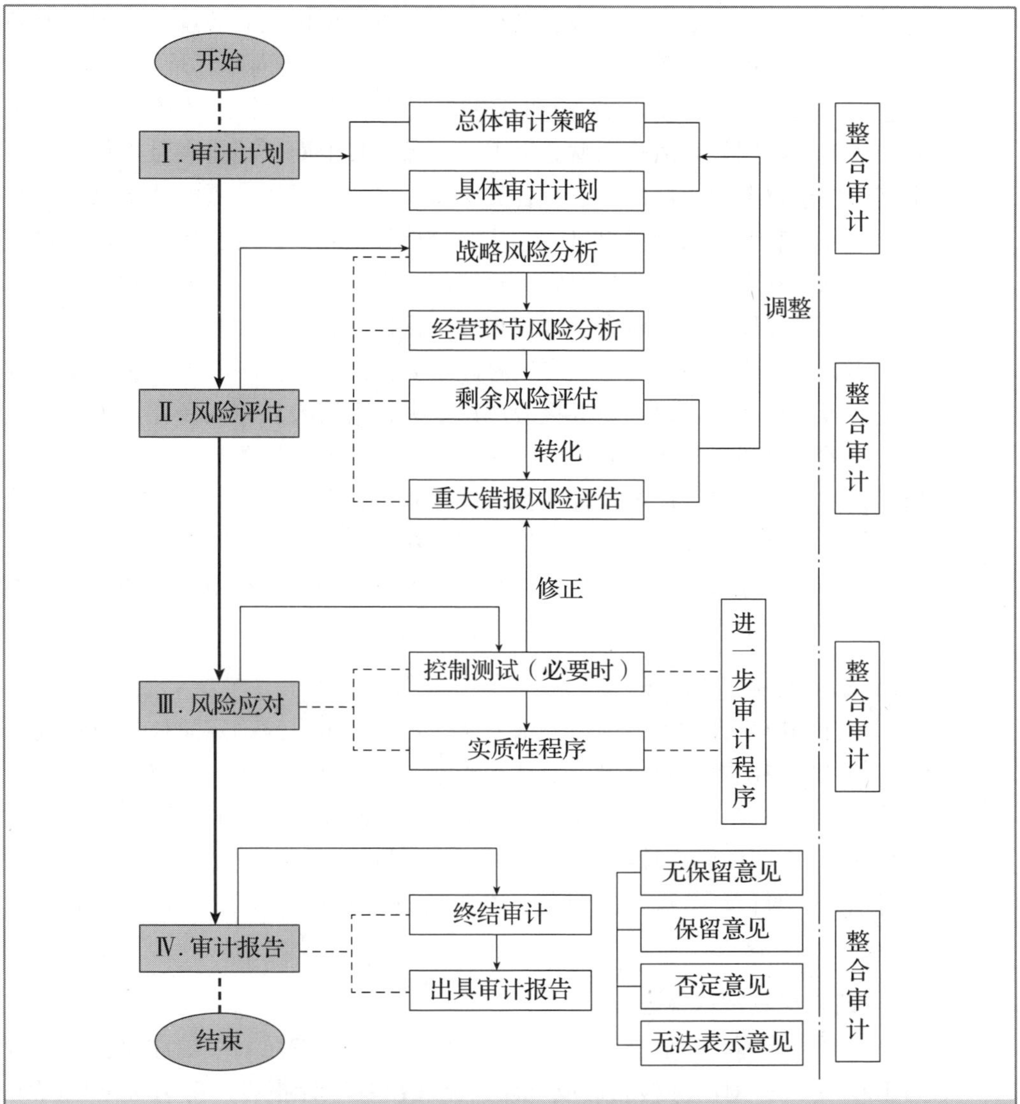

图 5-7　现代风险导向审计的整体流程

注册会计师应当设计和实施风险评估程序，以获取审计证据，为识别、评估财务报表层次和认定层次重大错报风险，进而设计进一步审计程序提供依据。风险评估程序包括询问管理层和被审计单位内部其他人员、分析程序、观察和检查等。在获取审计证据时，注册会计师应当考虑从客户关系和审计业务的接受与保持、项目合伙人为被审计单位执行的其他业务等方面获取的信息，若利用以前服务被审计单位的经验或者利用以前审计时实施审计程序获取的信息，应当评价将这些经验和信息作为审计证据是否仍然相关和可靠。项目合伙人和项目组其他关键成员应当讨论被审计单位财务报表易于发生重大错报的可能性，并讨论如何根据被审计单位的具体情况运用适用的财务报告编制基础的规定，对于未参与项目组讨论的项目组成员，项目合伙人应当确定向该成员通报的内容。在风险评估的过程中，注册会计师应当充分运用战略观和系统观思想，了解被审计单位及其环境、适用的财务报告编制基础、了解被审计单位内部控制体系各要素（包括内部环境、风险评估、监督、信息与沟通、控制活动），分析和评估企业的战略风险、经营环节风险，进而确定剩余风险。根据剩余风险和财务报表的关系，自上而下地排查重大错报风险，并确定其存在于财务报表层次，还是各类交易、账户余额和披露的认定层次。对于识别出的财务报表层次重大错报风险，注册会计师应当评价这些风险对财务报表整体产生的影响、确定这些风险是否影响对认定层次风险的评估结果；对于识别出的认定层次重大错报风险，注册会计师应当分别评估固有风险和控制风险。注册会计师在评估固有风险时，应当考虑固有风险因素如何以及在何种程度上影响相关认定易于发生错报的可能性，以及财务报表层次重大错报风险如何以及在何种程度上影响认定层次重大错报风险中固有风险的评估。注册会计师拟测试控制运行有效性时，应当评估控制风险。注册会计师不拟测试控制运行有效性时，应当将固有风险的评估结果作为重大错报风险的评估结果。第七章、八章阐述风险评估阶段，分别讨论战略风险分析和经营环节风险分析，并与财务报表的重大错报风险相关联。本阶段的工作内容将在本书第七章和第八章展开详细的讨论。

（三）风险应对阶段

审计师应当针对评估的财务报表层次重大错报风险确定总体应对措施，并针对评估的认定层次重大错报风险设计和实施进一步审计程序，以将审计风险降至可接受的低水平。进一步审计程序，包括实施控制测试（必要时和决定测试时）和实质性程序。《中国注册会计师审计准则第 1231 号——针对评估的重大错报风险采取的应对措施》对该环节进行了规范。本阶段的工作内容将在本书第九章展开详细的讨论。

（四）出具审计报告

注册会计师在完成进一步审计程序后，还应当按照《中国注册会计师审计准则第 1501 号——对财务报表形成审计意见和出具审计报告》等有关准则规定做好审计完成阶段的工作，评价根据审计证据得出的结论，以作为对财务报表形成审计意见的基础。在对财务报表形成审计意见时，注册会计师应当根据已获取的审计证据，评价是否已对财务报表整体不存在重大错报获取合理保证。审计意见类型包括标准的无保留意见、带强调事项段的无保留意见、保留意见、否定意见和无法表示意见。本阶段的工作内容将在本书第十章展开详细的讨论。

本章小结　　案例分析　　推荐阅读材料

第六章

计划财务报表审计

思维导图

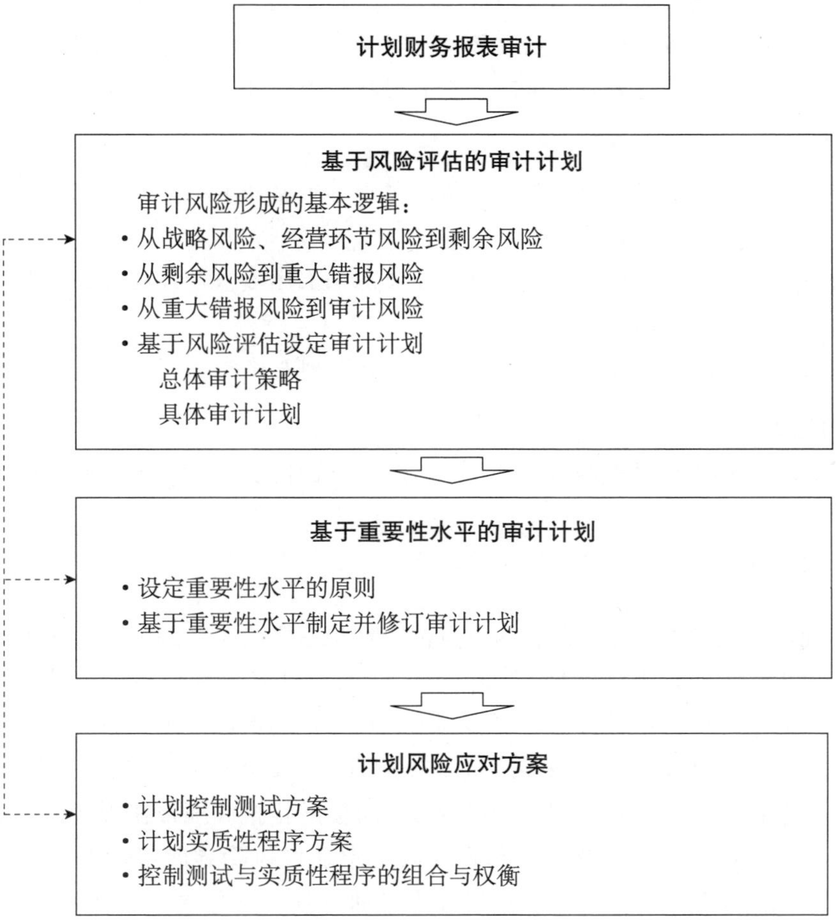

总书记论审计

“做好新一届中央审计委员会工作，要坚持以新时代中国特色社会主义思想为指导，深入学习贯彻党的二十大精神，完整、准确、全面贯彻新发展理念，聚焦全局性、长远性、战略性问题，加强审计领域战略谋划与顶层设计，进一步推进新时代审计工作高质量发展，以有力有效的审计监督服务保障党和国家工作大局。”

——2023 年 5 月 23 日，习近平在二十届中央审计委员会第一次会议上的讲话

素养提升

1. 价值塑造

- 结合审计风险形成的相关逻辑，深刻领会习近平总书记关于审计领域战略谋划与顶层设计的重要论述，在职业生涯发展过程中，树立审计计划意识、风险意识与责任意识，以高质量的审计计划推动高质量的审计工作。
- 重视研究型审计，发扬斗争精神，增强斗争本领，打造经济监督的“特种部队”。为此，务必发挥审计计划在研究型审计中的重要作用，聚焦高质量发展首要任务，加强对重大项目、重大战略风险、重大错报风险的计划应对力度。

2. 知识传授

- 了解如何计划财务报表的审计，包括总体审计策略与具体审计计划的制定、修正与调整。
- 深刻理解审计风险形成的基本逻辑，在此基础上学习基于风险评估和基于重要性水平的审计计划之设定与调整。
- 掌握在计划风险应对方案时应履行的一系列规则与经验。

3. 能力培养

- 能有效地开展计划财务报表审计的工作，能设计高质量的控制测试与实质性程序方案。
- 能有效地基于风险评估持续修正审计计划以应对重大错报风险。

在接受客户委托之后及在执行具体审计程序之前，计划财务报表的审计是一项必不可少的工作，审计计划（audit plan）的质量将会影响整个审计过程。在现代风险导向审计中，审计人员若要编制出合理有效的审计计划，就必须采用风险分析与评估（risk analysis and assessment）的方法；要将风险控制在一定的可接受水平之下，审计人员还必须仔细考量财务报表可能的错报或漏报在报表使用者看来是否重要（materiality）。为此，本章将在第五章现代风险导向审计的基本原理的基础上，重点阐述基于风险评估及重要性水平而计划的财务报表审计。图 6－1 标示了

本章内容在现代风险导向审计整体流程中所处的位置。

第一节　基于风险评估的审计计划

引例

梦碎“互联网券商”——为什么对大智慧的审计中没有“智慧”？

大智慧股份有限公司成立于2000年12月14日，是国内领先的互联网金融信息服务供应商之一。在我国，大智慧与东方财富、同花顺并称为互联网金融信息服务业三大巨头，而大智慧的收入规模和行业地位原本处于领先地位，并于2011年公开上市。但因已经连续两年亏损，大智慧于2017年被实施“退市风险警示”，变更为“*ST智慧”。大智慧的总市值从2015年的逼近700亿元跌至不到100亿元，在上市短短6年后就陷入“披星戴帽”的窘迫境地。

【案例延伸】
旧病复发：2023年连发三份差错更正公告

2016年7月，大智慧及其审计机构收到中国证监会《行政处罚决定书》（简称《决定书》）。《决定书》披露了2013年大智慧为避免退市并且为支持收购湘财证券的计划，采用多种财务舞弊手段粉饰财务报表，导致其2013年利润虚增1.2亿元，扭亏为盈。《决定书》表明，大智慧聘请的审计机构立信会计师事务所没有设计和实施恰当的审计程序，没有识别出财务舞弊手段，出具了标准无保留意见的审计报告。《决定书》认为审计师：(1) 未对销售与收款业务中已关注到的异常事项执行必要的审计程序；(2) 未对临近资产负债表日非标准价格销售情况执行有效的审计程序；(3) 未对抽样获取的异常电子银行回单实施进一步审计程序；(4) 对于大智慧2014年跨期计发2013年年终奖的情况，未根据重要性水平按照权责发生制的原则予以调整；(5) 未对大智慧全资子公司股权收购购买日的确定执行充分适当的审计程序。

审计师为什么对大智慧的审计中没有“智慧”？其实其战略风险与经营环节风险是非常明显的。上市后的大智慧大肆收购、扩张，严重影响了其现金流：除2011年上市当年外，截至2017年的6年间，公司经营活动现金净流量均为负。此外，大智慧所在的互联网金融信息服务行业较传统行业而言，一方面，互联网金融信息服务行业内的上市公司较少；另一方面，该行业普遍具有业务模式新、结算方式多、业绩波动大等特点，并且业务模式和盈利模式的创新速度较快。

资料来源：中国证监会行政处罚决定书（立信会计师事务所、姜维杰、葛勤）.（2016-07-20）. http://www.csrc.gov.cn/pub/zjhpublic/G00306212/201607/t20160722_301086.htm.

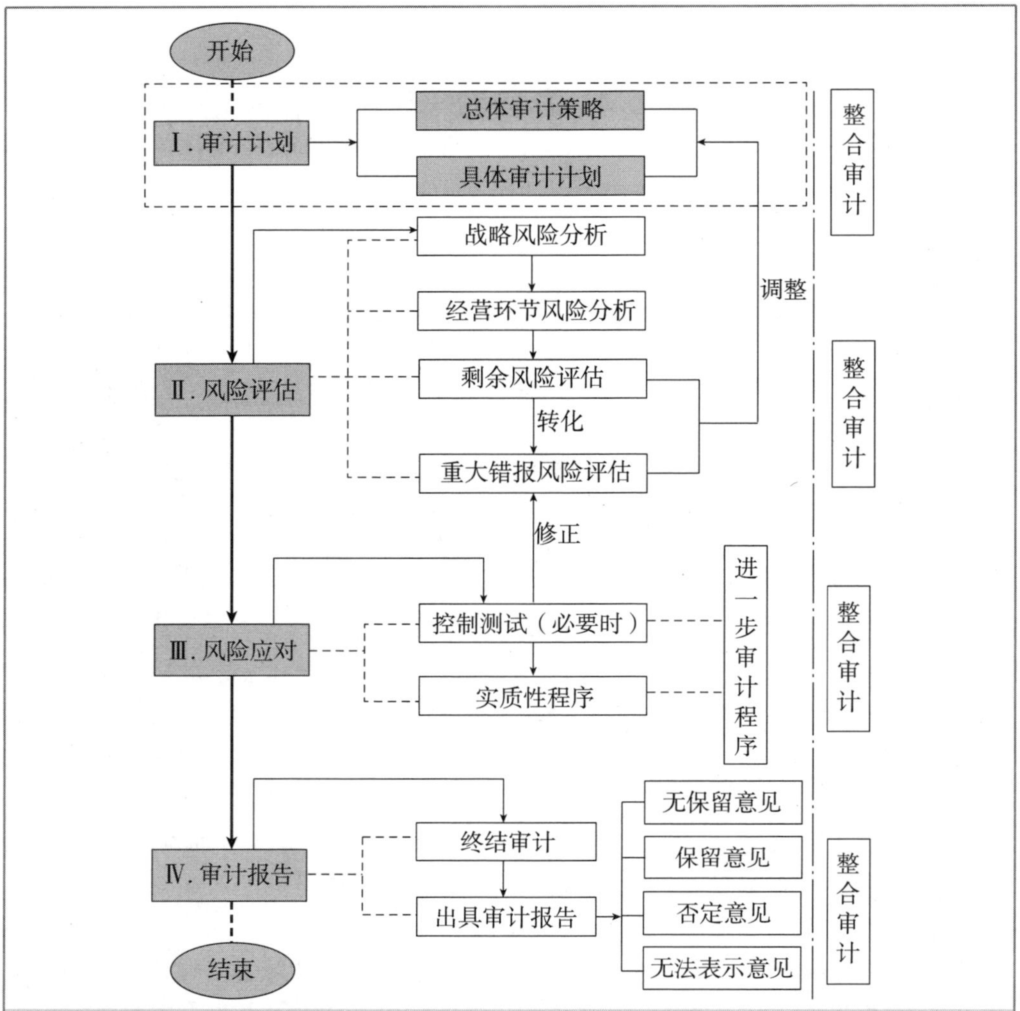

图6-1 审计计划在整体流程中的位置

第一节
即测即评

如本节引例所述，审计师因未能进行有效的战略与经营环节风险评估，导致未能识别企业可能存在的重大错报风险及舞弊动机，从而未能设计出有效的具体审计计划，这是造成审计失败的主要原因。为此，本节将主要探讨在现代风险导向审计中，如何通过风险评估方法合理有效地制定、修正与调整审计计划。

一、审计风险形成的基本逻辑

《中国注册会计师审计准则第1201号——计划审计工作》第七条规定，注册会计师应当制定总体审计策略，以确定审计工作的范围、时间安排和方向，并指导具体审计计划的制定。《中国注册会计师审计准则第1201号——计划审计工作》第九条规定，具体审计计划应当包括下列内容：（1）计划对项目组成员实施指导、监督并复核其工作的性质、时间安排和范围；（2）按照《中国注册会计师审计准则第1211号——重大错报风险的识别和评估》的规定，计划实施的风险评估程序的性质、时间安排和范围；（3）按照《中国注册会计师审计准则第1231号——针对评估的重大错报风险采取的应对措施》的规定，在认定层次计划实施的进一步审计程序的性质、时间安排和范围；（4）根据审计准则的规定，计划应当实施的其他审计程序。

可见，审计准则要求具体审计计划应设定对后续的风险评估程序、风险应对程序（进一步的审计程序）及其他审计程序的计划，即在初步审计计划之后，审计人员需要随着风险评估程序及风险应对程序的展开而持续地修正与调整初始审计计划。换言之，在现代风险导向审计的工作过程中，审计计划的制定与修订是一个基于风险分析与评估的持续性的系统化过程。因此，为能持续而有效地修正与调整审计计划，审计人员必须对审计风险的形成过程及其基本逻辑有着清晰的理解，即审计人员需要基于风险评估修正审计计划以应对风险。

（一）从剩余风险到重大错报风险

剩余风险（residual risk，RR）是指那些未能被企业控制系统控制的战略风险和经营环节风险。剩余风险的大小与被审计单位的性质及其风险应对措施的有效性密切相关。被审计单位对风险的管理和控制越有效，剩余风险就越小；反之，剩余风险就越大。在理论上，战略及经营环节风险与剩余风险的关系可以用公式表示为：

剩余风险＝战略及经营环节风险×控制风险

重大错报风险（risk of material misstatement，RMM）是指财务报表在审计前存在重大错报的可能性。剩余风险是形成重大错报风险的直接源泉，剩余风险转化为重大错报风险的路径与机制为审计人员评估财务报表重大错报风险提供了一个新的视角。在理论上，财务报表重大错报风险只是企业战略与经营环节风险的一种副产品，即由未经控制（未被控制程序所发现、纠正与阻止）的剩余风险转化而来。剩余风险是沿着企业风险管理路径而影响财务报表的，部分剩余风险可能导致企业财务报表出现重大错报。一般而言，剩余风险并不会百分之百地转化为被审计单位的重大错报风险，这是因为部分剩余风险与财务报表认定无关或虽与财务报表认定相关但未必在当期转化。尽管剩余风险的存在并不一定导致被审单位当期财务报表出现重大错报，但剩余风险与财务报表的重大错报之间存在高度的相关性①。

总体上，剩余风险大小直接关系到财务报表重大错报风险。剩余风险越大，财务报表重大错报风险也就越大，从而审计风险也就越大；剩余风险越小，财务报表重大错报风险也就越小，从而审计风险也就越小。在现代风险导向审计实务中，审

① 剩余风险与重大错报风险之间较为复杂的相关性，可以简化地表达为：重大错报风险＝剩余风险×转化程度＝战略及经营环节风险×控制风险×转化程度。

计人员对剩余风险向重大错报风险进行转化的程度没有办法完全量化，在很多情形中对转化程度的评估是一种职业判断①，它与公司的性质、战略风险的类型及其与财务报表认定的相关性有关。未来，对不同战略风险类型的转化程度的深入研究可以使得审计师对重大错报风险的评估更加接近企业真实的错报风险，从而使计划的风险应对程序（控制测试与实质性程序）的性质、时间和范围是恰当的，这将使审计效率和效果取得一种最佳的平衡。

一般认为，剩余风险转化为重大错报风险的程度主要受以下几个方面影响：(1）被审计单位所处的外部环境的性质；(2）被审计单位的竞争优势的特点；(3）被审计单位经营管理人员的品行、能力与文化程度；(4）容易产生错误和舞弊的账户或交易的数量与范围；(5）要利用专家工作结果予以佐证的重要交易或事项的复杂程度；(6）确定账户金额时，需要运用估计和职业判断的程度；(7）资产性质与特征，是否容易遭受损失或被挪用；(8）是否存在各种压力导致临近会计期末更多地发生异常及复杂的交易；(9）公司与业务的性质是否容易导致被漏记交易或事项。

【经典案例】
科创板第一只退市股的舞弊风险

《中国注册会计师审计准则第1141号——财务报表审计中与舞弊相关的责任》指出，财务报表的错报可能由于舞弊（fraud）或错误（errors）所致。舞弊和错误的区别在于，导致财务报表发生错报的行为是故意行为还是非故意行为。错误的主要情形包括：为编制财务报表而收集和处理数据时发生失误；在做出会计估计或判断时，由于忽略了某些事实或没有充分理解有关事实，导致做出的会计估计或判断不恰当；在运用与确认、计量、分类或列报相关的会计政策时发生失误。一般而言，因错误而发生的重大错报是容易被发现的；由于舞弊是精心策划和蓄意实施的，舞弊导致的重大错报的识别难度也就更大。由于企业存在剩余风险，特别是当存在重大的剩余风险时，管理层很可能操纵财务信息，使财务报表中出现重大错报。

《中国注册会计师审计准则第1211号——重大错报风险的识别和评估》对注册会计师如何评估财务报表层次和认定层次重大错报风险提出了详细的要求。

1. 财务报表层次重大错报风险

财务报表层次重大错报风险与财务报表整体存在广泛联系，可能影响多项认定。此类风险通常与控制环境有关，但也可能与其他因素有关，如经济萧条。此类风险难以界定于某一类交易、账户余额和披露的具体认定；相反，此类风险增大了认定层次发生重大错报的可能性，与审计人员考虑由舞弊引起的风险尤其相关。

---

① 我们认为，在大数据时代（the age of big data），包括转化程度评估在内的审计职业判断可能会慢慢演变成为一种基于大数据的精算，这也正是分析程序慢慢成为“实质性分析程序”的原因。在早期，因计算与分析能力的局限性导致分析程序有效性较弱，通常不能作为正常的实质性程序。

2. 认定层次重大错报风险

审计人员同时需要考虑各类交易、账户余额和披露认定层次的重大错报风险，考虑的结果直接有助于审计人员确定认定层次上实施的进一步审计程序的性质、时间安排和范围。认定层次重大错报风险又可以进一步细分为固有风险（inherent risk，IR）和控制风险（control risk，CR）。

固有风险是指假定不存在相关内部控制时，某一账户或交易类别单独或连同其他账户、交易类别产生重大错报或漏报的可能性。某些类别的交易、账户余额和披露及其认定，固有风险较高。例如，复杂的计算比简单的计算更可能出错；受重大计量不确定性影响的会计估计发生错报的可能性较大。固有风险也与被审计单位管理层的诚信程度、管理层对财务报告可靠性的态度、被审计单位业务的复杂程度以及所在行业的特性等因素有关。如果审计人员认为管理人员是高度诚信的，真正关注财务报告的正确性，虚假财务报告出现的可能性将大大降低。如果被审计单位所在行业具有一些独特行业特性，则会增加审计的复杂性和不确定性，从而增加财务报表中存在未发现错报或漏报的可能性，导致固有风险增加。例如，对于石油、天然气勘探和灾害保险行业中的客户，由于收益的确定需采用特殊的会计方法，与典型的制造业、商业和服务业客户相比，审计复杂性更大，固有风险也就更高。夕阳行业中的客户与稳定行业和朝阳行业中的客户相比，固有风险更高。一方面，由于行业的衰退，客户可能难以持续经营下去，审计人员就需要特别关注客户的持续经营能力，如果客户的持续经营能力存在不确定性，则应依据不确定性程度的高低修正审计意见。另一方面，处于衰退行业中的客户更容易出现欺诈性财务报告，当经营业绩下滑时，为了维持报告经营收益的稳定，管理当局可能会采用最大化每股收益的会计政策，或将正常经营亏损归入非正常损失；收入下滑也可能会带来流动性问题，导致客户违反贷款协议中限制性条款（如最低现金余额和/或营运资本要求）的可能性增加，也会促使客户的管理当局进行虚假财务报告。

控制风险是指某类交易、账户余额或披露的某一认定发生错报，该错报单独或连同其他错报是重大的，但没有被内部控制及时防止或发现并纠正的可能性。内部控制有利于防范和检查交易或事项的发生及其处理过程中的差错。控制风险取决于与财务报表编制有关的内部控制的设计和运行的有效性。但是，内部控制的这种能力是有限的，主要原因在于：（1）在决策时主观判断可能出现错误或失误而导致内部控制失效；（2）可能由于两个或更多的人员进行串通或管理层凌驾于内部控制之上而被规避。因此，内部控制的局限性是控制风险产生的主要原因。

需要特别说明的是，固有风险和控制风险在很多时候不可分割地交织在一起，因此，在某些情况下，审计人员可以对认定层次的固有风险和控制风险进行单独的评估，而在有些情况下则需要对两者进行合并评估，具体采用的评估方法取决于会计师事务所偏好的审计技术和方法及实务可行性的考虑。

（二）从重大错报风险到审计风险

《中国注册会计师审计准则第 1101 号——注册会计师的总体目标和审计工作的

基本要求》将审计风险定义为：审计风险，是指当财务报表存在重大错报时，注册会计师发表不恰当审计意见的可能性。从以上的定义可以看出，审计风险（audit risk，AR）与被审计单位财务报表所存在的重大错报风险密切相关。审计风险是一种不可完全避免的客观存在，它存在于审计过程的各个阶段，来源于客户的重大错报风险，但可以被审计人员的测试程序减轻。根据《中国注册会计师审计准则第1101号——注册会计师的总体目标和审计工作的基本要求》的规定及本书第五章所述，现代风险导向审计的风险模型如下：

审计风险＝重大错报风险×检查风险

在上述审计风险模型中，重大错报风险与被审计单位本身的风险相关，且独立于财务报表审计而客观存在，审计人员只能评估它而不能在实质上改变它。检查风险（detection risk，DR）是指如果存在某一错报，该错报单独或连同其他错报可能是重大的，注册会计师为将审计风险降至可接受水平而实施程序后没有发现这种错报的风险（可能性）。检查风险取决于风险应对程序设计的合理性和执行的有效性。基于对审计效率的考虑，审计人员通常并不对所有的交易、账户余额和披露进行全面检查，检查风险不可能降低至零。检查风险不能降为零的其他原因包括：审计人员可能选择了不恰当的审计程序、不当执行了审计过程，或者错误解读了审计证据等。这些情况可以通过适当计划，在项目组成员之间进行恰当的职责分配，保持职业怀疑态度以及监督、指导和复核项目组成员执行的审计工作得到改善。

根据前述，重大错报风险系由未经控制的战略与经营环节风险（剩余风险）转化而来。因此，审计人员所面临的审计风险与企业的战略风险、经营环节风险、剩余风险及重大错报风险是不可分割的，它们都是审计风险直接或间接的来源①。审计人员需要对来自企业所处的宏观社会经济环境、行业环境、公司内部环境（战略目标和措施）、影响企业目标实现的业务活动和关键经营环节的风险、剩余风险以及重大错报风险进行深入的分析与评估，本书的第七章与第八章将对此展开系统的阐述。审计人员需要充分认识到：审计风险直接来源于企业财务报表的重大错报风险，而财务报表的重大错报风险间接来源于整个企业的战略风险、经营环节风险及其未被有效控制的剩余风险。

【经典案例】
创业板第一只退市股的审计风险

对计划财务报表审计而言，审计人员的关键任务就是运用相关的风险评估程序和职业判断对剩余风险与重大错报风险做出正确的分析与评估，《中国注册会计师审计准则第1211号——重大错报风险的识别和评估》对此做出了详细的规范。图6-2给出了审计风险形成的基本逻辑以及风险评估的基本流程。

① 根据前述剩余风险与重大错报风险之间的转化关系，审计风险的演化过程可简要地表达为：审计风险＝重大错报风险×检查风险＝剩余风险×转化程度×检查风险＝战略及经营环节风险×控制风险×转化程度×检查风险。

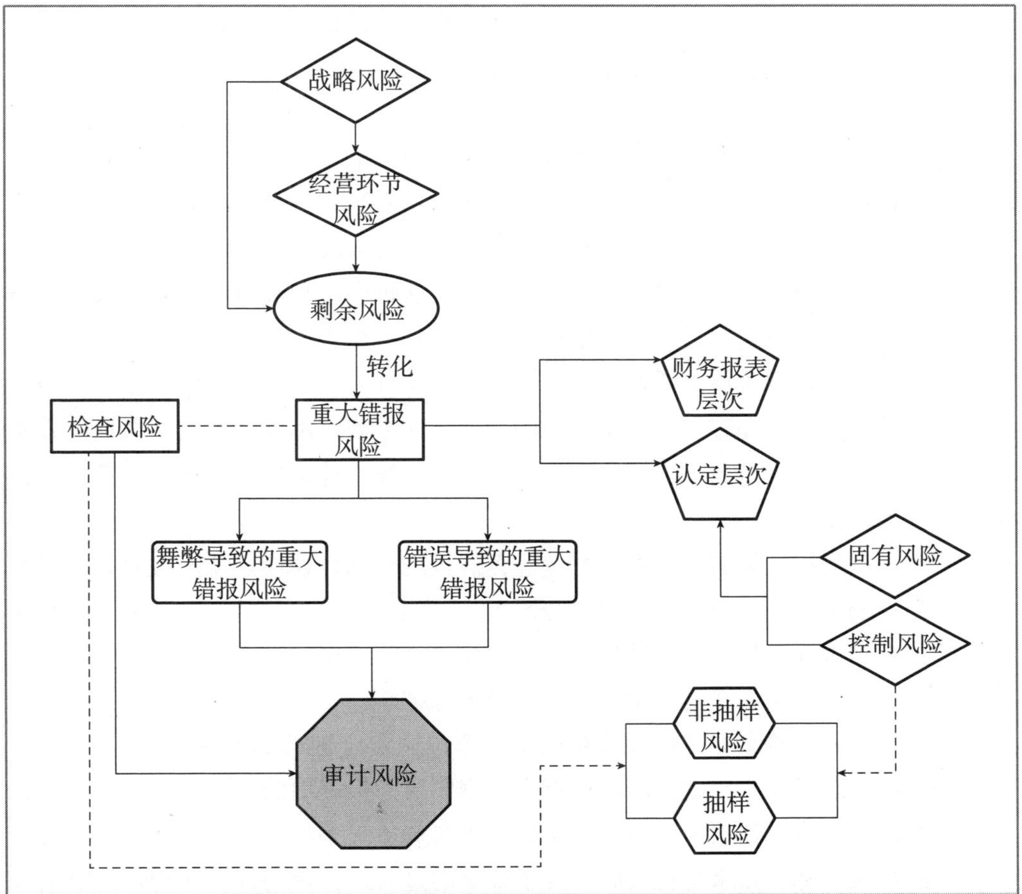

图 6-2　审计风险的形成逻辑及风险评估的基本流程

如图 6-2 所示，风险评估的基本流程主要包括以下步骤：

（1）运用本书第七章所述的分析方法对客户进行战略风险分析，识别被审计单位的战略定位，并评估来源于宏观环境、行业环境、内部环境及商业模式等方面的、对其经营产生重要影响的威胁或风险。

（2）运用本书第八章所阐述的经营环节风险分析方法对企业经营过程中的五个关键环节（供应环节、生产环节、销售环节、研发环节、内部治理与管理环节）的风险进行分析、评估、确认和分类。

（3）运用本书第八章所阐述的经营环节关键控制点并根据《中国注册会计师审计准则第 1211 号——重大错报风险的识别和评估》第四章第三节“了解被审计单位内部控制体系各要素”的要求，通过了解被审计单位内部控制系统设计的合理性以及是否得以执行对控制风险进行初步的评估。

（4）在上述三个步骤的基础上，审计师对那些没有得到有效控制的战略与经营环节风险进行识别、分类与汇总，即形成对客户剩余风险的初步评估。

（5）在上述四个步骤的基础上，审计师运用本节本部分前述的转化率判断与评估方法，对剩余风险最终转化为重大错报风险的程度进行初步的评估与判断。

二、基于风险评估的审计计划

审计人员只有通过准确地评估被审计单位的剩余风险和重大错报风险，才能持续地修正与调整审计计划，合理设计风险应对程序的性质、时间和范围，以保证审计质量。风险评估对审计计划的持续影响主要表现在：

(1) 审计人员对某种客户剩余风险的认识会影响其对该风险引发的财务结果的期望，从而改变审计计划。例如，当了解到某个竞争对手发起了价格战时，如果客户公司以降低价格的手段作为应对措施，审计人员会对被审计单位产生收入增长放缓、边际利润和存货周转率下降的预期。如果公司不以降价的手段而是以提高服务水平的手段进行竞争，那么审计人员会形成被审计单位服务成本增高和利润下降的预期。

(2) 影响被审计单位的持续经营假设的合理性预期，从而改变审计计划。如果某种剩余风险所导致的威胁十分严重，可能表明在当前的经营计划和目标市场条件下，被审计单位无法继续生存下去。即使该公司短期内不会破产，审计人员也要考虑这种情况是否在财务报告中进行了充分披露。

(3) 直接影响审计人员对被审计单位认定合理性的预期，从而改变审计计划。某些剩余风险所导致的威胁可能直接表明财务报表中的某些认定是不准确的，即某些认定的重大错报风险很高。例如，来自竞争对手或新进入者的威胁会导致销售额的极大下降。如果这种威胁引发了存货的过时，存货的计价认定可能就有问题；如果被审计单位完全依赖于制造这种过时产品，那么可能存在更广泛的资产的减值问题。

(4) 影响审计人员对被审计单位内部控制有效性的预期，从而改变审计计划。有一些剩余风险所导致的威胁会对被审计单位内部控制有效性产生重大影响，使得管理层感到他们唯一所能做出的反应只有采取不恰当的行动。对审计人员来说，这种威胁是十分重要的，因为管理当局可能进行会计操纵对其经营失败进行伪装。例如，股票期权为管理层操纵收益提供了动机，股票期权的价值与公司的股票价格紧密相连，如果坏消息会导致公司股票价格大幅下降，管理层就会遭受损失。这会导致管理层操纵会计信息以掩盖坏消息，审计人员尤其要对可能会引发被审计单位控制环境的性质发生变化的威胁进行识别与评估。

（一）依据风险模型设定审计计划

在前述审计风险模型中，只有检查风险是审计人员的可控变量，它是审计人员评估的重大错报风险的函数，如下式所示。审计人员评估的重大错报风险水平以及审计人员可接受的总体审计风险水平共同决定了计划可接受的检查风险水平。

$$检查风险=\frac{审计风险}{重大错报风险}$$

在既定的审计风险水平下，审计人员计划可接受的检查风险水平与重大错报风险的评估结果呈反向关系，即评估的重大错报风险越高，计划可接受的检查风险越低；评估的重大错报风险越低，计划可接受的检查风险就越高。假设针对某一认定，审计人员将可接受的审计风险设定为5%，审计人员实施风险评估程序后将重大错报风险评估为25%，则根据这一模型，计划可接受的检查风险为20%。实务中，审计人员不一定用绝对数量表达这些风险水平，也可选用“高”“中”“低”等进行定性描述，如表6－1所示。

表6－1　以风险评估计划可接受的检查风险

对财务报表层次重大错报风险的评估	对认定层次重大错报风险的评估		
	高	中	低
	设定可接受的检查风险		
高	最低	较低	中等
中	较低	中等	较高
低	中等	较高	最高

审计准则要求审计人员将审计风险限定在低水平。例如，如果审计人员将总体审计风险设定为5%，则审计人员发表的无保留意见的真实含义可被表述为：他有95%的把握认为财务报表不存在重大的错报或漏报。经验表明，大部分会计师事务所会将总体审计风险设为小于等于10%。如本书第一章所述，审计准则所要求的合理保证（reasonable assurance）属于一种高程度的保证（high level assurance），所以大部分高质量的会计师事务所会将审计风险设定为不高于5%。一般而言，如果将审计风险设定为1%（3%、5%），则意味着接近完全（非常、合理）确定财务报表不存在重大错报。

值得注意的是，审计人员虽然可以通过分析、研究被审计单位环境和评价其内部控制等程序，降低审计人员对重大错报风险的评估水平，但这并不能改变实际的重大错报风险水平。换句话说，审计人员无法改变实际的重大错报风险，因此它对审计人员来说是不可控的。为谨慎起见，审计人员在编制审计计划时，除非有充分的证据表明重大错报风险不高，否则不应该将重大错报风险评估为低水平。

此外，上式中算出的检查风险是审计人员计划可接受的检查风险，它不同于实际的检查风险。实际检查风险水平又和特定环境下实施实质性程序的性质与范围相关。比如，审计人员可以通过增加实质性程序来降低检查风险，以使其与重大错报风险的联合概率能够产生预期的、审计人员可接受的总体审计风险。审计人员将依据其计划可接受的检查风险水平实施实质性程序，如图6－3所示。假设审计人员已确定如下风险水平：审计风险＝10%（设为低水平，因为它是发表审计意见的基础），重大错报风险＝30％（以了解和评价战略与经营环节风险为基础，包括内部控制），则有检查风险＝0.1/0.3＝33.33％；如果对内部控制的研究和评价表明内部控制比上述的要弱，重大错报风险应被评估为60％而非30％，此时检查风险应降为16.66％，要求审计人员更大范围地增加实质性程序，以弥补较弱的内部控制，只有这样才能使总体审计风险水平仍然维持在可接受的10％水平。

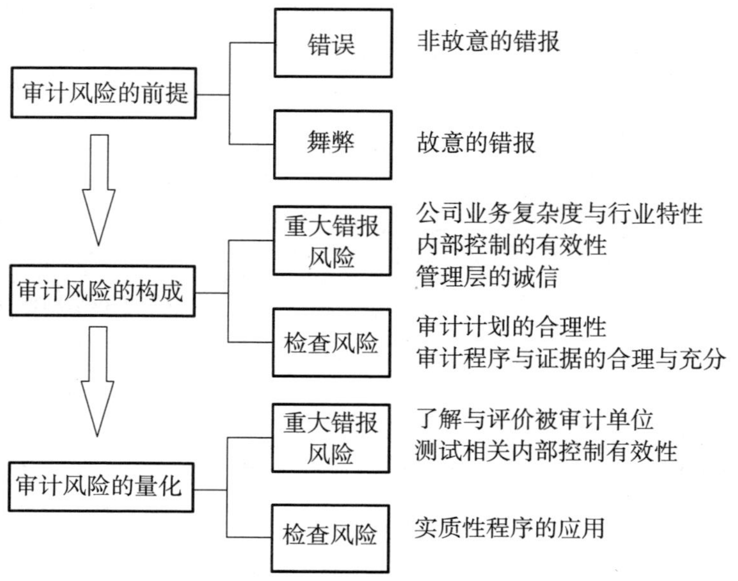

图6-3 审计风险模型的运用

（二）审计计划的编制

如前所述，《中国注册会计师审计准则第1201号——计划审计工作》第七条规定，注册会计师应当制定总体审计策略，以确定审计工作的范围、时间安排和方向，并指导具体审计计划的制定。因此，审计计划按其详略程度及适用范围可进一步分为总体审计策略和具体审计计划两个组成部分。

1. 总体审计策略

总体审计策略是对审计业务的范围、审计工作的时间安排和方向所作的规划，也是审计人员从接受委托到出具审计报告整个过程的综合计划，并指导制定更为详细的具体审计计划。在制定总体审计策略时，审计人员还应考虑初步业务活动的结果，以及为被审计单位提供其他服务时所获得的经验。审计人员应当在总体审计策略中清楚地说明下列内容：（1）向具体审计领域调配的资源，包括向高风险领域分派有适当经验的项目组成员，就复杂的问题利用专家工作等；（2）向具体审计领域分配资源的数量，包括安排到重要存货存放地观察存货盘点的项目组成员的数量，对其他审计人员工作的复核范围，对高风险领域安排的审计时间预算等；（3）何时调配这些资源，包括是在期中审计阶段还是在关键的截止日期调配资源等；（4）如何管理、指导、监督这些资源的利用，包括预期何时召开项目组预备会和总结会，预期项目负责人和经理如何进行复核，是否需要实施项目质量控制复核等。审计人员应当根据实施风险评估程序的结果对上述内容予以调整。

根据《中国注册会计师审计准则第1201号——计划审计工作》的规定，总体审计策略的制定应当包括：（1）确定审计业务的特征，包括采用的会计准则和相关会计制度、特定行业的报告要求以及被审计单位组成部分的分布等，以界定审计范围；（2）明确审计业务的报告目标，以计划审计的时间安排和所需沟通的性质，包括提交审计报告的时间要求，预期与管理层和治理层沟通的重要日期等；（3）考虑影响审计业务的重要因素，以确定项目组工作方向，包括确定适当的重要性水平，初步识别可能存在较高的重大错报风险的领域，初步识别重要的组成部分和账户余额，评价是否需要针对内部控制的有效性获取审计证据，识别被审计单位所处行业、财务报告要求及其他相关方面最近发生的重大变化等。

2. 具体审计计划

具体审计计划亦称审计方案或审计程序表，它是依据总体审计策略制定的，对实施总体审计计划所需要的审计程序的性质、时间和范围所作的详细规划与说明。具体审计计划的编制除了要考虑被审计单位及其环境（包括内部控制）外，还应当考虑如下几个因素：

（1）总体审计计划中所确定的重要会计问题及重点审计领域。这些重要会计问题及重点审计领域发生错误或舞弊的可能性往往较高，因而包含较高的审计风险。这就要求审计人员对这些领域的审计必须格外仔细，即审计人员必须在具体审计计划中考虑对这些问题和领域实施更加详尽的审计程序、扩大审计程序的范围，以降低审计风险。

（2）重要性水平。重要性水平是指被审单位财务报表中错报或漏报的严重程度，这一程度在特定环境下可能影响报表使用者的判断或决策。重要性水平会影响具体审计计划采用的审计程序的时间、性质和范围。重要性水平越低，应实施的审计程序就越详细；重要性水平越高，应实施的审计程序就越可以适当简化，详见本章第二节。

（3）审计时间和人员安排。审计资源重要的内容是时间和人员，不同审计程序花费的时间和人力成本是不同的。在给定两个或更多的审计程序组合的情况下，如果其中的每一个都可以满足特定的审计目标，审计人员可以选取其中成本最低的审计程序。但需要强调的是，审计成本虽然是审计人员在制定具体审计计划时应当考虑的因素，但审计成本却不是一个可以省略某些重要审计程序的借口。

第二节　基于重要性水平的审计计划

引例

化整为零：重要性水平的不当设定会导致审计失败吗？

2003年3月18日，美国最大的医疗保健公司——南方保健财务造假丑闻遭到媒体曝光。据悉，该公司在1997年至2002年上半年期间，虚构了24.69亿美元的利润，虚假利润相当于该期间实际利润（－1 000万美元）绝对值的247倍。这是《萨班斯-奥克斯利法案》颁布后，美国上市公司曝光的第一大财务舞弊案。与此同时，为其财务报表进行审计，并连续多年签发“无保留意见”审计报告的安永会计师事务所，也将自身置于舆论的风口浪尖上。

最终经过SEC的全盘调查发现，导致安永审计失败的一个重要因素是注册会计师没有警惕熟谙审计流程的舞弊人员对重要性水平的规避。在实务中，国际“四大”都有一套令旁人羡慕的“完美”审计流程。一般而言，只要获取被审计单位当期和前期的报表数据，这套流程便能自动执行设定的分析性复核程序，确定重点审计领域，初步评估报表层次和各个账户的重要性水平并确定抽样样本量。在此案中，南方保健的会计人员中不乏曾在安永执业的注册会计师。在他们的指导下，结合会计人员长年对注册会计师们的观察和与他们博弈的经验，别有用心的舞弊分子不难了解注册会计师在各个科目上所能容忍的最大误差，甚至可以知晓注册会计师们习惯的抽样起点金额。同时他们为规避重要性原则而设计的利润操纵一般来说每笔金额都较小，但造假分录发生的频率却很高，其试图基于一种“化整为零”的策略使得造假金额能够达到预先设定的目标。

反观安永方，其在执行南方保健2001年度财务报表审计时，无视该公司正面临欺诈诉讼的事实和糟糕的内部控制状况，不顾管理层曾发布极具欺诈嫌疑的盈利预告，甚至对举报者通过邮件明确告知的可疑账户都不从严制定重要性水平、进行彻底审查，最终酿成了一起足以载入史册的惊天舞弊大案。

资料来源：张玲霞．谈注册会计师的诚信建设：从美国南方保健案谈起．绿色财会，2013（12）：47-50.

如本节引例所述，重要性水平的设定会对计划审计工作产生直接的影响，并最终对审计质量产生关键的影响。重要性是现代风险导向审计中的一个核心概念，审计人员并非要将审计中发现的所有错报或漏报都向被审计单位提出调整或重分类建议。相反，审计人员一般只要求被审计单位将符合一定条件的错报或漏报进行调整或重分类。在决定应否提出调整或重分类建议时，审计人员需要有一个尺度，而这一尺度就是本节所要讨论的重要性水平问题。

第二节
即测即评

一、重要性水平的设定原则

目前各国对审计重要性的定义大多来源于会计重要性，即信息的错报或漏报的程度大到会影响财务报表使用者的经济决策，那么该程度的错报或漏报就是重要的。比如，国际会计准则委员会在《编制财务报表的框架》中对重要性的定义是："如果信息的错报或漏报会影响报表使用者依据财务报表作出经济决策，该信息就具有重要性。"美国财务会计准则委员会在其第 2 号财务会计概念公告中将重要性定义为："重要性是指一种会计信息被漏报或错报的严重程度，这种错报或漏报在一定的情况下，可能会影响或改变一个理性的报表使用者依靠这些信息所作出的决策。"《中国注册会计师审计准则第 1221 号——计划和执行审计工作时的重要性》对重要性进行了如下定义："实际执行的重要性，是指注册会计师确定的低于财务报表整体的重要性的一个或多个金额，旨在将未更正和未发现错报的汇总数超过财务报表整体的重要性的可能性降至适当的低水平。如果适用，实际执行的重要性还指注册会计师确定的低于特定类别的交易、账户余额或披露的重要性水平的一个或多个金额。"

从以上各个权威机构对审计重要性的定义不难看出，重要性的实质是财务报表的错报或漏报会影响其使用者决策的那样一个临界点，重要性水平与剩余风险之间存在反向关系。如前所述，剩余风险与重大错报风险之间存在着高度的线性相关性，当剩余风险较高时，相应的重大错报风险也随之较高。根据审计风险模型可知，评估的重大错报风险越高，对于审计人员而言就需要降低相应的检查风险，而检查风险的降低则要求审计人员调低所设定的重要性水平。因此，重要性水平的设定会直接影响审计计划。在审计实务中，审计人员对于重要性水平的设定，既有固定量化的科学特征，也存在灵活多变的艺术本色。总体来看，设定重要性水平应当遵循以下原则。

（一）重要性水平的设定需要合理地运用职业判断

前已述及，对于重要性水平的设定离不开被审计单位特定的环境，对重要性水平的判断也有赖于审计人员的判断能力、判断方法和专业经验等因素，因此在确定同一个企业财务报表的重要性水平时，不同的审计人员得出的结果有可能不同，甚至相差很大。

（二）重要性水平的设定需要金额与性质兼顾

一般来说，金额大的错报或漏报显然要比金额小的错报或漏报更重要。但在许多情况下，某些错报或漏报从量的方面看可能并不重要，而从其性质角度而言则是重要的。这些情况主要包括：

1. 涉及舞弊或违法行为的错报或漏报

这类错报或漏报往往是由主观原因产生的，反映了企业管理层的诚实和可信赖程度存在问题。对报表使用者而言，在面对同一错漏报金额时，出于舞弊目的的错报或漏报比那些非主观原因产生的错报或漏报更有可能影响到最终的经济决策。

2. 可能引起合同履行义务的错报或漏报

比如，某项错报或漏报使得企业的营运资金仅仅增加了几百元，从数量上看可能并不重要，但它使得企业的营运资金从低于贷款合同规定的应有营运资金数变为稍高于贷款合同规定的应有营运资金数，从而使得企业无须承担违反贷款合同所规定的义务，因此这种错报、漏报是重要的。

3. 影响收益变动趋势的错报或漏报

比如，某项错报或漏报使收益每年递增1%的趋势变为本年收益下降1%，或使亏损变为盈利，虽然金额不大，却使经营业绩发生了质的变化，从而具有了重要性。

4. 报表项目本身的性质

不同的报表项目具有不同的误差敏感度，有的项目如存货，由于计量本身存在一定的不确定性，即使计量上出现4%左右的误差也可能是在可容忍的误差范围之内；而有的项目如现金、有价证券、股本等，是内部控制和报表使用者所看重的关键环节，这些项目中任何细微的差错都预示着出现重大问题的可能性，必须做到准确无误。

5. 出现于分部报告或中期报告中的错报

某些分部报告或者中期报告中出现的错漏报金额可能相对于年度财务报表来说是不重要的，但对于部分特定投资者而言却是十分重要的，因此这些差错也应当是重要的。

6. 有可能增加管理层报酬的错报或漏报

这类错漏报往往系管理层刻意为之，存在很强的主观目的性。例如，管理层通过错报来达到有关奖金、期权等其他激励政策确定的要求，从而得以增加报酬，因此这种情况下的错漏报也是严重的。

（三）重要性水平的设定不能忽视小额错报或漏报的累积影响

审计人员对单个在金额和性质上来看都不重要的小额错报或漏报也应当予以必要的关注。如果企业每个星期均出现同样的小金额错报或漏报，原本几百元的错报或漏报全年累计起来，就有可能成为数十万元的错报或漏报；企业许多账户或交易累计起来，就有可能变成大金额的错报或漏报。在不断地积少成多的过程中，量变最终会引起质变，从而会对财务报表产生重大影响。因此，审计人员应当充分重视这种小额错报或漏报的累积影响。

（四）重要性水平的设定要分财务报表和交易账户两个层次

由于审计的总体目标是对财务报表的公允性发表意见，因此审计人员必须考虑财务报表层次的重要性水平；然而，由于财务报表所提供的信息来源于各账户或各交易，审计人员只有通过验证各账户和各交易信息，才能得出对财务报表的整体性结论，因此审计人员还必须考虑账户和交易层次的重要性。财务报表层次的重要性水平可以根据资产总额、净资产、营业收入及净利润等基础的一定比例确定。确定账户和交易层次的重要性水平时，审计人员可将会计报表层次的重要性水平分配到各个账户和交易类别，也可单独确定，但一般需要考虑如下主要因素：（1）各账户或各类交易的性质及错报或漏报的可能性；（2）各账户或各类交易重要性水平与报表层次重要性水平的关系。

【经典案例】
重要性水平可以成为免责的挡箭牌吗？

（五）重要性水平的设定应充分考虑行业特征

对于高风险行业，在确定被审计单位重要性水平时一般考虑较低的百分比；相反对于低风险行业，则一般会确定较高的百分比。

二、基于重要性水平制定并修正审计计划

审计人员在计划与执行审计工作、评价审计结果时，都要考虑重要性水平。

《中国注册会计师审计准则第 1221 号——计划和执行审计工作时的重要性》规定，在计划审计工作时，注册会计师需要判断何种情形构成重大错报，作出的判断为下列方面提供基础：（1）确定风险评估程序的性质、时间安排和范围；（2）识别和评估重大错报风险；（3）确定进一步审计程序的性质、时间安排和范围。图 6－4 给出了重要性水平、检查风险和审计证据三者之间的关系。

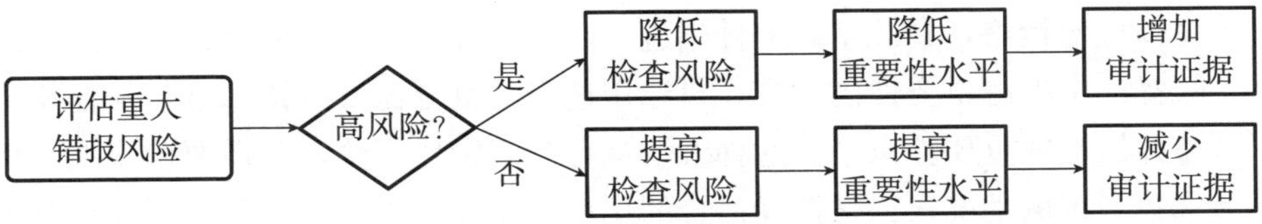

图 6－4　重要性水平、计划的检查风险和审计证据之间的关系

（一）对重要性水平进行初步判断

作为一项包含深度职业判断的工作，审计人员在对重要性水平进行初步评估时，应该综合考虑以下主要因素：

1. 以往的审计经验

如果审计人员认为以往审计中所使用的重要性水平较为符合被审计单位实际情况，那么其可以以此为参考，同时加以考虑当前被审计单位经营业务和环境的变化，适当调整和进行修正，作为本年度确定的重要性水平。

2. 有关法律法规对财务报告的要求

审计人员在执行财务报表审计时，应当熟谙法律法规对被审计单位所属行业的特定

要求，谨慎地判断重要性水平。如果被审计单位存在可由其管理当局自主决定处理的会计事项，为了避免违反相关法律法规所带来的风险，审计人员应从严确定重要性水平。

3. 内部控制与重大错报风险的评估结果

如果被审计单位的内部控制制度较为完善，运行较为有效，可信赖程度较高，则可以将其重要性水平定得适当高一些，从而节省审计成本。如果重大错报风险评估为高水平，则意味着重要性水平应当较低，审计人员应计划收集较多的审计证据，从而降低审计风险。

4. 财务报表各个科目的性质及其相互关系

财务报表的各个科目对于报表使用者而言并非同等重要，一般来说其对流动性较高、金额较大的项目更为关心，对此审计人员应当从严制定重要性水平。同时由于报表各项目之间往往存在一定的勾稽关系，审计人员在确定重要性水平时必须考虑这种内在联系。

5. 财务报表各项目的波动幅度

在每期的财务报表中，部分会计科目可能变化幅度巨大，而这往往隐含着被审计单位实际经营情况的重大变化，因此十分为报表使用者看重。

需要注意的是，在计划审计工作时确定的重要性水平（即确定的某一金额），并不必然表明单独或汇总起来低于该金额的未更正错报一定被评价为不重大。即使某些错报低于重要性水平，与这些错报相关的具体情形也可能使审计人员将其评价为重大。

（二）以财务报表层次的重要性水平计划总体应对策略

在计划审计工作时，审计人员应当依据财务报表整体层次的重要性水平来确定总体应对策略，在此基础上计划进一步的审计程序。一般来说，审计人员可以首先选择一个考虑重要性的基准，再选用适当的百分比乘以该基准，从而得出财务报表整体层次的重要性水平。这种方法被称为固定比率法，它需要确定两个因素：一是选择合理的基准；二是选择适合的比率。审计人员通常需要运用职业判断合理选择基准与比率，据以确定重要性水平，图6－5给出了实务中面对具体情形审计人员通常使用的一些经验参考值。

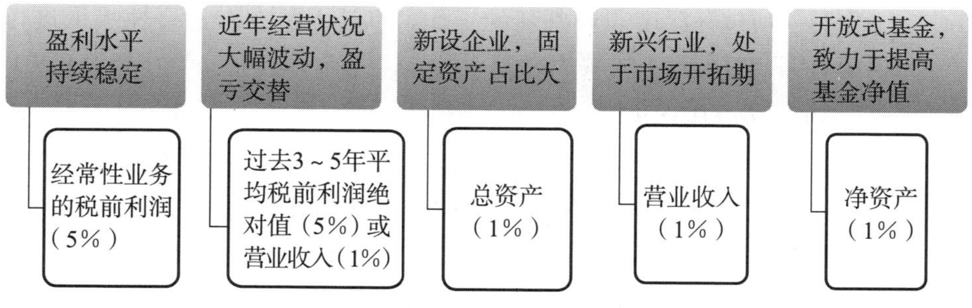

图6－5 重要性水平的常用经验值

（三）以认定层次的重要性水平计划进一步的审计程序

如前所述，由于财务报表提供的信息来源于各类交易、账户余额或披露的信息的汇集加工，审计人员只有对上述这些认定层次实施进一步的审计程序才能最终得出财务报表整体是否公允的结论。因此，审计人员应当考虑各类交易、账户余额、列报认定层次的重要性水平。各类交易、账户余额、列报层次的重要性水平称为可容忍错报。可容忍错报的确定以对财务报表层次的重要性水平的初步评估为基础，它是在不导致财务报表存在重大错报的情况下，审计人员对各类交易、账户余额、列报确定的可接受的最大错报。应当注意的是，认定层次的重要性水平的分配不一定要完全按账户余额同比例分配，审计人员还必须考虑到特定账户发生错漏报的可能性以及成本效益原则。图 6-6 是审计人员基于经验对于一些常见的会计账户所采取的应对策略。

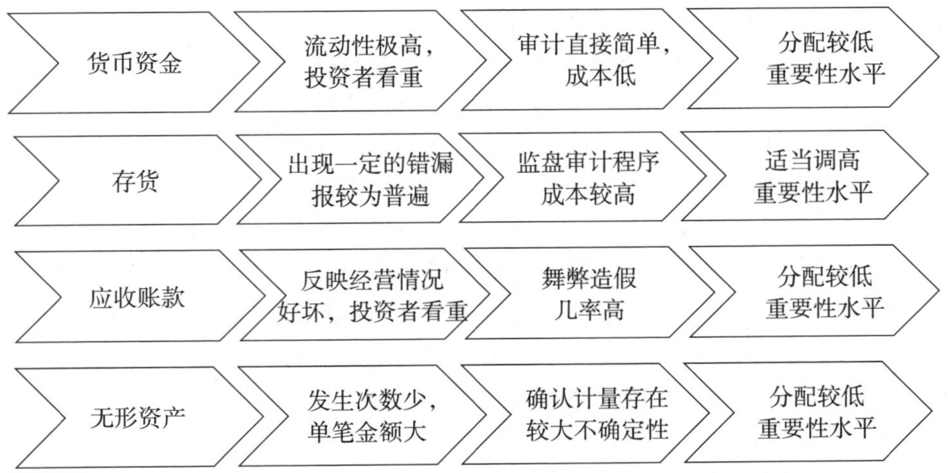

图 6-6　常见会计账户的重要性水平应对策略

（四）以实际执行的重要性水平实施进一步的审计程序

《中国注册会计师审计准则第 1221 号——计划和执行审计工作时的重要性》指出，实际执行的重要性，是指注册会计师确定的低于财务报表整体的重要性的一个或多个金额，旨在将未更正和未发现错报的汇总数超过财务报表整体的重要性的可能性降至适当的低水平。如果适用，实际执行的重要性还指注册会计师确定的低于特定类别的交易、账户余额或披露的重要性水平的一个或多个金额。从其定义来看，实际执行的重要性水平其实是审计谨慎性的体现，理由在于抽样审计下不同科目的风险有所差异且可能差异巨大，因此随之而来的统计抽样误差有可能导致确定的财务报表整体重要性水平存在一定程度的“乐观”。因此，为了将抽样审计下尚未更正和未发现的错报致使超过财务报表整体重要性的可能性降低，实际执行的重要性水平就显得至关重要。

通常而言，实际执行的重要性为财务报表整体重要性的50%～70%。但确定实际执行的重要性并非简单机械的计算，需要审计人员充分运用职业判断，结合实际加以判断。表6－2列举了审计人员运用相关经验值的一些具体情形。

表6－2 实际执行的重要性水平不同经验值判断情形

经验值	情形
接近财务报表整体重要性50%的情况	（1）非连续审计 （2）以前年度审计调整较多 （3）项目总体风险较高（如处于高风险行业，经常面临较大市场压力，首次承接的审计项目或者需要出具特殊目的的报告等）
接近财务报表整体重要性75%的情况	（1）连续审计，以前年度审计调整较少 （2）项目总体风险较低（如处于低风险行业，市场压力较小）

（五）审计过程中修改重要性水平

在执行审计的工作中，审计人员应当及时评价计划阶段确定的重要性水平是否仍然合理，并根据具体环境的变化或在审计执行过程中进一步获取的信息，修正计划的重要性水平，进而修改进一步审计程序的性质、时间和范围。

由于审计程序、审计证据的多少与审计重要性水平存在反向关系，如果审计人员通过在审计过程中对被审计单位更进一步的了解，认为以前关于重要性水平的判断数过高，这说明在具体审计计划中设计了较少的审计程序从而导致获取了较少的审计证据。审计人员应当考虑将计划的审计风险降至可接受的水平：（1）若有可能，通过扩大控制测试范围或实施追加的控制测试，降低评估的重大错报风险，并支持降低后的重大错报风险评估水平。（2）同时修改计划实施的实质性程序的性质、时间和范围，以降低检查风险。

如果审计过程中修正的重要性水平大于之前的评估数，则只会对事务所的审计效率造成影响，并不会影响到审计效果。倘若之前执行了更多相对不必要的审计程序，对于已执行的审计程序通常是不会采取任何措施的。但对于尚未执行的审计程序，如果能够充分举证重要性水平确实可以高于之前的评估数，也可以适当减少未执行的审计程序的性质、时间和范围，从而提高审计效率。

第三节 计划风险应对方案

引例

对“任性”的惩罚——“最牛会计师事务所”覆灭记

2017年5月22日，对于安徽一凡会计师事务所（简称一凡事务所）而言注定是不平凡的一天。从 2004 年成立伊始，一凡事务所已经在合肥审计圈内摸爬滚打了将近 13 年。然而突如其来的一则行政处罚决定书，将其送向了消亡的边缘。

根据 2016 年以来安徽省财政厅狠抓的会计师事务所执业检查情况来看，一凡事务所被多次点名，其部分审计收费不入账，166 份审计报告无审计工作底稿，336 份审计报告只有“电子审计工作底稿”且审计程序和审计证据严重缺失，部分业务审计人员未到被审计单位现场，仅根据提供的财务报表和部分财务资料出具审计报告，20 份审计报告审定的金额与被审计单位的账面金额不一致也无审计调整底稿，不能公允反映被审计单位财务状况、经营成果和现金流量。

从上述调查结果可以看出，一凡事务所种种“任性”的行为似乎已经触碰到了监管部门的容忍底线，最突出的表现就是其完全未按照财政部颁定的审计准则依规执业，风险评估程序、控制测试、实质性程序等各类注册会计师烂熟于心的审计程序到了一凡事务所这里却变成了可有可无的工作流程。如此大胆、如此妄为，安徽省财政厅采取果断措施将一凡事务所依法撤销。

资料来源：行政处罚决定书（财监〔2017〕343 号）. http://www.ahcz.gov.cn/portal/zwgk/xzzf/xzcfl/xzcf/1491338548072045.htm.

如本节引例所述，必要审计程序的缺失是引发审计风险的重要原因。如本书第五章所述，在现代风险导向审计中，审计的整体流程围绕着审计人员对风险的评估与对风险的应对展开，前者称为风险评估程序，后者称为风险应对程序（包括控制测试与实质性程序）。本书第七章和第八章将详细阐述审计人员针对战略与经营环节的风险评估程序与方法，本节则主要阐述计划风险应对方案，即计划控制测试与实质性程序方案。

第三节
即测即评

一、计划控制测试方案

控制测试（control test）是指用于评价内部控制在防止或发现并纠正认定层次重大错报方面的运行有效性的审计程序。只有认为控制设计合理、能够防止或发现并纠正认定层次的重大错报，审计人员才会实施控制测试。如果被审计单位在所审计期间内的不同时期使用了显著不同的控制，审计人员要分别考虑不同时期的控制。同时测试控制运行的有效性与了解控制和评价控制的设计和执行是不同的，但是所采用的审计程序的类型是相同的。因此，审计人员可以决定在评价控制的设计以及确定其是否得到执行的同时测试控制运行的有效性，以提高审计效率。

（一）控制测试的性质

确定控制测试的性质是指控制测试程序的选择，可供选择的控制测试程序有询问、观察、检查记录和文件等。控制测试性质的选择除了应考虑控制潜在的风险外，还要考虑以下因素：

1. 考虑特定控制的性质

从控制实施的手段来看，控制分为自动化控制和人工控制，这两种控制产生的交易轨迹往往是不同的。人工控制可能更多地以文件记录形式存在，一般可以通过检查记录和文件获取相关控制运行有效性的证据；自动化控制有可能没有以文件记录形式留下交易轨迹，控制测试时可能更多地采用询问和观察程序。

2. 考虑控制与认定的相关性

对于某项认定，可能有多种控制达到相关的控制目标，这些控制可能与认定目标直接相关，也可能间接相关，测试时应考虑其与认定目标的相关程度。与特定认定直接相关的测试证据，其对认定的证明力强于与认定间接相关的测试证据，因此，审计人员应尽可能获取与认定相关性强的证据。

3. 对自动化应用控制的控制测试

自动化应用控制受制于其一般控制运行的有效性，因此，对于应用控制运行有效性的审计，审计人员可以利用应用控制执行情况的相关证据和一般控制运行稳定性的相关证据证明应用控制的运行有效性。应当注意的是，控制测试的目的是评价控制是否有效运行；细节测试的目的是发现认定层次的重大错报。尽管两者目的不同，审计人员出于审计成本的考虑，可以针对同一交易同时实施控制测试和细节测试，以实现双重目的。例如，审计人员通过检查某笔交易的发票可以确定其是否经过适当的授权，也可以获取关于该交易的金额、发生时间等细节证据，当然，如果拟实施双重目的测试，审计人员应当仔细设计和评价测试程序。

（二）控制测试的时间

控制测试的时间包含两层含义：一是计划何时实施控制测试；二是计划测试所针对的控制适用的时点或期间。一般来说，控制测试的计划执行时间会在实质性程序之前，这主要是为了给实质性程序留出时间；如果测试特定时点的控制，审计人员仅得到该时点控制运行有效性的审计证据；如果测试某一期间的控制，审计人员则需获取控制在该期间有效运行的审计证据。因此，审计人员应当根据其控制测试的目的确定控制测试的时间，并确定拟信赖的相关控制的时点或期间。有关控制测试所获得的审计证据的利用问题主要包括以下两个方面：

1. 如何考虑期中控制测试所获得的审计证据

从审计时间安排看，控制测试于实质性程序之前进行，因此，往往控制测试应考虑设计于期中。但需要说明的是，即使审计人员已获取有关控制在期中运行有效性的审计证据，仍然需要考虑如何将控制在期中运行有效性的审计证据延伸到期末，一个基本的考虑是针对期中至期末这段时间获取充分、适当的审计证据。因此，如果审计人员已经获取控制在期中运行有效性的审计证据，并拟利用该证据，审计人员应当获取这些控制在剩余期间变化情况的审计证据和确定针对剩余期间还需获取的补充审计证据。

审计人员应当考虑针对剩余期间设计何种控制测试程序、设计多大范围的控制测试程序。如何进行剩余期间控制程序的决策还取决于以下因素的考虑：(1) 评估的认定层次重大错报风险的重要程度；(2) 在期中测试的特定控制，以及自期中测试后发生的重大变动，包括在信息系统、流程和人员方面发生的变动；(3) 在期中对有关控制运行的有效性获取的审计证据的程度；(4) 剩余期间的长度；(5) 在信赖控制的基础上拟缩小实质性程序的范围；(6) 控制环境。

2. 如何考虑以前年度控制测试所获取的审计证据

比起被审计单位的当期会计数据，控制制度可能具有相对稳定性。例如，企业的高管人员可能没有发生变化，其经营风险与理念亦没变，企业的岗位分离程度可能与前期相同。因此，审计人员可以适当考虑利用以前控制测试所获取的审计证据。

考虑拟信赖的以前年度所测试的控制在本期是否发生变化，结果会是两种：一种是控制在本期已发生变化；另一种是控制在本期没有发生变化。如果拟信赖的控制自上次测试后已发生变化，可能影响以前年度测试获取的审计证据对本期审计的相关性，从而使审计人员无法再继续信赖相关控制运行的有效性。如果拟信赖的内部控制自测试后未发生变化，且不属于旨在减轻特别风险的控制，审计人员需要运用职业判断确定是否在本期审计中测试其运行的有效性，以及本次测试与上次测试的时间间隔，但每三年至少对控制测试一次。

从审计证据获取的时间来看，显然越及时的证据其证明力越强。如果以前年度被审计单位的某些特征没有发生变化，在不超过两年的时间间隔内，审计人员可以信赖以往年度的审计证据，而出于更为谨慎的考虑，审计人员也可能会降低对以前年度审计证据的依赖。下列因素可能缩短再次测试控制的时间间隔或导致完全不信赖以前控制测试获取的审计证据：(1) 控制环境薄弱；(2) 对控制的监督薄弱；(3) 相关控制中的人工成分较多；(4) 发生对控制运行产生重大影响的人事变动；(5) 环境的变化表明需要对控制作出相应的变动；(6) 信息技术一般控制薄弱。

(三) 控制测试的范围

控制测试的范围是指某项控制活动的测试次数。审计人员应当设计控制测试，以获取控制在整个拟信赖期间有效性的充分、适当的审计证据。

1. 确定控制测试范围的考虑因素

当针对控制运行的有效性需要获取更具说服力的审计证据时，可能需要扩大控制测试的范围。在确定控制测试的范围时，除考虑对控制的信赖程度外，审计人员还可能考虑以下因素：(1) 在整个拟信赖期间，被审计单位执行控制的频率。控制执行的频率越高，控制测试的范围也就越大。(2) 在所审计期间，审计人员拟信赖控制的时间长度。拟信赖控制运行期间越长，确定控制测试的范围越大。(3) 控制的预期偏差。预期的控制偏差越大，控制测试的范围就越大。（4）为证实控制能够防止或发现并纠正认定层次重大错报，所需获取审计证据的相关性和可靠性。对证据的相关性和可靠性要求越高，控制测试的范围应越大。（5）通过测试与认定层次相关的其他控制获取的审计证据的范围。针对同一认定，可能有不同的控制，当针对其他控制获取审计证据的充分性和适当性较高时，测试该控制的范围可适当缩小。

2. 对自动化控制测试范围的特别考虑

由于信息技术处理具有内在一贯性，审计人员可能不需要扩大自动化控制的测试范围。除非程序（包括系统使用的表格、文档或其他永久性数据）发生变动，自动化控制会一贯运行。一旦确定某项自动化控制能够发挥预期作用（可在最初实施该控制的时点或其他时点确定），审计人员就可能需要考虑实施测试以确定该控制是否持续有效运行。这些测试可能包括确定：（1）程序修改是否已经超过适当的程序变动控制；（2）交易处理所用软件是否为授权批准版本；（3）其他相关的一般控制是否运行有效；（4）系统是否未发生变动。例如，当被审计单位使用软件包应用程序而没有对其进行修改或维护时，审计人员可以检查信息系统安全管理记录，以获取在所审计期间不存在未经授权接触系统的审计证据。

“简单粗暴”地信赖客户的内部控制——控制测试缺失酿成恶果

2016 年中国证监会“法网专项执法行动”发布了一则行政处罚决定书。经查明，上海大智慧股份有限公司通过承诺“可全额退款”的销售方式提前确认收入，以“打新股”等进行营销、延后确认年终奖少计当期成本费用等方式，共计虚增 2013 年度利润 120 666 086.37 元，为当年对外披露的合并利润总额的约 2.8 倍。

对其年报进行审计的立信会计师事务所却出具了标准无保留意见的审计报告，因此收到了证监会的行政处罚决定书。究其审计失败具体原因，过度信赖大智慧的内部控制，仅依靠公司内部生成的证据作为审计证据、未能保持合理的职业怀疑是罪魁祸首。针对大智慧内部控制风险的现状，立信会计师事务所未给予足够重视。例如，在期后退款异常的事宜上，管理层解释说，“退款原因系投资顾问业务导致客户亏损从而引发客户过度维权所致”，而注册会计师对此解释直接予以信任且并未采取进一步的审计程序。同时，注册会计师虽检查了《退款协议》（该协议为被审计单位提供的统一制式合同），但面对这些内部证据并未电话询问客户，或去查听销售时的电话录音，从而对于是否存在其他承诺不得而知。

与此同时，证监会在检查立信会计师事务所的工作底稿时，发现一些重要的审计程序没有执行记录，比如“获取产品价格目录，抽查售价是否符合价格政策”“检查应付职工薪酬的期后付款情况，并关注在资产负债表日至财务报表批准报出日之间，是否有确凿证据表明需要调整资产负债表日原确认的应付职工薪酬”，注册会计师如果当时充分执行了审计程序，就会发现异常的销售价格问题、奖金推后入账问题。因此，可以看出立信会计师事务所在对被审计单位进行内部控制测试时，缺乏相关标准，导致注册会计师在执业过程中没有统一的政策依据，在大部分情况下凭借职业判断和经验积累来评价被审计单位的内部控制现状，并进行风险评估。

由此可见，未充分了解被审计公司的内部控制风险，直接简单粗暴地相信其自身内部控制有效性，又未进行充分的实质性分析程序，简单依靠注册会计师的职业判断与经验，会导致审计失败。

资料来源：中国证监会行政处罚决定书（上海大智慧股份有限公司、张长虹、王玫等15名责任人员）. http://www.csrc.gov.cn/pub/zjhpublic/G00306212/201607/t20160722_301085.htm.

二、计划实质性程序方案

实质性程序（substantial procedure）是指审计人员经过对重大错报风险的评估后实施的用于发现认定层次重大错报的审计程序，它包括对各类交易、账户余额和披露的细节测试以及实质性分析程序。《中国注册会计师审计准则第1231号——针对评估的重大错报风险采取的应对措施》指出，无论重大错报风险的评估结果如何，审计人员都应针对所有重大类别的交易、账户余额和披露，设计和实施实质性程序。

（一）重大错报风险评估与计划的实质性程序

根据本章第一节所述的审计风险模型，在计划可接受的审计风险水平不变的前提下，计划可接受的检查风险水平取决于审计人员所评估的重大错报风险。审计人员评估的重大错报风险与重大错报风险的真实值之间会存在三种关系：等于、高于或低于。

（1）当重大错报风险的评估结果等于其真实值时，说明风险评估程序、控制测试均是恰当的。此时检查风险的产生主要在于运用实质性分析程序时存在抽样风险与非抽样风险。抽样风险是指审计人员根据样本得出的结论与对总体全部项目实施与样本相同的审计程序得出的结论存在差异的可能性，抽样风险的存在使得检查风险不可能降低至零；而在运用其他实质性程序时，还存在非抽样风险，比如审计人员设计了不恰当的审计程序、未能恰当执行审计程序等。

（2）当重大错报风险的评估结果高于其真实值时，表明风险评估程序和控制测试运用不当或审计人员出现了判断偏误。由于可接受的审计风险不变，重大错报风险被高估必然导致计划的可接受的检查风险被低估。此时，为了将检查风险降至可接受的低水平，审计人员需要实施更多的实质性程序，而这会降低审计效率。

（3）当重大错报风险的评估结果低于其真实值时，同样表明风险评估程序和控制测试运用不当或审计人员出现了判断偏误。这种情况将会导致审计人员计划的可接受的检查风险水平上升，此时审计人员所实施的实质性程序就会减少，这将直接影响审计效果。

因此，审计人员运用的风险评估程序和控制测试程序对可接受的检查风险的形成有重要影响。要控制检查风险，审计人员必须恰当运用风险评估程序和控制测试程序，从而促使重大错报风险的评估接近其真实值；同时在运用实质性程序时，审计人员应对抽样风险和非抽样风险进行有效的控制。在对重大错报风险完成评估后，审计人员应当在审计计划中编制实质性程序方案，它包括实质性程序的性质、时间和范围。

“*ST博元下的中兴华所”——实质性程序可有可无?

2016年3月21日，上海证券交易所一则通告递向了曾经的“老八股”之一——博元投资，其因种种问题最终被终止股票上市，这是中国证券市场首个因触及重大信息披露违法情形强制退市的案例。从行政处罚决定书看，博元投资在2011—2013年年度报告、2012—2014年半年度报告中未如实披露公司实际控制人情况和股改业绩承诺履行情况，同时其还伪造银行承兑汇票并进行虚假交易，使得财务报告中多项财务数据存在大比例虚假。于2012年、2013年为博元投资进行财务报表审计的中兴华所，也被没收业务收入150万元，并处以450万元的罚款。

从以下证监会查明的违法事实来看，被处以业务收入3倍罚款的中兴华所着实不冤：(1) 未按审计计划的要求执行进一步审计程序。中兴华所在审计计划工作底稿中评价应收票据存在重大错报风险，并在具体审计计划中明确提出，对于应收票据科目要对票据真实性实施查询程序、获取银行的确认函。但中兴华所在实际执行中并未完成查询和获取银行确认函的审计程序，审计工作底稿中也未说明未执行该项审计程序的原因。(2) 未对异常的银行账户实施有效的进一步审计程序。针对重大异常的银行账户，中兴华所实施的审计程序仅是获取销户申请书一项，未获取银行对账单，也未实施函证等进一步的审计程序以证明相关资金的真实性和准确性。(3) 未对函证保持控制。中兴华所就应收票据余额向天津同杰发出了审计询证函，并获取了确定答复的回函，但未见与函证控制相关的审计工作底稿，未记录被函证单位联系方式的获取途径与核实过程，保留的收回函件的快递单地址也非天津同杰的办公地址。(4) 未对票据置换业务的对手方执行函证等进一步审计程序。2013年，中兴华所实际执行的重要性水平为54.94万元，博元投资向天津同杰置出票据73 455.83万元、置入票据74 800万元且无现金流，确认的相关票据贴现收益1 347.25万元，已占当年利润总额的147%。但中兴华所未结合风险评估结果及以上情况，向天津同杰就票据换入和换出明细、交易金额及所包含的利息金额等进行函证，未了解天津同杰的业务背景和商业能力，未对天津同杰进行实地走访。

造假手段并不高明的博元投资却最终导致了中兴华所的审计失败，从上述事实中不难发现：作为风险导向审计下最重要的防线之一，由无数细节测试和有针对性的分析程序所构成的实质性程序，其履行的好坏、详略程度最终决定了审计质量的高低。

资料来源：中国证监会行政处罚决定书（中兴华会计师事务所、聂捷慧、张学锋等4名责任人员）.(2017-08-16). http://www.csrc.gov.cn/pub/zjhpublic/G00306212/201708/t20170821_322444.htm.

（二）实质性程序的性质

实质性程序的性质是指实质性程序的类型及其组合。如前所述，实质性程序包括实质性分析程序和细节测试两种基本类型。前者主要表现为审计人员通过研究不同财务数据、财务数据与非财务数据之间的关系来评价信息的准确性和完整性，它通常更适用于在一段时间内存在可预期关系的大量交易。后者则是对各类交易、账户余额和披露的具体细节进行测试，目的在于通过直接手段来识别财务报表认定层次是否存在错报，它被用于获取与某些认定相关的审计证据，如存在、准确性、计价等。

1. 实质性分析程序

审计人员在设计实质性分析程序时应当考虑的因素包括：（1）对特定认定使用实质性分析程序的适当性；（2）对已记录的金额或比率作出预期时，所依据的内部或外部数据的可靠性；（3）作出预期的准确程度是否足以在计划的保证水平上识别重大错报；（4）已记录金额与预期值之间可接受的差异额。考虑到数据及分析的可靠性，当实施实质性分析程序时，如果使用被审计单位编制的信息，审计人员应当考虑测试与信息编制相关的控制，以及这些信息是否在本期或前期经过审计。

2. 交易、账户余额和列报与披露的细节测试

对于细节测试，审计人员应当针对评估的风险设计细节测试，获取充分、适当的审计证据，以达到认定层次所计划的保证水平。换言之，审计人员需要根据不同的认定层次的重大错报风险设计有针对性的细节测试。例如，在针对存在或发生认定设计细节测试时，审计人员应当选用逆查法，针对包含在财务报表金额中的项目，通过获取相关审计证据来验证其真实性；又如，在针对完整性认定设计细节测试时，审计人员此时更多选用顺查法，应当选择有证据表明应包含在财务报表金额中的项目，并调查这些项目是否确实包括在内。如为应对被审计单位漏记本期应付账款的风险，审计人员可以检查期后付款记录。

此外，《中国注册会计师审计准则第 1231 号——针对评估的重大错报风险采取的应对措施》指出，如果认为评估的认定层次的重大错报风险是特别风险，审计人员应当专门针对该风险实施实质性程序，并必须包含细节测试。例如，如果认为被审计单位管理层面临实现盈利指标的压力而可能提前确认收入，审计人员在设计询证函时不仅应考虑应收账款的账户余额，还应当考虑询证销售协议的细节条款；审计人员还可考虑在实施函证的基础上针对销售协议及其变动情况询问被审计单位的非财务人员。

3. 实质性程序类型与重大错报验证之间的关系

不同的实质性程序所获得的审计证据类型不同，表 6－3 列举了具体的实质性程序与验证财务报表重大错报风险之间的关系。

表6-3 实质性程序类型与重大错报验证的关系

实质性程序类型	具体审计方法	其所获审计证据与重大错报验证的关系
实质性分析程序	询问、分析程序	间接关系：异常结果可能是由差错或其他原因造成，确定实际差异应采用其他程序
交易细节测试	询问、观察、检查、重新计算	直接和间接关系并存：既可以从已检查的交易中查出重大错报，已查出的错报也有可能表明其他未被检查的交易中也存在重大错报
账户余额细节测试	询问、检查、重新计算、函证、检查有形资产	直接关系：年末余额中可能隐藏着重大错报风险
列报与披露细节测试	询问、检查、重新计算、函证	直接关系：财务报表各项目或附注披露差错有可能直接导致重大错报风险

（三）实质性程序的时间

应该何时执行实质性程序，审计人员通常都面临对期中审计证据和对以前审计获取的审计证据的考虑。由于实质性程序的主要目的在于更直接地发现重大错报，因此在期中实施实质性程序时更需要基于成本效益原则进行权衡。而对于以前审计中通过实质性程序获取的审计证据，则通常应该更加慎重并采取更严格的限制。

1. 如何考虑是否在期中实施实质性程序

前已述及，审计人员在期中实行实质性程序存在相对矛盾的两方面，即消耗人财物相关审计资源的同时又不得不面临期中审计证据的局限性，因为期中实行实质性程序获取的审计证据难以直接作为期末财务报表认定的审计证据，审计人员仍需要进行进一步的审计程序，从而使得期中审计证据能够合理延伸至期末。因此，审计人员应当运用职业判断来准确衡量期中、期末两部分审计资源的总和是否显著小于完全在期末实施实质性程序所消耗的审计资源，其通常应该考虑如下因素：

（1）控制环境和其他相关的控制。控制环境和其他相关的控制越薄弱，越不宜在期中实施实质性程序。一般而言，较弱的内部控制往往代表着企业各项政策与业务的多变性和复杂性，因此，其在期中执行实质性程序所获取的审计证据延伸性较差。

（2）实施审计程序所需信息在期中之后的可获得性。如果实施实质性程序所需信息在期中之后可能难以获取（例如会计信息系统发生变动导致某类历史交易记录难以获取），审计人员应考虑在期中实施实质性程序；但如果实施实质性程序所需信息在期中之后的获取并不存在明显困难，则该因素不应成为在期中实施实质性程序的重要影响因素。

（3）实质性程序的目标。如果在制定某项认定实施实质性程序的目标时就包括获取该认定的期中审计证据（从而与期末比较），审计人员应在期中实施实质性程序。

(4) 评估的重大错报风险以及剩余风险。通常而言，评估的重大错报风险越高，审计人员对获取的审计证据的相关性和可靠性的要求也就越高，从而基于谨慎性原则，更应当考虑将实质性程序集中于期末（或接近期末）实施。同理，由于剩余风险与评估的重大错报风险之间存在高度正相关的关系，因此剩余风险越高，更应当将实质性程序集中于期末（或接近期末）实施。

(5) 特定类别交易或账户余额以及相关认定的性质。例如，在实务中的收入截止认定上，由于其认定是对于不同会计期间的归属判断，这决定了必须在期末（或接近期末）实施实质性程序。

(6) 针对剩余期间，能否通过实施实质性程序或将实质性程序与控制测试相结合，降低期末存在错报而未被发现的风险。比如审计人员在 10 月实施预审时考虑运用一定的审计资源来实施实质性程序，从而导致形成的剩余期间不是很长，期中实行的实质性程序获取的审计证据与期末审计证据差异较小，此时就可以考虑在期中实行实质性程序；但若被审计单位于 8 月发生管理层变更、主营业务更迭等情况，审计人员在接受邀请实施预审，考虑是否使用一定的审计资源实施实质性程序时，就不宜在期中实施实质性程序。

2. 如何考虑期中审计证据

如果在期中已实施了实质性程序，审计人员应当针对剩余期间实施进一步的实质性程序，或将实质性程序和控制测试结合使用，以将期中测试得出的结论合理延伸至期末。如果拟将期中测试得出的结论延伸至期末，审计人员应当考虑针对剩余期间仅实施实质性程序是否足够。如果认为实施实质性程序本身不充分，还应测试剩余期间相关控制运行的有效性或针对期末实施实质性程序。对于舞弊导致的重大错报风险（作为一类重要的特别风险），被审计单位存在故意错报或操纵的可能性，则应慎重考虑能否将期中测试得出的结论延伸至期末。因此，如果已识别出由于舞弊导致的重大错报风险，为将期中得出的结论延伸至期末而实施的审计程序通常是无效的，审计人员应当追加运用一定的审计资源，考虑在期末或者接近期末实施实质性程序。

3. 如何考虑以前审计获取的审计证据

根据《中国注册会计师审计准则第 1231 号——针对评估的重大错报风险采取的应对措施》应用指南，以前审计获取的审计证据，通常只对本期具有很弱的证据效力或没有证据效力，不足以应对本期的重大错报风险。只有当以前获取的审计证据及其相关事项未发生重大变动时，以前获取的审计证据才可能用作本期的有效证据。但即使如此，如果拟利用以前审计中实施实质性程序获取的审计证据，审计人员应当在本期实施相关的审计程序，从而确定这些审计证据是否具有持续相关性、是否能够有效支持本期实质性程序。

（四）实质性程序的范围

实施控制测试的结果、剩余风险的高低及评估的认定层次重大错报风险是审计人员在确定实质性程序范围时的重要考虑因素。如本章第一节所述，认定层次的重大错报风险越高，审计人员计划的可接受的检查风险就越低，从而需要实施实质性程序的范围就越广；如果对控制测试结果不满意，审计人员可能需要转而考虑扩大实质性程序的范围。

审计人员在设计细节测试时，除了从样本量的角度考虑测试范围外，还要考虑选样方法的有效性等因素。例如，从总体中选取大额或异常项目优于进行代表性抽样或分层抽样，因为这样做更符合重要性原则，也更容易发现财务报表中的错报、漏报。对于实质性分析程序的范围，审计人员首先需要考虑对什么层次上的数据进行分析，其可以选择在高度汇总的财务数据层次上进行分析，也可以根据重大错报风险的性质和水平调整分析层次。例如，按照不同产品线、不同季节或月份、不同经营地点或存货存放地点等实施实质性分析程序。实施实质性分析程序可能发现差异，但并非所有的差异都值得展开进一步调查。通常而言，可容忍或可接受的差异额（即预期差异额）越大，作为实质性分析程序一部分的进一步调查的范围就越小。于是确定适当的预期差异额同样属于实质性分析程序的范畴。因此，在设计实质性分析程序时，审计人员应当确定已记录金额与预期值之间可接受的差异额。在确定该差异额时，审计人员应当主要考虑各类交易、账户余额和披露及相关认定的重要性水平和计划的可接受的检查风险水平。

审计人员所设定的重要性水平和计划可接受的检查风险水平对实质性程序的范围将产生联合的影响，它们之间的关系如图6-7所示。在图6-7中，重要性水平与实质性程序的范围（审计证据的数量）之间呈现反向关系，即重要性水平越低，实质性程序的范围（审计证据的数量）越大；而在同一重要性水平下，针对计划可接受的检查风险较小的客户，则需要扩大实质性程序的范围（审计证据的数量）。因此，审计人员需要在基于重大错报风险的评估和对重要性水平作出判断的基础上，才能确定实质性程序的范围和所需获得的审计证据的数量。

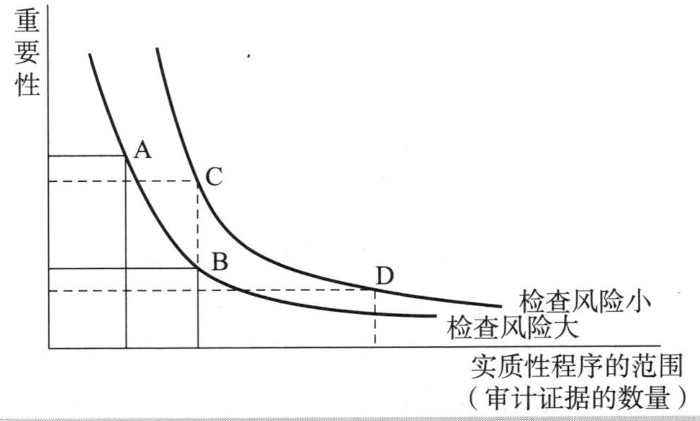

图6-7 重要性水平、检查风险与实质性程序的范围之间的关系

三、控制测试与实质性程序的组合与权衡

在现代风险导向审计中，审计效率与效果的平衡是指导不同审计程序的组合与平衡的基本思想。在审计的全过程中，审计人员都需要考虑如何采用低成本且对审计质量有保证的审计程序及其组合来取得充分、适当的审计证据。

（一）控制测试对实质性程序的潜在影响

如本章第一节所述，控制测试所获得的审计证据将直接影响审计人员对被审计单位重大错报风险的评估，从而改变其计划的可接受的检查风险水平，这将直接对审计人员后续的实质性程序产生潜在的影响。表 6-4 举例说明了在一些不同的控制活动中，审计人员针对不同的控制活动所采取的控制测试对实质性分析程序、细节测试的潜在影响。

表 6-4 控制测试对实质性程序的潜在影响

内部控制事项举例	控制测试	对实质性分析程序的影响	对细节测试的影响
公司编制年度销售、费用和支出预算并按月监督差异，如有必要将采取补救措施	审计人员可以查看年度预算报告和每月差异报告的备份，对于差异应与有关人员及时进行讨论	审计人员可依据每月差异报告来判断风险是否加大或存在新的异常情况	影响很小，除非分析性证据表明存在影响特定财务报告事项的会计问题
公司每周编写销售报告，以便按产品类别和区域追踪（存货）周转率	审计人员可以查看每周报告并审核有关人员是否进行了恰当的核查和跟进	每周报告提供了有关存货计价的分析性证据，报告中的数量可与永续盘存制下的存货盘点表进行核对	获得的存货周转率指标可为审计人员年末测试存货认定提供依据
公司要求内部审计部门定期检查遵守主要法规的情况	审计人员可查看内部审计方案、工作成果和报告的备份，同时应审核凭证有无异常情况	无直接影响	内部审计报告中可能会揭示需要披露的或可能导致确认罚金或受处罚的或有负债情况
公司制定并执行一项有关管理层利益冲突的政策，所有管理人员每年都必须编写一份利益冲突报告	审计人员可以同管理层讨论利益冲突政策、审核利益冲突报告的选择以及验证对明显冲突的跟进和处理	无直接影响	利益冲突报告可能表明存在应当予以披露的关联方或其他交易，该种交易计价可能需要验证

（二）不同审计程序的组合与权衡

通常而言，审计人员需要对重要的控制风险进行评估与测试，从而形成关于控制风险的基本结论；进而，审计人员修正对重大错报风险进行的评估并确

认计划的可接受的检查风险；最后确定实质性程序的性质、时间与范围。在上述审计过程中，不同阶段的审计程序会相互影响，审计人员需要对不同的审计程序进行组合与权衡，图6-8给出了组合与权衡的判断逻辑，表6-5给出了上述判断过程中控制测试、期望的检查风险、实质性分析程序与细节测试之间的关系。

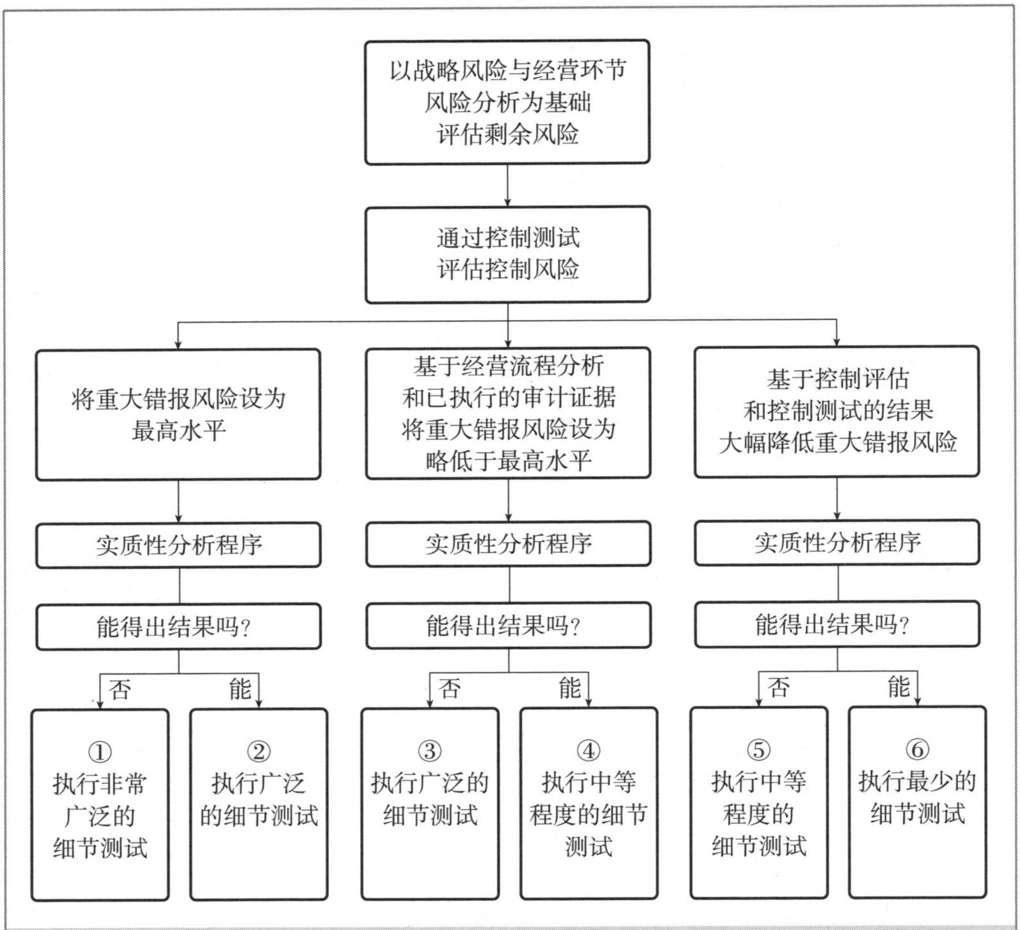

图6-8　审计程序的组合与权衡之判断逻辑

表6-5　不同审计程序之间的关系

控制测试所表明的控制风险水平	期望的检查风险水平	实质性分析程序所揭示重大错报风险	可接受的细节测试的风险	细节测试的范围
最高	很低	高	非常低	非常广泛的
最高	低	中	低	广泛的
高	低	高	低	广泛的
高	中	中	中	中等程度的

续表

控制测试所表明的控制风险水平	期望的检查风险水平	实质性分析程序所揭示重大错报风险	可接受的细节测试的风险	细节测试的范围
中/低	中	高	中	中等程度的
中/低	高	中	高	最少的

本章小结　　案例分析　　推荐阅读材料

第七章

公司战略风险分析

思维导图

公司战略风险分析

战略理论与战略风险

- 战略理论的发展：
  竞争战略理论
  动态竞争战略理论
  战略生态理论
- 战略风险的形成：
  罗伯特·西蒙的观点
  巴德的观点
  贝尔德的观点
- 商业模式对战略风险的影响

战略风险分析方法

- 战略风险分析的步骤
- 战略风险分析的方法
  宏观环境分析——PEST分析法行业环境分析：五力分析法
  内部环境分析——SWOT分析法商业模式分析：画布分析法
  战略风险的综合分析：鱼骨图分析法

战略风险对经营环节和财务报表的影响

- 公司战略风险的一般传导机制
- 战略风险对经营环节和财务报表的影响

总书记论审计

“我们的事业越前进、越发展，新情况新问题就会越多，面临的风险和挑战就会越多，面对的不可预料的事情就会越多。我们必须增强忧患意识，做到居安思危。”

——2013年1月5日，习近平在新进中央委员会的委员、候补委员学习贯彻党的十八大精神研讨班上的讲话

素养提升

1. 价值塑造

- 结合战略风险形成的相关知识，深刻领会习近平总书记关于风险与挑战问题的重要论述，在职业生涯发展过程中，树立审计的战略风险意识与责任意识，以高质量的战略风险评估推动高质量的审计工作。
- 重视研究战略风险的分析与应对，增强忧患意识，做到居安思危，打造经济监督的“特种部队”。为此，务必发挥战略风险评估在研究型审计中的重要作用，聚焦高质量发展首要任务，加强对重大项目、重大战略风险、重大错报风险的调查与分析力度。

2. 知识传授

- 理解主要的竞争战略理论流派，并将特定的理论运用于分析企业战略风险。
- 深刻理解战略风险的来源及其形成的基本逻辑，并掌握战略风险的多种分析方法。
- 掌握战略风险对企业经营环节及财务报表的传导机制。

3. 能力培养

- 能运用相关的战略理论及战略风险分析方法对公司战略风险进行识别与评估。
- 能认识到战略风险分析之于风险评估程序的前端性与重要性，能熟练地使用战略风险分析方法评估战略风险对经营环节和财务报表的影响。

如第五章和第六章所述，现代风险导向审计是以被审计单位的战略和经营环节风险为导向的一种审计模式，它沿着“战略风险分析—经营环节风险分析—剩余风险分析—重大错报风险评估—风险应对”的基本逻辑与流程展开。由于公司战略风险最终可能演变为重大错报风险，因此，审计师必须运用战略理论对企业战略管理的动态过程进行准确而适当的还原，并使用相关风险分析工具对公司的战略风险进行识别与评估。本章将主要阐述战略理论与战略风险分析方法，以及战略风险对经营环节和财务报表的传导机制，图7-1列示了本章内容在现代风险导向审计整体流程中所处的位置。

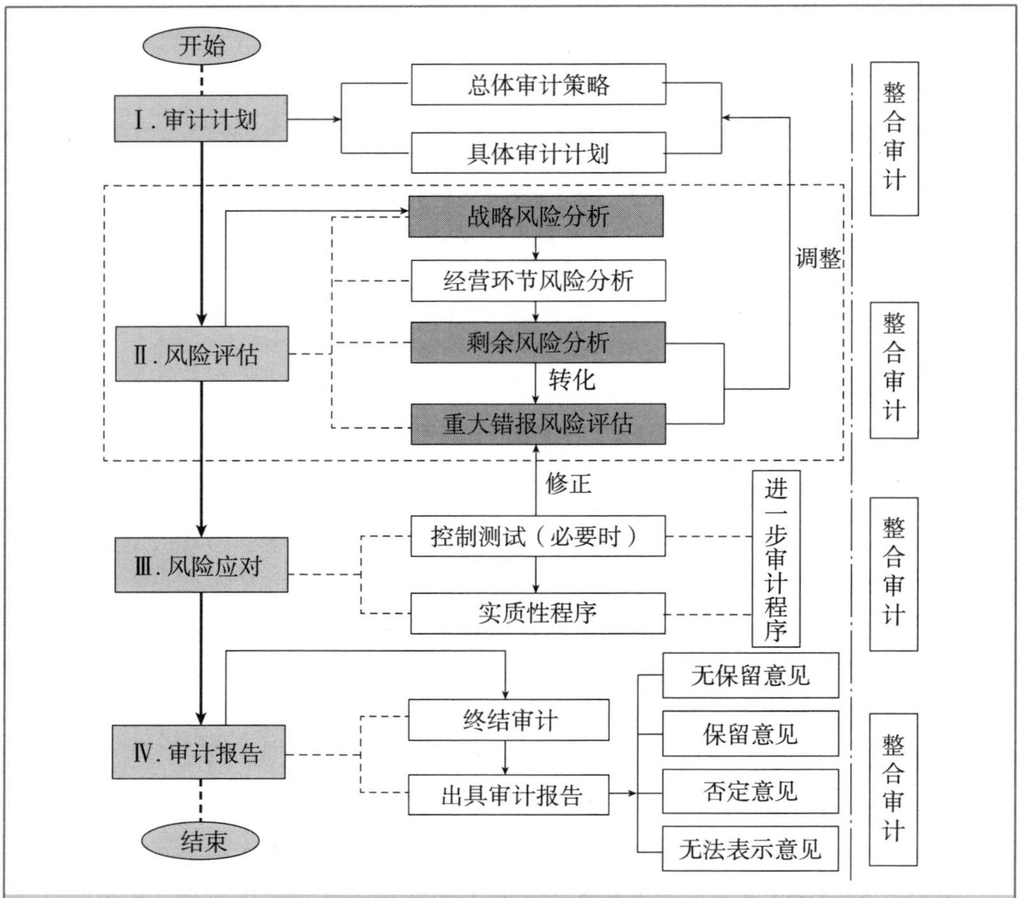

图7-1　战略风险分析在整体流程中的位置

第一节　战略理论与战略风险

引例

刷量、转型，直到打完最后一颗子弹——光圈直播为什么失败了?

2017年春节前，在停发薪水半年后，光圈直播的员工在未被告知的情况下，发现办公室已人去楼空。随后，公司首席执行官张轶在微信群中第一次正面谈论自己以及公司的失败，并随即解散了这个“要债员工群”。

2014年，光圈直播成立。2015年9月它获得了1 250万元的A轮之前的融资。光圈和整个直播行业的“高光时刻”都集中在2016年的前三个月。光圈从成立的那一天起就锚定了自己的竞争对手——映客，并试图用各种方式追击或是超越它。光圈直播最初的定位是图片社交，随后增加了直播的功能，它拒绝了传统的“秀场”模式，力图打造成全民直播平台。张铁认为：美女撑不起整个直播产业。很显然，“秀场”模式是行业中最快产生现金流和最容易实现盈利的模式。

当光圈直播原运营副总监小程（化名）疲惫地出现在记者面前时，距离他离职已经过去了3个月。小程介绍道，此前在校花选秀的热度和媒体曝光的双重推动下，光圈巅峰期拥有138个直播间，每个直播间最低有2 000人同时在线。而选秀结束之后，主播的热情和用户数同时锐减。6月，每天只有20～30个直播间，每个直播间仅有100～200人在线。“那个时候你刷光圈，直播间两三屏就没有了。”直播人数和在线用户同时锐减，张铁想到的解决方式并不是增加运营和品牌露出，而是开“刷假量”的渠道。从真人与机器人1∶4一路刷到1∶20，为的是维持表面上的繁荣。“最多的时候开4个渠道，有3个半都是刷量的。”见用户量毫无起色，张铁又决定砍掉C端，开始向B端转型。张铁自称已储备了四档体量近似《奇葩说》的专业生产内容（PGC），要将盈利模式转变成以广告为主，寄希望于找到优质的广告主，以求靠冠名费以及广告植入生存。然而，转型万分艰难。广告主都非常现实，他们宁可花大钱去投一个流量极好的平台，也不愿意花小钱在一些没有影响力的节目上。光圈的用户数量哪怕在巅峰期也只有50万，这个数字难以吸引好的广告主。刷量也是徒劳，曾经达成合作的冠名商猛狮科技，在发现节目效果未达预期之后，也拒绝支付后续的400万元款项。光圈直播深陷泥沼，难以自保。

对光圈来说最重要的新一轮融资，恰似拉磨的驴眼前挂着的那根胡萝卜，看起来近在咫尺，但却远在天涯，光圈的员工听不到确切的融资消息。倒是常看到有人来公司“视察”。“那些像观光团的人，一看也不像什么正经投资机构”。大家都知道，这栋叫作“光圈”的楼快要塌了。

资料来源：https://www.sohu.com/a/228584148_470082.

在上述引例中，光圈直播的失败主要是因为盈利模式单一、战略调整频繁、靠融资勉强维持，而运营成本却巨大，一旦资金链断裂，危机将不可避免。因此，审计师在应用风险导向审计的过程中，首先需要基于战略理论对公司战略管理的动态过程进行准确而适当的分析与还原，尤其需要评估公司特定的商业模式可能引发的战略风险。

第一节
即测即评

一、战略理论的发展

广义上，战略是公司为之奋斗的目标与公司为达到目标而寻求的途径的结合物；狭义上，战略是企业目前的和计划的资源配置与环境相互作用的基本模式，该模式表明企业将如何实现自己的目标。企业的战略具有计划性、全局性和长远性的特点。明茨伯格（Mintzberg，1998）提出了著名的5P模型，他认为，从企业未来发展看，战略表现为一种计划（plan）；从企业过去发展历程看，战略表现为一种模式（pattern）；从产业层次看，战略表现为一种定位（position）；从企业层次看，战略表现为一种观念（perspective）；战略还表现为企业在竞争中采用的一种计谋（ploy）。

战略管理是指对企业战略的管理，包括战略制定/形成（strategy formulation/formation）与战略实施（strategy implementation）两个部分。战略管理是企业确定其使命，根据组织外部环境和内部条件设定企业的战略目标，为保证目标的正确落实和实现进行谋划，并依靠企业内部能力将这种谋划和决策付诸实施，以及在实施过程中进行控制的一个动态管理过程。这一动态过程的特点包括：(1) 战略管理不仅涉及战略的制定和规划，而且涉及将制定的战略付诸实施的管理，因此是一个全过程的管理。(2) 战略管理不是静态的、一次性的管理，而是一个循环往复的动态管理过程。它需要根据外部环境的变化、企业内部条件的改变，以及战略执行结果的反馈信息等，重复进行新一轮战略管理的过程，是不间断的管理。

1965年，伊戈尔·安索夫（Igor Ansoff）出版了《企业战略》，成为现代企业战略理论研究的起点。此后，很多学者积极地参与企业战略理论的研究，形成了多种不同的理论学派，包括：(1) 计划学派，战略形成是一个程序化过程；(2) 设计学派，战略形成是一个构思过程；(3) 定位学派，战略形成是一个分析过程；(4) 创意学派，战略形成是一个构筑愿景的过程；(5) 认知学派，战略形成是一个心智过程；(6) 学习学派，战略形成是一个自发过程；(7) 权力学派，战略形成是一个协商过程；(8) 文化学派，战略形成是一个集体思维过程；(9) 环境学派，战略形成是一个适应性过程；(10) 结构学派，战略形成是一个变革过程。

20世纪80年代以来，随着企业战略理论和经营实践的发展，企业战略理论的研究重点逐步转移到企业竞争层面，形成了竞争战略理论、动态竞争战略理论、战略生态理论等。

（一）竞争战略理论

基于企业竞争战略理论涌现出了三大主要战略学派：行业结构学派、核心能力学派和战略资源学派。

1. 行业结构学派

该学派由美国著名的战略学家迈克尔·波特创立，他是当今世界上最具代表性的战略理论家。波特深受以梅森（Mason）和贝恩（Bain）为代表的产业结构理论的影响，并且致力于将产业组织理论应用于企业竞争战略的研究。波特的杰出贡献在于他实现了产业组织理论和企业竞争战略理论的创新性兼容，并把战略制定过程和战略实施过程有机地统一起来。波特认为，构成企业环境的关键部分是企业投入竞争的一个或几个行业，行业结构极大地影响着竞争规则的确立以及可供企业选择的竞争战略。为此，行业结构分析是确立竞争战略的基石，理解行业结构永远是战略制定的起点。企业在考虑竞争战略时必须将其与所处的环境相联系，而行业是企业经营的最直接的环境；每个行业的结构又决定了企业的竞争范围，从而决定了企业潜在的利润水平。

为此，波特创造性地构建了五力分析模型（Porter's five forces model），他认为一个行业的竞争状态和盈利能力取决于五种基本竞争力量之间的相互作用，即供方讨价还价的能力、买方讨价还价的能力、进入者的威胁、替代品的威胁和同业竞争者的竞争程度，而每种竞争力量又受到诸多经济技术因素的影响。因此，当影响行业竞争的作用力以及它们产生的深层次原因确定以后，企业的当务之急就是分析自己在所处行业中的强项和弱项，并据此作出正确的战略（定位）决策。在这种指导思想下，波特提出了赢得竞争优势的三种基本战略：成本领先战略、差异化战略和专一化战略。企业可以结合具体形势，选择适当的战略，以形成其在行业内的竞争地位。

竞争战略之父——迈克尔·波特

迈克尔·波特是哈佛大学商学院著名教授，他开创了企业竞争战略理论并引发了美国乃至全世界关于竞争力的讨论，先后获得大卫·威尔兹经济学奖、亚当·斯密奖，五次获得麦肯锡奖。他出版了十几部著作，其中《品牌间选择、战略及双边市场力量》(1976)、《竞争战略》(1980)、《竞争优势》(1985)、《国家竞争力》(1990) 等最有影响力，《竞争战略》《竞争优势》已经再版多次，并被译为多种文字。

迈克尔·波特是当今世界上竞争战略和竞争力方面公认的权威，他所获得的崇高地位缘于他所提出的五种竞争力量和三种竞争战略的理论观点。

2. 核心能力学派

自 20 世纪 80 年代后期，为突破波特战略思想的局限，并关注公司选择相关或非相关多元化战略的有效性，以普拉哈拉德（C. K. Prahalad）、哈默（Gary Hamel）、斯多克（George Stalk）、伊万斯（Philip Evans）、舒尔曼（Lawrence E. Shulman）、提斯（David J. Teece）等人为代表的一批学者提出了企业核心能力理论，并成为战略管理领域的主流理论之一。核心能力学派的兴起意味着对竞争战略和竞争优势的研究从企业外部的行业结构与定位观向企业内部的能力观转变。

一般说来，企业的核心能力具有如下特征：(1) 它可以使企业进入各种相关市场参与竞争，具有一定程度的竞争优势；(2) 它不会轻易地被竞争对手模仿；(3) 它来自组织内的集体学习、经验规范和价值观的传递；(4) 它呈现一种动态的非均衡状态，随着外部经营环境和内部企业目标的变化，可以持续不断地积累、培养、维护和扬弃。

该学派认为，现代市场竞争与其说是基于产品的竞争，不如说是基于核心能力的竞争。因此，企业战略的目标就在于识别和开发竞争对手难以模仿的核心能力。企业的高层管理者应围绕培育和增强核心能力来制定企业的发展战略：（1）以企业核心能力为基础制定进攻性的战略目标；（2）围绕设定的核心能力进行组织变革，并确保每个员工都拥有达到战略目标所要求的专门技能和资源；（3）监测竞争战略实施效果，并将测评效果与员工报酬结合起来。

3. 战略资源学派

20世纪80年代中期以来，战略资源学派已成为战略管理理论中的另一个重要流派。1984年，伯格·沃纳菲尔特（Birger Wernerfelt）在美国的《战略管理》杂志上发表了《企业资源学说》，提出了公司内部资源对公司获利并维持竞争优势的重要意义。他认为，同外部环境相比，公司内部环境对企业创造市场优势具有决定性的作用；企业内部的组织能力、资源和知识的积累是解释企业获得超额收益、保持竞争优势的关键。

在战略资源学派看来，企业战略的主要内容是如何培育企业独特的战略资源，以及最大限度地优化配置这种战略资源的能力。在实践中，企业的资源和能力各不相同，同一行业中的企业不一定拥有相同的资源和能力。企业战略资源和运用这种战略资源的能力方面的差异，就成为企业竞争优势的源泉。该学派认为，每个组织都是独特的资源和能力的结合体，这一结合体是企业竞争战略的基础。因此，企业竞争战略的选择必须最大限度地有利于培植和发展企业的战略资源。

（二）动态竞争战略理论

20世纪90年代以来，全球企业面临的竞争环境更加多变和难以预测。面对竞争环境的快速变化、产业全球化竞争的加剧、竞争者富于侵略性的竞争行为以及竞争者面对一系列竞争行为进行反应所带来的挑战，一些管理学者提出了新的战略理论，即动态能力论和竞争动力学理论。

1. 动态能力论

随着环境的变化，以资源和能力为基础构筑竞争优势的理论受到了威胁，资源的惯性和能力的刚性使企业面临着资产和能力价值降低的风险。提斯、皮萨罗（Pisano）和肖恩（Shuen）在《动态能力与战略管理》（1997）一文中提出了动态能力理论，他们秉承经济学家熊彼特（Joseph Alois Schumpeter）的“创造性毁灭”思想。动态能力指整合、构建和重置公司内外部能力的能力，以适应快速的环境变化。克服能力中的惯性和刚性是动态能力理论的灵魂。为利用“过剩”能力并适应外界变化，必须用创造性破坏来打断原来的连续成长过程。企业的评估能力、整合能力、学习能力和技术创新能力构成了企业的动态核心能力。

因此，动态能力理论将重点放在了企业学习与产生能力的机制上。企业通过建立一种有效的组织学习机制，不断重构企业的能力，期望形成企业长期、动态的竞争优势，即可持续竞争优势，增加战略柔性，使企业在环境变化时，能够迅速做出调整。组织过程、位置和路径是动态企业能力理论框架中的三个关键要素，企业需要持续不断地适应环境，否则会面临能力适应风险。

2. 竞争动力学理论

竞争动力学理论是在企业能力理论和企业资源理论的基础上，通过对内外部影响企业经营绩效的主要因素——企业间的相互作用、参与竞争的企业质量、企业的竞争速度和灵活性进行分析，来回答在动态的竞争环境下，企业应该怎样制定和实施战略管理决策，才能获得超过平均水平的收益和维持竞争优势。第一，它研究处于竞争状态的企业之间的竞争作用，这种竞争作用产生的原因，以及发生的可能性；第二，它研究和分析影响企业竞争或对竞争进行反应的能力要素；第三，它对不同条件下的竞争结果进行分析和对比。

（三）战略生态理论

詹姆斯·摩尔（James Moore）1993 年发表了《捕食者与被捕食者：一种新的竞争生态学》，1996 年出版了其专著《竞争的衰亡：商业生态系统时代的领导与战略》，标志着竞争战略理论发生了重大突破。他提出了“商业生态系统”（business ecosystem）的概念，就是以组织和个人的相互作用为基础的经济联合体，企业不应把自己看作单个或扩展的企业，而应把自己当作一个包括供应商、主要生产者、竞争者和其他利益相关者等在内的企业生态系统的成员，并从现代生态学的角度透视整个商业活动，用生态学新解商业运作、用系统化反思竞争的含义。他认为在商业活动中共同进化是一个比竞争或合作更为重要的概念，他把商业生态系统的发展分为开拓、扩展、领导和自我更新四个阶段。图 7－2 给出了一个简单的商业生态系统示意图。

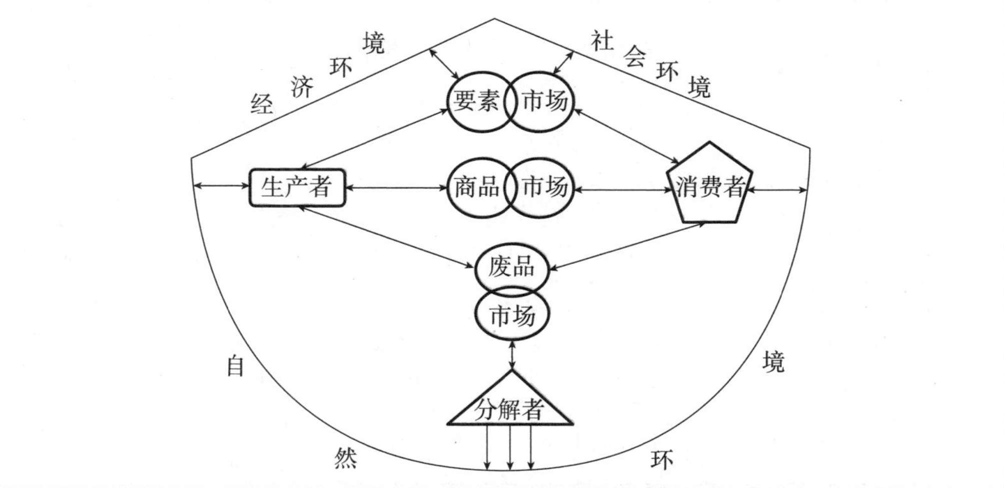

图 7－2　商业生态系统示意图

该理论超越了 20 世纪 90 年代以前的战略管理理论偏重竞争而忽视合作的局限。欧文·拉兹洛（Ervin Laszlo）等人认为，在经济飞速发展的今天，竞争越来越激烈，企业面临来自自然生态环境、社会生态环境以及适应消费者变化等的严峻挑战，为此，他们将广义进化论的思想应用于企业管理，提出“进化重构”的思想和方法。此外，肯·巴斯金（Ken Baskin）和理查德·达夫特（Richard L. Daft）在《组织理论与设计精要》中分别介绍了市场生态、组织生态等战略生态的相关概念。

战略生态理论是解决战略环境复杂性升级、适应网络时代的新的企业战略管理模式和思维逻辑。它打破了传统战略思维：行业固定不变、过分关注直接竞争对手、把公司看作“独立、自治的实体”，以及仅仅考虑自身利益来研究企业竞争战略的藩篱。战略生态管理是一种系统管理，不仅包括企业自身将采取的战略，而且还包括对整个战略生态系统的识别、规划、实施、评价和自我更新等进化过程的管理。战略生态系统是由企业赖以生存、发展的外部环境或战略环境形成的，它是企业及其利益相关者构成的集群，是一种复杂的生态系统。

战略生态管理主要有如下特点：(1) 战略生态的目标既要考虑自身利益，也要考虑生态系统的整体利益，更要从长远利益和大局考虑所创建的提供可持续盈利机会的各种新的战略生态联盟。只有资源共享和责任共担，才能维持企业可持续的盈利和发展。(2) 战略生态建设与投资范围已超越企业是“独立、自治的实体”，它包括对核心生态系统和整个生态系统两方面的投资。(3) 战略生态超越了在定义明确的产业中竞争的传统战略思维，强调技术、产业边界发展与战略生态系统的协同进化，在某个生态系统中闻所未闻的技术可能会改变整个生态系统，因而战略生态强调生态进化，建立与技术、环境的长期适应性。战略生态思维与传统战略思维的主要区别如表7-1所示。

表7-1 战略生态思维与传统战略思维的比较

	传统战略思维	战略生态思维
战略制定的基本单位	行业和公司	战略生态系统和生态共同体
竞争性质与结果	你死我活、有你无我、有限的合作	协同进化，生物适应性
战略中心	企业自身利益	生态共同体的整体利益和公司在生态系统中的竞争地位
战略目标	经济行为的功能是公司内部管理良好并取得行业的平均利润	经济行为的功能是公司管理构成战略生态系统中各种联盟关系
合作范围	合作局限在直接供应商和顾客，改进传统供应商和顾客关系，维持现存行业或国家界限	合作扩展到所有参与者，并且不断引进新的参与者形成协同发展的共同体
竞争范围	行业内不同公司或产品之间	战略生态系统之间及特殊生态系统内部领导和中心之间
战略管理的重点	培育核心能力，建立有利的市场地位	建立核心能力，培育核心生态系统和扩展生态系统
技术假定与演化	本业之外的技术对企业的影响微乎其微	各种技术彼此交错，在某个企业里闻所未闻的技术正改变整个产业

续表

	传统战略思维	战略生态思维
行业假定与边界	行业结构固定不变	许多产业走向整合，其边界不断模糊，许多已经消失
竞争对手的确定	把行业内公司作为直接竞争对手	很难分清谁是竞争者，随着传统行业分界线逐渐消失，许多公司发现正与一些不大可能面对的对手进行着激烈的竞争
战略的性质	静态	动态

二、战略风险的形成

战略风险可以定义为战略性的风险（strategic risk）或来自战略的风险（risk of the strategy）。风险是指损失的不确定性，因此，战略风险就可以理解为企业整体损失的不确定性。经济全球化的不断深入，跨国经营企业规模和数量的不断扩大，企业间的联系和依存更加紧密，技术进步、客户需求的变化以及竞争的加剧，使企业面临的不确定因素增加，所有这些不确定因素都会导致企业战略风险的形成，影响企业战略目标的实现，甚至威胁企业的生存和发展。因此，战略风险因素也就是对企业战略目标、资源、核心竞争力、企业效益产生重要影响的因素。

安德鲁斯（Andrews，1971）认为，战略风险是战略性决策带来的风险。一些金融学家认为，战略风险是企业收益受宏观产业经济波动影响而发生损失的可能性。战略风险主要分为系统风险和非系统风险。在管理学研究领域，组织行为学者认为，战略风险是组织在市场竞争中为实现目标而呈现出的不可避免的风险。一些学者分别从管理决策、行业竞争排名、公司业绩和战略实施能力的不确定性等角度对战略风险的概念进行了界定，而亚得里安·斯莱沃斯基认为，战略风险管理就是战略管理。

战略风险主要来源于战略、资源、能力和环境四者之间的不匹配和不均衡，支撑竞争优势的资源和能力损伤或不足，外部环境的变化以及创造价值流程的变化。

分贝网：走上歪门邪道

2003 年 6 月，郑立和朋友一起创建了 163888 网站，寓意“一路上发发发”。随后，他们开发 K8 录歌软件，163888 逐渐成了中国首屈一指的网络歌手聚集地。香香、杨臣刚等网络歌手在网站成功推出，《老鼠爱大米》等网络歌曲风靡一时，让 163888 网站名声大噪，号称“华人第一音乐社区”。

2004 年 10 月，美国国际数据集团投资 200 万美元（据悉，最终投资并没有完全到位），占 20%股权。2006 年，网站注册用户达到 1 200 万。同年，163888 获得了阿尔卡特风险投资的 600 万美元投资，占 12%股权。2007 年 6 月，网站启用了新名字和新域名：分贝网，但盈利模式并没有根本转变。依靠卖空间和收取会员费的盈利模式难以为继，广告成了分贝网主要的收入来源。2009年，郑立因涉嫌经营色情视频聊天业务被捕。2010年1月，此案开庭审理，郑立当庭认罪。郑立涉足色情业务的原因尚不知晓，但分贝网日渐衰弱则是不争的事实。公司处于亏损状态，新的投资却始终没有到位。

可见，第一，有效的盈利模式才是可持续发展的关键；第二，君子爱财，取之有道，否则将引发战略风险。

资料来源：https://xueqiu.com/7855088028/20544878?page=1.

（一）罗伯特·西蒙的观点

罗伯特·西蒙将战略风险的来源和构成分成四个部分：（1）运营风险；（2）资产损伤风险；（3）竞争风险；（4）商誉风险（见表7-2）。

表7-2 罗伯特·西蒙对战略风险的类型划分

类型	具体方面
运营风险	（1）企业产品结构、新产品研发方面可能引发的风险。 （2）企业新市场开发，市场营销策略（包括产品或服务定价与销售渠道，市场营销环境状况等）方面可能引发的风险。 （3）企业组织效能、管理现状、企业文化，中高层管理人员和重要业务流程中专业人员的知识结构、专业经验等方面可能引发的风险。 （4）质量、安全、环保、信息安全等管理中发生失误导致的风险。 （5）因企业内外部人员的道德风险或业务控制系统失灵导致的风险。 （6）企业现有业务流程和信息系统操作运行情况的监管、运行评价及持续改进能力方面引发的风险。
资产损伤风险	（1）财务损伤所导致的风险，指资产负债表上用于再出售和作为从属抵押品的重要资产发生市场价值的减值造成的风险。 （2）知识产权损伤所导致的风险，主要指失去或者损伤这些知识产权等无形资产的可能性形成的重要的战略风险。 （3）财产意外损伤，如地震、水灾、火灾、恐怖活动等导致的资产损伤风险。
竞争风险	（1）同行业竞争者引发的竞争风险。 （2）行业潜在竞争者引发的竞争风险。 （3）除了国内竞争者外，国际市场竞争可能引发的竞争风险。
商誉风险	（1）自然灾害，如地震、火灾和飓风使得公司在灾难中的表现是风险的潜在来源，公司危机公关的处理方式可能引发的商誉风险。 （2）竞争对手的攻击可能引发的商誉风险。 （3）人为灾难，如道德欺诈等商业道德的不诚信或欺诈行为导致的企业的商誉风险。

（二）巴德的观点

巴德（Budd）借鉴雷蒙德·迈尔斯（Raymond Miles）和查尔斯·斯诺（Charles Snow）在1978年《组织的战略、结构和过程》一书中的观点提出了战略风险系统的多维度模型。他认为战略管理必须解决好三个方面的问题：创业性问题、工程技术问题、管理问题，这些问题解决不好，就会给企业带来战略性风险。以上三个方面的问题产生于企业同整体环境之间的关系、企业同产品市场环境之间的关系。相对应的，战略风险也产生于以上三种问题，对应创业风险、运作风险、竞争风险。而公司战略、组织机构设置、竞争战略分别通过协调以上三种关系来影响相应战略风险。巴德将以上三类环境的主要特征指标化和定量化，提出了各战略风险构成部分同环境变化之间的关系，即战略风险系统的多维模型及巴德验证的假设关系。

（三）贝尔德的观点

贝尔德（Baird）在归纳了金融、市场、心理学、危险管理理论及先前战略管理领域对风险的定义之后指出：既然对战略风险的定义如此之多，就说明战略风险是多侧面、多特性的，完整的战略风险概念应该将全部合理的风险定义纳入其中，不同环境下各风险表现出不同的重要性。贝尔德根据企业内外部系统的层级特征将战略风险划分为产业风险和企业风险两个层次。产业风险即产业内的所有企业都要面对的风险，企业风险是由企业自身因素决定的风险。

分众传媒——热钱冲昏了头脑而陷入投机的漩涡?

不是官二代，没有富爸爸，没有海归背景，不是技术出身……江南春完全凭借自己的勤奋努力，本科毕业十年内取得了 5 000 万元人民币的资产，并在广告业积累了广泛的人脉和对媒体深刻的洞察。2003 年，在好友陈天桥的“刺激”下，江南春开始反思自己循规蹈矩的创业模式，并终于寻找出楼宇视频广告这个新的蓝海，短短两年时间成功登陆纳斯达克股市。

上市之后，分众传媒表现出了“秦王扫六合”的气势，一举收购了聚众、框架、玺诚等众多竞争对手，在楼宇广告市场一统江湖；并通过好耶、分众无线、央视三维布局互联网、手机移动、电影院线的广告，意图打造中国最大的“生活媒体圈”！巅峰时期，分众股价高达每股 66 美元，市值超过 80 亿美元，和百度一并成为中国仅有的纳斯达克股指企业。在分众跃过 50 亿美元的关口，江南春就贸然提出成长为 200 亿美元、分拆多家上市公司、成就中国最大的媒体集团的口号。

但事情往往欲速则不达。江南春在战略上有两个败笔，一是没有在中央系统上做文章。统一的广告投放平台是构建楼宇广告帝国新大厦的基础，但分众在两端都没有做实。楼宇广告这种模式有核心资源难以统一管理的问题。销售资源和客户都在个人手里，不在中央平台和品牌手里，所以很快遭遇规模门槛。在广告主这一端，分众也缺乏一个中心平台进行深度的数据挖掘和适配性智能投放。终端没有实现全部实时在线，这也导致了广告主资源的碎片化，更不用提数据挖掘带来的巨额增值效应。二是团队建设不力。由于持续收购，一路狂奔，分众最高管理团队甚至由被收购对象组成，团队本身没有磨合好，最终造成分众股价狂泻之前却没有预警，之后无力回天作鸟兽散的困局，最终股价降到只有一折多。给予分众致命一击的是2008年的3·15晚会。由于旗下公司分众无线涉嫌发送垃圾短信，分众传媒被央视曝光。自此之后，分众股价一路下跌，直到每股4.5美元，市值6.3亿美元，蒸发了近80亿美元！

可见，分众传媒的困局发端于其追求连续并购的业绩“增长”，而淡化了管理、产品以及满足客户需求的创新意识，单纯满足于资本扩张，导致其在对待商业规则上采取一些冒进甚至危险的战略，进而引发战略风险。

三、商业模式对战略风险的影响

商业模式（business model）是指企业与企业之间、企业的部门之间、企业与顾客之间、企业与渠道之间存在的各种各样的交易关系和连接方式的总称。商业模式来自创业者的创意，而创意来自机会的丰富和逻辑化。其形成的逻辑是：机会是经由创造性资源组合传递更明确的市场需求的可能性（Schumpeter，1934；Kirzner，1973），是未明确的市场需求或者未被利用的资源或者能力。商业模式是一种包含了一系列要素及其关系的概念性工具，用以阐明某个特定实体的商业逻辑。它描述了公司所能为客户提供的价值以及公司的内部结构、合作伙伴网络和关系资本（relationship capital）等用以实现（创造、推销和交付）这一价值并产生可持续盈利收入的要素。

从系统观的角度看，商业模式是一个企业满足消费者需求的系统，这个系统负责组织管理企业的各种资源（资金、原材料、人力资源、作业方式、品牌和知识产权、企业所处的环境等，又称输入变量），形成能够提供给消费者的无法自给而必须购买的产品和服务（输出变量），因而具有自己能复制且别人不能复制，或者自己在复制中占据市场优势地位的特性。商业模式是对一个组织如何行使其功能的描述，是对其主要活动的提纲挈领的概括。它定义了公司的客户、产品和服务，还提供了有关公司如何组织以及创收和盈利的信息。商业模式与（公司）战略一起，主导了公司的主要决策。

商业模式的革新能在一定时间内给公司带来竞争优势，但是随着时间的改变，公司必须不断地重新思考它的商业设计，一个公司的成败与否最终取决于它的商业模式是否符合消费者的优先需求。

商业模式和企业战略之间的关系体现在：商业模式是战略的具体反映，战略是商业模式的组成部分，战略与商业模式是一种互补的关系。

（一）商业模式是战略的具体反映

战略的概念较商业模式更早出现。从战略的概念看，它更倾向于宏观的长期规划；而从商业模式的概念看，它则更倾向于具体价值创造规则的制定。所以，一些学者认为，商业模式是战略的一种具体表现。虽然大多数使用这两个概念的学者认为商业模式与战略的意思大致相同，但是事实上，商业模式发挥着明显不同于战略的潜在作用。有学者指出企业的商业模式应该被看作波特提出的企业竞争战略的一种缩影，它概述了企业以其各种利益相关者的价值主张为目标并为客户创造和提供价值的活动系统的基本细节。但商业模式又与战略不同，它反映一个企业的竞争定位，可能会适用于许多不同的企业。因此，商业模式是一种战略的具体反映的观点被一些学者广为使用。

（二）战略是商业模式的组成部分

基于商业模式涉及更广泛的价值伙伴，不仅包括某个企业，而且包括整个价值链中的每个利益相关者的价值获取与创造，可以说商业模式的范围比战略更广泛，它包括了战略。商业模式在限定的市场上创造可持续竞争优势，涵盖战略、创业领域、组织结构、价值链、运营管理、市场细分和可持续竞争优势等内容。商业模式包括战略和运营有效性的利润导向等各个方面，并与企业战略息息相关。因此，战略是商业模式的重要组成部分。

（三）战略与商业模式是一种互补的关系

有学者认为，战略与商业模式是完全不同的两个概念，并非一个词的两种语义。事实上，商业模式与战略是无法相互替代，而是互补共生的。目前商业模式已超越技术层面，日益关注企业整体运作和价值创造与获取的协调。因此，商业模式也越来越多地增加了更多的战略内容，如核心资源、价值提供、关系网络、目标市场等。这使商业模式和战略呈现互补的趋势，只是这种互补是建立在一定差异基础上的。

以上三种观点尽管存在不同之处，但它们都强调商业模式与战略是相互影响又相互补充的。战略强调竞争并获取企业绩效，而商业模式关注通过具体活动形成的系统为企业谋利；战略重视外部竞争，而商业模式关注内部经营。如果能将商业模式与企业战略相互匹配，将外部竞争与内部经营进行结合，就会为企业获得绩效、创造价值，使企业获得持续竞争优势。相反，如果商业模式与企业战略不匹配，则无法达到企业的最终战略目标，这将引发战略风险，从而导致企业的失败。

因此，公司商业模式设计上的缺陷将会产生公司战略风险。对审计师而言，对客户的战略风险进行分析与评估包含对客户的商业模式的合理性及其与公司战略的匹配度进行的分析与评估。

顺丰嘿客：尴尬的商业模式对零售跨界的失败

2014 年 5 月 18 日，顺丰正式推出嘿客，并且短时间内就铺了 2 000 多家店铺。顺丰实施“速运”战略，嘿客是顺丰旗下网购服务社区店，通过整合渠道资源，为顾客提供更灵活、更便捷、更智能化的线下社区服务体验。嘿客便利店，除了可以提供快递物流业务、虚拟购物外，还具备 ATM、冷链物流、团购预售、试衣间、洗衣、家电维修等多项业务。顺丰嘿客店内的海报、二维码墙放置虚拟商品，顾客可以通过手机扫码、店内下单购买。虽然由中国民营快递“第一天团”打造，顺丰嘿客还是遭遇了滑铁卢。2015年，顺丰嘿客改成了顺丰家，但仍然没有扭转局面，产生了巨额亏损。

顺丰嘿客究竟败在哪里？顺丰嘿客定义于零售渠道，但是与其他零售渠道相比，它没有任何优势，处于极为尴尬的境地。无论是与线上零售（电商）相比，还是与线下零售相比，它都没有竞争优势，这就是其失败的原因。零售对于顺丰而言是新领域，缺乏经验，这就导致了新问题——顺丰在线下零售业的探索，在某些层面上违背了消费需求。

1. 与线上零售相比，嘿客缺乏线上烧钱烧出的价格优势、先发优势、品牌影响力

在顺丰嘿客的门店，没有产品陈列，只是通过海报、iPad等方式展示海量商品，客户预付货款购买所需商品，就可享用顺丰的高质物流服务。这种只看展示图片，无法现场购买，基本上就是线上电商的翻版——看图片、无法体验、下单再说。但是，嘿客忽略了一个关键环节，即线上的所有一切都是几年巨资“烧”出来的。

2. 与线下零售相比，嘿客缺乏线下大店体验、小店即时性购买的优势

与线下零售相比，嘿客同样缺乏优势。线下可提供大件需求体验感、小件需求即时性的消费。这两种消费的区别就是低频、单价高与高频、单价低的特点，前者集中在大店，后者集中在便利店。

作为零售业态之一，缺乏自己的竞争优势，嘿客的境遇可想而知。顺丰嘿客是线上的图片展示，却又注重线下体验的模式，这种反潮流、反体验的商业模式显然无法实现顺丰想要试水零售业的战略发展目标，也使顺丰在零售业遭遇了滑铁卢。

第二节　战略风险分析方法

引例

柯达——倒在战略转型上的巨人

2012年1月19日，131岁高龄的柯达终究未能延续自己的辉煌历史，曾经的龙头老大不得不向法院递交自愿破产业务重组申请，正式宣告一代胶卷巨人的陨落。

柯达在1975年开发出世界上第一台数码相机之时，或许未曾想过将在其后的数码浪潮中落伍。彼时，柯达处于最鼎盛的时期，胶片业务笑傲全球，并牢牢占据美国90%的胶卷市场和85%的相机市场，完全未曾预料到数码时代将带来的“创造性破坏力”。1999年，美国市场传统胶卷的销售增长速度仍高达14%。好景不长，2000年底胶卷需求开始停滞。柯达在此刻仍认为胶卷的没

落是由整体经济衰退造成，并做出了错误的战略决定：死守现金牛业务——传统胶卷，而放弃明星业务——数码相机。相比之下，尼康、佳能等竞争对手早已嗅到数码影像崛起、传统胶片没落的信号，纷纷争先恐后地在数码影像的狂潮中筑坝扎营、抢占市场，只留柯达依旧躺在传统胶片上沉睡。

随着数码影像市场如火如荼的发展，柯达这家百年老字号终于意识到自己走到了十字路口：主营的胶卷业务占据了市场的半壁江山，但影像数码化的发展趋势也越来越明显。柯达将如何选择？在昔日光环的萦绕下，柯达遇到了一家规模庞大的百年老店常常会遇到的问题——尾大不掉、多层管理、效率低下、人事冗杂。传统业务部门对决策影响力甚大，企业资源也会优先配置到传统业务部门，新的数码业务短期内没有显著的现金收入，往往在策略层面被轻视，在执行层面被排挤，这也就导致柯达转型迟缓。此外，保守的态度早已深入到这家公司的骨髓，曾经的柯达大中华区总裁陈志轩曾说："想法可以激进，但做事最好还是谨慎些。"

战略上的一再迟疑，导致柯达错失数码转型的恰当时机。2003 年柯达下定决心转型时，为时已晚。佳能、富士等日本品牌已占据龙头地位，就连韩国三星等企业亦已初具规模。柯达丧失了占领数码影像潮流的先机，一步步滑向衰败的深渊。战略的失误，导致柯达错失良机，最终落得破产的境地。由战略可能引发的风险不容忽视！

如本书第五章所述，现代风险导向审计从战略观和系统观的角度出发，以"战略风险分析—经营环节风险分析—剩余风险分析"为风险评估主线，通过处在该主线最前端的战略风险分析，审计人员可以了解被审计单位及其内外部环境，从而充分识别并评估被审计单位可能存在的重大错报风险，并针对这些风险实施相应的审计程序。因此，如何识别和评估客户的战略风险是每位审计人员应当重视的问题。本节主要阐述审计师对客户进行战略风险分析的步骤与方法。

第二节
即测即评

一、战略风险分析的步骤

审计师对客户进行战略风险分析的重要职责之一就是理解公司战略及相关风险，并评估管理层的战略风险管理措施是否恰当。在审计的过程中，战略风险评估通常是由具有丰富经验的高级审计经理或项目合伙人来执行的。在这个过程中，将战略风险评估与公司战略和战略执行程序直接联系起来是非常重要的。评估的精确形式以及产生的战略风险评估文件，取决于会计师事务所风险评估程序的技术、方法及职业判断。需要强调的是，基于风险的动态性，在审计过程中对客户的战略风险评估是一个系统而持续的过程，而非一次性事件。通常而言，审计师的战略风险评估包括五个步骤。

（一）深刻理解公司战略

理解公司战略及其关键组成部分，重点是识别与核心战略相关的具体风险。这一步骤所需要的信息大部分可以在公司和业务部门的计划、战略总结以及管理层和董事会的资料中获得。在这一步骤中，审计师应该对公司战略的关键构成元素以及它们与回报驱动战略（return drive strategy）框架的联系有深入清晰的理解。例如，公司战略中涉及合作的部分的关键行为需要在评估中考虑并鉴别，包括合资企业、离岸外包、业务外包或者其他联盟形式。一家公司可能有多种合作安排，其中有些风险相对较低，例如经营餐厅；但是其他的，比如信息技术外包，也许承担着很高的风险。据此，关键的问题在于哪个合作者、采用何种合作方式对于客户的战略执行来说是最为重要的，这些都需要审计师努力去识别。

（二）收集战略风险相关的观点与数据

这一步骤的目的是审计师从管理层和董事会收集与核心商业战略相关的主要战略风险的观点和数据，收集的方法包括行政访谈、调查以及座谈会反馈。在进行这一步时，审计师应对公司文化加以考虑。有的公司能够很好地接受调查，有的则不能。如果管理者分布很广，个人面谈可能难以实施，因而远程会议或者电话访谈就成为不错的选择。个人面谈时，包括业务部门领导、管理层的主要成员都应参与。对于审计师而言，获得董事会成员，特别是审计委员会成员和公司的内外部审计人员的想法也是十分有用的。

通常而言，比起简单地询问客户高管什么是战略风险这样的开放式问题，提供重点框架或者范围会使得访谈更为有效。此时，战略风险管理框架非常有用。战略风险管理框架的组成部分与回报驱动战略框架的原理相对应，讨论的问题将从战略风险管理框架里有风险的部分产生。审计师应鼓励参与者去识别他们认为会抑制公司完成战略、实现商业目的能力的外部风险，包括系统风险、新兴风险领域或管制等其他外部风险，并邀请参与者对他们识别出来的风险可能的严重程度或是影响力进行评级。

（三）初步测绘客户战略风险图

审计师可以应用前两步中收集到的信息准备一份初步的客户战略风险图，战略风险图是用不同的色彩表示不同层次风险的热点地图。在执行这一程序的过程中，审计师应该就潜在层面的问题或者与某个风险区域或类型相关的影响与客户管理层进行交流。审计师应关注那些因其极低的可能性而经常被轻视的系统性风险。战略风险图的细节和复杂程度应该反映会计师事务所风险评估程序的成熟程度及其有效性。

（四）验证并量化客户战略风险

初步的客户战略风险测绘必须通过审计程序的进一步验证，以确保其准确地反映客户最重要的战略风险。在执行这一步骤时，需要采取项目小组讨论的方式，这对于战略风险的量化评估极为重要。审计师验证并量化客户的战略风险时，应询问客户关于减轻和监控战略风险的计划，并观察客户执行这些计划的有效性，包括但不限于验证客户管理层的以下行动：（1）客户是否执行了部分风险应对活动或策略；（2）客户是否使用了相关的风险监测工具，包括平衡计分卡（balance score card）和战略地图（strategic map）等；（3）客户是否将战略风险管理工具整合到战略执行过程中并定期更新战略风险文件；（4）客户是否能针对识别的新的或正在出现的风险设计及时的风险应对程序。

（五）确定客户战略风险的传导

战略风险评估程序对于审计师的价值在于：帮助审计师评估客户战略风险对财务报表重大错报风险的直接传导，或经由客户经营风险而对财务报表重大错报风险的间接传导。因此，在执行这一步骤时，审计师应确定已识别的战略风险中哪些可能直接转化为客户财务报表重大错报风险，哪些会传导至公司经营环节进而影响重大错报风险。

二、战略风险分析的方法

战略风险的基本来源包括宏观经济环境、行业环境和内部环境（公司性质、目标及战略），审计师可以用来识别、评估、分析这些战略风险的工具包括：PEST 分析法、五力分析法和 SWOT 分析法。如本章第一节所述，公司商业模式设计上的缺陷将会产生公司战略风险，审计师可以利用画布分析法对来自商业模式的客户战略风险进行分析与评估。鱼骨图分析法能够清晰明了地梳理、展示各种风险之间的逻辑关系，是公司战略风险的综合分析方法。熟练掌握并运用这些分析方法（见图 7－3）剖析被审计单位的战略风险是每位审计人员必须掌握的技能。

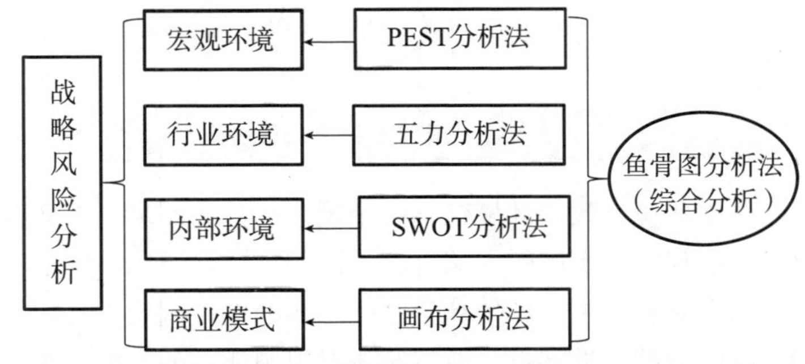

图 7－3　战略风险的来源及其分析方法

（一）宏观环境分析——PEST 分析法

1. 相关审计准则内容

《中国注册会计师审计准则第 1211 号——重大错报风险的识别和评估》中指出，注册会计师应当了解被审计单位所处经济环境的情况，主要包括：国民经济的景气程度；利率和资金供求状况；通货膨胀水平及币值变动情况；政府的财政、货币、税收、贸易等政策；汇率及外汇管制等。

在以上列举的情况中，与被审计单位关系密切的因素必须引起审计人员的特别关注。例如，当政府准备加征进口农产品的关税时，该事项可能对一家从事食品生产的被审计单位影响很大，而对一家技术研发企业的影响可能很小。又如，主要从事进出口贸易的被审计单位受汇率波动的影响要比一个只从事国内贸易业务的企业大得多。再比如，一国政府在贸易垄断方面的政策和对外国企业的态度可能会对跨国企业产生重大影响。低失业率使得企业找到足够劳动力的难度加大，导致企业可能面临增加工资的压力。能源成本的高低几乎能够影响所有企业。

2. PEST 分析模型

影响被审计单位经营的宏观环境可以使用 PEST 模型进行分析，主要包括政治环境、经济环境、社会环境和技术环境这四个方面，如图 7－4 所示。有时也可以使用 PEST 分析法的扩展形式，如 PESTLE 分析法、STEEPLE 分析法等，即增加自然环境、法律环境、道德环境等维度，使得分析结果更加全面。

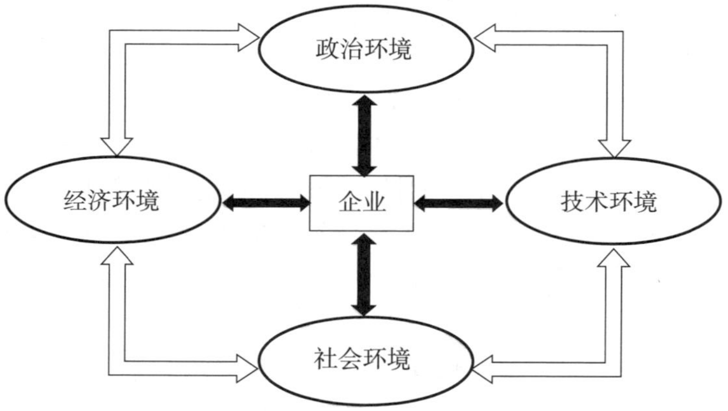

图 7－4 PEST 分析法

（1）政治环境。政治环境包括一个国家的社会制度，执政党的性质，政府的方针、政策、法规等。不同的国家有着不同的社会性质，不同的社会制度对组织活动有着不同的限制和要求。即使社会制度不变的同一国家，在不同时期，由于执政党的不同，其政府的方针特点、政策倾向对组织活动的态度和影响也是不断变化的。

（2）经济环境。经济环境可以分为宏观和微观两个方面。宏观经济环境主要指国民经济发展水平和发展速度，包括人口数量及其增长趋势，国民收入、国民生产总值及其变化情况。人口因素决定了劳动力资源和市场总规模，宏观经济的景气程度给企业的发展带来机遇和挑战。微观经济环境主要指企业所在地区或所服务地区的消费者的收入水平、消费偏好、储蓄情况、就业程度等。这些直接决定着企业目前及未来的市场大小。

(3) 社会环境。社会文化环境包括一个国家或地区的居民受教育水平、文化水平、宗教信仰、风俗习惯、价值观念、审美观点等。社会环境会对企业经营产生潜移默化的影响。例如，受教育水平和文化水平会影响消费者的需求层次；宗教信仰和风俗习惯会禁止或抵制企业进行某些活动；价值观念会影响居民对组织目标、组织活动以及组织存在本身的认可与否；审美观点则会影响人们对组织活动内容、活动方式以及活动成果的态度。随着经济全球化程度不断加深，处于国际性经济网络中的企业所面临的社会文化环境更加复杂，若处理得当，就能让企业的生产经营更上一层楼；若处理不当，则可能给企业带来致命打击。

(4) 技术环境。技术环境除了包括科学技术的发展和应用之外，还包括国家对科技开发的投资和支持重点、该领域技术发展动态和研究开发费用总额、技术转移和技术商品化速度、专利及其保护情况等。技术的发展情况会影响物质条件的先进程度，从而间接影响企业生产经营活动的效率。因此，掌握并运用先进高效的技术是企业获得有竞争力的成本优势的源泉。

【方法应用】
PEST 分析：慧球科技

(二) 行业环境分析——五力分析法

1. 相关审计准则内容

除了整体宏观环境外，《中国注册会计师审计准则第 1211 号——重大错报风险的识别和评估》中指出，公司所处行业的特性也会对被审计单位的经营产生很大影响。注册会计师应当了解的被审计单位所在行业的情况主要包括：市场供求与竞争；经营的周期性或季节性；产品生产技术的变化；经营风险；行业的现状及发展趋势；行业的关键指标及统计数据；环保要求及问题；行业适用的法规；行业特定的会计惯例及问题；行业其他特殊惯例。

例如，如果被审计单位所在的行业是夕阳行业，总体上处于衰退期，这可能意味着被审计单位的持续经营能力堪忧。又如，某些行业的生产经营有着非常明显的季节性和周期性，如冰激凌和羽绒服，被审计单位的生产经营也会随之发生波动和循环。再比如，对于重污染、重排放行业，政府可能会对其颁布专门的环保要求。

2. 五力分析模型

前已述及，哈佛商学院教授波特认为，在每一个行业中都会有五种基本竞争力量，即行业内竞争对手、潜在进入者、替代品、供方和买方，行业的竞争态势就取决于这五种力量的强弱与博弈，如图 7－5 所示。通过五力分析模型，审计人员可以发现公司在当前行业的战略定位、竞争地位、盈利能力，全面了解所处行业的基本情况，识别和评估行业环境给被审计单位带来的战略风险，从而进一步分析可能引发的被审计单位的重大错报风险。

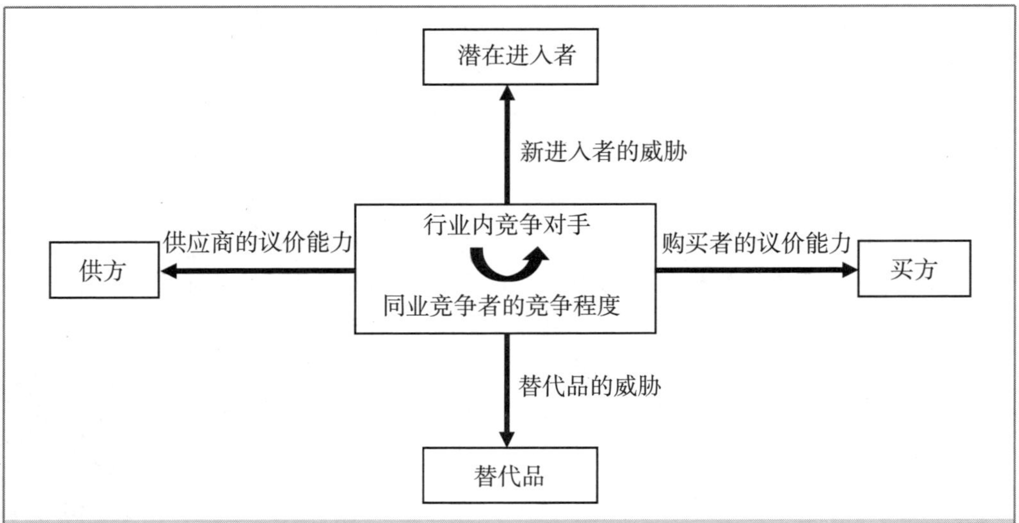

图7-5 五力分析模型

（1）行业内竞争对手的威胁。对于一家企业而言，最直接的风险莫过于行业内竞争对手的威胁，体现在竞争者的多寡及其实力的对比、利润率的高低、退出障碍的大小等因素上。在同一个市场上，产品大多相同或者类似，生产企业之间必须采取各种手段争夺顾客、占领市场。例如，提高产品性能、降低产品价格、提高服务质量等。企业管理层必须对竞争对手的行动时刻保持高度警惕，并积极采取或调整战略以应对这种威胁。当被审计单位所在产业内现有的企业竞争特别激烈时，被审计单位的利润率可能降低甚至出现负数，这说明被审计单位的商业模式设计未能形成产品差异化，同质化的商业模式与产品可能引发较大的战略执行风险。如果企业没有采取有效的应对措施，审计人员可以下调对被审计单位利润的预期。

（2）新进入者的威胁。新进入者在给行业带来新生产能力、新资源的同时，希望能够在已被现有企业瓜分完毕的市场中赢得一席之地，这就可能与现有企业发生原材料与市场份额的竞争，降低该行业的市场集中度，进一步减少价格成本之间的差额，最终导致行业中现有企业盈利水平的降低，威胁其市场地位。这意味着被审计单位未能在资本、技术等方面形成壁垒，可能会引发较大的战略风险。在这种情况下，审计人员需要重点关注新竞争者的进入对被审计单位产能过剩、存货及生产性资产减值的影响。

（3）替代品的威胁。如果两种商品外形或者物理特征不同，但具有相同或相近的功能，可以相互替代，那么这两种商品互为替代品。随着技术发展日新月异，新产品开发更新的速度在加快，那么就极有可能淘汰替代企业的现有产品，使企业经营销售出现困难、存货减值。审计人员应该基于潜在的替代品的威胁评估被审计单位技术路线的合理性、潜在的产能过剩等战略风险。因此，审计人员应当了解被审计单位的产品有哪些替代品，并分析这些替代品是否对被审计单位的生产经营构成直接的影响。

（4）供应商的议价能力。外部供应商为企业生产提供了很多生产要素，供应商能否按时、按质、按量地提供企业所需资源，影响着企业生产规模的维持和扩大。另外，供应商的议价能力也影响着企业的成本和利润。供应商对企业构成威胁的程度主要取决于买主转换成本的高低、供应商之间定价的同一程度、供应商是否有能力实现前向一体化、潜在的供应商集中和垄断的势力大小等因素。核心零部件的供应商威胁有时候会对被审计单位产生致命的战略风险，审计人员应当了解供应商的供货情况，分析供应商的议价能力，评估被审计单位应对关键供应商的战略举措的有效性，并以此考虑来自供应商的威胁对客户战略风险的影响。

（5）购买者的议价能力。购买者的影响力体现在两个方面：一是购买者的总需求决定了行业的发展潜力，决定了行业内所有企业的发展边界；二是当产品高度标准化、同时向多个厂家购买产品完全可行时，购买者的砍价行为会引发厂家之间的价格战，进而影响厂家的利润率。购买者对企业构成威胁的程度主要取决于单个顾客在总销售额中所占比重、购买者是否有能力实现后向一体化、卖方在行业中的规模大小等因素。审计人员应当了解购买者的需求情况，分析购买者的议价能力，并考虑源自商业伦理、声誉毁损等因素的购买者的威胁对被审计单位潜在业绩的重大影响。

（三）内部环境分析——SWOT 分析法

1. 相关审计准则内容

在了解了被审计单位的外部环境之后，还应当了解被审计单位的内部环境，例如公司性质、目标及战略。《中国注册会计师审计准则第 1211 号——重大错报风险的识别和评估》中指出，注册会计师应当了解的被审计单位内部情况主要包括：所有者及其构成；组织结构；生产、业务流程；经营管理情况；财务状况与经营成果；会计报表编报环境；运用的法规。

例如，如果被审计单位采用扩张型战略，开发新产品或者提供新劳务，那么审计师需要关注被审计单位的组织变革、治理机制是否适应新的市场需求，以及产品研发、产能扩张是否会导致组织的不适应性。又如，为了应对行业变化，被审计单位的战略目标可能包括储备人力资源和发展业务专长这两项内容。再比如，如果被审计单位使用信息化战略，在生产经营过程中侧重于运用信息技术，那么审计师就需要关注被审计单位信息系统与业务流程是否融合无误。

2. SWOT 分析法

SWOT 分析法可以很好地剖析企业的内部环境和发展战略，它主张分析企业的内部优势和劣势、面临的外部机会和威胁，如图 7－6 所示。通过 SWOT 分析法，审计人员可以对被审计单位所处的内部情景进行全面、系统、准确的研究，从而根据研究结果识别评估被审计单位可能存在的战略风险，进而制定审计计划，采取相应的风险应对措施。

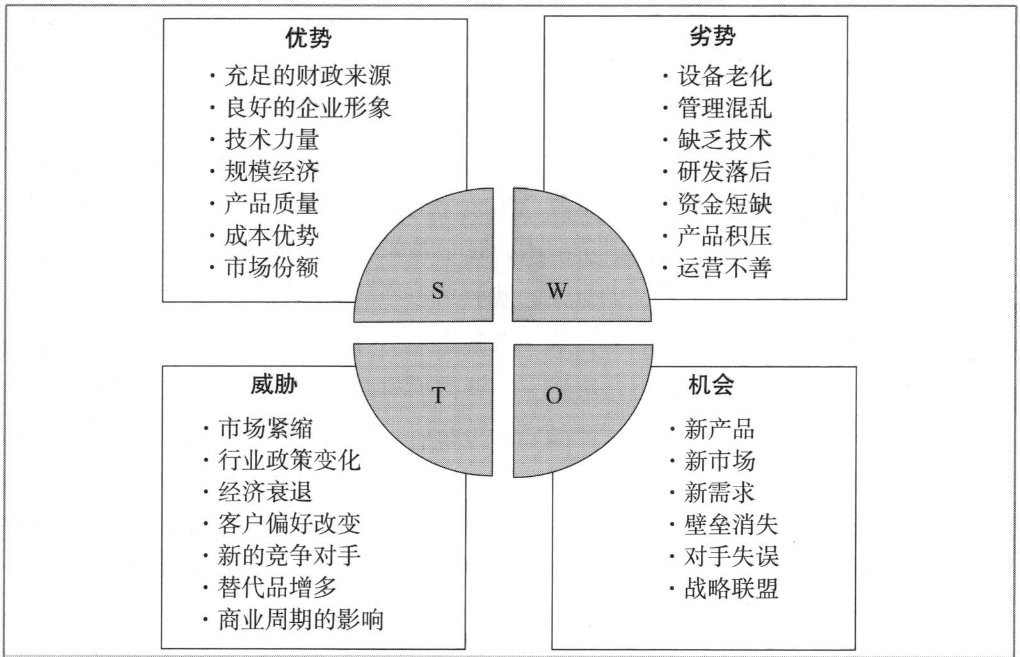

图 7-6 SWOT 分析的具体内容

（四）商业模式分析——画布分析法

1. 相关审计准则内容

如本章第二节所述，商业模式与公司战略是相互影响又相互补充的，商业模式设计上的缺陷可能会产生公司战略风险。因此，对审计师而言，对客户的战略风险进行的分析与评估包含了对客户的商业模式的合理性及其与公司战略的匹配度进行分析与评估。根据《中国注册会计师审计准则第 1211 号——重大错报风险的识别和评估》的要求，审计师在进行商业模式驱动的战略风险分析时，必须了解：(1) 被审计单位的经营目标和战略。(2) 被审计单位的经营流程，各具体经营流程与财务报表的哪些项目相关。(3) 被审计单位与企业经营模型中其他构成要素的经济联系，并识别重要的经济联系和重大的交易类别。只有进行了以上程序，审计师才能清晰地了解被审计单位的商业模式及其可能引发的战略风险。

2. 画布分析法

2008 年，著名商业模式创新专家亚历山大·奥斯特瓦德（Alex Osterwalder）在《商业模式新生代》一书中提出商业模式画布（business model canvas，BMC）的概念。这种方法最大的特点是仅需一页纸就可以清晰完整地概述商业模式，而不需要写出一个庞大冗长的商业计划。如表 7-3 所示，商业模式画布包括 9 个模块，可以全方位描述企业商业模式，方便审计师快速深入了解企业的商业行为和收入逻辑，并用以评估客户因商业模式驱动的战略风险。

表 7-3　商业模式画布

<table>
<tr>
<td rowspan="2">重要合作
让商业模式有效运作所需的供应商和合作伙伴的网络，如投资方、供应商、利益相关部门、上下游产品团队等。</td>
<td>关键业务
为了确保商业模式可行，企业必须做的最重要的事情，如宣传、促销、生产、配送等。</td>
<td rowspan="2">价值主张
为特定细分客户创造价值或愿景的系列产品和服务。</td>
<td>客户关系
期望与客户建立怎样的关系，如共创、黏性等，客户在本公司的生态体系中产生怎样的影响。</td>
<td rowspan="2">客户细分
识别该产品所服务的不同用户，不同的群体会有不同的诉求。区分哪些是关键客户，哪些次之，然后针对特定客户群体的需求设计相应的商业模式。</td>
</tr>
<tr>
<td>核心资源
商业模式有效运转所必需的资源，如人、资金、设备、知识产权、数据、原材料等。</td>
<td>渠道
识别有哪些渠道或方式可以将产品或服务交付到客户手中，什么样的渠道最快速、高效。</td>
</tr>
<tr>
<td colspan="3">成本结构
分析产品在采购、设计、开发、推广、运营中的成本结构，包括人力、设备、差旅和原材料等方面的成本及比例。</td>
<td colspan="2">收入来源
分析产品创造的主要收益来源，包括销售产生的收入，流程改进、效率提升节省的成本，以及合规所避免的惩罚等。</td>
</tr>
</table>

在填写商业模式画布时，一般按照如下顺序：客户细分（目标用户群，一个或多个集合）——价值主张（客户需要的产品或服务、商业上的痛点）——渠道（和客户如何产生联系，如实体店、网店、中间商）——客户关系（一锤子买卖或长期合作）——收入来源（如何从向客户提供的价值中取得收益）——核心资源（必须拥有的资源，如资金、技术、人才）——关键业务（商业运作中必须从事的具体业务）——重要合作（可以给予战略支持的外部合作伙伴）——成本结构（需要在哪些项目上付出成本）。

（五）战略风险的综合分析——鱼骨图分析法

鱼骨图分析法由日本管理大师石川馨发明，是一种发现问题“根本原因”的方法，其特点是简洁实用、深入直观、层次分明、条理清楚，可以分为整理问题型、原因型和对策型。在绘制（风险）原因型鱼骨图时，先将问题写在鱼骨的鱼头上；随后通过头脑风暴尽可能多地找出原因，并将原因归类、细化，明确其从属关系，分别写在大骨、中骨、小骨上；最后对鱼骨图进行优化整理，使得层次关系一目了然、清晰易懂。

鱼骨图分析法能够清晰明了地梳理、展示各种风险之间的逻辑关系，可以作为公司战略风险的综合分析方法。在通过 PEST 分析法、五力分析法、SWOT 分析法及画布分析法分别分析出宏观环境风险、行业环境风险、公司内部环境风险和来自商业模式的战略风险之后，审计师可以绘制鱼骨图，将各风险条理清晰、层次分明地表示出来，以对战略风险进行综合性的总体分析与评价。

鱼骨图分析法：南纺股份

南京纺织品进出口股份有限公司（简称南纺股份）成立于1978年，2001年在A股上市，从事十多个门类、近1 000余种业务，包括棉纺织、针织、丝绸、服装制品、机电设备、医药、轻工品、化工品等，同时开展生物、房地产、电子、会展等业务。

作为国企，南纺股份原本不应引起投资者的过多疑虑，但由于董事会治理失效、董事长滥用职权等原因，南纺股份由盛转衰、负面新闻累累，2006—2010年的5年间共虚构利润累计高达3.44亿元人民币，成为近十年来上市国企造假第一案，被封为继银广夏之后的新一代造假王。

南纺股份的鱼骨图分析结果如图7－7所示。

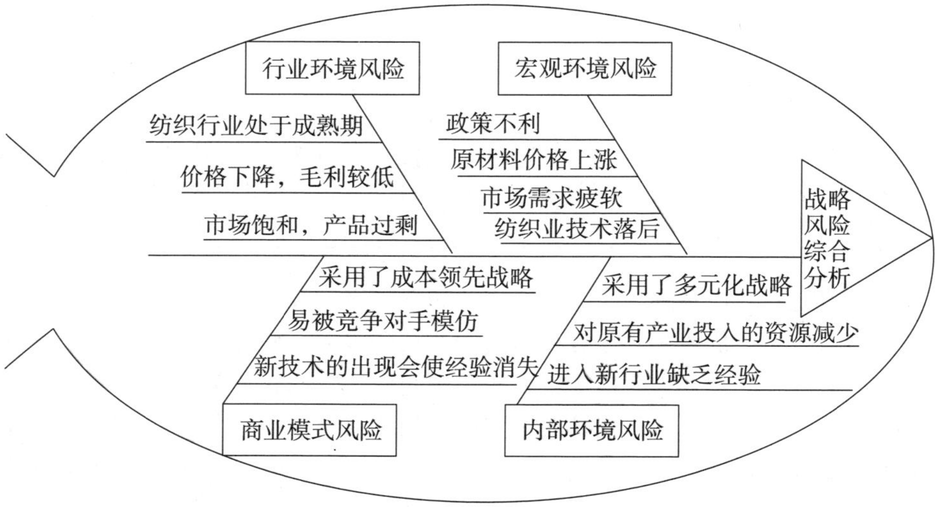

图7－7 南纺股份鱼骨图分析

资料来源：王晓璐．南纺股份财务造假案例分析．沈阳：东北大学，2015.

第三节 战略风险对经营环节和财务报表的影响

引例

开心网：为什么开心不起来？

2008年2月，开心网悄然上线，不久即获得北极光500万美元投资，次年又再次吸入包括启明创投、北极光创投和新浪网在内的 2 000 万美元总投资，估值一度达到 1 亿美元。

Alexa 数据显示，开心网自 2010 年 2 月推出“开心餐厅”游戏带来了一次流量高峰之后，便一路下滑，仅一年半时间每日用户量跌去约 70%，3 个月内开心网的页面访问量下跌高达 38.74%。曾经盛极一时的互联网黑马跌落神坛，再难以比肩新浪微博、人人网、腾讯朋友等 SNS 社区网站，其陨落之快让人惊讶。

此外，开心网还调整了团购模式，将旗下的团购产品与客户服务全部移交给团购网站 F 团，未来只提供第三方平台服务。业界对此不仅难以认同，反而更多了几分唱衰之声。众所周知，SNS 的精髓是社会关系，互联网的精神是开放。违背了这两点，开心网收获的只有落寞。

如本节引例所述，开心网不合理的团购模式与战略直接引发了经营环节风险，进而导致业绩的大幅下滑。对于审计人员而言，在识别和评估战略风险之后，更为重要的是考虑被审计单位的战略风险对经营环节的传导及其对会计政策选择和财务报表披露可能产生的重要影响。战略风险是否会引发经营环节风险，以及是否会直接导致财务报表重大错报风险，这都是审计师需要重点关注的问题。

第三节
即测即评

一、公司战略风险的一般传导机制

在大部分情况下，公司战略风险将首先影响被审计单位的经营环节，并经由经营环节风险传导到财务报表。例如，随着时间的推移，顾客的需求可能发生变化，追求功能更全、质量更好的产品，这种来自行业环境的战略风险会首先对公司的经营环节产生影响，导致存货过时、产品积压、销售目标难以达成、市场份额损失等结果；随后这些影响会传导到财务报表，体现为存货发生贬值、计价不准，固定成本累积在存货中、单位成本降低、毛利率虚高等。又如，跨国公司在国际市场中容易被外国政府实施反垄断、反倾销制裁，政治环境不稳定带来的战略风险使得公司失去销售市场，不得不重新寻找、培育新市场，财务报表中的营业收入和利润也可能出现暂时性萎缩。

在少数情况下，公司战略风险则会直接传导到被审计单位的财务报表，对财务报表产生直接的影响，包括投资风险、产能扩张风险、并购风险等。例如，企业为追求盈利增长，选择快速扩张产能，这会直接体现在财务报表“在建工程”项目中。一旦在建工程完工投产使用，企业的规模和收入将立即大幅扩张，企业的利润也可能倍增。但同时，“在建工程”也是一把双刃剑，若盲目扩产导致产能过剩，则可能使企业遭遇滑铁卢。又如，随着我国市场经济的发展以及经济全球化的深入，企业之间的并购重组现象越来越多。企业并购这一战略选择，将会直接影响合并财务报表的编制，同时并购带来的对经营能力、盈利能力、偿债能力及巨额商誉的挑战在合并财务报表中都有体现。图7－8列出了公司战略风险对经营环节与财务报表的传导机制。

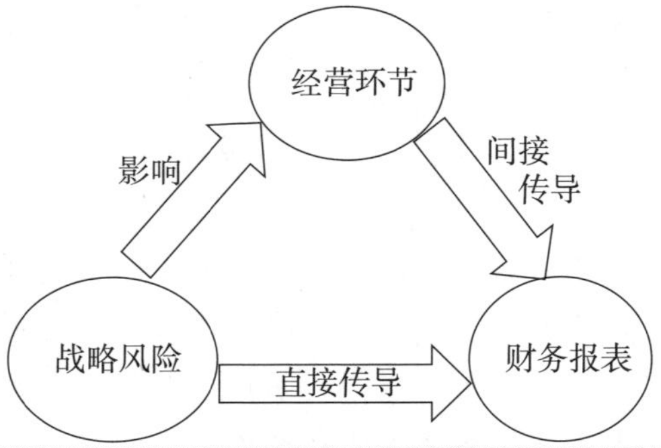

图7－8 战略风险的传导机制

总而言之，公司战略执行的效果最终都会反映在当期财务报表或未来连续会计期间的财务报表中。例如，资产负债表中的资产反映了被审计单位的经营投资战略，负债和所有者权益反映了被审计单位的融资战略。资产负债表综合反映了被审计单位的经营投资战略和融资战略的执行情况；利润表反映了特定期间的盈利能力，以及被审计单位盈利战略的执行情况和商业模式的有效性；现金流量表反映了企业投资、筹资、经营战略对其现金流量的综合影响。

二、战略风险对经营环节和财务报表的影响

（一）来自宏观环境的战略风险

部分战略风险由宏观环境威胁引发，可能对企业的生产经营产生重大影响，进而影响财务报表。例如，在政治法律方面，各国政府都会对企业的经营活动用法律加以限制，颁布诸如《环境保护法》《劳动保护法》《反倾销法案》等法律法规来约束和规范企业的行为。企业开展生产经营活动必须在法律允许的范围内，如果企业违反了法律就会被处以罚金，造成经济上的损失。

在经济方面，利率、汇率、失业率、通货膨胀率等因素发生波动都会影响经营环节并最终体现在财务报表中，如银行、汽车、房地产等行业对利率变化十分敏感，因为利率能够影响消费者的消费倾向和储蓄倾向。当真实利率提高时，边际储蓄倾向随之提高，边际消费倾向下降，从而导致有效需求不足，影响企业的生产和销售、成本和收入。此外，如果失业率维持在较低的水平，说明大部分劳动力都已经充分就业，在这种背景下企业难以为扩张的生产线找到足够的劳动力，这可能导致企业的工资成本增加。当能源价格上升时，几乎所有企业的生产成本都会增加。

在社会文化方面，大众的文化习俗、生活方式、社会压力、态度观点都会对企业产生很大影响。如当企业处于困境时，员工士气低落，其行为也会受到影响，同

题也可能随之产生。再比如，顾客对特定产品（如酒品、香烟）的态度，雇员对加班的态度，人们受教育的程度、对生活质量的要求都会在不同程度上影响企业的生产经营活动，进而影响销售收入和成本。

在科学技术方面，科技的进步和发展会对各个方面产生广泛而深远的影响，包括企业基本经营活动、产品营销渠道、设计研发过程、信息处理利用、内部控制等。当行业整体创新速度很快而企业固守过时的技术时，来自技术方面的变革会对企业的生存和发展造成较大的威胁。采用生产效率高的先进技术，有利于形成成本优势和规模效应；相反，采用生产效率低的过时技术，不但会增加生产成本，还会使存货和固定资产发生减值。

（二）来自行业环境的战略风险

来自企业所在行业的外部威胁也会影响内部经营流程和财务报表项目。例如，来自潜在进入者和行业现有竞争对手的威胁最有可能影响企业的销售活动。这种威胁体现在竞争对手会通过提供更优惠的价格、更贴心的服务和更优质的产品来逐步侵蚀市场份额。这就要求企业调整其经营环节来应对威胁，包括调整价格、改进产品质量、改善客户服务等。如果企业下调价格，收入和毛利会减少；如果企业提供产品质量保证，则产品质量保证预计负债会增加；如果企业致力于维护客户关系、改善客户服务，则会增加销售费用。

来自替代品的威胁除了会影响企业的营销活动之外，还会促使企业为了与顾客的期望保持一致进行的研究开发活动。技术的变革和替代品的出现会直接或间接地将一些原本获利能力很强的产品驱逐出市场。如以苹果为首的智能手机自出现后即风靡全球，曾经的行业老大诺基亚因固守传统手机业务，跟不上潮流而落得破产淘汰；又如当马车被汽车取代时，马车鞭子的制造商也随之消失了。对审计人员而言，这种威胁所引起的审计关注集中于资产和存货的估价，因为这可能导致存货和与存货生产销售相关的资产减值。

来自客户的威胁主要是影响营销、销售和分销。如果客户的议价能力足够强，就会压低企业的销售收入。如果客户倾向于电子商务，那么电子商务可能会逐步取代传统的销售方式，使得分销渠道发生变化，而企业则会减少在传统销售渠道中的资产并增加电子商务所需的资产。

来自供应商的威胁主要是影响原材料的取得和作业活动。如果供应商提高原材料价格，则会直接导致产品生产成本上升；如果供应商降低原材料质量，则会影响到生产过程（废品率上升）、产成品品质（质量下降）和售后服务（保修成本上升）等环节；如果供应商中断原材料供应，则会增加企业生产准备和调整时间，影响生产进度按时完成。

（三）来自内部环境的战略风险

除了宏观环境、行业环境可能引发的战略风险之外，还有部分战略风险来自企业的内部环境（如公司性质、目标及战略）。例如，公司良好的治理结构能够约束和引导公司形成、调整和实施适宜的战略，避免战略风险。公司内部环境的不断变化、公司资源的不断整合变动，都会带来机遇与挑战。这就要求公司时刻关注组织变革，运用行为科学和相关管理方法，对组织的权力结构、规模、沟通渠道、角色设定、组织与其他组织之间的关系，以及对组织成员的观念、态度和行为、合作精神等进行有目的、系统的调整和革新，以适应组织所处的内外环境、技术特征和组织任务等方面的变化。成功的组织变革能大幅提高组织效能，为战略的实施创造良好的组织环境，但失败的组织变革会遭到来自各个方面的抵制和反对，更有甚者会引发战略风险。

另外，公司团队是战略实施中相当重要的一环。团队成员的能力必须与战略相匹配，才能达到战略的既定目标。影响团队成员能力的因素包括知识结构、经历、经验、学习能力、创新能力、事业心、决策风格和风险偏好。优秀的团队能审时度势、驾驭全局，制定正确的公司发展战略，有效地利用和分配资源，推动企业战略目标的达成；而失败的团队往往知识结构落后、观念跟不上时代，对环境和市场缺乏敏锐的洞察力，无法及时对风险做出判断和应对，进而造成战略失败。

（四）来自商业模式的战略风险

如本章第一节所述，公司商业模式设计上的缺陷将会产生公司战略风险。与战略相匹配的商业模式有助于企业获得优势、创造价值；而与战略不匹配的商业模式可能使得企业无法实现战略目标，最终导致失败。

为了保持战略和商业模式的高度匹配性，处于战略转型阶段的公司在商业模式上也必须有所创新。每一家公司在发展壮大的过程中，都可能经历战略调整期，调整的动因可能来自外部环境的变化，也可能来自公司内部成长的需要。当公司需要实施战略调整时，很大程度上是因为公司原有的发展模式遇到了瓶颈，此时公司必须对内外条件的变化进行战略平衡，选择新的成长模式，推动公司的战略转型，从而形成新的价值创造模式和战略行为。这势必导致公司价值链系统的重构，最终形成新的商业模式。

每种商业模式都有各自的风险点，如果公司没有针对风险点采取应对措施，极易引发战略风险。例如，传统的店铺模式为了维持实体店铺的经营，成本极高，并且相对于电子商务模式而言便利性低、无法提供多样化的个性服务；而电子商务模式本身也存在多种缺陷，包括缺乏专业人才和先进技术、潜在的信息泄露问题、相关的法律制度尚未完善健全等。由此可见，合理、没有较大缺陷、与战略高度匹配的商业模式有利于公司降低战略风险，实现可持续发展。商业模式引发的战略风险通常会反映在企业的经营环节上，研发、生产与销售活动是否与市场的变动匹配，如市场占有率是否持续提高，最终将传导至财务报表，如是否可以维持高毛利率、利润表的规模是否可以持续扩张、盈利的波动性是否可以控制等。

（五）典型战略风险传导示例

表7-4列示了一些具体的例子，来说明战略风险对经营环节和财务报表的影响。

表7-4　战略风险对经营环节和财务报表的影响举例

风险来源	战略风险	对经营环节的影响	对财务报表的影响
宏观环境	因与外国公司贸易频繁且数额巨大，引入外币作为记账本位币	更新系统以处理新货币	记账使用外币，编制报表使用人民币，受利率波动影响较大
宏观环境	被外国政府实施反垄断、反倾销制裁	失去销售市场，重新寻找培养新市场	营业收入和利润暂时萎缩
宏观环境	由于折旧、老化、无力进行更新换代，生产设备变得没有竞争力	生产效率低，能耗高	固定资产减值，利润空间缩小
宏观环境	因负面丑闻，顾客对品牌认同度下降	失去顾客群体，销售下降	利润降低，广告公关费用增加
宏观环境	在外贸销售中，由于外汇汇率的变动，边际利润的空间被压缩	可能需要对外币风险敞口进行套期保值	产生汇兑损益，利润降低
宏观环境 行业环境	顾客需求发生变化，要求产品功能更全、质量更好	产品积压，销售目标难以达成，市场份额损失	存货发生贬值，计价不准，固定成本累积在存货中，单位成本降低，毛利率虚高
宏观环境 行业环境	新进入者产品在技术上优于现有产品	产能过剩，经销商转行	对存货的估价应采用成本市价孰低法
宏观环境 行业环境	顾客所在的行业持续衰退	需要调整信用政策	应收账款账龄增加、坏账准备增加
行业环境	竞争对手为产品提供进一步保证	同步升级提高跟踪质量保证系统	质量保证费用高于历史水平
行业环境	替代品技术升级或展开促销活动	顾客被替代品吸引，顾客流失	销售、利润双双下降
行业环境	因产地天气恶劣，重要原材料极度短缺、价格飙升	生产计划难以达成，产能闲置	利润表与正常水平差异较大
行业环境 内部环境	竞争者将技术和产品更新换代，公司团队认为其不足以对公司现有技术和产品造成威胁，拒绝做出改变	竞争者的技术和产品逐渐占有市场，推动了行业变革； 公司团队判断失误，因没有及时跟上潮流而被淘汰	收入下降，过时的存货积压
内部环境	组织变革遭到内部员工反对，员工害怕变革带来的风险和对自身利益的冲击	消极怠工、办事拖拉，离职人数增加，人事纠纷增多	生产量、销售量和经济效益持续下降

续表

风险来源	战略风险	对经营环节的影响	对财务报表的影响
内部环境 商业模式	在网购发展如火如荼、线上消费占比不断增加的背景下，公司仍然固守传统的线下销售商业模式	销售模式无法适应新的市场需求，产品市场占有份额下降	销售下滑，利润的持续增长能力堪忧
商业模式	以极低的价格出售硬件产品，以吸引消费者使用配套的软件产品，并通过软件产品盈利	开发和维护软件产品需要投入大量资金； 对软件产品的质量有较高的要求，如果软件产品不能带来持续稳定的现金流，则公司前景堪忧	研发支出大，硬件产品毛利率不高
商业模式 行业环境	产品同质化程度高、差异度小；行业竞争激烈，资源向行业顶端集中	行业中小企业发展易遇到瓶颈，很可能被大企业收购	营业收入的增长难以突破天花板

本章小结　　**案例分析**　　**推荐阅读材料**

第八章

经营环节风险分析

思维导图

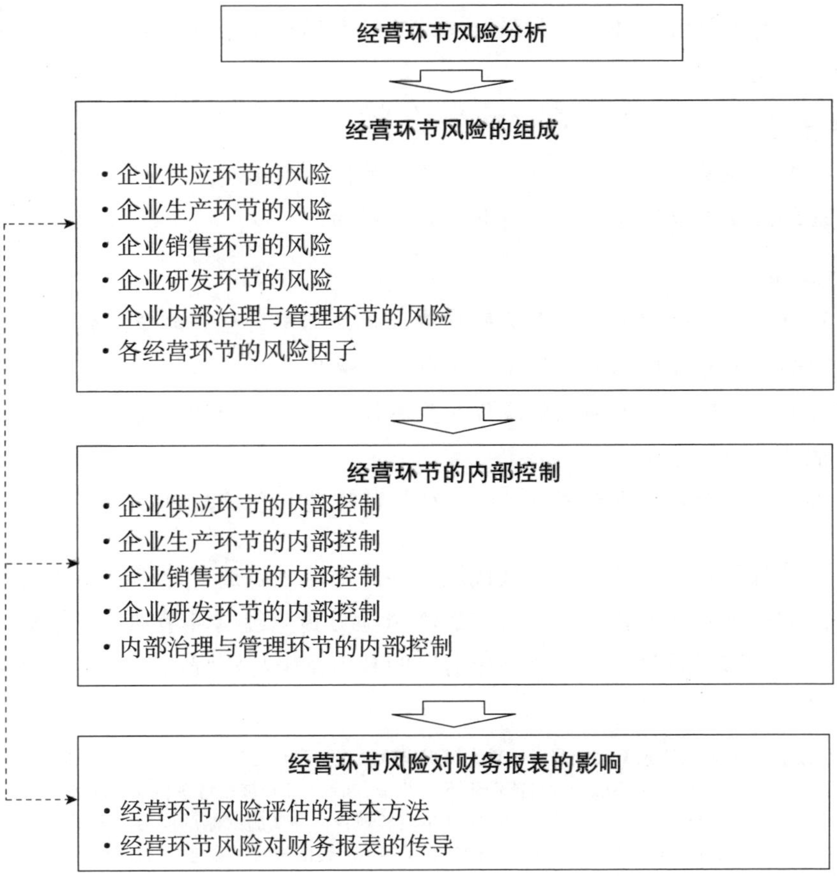

总书记论审计

“要深化审计制度改革，解放思想、与时俱进，创新审计理念，及时揭示和反映经济社会各领域的新情况、新问题、新趋势。”

——2018 年 5 月 23 日，习近平在中央审计委员会第一次会议上的讲话

素养提升

1. 价值塑造

- 结合经营环节风险形成的相关知识，深刻领会习近平总书记关于审计领域和风险领域新情况、新问题、新趋势的重要论述，在职业生涯发展过程中，树立审计的经营环节风险分析意识与责任意识，以高质量的经营环节风险评估推动高质量的审计工作。
- 重视研究经营环节风险的分析与应对，增强忧患意识，做到居安思危，打造经济监督的“特种部队”。为此，务必发挥经营环节风险评估在研究型审计中的重要作用，聚焦高质量发展首要任务，加强对重大的经营环节风险及其引发的错报风险的调查与分析力度。

2. 知识传授

- 了解企业各经营环节的主要风险构成及其关键控制点。
- 深刻理解经营环节风险对企业财务报表的影响。

3. 能力培养

- 能理解企业经营过程中的五个关键环节（供应环节、生产环节、销售环节、研发环节、内部治理与管理环节）的风险组成及其典型案例。
- 能理解各经营环节的内部控制流程及关键控制点、经营环节风险对客户财务报表重大错报风险的传导等。
- 能采用风险因素分析法系统地对经营环节风险进行分析与评估。

如第五章及第六章所述，现代风险导向审计是以被审计单位的战略和经营风险为导向的一种审计模式，它沿着“战略风险分析—经营环节风险①分析—剩余风险分析—重大错报风险评估—风险应对”的基本逻辑与流程展开。在现代风险导向审

① 《中国注册会计师审计准则第 1211 号——重大错报风险的识别和评估》中指出，经营风险，是指影响被审计单位实现经营目标的不确定性。这种不确定性可能源于下列两个方面：（1）被审计单位制定了不恰当的目标和战略；（2）某些重要事项或情况（包括作为或不作为）对被审计单位实现目标和实施战略的能力产生了不利影响。可见，审计准则采用了广义的经营风险（或商业风险）概念，即包含了本书所讲的战略风险与经营环节风险（或营业风险）。经营环节风险通常指在企业的生产经营过程中，供、产、销等各个环节受不确定性因素的影响所产生的风险。

计的过程中，审计师需要了解和分析各经营环节的业务活动和处理流程，以便评价和分析经营环节风险对财务报表可能产生的潜在重要影响。为此，本章将在第七章战略风险分析的基础上，重点阐述经营环节的风险组成与风险分析、经营环节的内部控制以及经营环节风险对财务报表的影响等。图 8－1 列示了本章内容在现代风险导向审计整体流程中所处的位置。

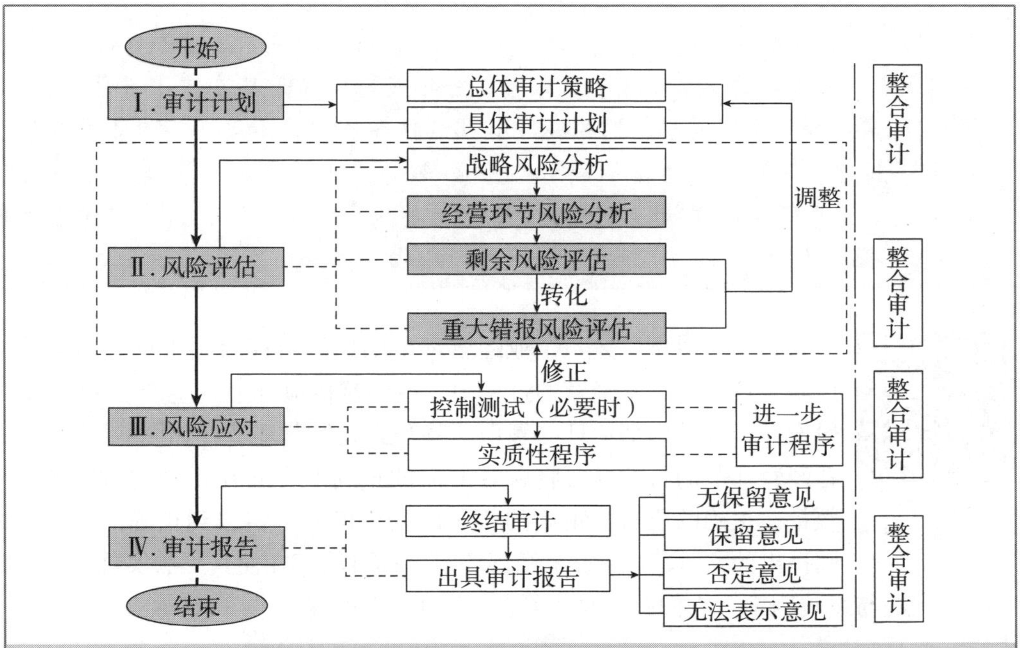

图 8－1　经营环节风险分析在整体流程中的位置

第一节　经营环节风险的组成

引例

冷水团与獐子岛：扇贝为什么会频繁跑路？

2018 年 1 月 30 日晚间，獐子岛发布《2017 年度业绩预告修正公告》，将第三季度公布的盈利 1 亿元预期调整到亏损 5.3 亿～7.2 亿元，令股市震惊。其给出的理由是“部分底播虾夷扇贝存货异常”，需要对存货计提跌价准备或核销处理。

这已经是獐子岛“扇贝跑了”2.0 版了。四年前的 2014 年第三季度，獐子岛公告称，因北黄海遭到几十年一遇异常的冷水团，公司在 2011 年和 2012 年播撒的100多万亩即将进入收获期的虾夷扇贝绝收。受此影响，獐子岛前三季度业绩“大变脸”，使得其全年业绩从上半年的盈利4 845万元变为亏损约8.12亿元。然而，市场并不接受这种说法。有媒体报道称，上次存货减计的原因是提前采捕和播苗造假，并非自然灾害。

2016年，一则《2 000人实名举报称獐子岛“冷水团事件”系“弥天大谎”》的新闻引发了关注。文章称，辽宁省大连市獐子岛居民提供了一份2 000多人签字的实名举报信，颠覆了一年多前的獐子岛冷水团事件的结论，称所谓“冷水团造成收获期的虾夷扇贝绝收事件”并不属实，绝收是因该公司“提前捕采”和“播苗造假”。此外，举报人还称，獐子岛集团存在管理混乱、经营不善的现状。在上千封举报信的压力下，中国证监会再次启动核查程序。

第一节
即测即评

如本节引例所述，企业经营环节的风险可能会引发财务报表重大错报风险。在企业日常经营的过程中，主要有供应环节、生产环节、销售环节、研发环节以及内部治理与管理环节等五大经营环节，如图8-2所示。企业各经营环节的目的是要将顾客所需的正确的产品在正确的时间按照正确的数量、正确的质量、正确的状态以及正确的价格送到正确的地点，即斯麦基提出的“7R”。在每个经营环节，都可能存在使其无法实现“7R”目标的问题与影响因素，它们就是每个经营环节的风险因素。

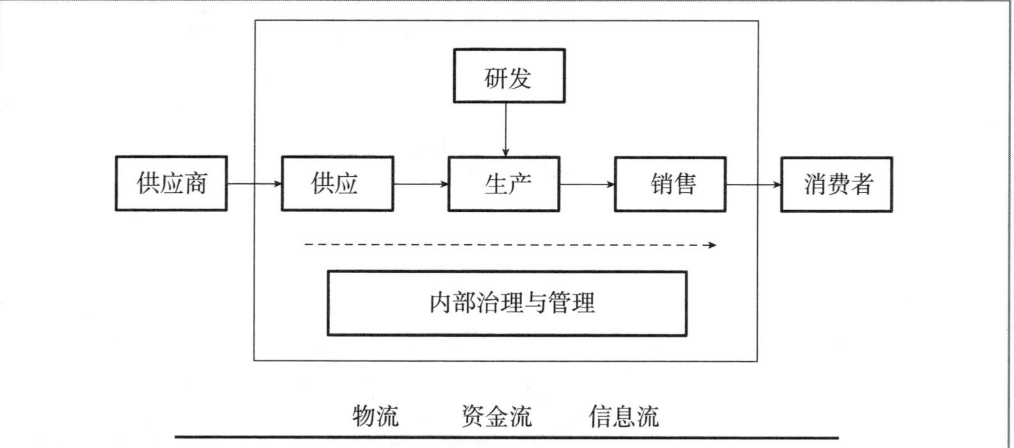

图8-2 企业经营环节的组成部分

一、企业供应环节的风险

供应链由多个节点企业共同参与，其风险因素可以通过供应链流程在各个企业间传递和累积，根据供应链的时间顺序和运作流程，各节点的工作形成了串行或并行的混合网络结构，并显著影响着特定企业供应环节的风险水平。企业供应环节的整体效率、成本、质量指标取决于节点指标，由于各节点均存在风险，所以供应环节的整体风险由各节点风险传递而成。对于审计师而言，需要了解与评估的企业供应环节的风险主要包括采购风险、物流风险与供应链成本风险等。

（一）采购风险

采购风险是指由于在采购环节上价值有效性的丧失，难以实现预期采购收益而产生损失的可能性。企业产品的生产是以采购为前提条件的，采购既是企业内部供应链的开始，又是企业与企业之间供应链的桥梁。随着以供产销经营过程为基本结构的组织在全球市场环境不断向买方市场转变，以及电子商务的广泛运用，采购管理不仅成了专业的职能，还成为企业实现战略目标的重要手段。

采购环境的复杂多变必然给采购活动带来风险。通常而言，生产和制造业的原材料采购成本占各种成本之首，采购风险客观存在于采购工作的各个环节。Treleven & Schweikhart (1988)① 对采购风险进行了细致的分析并将采购风险分为中断风险、价格风险、库存计划风险、技术风险和质量风险五类。采购质量不合格、供货不及时、供应中断等，不仅会延误商品的供应，使企业错过最佳销售时机，还会导致消费者转而关注其他同类商品，降低顾客的忠诚度，进而影响企业的销售利润，形成供应环节风险。

【风险案例】
采购风险：日本大地震影响全球供应链

（二）物流风险

物流风险是指供应链运作中由于物流系统不能有效发挥功能而遭受损失的可能性。供应链管理涉及多个合作伙伴，他们之间物流的顺畅有效是供应链高效率的体现。供应链要加快资金周转速度，实现柔性化制造，就离不开高效运作的物流系统。这就需要供应链各成员采取联合计划、共享信息和存货的统一管理等措施。在实际运作中，原材料供应、运输、缓存，产品生产、缓存和销售等物流全过程极有可能出现衔接失误，并由此导致物流不顺畅进而产生风险。例如，生产或运输障碍造成物流配送的延迟甚至中断会带来风险；采用极少数或独家供应商政策可能带来一个环节出现问题进而整个链条崩溃的风险等。

【风险案例】
物流风险：巴西海关大罢工事件

（三）供应链成本风险

企业应当将成本控制在可预期范围，如果在供应环节成本过高，就会造成企业在其他环节压缩成本的压力过大，利润减少或亏损。此外，如果企业只考虑自己的成本，而不考虑其他企业的成本，在成本上就会产生相互挤压，引起供应链的不稳

① Treleven M, Schweikhart S B. A risk/benefit analysis of sourcing strategies: single vs. multiple sourcing. Journal of Operations Management, 1988, 7(3): 93-114.

定。在供应链整体利润一定的条件下，某些企业获利水平过低便会消极合作甚至退出供应链，使供应链崩溃。

供应链成本风险：新冠疫情与芯片价格的大幅波动

据央视新闻报道，作为电子控制系统的核心部件，意法半导体芯片曾是2021年最紧俏的芯片产品之一，市场报价一度上涨至3 500元左右一个。而在2022年，同款芯片从高位下滑至600元左右，降幅超80%。另一型号的芯片，前一年价格维持在200元上下，目前售价仅20元左右，只有最高价的十分之一。与意法半导体类似，自2020年底“芯片荒”蔓延以来，多家芯片厂商旗下产品遭遇暴涨暴跌，恩智浦的某款芯片曾从最低的24元攀升至350元，甚至不乏某芯片从20多元涨至600元的例子。芯片价格受供需驱动，此前新冠疫情、5G和新能源汽车需求增长，以及供应链的混乱，推高了部分紧俏芯片的价格，加上有卖家恶意炒作，芯片价格不可避免地走向了暴涨，对下游企业的供应链成本控制造成了极大的干扰。

前述两款意法半导体芯片，正是芯片需求暴增下的“当红炸子鸡”。这两款芯片为MCU（微处理芯片），通常可用于工业、汽车等场景。但2023年以来，MCU也遭遇了和显示驱动芯片、部分电源管理芯片与影像传感器同样的命运——市况反转，需求锐减，砍单降价。这背后是半导体市场在“退烧”——备受缺货折磨的买方在客户端重复下单，未料赶上通货膨胀、加息等宏观经济因素拉低市场需求，不得不大刀砍库存、降价出清。即使降价幅度巨大，目前两款芯片的报价仍高于2020年芯片供需危机爆发时的常态价格，比如前述降价至600元的意法半导体芯片，其2020年报价甚至不到10元，而目前报价20元左右的芯片，其常态价格只可能更低。

所谓常态价格，指的是芯片市场行情平稳、供需平衡下的价格。目前来看，大量芯片不仅尚未回到疫情前的价位，反而暴涨暴跌成了一种“常态”。汽车芯片涉及车规认证周期、需求突增、供应链体系管理等问题，即使国内近年入局汽车芯片的厂商众多，其产品完成认证测试后，要向汽车厂商量产供货仍有较长距离。一般而言，初跨入主流汽车领域的半导体厂商，至少耗时两三年以上才可能取得认证。即使本身拥有半导体产能，也要约半年才能完成工艺转换。

芯片短缺问题也在限制芯片厂商扩产，同时供应多款车用芯片的汽车零部件大厂博世就面临产能问题。不仅是汽车芯片缺货，其用于工业领域的工控芯片也面临短缺，导致生产设备交货周期拉长，“部分设备交货周期从10个月拉长到14个月”。这使得博世的内部生产受到影响。实际上，全球车用芯片几大巨头，如英飞凌、恩智浦、得州仪器、意法半导体等，短期转到汽车领域的供给增量仍然有限。整体来看，对关键零件掌控力较强的汽车厂商有望持续改善芯片短缺问题，反之则可能面临更大的竞争压力。

二、企业生产环节的风险

生产环节的风险是指企业因在原材料、设备、技术人员、生产工艺及生产组织等方面存在事先难以预料的障碍而引起的企业无法按预定成本完成生产计划的风险。对于审计师而言，需要分析与评估的生产环节风险主要包括生产安全风险、生产周期风险、产品质量风险、生产成本风险及库存风险。

（一）生产安全风险

生产安全风险是指企业在生产阶段由设备故障或人员行为不当等造成的安全事故的风险。审计人员需要识别生产经营活动中存在的危险、有害因素，并运用定性或定量的统计分析方法确定其风险严重程度，进而确定风险控制的优先顺序和风险控制措施，以评估客户为实现安全生产环境、减少和杜绝安全生产事故的目标而采取的措施和规定的有效性。

【风险案例】
生产安全风险：
三鹿毒奶粉事件

（二）生产周期风险

生产周期风险是指生产阶段，不能在规定时间产出合格产品，从而导致产品及时交货和资金有效周转的风险。一般而言，以下因素都可能导致生产周期风险：生产设备不完善、不能满足新技术或新材料的生产要求、运输设施不完善、供应商消极怠工等。例如，2003 年 1 月蠕虫病毒的爆发，使得美国运通卡服务中心、美国大陆航空公司等多家企业的计算机系统瘫痪，相关服务一度中断，造成的损失数以亿计。

【风险案例】
生产周期风险：
ESPRIT 的式微

（三）产品质量风险

产品质量风险是指因为种种可预期或不可预期的原因导致产品质量下降而造成成本升高或产品不被客户接受的可能性。产品质量风险的发生有多种原因，如生产设备落后、环境卫生管理不到位、员工操作不当等都会引起生产过程中的质量风险；生产工艺不完善、技术不成熟等也会引起质量风险等。

产品质量风险：奔驰汽车召回事件

2018 年 7 月，国家市场监督管理总局宣布北京奔驰、梅赛德斯-奔驰（中国）及福建奔驰汽车有限公司扩大召回范围，涉及汽车十余万辆，其中，梅赛德斯-奔驰（中国）汽车销售有限公司召回汽车约 20 000 辆。这已经是上半年奔驰第九次发布召回公告。公告称，梅赛德斯-奔驰（中国）汽车销售有限公司，因配件供应原因决定自 2019 年 4 月 30 日起召回 2013 年生产的 C 级、E 级、R 级和 SLS 级汽车，共计 1.859 万辆。

本次召回的原因是范围内部分车辆的驾驶席、副驾驶席的正面安全气囊装配了高田公司生产的未带干燥剂的硝酸铵气体发生器。在安全气囊打开时，气体发生器可能发生异常破损，进而导致碎片飞出，伤及车内人员，存在安全隐患。其实，除了梅赛德斯-奔驰（中国）汽车销售有限公司，北京奔驰汽车有限公司和福建奔驰汽车有限公司也是由于装配了高田气囊而召回，本次召回共涉及 10.66 万辆汽车。2018 年 3 月，克莱斯勒公司也因为气囊问题召回 4 152 辆 300C 轿车。

高田公司是日本最主要的安全气囊生产商，由于其生产的高田气囊的起爆器非常便宜，所以成了众车企的供应商。豪华汽车品牌如奔驰、宝马、劳斯莱斯、保时捷等，均是高田气囊的采购商。虽然高田气囊的起爆器便宜，但是性能不稳定。其实，日本高田公司的气囊问题早在 2000 年左右就出现了，只不过当时未受到重视。2008 年，发生了一例由安全气囊导致的驾驶者死亡事件，经调查，驾驶者正是被高田公司的安全气囊展开后弹出的一个金属片划破颈动脉而大量失血死亡。此后，该类事故频频发生。高田公司在经历了长达 10 年的召回丑闻和巨额赔偿后，陷入经营困境，于 2017 年 6 月申请破产。目前高田公司已人去楼空，奔驰召回的成本只能自己承担。

产品质量无疑是企业经营乃至生存发展中最重要的一环，奔驰的事例告诉我们，产品质量风险有多种诱发因素，除企业自身外，还可能出现在企业外部。

【风险案例】
生产成本风险：英国制造商的“回流”

（四）生产成本风险

企业的生产成本风险包含多个方面，如供应链上游材料成本过高，技术成本过高，设备和人力成本过高，会产生较多闲置，造成不必要的闲置成本等。

【风险案例】
库存风险：李宁体育的下坡路

（五）库存风险

企业必须保持一定的库存。然而，库存太多，就会占用更多的资金，给企业造成沉重的财务负担。对于快消品而言，如果对市场需求估计出现较大偏差，则会引起产成品积压，短时间内销售不出去，进而引起产品质量下降，甚至无法销售。相反，如果库存较少，或者由于管理不善造成存货减损，甚至缺货，也会因不能及时满足消费者的需求，而使企业的利益受损。

三、企业销售环节的风险

销售是指企业出售商品（或提供劳务）及收取款项等的相关活动。企业必须通过销售业务实现经营目的，只有不断促进销售稳定增长，才能扩大市场份额。对审计师而言，需要分析与评估的客户销售环节风险主要包括需求风险、价格风险、销售成本风险、退货风险与渠道风险等。

【风险案例】
需求风险：诺基亚帝国的衰落

（一）需求风险

需求风险是指因客户需求的变动、同行业产品的竞争等因素带来的风险。例如，开发后的新产品与客户需求脱节，导致市场需求下降；竞争产品的提前上市，市场份额下降。顾客需求波动会给企业造成一定程度的损害，顾客需求的快速波动导致市场调节成本上升，生产过剩风险和缺货风险增大。

（二）价格风险

过高的价格会使得消费者转而投向其他产品，而过低的价格则不能保证企业获利。企业有时会因供应及生产成本过高而不得不抬高价格，有时又会遭遇因政策、市场需求变化等导致的价格陡然下降的困境。

（三）销售成本风险

销售成本指的是企业在销售环节费用过高，如营销策略不合理、广告费过高严重影响企业的利润。

（四）退货风险

随着市场升级，竞争激烈，买方占据主导地位，退货行为与退货制度在商界已非常普遍，尤其是电商企业的交易完全依赖网络，当实际产品与顾客期望不符时，顾客很容易发生退货行为。过多退货引发的成本风险是清晰且可预期的：影响企业销售和盈利，激化企业与消费者的矛盾。

退货风险：风电产业巨头的纠纷

作为中国风电产业曾经的标杆企业、国内第一家引进国际先进的兆瓦级风电机组技术的华锐风电，拥有国内唯一经过5年运行检验并顺利出质保的海上风电项目，曾连续三年坐稳国内新增装机量的头把交椅，并成为装机量排名全球第二的风电整机制造商。华锐风电于2011年以90元的IPO“天价”登陆上交所，创A股纪录。其后，华锐风电财务造假等事件爆发并被中国证监会处罚，公司发展受挫，2015年一度巨亏超40亿元，面临退市风险。2018年10月，华锐风电股价仅为每股1元多。

2011年，华锐风电发布公告称，因美国超导供应的产品在技术、质量方面均未达到合同要求，华锐风电在多次沟通无果的情况下，为保护公司及投资人的合法权益，暂停接收不合格货物并暂停支付已收不合格货物的货款。此后，美国超导与华锐风电发生多起仲裁与诉讼纠纷案件。华锐风电于2011年10月13日向美国超导发出了书面《终止合同通知》。华锐风电公告显示，华锐风电与美国超导的相关案件共计6起，其中中国国内5起，美国1起。到2018年，持续近7年的纠纷已让两家企业都伤痕累累。

可见，严重的退货风险往往伴随着诉讼与纠纷，而这会严重影响一个企业的经营和声誉状况。

【风险案例】
渠道风险：贝因美由盛转衰之原因

（五）渠道风险

渠道风险是指从制造商的角度出发，企业的产品从生产完成到转移至消费者的全过程中，发生不利事件或损失的各种可能情况的总和。这些损失主要是企业所选择的分销渠道不能履行分销责任和不能满足分销目标及由此造成的一系列不良后果的总和。企业是选择线上还是线下销售，直营还是采取一定的分销策略，对经销商如何利润分成等，都会影响企业销售环节的成效。

四、企业研发环节的风险

企业的研发活动由于存在创新性、尝试性的特点，其不确定性比其他经营环节更高。研发环节的风险可能出自技术、团队、经济和资源等各个方面，且对研发本身或项目目标的实现都将产生重大影响。对于审计师而言，需要分析与评估的研发环节风险主要包括研发技术风险、研发周期风险与研发成本风险等。

【风险案例】
研发技术风险：长虹转型失败

（一）研发技术风险

企业研发技术落后，生产的产品不符合市场需求；或者企业的研发成果尽管有一定技术含量，市场中却有技术更先进的新产品替代，遭遇有价无市的窘境。

（二）研发周期风险

企业新产品开发的关键在于如何在一定时期内比竞争对手优先上市，缩短新产品开发的生命周期。竞争对手产品上市之后，企业应该采取怎样的对策来避免因产品上市时间较晚造成的经济损失，这些都涉及企业的研发周期风险管理问题。

研发周期风险：重庆啤酒乙肝疫苗事件

在A股市场，重庆啤酒曾因乙肝疫苗项目名噪一时，曾是包括公募基金等一众投资者热逐的标的。而后，其疫苗一次次“爽约”，又让该股一度跌入谷底。1998年12月，重庆啤酒出资1 435万元收购佳辰生物52%的股权，正式介入乙肝疫苗项目的开发。1999年底，重庆啤酒以496.8万元的价格受让了360万股佳辰生物股权，之后又投入了603万元资金，同时增加长期投资603万元。重庆啤酒2000年年报显示，公司持有佳辰生物70%的股权，并陆续投入资金8 107万元。2001年2月，佳辰生物增资扩股，重庆啤酒对其增资491.69万元，将持股比例由70%增至93.1%。上市公司陆续投入的这些资金，均被投入到乙肝疫苗的研发当中。重庆啤酒因乙肝疫苗概念，股价已经完全脱离了一个啤酒股的水平，从2005年的最低点6.45元/股，最高涨至2011年的83.12元/股。

直到2011年12月7日晚，重庆啤酒公告称疫苗临床数据显示效果不佳，“盖子”被揭开，该股遭遇连续九个跌停，投资机构损失惨重，尤其是当年持股10%以上的大成基金。2011年末，重庆啤酒对佳辰生物的长期股权投资账面价值高达9 488万元，这笔长期股权投资在2012年末悉数计提了资产减值准备。2012年5月底，重庆啤酒宣布不再申请单独用药组3期临床试验，并不再开启新的单独用药组2期临床研究。2015年12月16日，重庆啤酒发布董事会决议公告：公司决定将乙肝疫苗项目转让给江苏孟德尔基因科技有限公司，转让价款100万元，获得董事会全票通过。在重庆啤酒乙肝疫苗的投入研发过程中，各方都付出了惨重代价，从1998年12月重庆啤酒收购佳辰生物，介入乙肝疫苗项目，到2015年12月16日的项目转让，历时17年。重庆啤酒在乙肝疫苗项目上累计投资过亿，最终却仅卖了100万元，令人唏嘘不已。

（三）研发成本风险

研发成本风险指的是企业研发投入过多，但后续却出现研发结果失败，抑或是研发结果带来的现金流较少，无法超过前期投入导致亏损的结果。

【风险案例】
研发成本风险：诺基亚帝国的衰落

五、企业内部治理与管理环节的风险

企业内部治理风险主要表现在治理制度设计不合理或运行机制不健全而给公司持续经营带来的不稳定性及对公司总价值的影响；内部管理风险通常是指由管理人员的决策失误、管理制度设计不合理或者其他客观及非人力因素造成企业遭受损失的可能性。对审计师而言，需要分析与评估的内部治理与管理环节的风险主要包括治理层风险、人力资源风险、行政管理风险、运营平台风险、信息风险及财务风险等。

（一）治理层风险

公司治理中主要存在两类代理问题，即股东与经理人之间的代理问题和控股股东与中小股东的代理问题。因此，治理层风险主要表现为股东会、董事会、监事会和经理层之间潜在的冲突问题，如企业控制权争夺、董事会利益纠纷、中小股东利益冲突等。

【风险案例】
治理层风险：荒唐的双头董事会

（二）人力资源风险

企业需要通过招聘、甄选、培训、报酬等形式对组织内外相关人力资源进行有效运用，满足组织当前及未来发展的需要，保证组织目标与成员发展的最大化。在这一过程中，不可避免地会出现人力资源风险，主要包括人力资源供给风险、劳动力成本上升风险、员工队伍稳定风险、培训效益风险、薪酬与绩效管理风险等。

【风险案例】
人力资源风险：上汽并购双龙引发的问题

【风险案例】
行政管理风险：
巴林银行案

（三）行政管理风险

行政管理风险指在企业行政事务、办公事务管理过程中可能出现的各种风险。企业的行政管理工作包括企业相关制度的制定和执行推动、日常办公事务管理、办公物品管理、文书资料管理、会议管理、涉外事务管理，还涉及出差、财产设备、生活福利、车辆、安全卫生等。这些事务中隐藏了各种各样的行政管理风险：会议与活动组织风险、办公物品管理风险、文书资料管理风险、企业证件执照风险、后勤管理风险、企业文化建设风险、公关风险等。

【风险案例】
运营平台风险：
马士基遭黑客攻击

（四）运营平台风险

在互联网时代，网络与信息技术在企业日常运营中的作用越来越重要。企业往往通过搭建平台或寻求第三方平台的方式，发展更多的用户和客户，以有效地提供产品和服务，获取更大的效益。由于 IT 技术存在一定的缺陷，企业经常面临较大的运营平台风险，如服务器的稳定性差、软件设计缺陷、严重的病毒危害等。如果运用第三方运营平台，亦会出现第三方平台不稳定、平台服务与企业自身需求不匹配、与第三方平台利益沟通不一致等风险。

【风险案例】
信息风险：
KFW 的“技术失误”

（五）信息风险

企业内部日常运营中，也会产生因信息传递不及时和不准确带来的风险，如市场需求信息、合作方信息、宏观政策信息等，这需要企业具有良好的信息与沟通系统，整合海量、复杂信息的能力，有时信息风险导致的损失可能是非常巨大的。

（六）财务风险

企业财务风险是指在各项财务活动的过程中，因各种难以预料或控制的因素影响，财务状况存在的不确定性，从而使企业有蒙受损失的可能性。按财务活动的主要环节，财务风险可以分为流动性风险、信用风险、筹资风险、投资风险等。

财务风险：德邦 IPO 屡次失败的启示

德邦是中国著名的快递、物流供应商，涉及快运、整车、仓储与供应链等多元业务。虽然最终于 2018 年 1 月在上海证券交易所上市，但此前德邦多次 IPO 无法成功上市的经历也给了我们一些启示。2017 年 3 月，德邦第二次向中国证监会提交上市申请，然而证监会针对德邦 IPO 提出了 55 条反馈意见，最终德邦未能成功上市。从德邦物流的招股书中可以发现，德邦的财务问题不容忽视。

德邦的主要收款方式是现金交易。德邦物流称，为保障与业务相关的资金安全及工作效率，公司允许部分营业网点将收取款项先存入收银员个人账户代为保管，再通过银行自动扣款方式转至公司账户完成收款流程。截至2016年底，公司快运快递业务在收银员个人卡内余额为2.44亿元，占总收款的比例为1.42%；2014年底和2015年底在收银员个人卡内余额为63.07亿元和24.9亿元，占总收款的比例为56.9%和18.67%。有关人士指出，无法想象一家将要上市的企业允许由收银员的个人银行卡暂时保管公司的营业资金，这是极其不规范的。该做法导致公司资金被挪用、侵占或遗失的风险极大，后果也很严重。德邦物流的应收账款同样存在风险。招股书显示，2014年底、2015年底、2016年底德邦物流的应收账款余额分别为2.65亿元、5.84亿元和12.18亿元，复合增长率360%。报告期内经营活动产生的现金流量逐年下降，2014—2016年分别为12.76亿元、10.82亿元和9 531.31万元，复合增长率−92.5%。

可以看到，德邦的财务风险显然是其上市计划的一块绊脚石。

六、各经营环节的风险因子

如前所述，斯麦基提出的“7R”表明，企业在每个具体的经营环节中，都可能出现各种使其无法实现“7R”目标的问题与影响因素，它们就是每个经营环节的风险因子。经营环节的风险因子是指导致经营风险事件发生的潜在因素或造成经营损失的间接或内在的原因。表8-1列举了本节所述的五大经营环节的主要风险因子类别，这可以为审计人员对经营环节风险的分析与评估提供基础性的指南。

表8-1 经营环节的风险因子

经营环节	一级风险类别	二级风险因子
供应环节	采购风险	采购品质量不合格 供应商交货延迟 供应商供货不足 供应商供应中断 供应商信用水平不足 供应商利益分配不公平
	物流风险	配送中心不合理 配送成本高 服务商选择不当 运输过程不确定 物流服务人员不专业 物流设备、运输工具故障 物流受灾害影响中断
	供应链成本风险	原材料成本过高 供应商过少导致价格过高

续表

<table>
<tr><th>经营环节</th><th>一级风险类别</th><th>二级风险因子</th></tr>
<tr><td rowspan="5">生产环节</td><td>生产安全风险</td><td rowspan="3">原材料质量不佳
原材料储存不当
生产设备老化陈旧
生产管理技术落后
生产人员素质水平不足
生产熟练程度不够
生产流程的监督不足
生产管理制度不完善
生产制度执行效率低</td></tr>
<tr><td>生产周期风险</td></tr>
<tr><td>产品质量风险</td></tr>
<tr><td>生产成本风险</td><td>供应链成本高
材料成本高
技术成本高
设备成本高
劳动力成本高
生产物流运输成本高</td></tr>
<tr><td>库存风险</td><td>库存积压
库存水平过低、缺货
管理不善
库存毁坏、变质
仓储条件差</td></tr>
<tr><td rowspan="5">销售环节</td><td>需求风险</td><td>对市场需求预期过高
对市场需求预期过低
未考虑竞争品的挑战</td></tr>
<tr><td>价格风险</td><td>定价高于竞争品
市场需求低导致价格过低
成本过高导致亏损
补贴、优惠政策变化</td></tr>
<tr><td>销售成本风险</td><td>销售物流费用过高
渠道费用高
过度包装
营销费用过高</td></tr>
<tr><td>退货风险</td><td>产品质量问题
产品与客户期望不符
退货制度不完善</td></tr>
<tr><td>渠道风险</td><td>渠道模式单一
渠道选择不当
与各级分销商利润分配不当</td></tr>
<tr><td rowspan="3">研发环节</td><td>研发技术风险</td><td rowspan="3">研发周期过长
研发技术水平滞后
研发技术不符合市场需求
研发人员素质水平低
研发成本与最终产品效益不匹配
研发投入占比过大</td></tr>
<tr><td>研发周期风险</td></tr>
<tr><td>研发成本风险</td></tr>
</table>

续表

经营环节	一级风险类别	二级风险因子
内部治理与管理环节	治理层风险	企业控制权争夺 董事会利益纠纷 中小股东利益冲突
	人力资源风险	人力资源短缺 人力资源过剩 劳动力成本上升 员工缺乏流动性，形成小圈子 员工流动性过高 培训效益低下 薪酬过低 薪酬过高 绩效考核标准不佳 劳动合同纠纷
	行政管理风险	会议、活动组织不到位 企业文化建设不足 办公物品管理不善 文书资料管理不当 公文撰写不到位 企业经营证件、执照等办理不及时 环境卫生状况不佳 安保措施不到位 日常设备管理、供应和维护不及时 企业形象公关不到位
	运营平台风险	网络传输速度慢 服务器的稳定性差 软件设计缺陷 遭受网络袭击 第三方平台技术缺陷 第三方平台服务与企业需求不匹配 与第三方平台利益分配不当
	信息风险	信息传递不及时 信息传递不准确 信息传递有遗漏
	财务风险	财务效益低下 资金周转不灵 现金管理不善

第二节　经营环节的内部控制

引例

华锐风电：为什么从千亿市值陨落？

华锐风电于 2006 年注册成立，2008 年成为中国风电制造业老大；2010 年跃居全球行业第二，占据 11.1%的全球市场。2011 年登录上海证券交易所时市值近千亿元，上市后的 6 年间共亏掉 110 多亿元；2015 年华锐风电巨亏 44.52 亿元，2016 年又再度亏损 31 亿元，2017 年 4 月二度成为两市第一低价股。

华锐风电为什么会从千亿市值陨落，瑞华会计师事务所分析指出：(1) 公司的财务报告内部控制存在以下重大缺陷：公司未对存货等实物资产实施有效控制，造成存货等实物资产与账面记录存在严重不一致。(2) 公司在 2013 年下半年进行存货盘点的过程中，发现存货管理涉及的出入环节管理未按照存货管理制度有效执行，存货盘点时发现存货资产与账面记录存在很大差异。鉴于相关盘点结果及处理导致公司 2013 年财务报告中的存货资产发生了重大调整，公司认为存货管理制度的执行存在重大缺陷，属于控制运行缺陷。(3) 华锐风电的内部控制制度在设计和执行上均无效。因此，瑞华会计师事务所在进一步审计程序中更多地采用了实质性方案，不做控制测试。

第二节
即测即评

华锐风电因没有形成有效的内部控制体系，导致管理层舞弊盛行，出现了上述引例中的问题。审计人员在进行企业经营环节风险的分析与评估时，了解到被审计单位内部控制的设计合理性及其执行有效性是非常重要的经营环节风险评估程序。《中国注册会计师审计准则第 1211 号——重大错报风险的识别和评估》中指出，在了解与审计相关的控制时，注册会计师应当综合运用询问被审计单位内部人员和其他程序，以评价这些控制的设计并确定其是否得到执行。在对企业经营环节风险进行分析与评估时，审计人员需要了解客户的控制环境、控制活动、监督活动、客户的风险评估过程及其结果以及与财务报告相关的信息系统（包括相关业务流程）等。为此，本节将主要阐述经营环节的内部控制流程以及各个环节的关键控制点，为审计人员通过了解客户的内部控制评估经营环节风险提供基础性指南。

一、企业供应环节的内部控制

供应环节的风险主要包括采购风险、物流风险与供应链成本风险等。随着技术的不断进步和各种新型经济体的不断涌现，供应环节内部控制的重要性以及难度都将同时增加，供应的安全、稳定、效率等问题已成为决定企业生存发展的决定性因素之一。图 8－3 列示了供应环节内部控制的基本流程。

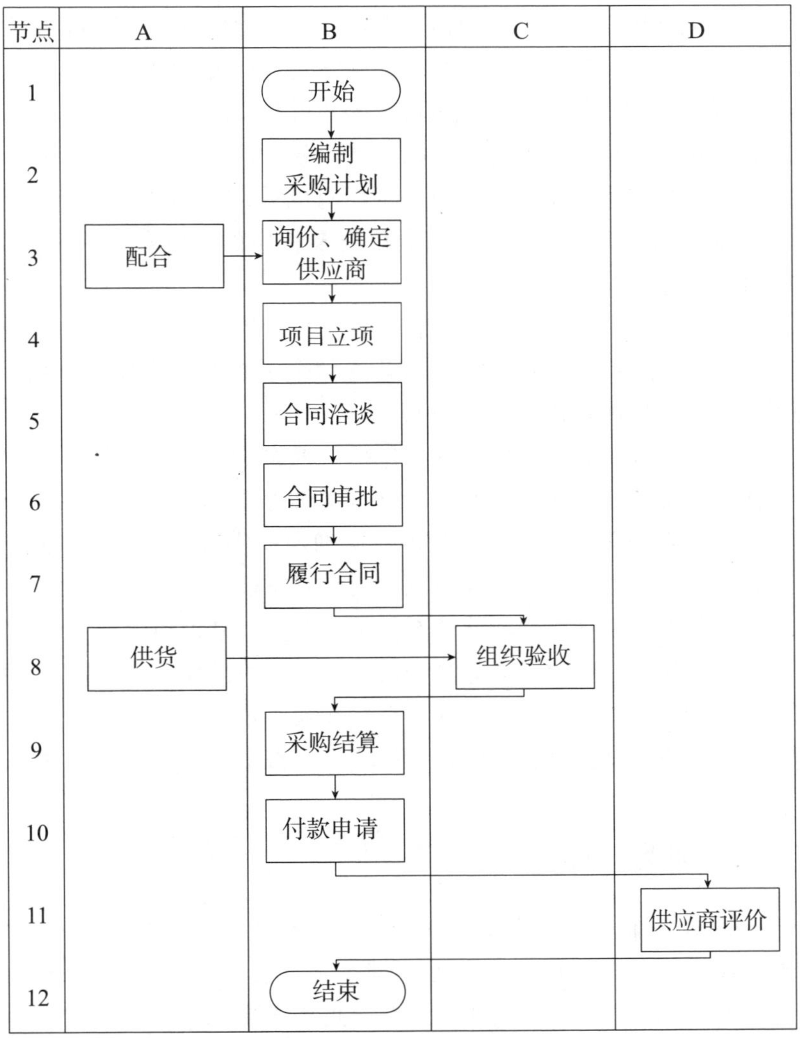

图 8－3 供应环节内部控制的基本流程

供应环节的控制必须实现以下目标：合理保证本期入账的采购业务确已发生，即保证该采购业务的存在与发生，而非为了虚增存货捏造虚假业务；所有的采购业务都已经登记入账，属于本期的采购业务没有被遗漏，不属于本期的采购业务也没有被归入本会计期间，即合理保证完整性和正确截止；与采购交易和事项有关的金额及其他数据必须以恰当的金额记录；最后，还要合理保证对所有有关业务进行正确的分类，并正确地进行披露与列报。

供应环节的关键控制点主要在采购和需求计划、供应商的选择以及采购合同商议和签订环节。

（1）采购计划。包括企业是否科学制定采购计划和预算，是否将采购计划纳入采购预算管理，是否有严格的审批制度，各个部门是否及时编制部门的需求计划，是否存在指定或变相指定供应商的情况。

（2）成本预算。包括企业是否制定了预算管理政策；是否明确预算编制以经营方针和战略需求为依据；预算审核的程序是否严格、透明化；是否定期分析预算的执行情况，定期召开财务预算执行情况分析会议。

（3）采购申请环节。包括采购申请业务是否制度化；是否明确了不同类型、不同级别的请购业务审批流程，以保证所有的采购申请业务都经过规定的审批程序；是否明确了相关部门或人员的职责权限及相应的请购程序；审核采购内容是否合理、准确；是否符合生产经营需要。

（4）供应商的选择。包括是否建立了科学的供应商评估和准入制度，是否严格审查供应商的资质信誉情况，是否建立健全了企业的供应商网络，是否按照公平、公正和竞争的原则择优确定供应商。

（5）供应商信息系统的建立。包括是否建立了企业供应商信息管理系统以及供应商淘汰制度，是否按时对供应商进行实时管理和考核评价。

（6）订立采购合同。包括是否根据确定的供应商、采购方式、价格、条件等，拟定采购合同，准确描述合同条款，明确双方权利、义务和违约责任；对于影响重大、涉及较专业的技术或法律关系复杂的合同，是否聘请相关专业人员参与谈判。

（7）支付款项。包括企业是否对采购付款的过程实现控制和跟踪管理；是否严格审查采购发票等票据的真实性、合法性和有效性；是否存在预付账款和定金的管理程序；涉及大额或者长期的预付款项，是否定期进行追踪核查等。

富士康：采购“贿赂门”

2013年初，富士康表面组装技术委员会（简称技委会）总干事兼经理邓志贤因涉嫌向供应商索贿被警方查获。据悉，2012年邓志贤所在的技委会涉及的采购额高达百亿元人民币，这引发了富士康体系内的反腐浪潮。此事件源于富士康的采购体制——“四大管线”。在富士康，生产、品管、工管、经管这四条管线共同评估供货商，各自独立又密切协同。这样的管理体系看似十分科学独立，大大降低了供应商收买采购负责人的概率。但是，通常四大管线的负责人都隶属于事业群（富士康设有诸多事业群，分管不同板块），“如果事业群的老总打招呼，情况就会不同”。在富士康，技委会在设备采购上拥有主导权，四大管线把关后，还需要技委会签字才能通过采购。这样的制度设计，让邓志贤等技委会关键人员拥有了核心的采购决策权，由此，也成为各路供应商“上贡”的重要对象。

在采购环节出现这样的现象，源于权力过于集中而干部又缺乏自律，技委会承担了过大的领导决策权。同时，在整个事件中，并未看到有任何监督机制予以制衡，最终导致数额巨大的采购款项变成了“贿赂门”的产物。

在这个案例中，富士康表面上有非常独立的采购决策制度，但处在关键位置的负责人可以是一道有力的防范舞弊的防火墙，也很可能成为防火墙中的致命漏洞。富士康缺乏采购环节对负责人的控制和监管，因此，应加强对采购过程和审批环节的内部控制，明确权责，在供应链环节设置独立的监察机构。

资料来源：http://www.doc88.com/p-2072462867485.html；http://finance.ifeng.com/a/20130202/7638544_0.shtml.

二、企业生产环节的内部控制

生产环节主要是在企业内部发生的，包括生产领用原材料，将原材料转入生产过程，在生产过程中通过加工，将发生的直接人工和制造费用计入产品成本，最后将完工产品入库。生产环节的风险主要包括生产安全风险、生产周期风险、产品质量风险、生产成本风险及库存风险，图 8－4 列示了生产环节内部控制的基本流程。

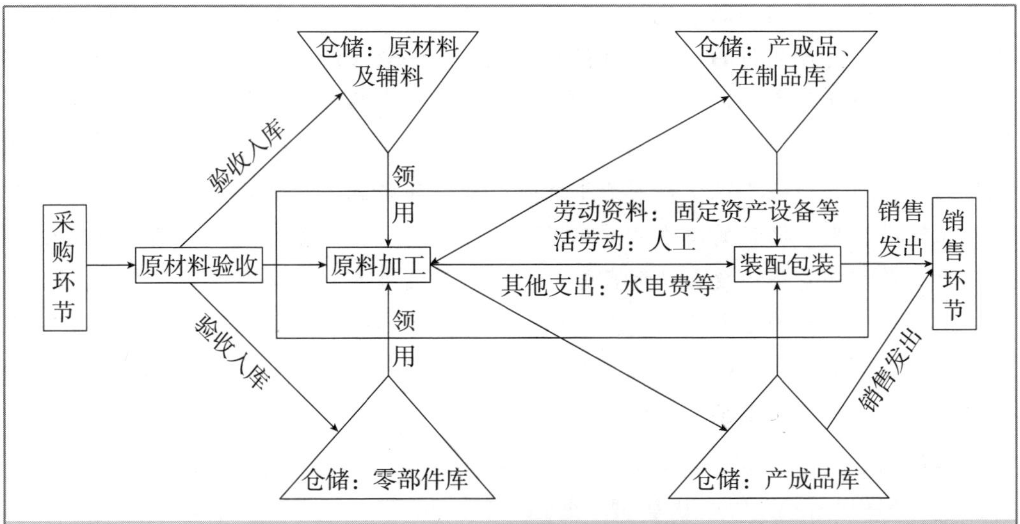

图 8－4　生产环节内部控制的基本流程

生产的控制目标主要有：合理确保生产活动真实发生，在生产过程中的材料耗费、人工支出以及其他支出也是真实发生的；与生产活动有关的会计记录准确完整，属于本期间的生产活动均记入会计期间，与生产过程有关的事项和交易都以恰当的金额记入恰当的账户；与生产过程有关的账户，期末都以恰当的金额和项目予以披露和列报。生产环节的内部控制关键点主要包括：

（1）仓储环节。存货在不同仓库之间流转时，是否严格办理出入库手续，是否登记仓储变化；是否通过存货的保险投保以合理降低存货意外损失风险；仓储部门对库存是否进行巡查和定期、随机抽查，是否详细记录库存情况。

（2）领用环节。企业是否根据自身的业务特点制定严格的存货准出制度，是否明确存货发出和领用的审批权限，存货出库手续是否健全；仓储部门是否严格核对经过审核的领料单或发货通知单的内容，是否做到单据齐全。

（3）生产环节。生产指令、领料单是否得到释放的授权审批；是否制定合适的成本核算方法，并定期根据市场价格进行调整；各种单据、记录和凭证是否经过连续编号并登记入账；是否选择合理的生产程序以最大效率地利用企业资源；是否定期检查仪器设备，做好定期保养；是否严格按照相关规定建设生产基础设施，避免出现生产事故。

皇台酒业："消失的"6 000 多万酒去了哪里？

皇台酒业在 2017 年年终盘点时，发现成品酒存在巨额亏空的问题，最终确认了库亏约 6 700 万元的事实。近 3 年来皇台酒业在存货盘点方面，没有按照规定每月盘点一次，也没有按照惯例每半年至少一次的全面盘点。（未找到 2016 年 6 月 30 日会计报告时的盘点记录。）2017 年 6 月 30 日会计报告时点的盘点工作，因公司原销售部门业务负责人及原财务部门负责人相继离职未能执行，每月例行的盘点亦由仓储保管员与会计人员核对当月出入库数量。月度例行的盘点工作做得不扎实，导致未能及时发现库亏问题。

一位酒企高管表示，白酒企业的存货主要是半成品或自制半成品，也就是基酒，只有勾调并包装好的才能是"库存商品"。库存商品一般根据经销商的订货来生产，白酒企业账面的库存商品一般都很少，因为半成品放置时间越久就越值钱。尤其是前两年白酒行业进入业绩爆发期，酒厂的库存就更少了。因此"一次丢失近亿元的白酒，在理论上没有可能。要么是监守自盗；要么是财务造假——这批酒根本就不存在！"

上述状况发生的根本原因是皇台酒业仓储管理的缺失。由此可以看出仓储环节的内部控制对于企业资源保护的重要性，企业应当按照规定定期盘点库存，并且根据自身货物的特殊性或需求，不定期抽查，保证库存的完整。

资料来源：http://www.xinhuanet.com/food/2018-03/07/c_1122498012.htm；http://finance.sina.com.cn/roll/2018-03-07/doc-ifyrztfz9689226.shtml.

三、企业销售环节的内部控制

销售环节是企业非常重要的业务循环，有效的销售环节内部控制可以保证企业的产品和服务通过此循环创造价值，给公司带来盈利，为企业的可持续发展提供源源不断的资金支持。当企业内部建立了一套相互牵制、相互稽查、相互验证的控制体系时，有利于销售业务的健康发展。图 8－5 列示了一般企业销售环节内部控制的基本流程。

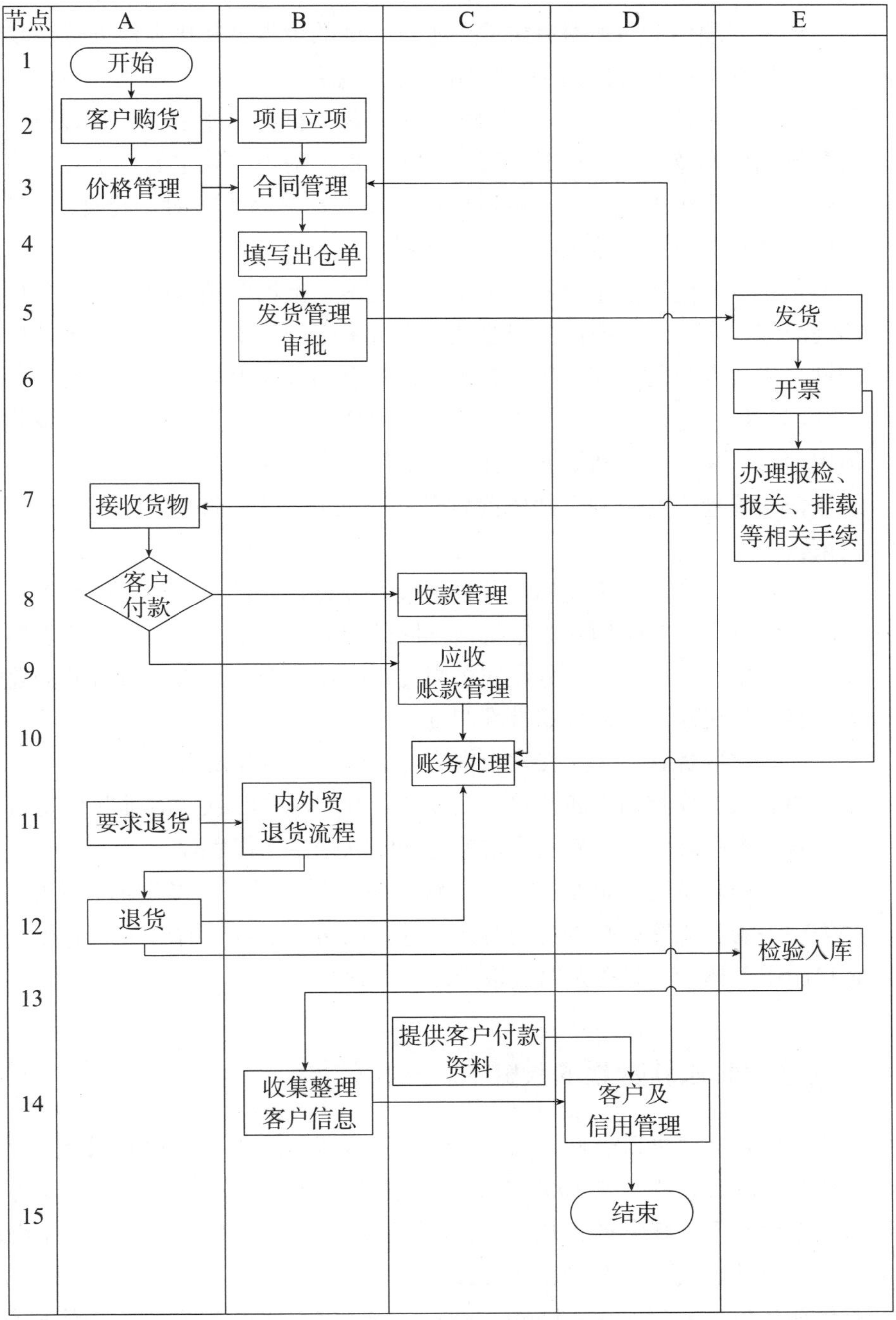

图 8-5 销售环节内部控制的基本流程

销售环节的控制必须实现以下目标：本期入账的销售业务确定已经发生且销售对象是真实存在的客户，即合理保证该销售业务存在与发生；所有的销售业务都已经登记入账，不属于本期的销售收入，没有被记入本期账户，即合理保证完整性和正确截止；与销售交易和事项有关的金额及其他数据必须以恰当的金额记录；最后，还要合理保证对所有有关业务进行正确的分类，并正确地进行披露与列报。

销售环节内部控制的关键控制点主要包括：

（1）销售计划。企业是否结合发展战略、自身产能情况、资金供应能力、市场需求预测以及竞争对手情况等制定年度计划，是否按规定的权限和程序审批后下达执行；企业是否根据实际销售情况和市场变动等因素，对销售计划进行及时调整，并以此调整对应的战略策略、生产计划以及人员安排等。

（2）产品定价。企业是否根据产品成本、市场营销策略、财务目标、市场价格等情况综合定价，最终由公司管理层审批确定产品基准定价，并定期评价定价的合理性；给予客户的优惠和折扣是否经过具有相应权限的人员的审批。

（3）信用管理。是否设立独立于销售部门的信用管理部门，负责收集主要客户信用信息，建立客户档案并实施动态更新管理；在与客户订立合同之前，是否事先经过信用管理部门的调查和风险评估；是否严格控制销售人员私自给予客户优惠政策。

（4）订立合同。不相容职务是否权责分离，如合同谈判人员与签订合同人员相分离，销售审批与赊销政策审批由不同部门的人员执行，编制销售发票通知单、开具销售发票、复核发票应分设三个岗位；企业是否对销售进行有效的监督控制，并为销售业务建立严格的授权批准制度。

（5）收取货款。企业在发生销售行为时，是否及时开具有效发票，在开具前是否由相关人员检查销售通知单；企业是否针对应收账款及时催收，是否定期分析应收账款分类账龄，并对催收无效的逾期账款采用法律手段。

（6）信息反馈。企业是否设立专职部门深入了解市场动向，了解消费者需求、竞争对手的变化等；是否定期对客户进行回访，是否及时解决产品相关问题，提高客户的服务体验；是否及时获取产品反馈信息。

被巨额应收账款拖累的长虹

四川长虹曾是有“中国彩电大王”“中国驰名商标”等称号的成功的国产电器公司。上市之初的势头迅猛，股价在1997年5月一度达到每股66.18元的历史最高价。但是随着市场上彩电供大于求现象的出现，“彩电价格战”愈演愈烈。长虹为了寻找新的利润来源，决定走向世界，成为“全球彩电霸主”。

与长虹合作的是美国Apex Digital公司。长虹自2001年7月开始将彩电发向海外，Apex Digital公司在美国直接提货，但是，长虹的彩电发出去了，货款却没能收回。按照出口合同，接货后90天内Apex Digital就应当付款，否则长虹方面有权拒绝发货。然而，在没有收到货款的情况下，长虹一方面提出对账的要求，一方面继续发货。2003年年底，长虹的应收账款期末余额高达50.84亿元，其中来自Apex Digital的欠款就有44.51亿元。2005年4月，长虹披露的年报出现了上市以来的首次亏损，全年亏损36.81亿元。截至2004年底，长虹对Apex Digital公司所欠账款按个别认定法计提坏账准备约25.97亿元，该项会计估计变更对2004年利润总额的影响约为22.36亿元。

资料来源：http://tech.sina.com.cn/e/2006－11－01/14471214808.shtml；http://www.mayiwenku.com/p-2340868.html.

四、企业研发环节的内部控制

研发环节风险主要包括研发技术风险、研发周期风险与研发成本风险等。因此，研发环节的内部控制尤其需要关注上述三类风险。研发环节的内部控制旨在帮助企业在研发中实现合理的成本分配和资金利用，降低研发风险，使企业的研发方向与战略始终保持一致，研发成果能有效地为企业发展提供帮助。图8－6列示了研发环节内部控制的基本流程。

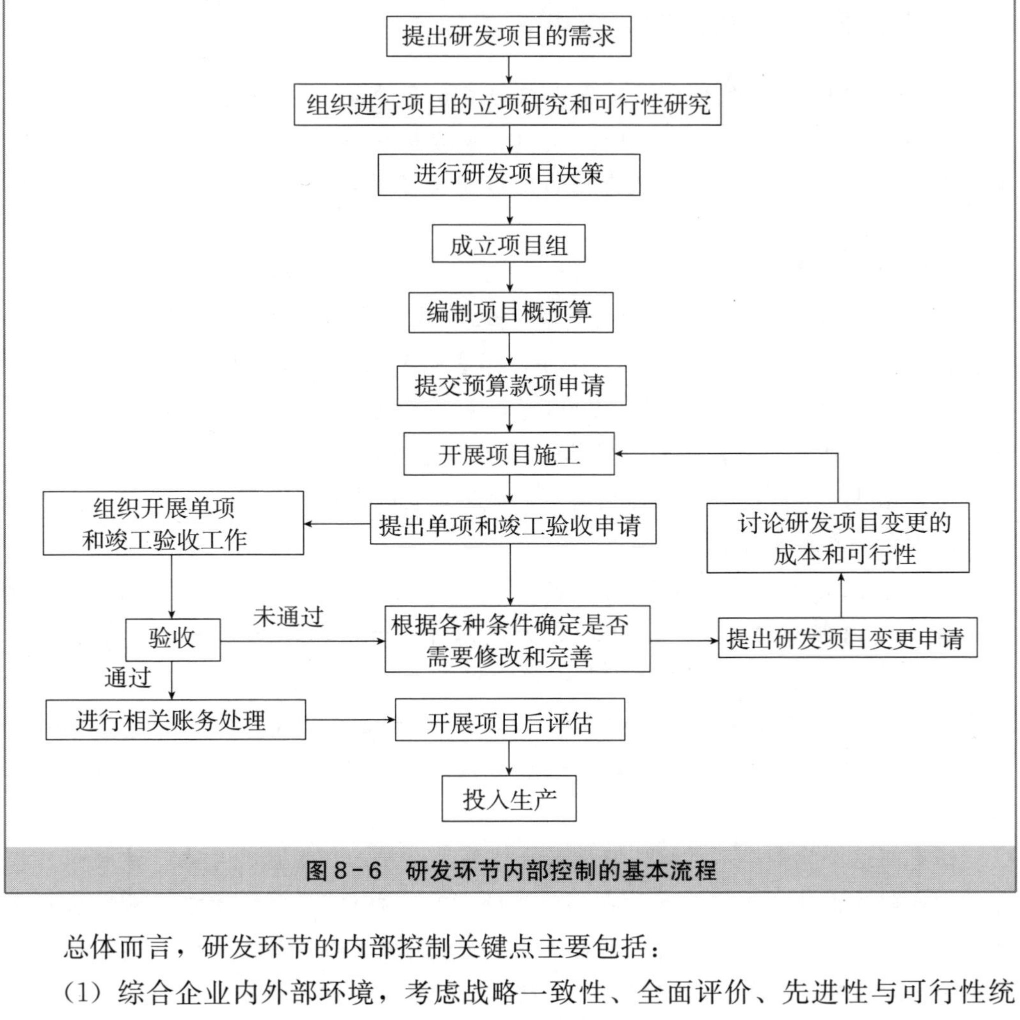

图8－6　研发环节内部控制的基本流程

总体而言，研发环节的内部控制关键点主要包括：

(1) 综合企业内外部环境，考虑战略一致性、全面评价、先进性与可行性统一原则，包括企业现有技术、资金、人员、发展战略，以及是否有同类产品市场，该市场情况、消费者需求、竞争环境、产品预期收益等，严格筛选产品研发项目。

（2）进行产品研发时，按照项目优先级、技术或资源相近、项目的生命周期以及产品类别对项目进行分组，合理规划研发项目组合，有利于研发工作的开展效率以及企业资源的有效配置。

（3）及时对研发项目的可行性、预期收益、市场行情进行评价，一些产品可能需要优先研发。如果在市场上出现了同类产品，考虑自身产品的竞争力，决定继续研发、改变策略或放弃该项目，及时止损。

（4）对研发项目规范预算标准，相关项目人员需要审批的资金应当严格审查，防止员工利用研发项目谋取私利、公费私用。预算标准应当随研发需求的变化而变化，应当由有权限的人员审批。

诺基亚：安于现状的全球霸主

诺基亚“陨落”的原因之一是其在需求方面的缺陷。但是，一个庞大的企业失败的原因不可能是单一的。本例中，我们着重分析诺基亚在研发环节的内控失败。诺基亚于2012年12月4日以2亿美元的价格变卖了总部大楼，这代表诺基亚霸主地位的彻底终结。

1990年底，欧里拉（Jorma Ollila）提出，移动电话就是把网络放在每个人的口袋里。1996年，诺基亚推出智能手机的概念，这比苹果的iPhone早了10年之久。2004年，诺基亚内部就开发出了触控技术；2007年，诺基亚率先在全球推出应用程序商店品牌OVI，这比苹果的App Store早了1年。2008年诺基亚的销量占据全球市场的40%，接着便从抛物线的顶端不停下滑，直至2013年将设备和服务部以70亿美元的价格卖给微软。短短5年时间，诺基亚就从全球手机终端霸主地位跌落到破产边缘。

原因之一在于研发。

智能手机其实最早是由诺基亚提出的，但这也是诺基亚没落的种子。早在2005年，诺基亚内部就组建了一个小组来开发基于Linux的新移动平台，命名为Maemo。2007年10月，基于Maemo4.0系统的N810正式面世。它拥有现在一切智能手机的雏形。但因为塞班害怕竞争不过N810，就从中作梗。2010年，安卓大行其道时，诺基亚选择了与英特尔合作从零开始做Meego，随后放弃。导致以前的投入都打了水漂。

诺基亚这个案例令人唏嘘，庞大的全球霸主企业，在短短几年内，被超越、收购。这源于它在研发上的“胆怯”和站在高位上的“盲目自信”，也源于它对风险的低估。同时也让我们意识到，研发项目对一个企业生存发展的重要性。诺基亚没有建立有效的研发环节风险应对机制，不能及时发现与纠正研发团队存在的重大缺陷，从而使自己错失了在移动终端大变革的机遇。

五、企业内部治理与管理环节的内部控制

内部治理包括股东会、董事会、监事会、经理层之间的责权关系。治理层是指对被审计单位战略方向以及对管理层履行经管责任负有监督责任的人员或组织，治理层的责任包括对财务报告过程的监督。内部管理指对公司运行的管理行为，管理层负责编制财务报表，并受到治理层的监督。通过有效的内部治理与管理环节的内部控制能够正确处理企业的利益相关方关系，是完成企业经营目标的重要保证。图 8－7 列示了内部治理与管理环节的内部控制结构。

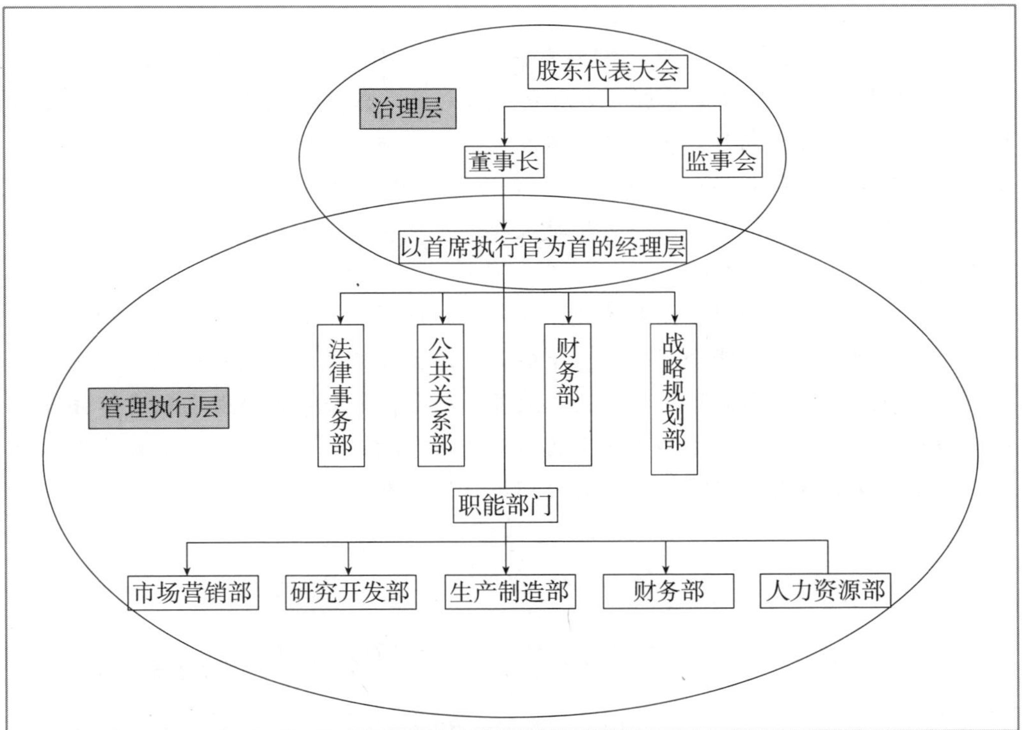

图 8－7　内部治理与管理环节的内部控制结构

总体而言，内部治理与管理环节的内部控制关键点主要包括：

（1）董事会及其下属委员会的规模、人员的组成、资历等是否与公司性质相符。

（2）董事会是否参与所有重大决策，包括章程中规定的重大事项、投资决策、高层人员变动等，是否对决议执行情况进行监督，董事会及其下属委员会是否对公司管理实施有效监控。

（3）董事能否及时获知企业各项重大信息，以及企业外部的有用信息，进而

做出符合市场发展需求、符合企业战略目标的决策和指导。审计委员会是否定期与财务负责人、内外部审计师交流，是否对企业的控制体系和状况实施有效监督。

（4）企业的管理层是否与企业的发展战略和运营环境保持一致，是否为企业的管理运营提供必要的基础。

（5）是否建立了有效的信息传达机制。

（6）应对企业发展需要，机构的设立是否保持适应性，能否及时有效地改变机构的设置和人员配置。

（7）监事会和审计委员会是否对公司的经营决策和财务动向进行有效监督。

泸州老窖与酒鬼酒：银行存款“蒸发”了

2014年10月15日，泸州老窖发布公告称，公司在中国农业银行长沙迎新支行的一笔1.5亿元存款失踪，经多方协调并多次磋商后无果，公司将就此事向四川省高级人民法院提起诉讼。类似事件同样发生在酒鬼酒身上。2013年11月29日，酒鬼酒子公司酒鬼酒供销有限责任公司在杭州某银行开立了户名为“酒鬼酒供销有限责任公司”的活期结算账户，共计存入1亿元。而后，一名嫌疑人经过多次转款将1亿元尽数转走。后经公安机关侦查，最终追回3 699万元。

一般来说，银行的对公业务管理包括定期对账制度。如果上市公司开通了网银和短信提醒业务，那么一旦有资金划转，上市公司可以立即查账发现或者收到即时通知，对公账户一般只能通过转账转到银行账户上。此外，转账需要公司开具加盖财务专用章、法定代表人印章、财务人员印章等要素齐全的转账支票。因此，1.5亿元资金被盗取，简直是不可能的事，这必然与公司管理环节的内部控制缺陷有关。

第三节　经营环节风险对财务报表的影响

引例

乐视网：巨额亏损的原因

乐视网作为国内知名互联网企业，市场估值一度超过千亿元。但是2016年乐视网却爆发了财务危机，2017年还陷入了IPO财务舞弊传闻。以下是乐视网2016年与2017年主要财务数据的对比和增减幅度。

乐视网 2016 年和 2017 年主要财务数据

	营业总收入（万元）	营业利润（万元）	货币资金（万元）	其他应收款（万元）
2017 年	746 268.76	−1 575 919.40	85 311.02	122 038.88
2016 年	2 198 687.85	−33 749.93	366 914.64	69 601.61
增减幅度	−66.06%	−4 569.40%	−76.75%	75.34%

乐视网财报数据的巨额变动与它存在的经营环节风险密切相关。在财务上，乐视网存在严重的资金风险，欠款存在回收风险，导致现金流极度紧张。比如至少有 130 万台、大约 10 亿元手机发到印度，销售款没有得到回款。

研发投入上，乐视网没有衡量研发成本及回报风险，导致近几年不但在手机、电视等各类终端方面大力注资，在影视、体育、汽车等行业也投入了巨额资金，仅在汽车行业的投资就超过了百亿元。这些项目大部分投资风险大，难以在短时间内取得收益。2017 年，乐视网营业利润同上一期相比下降了 4 569.40%。

在本节引例中，乐视网在销售环节、供应环节及研发投入环节等存在的风险直接反映在应收账款激增、营业收入下降、营业利润巨额减少上。可见，企业的经营环节风险会对财务报表产生影响，即经营环节风险会形成企业的重大错报风险。在其他因素不变的情况下，经营环节风险越大，对企业持续经营假设的合理性、资产计价的准确性、舞弊行为的发生等都会产生影响。如果企业经营环节的内控程序不能及时发现和纠正错报，将导致重大错报风险的产生。本节主要阐述经营环节风险评估的基本方法、经营环节风险对企业经营活动的影响及其对财务报表的传导。

第三节
即测即评

一、经营环节风险评估的基本方法

《中国注册会计师审计准则第 1211 号——重大错报风险的识别和评估》指出，审计师了解并评估被审计单位的经营环节风险有助于其识别财务报表重大错报风险。通常而言，大多数的经营环节风险最终可能对各类交易、账户余额以及列报认定层次或财务报表层次产生直接影响；但并非所有的经营环节风险都会导致重大错报风险，这取决于客户经营环节内部控制的设计的合理性及执行有效性。

审计人员可以采用风险因素分析法（risk factor analysis approach）对企业经营环节的风险进行分析与评估。将风险因素分析法应用到经营环节风险评估的基本程序是：识别经营环节风险因子→确定该风险因子的产生条件→确定产生条件是否具备→估计风险发生的概率与后果。换言之，审计人员应首先辨识企业各业务单元、各项重要经营活动及其重要业务流程中有无风险；进而对辨识出的经营环节风险及其特征进行明确的定义与描述，分析和描述风险发生可能性的高低、风险发生的条件；最后评估该经营环节风险对企业实现目标的影响程度、对财务报表的潜在影响程度等。

风险因素分析法的关键在于对各个因素风险程度的估计，通常有两种方法：

（1）描述法。即对各个因素的风险程度以“高、中、低”或“好、较好、中等、较差、差”等标准来描述。由于所分级别有限，这种描述估计结果的方法往往过于粗糙，只能大体反映各因素的风险程度，也不便于审计人员考察其对最终财务报表重大错报的影响。

（2）打分法。将各因素的具体情况与标准水平做一比较，然后根据其差异情况用绝对分值来表述某经营环节（经营业务）的风险程度。与描述法相比，打分法能够较详细地反映各要素的风险程度，也有利于审计人员考察其对最终财务报表重大错报的影响。

需要指出的是，在审计人员对经营环节进行风险评估的实践中，有许多经营业务的风险程度很难被精确描述。比如，一项交易引发舞弊的可能性有多大，一个账户发生重大错误的可能性有多大，往往无法简单地用高或低去描述，也难以用数字准确地表述。对于这类风险因素，审计人员可以采用模糊综合评价法进行风险评估，模糊综合评价法是模糊数学在实际工作中的一种应用方式。其中，综合是指评价条件包含多个因素，评价是指按照评价条件对评价对象的优劣进行评比、判断。综合评价就是对受到多个因素影响的评价对象做出全面的评价。

二、经营环节风险对财务报表的传导

经营环节风险沿着企业风险管理路径形成财务报表重大错报风险，二者之间存在高度的相关性。与本书第七章所述的客户战略风险相比，经营环节风险对各类交易、账户余额以及列报认定层次或财务报表层次的影响更为直接。比如，供应环节出现断裂，就会影响资产负债表的存货、应付账款、在建工程等；生产和销售环节的风险，就会反映在应收账款、营业收入、销售费用上。再如，对于银行而言，企业合并导致银行客户群减少，使银行信贷风险集中，由此产生的经营环节风险可能增加与贷款计价认定有关的重大错报风险。同样的风险，尤其是在经济紧缩时，可能对银行财务报表产生更为长期的影响。

在现代风险导向审计中，战略与经营环节风险形成剩余风险并转化为重大错报风险的路径为审计师评估财务报表重大错报风险提供了一个新的自上而下的方法，审计师必须识别和评估对被审计单位经营活动产生影响的因素（经营环节风险），以便对财务报表重大错报风险进行评估。表8-2部分地列举了经营环节的风险类别对企业经营与财务报表产生传导作用的情形。

表 8-2　经营环节风险对财务报表的传导

经营环节	风险类别	对企业经营的影响	对财务报表的传导
供应环节	采购风险	影响企业成本、产品库存、企业运作效率等	存货、营业成本、预付账款、应付票据、固定资产、工程物资
	物流风险	影响企业的日常生产作业、产品成本，严重可导致企业的供应链崩溃	应付职工薪酬、营业外支出、管理费用
	供应链成本风险	影响企业利润、市场竞争力、对供应商的依赖性	存货、营业成本、流动资产、净利润
生产环节	生产安全风险	影响企业声誉、额外的损失等	管理费用、累计折旧、营业外支出
	生产周期风险	影响企业销售能力、企业的市场竞争力以及资金周转率	存货、应付职工薪酬、固定资产、管理费用、固定资产清理、营业外支出、公允价值变动损益
	产品质量风险	影响企业声誉、消费者黏性、市场竞争力，严重的产品质量问题甚至会导致企业面临破产	营业收入、营业外支出、货币资金、净利润
	生产成本风险	影响企业生产成本、市场竞争力	应付账款、应付职工薪酬、管理费用、存货、固定资产、固定资产清理、累计折旧、无形资产、长期待摊费用
	库存风险	影响企业资金周转、利润等	存货、管理费用、流动资产、营业外支出
销售环节	需求风险	影响企业销售状况、产品竞争力、市场调节成本	营业收入、存货、净利润、销售费用、管理费用
	价格风险	影响企业市场竞争力，容易造成财务恶性困境	营业收入、净利润、销售费用、应交税费
	销售成本风险	影响企业销售状况、利润，且容易降低产品的市场竞争力	销售费用、营业成本、净利润
	退货风险	影响企业的库存、销售和盈利状况等	存货、税金及附加、应收账款、营业收入、营业成本、未分配利润
	渠道风险	影响企业的销售成本、利润分配等	应收账款、应收票据、预收账款、应交税费、营业收入、税金及附加、销售费用
研发环节	研发技术风险	影响企业的市场竞争力、研发投入回报等	无形资产、长期待摊费用、营业外支出、营业外收入
	研发周期风险	影响企业的市场竞争力	工程物资、在建工程、应付职工薪酬、货币资金、资产减值损失

续表

经营环节	风险类别	对企业经营的影响	对财务报表的传导
研发环节	研发成本风险	影响企业的市场竞争力、产品成本、企业利润等	研发支出、应付职工薪酬、货币资金、资产减值损失
内部治理与管理环节	治理层风险	影响企业实际控制权、企业的发展、利益分配的协调问题	应收利息（股利）、股本、资本公积、盈余公积、未分配利润、所得税费用
	人力资源风险	影响企业正常运营、企业经营效率，风险严重时甚至会导致某一经营环节的瘫痪	应付职工薪酬、各项费用、未分配利润、营业成本
	行政管理风险	影响企业各项通知、文件传达的速度和执行，资料档案以及贵重物品的保管，开支的去向，各项考核评价等	应付职工薪酬、各项费用、营业成本、固定资产、营业外支出
	运营平台风险	影响企业运营效率、财务效率以及销售效益，增加企业财务数据等重要数据错误或遗漏的风险，严重时会导致企业各项业务、各个环节发生瘫痪	对整个内部治理与管理环节产生影响，并可能存在降低财务报表各项数据的准确性的风险
	信息风险	影响企业的发展方向、战略决策以及市场竞争力	对整个内部治理与管理环节产生影响
	财务风险	影响资金周转效率、财务效益、企业的合同责任和信任风险等	货币资金、应收账款、工程物资、管理费用

本章小结　　**案例分析**　　**推荐阅读材料**

第九章

执行财务报表审计

思维导图

风险应对基本逻辑

- 风险应对的总体逻辑：审计风险取决于重大错报风险和检查风险
- 风险应对的具体方案及程序：
  针对财务报表层次重大错报风险的总体应对措施；
  针对认定层次重大错报风险的进一步审计程序
- 审计目标、重大错报风险与具体审计程序

供应环节风险应对

- 供应环节常见的重大错报风险：虚构存货、操纵存货盘点、操纵销售结转成本、操纵存货计价、虚列应付账款
- 供应环节的控制测试
- 供应环节的实质性程序：存货审计、应付账款审计等

生产环节风险应对

- 生产环节常见的重大错报风险：操纵生产成本、操纵结转成本
- 生产环节的控制测试
- 生产环节的实质性程序：存货审计、费用审计、应付职工薪酬审计等

销售环节风险应对

- 销售环节常见的重大错报风险：提前确认销售收入、伪装收入性质、虚增收入、推迟确认销售收入、隐藏收入、虚构应收账款、操纵应收账款后续计量
- 销售环节的控制测试
- 销售环节的实质性程序：营业收入审计、应收账款审计等

货币资金风险应对

- 货币资金常见的重大错报风险：涂改与伪造凭证、上下游配合操纵现金流、关联方占用资金、隐瞒资金受限、通过资本性支出转移现金
- 资金的控制测试
- 销售环节的实质性程序：银行存款审计、库存现金审计等

总书记论审计

“审计整改‘下半篇文章’与审计揭示问题‘上半篇文章’同样重要，必须一体推进。要把督促审计整改作为日常监督的重要抓手，将审计结果作为干部考核、任免、奖惩的重要参考。对整改不力、敷衍整改、虚假整改的，要严肃问责。”

——2023年5月23日，习近平在二十届中央审计委员会第一次会议上的讲话

素养提升

1. 价值塑造

- 深入学习习近平总书记关于审计工作的系列重要讲话精神和重大指示，领悟审计工作对企业发展和国计民生的重要意义。要学以致用，推进新时代审计事业新发展；担当使命，落实新时代党的建设总要求。
- 进一步认识和把握进入新发展阶段、贯彻新发展理念、构建新发展格局、推动高质量发展对审计工作提出的新要求，紧紧围绕习近平总书记的重大指示，立足“审计监督首先是经济监督”定位。

2. 知识传授

- 理解基于重大错报风险评估的风险应对之基本逻辑与方法，在此基础上理解“审计逻辑”与“经营环节”相结合的审计思路。
- 熟悉供应环节、生产环节、销售环节及货币资金业务的总体风险应对逻辑和业务特点，并掌握“识别、评估和应对”重大错报风险的逻辑与方法。

3. 能力培养

- 能够理解财务报表审计相关思路，培养灵活设计和执行审计程序，以控制审计风险并实现审计目标的能力。
- 培养基础业务能力，了解自己审计范围内相关行业的业务流程、工艺特点、技术参数、运行周期、行业标准等行业性比较强的专业知识。
- 培养洞察能力，即熟练应对形形色色的审计对象、善于从浩繁复杂的业务流程和海量数据中发现线索。

【准则链接】
《中国注册会计师审计准则第1231号——针对评估的重大错报风险采取的应对措施》

如本书第五章及第六章所述，现代风险导向审计沿着“战略风险分析—经营环节风险分析—剩余风险分析—重大错报风险评估—风险应对”的基本逻辑与流程展开。在完成风险评估程序（本书第七章、第八章）之后，现代风险导向审计进入风险应对阶段。根据《中国注册会计师审计准则第1231号——针对评估的重大错报风险采取的应对措施》，注册会计师应当针对评估的财务报表层次重大错报风险设计和实施总体应对措施，并针对评估的认定层次重大错报风险设计和实施进一步审计程

序，以将审计风险降至可接受的水平。为此，本章将重点阐述重大错报风险的应对逻辑及方法，尤其强调审计逻辑与经营环节相结合的思路。图 9-1 列示了本章内容在现代风险导向审计整体流程中所处的位置。

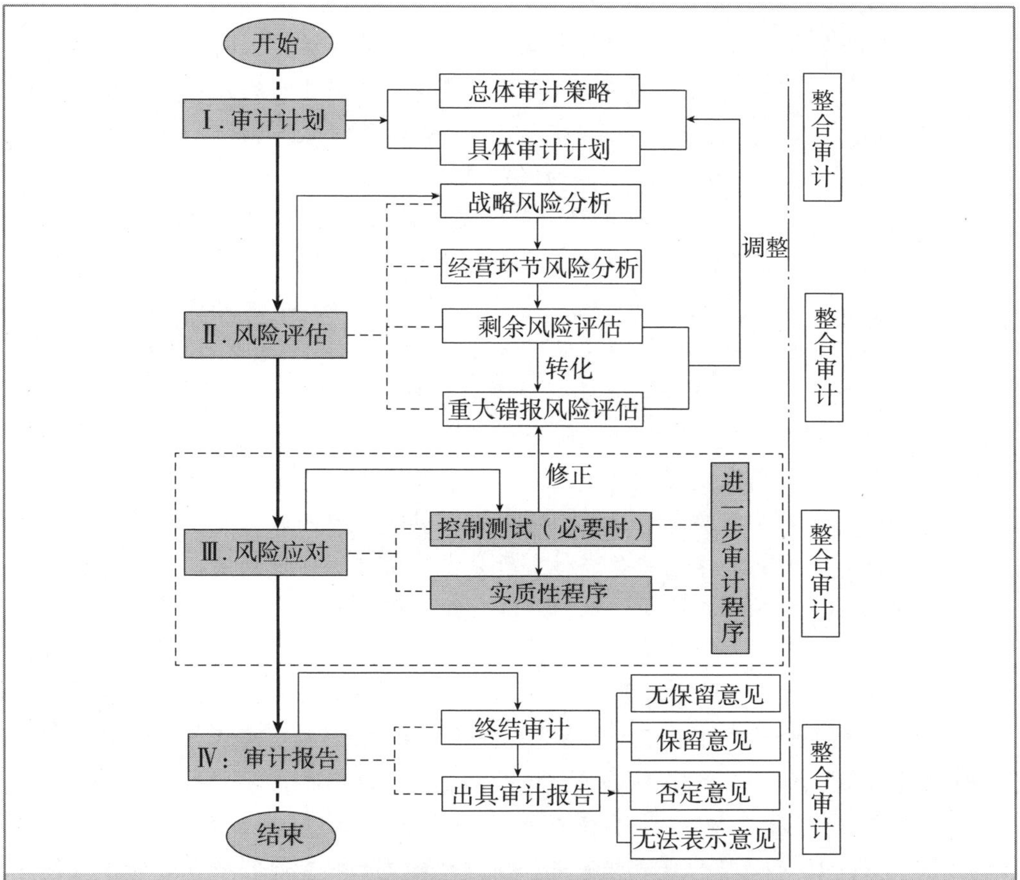

图 9-1　执行财务报表审计在整体流程中的位置

第一节　风险应对基本逻辑

思政引例

审计程序与勤勉尽责：不认真，就被罚

2023 年 6 月 12 日，中国证监会出具行政处罚决定书〔2023〕42 号，对大信会计师事务所和两名注册会计师作出处罚。处罚的主要原因在于大信所在进行同济堂年报审计项目时，未勤勉尽责，出具了存在虚假记载的审计报告。其

【扩展阅读】
中国证监会行政处罚决定书（大信所）

中部分原因如下：

1. 对营业收入的风险评估不恰当。大信所在2016—2018年审计中关注到同济堂“因重组存在业绩压力、存在由于舞弊导致财务报表发生重大错报的可能性”，“因存在业绩承诺，需重点关注业绩的真实性”。对此，大信所未保持应有的职业谨慎和职业怀疑，未在风险评估工作底稿中将“营业收入”项目评估为特别风险，对营业收入的风险评估结论不恰当。上述行为不符合《中国注册会计师审计准则第1141号——财务报表审计中与舞弊相关的责任》第二十七条、第二十八条、第五十一条的要求。

2. 预付账款审计程序存在缺陷。大信所在2018年预付账款审计中，关注到同济堂向武汉日月新保健食品有限公司（以下简称武汉日月新）预付1.98亿元、向团风县鑫旺药业有限公司（以下简称鑫旺药业）预付3.94亿元等两笔大额预付款存在异常，实际资金往来原因与所附的采购合同业务完全不相符且明显不具有商业实质。对此，大信所未保持应有的职业谨慎和职业怀疑，未考虑到因管理层舞弊可能导致的重大错报风险，未采取进一步审计程序消除疑虑，未对涉及的非采购业务进行重新分类从而发生列报错误，未能发现同济堂向第三方的大额预付款最终流向同济堂控股股东的关联方非经营性资金占用行为。上述行为不符合《中国注册会计师审计准则第1101号——注册会计师的总体目标和审计工作的基本要求》第二十八条、《中国注册会计师审计准则第1141号——财务报表审计中与舞弊相关的责任》第十三条、《中国注册会计师审计准则第1231号——针对评估的重大错报风险采取的应对措施》第二十四条的要求。

3. 应付账款检查程序存在重大漏洞。审计工作底稿记载，大信所对2016—2018年《应付账款检查表》所列明细进行抽查过程中，查验了入库单与发票、明细账与发票，未见异常。实际上，上述抽查明细中涉及的武汉健民、武汉马应龙等虚假供应商就相关采购业务未向同济堂开具增值税专用发票。这表明大信所在抽查采购及应付账款中未认真查验每笔发货单、合同、发票等凭证，该项审计程序执行不到位，未能有效应对相关舞弊风险。上述行为不符合《中国注册会计师鉴证业务基本准则》第二十八条，《中国注册会计师职业道德守则第1号——职业道德基本原则》第十七条，《中国注册会计师审计准则第1301号——审计证据》第十条、第十一条的规定。

该案例告诉我们能否保持足够的职业怀疑，是风险导向审计方法能否成功应用的关键。在审计中保持足够的职业怀疑，有助于我们恰当运用职业判断，提高审计程序设计及执行的有效性；有助于我们审慎评价审计证据，降低审计风险，实现高质量审计的目标。

资料来源：http://www.csrc.gov.cn/pub/zjhpublic/G00306212/201808/t20180810_342534.htm.

如本节引例所述，大信会计师事务所未能设计和执行合理有效的审计程序，未保持应有的职业怀疑态度，是导致审计失败和陷入法律风险的主要原因。本书第七章和第八章分别通过战略与经营环节风险分析，形成对被审计单位重大错报风险的评估。在此基础上，本节对风险应对的逻辑和方法进行较为系统的阐述，并强调审计逻辑与经营环节相结合的审计思路。

第一节
即测即评

一、风险应对的总体逻辑

财务报表审计的总体目标就是通过执行审计工作，合理保证：财务报表按照适用的会计准则和相关会计制度规定编制；财务报表在所有重大方面公允反映被审计单位的财务状况、经营成果和现金流量。如本书第六章所述，审计师在财务报表审计中面临的审计风险就是当财务报表存在重大错报时，注册会计师发表不恰当审计意见的可能性。审计师应该通过审计程序，将审计风险降低至可接受水平。

图 9-2 列示了风险应对的总体逻辑。审计风险取决于重大错报风险和检查风险。本书第七章和第八章已分别从战略和经营环节对被审计单位重大错报风险的评估进行了系统的阐述。然而，重大错报风险由企业自身特性及内部控制决定，审计师只能评估它而不能在实质上改变它。审计师应针对所评估的财务报表层次重大错报风险，设计和实施进一步审计程序。进一步审计程序是指审计师针对评估的各类交易、账户余额、列报（包括披露）认定层次重大错报风险实施的审计程序，包括控制测试和实质性程序。审计师应当根据评估的重大错报风险以及设定的可接受审计风险水平确定可接受的检查风险水平。对于发现的重大错报，要求被审计单位调整错报，或在拒不调整的情形下在审计报告中予以报告，由此控制审计风险。检查风险的降低取决于能否合理设计并有效执行进一步的审计程序，以获取充分适当的审计证据。

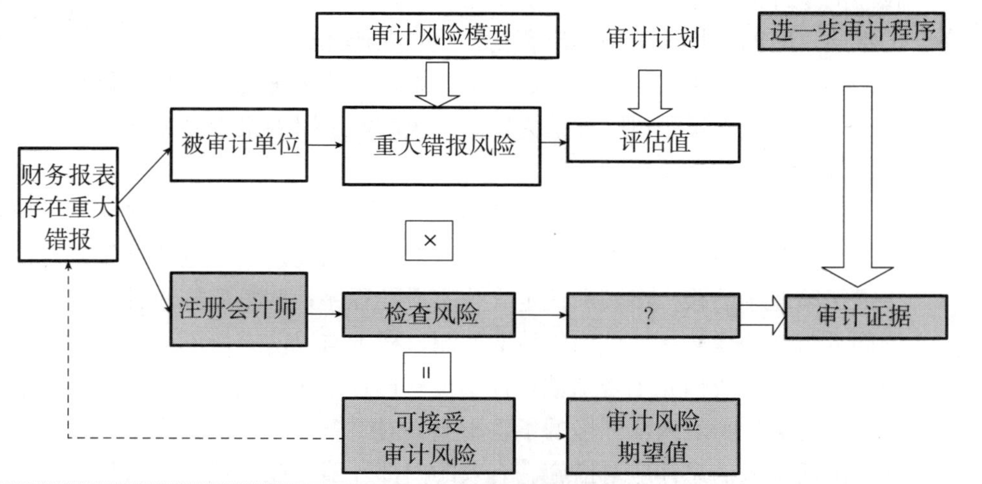

图 9-2　风险应对总体逻辑图

二、风险应对的具体方案及程序

前已述及，在风险评估过程中，需要评估财务报表层次重大错报风险和认定层次重大错报风险，审计师需要分别对这两类重大错报风险采取应对方案或措施。图 9－3 展示了风险应对方案及程序。

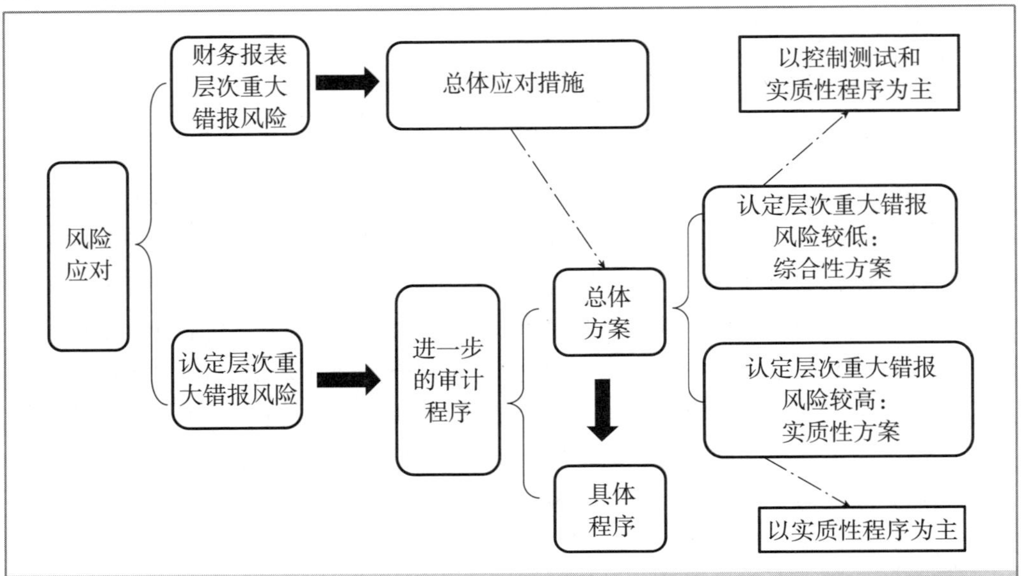

图 9－3　风险应对方案及程序

（一）针对财务报表层次重大错报风险的总体应对措施

根据《中国注册会计师审计准则第 1231 号——针对评估的重大错报风险采取的应对措施》应用指南，针对评估的财务报表层次重大错报风险确定的总体应对措施包括：（1）向项目组强调保持职业怀疑的必要性；（2）指派更有经验或具有特殊技能的审计人员，或利用专家的工作；（3）对指导和监督项目组成员并复核其工作的性质、时间安排和范围作出调整；（4）在选择拟实施的进一步审计程序时融入更多的不可预见的因素；（5）对总体审计策略或拟实施的审计程序作出调整，如当注册会计师将重大错报风险评估为较高等级时，于财务报表日或接近财务报表日实施实质性程序可能是适当的。

值得注意的是，通过增加审计程序不可预见性，有助于提升应对风险的效果，尤其是舞弊风险。增加不可预见性可以对某些以前未测试过的低于设定的重要性水平或风险较小的账户余额和认定实施实质性程序；调整实施审计程序的时间；采用不同的审计抽样方法，使当年抽取的测试样本与以前有所不同；选取不同的地点实施审计程序，或预先不告知被审计单位所选定的测试地点等。

注册会计师对内部环境的了解影响其对财务报表层次重大错报风险的评估，从而影响所采取的总体应对措施。有效的内部环境可以增强注册会计师对内部控制的信心和对被审计单位内部生成的审计证据的信赖程度。例如，如果内部环境有效，注册会计师可以在期中而非期末实施某些审计程序；如果内部环境存在缺陷，则产生相反的影响。为应对无效的内部环境，注册会计师可以采取的措施举例如下：（1）在期末而非期中实施更多的审计程序；（2）通过实施实质性程序获取更广泛的审计证据；（3）增加拟纳入审计范围的经营地点的数量。

（二）针对认定层次重大错报风险的进一步审计程序

注册会计师应当针对评估的认定层次重大错报风险，设计和实施进一步审计程序，包括审计程序的性质、时间安排和范围。在设计拟实施的进一步审计程序时，针对每项相关交易类别、账户余额和披露，注册会计师应当考虑评估出认定层次重大错报风险的依据，包括因相关交易类别、账户余额和披露的具体特征而导致的发生错报的可能性和严重程度（即固有风险）、风险评估是否考虑了应对重大错报风险的控制（即控制风险）。注册会计师评估的风险越高，需要获取越有说服力的审计证据。

拟实施的进一步审计程序的总体方案包括实质性方案和综合性方案。实质性方案是指注册会计师实施的进一步审计程序以实质性程序为主；综合性方案是指注册会计师在实施进一步审计程序时，将控制测试与实质性程序结合使用。出于成本效益考虑，或者仅通过实质性程序无法应对重大错报风险时，审计师往往采用综合性方案。如果审计师认为被审计单位内部控制无效、不依赖内部控制，或者认为综合性方案很可能不符合成本效益原则时，采用实质性方案是合适的。总体应对措施对拟实施进一步审计程序的总体方案具有重大影响。当评估的财务报表层次重大错报风险属于高风险水平（并相应采取更强调审计程序不可预见性以及重视调整审计程序的性质、时间安排和范围等总体应对措施）时，拟实施进一步审计程序的总体方案往往更倾向于实质性方案。审计师应当根据认定层次重大错报风险的评估结果，恰当选用实质性方案或综合性方案。但是，无论选择何种方案，审计师都应当对所有重大的各类交易、账户余额、列报和披露的认定设计和实施实质性程序。

根据确定的总体方案，设计和实施具体审计程序。具体审计程序包括控制测试（必要时）和实质性程序（细节测试和实质性分析程序），前者是为了确定内部控制运行的有效性（包括实施控制测试以评价内部控制在防止、发现并纠正认定层次重大错报方面运行的有效性），后者是为了发现认定层次的重大错报。基于总体方案和措施，审计师设计和实施具体审计程序以获得充分适当的审计证据。进一步审计程序的具体类型包括检查、观察、询问、函证、重新计算、重新执行和分析程序等。在应对评估的风险时，确定审计程序的性质是最重要的。审计程序的时间安排是指注册会计师何时实施审计程序，或审计证据适用的期间或时点。审计程序的范围是指实施审计程序的数量，如抽取的样本量或对某项控制的观察次数。

三、审计目标、重大错报风险与具体审计程序

审计师在总体方案和措施的指导下，通过实施合理有效的具体审计程序，获得

充分适当的审计证据。在确定具体审计程序时，要围绕审计目标和评估的重大错报风险进行。图 9－4 展示了审计目标与审计程序之间的逻辑关系。

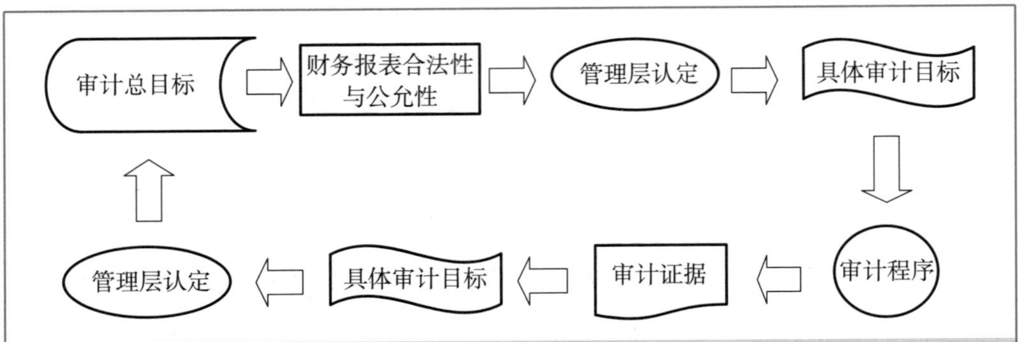

图 9－4　审计目标与审计程序

总体目标的达成基于具体审计目标的实现，具体审计目标与管理层的认定相关，表 9－1 描述了两者之间的对应关系。

表 9－1　管理层认定与具体审计目标

	管理层认定	具体审计目标
交易、事项及相关披露	**发生**：记录或披露的交易和事项已经发生，且与被审计单位有关	确认已记录的交易是真实的
	完整性：所有应当记录的交易和事项均已记录，所有应当包括在财务报表中的相关披露均已包括	确认所有已发生的交易和事项是否都已记录
	准确性：与交易和事项有关的金额及其他数据已恰当记录，相关披露已得到恰当计量和描述	确认已记录的交易是按正确金额反映的
	截止：交易和事项已记录于正确的会计期间	确认接近于资产负债表日的交易记录于恰当的期间
	分类：交易和事项已记录于恰当的账户	确认被审计单位记录的交易经过适当的分类
	列报：交易和事项已被恰当地汇总和分解且表述清楚，相关披露在适用的财务报告编制基础下是相关的、可理解的	确认被审计单位的交易和事项已被恰当地汇总或分解且表述清楚，相关披露在适用的财务报告编制基础下是相关的、可理解的
期末账户余额及相关披露	**存在**：记录的资产、负债和所有者权益是存在的	确认各账户的余额在资产负债表日是否存在
	权利和义务：记录的资产由被审计单位拥有和控制，记录的负债是被审计单位应该履行的偿还义务	确认资产是否属于被审计单位的权利，负债是否属于被审计单位的义务
	完整性：所有应记录的资产、负债和所有者权益均已记录，所有应当包括在财务报表中的相关披露均已包括	确认已存在的金额是否均已记录

续表

	管理层认定	具体审计目标
期末账户余额及相关披露	**准确性、计价和分摊**：资产、负债、所有者权益以恰当的金额包括在财务报表中，与之相关的计价或分摊调整已恰当记录，相关披露已得到恰当计量和描述	确认资产、负债和所有者权益以恰当的金额包括在财务报表中，与之相关的计价或分摊调整已恰当记录
	分类：资产、负债和所有者权益已记录于恰当的账户	确认资产、负债和所有者权益已记录于恰当的账户
	列报：资产、负债和所有者权益已被恰当地汇总或分解且表述清楚，相关披露在适用的财务报告编制基础下是相关的、可理解的	确认资产、负债和所有者权益已被恰当地汇总或分解且表述清楚，相关披露在适用的财务报告编制基础下是相关的、可理解的

为了实现具体审计目标，审计师需要获得充分适当的审计证据，审计师通过具体的审计程序取得审计证据。如本书第三章所述，具体的审计程序包括检查、观察、询问、函证、分析程序、重新计算和重新执行等。审计证据包括实物证据、询证证据、文件证据、分析性证据、口头证据等。根据评估的认定层次重大错报风险，可以判断管理层的哪个认定的错报风险较高，其对应的具体审计目标则更应该得到重视。

需要特别强调的是，审计程序的选择需要紧密围绕具体审计目标进行，通过审计程序获得的审计证据应该与具体审计目标相关。以图 9－5 为例，对于存货存在的认定，对应的具体审计目标为判断存货确实真实存在。由此，审计师可以获得存货存在的实物证据来证实该目标。审计师可采用监盘的方法，通过观察程序来获得相应证据。当然，在设计审计具体程序时，可以灵活选择多种程序组合使用。比如，还可以通过从存货账目追查到原始购买凭证、运输凭证和入库凭证，甚至追查到存货实物。但是，反过来，从存货或原始凭证顺查到账目，却无法有效实现确定报表中的存货是否真实存在的目标，如图 9－6 所示。这也体现了围绕具体审计目标设计和实施审计程序的重要性。

执行认定层次审计的核心在于根据风险评估，明确风险较高或关键的管理层认定，结合对应的审计目标，通过审计程序获得相关的审计证据。执行认定层次审计的逻辑和相关程序明确了如何通过设计和实施审计获得审计证据。但是，要提高审计效率效果，还需要知道证据在哪里、存在哪些证据、这些证据与目标的关系，以及如何才能获得与审计目标相关的证据。审计证据存在于相关的企业经营环节之中，企业经营环节中的各类信息都可能成为有效的审计证据。因此，了解经营业务对于审计至关重要，即需要有审计逻辑与经营环节相结合的审计思路。基于该思路，本章第二至五节以供应环节、生产环节、销售环节和货币资金业务为例讨论风险应对程序。

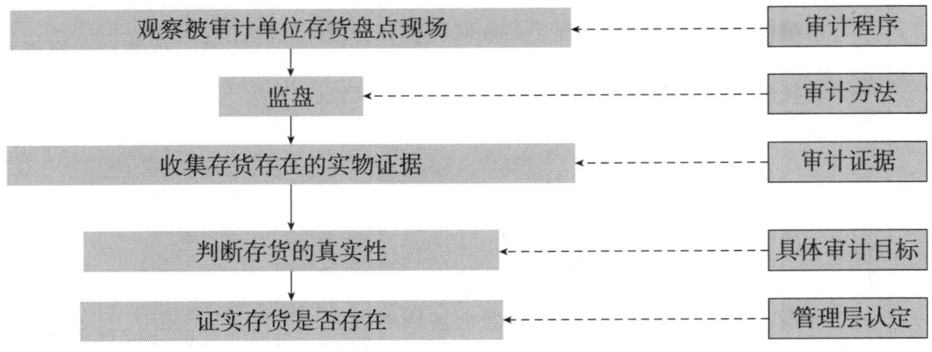

图 9-5 判断存货的真实性示例

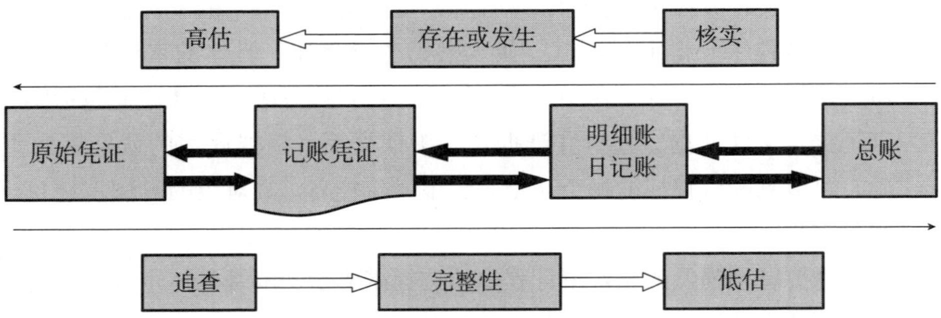

图 9-6 审计程序与审计目标实现

第二节 供应环节风险应对

引例

多计存货：佳电股份精心策划的舞弊闹剧

远在黑龙江的一家上市公司为何“别出心裁”地特意去请相隔数千公里的大华会计师事务所深圳分所为它做审计？一家看上去发展前景无限美好的公司为何因舞弊行为被中国证监会下达了行政处罚决定书？

究其造假动机，源于这家上市公司——哈尔滨电气集团佳木斯电机股份有限公司（简称佳电股份）上市时原股东与阿继电器签署的对赌协议，协议承诺：佳电股份在2011—2014年度实际净利润不低于预测水平，否则原股东以本次交易中各方认购的股份总数为上限向阿继电器进行补偿。然而从2012年开始，佳电股份的业绩大幅下滑。为了避免大额的业绩补偿，佳电股份开始了一场“煞费苦心”的舞弊闹剧。

【扩展阅读】
中国证监会行政处罚决定书（佳电股份）

在2013—2014年间，佳电股份通过少结转主营业务成本、多计存货和少计销售费用等方式，分别虚增利润1.58亿元、0.40亿元，分别占当期披露利润总额的82.58%、446.15%，占当期净利润的93.48%、706.86%。为了防止舞弊行为被发现，做贼心虚的佳电股份准备将2013—2014年间虚增的利润慢慢平滑地在2015年转回，企图神不知鬼不觉地将舞弊行为抹去。此事曝光后，证监会依照相关法律法规，对佳电股份责令改正，给予警告，并处以60万元的罚款；对佳电股份原董事长赵明等22名高管给予警告，共处罚款167万元。

如本节引例所述，佳电股份报表舞弊主要是在供应环节，通过少结转主营业务成本、多计存货和少计销售费用实现。由于供应环节涉及的项目（如存货）处于持续的变化之中，计价方式复杂且很大程度上依赖会计人员的主观判断，因此，该环节往往成为错误与舞弊的重要领域。本节结合风险应对总体逻辑和供应环节的业务特点，讨论该环节常见的重大错报风险以及风险应对思路与程序。

第二节
即测即评

一、供应环节常见的重大错报风险

企业供应环节主要包括购买商品和劳务，以及企业在经营活动中为获取收入而发生的直接或间接支出。供应环节涉及存货、预付款项、应付账款等报表项目。其中，存货项目存在较高的重大错报风险。例如，根据《企业会计准则第1号——存货》，存货按照成本与可变现净值孰低计量，当存货成本高于可变现净值时，应当计提存货跌价准备，计入当期损益。之后，若存货成本低于等于可变现净值，应在原已计提的存货跌价准备金额内转回，转回的金额计入当期损益。一些企业往往利用存货跌价准备的这种特点来操纵利润。

【准则链接】
《企业会计准则第1号——存货》

参仙源——新三板财务造假第一案

【扩展阅读】
中国证监会行政处罚决定书（参仙源）

参仙源参业股份有限公司（简称参仙源）2014 年 12 月 8 日在新三板正式挂牌，估值 70 亿元，成为全国第一家以野山参稀缺资源为主营业务登陆新三板的公司。参仙源挂牌新三板后的第一份年报就遭遇了业绩变脸。从 2015 年 7 月证监会对参仙源发出《调查通知书》和《行政处罚事先告知书》，到 2016 年 6 月证监会出具行政处罚决定书，新三板首例财务造假案终于尘埃落定。

参仙源在 2013 年与仲某同、佳业山货庄签订多份人参抚育协议，支付金额 55 382 210 元，但上述款项的实际用途为购买由仲某同、佳业山货庄联系货源的野山参。其中，由仲某同联系购买的野山参整参 80 064 支，每支 400 元；碎参4 708.75斤，每斤 1 000 元，共计 36 734 350 元。由佳业山货庄联系购买的野山参整参46 016 支，每支 390 元；碎参701.62 斤，每斤 1 000 元，共计 18 647 860 元。两者合计整参 126 080 支，碎参5 410.37斤，金额 55 382 210 元。

参仙源通过虚构协议，将上述外购野山参的成本 55 382 210 元以支付人参抚育费的名义支付给佳业山货庄和仲某同等人，记入了“管理费用”，后该笔“管理费用”被调整至“生产性生物资产”科目。最终销售时，参仙源未对外购野山参的成本进行结转，少计成本 55 382 210 元，虚增利润 55 382 210 元。

在供应环节，常见的舞弊手段包括虚构存货、操纵存货盘点、操纵销售结转成本、操纵存货计价等。存货项目的重大错报风险也会导致与其相关项目的错报风险，如应付账款。结合近年我国上市公司舞弊案例，供应环节常见的重大错报风险如表 9－2 所示。

表 9－2　供应环节常见的重大错报风险

常见重大错报风险	具体表现形式举例
虚构存货	通过伪造采购单据（如订购单、装运凭证、入库单）虚增存货
	临时向同行借入产品以虚增存货价值
操纵存货盘点	重复盘点
	对财产清查中已查明毁损的材料不列报，虚盈实亏
	年末盘亏或盘盈的存货不做转销的账务处理

续表

常见重大错报风险	具体表现形式举例
操纵存货盘点	将合格产品报废以虚减存货
	转移存货以虚减存货价值
操纵销售结转成本	通过特定科目或方式处理存货采购，人为调节结转到主营业务成本的数量和金额，操纵利润： • 通过“预付账款”或“其他应收款”等科目挂账，但存货已经消耗及转化为成本费用，从而少结转成本 • 对期末已做销售处理但购货方尚未提货的产成品存货，账上不结转成本，导致多计存货数量，从而多计资产，多计利润 • 将外购存货当作低成本的自产存货，少结转成本
操纵存货计价	随意变更存货计价方法
	滥提或少提存货跌价准备
	随意转回存货跌价准备
虚列应付账款	与虚构存货对应虚列应付账款
	通过虚列应付账款方式，虚增费用
	通过虚挂应付账款，隐藏收入
	利用应付账款弄虚作假，长期挂账

二、供应环节的控制测试

本书第八章描述了供应环节的基本流程（见图 8-3）以及内部控制的关键控制点。该环节中涉及的业务活动主要包括制定采购计划、维护供应商信息及供应商选择、采购申请、订立采购合同、验收商品并入库、支付款项等。审计师应结合企业自身业务和环节流程特点，设计和实施控制测试，以应对已识别的风险，实现审计目标。例如，收货环节需要检查货物是否与采购单相符，会计期间的记录是否正确，成本费用分类是否正确。审计师需要询问复核人相关的复核过程，检查复核人的签名，同时抽样检查入库单是否与采购单和发票一致，是否恰当地分类到费用或者成本。又如，付款环节需要考虑发票金额和数量是否正确，金额是否记录到正确的供应商账户。审计人员需要询问复核人相关的复核过程，检查复核过程中发现的问题是否得到解决；检查银行余额调节表是否得到恰当复核，不符事项是否得到了及时处理；抽样检查供应商对账单与应付账款明细账是否相符，对不符事项是否进行了及时的处理。

不同的被审计单位因业务模式等方面的区别，其供应环节内部控制制度的设计和执行方式也会存在差异。因此，供应环节内部控制测试需要根据重大错报风险的具体领域，结合企业自身业务流程，确定与审计目标相关的关键控制点，进行控制测试，获取充分适当的审计证据。与审计目标相关的控制点可能涉及整个业务流程的各项业务活动，甚至其他经营环节，对其中一个或多个点进行测试可获得审计证据，测试的范围取决于获得的审计证据是否充分适当。同时，在控制测试时，也需要考虑审计效率，比如抽取某一凭证时尽可能完成对该凭证的全部审计测试程序，减少重复的测试程序。表9-3是供应环节控制测试工作底稿，列举了供应环节部分控制测试。表9-4是供应环节测试表，主要用来核对采购合同与相关凭证是否一致。

表9-3 供应环节审计工作底稿（节选）

客　　户____________

项　　目 供应环节控制测试　　编制______　　日期______　　索引号______

会计期间____________　　复核______　　日期______　　页　次______

审计目标和审计程序	适用与否	工作底稿索引
一、控制目标 1. 本期入账的采购业务确已发生。 2. 已发生的采购交易均已登记入账。 3. 所记录的采购交易估价正确。 4. 采购交易的分类恰当。 5. 采购交易按正确的日期记录。 6. 正确地进行披露与列报。 **二、控制测试程序** 1. 选择（　　）份购货合同（或其他购货凭证），做如下检查： 1.1　对每份购货合同及请购单的下列项目进行核对。 1.1.1　货物名称、规格、请购量； 1.1.2　授权批准、批准采购量、采购限价； 1.1.3　单价、合计金额等。 2. 审核每份购货合同相关的供应商发票（复核发票的数量和金额）、验收报告、入库单、付款结算凭证、记账凭证，并追查至明细账与总账。 3. 检查订购单、验收单、付款凭单等单据是否连续编号。 4. 查验付款凭单是否经审核并附有完整的相关单据。 5. 检查内部核查的标记。 （可以根据业务流程选择其他凭证检查，并相应修订上述程序）		

表 9－4　供应环节测试表

客　　户________________　　　　　　　　　　　　
项　　目　供应环节控制测试　　编制________　　日期________　　索引号________
会计期间________________　　复核________　　日期________　　页　次________

序号	购货合同或请购单编号	供货单位名称	购货合同、请购单内容								购货发票					入库单				会计凭证						备注
			日期	货物名称	规格	数量	单价	金额	核对		日期	编号	核对			日期	编号	核对		日期	编号	核对				
									(1)	(2)			(3)	(4)	(5)			(6)	(7)			(8)	(9)	(10)	(11)	

核对说明：
1. 采购合同经过授权批准。
2. 采购金额未超过采购限量、限价。
3. 购货发票的单价与购货合同一致。
4. 购货发票的品名、数量与购货合同一致。
5. 购货发票的金额与购货合同一致。
6. 入库单的品名与发票内容一致。
7. 入库单有保管员和经手人签名。
8. 发票购货额与付款结算凭证一致。
9. 付款凭证有经手人和主管签名。
10. 发票购货额已正确记入材料采购（原材料）账和应付账款（银行、现金）账。
11. 进项税额账务处理正确。

测试有关说明及结论：

三、供应环节的实质性程序

在完成控制测试之后，审计师基于控制测试的结果确定从控制测试中获得的审计证据及其保证程度，据此确定或调整所计划的实质性程序。以供应环节中存货和应付账款的实质性审计程序为例，存货的审计目标通常是确定存货的存在、权利和义务、完整性、列报以及准确性、计价和分摊认定等，应付账款的审计目标通常是确定应付账款的存在、完整性、权利和义务以及准确性、计价和分摊认定等。审计师需要根据各认定存在错报风险的大小，结合供应环节及相关业务流程，设计和执行合适的实质性程序，以获取充分适当的审计证据，实现审计目标。存货的实质性审计程序包括分析复核存货余额明细表、实质性分析程序、存货监盘、存货计价测试等。表9-5是存货审计的工作底稿，包含存货审计的常用实质性程序。

表9-5 存货审计目标和审计程序工作底稿（节选）

客　　户＿＿＿＿＿＿＿＿
项　　目＿存货实质性程序＿　编制＿＿＿＿　日期＿＿＿＿　索引号＿＿＿＿
会计期间＿＿＿＿＿＿＿＿　复核＿＿＿＿　日期＿＿＿＿　页　次＿＿＿＿

审计目标和审计程序	适用与否	工作底稿索引
一、审计目标 1. 确定存货是否存在。 2. 确定存货是否归被审计单位所有。 3. 确定存货增减变动的记录是否完整。 4. 确定存货的品质状况，存货跌价准备的计提是否合理。 5. 确定存货的计价方法是否恰当。 6. 确定存货期末余额是否正确。 7. 确定存货的披露是否恰当。 **二、审计程序** 1. 获取或编制存货明细表，复核加计正确，并与报表数、总账数和明细账合计数核对相符。 2. 实质性分析程序。 3. 取得被审计单位存货盘点计划。了解盘点范围、方法、力量组织、人员分工及时间安排并做记录和评价。 4. 观察实际盘点是否按照计划进行，各组盘点、记录工作是否认真、可靠，被审计单位会计人员是否参与盘点，并做记录和评价。 5. 在现场观察盘点时，关注是否存在残次、冷背存货，并做记录和评价；如有必要，要求取得被审计单位关于其对当年度（或以后年度）损益可能产生影响的声明书。 6. 亲自参加存货中的重点项目盘点，并适时进行复盘（从账到物、从物到账双向），验证被审计单位盘点数据的真实性和准确性，编制存货盘点抽查表，并做记录和评价。 7. 了解各类存货的盘存结果、盘盈盘亏、报废的初步数据，对盈亏较大的存货，与有关人员一起追查原因和处理意见，对需要继续查清的问题，提请会计人员会同其他职能部门组织转入清查程序。 8. 取得全部盘点资料，盘盈、盘亏处理意见等报告和管理部门的审批文件，进行审核，如有疑问或处理不妥之处，应及时提请被审计单位研究处理，并做记录和评价。		

续表

审计目标和审计程序	适用与否	工作底稿索引
9. 完成存货盘点问卷。 10. 如未直接参与被审计单位存货盘点，则应在审计外勤日对被审计单位的重要存货项目进行实地盘点，并在获取有关存货项目在资产负债表日至盘点日之间所有增减变动的会计记录的基础上进行倒轧测试。 11. 函证存放在托管仓库的存货。 12. 询问管理当局有关存货的所有权。 13. 执行进货和销售截止性测试。 14. 进行特殊存货的审计。 15. 检查报表表达是否符合会计准则的要求。 16. 获取或编制存货跌价准备明细表，复核加计正确，并与报表数、总账数及明细账合计数核对相符。 17. 检查被审计单位是否于期末对存货做检查分析，存货跌价准备计提的依据、方法是否合理，前后各期是否一致，计算及会计处理是否正确。 18. 抽查计提存货跌价准备的项目，其期后售价是否低于原始成本。 19. 验明存货和存货跌价准备的披露是否恰当。		

应付账款与存货采购紧密相连，应付账款审计往往与存货审计相关联。应付账款的实质性审计程序包括分析复核应付账款明细表、实施实质性分析程序、函证应付账款、检查应付账款是否计入了正确的会计期间以及是否存在未入账的情形等。表 9－6 是应付账款审计的工作底稿，包含应付账款审计的常用实质性程序。

表 9－6　应付账款审计目标和审计程序工作底稿（节选）

客　　户____________
项　　目 应付账款实质性程序　　编制______　　日期______　　索引号______
会计期间____________　　复核______　　日期______　　页　次______

审计目标和审计程序	适用与否	工作底稿索引
一、审计目标 1. 确定记录的应付账款是否存在。 2. 确定所有应付账款是否均已记录。 3. 确定应付账款是否为被审计单位应当履行的现时义务。 4. 确定应付账款是否以恰当的金额列示在财务报表中，与之相关的计价调整是否已恰当记录。 5. 确定应付账款的披露是否恰当。 **二、审计程序** 1. 获取或编制应付账款明细表，复核加计正确，并与报表数、总账数和明细账合计数核对相符。 2. 对应付账款进行分析性复核： 2.1　对期末应付账款余额与上期期末余额进行比较，解释其波动原因； 2.2　对大额异常项目进行调查。 3. 选择应付账款重要项目（业务发生额较大的，包括零账户），函证其余额是否正确。 4. 根据回函情况，编制与分析函证结果汇总表。对未回函的，决定是否再次函证。		

续表

审计目标和审计程序	适用与否	工作底稿索引
5. 对未回函的应付账款，抽查有关原始凭证，确定其是否真实： 5.1　检查该笔债务的相关凭证资料，核实交易事项的真实性； 5.2　抽查决算日后应付账款明细账及现金、银行存款日记账，核实其是否已支付货款并转销。 6. 检查是否存在未入账的应付账款： 6.1　结合存货监盘或盘点抽查，检查被审计单位在决算日是否有大额料到单未到的经济业务； 6.2　对决算日后应付账款明细账的贷方发生额的相应凭证，检查其购货发票的日期，确认其入账是否合理； 6.3　检查决算日后（　　）天的付款事项，确定有无未及时入账的应付账款。 7. 检查应付账款是否存在借方余额；如有，应查明原因，必要时做重分类调整。 8. 结合其他应付、预付账款的明细余额，查明是否有双方同时挂账的项目，或有无不属于应付账款的其他应付款。如有，应做出记录，必要时做重分类调整。 9. 检查应付账款长期挂账的原因，做出记录，注意其是否可能发生呆账收益。 10. 对于用非记账本位币结算的应付账款，检查其采用的折算汇率是否正确。 11. 检查应付关联公司款项的合法性和真实性： 11.1　了解交易事项目的、价格和条件； 11.2　检查采购合同等有关文件； 11.3　向关联方或其他注册会计师函询，以确认交易的真实性； 11.4　标明应付关联方（包括持股5%以上股东）的款项，并注明合并报表时应予抵销的数字。 12. 验明应付票据的披露是否恰当。		

四、供应环节常见的重大错报风险应对示例

针对供应环节常见的重大错报风险，表9-7举例说明了审计师围绕审计目标设计和执行控制测试和实质性程序的审计策略，具体审计程序主要从经营环节中获取审计证据。由于篇幅有限，这里针对重大错报风险类型，分别选取相关程序举例说明。

表9-7　供应环节常见重大错报风险、审计目标和风险应对

常见重大错报风险	审计目标	常用的控制测试举例	常用的实质性程序举例
虚构存货	确认记录的存货确实存在，且归属于被审计单位。	查验付款凭单后是否附有订购单、发运凭证、验收单、入库单等相关单据。 检查采购批准及内部核查的标记。	重视分析程序的运用。 检查与采购相关单据（如卖方发票、验收单、订购单、请购单和购买合同）的合理性和真实性。 追查存货至采购相关单据。

续表

常见重大错报风险	审计目标	常用的控制测试举例	常用的实质性程序举例
操纵存货盘点	确认记录的存货确实存在，确认存货以恰当的金额包括在财务报表中，与之相关的计价或分摊调整已恰当记录，确认存在的存货均已记录。	检查订购单、验收单、应付凭证连续编号的完整性。 检查盘点表及相关处理方式和审批。 检查内部核查的标记。	加强存货监盘程序，亲自参与抽盘计数和查看，重视存货数量和质量。增加监盘中的不可预见性程序。 从采购明细账追查至采购相关单据或存货。 从存货或采购相关单据追查至采购明细账。
操纵销售结转成本	确认存货以恰当的金额列示在财务报表中，与之相关的计价或分摊调整已恰当记录。	对计算准确性的内部核查进行检查。	检查往来科目。 从销售明细账追查至对应的存货及存货相关单据。
操纵存货计价	确认存货以恰当的金额列示在财务报表中，与之相关的计价或分摊调整已恰当记录。	对计算准确性的内部核查进行检查。 检查存货跌价准备计提和转回的依据及审核。 检查会计政策变更的审批。	通过监盘程序确认存货的质量和状态。 检查有异常的存货账户、成本核算账户以及相关原始凭证。
虚列应付账款	确认应付账款金额确实存在，以恰当的金额列示在财务报表中，与之相关的计价或分摊调整已恰当记录。	检查内部核查的标记。 检查付款复核和审批。	根据业务关系，结合采购（存货）测试程序测试应付账款。 从应付账款明细账追查至存货采购相关单据。

第三节　生产环节风险应对

引例

虚幻的从“籽”到“仁”：振隆特产的生产过程

自2015年3月证监会发布《首发企业信息披露质量抽查抽签情况》起，辽宁振隆特产就开始了它的“倒霉”之路。6月振隆特产主动撤回招股说明书，但这并没有为它带来一丝生机，反而引起社会和中国证监会的关注。2016年1月振隆特产遭证监会立案稽查。在证监会调查过程中，振隆特产也是处处刁难，以“防虫害”的毒气为理由干扰工作人

【扩展阅读】
中国证监会行政处罚决定书（振隆特产）

员对存货进行盘点。同年 9 月振隆特产收到了“死亡通知单”——行政处罚决定书。

振隆特产的舞弊手法可谓多种多样。其中生产环节造假格外引人关注。振隆特产绝大部分成品松籽仁、南瓜籽仁是通过直接采购“仁”加工出来的，而在账面上却虚构了由采购的“籽”加工为“仁”的整个过程；大部分开心果未经加工直接销售，而在账面上却虚构了由原料开心果加工为成品开心果的整个过程，故招股说明书披露的与主营业务相关的工艺流程、采购原材料种类、生产模式和产品产量以及与产量相关的产能利用率等各项重要内容均存在虚假。2012—2014 年，振隆特产分别通过调节出成率、调低原材料采购单价方式少结转销售成本，以及未在账面确认已处理霉变存货损失的方式虚增利润，累计虚增利润 7 616.18 万元，虚增存货数量 3 254.13 吨，金额 7 631.24 万元。

资料来源：首发企业信息披露质量抽查抽签情况 . http://www.csrc.gov.cn/pub/newsite/fxjgb/gzdt/201503/t20150313_270197.html.

第三节
即测即评

如本节引例所述，振隆特产虚构了由原料开心果加工为成品开心果的整个过程，生产环节的错报对公司财务报表产生了重大影响。因此，审计师应当对被审计单位的生产环节予以关注。本节结合总体风险应对逻辑和生产环节的业务特点，讨论该环节常见的重大错报风险以及风险应对思路和程序。

一、生产环节常见的重大错报风险

生产环节流程较长，生产过程较为复杂，并且与采购、成本归集和分配、销售等诸多业务紧密相关，审计师可能对很多工艺流程并不熟悉。因此，生产环节也存在较高的重大错报风险。例如，管理层可以通过改变成本的分配方式操纵成本结转，实现调节盈亏的目标。结合近年中国上市公司的舞弊案例，表 9－8 举例说明了生产环节常见的重大错报风险。

表 9－8　生产环节常见的重大错报风险

常见重大错报风险	具体表现形式举例
操纵生产成本	将其他成本计入生产成本 • 虚列支出，计入产品成本，形成账外资产，如将固定资产支出计入生产成本形成账外资产 • 为了调节产品成本和利润，蓄意将不应计入的费用计入生产成本，或将应计入生产成本的费用计入其他账户 • 改变成本分配方法，如在完工产品和在产品之间不合理分配制造费用，调节利润 • 将应列入销售费用、管理费用的开支列入制造费用以虚增存货成本

续表

常见重大错报风险	具体表现形式举例
操纵生产成本	将生产成本计入其他项目 • 将应计入成本的费用开支列入期间费用（管理费用、销售费用和财务费用）
	多摊或少摊制造费用以调节存货成本等
	不正确归集成本费用，加大或缩小成本开支范围
	随意调节成本差异率
	多转或少转已消耗的原材料价值以调节存货的成本
操纵生产成本	人工费用随意归集
	材料费用人为地在各产品间调节
	原辅料已领用而不相应结转费用或材料假出库，造成成本费用不实
操纵结转成本	不结转已销售产品的成本
	不按合理方式结转成本

银广夏“一条龙”造假

银广夏自1994年上市以来，业绩高速增长，曾被誉为“中国第一蓝筹股”。以1999—2000年为例，1999年，银广夏的每股收益为0.51元，股价从1999年12月30日每股13.97元启动，到2000年4月19日飙升至每股35.83元，全年上涨440%。2000年业绩再创新高，在股本扩大一倍的情形下，每股收益飙升至0.827元，简直是个奇迹。

我们来共同鉴证“奇迹”的发生过程。1999年11月，银广夏财务总监要求每股利润做到0.8元。随后银广夏进行了相应的计算，得出天津广夏公司需要制造多少利润，进而根据这一利润，计算出天津广夏需要多大的产量、多少的销售量以及购入多少原材料等数据。1999年的财务造假从购入原材料开始。银广夏先后虚构了北京瑞杰商贸有限公司、北京市京通商贸有限公司、北京市东风实用技术研究所等单位作为天津广夏的原材料提供方，虚假购入萃取产品原材料蛋黄粉、姜、桂皮、产品包装桶等物，并到黑市上购买了发票、汇款单、银行进账单等票据，从而伪造了这几家单位的销售发票和天津广夏发往这几家单位的银行汇款单。有了原材料的购入和产品销售，为完善造假过程，银广夏又指使天津广夏萃取有限公司伪造萃取产品生产记录。于是，天津广夏伪造了萃取产品虚假原料入库单、班组生产记录、产品出库单等。最终，虚构天津广夏萃取产品出口收入2.39亿元。银广夏向社会发布的虚假净利润高达1.28亿元。2000年，财务造假行动继续进行，保持了更快的增长。

为了寻找“奇迹”的真相，中国证券市场研究设计中心的一名策略分析师——蒲少平孤身一人去天津广夏调研，他发现厂房里面空空荡荡、冷冷清清，听不到机器运转的声音，仅有的几个员工也是一副闲散的样子，与业绩快速增长、热火朝天的生产形成鲜明对比。他感觉到自己触摸到一个巨大的秘密边缘，基于调查结果发表了《关于银广夏的九个疑点》《银广夏的业绩真实吗》等系列文章，并首先对“银广夏奇迹”提出质疑。《财经》杂志也发表《银广夏陷阱》一文，从银广夏生产设备的产能出发，质疑其“不可能的产量”；对比其出口产品的国际市场价格，质疑其“不可能的价格”；从其出口产品的生产工艺，质疑其“不可能的产品”，引爆了中国资本市场的一颗超级炸弹。银广夏为了隐藏造假，伪造生产环节记录和单据，蒲少平和《财经》杂志也从生产环节发现了蛛丝马迹。

资料来源：蒲少平．关于银广夏的九个疑点．http://economy.enorth.com.cn/system/2001/04/02/000021410.shtml；蒲少平．银广夏的业绩真实吗？．http://bbs.tianya.cn/post-stocks-23114-1.shtml；凌华薇，王烁．银广夏陷阱．http://www.sohu.com/a/78792091_406657.

二、生产环节的控制测试

对于一般制造型企业，生产环节通常是重大的业务环节，审计师需要在审计计划阶段了解该循环涉及的业务活动及相关的内部控制。第八章描述了生产环节的主要风险、基本流程（见图8－4）及其关键控制点。该环节的业务活动主要包括计划和安排生产、领用原材料、生产产品、核算产品成本、产成品入库及储存、发出产成品等。

审计师应该结合该环节的经营活动和业务特点，围绕审计目标设计和执行控制测试。例如，针对生产成本的准确性认定，生产主管每月月末将生产任务单及相关领料单存根联与材料成本明细表进行核对，调查差异并处理。该控制措施是保证直接材料准确性的关键控制点，审计师对此进行测试能够获得关于生产成本准确性的证据。此外，人力资源部编制工薪费用分配表，按员工所属部门将工薪费用分配至生产成本、制造费用、管理费用等，并经财务经理复核后入账。该控制措施是保证生产成本中直接人工成本准确性的内部控制，对此进行测试也可以获得关于生产成本准确性的证据。

被审计单位因业务模式、行业以及规模等不同，其生产环节内部控制制度的设计和执行方式也会存在差异。生产环节控制测试应根据重大错报风险，结合企业自身的业务流程，确定与审计目标相关的关键控制点，以开展控制测试，获取充分适当的审计证据。表9－9给出了生产环节主要的控制测试程序。

表9－9　生产环节控制测试审计工作底稿（节选）

客　　户＿＿＿＿＿＿＿＿
项　　目＿生产环节控制测试＿　　编制＿＿＿＿　　日期＿＿＿＿　　索引号＿＿＿＿
会计期间＿＿＿＿＿＿＿＿　　复核＿＿＿＿　　日期＿＿＿＿　　页　次＿＿＿＿

审计目标和审计程序	适用与否	工作底稿索引
一、控制目标 1. 生产活动真实发生，在生产过程中的材料耗费、人工支出以及其他支出也是真实发生的。		

续表

审计目标和审计程序	适用与否	工作底稿索引
2. 已发生的生产活动均已登记入账。 3. 与生产活动有关的会计记录准确。 4. 与生产过程有关的事项和交易都以恰当的金额记入了恰当的账户。 5. 生产环节按正确的日期记录。 6. 与生产过程有关的账户，期末都以恰当的金额和项目披露与列报。 **二、控制测试程序** 1. 成本会计制度的控制测试 选择并获取某一成本报告期 1～2 种具有代表性的产品成本计算单，对其成本构成及核算过程做如下检查。 1.1　直接材料成本测试 1.1.1　采用定额单耗的企业 获取样本的生产指令或产量统计记录及其直接材料单位消耗定额，根据材料明细账或采购业务测试工作底稿中各该直接材料的单位实际成本，计算直接材料的总消耗量和总成本，与该样本的成本计算单中直接材料成本核对，并注意下列事项： ——生产指令是否经过授权批准； ——单位消耗定额和材料成本计价方法是否适当，在当年度有何重大变更。 1.1.2　非采用定额单耗的企业 获取材料费用分配汇总表、材料发出汇总表（或领料单）、材料明细账（或采购业务测试工作底稿）中各该直接材料的单位成本，做如下检查： 1.1.2.1　成本计算单中直接材料成本与材料费用分配汇总表中该产品负担的直接材料费用是否相符，分配的标准是否合理。 1.1.2.2　将抽取的材料发出汇总表或领料单中若干种直接材料的发出总量和各该种材料的实际单位成本之积与材料费用分配汇总表中各该种材料费用进行比较，并注意下列事项： ——领料单的签发是否经过授权批准； ——材料发出汇总表是否经过适当的人员复核； ——材料单位成本计价方法是否适当，在当年度有何重大变更。 1.1.3　采用标准成本法的企业 获取样本的生产指令或产量统计记录、直接材料单位标准用量、直接材料标准单价及发出材料汇总表或领料单，检查下列事项： 1.1.3.1　核对根据生产量、直接材料单位标准用量及标准单价计算的标准成本与成本计算单中的直接材料成本是否相符； 1.1.3.2　直接人工成本差异的计算与账务处理是否正确，并注意直接人工的标准成本在当年度内有何重大变更。 1.2　直接人工成本测试 1.2.1　采用计时工资制的企业 获取样本的实际工时统计记录、职员分类表和职员工资手册（工资率）及人工费用分配汇总表，做如下检查： 1.2.1.1　核对成本计算单中直接人工成本与人工费用分配汇总表中该样本的直接人工费用是否相符； 1.2.1.2　核对样本的实际工时统计记录与人工费用分配汇总表中该样本的实际工时是否相符； 1.2.1.3　核对抽取的生产部门若干天的工时台账与实际工时统计记录是否相符。		

续表

审计目标和审计程序	适用与否	工作底稿索引
1.2.2　采用计件工资制的企业 获取样本的产量统计报告、个人（小组）产量记录和经批准的单位工资标准或计件工资制度，检查下列事项： 1.2.2.1　核对根据样本的统计产量和单位工资标准计算的人工费用与成本计算单中直接人工成本是否相符； 1.2.2.2　抽取若干直接工人（小组）的产量记录，检查是否被汇总计入产量统计报告。 1.2.3　采用标准成本法的企业 获取样本的生产指令或产量统计报告、工时统计报告和经批准的单位标准工时、标准工时工资率、直接人工的工资汇总表等资料，检查下列项目： 1.2.3.1　核对根据产量和单位标准工时计算的标准工时总量和标准工时工资率之积与成本计算单中直接人工成本是否相符； 1.2.3.2　直接人工成本差异的计算与账务处理是否正确，并注意直接人工的标准成本在当年度内有何重大变更。 1.3　制造费用的测试 获取样本的制造费用分配汇总表、按项目分列的制造费用明细账、与制造费用分配标准有关的统计报告及其相关原始记录，做如下检查： 1.3.1　核对制造费用分配汇总表中样本分担的制造费用与成本计算单中的制造费用是否相符； 1.3.2　核对制造费用分配汇总表中的合计数与样本所属成本报告期的制造费用明细账总计是否相符； 1.3.3　核对制造费用分配汇总表选择的分配标准（机器工时数、直接人工工资、直接人工工时数、产量等）与相关的统计报告或原始记录是否相符，并对费用分配标准的合理性做出评估； 1.3.4　如企业采用预计费用分配率分配制造费用，则应针对制造费用分配过多或过少的差额，检查其是否做了适当的账务处理； 1.3.5　如果企业采用标准成本法，则应检查样本中标准制造费用的确定是否合理，计入成本计算单的数额是否正确，制造费用差异的计算与账务处理是否正确，并注意标准制造费用在当年度内有何重大变更。 1.4　生产成本在当年期完工产品与在产品之间分配的测试 1.4.1　检查成本计算单中在产品数量与生产统计报告或在产品盘存表中的数量是否一致； 1.4.2　检查在产品约当量计算或其他分配标准是否合理； 1.4.3　计算复核样本的总成本和单位成本，最终对当年采用的成本会计制度做出评价。 2. 工资及应付工资内部会计控制的控制测试 2.1　选择2～3个月份的工资汇总表，做如下检查： 2.1.1　计算复核每一月份的工资汇总表； 2.1.2　检查每一份工资汇总表是否经授权批准； 2.1.3　检查应付工资总额与人工费用分配汇总表中合计数是否相符； 2.1.4　检查其代扣款项的账务处理是否正确； 2.1.5　检查实发工资总额与银行付款凭单和银行存款对账单是否相符，是否正确过入相关账户。 2.2　从工资单中选取（　　）个样本（应包括各种不同类型人员），做如下检查： 2.2.1　检查员工工资卡或人事档案，确保工资发放有依据；		

续表

审计目标和审计程序	适用与否	工作底稿索引
2.2.2　检查员工工资率及实发工资额的计算； 2.2.3　检查实际工时统计记录（或产量统计报告）与员工个人钟点卡（或产量记录）是否相符； 2.2.4　检查员工加班加点记录与主管人员签字的月度加班汇总表是否相符； 2.2.5　检查员工扣款依据是否正确； 2.2.6　检查员工的工资签收证明； 2.2.7　实地抽查部分员工，证明其确在本公司工作，如已离开本公司，需经管理当局证实。 3. 内部控制制度评估		

三、生产环节的实质性程序

审计师需要根据生产环节各认定存在错报风险的高低，结合生产环节业务流程，设计和执行合适的实质性程序，以实现审计目标。生产环节主要涉及原材料、在产品、半成品、产成品等形态存货的管理和核算，实质性审计程序与供应环节存货相似，包括监盘、计价测试等。但是，生产环节在成本归集和分配方面更为复杂，具体包括直接材料、直接人工和制造费用的核算与分配，以及生产成本在当期完工产品与在产品之间的分配。生产环节各节点会留下大量的记录和信息，如成本明细账、领发料凭证、产量和工时记录、工薪费用分配表、材料费用分配表、制造费用分配表以及成本计算单等。审计师可以利用生产环节中与之相关的各类信息，实施分析程序、检查、重新计算、观察和询问等程序获得与审计目标相关的审计证据。例如，审计师可以借鉴泰隆银行“查三表”的做法，获得能客观反映企业生产和经营状况的审计证据。

泰隆银行“查三表”

今天的资本市场，舞弊手段越来越“高明”，相应地审计师也发明了许多聪明的方法，泰隆银行的“查三表”就是一个新手段。所谓“三表”，实际上就是电表、水表和与外贸企业有关的海关报关表。相对于一般银行客户经理走访企业主要工作就是查企业的财务报表的惯例，浙江台州泰隆银行的独到之处在于，客户经理通过到企业查看电表和水表判断是否给企业放贷。原因在于当地大部分中小企业的财务报表都不完整，查看财务报表是无法清楚地知道一家企业真实情况的，但是电表、水表造不了假，可以客观反映企业生产和经营状况。因此，审计师可以借鉴泰隆银行的做法，在审计企业实际生产和经营情况时，查看“三表”以获取适当的审计证据。

四、生产环节常见重大错报风险应对示例

围绕具体审计目标，审计师结合风险应对总体逻辑和生产环节业务流程，获取充分适当的审计证据以实现审计目标。针对生产环节常见的重大错报风险，表 9－10 举例说明了审计师围绕审计目标设计和执行控制测试和实质性程序的审计策略。

表 9－10　生产环节常见重大错报风险、审计目标和风险应对

常见重大错报风险	主要审计目标	常用的控制测试举例	常用的实质性程序举例
操纵生产成本	确定记录的生产活动确实存在，所有实际发生的成本均已记录，并以正确的金额及时地记录于适当的账户。	检查有关成本的记账凭证是否附有生产通知单、领发料凭证、产量和工时记录、工薪费用分配表、材料费用分配表、制造费用分配表等。 检查相关原始凭证的顺序标号是否完整。 测试是否按规定的成本核算流程和账务处理流程进行核算和账务处理，检查审批记录。 询问和观察盘点程序。	实施分析程序。 核对成本明细账与相关原始单据（如生产通知单、领发料凭证、产量和工时记录、工薪费用分配表、材料费用分配表、制造费用分配表等）。 检查或重新计算料工费归集和分配以及成本计算是否正确。
操纵结转成本	确定结转的成本是否真实发生，是否完整和准确。	检查有关成本结转的记账凭证是否附有相关原始单据。 检查成本结转方法是否与以前保持一致。	对生产环节中的存货进行监盘。 从销售明细追查至成本结转凭据。

第四节　销售环节风险应对

引例

“做戏做全套”：雅百特跨国造假大戏

【扩展阅读】
中国证监会行政处罚决定书（雅百特）

2017 年，A 股上市公司雅百特（股票代码为 002323）精心策划了一个跨国造假骗局，甚至伪造巴基斯坦政要信函以虚构公司经营项目，企图蒙蔽公众。2017 年 12 月 14 日，中国证监会发布了对雅百特的行政处罚决定书，拉开了揭露这个跨国财务造假丑闻的序幕。

雅百特对外宣称其承担了巴基斯坦木尔坦市城市快速公交专线项目 13 个公交车站的金属屋面维护工作，该项目由木尔坦发展署经过层层外包给了山东雅百特。而根据证监会的调查，在上述木尔坦项目中，除中铁一局外，没有其他中国公司参与该工程的建设，山东雅百特也没有参与该项目。雅百特所称的首都工程公司并非在巴基斯坦登记注册的公司，证监会的核查人员也未在雅百特提供的地址找到首都工程公司。雅百特为了将其财务舞弊闹剧“做戏做全套”，将建材出口到巴基斯坦，再通过其他途径运回国内。面对雅百特精心设计的销售循环，你会如何审计呢？你是否会被蒙蔽呢？

如本节引例所示，雅百特主要通过销售环节进行舞弊。事实上，销售环节由于其业务复杂性、操纵空间较大、与关键财务指标密切相关等原因，是舞弊案例频发的第一重灾区。审计人员需要识别和评估销售环节存在的重大错报的风险点，并采取进一步的审计程序应对风险。本节主要介绍销售环节常见的风险和相关业务活动及其内部控制程序，讨论该循环中重要财务报表项目的审计测试思路和方法。

第四节
即测即评

一、销售环节常见的重大错报风险

销售环节包括销售商品或劳务及收取款项等相关活动，涉及应收票据、应收账款、长期应收款、预售账款、应交税费、营业收入、销售费用、经营活动现金流等财务报表项目。销售环节是产生利润的主要来源，也是财务舞弊的高发区，重大错报风险一直较高，通常称为关键审计事项。近年来，随着科技的进步和经济的发展，从接收客户订单到收款环节都日益多元化，如何判断收入的确认和实现变得日益复杂，这给舞弊者创造了更多的造假空间。

大智慧的“小智慧”：提前确认收入＋伪装收入性质

大智慧是中国知名的互联网金融信息服务提供商之一。2015 年 5 月，大智慧由于财务舞弊被证监会立案调查。2016 年 11 月，证监会发布了对大智慧的行政处罚决定书。

【扩展阅读】
中国证监会行政处罚决定书（大智慧）

1. 提前确认收入

2013 年 12 月，大智慧在其官方网站开展了以“年末狂欢，百万现金大让利”为名的促销宣传活动。在活动中，大智慧向客户承诺，如果产品达不到预期效果，客户可申请全额退款。虽然事后大智慧在其官网上删除了“可全额退款”的条款，试图掩人耳目，但是大智慧客户提供的截图和相关通话录音等证据，足以证明大智慧向客户承诺了“可全额退款”的条款。在无法确认客户退货率的情况下，大智慧依然将收到的货款全额确认为当期销售收入。这显然不符合相关准则的规定。证监会认定，2013年大智慧提前确认收入87 446 901.48元，虚增利润68 269 813.05元。

此外，2014年2月，在合同尚未履行完成的情况下，大智慧请渤商所配合提供项目合作验收确认书，并将验收日期倒签为2013年12月31日。大智慧与渤商所的项目合作合同实际未履行或未在2013年履行完成，由此虚增2013年收入15 677 377.40元。

2. 伪装收入性质

大智慧将其获得的“打新股资金”和“销售的理财产品资金”等均伪造计入了销售收入。而证监会走访了30位愿意接受现场询问的大智慧客户，其中有12位都在笔录中称其向大智慧支付的款项并非购买软件款，也未实际使用过大智慧提供的软件产品。2013年购买软件的部分客户向大智慧汇款时备注的摘要内容均与购买软件性质完全不符，如“打新股资金”“保证金”“投资理财”“助公司避免ST”等。大智慧通过伪装收入性质，虚增销售收入2 872 486.68元。

针对销售环节的高风险特征，《中国注册会计师审计准则第1141号——财务报表审计中与舞弊相关的责任》强调：在识别和评估由于舞弊导致的重大错报风险时，注册会计师应当基于收入确认存在舞弊风险的假定，评价哪些类型的收入、收入交易或认定导致舞弊风险。在销售环节，常见的舞弊手段包括提前确认销售收入、虚增收入、推迟确认销售收入和隐藏收入等。结合近年的舞弊案例，表9－11举例说明了销售环节常见的重大错报风险。

表9－11　销售环节常见的重大错报风险

常见重大错报风险	具体表现形式举例
提前确认销售收入	在与商品或劳务相关的风险和报酬未转移（控制权未转移）的情形下确认销售收入（如有附加条件的情形下）
	将预售账款视为销售收入实现
	通过隐瞒售后回购或售后租回协议，而在以售后回购或售后租回方式发出商品时确认收入
	采用委托代销方式销售商品，在向委托方发出商品时确认收入
	采用完工进度（履约进度）确认收入时，高估完工进度（履约进度）
伪装收入性质	将营业外收入计入营业收入
	将投资收益计入营业收入
	将补贴收入计入营业收入

续表

常见重大错报风险	具体表现形式举例
虚增收入	通过捏造原始凭证虚增收入 • 直接通过伪造顾客订单、伪造发运凭证、伪造销售合同、开具销售发票等虚构收入 • 通过虚开销售发票虚增收入，同时虚增应收账款
	通过操纵经营活动虚增收入 • 通过故意构建整个销售业务，包括物流、现金流及资金收款，虚增收入。该种方式容易让人误以为真
	利用关联交易虚构收入 • 利用与未披露关联方或潜在关联方之间的资金循环虚构交易 • 通过非公允关联交易虚增收入
推迟确认销售收入	在满足销售收入确认条件时，不确认收入，如将收到的货款作为负债挂账，或转入本单位以外的其他账户
隐藏收入	在发出商品，收到货款，但发票尚未给购货方的情况下，将发票联单独存放
	误用完工百分比法推迟当期收入确认
虚构应收账款	在虚构收入时虚构应收账款
操纵应收账款后续计量	随意计提坏账准备
	随意转回坏账准备

二、销售环节的控制测试

第八章描述了销售环节的基本流程（见图 8－5）以及关键控制点。该环节涉及的业务活动主要包括制定销售计划和接收订单、客户信用管理、订立合同、编制发运凭证并发货、向客户开具发票和收取货款等。各个公司的业务流程存在差异。对于销售环节，审计师应结合企业销售业务的流程特点，设计和实施控制测试，以应对已识别的风险，实现审计目标。例如，针对收入的发生认定，在发运商品环节，仓管人员只有在收到附有经批准的销售单和发运凭证时才能放行。该控制措施能够防范未经批准发出商品及虚构销售。检查是否附有经批准的销售单和发运凭证，询问并观察仓管人员的放行检查，能够为收入是否发生提供审计证据。又如，在开具发票的环节，根据销售单、销售合同和发运凭证开具销售发票。检验销售发票的开具过程，检查销售发票是否对应销售单、销售合同和发运凭证等原始凭证，也可为收入的发生提供证据。可见，与审计目标相关的控制点可能涉及整个业务流程或多个经营环节，对其中一个或多个点进行测试均可以获得审计证据。表 9－12 是销售环节控制测试工作底稿，该表详细列示了销售环节的有关控制测试。

表 9-12 销售环节控制测试工作底稿（节选）

客　　户____________________
项　　目 销售环节控制测试　　编制________　　日期________　　索引号________
会计期间____________________　　复核________　　日期________　　页　次________

审计目标和审计程序	适用与否	工作底稿索引
一、控制目标 1. 本期入账的销售业务确实已经发生且销售对象是真实存在的客户。 2. 所有销售交易均已登记入账。 3. 与销售交易和事项有关的金额及其他数据必须以恰当的金额记录。 4. 销售交易的分类恰当。 5. 销售交易的记录及时。 6. 正确地进行披露与列报。 **二、控制测试程序** 1. 选择（　　）份销售发票，做如下检查： 1.1　核对销售发票、销售合同、销售订单所载明的品名、规格、数量、价格是否一致； 1.2　检查销售合同与顾客信用是否已经核准； 1.3　核对相应的运货单副本，检查销售发票日期与运货日期是否一致； 1.4　检查销售发票中所列商品并与商品价目表核对，注意销售折扣是否合理； 1.5　复核销售发票中列示的数量、单价与总金额； 1.6　从销售发票追查到销售记账凭证及销售记账凭证汇总表； 1.7　从销售记账凭证及销售记账凭证汇总表追查至总分类账及明细分类账。 2. 抽查任意一个月的销售发票，检查其是否连续编号、有无缺号，作废发票的处理是否正确，并检查加计总额与该时间的销售收入总额是否核对一致。 3. 选择（　　）份运货单与相关的销售发票核对，检查已发出的商品是否均已向客户开出发票。 4. 检查销售退回与折让的核准以及会计处理： 4.1　检查销售退回是否具有对方税务局开具的有关证明； 4.2　检查销售退回和折让是否附有经主管人员核准的红字发票； 4.3　检查销售退回的商品是否具有仓库签发的退货验收报告，并核对是否与红字发票内容、金额一致。 4.4　销售退回与折让的批准与红字发票签发职责是否分离； 4.5　退货商品冲销会计记录是否正确，追查至记账凭证； 4.6　从记账凭证追查至销售明细账、应收账款明细账及总分类账。		

三、销售环节的实质性程序

本节主要以销售环节中营业收入和应收账款为例，介绍该环节的实质性程序。营业收入的审计目标通常是证实收入的发生认定、完整性认定、准确性认定、截止认定和分类认定等。应收账款的审计目标通常是证实应收账款的存在认定、完整性认定、权利和义务认定以及准确性、计价和分摊认定等。

(一)营业收入的实质性程序

在进行营业收入的实质性审计程序时，取得营业收入的明细账和总账，重新计算核对明细账与总账金额是否相符，并进行实质性分析程序。一般而言，审计人员需要将本年营业收入和毛利率与上年同期和同行业进行比对，如果存在较大波动，需要向有关人员询问并找到合理的原因。同时还需注意检查相关销售合同，确保营业收入符合会计准则规定的收入确认条件，检查是否有附加条款影响收入的确认。审计人员需要进行抽样检查，抽取大额原始凭证并与明细账核对确定是否一致，抽取重要的明细账核对是否存在对应的原始凭证以确定是否真实发生。完成以上程序之后，还需进行销售截止性测试。销售截止性测试可以有效测试被审计单位的收入归属期间是否正确，确定是否存在提前确认收入或者延后确认收入的现象。表 9-13 是营业收入实质性程序工作底稿，该表详细列示了与营业收入有关的实质性程序。

表 9-13 营业收入审计工作底稿

客　　户________________

项　　目____营业收入____　　编制________　　日期________　　索引号________

会计期间________________　　复核________　　日期________　　页　次________

审计目标和审计程序	适用与否	工作底稿索引
一、审计目标 1. 确定利润表中记录的营业收入是否发生，且与被审计单位有关。 2. 确定所有应当记录的营业收入是否均已记录。 3. 确定与营业收入有关的金额及其他数据是否已恰当记录，包括对销售退回、销售折扣与折让的处理是否适当。 4. 确定营业收入是否已记录于正确的会计期间。 5. 确认营业收入是否已按照会计准则的规定在财务报表中做出恰当的列报。 **二、审计程序** 1. 取得或编制收入、成本项目明细表： 1.1　复核加计正确，与报表数、总账数和明细账合计数核对相符； 1.2　检查外币收入折算汇率是否正确。 2. 将本期的营业收入与上期的营业收入进行比较，分析产品销售的结构和价格变动是否正常，并分析异常变动的原因。 3. 比较本期各月各种营业收入的波动情况，分析其变动趋势是否正常，并查明异常现象和重大波动的原因。 4. 计算本期重要的毛利率，分析比较本期与上期各类产品毛利率变化情况，注意收入与成本配比的问题，并解释重大波动和异常情况。 5. 获取产品价格目录，抽查售价是否符合价格政策，并注意销售给关联方的产品价格是否合理，有无低价结算、转移收入的情况。 6. 抽取期中（　　）张销售发票，审查开票、记账、发货日期是否相符，品名、数量、单价、金额等是否与发货单、销售合同一致，编制测试表。		

续表

审计目标和审计程序	适用与否	工作底稿索引
7. 销售的截止性测试。 7.1　检查决算日前后（　　）日的销售发票及运货单，观察截至决算日的销售收入记录是否有跨期的现象； 7.2　检查决算日后所有在决算日前销售的退回记录，检查决算日后的销售是否可列作决算日前的销售（即违反合同提前发货）； 7.3　结合对决算日应收账款的函询程序，观察有无未经认可的巨额销售； 7.4　调整重大跨期销售项目及其金额。 8. 检查销货退回手续是否符合规定，会计处理是否正确。 9. 取得被审计单位有关销售折扣和折让的文件资料，查明折扣与折让的具体规定，与实际执行情况核对，择要抽查较大折扣与折让发生额，是否经授权批准，确认其合法性、真实性。 10. 调查集团内部销售的情况，记录其交易价格、数量和金额。 11. 验证主营业务收入的披露是否恰当。		

（二）应收账款的实质性程序

应收账款的实质性审计程序需要获取应收账款明细账，并复核其金额的正确性和合理性。同时，由于应收账款与主营业务收入和企业赊销政策息息相关，在分析应收账款金额的合理性时需要综合考虑以上因素，如果出现异常，需要询问被审计单位以获取合理的解释。其次，需要计算相关财务指标分析应收账款的合理性，例如应收账款周转率之类的指标，与上年同期和同行业进行对比，观察是否存在异常。此外，还需要进行应收账款的账龄分析复核。审计人员需要检查被审计单位应收账款的账龄分析表的合理性和准确性，同时抽样进行检查。审计师应按《中国注册会计师审计准则第1312号——函证》的要求对应收账款实施函证程序。表9-14是应收账款审计的工作底稿，包含应收账款审计时常用的实质性程序。

表9-14　应收账款审计工作底稿

客　　户＿＿＿＿＿＿＿＿
项　　目＿＿应收账款＿＿　编制＿＿＿＿　日期＿＿＿＿　索引号＿＿＿＿
会计期间＿＿＿＿＿＿＿＿　复核＿＿＿＿　日期＿＿＿＿　页　次＿＿＿＿

审计目标和审计程序	适用与否	工作底稿索引
一、审计目标 1. 确定应收账款是否存在。 2. 确定应收账款是否归被审计单位所有。 3. 确定应收账款增减变动的记录是否完整。 4. 确定应收账款是否可收回，坏账准备的计提是否恰当。		

续表

审计目标和审计程序	适用与否	工作底稿索引
5. 确定应收账款期末余额是否正确。 6. 确定应收账款的披露是否恰当。 **二、审计程序** 1. 取得或编制资产负债表日应收账款明细表： 1.1　复核加计正确，与报表数、总账数和明细账合计数核对相符； 1.2　检查应收账款账龄分析是否正确； 1.3　检查外币折算汇率是否正确； 1.4　分析有贷方余额的项目，查明原因，必要时做重分类调整； 1.5　结合其他应收款及预收账款明细账，如有应收账款，应做出记录，必要时做重分类调整； 1.6　标明应收关联方（包括持股5%以上股东）的款项，并注明合并报表时应予抵销的数字。 2. 分析应收账款账龄及余额构成，根据审计策略选定下列项目进行函证，并编制应收账款函证结果汇总表，函证测试样本选择要求： 2.1　（　　）年账龄以上的项目，函证比例（　　）%； 2.2　年末余额（　　）元以上的项目，函证比例（　　）%； 2.3　与债务人发生纠纷的项目； 2.4　与关联方（包括持股5%以上股东）项目； 2.5　余额为零的项目； 2.6　非正常的项目； 2.7　其他项目。 3. 对回函金额不符的，应查明原因，做出记录，必要时做适当调整。 4. 请被审计单位协助，在应收账款明细表上标出至审计时已收回的应收账款金额，对已收回金额较大的款项进行常规检查，即核对收款凭证、银行对账单、销货发票等，并注意凭证发生日期的合理性。 5. 对未收到回函的样本项目，采用替代程序判断确定债权的存在： 5.1　通过实施上一程序，核实应收款项是否已收回； 5.2　审计该等债权的相关文件资料（合同契约、订购单、销货发票、运货单据等），核实交易事项的真实性； 5.3　向有关部门了解，以验证客户的地址、信用状况。 6. 对未发询证函的应收账款，应选择样本，抽查有关原始凭证，确认其入账依据是否充分、有效。 7. 检查应收账款中有无债务人破产或者死亡，以及破产财产或者遗产清偿后仍无法收回，或者债务人长期未履行偿债义务的情况，提请被审计单位处理。 8. 对应收账款余额做分析复核，如有重大波动，应询问并分析其波动原因，做出记录。 9. 对关联企业的交易事项做专门核查。 10. 检查应收账款是否已充当抵押品。 11. 验明应收账款的披露是否恰当。		

四、销售环节常见的重大错报风险应对示例

针对销售环节常见的重大错报风险，表 9－15 举例说明了审计师围绕审计目标

设计和执行控制测试和实质性程序的审计策略。

表 9－15　销售环节常见的重大错报风险、审计目标和风险应对

常见重大错报风险	审计目标	常用的控制测试举例	常用的实质性程序举例
提前确认销售收入	确认交易记录于恰当期间。	检查有关凭证上内部核查的标记。 检查收入确认的依据及审核。	检查核对销售交易登记入账的日期与收入确认条件相关的原始凭证日期，如发运凭证、出库单、销售清单等。 检查销售合同是否含附加协议。
伪装收入性质	确认记录的交易经过适当分类。	检查会计科目表是否恰当。 检查相关凭证上内部复核和核查的标记。	检查证明销售交易分类正确的原始凭据。
虚增收入	确认已记录的交易是真实的。	检查销售发票是否附有发运凭证、销售单等原始凭证。 检查客户的赊购是否经授权批准。 询问是否寄发对账单，并检查客户回函档案。	复核主营业务收入总账、明细账以及应收账款明细账中的大额或异常项目。 追查主营业务收入明细账至销售单、销售发票及发运凭证。 向客户进行函证。 检查关联交易的价格是否公允。
推迟确认销售收入	确认交易记录于恰当期间。	检查尚未开具收款账单的发货和尚未登记入账的销售交易。 检查有关凭证上内部核查的标记。	检查核对销售交易登记入账的日期与收入确认条件相关的原始凭证日期，如发运凭证、出库单、销售清单等。
隐藏收入	确认已发生的交易确实已经记录。	检查发运凭证连续编号的完整性。 检查销售发票连续编号的完整性。	从销售交易相关的原始记录（如发运凭证与相关的销售发票）追查至主营业务收入明细账及应收账款明细账。 检查收入计算和确认方法是否合乎规定，并核对应计收入与实际收入是否一致。
虚构应收账款	确认记录的金额确实存在，已存在的金额均已记录等。	检查信用审批程序。	向债务人函证应收账款。 复核应收账款借方发生额与主营业务收入的关系是否合理。 检查销售收款情况。
操纵应收账款后续计量	确认以恰当的金额包括在财务报表中，与之相关的计价或分摊调整已恰当记录。	检查应收账款账龄分析表。 检查坏账计提和减值的依据及相关审核。	获取或编制应收账款账龄分析表，测试账龄分析的准确性。 检查坏账准备计提和转回方法是否合乎规定，关注异常计提和转回的依据。

第五节　货币资金风险应对

引例

货币资金会不翼而飞吗：外高桥的保证金

外高桥事件创下国内上市公司追究会计师事务所审计责任的先例。普华永道 2003 年开始被外高桥聘为审计师，2003 年年报审计费用为 80 万元，2004 年为 90 万元。在普华永道憧憬 2005 年的审计费用进一步水涨船高，并提出 120 万元的续约要求之际，麻烦却在浑然不知间接踵而至。

【审计案例】
普华永道遭遇外高桥天价索赔 祸起未实施函证程序

2005 年 4 月，外高桥的股东大会以收费过高为由，决定不再聘用普华永道为其该年度的审计师。同年 6 月，外高桥被发现存放在国海证券上海圆明园路营业部证券保险金账户中的资金实际余额，与经审计的公司 2003 年度和 2004 年度报表明细账上的金额严重不符：报表上的金额高达 2 亿元，而资金变动情况却表明余额仅有 2 万元。外高桥计划财务部经理与国海证券营业部总经理以及上海国发石油化工总经理内外勾结、串通舞弊，挪用外高桥存放于国海证券的 2.04 亿元证券保证金一案渐渐浮出水面。2006 年 5 月，针对巨额保证金被挪用，而负责审计的普华永道却连年出具无保留意见的审计报告的情况，外高桥以审计不尽责为由提起仲裁，最终以普华永道向外高桥支付 2 000 万元的赔偿金和解。

如本节引例所述，针对企业的货币资金问题，审计师未能有效履行职责，对企业和会计师事务所均会产生较大负面影响。本节结合风险应对总体逻辑和货币资金的业务特点，讨论货币资金业务中常见的重大错报风险以及风险应对思路和程序。

第五节
即测即评

一、货币资金循环常见的重大错报风险

货币资金因流动性强，并且与各个环节相关联，也属于重大错报风险多发区。传统的货币资金舞弊集中于余额造假（如本节引例中的外高桥案例）。目前，越来越多的公司通过货币资金的发生额进行财务造假，这种手法在不影响货币资金余额的情况下虚构利润，并且舞弊

【扩展阅读】
中国证监会行政处罚决定书（新大地）

方式相对比较隐蔽。由此，审计师面临的挑战也越来越大。结合近年中国上市公司舞弊案例，表9-16举例说明了货币资金业务中常见的重大错报风险。

表9-16　货币资金业务常见的重大错报风险

常见重大错报风险	具体表现形式举例
涂改与伪造凭证	涂改银行对账单上的发生额或伪造对账单，使银行存款和银行存款日记账的数据相等
	通过改动凭证或直接方式虚列支出
	通过涂改或伪造凭证侵占资金或隐藏资金被侵占
	通过涂改、伪造凭证虚增资金
	伪造支票存根
上下游配合操纵现金流	通过上下游相互配合，无须伪造银行回单，就可以轻易地在上下游之间操纵现金流
关联方占用资金	关联方在特定会计期间内占用上市公司资金，然后期末再归还资金
隐瞒资金受限	隐瞒银行存款质押
	隐瞒其他受限货币资金
通过资本性支出转移现金	通过夸大的投资套现

新大地玩转现金流——精细化造假

广东新大地科技股份有限公司（简称新大地）成立于2004年，位于广东梅州市，是主要从事油茶产业化的现代农业企业。2013年中国证监会对新大地出具处罚决定书，揭开了新大地“高超”的舞弊手法。新大地采用化整为零的方式，通过娴熟操作货币资金交易，操纵虚构利润。具体手法如下：

2011年3月，新大地从维运新农业账户转出资金，经维顺农工贸发展有限公司（简称维顺农工贸）转入新大地；4月、5月和10月，新大地将其自有资金及平远县人民政府办公室拨付其的资金，通过维运新农业、梅州志联、梅州三鑫、源源农副等账户，经维顺农工贸转入新大地；12月，新大地将来源于黄运江向吴某平的借款资金，经维顺农工贸转入新大地。以上共转入新大地资金3 225 840元，新大地据此确认为销售回款，虚增2011年营业收入2 827 970.59元，虚增营业成本1 793 117.77元，虚增利润总额1 034 852.82元。

2011年11月、12月，新大地以采购货物、支付劳务费名义向其控制使用的个人账户转入资金，之后全额或部分取出，同时从源源农副等其他账户（资金最终来源为新大地获取的财政补贴款，黄运江、凌梅兰及其子黄某斌的借款或新大地股权转让款）取现，并先后于取现当日以178个客户销售回款的名义存入新大地银行账户。共有14天存在上述存取款业务在同一天、同一银行网点由新大地同一经办人办理，存取金额全部或基本相同的情形，合计确认销售回款9 112 794元，虚增2011年营业收入7 996 270.6元，虚增营业成本 4 979 457.29 元，虚增利润总额 3 016 813.31 元。

二、货币资金控制测试

货币资金几乎与各个业务环节均能产生关联，与货币资金相关的账目主要为库存现金、银行存款、应收（付）款项、短（长）期借款、财务费用、长期投资、营业收入等。审计师应该以重大错报风险为导向，结合货币资金业务的特点，设计和执行控制测试。

（1）涉及各循环中的现金收付款业务，审计师应当了解现金内部控制。测试现金收款内部控制，可以选取适当的收款凭证，核对现金日记账的收入金额是否正确；核对现金收款凭证与应收账款明细账的有关记录是否相符；核对实收金额与销货发票是否一致等。测试现金付款内部控制，可以选取适当的付款凭证，检查付款的授权批准手续是否符合规定；核对现金日记账的付出金额是否正确；核对现金付款凭证与应付账款明细账的记录是否一致；核对实付金额与购货发票是否相符等。

（2）涉及各循环中的银行存款付款业务，审计师应当了解银行存款内部控制。测试银行存款收款内部控制，可以在选取适当样本的基础上实施以下控制测试：核对银行存款收款凭证与存入银行账户的日期和金额是否相符；核对银行存款日记账的收入金额是否正确；核对银行存款收款凭证与银行对账单是否相符；核对银行存款凭证与应收账款明细账的有关记录是否相符；核对实收金额与销货发票是否一致等。测试银行存款付款内部控制，可以在选取适当样本的基础上实施以下控制测试：检查付款的授权批准手续是否符合规定；核对银行存款日记账的付出金额是否正确；核对银行存款付款凭证与银行对账单是否相符；核对银行存款付款凭证与应付账款明细账的记录是否一致；核对实付金额与购货发票是否相符等。

（3）对于财务报表中的货币资金的内部控制测试包括：检查银行存款余额调节表，查看调节表中记录的企业银行存款日记账余额是否与银行存款日记账余额一致；针对调节项目，检查是否经会计主管的签字复核；针对大额未达账项进行期后收付款检查；现金监盘；测试付款审批和复核控制等。

三、货币资金实质性程序

货币资金的审计目标通常是确定货币资金的存在认定，完整性认定，权利和义务认定以及准确性、计价和分摊认定等。审计师应根据各个认定存在错报风险的大小，结合企业自身货币资金业务流程，设计和执行合适的实质性程序，获取充分适当的审计证据，以实现审计目标。

（一）库存现金

审计师应确定库存现金的内部控制可信赖程度以及存在的薄弱环节和缺点，据以确定在库存现金实质性程序中对哪些环节可以适当减少审计程序，对哪些环节要增加审计程序并做重点检查。库存现金审计的实质性程序包括：

（1）核对库存现金日记账和总账的金额是否相符，检查非记账本位币库存现金的折算汇率及折算金额是否相符。

（2）监盘库存现金。

（3）分析被审计单位日常库存现金余额是否合理。

（4）抽查大额库存现金收支，检查原始凭证是否齐全、原始凭证内容是否完整、有无授权批准等。

（5）抽查资产负债表日前后若干天的、一定金额以上的现金收支凭证，实施截止性测试。

（6）检查库存现金是否在财务报表中做出恰当列报。

（二）银行存款

审计师应确定银行存款内部控制的可信赖程度以及存在的薄弱环节和缺点，据以确定银行存款实质性程序检查的重点。银行存款审计的实质性程序包括：

（1）获取或编制银行存款余额明细表，复核加计是否正确，并与总账数和日记账合计数核对是否相符；检查非记账本位币银行存款的折算汇率及折算金额是否正确。

（2）实施实质性分析程序。计算银行存款累计余额应收利息收入，分析比较被审计单位银行存款应收利息收入与实际利息收入的差异是否恰当，评估利息收入的合理性，检查是否存在高息资金拆借，确认银行存款余额是否存在，利息收入是否已经完整记录。

（3）检查银行存款账户发生额。

（4）取得并检查银行对账单和银行存款余额调节表。

（5）函证银行存款余额，编制银行函证结果汇总表，检查银行回函。审计师应对银行存款、借款及与金融机构往来的其他重要信息实施函证程序，除非有充分证据表明某一银行存款、借款及与金融机构往来的其他重要信息对财务报表不重要且与之相关的重大错报风险很低。如果不对这些项目实施函证程序，注册会计师应当在审计工作底稿中说明理由。函证具体要求可以参考《中国注册会计师审计准则第 1312 号——函证》。

（6）检查银行存款账户存款人是否为被审计单位，若存款人非被审计单位，应获取该账户户主和被审计单位的书面声明，确认资产负债表日的报表是否需要提请被审计单位调整。

（7）关注是否存在质押、冻结等对变现有限制或存在境外的款项。如果存在，是否已提请被审计单位做必要的调整和披露。

（8）对不符合现金及现金等价物条件的银行存款在审计工作底稿中予以列明，以考虑对现金流量表的影响。

（9）抽查大额银行存款收支的原始凭证，检查原始凭证是否齐全、记账凭证与原始凭证是否相符、账务处理是否正确、是否记录于恰当的会计期间等项内容。检查是否存在非营业目的的大额货币资金转移，并核对相关账户的进账情况；如有与被审计单位生产经营无关的收支事项，应查明原因并做相应的记录。

（10）检查银行存款收支的截止是否正确。选取资产负债表日前后若干张、一定金额以上的凭证实施截止性测试，关注业务内容及对应项目，如有跨期收支事项，应考虑是否提请被审计单位进行调整。

（11）检查银行存款是否在财务报表中做出恰当列报。

九好集团的“忽悠式”重组案例

浙江九好办公服务集团有限公司（简称九好集团）通过各种手段虚增2013—2015年服务费收入2.6亿余元，虚增2015年贸易收入57万余元，虚构银行存款3亿元。为掩饰资金缺口，该公司借款购买理财产品或定期存单，并立即为借款方关联公司做质押担保。九好集团通过上述种种恶劣手段，将自己包装成价值37.1亿元的“优良”资产，与鞍山重型矿山机器股份有限公司（简称鞍重股份）联手进行“忽悠式”重组，以期达到借壳上市的目的。九好集团及鞍重股份的信息披露存在虚假记载和重大遗漏。而利安达事务所在银行存款和函证的审计程序中存在重大疏忽：未按规定对九好集团银行存款进行查验，对九好集团3亿元定期存款既未查验存单原件，也未向开户银行进行书面查询、函证，导致未发现该3亿元定期存单质押的事实。

【扩展阅读】
中国证监会行政处罚决定书（九好集团）

四、货币资金业务常见重大错报风险应对示例

针对货币资金业务常见的重大错报风险，表9-17举例说明了审计师围绕审计目标设计和执行控制测试和实质性程序的审计策略。

表9-17　货币资金业务常见的重大错报风险、审计目标和风险应对

常见重大错报风险	主要审计目标	常用的控制测试举例	常用的实质性程序举例
涂改与伪造凭证	确定记录的货币资金是否确实存在，所有收支业务是否均已记录，货币资金是否以恰当的金额记录。	检查货币资金管理是否按规定的程序和权限进行。 询问或检查相应文件确定不相容职务是否相分离。 抽取一定时间银行存款余额调节表，检验其是否正确编制并经复核。	审查银行对账单的真实性。 核对银行对账单或查看网银资金流水与日记账、收付凭证等单据核对。 对库存现金执行监盘。 对银行存款进行函证。

续表

常见重大错报风险	主要审计目标	常用的控制测试举例	常用的实质性程序举例
上下游配合操纵现金流	确定货币资金相关的交易真实发生。	结合其他相关业务控制测试，检查收付款业务记账凭证是否附有业务原始单据。	结合其他相关业务的细节测试，检查与收付款业务相关的原始单据。 核对分析上下游收付款交易。
关联方占用资金	确定记录的货币资金是否确实存在。	检查银行余额调节表及复核审批。 检查内部核查的标记。	检查资金流水。
隐瞒资金受限	确定货币资金披露是否恰当。	检查内部核查的标记。	对货币资金进行函证，函证内容包括有无质押、担保等情况。
通过资本性支出转移现金	确定货币资金相关交易是否真实发生、金额是否准确。	检查资本性支出的相关文件是否按照流程审批。 检查不相容职务是否分离。	检查资本性支出的相关文件，如预算、审批金额、尽职调查报告等。

本章小结　　案例分析　　推荐阅读材料

第十章

终结审计与内部控制审计

思维导图

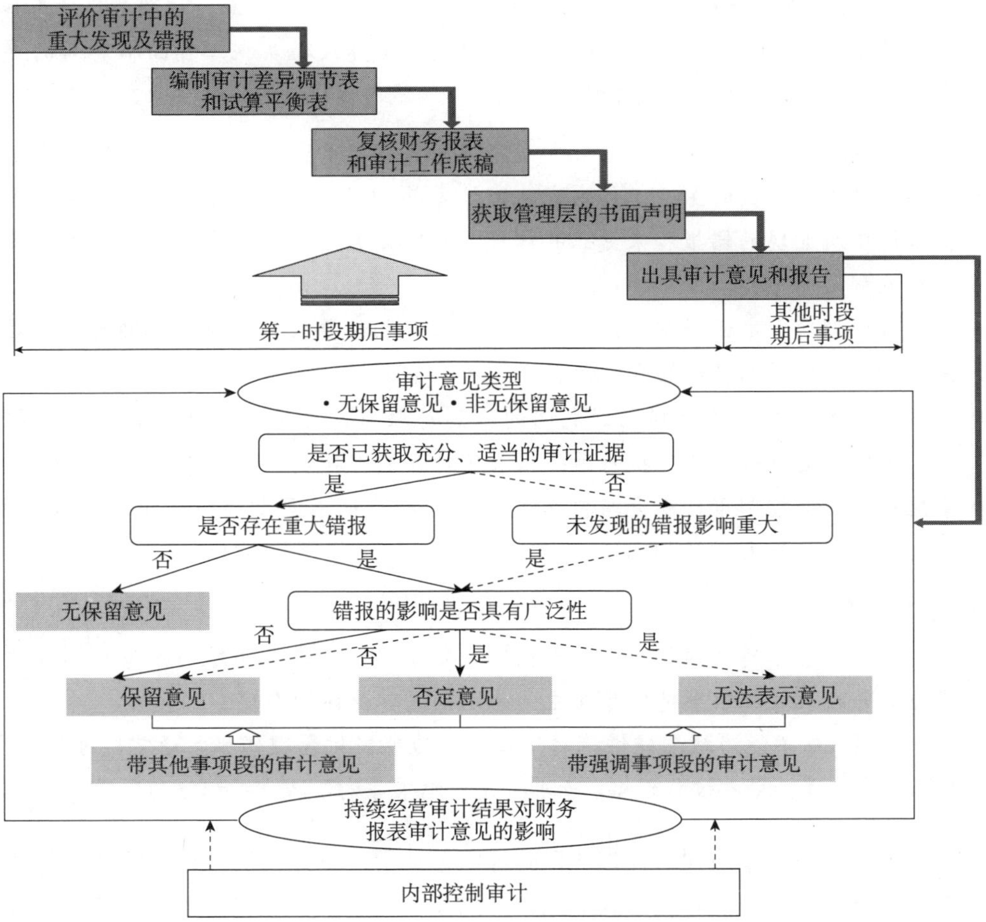

总书记论审计

“我们坚持围绕党和国家中心工作开展审计，坚持围绕总体国家安全观开展审计，坚持围绕以人民为中心的发展思想开展审计，坚持围绕促进党的自我革命开展审计，审计方向更加明确。”

——2023 年 5 月 23 日，习近平在二十届中央审计委员会第一次会议上的讲话

素养提升

1. 价值塑造

- 牢记习近平总书记“打通最后一公里”“不能出现断头路”的指示，在学习、工作和生活中发扬持之以恒、有始有终的风格与品质。
- “十四五”时期是我国全面建成小康社会、实现第一个百年奋斗目标之后，乘势而上开启全面建设社会主义现代化国家新征程、向第二个百年奋斗目标进军的第一个五年。《会计改革与发展“十四五”规划纲要》指出，“十四五”时期是会计工作实现高质量发展的关键时期，我国内部控制规范体系建设与实施工作面临着新的更高要求。以此，培养参与党和国家伟大事业中各领域内部控制工作的自豪感与使命感。

2. 知识传授

- 熟悉终结审计阶段的主要工作内容、审计差异调节表及试算平衡表，并掌握如何评价审计中所发现的错报和未更正的错报、审计差异的类型、审计意见类型的决策依据与流程。
- 掌握审计沟通、书面声明、期后事项的内容及相关要求，并理解它们对于形成审计意见和报告决策的必要性和重要性。
- 理解内部控制审计与控制测试之间的区别与联系，并掌握内部控制审计工作的步骤、由同一会计师事务所执行财务报表审计和内部控制审计的整合审计思路。
- 掌握判断内部控制审计意见与报告类型流程，熟悉不同类型内部审计报告的格式，并能够与财务报表审计相比较。

3. 能力培养

- 培养基于对整体情况的判断、对重点情况的了解、对常见问题的熟悉而形成的复核能力，并在此过程中秉持以专业主义为原则的职业怀疑态度。
- 内部控制虽然不能为结果提供绝对保证，但能够提供合理保证。通常，过程做得好，结果不会太差。培养过程思维，而非一定唯结果导向，减少功利倾向和投机心理。

如本书第五章所述，在现代风险导向审计中，审计人员执行风险评估与风险应对程序之后，审计流程将进入终结审计与出具审计报告阶段。在终结审计阶段，审

计人员应在与治理层沟通的基础上，实施对重大审计发现及错报的评价、期后事项审计等审计程序，最终做出审计意见决策。至此，财务报表审计工作结束。为了将财务舞弊或重大错报风险降低或识别在更前端，包括我国和美国在内的一些国家还要求对财务报表生成过程控制有效性进行审计，即财务报告内部控制审计（简称内部控制审计）①。在实务中，内部控制审计通常由同一家会计师事务所在执行财务报表审计时同时执行（即整合审计）。因此，本章将讲述终结审计和内部控制审计这两部分内容。

第一节　终结审计

引例

财务总监不认可审计意见

2022年4月28日，览海医疗产业投资股份有限公司（以下简称览海医疗）发布其2021年度财务报告。这本是平常事一件，但因报告第一页“重要提示”中的“另类”信息而引起市场关注。

【扩展阅读】
览海医疗2021年年度报告

首先，董事黄坚、监事曾文认为，由于和信会计师事务所（特殊普通合伙）（以下简称和信所）对公司财务报告出具了保留意见、对公司内部控制出具了否定意见，因此无法保证公司2021年年度报告真实性、准确性、完整性。换言之，基于审计意见中反映的信息，无法对公司年报“保真”。

公司董事兼财务总监蔡泽华则是不认可和信所出具的财务报告保留意见。具体理由包括：(1) 在和信所审计过程中，览海医疗已配合和信所审计人员采取了措施以证实览海医疗医疗服务业务收入的真实性并具有商业实质。(2) 为配合和信所审计工作，览海医疗如实向和信所提供了发现的关联方交易清单和关联方交易往来，并协调控股股东配合和信所的核查工作。经览海医疗核查，除已提交和信所的关联方交易情况外，览海医疗2021年度其他资金支出未发现有新增关联方交易的情况。另一方面，览海医疗已取得控股股东的承诺函，控股股东承诺，除已提交和信所的关联方交易情况外，无其他关联方交易及关联方资金往来，览海医疗所有关联方交易均已在财务报告中如实完整披露。(3) 截至2021年12月31日，览海医疗对联营企业上海禾风医院有限公司（以下简称禾风医院）的其他应收款账面余额为538 959 711.63元，主要系览海医疗原控股禾风医院时借与的基本建设资金，在览海医疗转让禾风医院控制权

① 虽然我国和美国对强制内部控制审计的内容存在差异，但均主要聚焦于财务报告内部控制。

后，禾风医院成为公司联营公司，因此形成览海医疗与禾风医院的关联方资金往来。览海医疗已请专业评估机构对禾风医院的股权进行评估，禾风医院整体股权评估价值为47 832.32万元，评估采用资产基础法，评估价值已扣减禾风医院的全部债务金额。禾风医院的房产处置金额足以覆盖公司的债权。公司持有禾风医院44%股权的账面价值为24 289.73万元，公司已根据调整后的44%股权价值8 566.82万元计提资产减值准备15 722.91万元。(4)澄江怡合健康产业发展有限公司的股权冻结发生于2022年4月，系期后非调整事项，公司已在附注期后事项中如实披露，该事项不构成对公司2021年度会计报表的保留意见。

总之，在和信所对览海医疗2021年度财务报告的审计过程中，公司一直坦诚、积极地配合和信所的审计工作，竭尽全力满足和信所的审计要求，提供所能提供的资料。财务总监确信，和信所审计报告所述的上述四个事项均未能客观地反映览海医疗真实的状况。

第一节
即测即评

上述引例表明，终结审计工作并不是简单地出具一份审计意见和报告，在形成最终审计意见和报告之前可能需经过大量且复杂的决策与沟通过程。本节将按照终结审计的流程（如图10-1所示），依次介绍如何评价审计中的重大发现及错报、编制审计差异调节表和试算平衡表、复核财务报表和审计工作底稿、获取管理层的书面声明、作出审计意见决策，并在作出审计意见决策前后如何考虑期后事项并采取相应的应对措施。

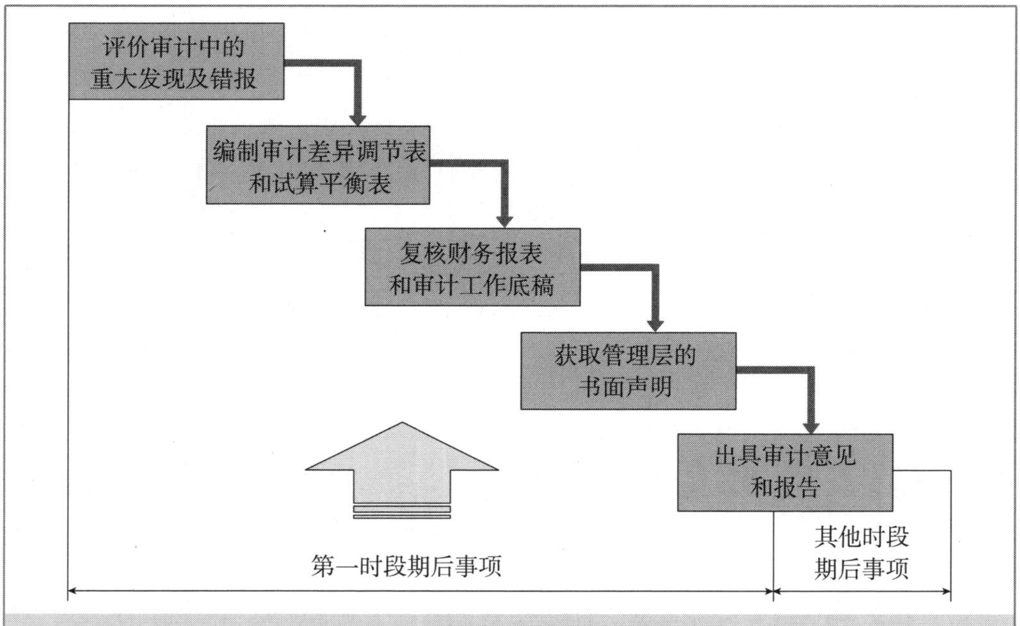

图10-1 终结审计阶段的主要审计程序

一、评价审计中的重大发现及错报

（一）评价审计中的重大发现

在完成审计工作阶段后，项目合伙人和审计项目组需要考虑审计过程中的重大发现与事项。具体包括：期中复核中的重大发现及其对审计方法的影响；涉及会计政策的选择、运用和一贯性的重大事项，包括相关披露；就识别出的重大风险，对审计策略和计划的审计程序所做的重大修正；在与管理层和其他人员讨论重大发现和事项时得到的信息；与审计师的最终审计结论相矛盾或不一致的信息。

【准则链接】
《中国注册会计师审计准则第 1251 号——评价审计过程中识别出的错报》第九至十四条

对上述重大发现进行评价，可能全部或部分地揭示出以下事项：为实现审计目标，是否有必要对重要性进行修改；对审计策略和计划的审计程序的重大修正，包括对重大错报风险评估结果的重要变动；对审计方法有重要影响的、值得关注的内部控制缺陷和其他缺陷；财务报表中存在的重大错报；项目组成员内部，或项目组与项目质量控制复核人员或提供咨询的其他人员之间，就重大会计和审计事项达成最终结论所存在的意见分歧；在实施审计程序时遇到的重大困难；向事务所内部有经验的专业人士或外部专业顾问咨询的事项；与管理层或其他人员就重大发现以及与注册会计师的最终审计结论相矛盾或不一致的信息进行的讨论。

其中，注册会计师在审计计划阶段与评估审计差异时对重要性的判断是不同的。如果在审计完成阶段修改后的重要性水平远远低于在计划阶段确定的重要性水平，注册会计师应重新评估已经获得的审计证据是否充分、适当。

（二）评价审计中发现的错报

1. 错报的沟通与更正

除非法律法规禁止，注册会计师应当及时将审计过程中累积的所有错报与适当层级的管理层进行沟通。适当层级的管理层通常是指有责任和权限对错报进行评价并采取必要行动的人员。在某些国家或地区，法律法规可能限制注册会计师就某些错报与管理层或被审计单位的其他人员沟通。法律法规可能明确禁止那些可能不利于适当机构对发生的或怀疑存在的违法行为进行调查的沟通或其他行动（包括引起被审计单位的警觉），例如，当依据反洗钱法令，注册会计师被要求向适当机构报告识别出的或怀疑存在的违反法律法规行为时。在某些情形下，注册会计师的保密义务与通报义务之间存在的潜在冲突可能很复杂。此时，注册会计师可能认为征询法律意见是适当的。

【准则链接】
《中国注册会计师审计准则第 1251 号——评价审计过程中识别出的错报》应用指南第 18～29 点

注册会计师还应当要求管理层更正这些错报。管理层更正所有错报（包括注册会计师通报的错报），能够保持会计账簿和记录的准确性，降低由于与本期相关的、非重大的且尚未更正的错报的累积影响导致未来期间财务报表出现重大错报的风险。如果管理层拒绝更正沟通的部分或全部错报，注册会计师应当了解管理层不更正错报的理由，并在评价财务报表整体是否不存在重大错报时考虑该理由。

2. 评价未更正的错报

未更正错报，是指注册会计师在审计过程中累积的且被审计单位未予更正的错报。注册会计师应当确定未更正错报单独或汇总起来是否重大。在确定时，注册会计师应当考虑：相对特定类别的交易、账户余额或披露以及财务报表整体而言，错报的金额和性质以及错报发生的特定环境；与以前期间相关的未更正错报对相关类别的交易、账户余额或披露以及财务报表整体的影响。在此评价过程中，涉及如下应关注的概念和事项：

（1）对重要性的修改。在评价未更正错报的影响之前，注册会计师应当重新评估在计划和执行阶段确定的重要性，以根据被审计单位的实际财务结果确认其是否仍然适当。如果注册会计师对重要性或重要性水平（如适用）进行的重新评价导致需要确定较低的金额，则应重新考虑实际执行的重要性和进一步审计程序的性质、时间安排和范围的适当性，以获取充分、适当的审计证据作为发表审计意见的基础。

当然，也有可能在注册会计师评价未更正错报的影响之前，已经对重要性或重要性水平（如适用）作出了重大修改。例如，在审计过程中获知了某项信息，而该信息可能导致注册会计师确定与原来不同的财务报表整体重要性或者特定类别交易、账户余额或披露的一个或多个重要性水平（如适用），注册会计师据此修改了重要性水平。

（2）单项错报。注册会计师需要考虑每一项与金额相关的错报，以评价其对相关类别的交易、账户余额或披露的影响，包括评价该项错报是否超过特定类别的交易、账户余额或披露的重要性水平（如适用）。此外，注册会计师还需要考虑定性披露中的单项错报，以评价其对相关披露的影响及对财务报表整体的综合影响。定性披露存在重大错报的例子包括：涉及保险和银行业务的被审计单位对与其资本管理的目标、政策和流程相关的信息作出不正确、不完整的描述；涉及矿业经营的被审计单位遗漏与导致减值损失的事项或情况相关的信息，例如，对金属或大宗商品的需求出现重大、长期的减少；对与资产负债表、利润表、所有者权益变动表或现金流量表中的重大项目相关的会计政策作出不正确的描述；涉及国际贸易活动的被审计单位对汇率变化的敏感性作出不充分的描述。

如果注册会计师认为某一单项错报是重大的，则该项错报不太可能被其他错报抵销。例如，如果收入存在重大高估，尽管这项错报对收益的影响完全可被相同金额的费用高估所抵销，注册会计师仍认为财务报表整体存在重大错报。对于同一账户余额或同一类别的交易内部的错报，这种抵销可能是适当的。然而，在得出抵销错报（即使是非重大错报）是适当的这一结论之前，需要考虑可能存在其他未被发现的错报的风险。

（3）分类错报。确定一项分类错报是否重大，需要进行定性评估。例如，分类错报对负债或其他合同条款的影响，对单个财务报表项目或小计数的影响，以及对关键比率的影响。即使分类错报超过了在评价其他错报时运用的重要性水平，注册会计师可能仍然认为该分类错报对财务报表整体不产生重大影响。例如，如果资产负债表项目之间的分类错报金额相对于所影响的资产负债表项目金额较小，并且对利润表或所有关键比率不产生影响，注册会计师可以认为这种分类错报对财务报表整体不产生重大影响。

（4）评价未更正错报是否重大。在评价时，注册会计师需要从金额和披露两个方面进行考虑。即使某些错报低于财务报表整体的重要性，但因与这些错报相关的某些情况，在将其单独或连同在审计过程中累积的其他错报一并考虑时，注册会计师也可能将这些错报评价为重大错报。

（5）评价中对前期差错、舞弊的考虑。与以前期间相关的非重大未更正错报的累积影响，可能对本期财务报表产生重大影响。有多种可接受的方法供注册会计师评价这些未更正错报对本期财务报表的影响。在不同期间使用相同的评价方法可以保持一致性。

此外，注册会计师在考虑各类交易、账户余额及披露中存在的错报的影响时，需要运用职业怀疑。比如，虽然错报金额相对财务报表而言并不重大，但从错报的原因看可能表明存在舞弊。

【准则链接】
《中国注册会计师审计准则第 1141 号——财务报表审计中与舞弊相关的责任》

【准则链接】
《中国注册会计师审计准则第 1141 号——财务报表审计中与舞弊相关的责任》应用指南

（6）评价结果的沟通。除非法律法规禁止，注册会计师应当与治理层沟通未更正错报，以及这些错报单独或汇总起来可能对审计意见产生的影响。此外，注册会计师还应当与治理层沟通与以前期间相关的未更正错报对相关类别的交易、账户余额或披露以及财务报表整体的影响。如果注册会计师就未更正错报已与负有管理责任的人员沟通，且这些人员同时负有治理责任，注册会计师无须就这些事项再次与负有治理责任的相同人员沟通。然而，注册会计师需要确信与负有管理责任人员的沟通能够向所有负有治理责任的人员充分传递应予沟通的内容。

对于重大的未更正错报，注册会计师在沟通时应当逐项指明；对于大量单项不重大的未更正错报（若存在），注册会计师在沟通时可就未更正错报的笔数和总金额的影响进行沟通，而非逐笔沟通单项未更正错报的细节。

注册会计师在考虑根据相关情况判断出的错报金额、性质及可能对未来期间财务报表产生的影响后，可能需要与治理层讨论错报未得到更正的原因及其影响，并应当要求被审计单位更正未更正错报。

实际上，沟通是贯穿整个审计工作过程之中的。有关在其他阶段的审计沟通内容见二维码资料。

【扩展阅读】
审计沟通

二、编制审计差异调整表和试算平衡表

如前所述，审计过程中发现的错报就是审计差异。审计项目经理应根据审计重要性原则，初步确定、汇总审计差异，并与被审计单位召开审计总结会，商讨建议被审计单位进行调整的事项，以确定最终审计后的财务报表。这项工作一般通过编制审计差异调整表与试算平衡表来完成。

（一）审计差异的类型及其调整

审计差异的内容按是否需要调整被审计单位的账簿记录可分为：核算误差、重分类误差。其中，核算误差是由企业对交易或事项进行了不正确的会计处理引起的科目或金额的错误，重分类误差则是由企业未按有关会计准则和制度的规定列报财务报表引起的报告项目的错误。因此，核算误差需要对企业的账簿记录和财务报表均进行调整，重分类误差则只需要在编制报表的过程中调整即可。

根据审计重要性水平衡量，核算误差又可分为建议调整的不符事项和不建议调整的不符事项，这个划分过程需要较高的职业判断。一般而言，注册会计师在划分建议调整的不符事项和不建议调整的不符事项时，应从误差的金额和性质两个角度来考虑：（1）如果单笔核算误差超过相关财务报表账户余额层次的重要性水平，应视为建议调整的不符事项；（2）有些核算误差虽然低于特定类别的交易、账户余额或披露层次的重要性水平，但涉及舞弊与违法行为，或是不希望出现错误的科目，如实收资本（或股本）科目的错误，应确定为建议调整的不符事项；（3）虽然单笔核算误差低于特定类别的交易、账户余额或披露层次的重要性水平，并且性质不重要，但数量较多，且若干笔同类型核算误差汇总超过了重要性水平，应从中选取几笔金额较大的转为建议调整的不符事项。

值得注意的是，注册会计师最终所做的审计差异调整并非由其单方面决定，而是需要征求被审计单位对注册会计师认为应调整会计报表事项的意见。一般应采用书面形式，并根据被审计单位的意见确定其对已审定财务报表及审计意见的影响。如果被审计单位予以采纳，应取得被审计单位同意的书面确认，根据确认调整后的已审财务报表考虑审计意见的类型；若被审计单位不予调整，应分析原因，并根据未调整不符事项的重要程度，确定是否在审计报告中反映，以及如何反映。

审计调整，不容马虎

2018年，北京证监局就辖区证券资格审计机构下发的行政处罚、行政监管措施、检

查意见书等，汇总并发布审计机构存在的突出问题，以提示各审计机构重点关注。其中部分谈及审计调整问题的如下：

一是被审计单位以前年度转让所持某公司股权交易无商业实质，会计师将本不应确认的股权转让收益通过审计调整确认为投资收益，将股权转让产生的回购溢价及管理费错误地计入长期股权投资成本，导致长期股权投资计量不准确。

二是实施的审计调整未获取充分、适当的审计证据。在某项目审计过程中，会计师调增营业收入 0.83 亿元、营业成本 0.71 亿元。经查该工程为代建项目，按照成本加成 15% 确认营业收入，结算单列示工程直接成本 0.55 亿元、间接成本 0.16 亿元，会计师未对间接成本实施进一步审计程序以获取审计证据，底稿中也未说明原因。

三是母、子公司对油气资产摊销政策不一致、前后期不一致的情况，会计师未进行审计调整。

资料来源：北京证监局官网.

（二）审计差异调整表和试算平衡表

在实务中，审计差异调整是通过编制调整分录和调整表来实现的。审计调整分录一般对报表进行整体分析，确定分录的借贷双方，多计就通过相反方向做相应的冲抵，少计就增加（见表 10-1）。审计调整分录汇总起来后就形成了审计差异调整表。

表 10-1　本年账项调整分录汇总

索引号__________
客户名称__________　编制人__________　编制日期__________
截止日期__________　复核人__________　复核日期__________

分录序号	调整内容	调整分录科目名称		金额		底稿索引号
		一级科目	明细科目	借方金额	贷方金额	
	合计					

与被审计单位的沟通：
参加人员：
客户名称：__________
审计项目组：__________
客户单位的意见：__________
结论：
是否同意上述审计调整：__________
客户单位授权代表签字：__________　日期：__________

在考虑审计差异调整表中调整事项后确定的已审财务报表即为试算平衡表（如

表10－2所示）。其中，试算平衡表中的“未审数”栏应根据被审计单位的未审计财务报表期末数填列。在编制完试算平衡表后，审计人员应注意核对相应的勾稽关系和报表平衡关系。

表10－2 利润表的试算平衡表

客　　户＿＿＿＿＿＿　签　名＿＿＿＿＿＿　日　期＿＿＿＿＿＿
项　　目＿＿＿＿＿＿　编　制＿＿＿＿＿＿　索引号＿＿＿＿＿＿
会计期间＿＿＿＿＿＿　复　核＿＿＿＿＿＿　页　次＿＿＿＿＿＿

项目	未审数	调整金额		重分类金额		审定数
		借方	贷方	借方	贷方	
一、营业收入						
减：营业成本						
税金及附加						
销售费用						
管理费用						
财务费用						
加：公允价值变动收益（损失以“—”号填列）						
投资收益（损失以“—”号填列）						
其中：对联营企业和合营企业的投资收益						
资产减值损失（损失以“—”填列）						
二、营业利润（亏损以“—”号填列）						
加：营业外收入						
减：营业外支出						
三、利润总额（亏损总额以“—”号填列）						
减：所得税费用						
四、净利润（净亏损以“—”号填列）						
五、其他综合收益的税后净额						
六、综合收益总额						
七、每股收益：						
（一）基本每股收益						
（二）稀释每股收益						

三、复核财务报表和审计工作底稿

在编制完成试算平衡表后，会计师事务所及其注册会计师应做以下两项工作：

（一）对财务报表整体合理性进行总体复核

在审计结束或临近结束时，注册会计师需要运用分析程序确定经审计调整后的财务报表整体是否与对被审计单位的了解一致、是否具有合理性。在运用分析程序进行总体复核时，如果识别出之前未识别的重大错报风险，注册会计师应当重新考虑对全部或部分各类别的交易、账户余额、披露评估的风险是否恰当，并在此基础上重新评价之前计划的审计程序是否充分、是否有必要追加审计程序。

（二）复核审计工作底稿

会计师事务所需要按照相关准则要求，对审计过程中形成的审计工作底稿进行复核。复核分为项目组内部复核以及项目质量复核两部分。

1. 项目组内部复核

【准则链接】
《会计师事务所质量管理准则第5102号——项目质量复核》第十一至二十八条

项目组内部复核可分为项目负责经理的现场复核和项目合伙人的复核。项目负责经理的现场复核属于第一级复核，该级复核通常在审计现场完成，以便及时发现和解决问题，是详细复核；项目合伙人的复核是项目组内最高级别的复核，该复核既是对重要审计事项的把关，也是项目负责经理的再监督，属于第二级复核。在审计报告日或审计报告日之前，项目合伙人应当通过复核审计工作底稿与项目组讨论，确信已获取充分、适当的审计证据，支持得出的结论和拟出具的审计报告。项目合伙人复核的内容包括对关键领域所做的判断（尤其是执行业务过程中识别出的疑难问题或争议事项）、特别风险、项目合伙人认为重要的其他领域。

2. 项目质量复核

项目质量复核，是指在报告日或报告日之前，项目质量复核人员对项目组作出的重大判断及据此得出的结论进行客观评价。项目质量复核也称独立复核，属于第三级复核。

项目质量复核人员既可能来自会计师事务所内部，也可能是会计师事务所委托的外部人员。项目质量复核人员的胜任能力应当至少与项目合伙人相当，且在面对来自项目合伙人或会计师事务所内部其他人员的压力时能够坚持原则。为了实现该目标，会计师事务所应当制定政策和程序，对以下事项作出明确要求与规定：（1）将委派项目质量复核人员的职责分配给会计师事务所内具有履行该职责所需的胜任能力及适当权威性的人员，并要求该人员在全所范围内（包括分所或分部）统一委派项目质量复核人员。（2）项目质量复核人员、为项目质量复核人员提供协助的人员不得作为项目组成员，且应当同时满足：具备适当的胜任能力（包括充足的时间、适当的权威性）、遵守相关职业道德要求（包括客观性、独立性、公正性）、遵守与任职资质要求相关的法律法规规定（如有）。

在实施项目质量复核时，项目质量复核人员应当实施下列程序：(1) 阅读并了解与项目组就项目和客户的性质及具体情况进行沟通获取的信息、与会计师事务所就监控和整改程序进行沟通获取的信息（特别是针对可能与项目组的重大判断相关或影响该重大判断的领域识别）。(2) 与项目合伙人及其他项目组成员（如适用）讨论重大事项，以及在项目计划、实施和报告时作出的重大判断。(3) 基于从前两点中所获取的信息，选取部分与项目组作出的重大判断相关的业务工作底稿进行复核，并评价作出这些重大判断的依据、业务工作底稿能否支持得出的结论、得出的结论是否恰当。(4) 评价项目合伙人确定独立性要求已得到遵守的依据。(5) 评价是否已就疑难问题或争议事项、涉及意见分歧的事项进行适当咨询，并评价咨询得出的结论。(6) 评价项目合伙人对整个审计过程的参与程度是否充分且适当、项目合伙人能否确定作出的重大判断和得出的结论适合项目的性质和具体情况。(7) 复核被审计财务报表和审计报告，以及审计报告中对关键审计事项的描述（如适用）。

只有完成了项目质量复核，才能签署审计报告。注册会计师要考虑在审计过程中与项目质量复核人员积极协调配合，使其能够及时实施项目质量复核，而非在出具审计报告前才实施复核。例如，在审计计划阶段，项目质量复核人员可复核项目组对会计师事务所独立性作出的评价、项目组在制定审计策略和审计计划时作出的重大判断及发现的重大事项等。

项目复核有异议，审计报告照旧出？

2022 年 4 月 29 日，江苏证监局对北京中天华茂会计师事务所（普通合伙）（以下简称中天华茂所）及张清、常媛媛作出了采取责令改正监管措施的决定。原因是，江苏证监局在对他们执业的美尚生态景观股份有限公司（以下简称*ST 美尚）2021 年年报审计项目进行督导时，发现执业过程中存在以下问题——在为*ST 美尚出具 2021 年年度审计报告、内部控制审计报告之前，中天华茂所的项目质量复核人员明确提出不同意对*ST 美尚财务报表及内部控制出具无保留意见的审计报告。在意见分歧没有得到解决的情况下，中天华茂所及两名签字注册会计师出具了带强调事项段的无保留意见审计报告。

上述执业问题违反了《上市公司信息披露管理办法》（证监会令第 182 号）第四十五条、第四十六条的规定。

资料来源：证监会网站。

四、获取管理层的书面声明

书面声明，是指管理层向注册会计师提供的书面陈述，用以确认某些事项或支持其他审计证据。通过获取书面声明，注册会计师可以实现以下目标：（1）向管理层获取其认为自身已履行编制财务报表和向注册会计师提供完整信息的责任的书面声明；（2）如果注册会计师认为有必要或其他审计准则有要求，通过书面声明支持与财务报表或具体认定相关的其他审计证据；（3）恰当应对管理层提供的书面声明或管理层不提供注册会计师要求的书面声明的情况。因此，获取书面声明是厘清各方责任、顺利开展审计工作的必要条件。

【准则链接】
《中国注册会计师审计准则第 1341 号——书面声明》

【准则链接】
《中国注册会计师审计准则第 1341 号——书面声明》应用指南

（一）提供书面声明的管理层

注册会计师应当要求对财务报表承担相应责任并了解相关事项的管理层提供书面声明。

财务报表相应责任的承担者通常是管理层。因此，注册会计师可能要求被审计单位的首席执行官、首席财务官或不使用此类头衔但处于类似职位的其他人员提供书面声明。但在某些情况下，其他人员（如治理层）也对财务报表的编制承担责任。

由于管理层对财务报表的编制以及被审计单位经营活动的执行负有管理责任，因此，可以预期管理层充分了解被审计单位在编制和列报财务报表时遵循的流程，以及书面声明所针对的财务报表认定。在某些情况下，管理层可能决定询问参与编制和列报财务报表及其相关认定的其他人员，包括对书面声明所涉事项具有专门知识的人员。这些人员可能包括负责对会计计量进行精算的精算师、负责环境负债计量并具备相应专门知识的内部工程人员、为诉讼索赔计提准备提供必要信息的内部法律顾问等。

【审计案例】
管理层书面声明有用，要审计师干吗

（二）书面声明的类型

书面声明不包括财务报表及其认定，以及支持性账簿和相关记录。书面声明也是审计证据的重要来源。例如，如果管理层修改书面声明的内容或不提供注册会计师要求的书面声明，可能使注册会计师警觉存在重大问题的可能性；在很多情况下，要求管理层提供书面声明而非口头声明，可以促使管理层更加认真地考虑声明所涉及的事项，从而提高声明的质量。尽管如此，书面声明本身并不为所涉及的任何事项提供充分、适当的审计证据。而且，管理层已提供可靠书面声明的事实，并不影响注册会计师就管理层责任履行情况或具体认定获取的其他审计证据的性质和范围。

（三）书面声明的形式和日期

1. 书面声明的形式

书面声明应当以声明书形式致送注册会计师。如果法律法规要求管理层就其责

【扩展阅读】
声明书示例

任作出书面公开陈述，并且注册会计师认为这些陈述提供了准则要求的部分或全部声明，则这些陈述所涵盖的相关事项不必包括在声明书中。可能影响注册会计师作出这一决定的因素包括：这种陈述是否确认了关于财务报表编制、所提供信息完整性方面的责任履行情况；这种陈述是否由注册会计师要求提供相关书面声明的人员提供或批准；是否在尽量接近审计报告日（但非之后），将该陈述的副本提交给注册会计师。

2. 书面声明的日期与涵盖期间

在管理层签署书面声明前，注册会计师不能发表审计意见，也不能签署审计报告。而且，由于注册会计师关注截至审计报告日发生的、可能需要在财务报表中作出相应调整或披露的事项，书面声明的日期应当尽量接近对财务报表出具审计报告的日期，但不得在其之后。

在某些情况下，注册会计师在审计过程中获取有关财务报表特定认定的书面声明可能是适当的。此时，可能有必要要求管理层更新书面声明。管理层有时需要再次确认以前期间作出的书面声明是否依然适当。因此，书面声明需要涵盖审计报告中提及的所有期间。注册会计师和管理层可能认可某种形式的书面声明，以更新以前期间所做的书面声明。更新后的书面声明需要表明，以前期间所做的书面声明是否发生了变化，以及发生了什么变化（如有）。

特别地，在实务中可能会出现：在审计报告中提及的所有期间内，现任管理层均尚未就任。他们可能由此声称无法就上述期间提供部分或全部书面声明。然而，这一事实并不能减轻现任管理层对财务报表整体的责任。相应地，注册会计师仍然需要向现任管理层获取涵盖整个相关期间的书面声明。

（四）书面声明的特殊问题

1. 对书面声明可靠性的疑虑

如果对管理层的胜任能力、诚信、道德价值观或勤勉尽责存在疑虑，或者对管理层在这些方面的承诺或贯彻执行存在疑虑，注册会计师应当确定这些疑虑对书面或口头声明和审计证据总体的可靠性可能产生的影响。

如果书面声明与其他审计证据不一致，注册会计师应当实施审计程序以设法解决这些问题。如果问题仍未解决，注册会计师应当重新考虑对管理层的胜任能力、诚信、道德价值观或勤勉尽责的评估，或者重新考虑对管理层在这些方面的承诺或贯彻执行的评估，并确定书面声明与其他审计证据的不一致对书面或口头声明和审计证据总体的可靠性可能产生的影响。

如果认为书面声明不可靠，注册会计师应当采取适当措施，包括确定其对审计意见可能产生的影响。

2. 管理层不提供书面声明的情形

如果管理层不提供符合要求的一项或多项书面声明，注册会计师应当：与管理层讨论该事项；重新评价管理层的诚信，并评价该事项对书面或口头声明和审计证据总体的可靠性可能产生的影响；采取适当措施，包括确定该事项对审计意见可能产生的影响。

值得注意的是，管理层对注册会计师所要求的书面声明的内容作出调整，并不一定意味着管理层不提供书面声明。然而，作出调整的真正原因可能影响审计意见的类型。例如：有关管理层财务报表编制责任履行情况的书面声明可能声称，除了与适用的财务报告编制基础的某一要求有重大不符外，管理层认为财务报表已按照适用的财务报告编制基础编制；有关管理层向注册会计师提供审计业务约定条款中要求提供的所有相关信息的责任的书面声明，可能声称除火灾中毁损的信息外，管理层认为其已向注册会计师提供了所有相关信息。

3. 发表无法表示意见的情形

如果注册会计师认为有关这些事项的书面声明不可靠，或者管理层不提供有关这些事项的书面声明，则注册会计师无法获取充分、适当的审计证据，这对财务报表的影响可能是广泛的，并不局限于财务报表的特定要素、账户或项目。在这种情况下，注册会计师需要按照准则规定，对财务报表发表无法表示意见。

五、出具审计意见和报告

如本书第四章所述，基本审计意见类型包括无保留意见、保留意见、无法表示意见、否定意见。在此基本审计意见类型的基础上，存在带事项段（包括强调事项、其他事项）的情形。

【准则链接】
《中国注册会计师审计准则第 1501 号——对财务报表形成审计意见和出具审计报告》

【准则链接】
《中国注册会计师审计准则第 1501 号——对财务报表形成审计意见和出具审计报告》应用指南

（一）基本审计意见类型的判断流程

如图 10－2 所示，在判断出具何种类型审计意见的过程中，需依次作出如下决策：

【前沿资讯】
执业中，错报与受限的判断问题

1. 是否已获取充分、适当的审计证据

注册会计师无法获取充分、适当的审计证据，也称为审计范围受到限制（简称受限）。通常的情形包括：(1) 超出被审计单位控制的情形。如，被审计单位的会计记录已被毁坏、重要组成部分的会计记录已被政府有关机构无限期地查封。

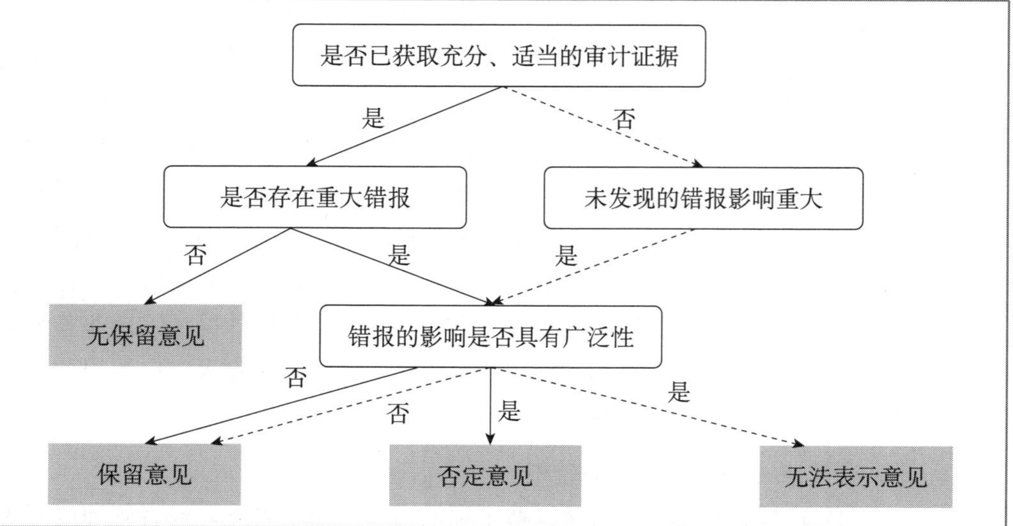

图 10-2　审计意见类型的判断流程图

（2）与注册会计师工作的性质或时间安排相关的情形。如，被审计单位需要使用权益法对联营企业进行核算，注册会计师无法获取有关联营企业财务信息的充分、适当的审计证据以评价是否恰当运用了权益法。（3）管理层施加限制的情形。如，管理层阻止注册会计师实施存货监盘、对特定账户余额实施函证。

值得注意的是：如果注册会计师能够通过实施替代程序获取充分、适当的审计证据，则无法实施特定的程序并不构成对审计范围的限制。

管理层施加的限制可能对审计产生其他影响，比如，注册会计师对舞弊风险的评估和对业务保持的考虑。在承接审计业务后，如果注意到管理层对审计范围施加了限制，且认为这些限制可能导致对财务报表发表保留意见或无法表示意见，注册会计师应当要求管理层消除这些限制。如果管理层拒绝消除这些限制，除非治理层全部成员参与管理被审计单位，注册会计师应当就此事项与治理层沟通，并确定能否实施替代程序以获取充分、适当的审计证据。

【前沿资讯】
执业中，重大性的判断问题

2. 错报是否重大

存在两种情形：（1）在获取充分、适当的审计证据的情况下，未更正的错报单独或汇总起来对财务报表的影响是否重大；（2）在无法获取充分、适当的审计证据的情况下，未发现的错报（如存在）对财务报表可能产生的影响重大。

财务报表的重大错报可能源于：（1）所选择会计政策的恰当性。如，所选择的会计政策与适用的财务报告编制基础不一致、财务报表没有正确描述与重大项目相关的会计政策、财务报表没有按照公允反映的方式列报交易和事项。（2）对所选择会计政策的运用。如，管理层没有按照适用的财务报告编制基础的要求一贯运用所选择的会计政策（运用的一致性）、不当运用所选择的会计政策（运用中的错误）。（3）财务报表披露的恰当性或充分性。如，财务报表没有包括适用的财务报告编制基础要求的所有披露、财务报表的披露没有按照适用的财务报告编制基础列报、财务报表没有作出适用的财务报告编制基础特定要求之外的其他必要披露以实现公允反映。

注册会计师应当从定量和定性两个方面考虑已发现未更正和因受限未发现的错报对财务报表产生的影响是否重大。定量标准与注册会计师确定的财务报表整体重要性水平直接相关，定性标准与注册会计师评估的错报性质是否严重、是否影响财务报表使用者的经济决策有关。

3. 错报的影响是否具有广泛性

【前沿资讯】
执业中，广泛性的判断问题

广泛性，是描述错报影响的术语，用以说明错报对财务报表的影响，或者由于无法获取充分、适当的审计证据而未发现的错报（如存在）对财务报表可能产生的影响。根据注册会计师的判断，对财务报表的影响具有广泛性的情形包括下列方面：（1）不限于对财务报表的特定要素、账户或项目产生影响；（2）虽然仅对财务报表的特定要素、账户或项目产生影响，但这些要素、账户或项目是或可能是财务报表的主要组成部分；（3）当与披露相关时，产生的影响对财务报表使用者理解财务报表至关重要。

按此判断流程，可清晰地界定出具特定类型审计意见的具体情形：

应出具无保留意见的情形只有一种：在获取充分、适当的审计证据后，注册会计师认为错报单独或汇总起来对财务报表影响不重大。

应当发表保留意见的情形有两种：（1）在获取充分、适当的审计证据后，注册会计师认为错报单独或汇总起来对财务报表影响重大，但不具有广泛性；（2）注册会计师无法获取充分、适当的审计证据以作为形成审计意见的基础，但认为未发现的错报（如存在）对财务报表可能产生的影响重大，但不具有广泛性。

应出具无法表示意见的情形有两种：（1）注册会计师无法获取充分、适当的审计证据，但认为未发现的错报（如存在）对财务报表可能产生的影响重大且具有广泛性。（2）在极少数情况下，可能存在多个不确定事项。尽管注册会计师对每个单独的不确定事项获取了充分、适当的审计证据，但由于不确定事项之间可能存在相互影响，以及可能对财务报表产生累积影响，注册会计师不可能对财务报表形成审计意见。

应出具否定意见的情形也只有一种：在获取充分、适当的审计证据后，注册会计师认为错报单独或汇总起来对财务报表的影响重大且具有广泛性。

【准则链接】
《中国注册会计师审计准则第1502号——在审计报告中发表非无保留意见》

【准则链接】
《中国注册会计师审计准则第1502号——在审计报告中发表非无保留意见》应用指南

【扩展阅读】
《中国注册会计师审计准则问题解答第16号——审计报告中的非无保留意见》

（二）带事项段的审计报告

带事项段的审计报告分为两种：带强调事项段的审计报告、带其他事项段的审计报告。

【准则链接】
《中国注册会计师审计准则第1503号——在审计报告中增加强调事项段和其他事项段》

1. 带强调事项段的审计报告

强调事项段是指审计报告中含有的一个段落，该段落提及已在财务报表中恰当列报或披露的事项，且根据注册会计师的职业判断，该事项对财务报表使用者理解财务报表至关重要。

在对财务报表形成审计意见后，如果认为有必要提醒财务报表使用者关注已在财务报表中列报，且根据职业判断认为对财务报表使用者理解财务报表至关重要的事项，在同时满足下列条件时，注册会计师应当在审计报告中增加强调事项段：该事项不会导致注册会计师发表非无保留意见，且该事项未被确定为在审计报告中沟通的关键审计事项。适用的可能情形如表10-3所示。

表10-3 需增加强调事项段的情形

需要增加的情形	法律法规规定的财务报告编制基础是不可接受的，但其是基于法律法规作出的规定
	提醒财务报表使用者关注财务报表按照特殊目的编制基础编制
	注册会计师在审计报告日后知悉了某些事实（即期后事项），并且出具了新的或经修改的审计报告
可能需要增加的情形	异常诉讼或监管行动的未来结果存在不确定性
	存在已经或持续对被审计单位财务状况产生重大影响的特大灾难
	在财务报表日至审计报告日之间发生的重大期后事项
	在允许的情况下，提前应用对财务报表有广泛影响的新会计准则

如果在审计报告中包含强调事项段，注册会计师应当采取下列措施：(1) 将强调事项段作为单独的一部分置于审计报告中，并使用包含“强调事项”这一术语的适当标题；(2) 明确提及被强调事项以及相关披露的位置，以便能够在财务报表中找到对该事项的详细描述。强调事项段应当仅提及已在财务报表中列报的信息；

(3) 指出审计意见没有因该强调事项而改变。

当审计报告中包含关键审计事项部分时，基于注册会计师对强调事项段中信息的相对重要程度的判断，强调事项段可以紧接在“关键审计事项”部分之前或之后。注册会计师可以在“强调事项”标题中增加进一步的背景信息，例如“强调事项——期后事项”，以将强调事项段和“关键审计事项”部分描述的每个事项予以区分。

【扩展阅读】
其他审计准则对包含强调事项段的具体要求

2. 带其他事项段的审计报告

其他事项段是指是指审计报告中含有的一个段落，该段落提及未在财务报表中列报的事项，且根据注册会计师的职业判断，该事项与财务报表使用者理解审计工作、注册会计师的责任或审计报告相关。

在对财务报表形成审计意见后，如果认为有必要沟通虽然未在财务报表中列报或披露，但根据职业判断认为与财务报表使用者理解审计工作、注册会计师的责任或审计报告相关的事项，且同时满足下列条件时，注册会计师应当在审计报告中增加其他事项段：该事项未被法律禁止，且未被确定为将要在审计报告中沟通的关键审计事项。

注册会计师可能认为需要增加强调事项段的情形包括但不限于：(1) 与使用者理解审计工作相关的情形。如，解释为何在审计范围受到限制的情况下不能解除业务约定。(2) 与使用者理解注册会计师的责任或审计报告相关的情形。如，在特定规定或惯例下进一步解释注册会计师在财务报表审计中的责任或审计报告。(3) 对两套或两套以上财务报表出具审计报告的情形。如，同时出具A股和H股的审计报告。(4) 限制审计报告分发和使用的情形。如，说明审计报告只是提供给财务报表预期使用者，不应被分发给其他机构或人员或者被其他机构或人员使用。

如果在审计报告中包含其他事项段，注册会计师应当将该段落作为单独的一部分，并使用“其他事项”或其他适当标题。当审计报告中包含关键审计事项部分，且其他事项段也被认为必要时，注册会计师可以在“其他事项”标题中增加进一步的背景信息，例如“其他事项——审计范围”，以将其他事项段和关键审计事项部分描述的每个事项予以区分；当增加其他事项段旨在提醒使用者关注与审计报告中提及的其他报告责任相关的事项时，该段落可以置于“按照相关法律法规的要求报告的事项”部分内；当其他事项段与注册会计师的责任或使用者理解审计报告相关时，可以单独作为一部分，置于“对财务报表出具的审计报告”和“按照相关法律法规的

【扩展阅读】
其他审计准则对包含其他事项段的具体要求

要求报告的事项”之后。

【前沿资讯】
执业中，在形成与持续经营能力相关的审计结论过程中的问题

（三）持续经营审计结论对审计报告的影响

持续经营审计结论对审计报告的影响包括以下几种具体情形：

（1）如果财务报表已按照持续经营假设编制，但根据判断认为管理层在财务报表中运用持续经营假设是不适当的，注册会计师应当发表否定意见。

审计报告

立信中联审字〔2020〕D－0468 号

上海至臻文化传媒股份有限公司全体股东：

一、否定意见

我们审计了上海至臻文化传媒股份有限公司（以下简称至臻传媒）财务报表，包括 2019 年 12 月 31 日的资产负债表，2019 年度利润表、现金流量表、股东权益变动表以及相关财务报表附注。

我们认为，由于“形成否定意见的基础”部分所述事项的重要性，后附的财务报表没有在所有重大方面按照企业会计准则的规定编制，未能公允反映至臻传媒 2019 年 12 月 31 日的财务状况以及 2019 年度的经营成果和现金流量。

二、形成否定意见的基础

如财务报表附注“二、财务报表的编制基础”所述，至臻传媒财务报表以持续经营假设为基础编制。目前至臻传媒已停止经营，无法清偿到期债务，且在可预见的未来不会复业，至臻传媒已不具备持续经营能力，因此我们认为至臻传媒按照持续经营假设编制的 2019 年度财务报表不恰当。

我们按照中国注册会计师审计准则的规定执行了审计工作。审计报告的“注册会计师对财务报表审计的责任”部分进一步阐述了我们在这些准则下的责任。按照中国注册会计师职业道德守则，我们独立于至臻传媒，并履行了职业道德方面的其他责任。我们相信，我们获取的审计证据是充分、适当的，为发表否定意见提供了基础。

三、其他信息

…………（因本书篇幅限制而省略。）

四、管理层和治理层对财务报表的责任

…………（因本书篇幅限制而省略。）

五、注册会计师对财务报表审计的责任

…………（因本书篇幅限制而省略。）

立信中联会计师事务所（特殊普通合伙）
（盖章）

中国·天津
二〇二一年四月二十九日

中国注册会计师：毕兴亮
（项目合伙人）
（签字并盖章）

中国注册会计师：朱兴伟
（签字并盖章）

（2）如果运用持续经营假设是适当的，但存在重大不确定性，且财务报表对重大不确定性已作出充分披露，注册会计师应当发表无保留意见，并在审计报告中增加以“与持续经营相关的重大不确定性”为标题的单独部分，以提醒财务报表使用者关注财务报表附注中对所述事项的披露；说明这些事项或情况表明存在可能导致对被审计单位持续经营能力产生重大疑虑的重大不确定性，并说明该事项并不影响发表的审计意见。

审计报告

苏亚审〔2023〕798 号

花王生态工程股份有限公司全体股东：

一、审计意见

我们审计了花王生态工程股份有限公司（以下简称花王股份）财务报表，包括 2022 年 12 月 31 日的合并资产负债表及资产负债表，2022 年度的合并利润表及利润表、合并现金流量表及现金流量表、合并所有者权益变动表及所有者权益变动表以及相关财务报表附注。

我们认为，后附的财务报表在所有项大方面按照企业会计准则的规定编制，公允反映了花王股份 2022 年 12 月 31 日的财务状况以及 2022 年度的经营成果和现金流量。

二、形成审计意见的基础

我们按照中国注册会计师审计准则的规定执行了审计工作。审计报告的“注册会计师对财务报表审计的责任”部分进一步阐述了我们在这些准则下的责任。按照中国注册会计师职业道德守则，我们独立于花王股份，并履行了职业道德方面的其他责任。我们相信，我们获取的审计证据是充分、适当的，为发表审计意见提供了基础。

三、与持续经营相关的重大不确定性

我们提醒财务报表使用者关注，如财务报表附注二所述，截至 2022 年 12 月 31 日，花王股份的流动负债高于流动资产 48 920.89 万元。受花王集团及其子公司非经营性资金占用和花王集团债务危机问题的影响，花王股份在资金流动性方面出现困难，短期借款逾期 24 579.30 万元未能办理展期的情况，截至 2022 年 12 月 31 日公司部分银行账户被司法冻结，可用资金余额仅 3 632.06 万元，闲置募集资金暂时补充流动资金尚有 13 031.46 万元未归还，商业承兑汇票 5 635.95 万元到期无法兑付，融资能力下降，流动性风险较高。为了有效解决公司债务危机，镇江市中级人民法院于 2022 年 5 月 12 日对公司启动预重整程序，截至本报告日，预重整程序尚在进行中，预重整是否能转为正式重整以及正式重整最终能否成功具有重大不确定性。这些事项或情况表明存在可能导致对花王股份持续经营能力产生重大疑虑的重大不确定性。花王股份已在附注中披露了改善措施，该事项不影响已发表的审计意见。

四、关键审计事项

…………（因本书篇幅限制而省略。）

五、其他信息

…………（因本书篇幅限制而省略。）

六、管理层和治理层对财务报表的责任

…………（因本书篇幅限制而省略。）

七、注册会计师对财务报表审计的责任

…………（因本书篇幅限制而省略。）

苏亚金诚会计师事务所（特殊普通合伙）
（盖章）
中国 · 南京
二〇二三年四月二十八日

中国注册会计师：于龙斌
（项目合伙人）
（签字并盖章）
中国注册会计师：杨伯民
（签字并盖章）
中国注册会计师：陈星宝
（签字并盖章）

(3) 当存在多项可能导致对其持续经营能力产生重大疑虑的事项或情况存在重大不确定性时，在极少数情况下，尽管对每个单独的不确定性事项获取了充分、适当的审计证据，但由于不确定事项之间可能存在相互影响以及可能对财务报表产生累计影响，导致注册会计师难以判断财务报表的编制基础是否合适继续采用持续经营假设。在这种情况下，注册会计师应当考虑发表无法表示意见。

(4) 如果运用持续经营假设是适当的，但存在重大不确定性，且财务报表对重大不确定性未作出充分披露，注册会计师应当恰当发表保留意见或否定意见。注册会计师应当在审计报告“形成保留（否定）意见的基础”部分说明，存在可能导致对被审计单位持续经营能力产生重大疑虑的重大不确定性，但财务报表未充分披露该事项。具体可分为两种情形：

1) 当注册会计师确定存在重大不确定性，且财务报表由于未作出充分披露而存在重大错报时，出具保留意见的审计报告。

审计报告

ABC 股份有限公司全体股东：

一、保留意见

我们审计了 ABC 股份有限公司（以下简称 ABC 公司）财务报表，包括 20×1 年 12 月 31 日的资产负债表，20×1 年度的利润表、现金流量表、股东权益变动表以及相关财务报表附注。

我们认为，除“形成保留意见的基础”部分所述事项产生的影响外，后附的财务报表在所有重大方面按照企业会计准则的规定编制，公允反映了 ABC 公司 20×1 年 12 月 31 日的财务状况以及 20×1 年度的经营成果和现金流量。

二、形成保留意见的基础

如财务报表附注×所述，ABC 公司融资协议期满，且未偿付余额将于 20×2 年 3 月 19 日到期。ABC 公司未能重新商定协议或获取替代性融资。这种情况表明存在可能导致对 ABC 公司持续经营能力产生重大疑虑的重大不确定性。财务报表对这一事项并未作出充分披露。

我们按照中国注册会计师审计准则的规定执行了审计工作。审计报告的“注册会计师对财务报表审计的责任”部分进一步阐述了我们在这些准则下的责任。按照中国注册会计师职业道德守则，我们独立于 ABC 公司，并履行了职业道德方面的其他责任。我们相信，我们获取的审计证据是充分、适当的，为发表保留意见提供了基础。

[“关键审计事项”至“注册会计师对财务报表审计的责任”参见标准审计报告相关段落表述。]

…………（因本书篇幅限制，省略会计师事务所和注册会计师签章、审计报告签发地址和日期等信息。）

2）当注册会计师确定存在重大不确定性，但财务报表遗漏了与重大不确定性相关的必要披露时（遗漏该披露对财务报表的影响重大且具有广泛性），出具否定意见的审计报告。

审计报告

ABC 股份有限公司全体股东：

一、对财务报表审计的报告

（一）否定意见

我们审计了 ABC 股份有限公司（以下简称公司）财务报表，包括 20×1 年 12 月 31 日的资产负债表，20×1 年度的利润表、现金流量表、股东权益变动表以及财务报表附注。

我们认为，由于“形成否定意见的基础”部分所述的对信息的遗漏这一事项，后附的财务报表没有在所有重大方面按照企业会计准则的规定编制，未能公允反映公司 20×1 年 12 月 31 日的财务状况以及 20×1 年度的经营成果和现金流量。

（二）形成否定意见的基础

公司融资协议期满，且未偿付余额于 20×1 年 12 月 31 日到期。公司未能重新商定协议或获取替代性融资，正考虑申请破产。这种情况表明存在可能导致对公司持续经营能力产生重大疑虑的重大不确定性。财务报表对这一事项并未作出充分披露。

我们按照中国注册会计师审计准则的规定执行了审计工作。审计报告的“注册会计师对财务报表审计的责任”部分进一步阐述了我们在这些准则下的责任。按照中国注册会计师职业道德守则，我们独立于公司，并履行了职业道德方面的其他责任。我们相信，我们获取的审计证据是充分、适当的，为发表否定意见提供了基础。

[“关键审计事项”至“注册会计师对财务报表审计的责任”参见标准审计报告相关段落表述。]

二、对其他法律和监管要求的报告

[本部分的格式和内容，取决于法律法规对其他报告责任的性质的规定。法律法规规范的事项（其他报告责任）应当在本部分处理，除非那些其他报告责任与审计准则所要求的报告责任涉及相同的主题。如果涉及相同的主题，其他报告责任可以在审计准则所要求的同一报告要素部分中列示。当其他报告责任和审计准则规定的报告责任涉及同一主题，并且审计报告中的措辞能够将其他报告责任与审计准则规定的责任予以清楚地区分（如差异存在）时，允许将两者合并列示（即包含在对财务报表审计的报告部分中，并使用适当的副标题）。]

…………（因本书篇幅限制，省略会计师事务所和注册会计师签章、审计报告签发地址和日期等信息。）

六、期后事项的审计

【准则链接】
《中国注册会计师审计准则第 1332 号——期后事项》

期后事项，是指财务报表日至审计报告日之间发生的事项，以及注册会计师在审计报告日后知悉的事实。

按是否调整，可将期后事项划分为以下两类：（1）第一类期后事项——调整事项。该类期后事项是指能为财务报表日已存在情况提供补充证据的事项。这类事项将影响审计人员原来对财务报表日账户余额所作的估计或判断。如果其金额较大，则要提请被审计单位调整财务报表。所以这类事项又称为期后调整事项。比如，资产负债表日被审计单位认为可以收回的大额应收账款，因资产负债表日后债务人突然破产而无法收回，破产是由于该客户日益恶化的财务状况引起的。（2）第二类期后事项——非调整事项。该类期后事项是指财务报表日后发生的为财务报表日并不存在的情况提供补充证据的事项。因为该类期后事项是在资产负债表日以后才发现或存在的事项，不影响资产负债表日存在状况，但如不加以说明将会影响财务报告使用者作出正确估计和决策，这类事项应当作为非调整事项，在财务报表附注中予以披露。比如，2020 年年初暴发的新冠疫情不影响截至 2019 年 12 月 31 日的被审计单位经营与财务情况，但会对 2020 年度企业的经营和财务表现产生灾难性影响。

【准则链接】
《中国注册会计师审计准则第 1332 号——期后事项》应用指南

期后事项调整否　前后矛盾被炮轰

2021 年 3 月 17 日，亿阳信通股份有限公司（以下简称公司）年审会计师事务所——致同会计师事务所（特殊普通合伙）及年审注册会计师被上交所点名通报批评。其中的原因是：致同出具的多次专项说明及审计报告前后不一致。

2020 年 4 月 2 日，就法院裁定的公司控股股东重整方案，会计师事务所出具专项说明称，对于公司财务担保合同的预期信用损失，可以参考资产负债表日后事项准则进行处理。但 5 月 30 日，会计师事务所却对该公司 2019 年年报出具了无法表示意见的审计报告。审计报告指出，截至 2019 年 12 月 31 日，公司预计负债本年冲回 17.82 亿元，由于重整未能按计划实施，公司承担的担保责任是否免除仍存在重大不确定性，会计师事务所无法获取充分、适当的审计证据，也无法确定是否有必要对这些金额进行调整。6 月 11 日，会计师事务所的行为反转，再次出具专项说明称，法院裁定批准重整计划不属于期后调整事项。

法院裁定是审计报告日前已发生的既定事实，在法院已作出裁定等事实及相关会计准则未发生客观变化的情况下，会计师事务所在 4 月、6 月分别出具的专项说明文件，对法院裁定批准重整计划是否属于期后调整事项的认定，前后信息披露不一致，且在上述专项说明中提示的不确定性内容中，均未就预计负债会计处理事项等可能产生的具体影响进行说明，未能依规充分履行信息披露义务，也未能保证相关信息披露的完整性。

按事发时段，可将期后事项划分为以下三类[①]（如图 10－3 所示）：

（一）第一时段期后事项：财务报表日至审计报告日之间发生的事项

对于这一时段的期后事项，审计师负有主动识别的义务。审计师应当设计和实施审计程序，获取充分、适当的审计证据，以确定所有在财务报表日至审计报告日之间发生的、需要在财务报表中调整或披露的事项均已得到识别。但是，审计师并

① 在各时段发生的期后事项，既可能是调整事项，也可能是非调整事项。

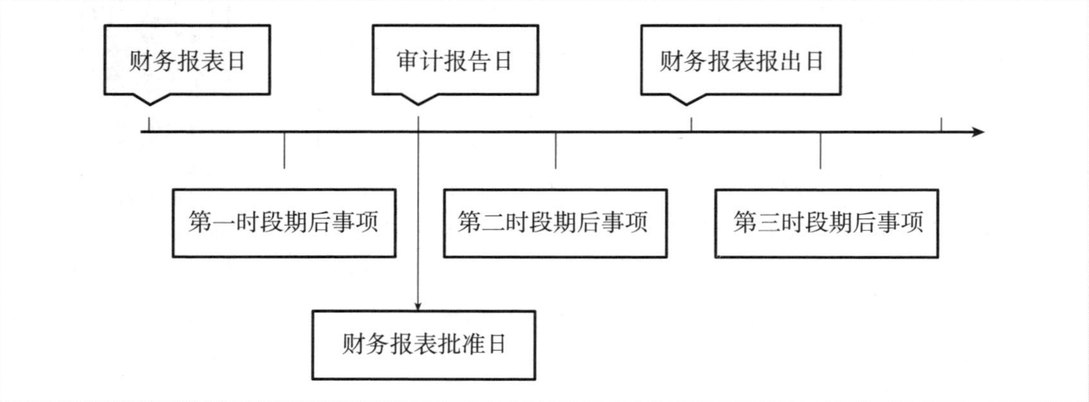

图 10-3 期后事项时段图

不需要对之前已实施审计程序并得出满意结论的事项执行追加的审计程序。审计师应当按照准则的规定实施审计程序，以使审计程序能够涵盖从财务报表日至审计报告日（或尽可能接近审计报告日）的期间。实施审计程序后，如果审计师识别出对财务报表有重大影响的期后事项，应当确定这些事项是否符合适用的财务报告编制基础的规定，并在财务报表中得到恰当反映。如果所知悉的期后事项属于调整事项，审计师应当考虑被审计单位是否已对财务报表做出适当的调整。反之，审计师应当考虑被审计单位是否在财务报表附注中予以充分披露。

（二）第二时段期后事项：审计报告日后至财务报表报出日知悉的事项

这一时段，审计师主要是被动地识别期后事项。因为在审计报告日后，审计师没有义务针对财务报表实施任何审计程序。如果审计师在审计报告日后至财务报表报出日前知悉了某事实，且若在审计报告日知悉可能导致修改审计报告，审计师应当与管理层和治理层（如适用）讨论该事项，确定财务报表是否需要修改；如果需要修改，询问管理层将如何在财务报表中处理该事项。如果管理层修改财务报表，审计师应当根据具体情况对有关修改实施必要的审计程序；如果审计师认为管理层应当修改财务报表但管理层没有修改，并且审计报告尚未提交给被审计单位，审计师应当按照相关准则的规定发表非无保留意见，然后再提交审计报告；如果审计师认为管理层应当修改财务报表但管理层没有修改，且审计报告已经提交给被审计单位，审计师应当通知管理层和治理层在对财务报表作出必要修改前不要向第三方报出。如果财务报表未经必要修改仍然报出，审计师应当采取适当措施防止财务报表使用者信赖该审计报告，例如在媒体上刊登必要声明等。

（三）第三时段期后事项：在财务报表报出后知悉的事项

在财务报表报出后，审计师没有义务针对财务报表实施任何审计程序，但审计师可以通过其他途径得知可能对财务报表产生重大影响的期后事项。在这一时段内如果知悉了某事实，且审计师认为若是在审计报告日知悉该事实，可能导致修改审计报告，审计师就应当与管理层和治理层（如适用）讨论该事项并确定财务报表是否需要修改。如果需要修改，审计师应当询问管理层将如何在财务报表中处理该事项。应当注意的是，需要审计师在知悉事项后采取行动的第三时段期后事项是有条件的：一是该期后事项应当是在审计报告日就已经存在的；二是如果该期后事项被审计师在审计报告日前获知，可能影响审计报告。同时满足这两个条件，审计师才需要采取行动。

【审计案例】
底稿取数错误
审计报告撤回重发

如果管理层修改了财务报表，审计师应当根据具体情况对有关修改实施必要的审计程序，并复核管理层采取的措施能否确保所有收到原财务报表和审计报告的人了解这一情况，同时审计师还应当延伸实施审计程序，并对修改后的财务报表出具新的审计意见。如果管理层没有采取必要措施确保所有收到原财务报表的人了解这一情况，也没有在审计师认为需要修改的情况下修改财务报表，审计师应当通知管理层和治理层，并且审计师将设法防止财务报表使用者信赖该审计报告。如果审计师已经通知管理层或治理层，但管理层或治理层没有采取必要措施，审计师同样应当采取适当措施以防止财务报表使用者信赖该审计报告。

第二节　内部控制审计

引例

过程有缺陷，结果会好吗？

很多时候，过程比结果更具前瞻性，更能说明问题。2019 年 4 月 25 日，大信会计师事务所（特殊普通合伙）（以下简称大信）对一家国内规模领先、品种齐全的超硬材料供应商———河南黄河旋风股份有限公司（以下简称黄河旋风）出具了否定意见的内部控制审计报告。理由是：黄河旋风的《投资管理暂行办法》缺少对长期股权投资后续实施主动管理的相关内容，从而造成公司对所投资的子公司———上海明匠智能系统有限公司（以下简称上海明匠）的日常经营活动缺乏有效监管，致使全资子公司上海明匠目前已处于失控状态；有效的内部控制能够为财务报告及相关信息的真实完整提供合理保证，而上述重大缺陷使黄河旋风内部控制失去这一功能。简言之，黄河旋风的财务报告信息产生过程存在重大缺陷。

本来一切风平浪静！一好事者闲来无事，仔细浏览黄河旋风的其他公告，居然发现“天下奇闻”———同样是在 2019 年 4 月 25 日，大信对黄河旋风的财务报表出具了“标准无保留意见”的审计意见！也就是说，财务报表的产生过程存在重大缺陷，但财务报表所呈报的结果没有问题。

过程有缺陷，结果居然是好的！这是为什么呢？

资料来源：黄河旋风 2018 年年度报告、内部控制审计报告．

第二节
即测即评

引例中，黄河旋风的财务报告、内部控制分别被出具了截然相反的审计意见。财务报告审计是对会计信息生产结果的审计，内部控制审计是会计信息生产过程的审计。过程与结果是彼此相连的。一般而言，过程做得好，结果不会太差。引例中截然相反的审计意见至少意味着，内部控制审计与财务报告审计并非一回事。为此，本节系统介绍内部控制审计的相关知识。

一、内部控制审计概述

内部控制审计，是指会计师事务所接受委托，对特定基准日内部控制设计与运行的有效性进行审计。我国和美国是世界范围内为数不多强制要求进行内部控制审计的国家，而且审计准则规范的是历史财务信息审计业务，所以国际审计准则和我国审计准则均未单独规范内部控制审计，而是单独制定内部控制审计规范。

【法规链接】
《企业内部控制评价指引》

【法规链接】
《企业内部控制审计指引》

（一）内部控制审计规定

2008 年 6 月，财政部、证监会、审计署、银监会、保监会联合发布《企业内部控制基本规范》。该规范自 2009 年 7 月 1 日起在上市公司范围内施行，鼓励非上市的大中型企业执行。执行该规范的上市公司，应当对本公司内部控制的有效性进行自我评价，披露年度自我评价报告，并可聘请具有证券、期货业务资格的会计师事务所对内部控制的有效性进行审计。此时，内部控制审计是自愿的。2010 年 4 月，五部委联合发布《企业内部控制应用指引》《企业内部控制评价指引》《企业内部控制审计指引》（以下简称配套指引），为企业内部控制体系的构建、自我评价以及独立审计提供切实可行的具体指南。该规范要求，自 2011 年 1 月 1 日起在境内外同时上市的公司施行，自 2012 年 1 月 1 日起在上海证券交易所、深圳证券交易所主板上市公司施行；在此基础上，择机在中小板和创业板上市公司施行；鼓励非上市大中型企业提前执行。执行《企业内部控制基本规范》及企业内部控制配套指引的上市公司和非上市大中型企业，应当对内部控制的有效性进行自我评价，披露年度自我评价报告，同时应当聘请会计师事务所对财务报告内部控制的有效性进行审计并出具审计报告。上市公司聘请的会计师事务所应当具有证券、期货业务资格；非上市大中型企业聘请的会计师事务所也可以是不具有证券、期货业务资格的大中型会计师事务所。由此，内部控制审计由自愿转为强制。

2011 年，68 家境内外同时上市公司和 216 家内控规范试点公司开始强制实施配套指引。为稳步推进主板上市公司有效实施企业内部控制规范体系，确保内控体系建设落到实处、取得实效，防止出现走过场情况，2012 年 8 月 15 日，财政部会同证监会修改了原定于 2012 年 1 月 1 日起对所有主板上市公司实施基本规范与配套指引的规定，调整为分步执行：国有控股公司应于 2012 年全面实施；非国有控股主板上市公司，且于2011年12月31日公司总市值（证监会算法）在50亿元以上，同时2009—2011年平均净利润在3 000万元以上的，应于2013年全面实施；其他主板上市公司应在2014年全面执行。

我国上市公司强制内部控制审计的时点如表10-4所示。

表10-4　不同板块上市公司强制内部审计的时点表

年度	主板上市公司	创业板上市公司	中小板上市公司	科创板上市公司
2009				
2010		所有	所有	
2011	境外同时上市的公司、试点企业	所有	所有	
2012	境外同时上市的公司、试点企业、国有企业	所有	所有	
2013	境外同时上市的公司、试点企业、国有企业、大型非国有企业	所有	所有	
2014	所有	所有	所有	
⋮	所有	所有	所有	
2019	所有	所有	所有	所有

资料来源：Chen H.，Yang D.，Zhang J. H.，and Zhou H. Internal Controls，Risk Management，and Cash Holdings. Journal of Corporate Finance，2020，64（10）.

对于创业板上市公司：2009年10月深交所发布的《深圳证券交易所创业板上市公司规范运作指引》规定，上市公司在聘请会计师事务所进行年度审计的同时，应当至少每两年要求会计师事务所对公司与财务报告相关的内部控制有效性出具一次内部控制鉴证报告。

对于中小板上市公司：2010年7月深交所在《深圳证券交易所中小企业板上市公司规范运作指引》中规定，上市公司在聘请会计师事务所进行年度审计的同时，应当至少每两年要求会计师事务所对内部控制设计与运行的有效性进行一次审计，出具内部控制审计报告；2015年深交所修订的《深圳证券交易所中小企业板上市公司规范运作指引》规定，上市公司在聘请会计师事务所进行年度审计的同时，应当至少每两年要求会计师事务所对内部控制设计与运行的有效性进行一次审计或者鉴证，出具内部控制审计报告或者鉴证报告。2021年3月19日，财政部、证监会发布《关于深交所主板与中小板合并后原中小板上市公司实施企业内部控制规范体系的通知》，要求：原中小板上市公司应当于2022年1月1日起全面实施企业内部控制规范体系，并在披露2022年公司年报的同时，披露公司内部控制评价报告以及财务报告内部控制审计报告；自通知发布之日起至2021年12月31日为过渡期，过渡期内原中小板上市公司应当按照深交所的有关规定，披露内部控制相关的信息。

【前沿资讯】
深交所主板与中小板合并后原中小板上市公司如何实施企业内部控制规范体系

对于科创板上市公司：2019 年 3 月，上交所公布的《科创板首次公开发行股票注册管理办法（试行）》规定，发行人内部控制制度健全且被有效执行，能够合理保证公司运行效率、合法合规和财务报告的可靠性，并由注册会计师出具无保留结论的内部控制鉴证报告。2022 年 1 月，上交所发布的《科创板上市公司自律监管指南第 7 号——年度报告相关事项》要求，上市公司应当在披露年度报告的同时，披露董事会对公司内部控制的自我评价报告以及注册会计师出具的财务报告内部控制审计报告。

2023 年 12 月 8 日，财政部、中国证监会联合印发《关于强化上市公司及拟上市企业内部控制建设推进内部控制评价和审计的通知》，要求所有上市公司、拟上市公司全面执行企业财务报告内部控制审计。

【法规链接】
《关于强化上市公司及拟上市企业内部控制建设推进内部控制评价和审计的通知》

（二）内部控制审计对象

在《企业内部控制审计指引》和各交易所的规定中，内部控制审计的对象均是财务报告内部控制，要求对财务报告内部控制的有效性发表意见。内部控制的有效性同时包括两个维度：设计的有效性、执行的有效性。如果某项控制由拥有必要授权和专业胜任能力的人员按照规定的程序与要求执行，能够实现控制目标，表明该项控制的设计是有效的；如果某项控制正在按照设计运行，执行人员拥有必要授权和专业胜任能力，能够实现控制目标，表明该项控制的运行是有效的。值得注意的是，注册会计师在对财务报告内部控制进行审计的过程中，如果注意到非财务报告内部控制的重大缺陷，应在内部控制审计报告中增加“非财务报告内部控制重大缺陷描述段”予以披露。

如前所述，内部控制审计和内部控制鉴证分别对应不同板块的上市公司。二者的区别是：内部控制审计是注册会计师独立地对被审计单位内部控制的有效性出具意见，是直接报告业务，报告名称为“内部控制审计报告”；内部控制鉴证是注册会计师对被审计单位的内部控制自评报告审计，从而得出内部控制是否有效的结论，是基于责任方的业务，报告名称为“内部控制鉴证报告”。内部控制审计按照《企业内部控制审计指引》的规定执行，内部控制鉴证按照《中国注册会计师其他鉴证业务准则第 3101 号——历史财务信息审计或审阅以外的鉴证业务》的规定执行，后者没有专门的指引。因此，本章主要介绍内部控制审计，内部控制鉴证报告的示例以二维码资料形式予以呈现。

【扩展阅读】
内部控制鉴证报告

（三）内部控制审计方法

注册会计师在审计被审计单位的财务报表时，在风险评估阶段要了解被审计单位的内部控制情况并形成内部控制是否有效运行的预期，若预期有效，则在风险应对阶段应执行控制测试。因此，财务报表审计与内部控制审计由同一家会计师事务所执行，有利于审计效率和效果提升。这种将财务报表审计和内部控制审计结合起来一同审计的方式，称为整合审计。注册会计师可以单独进行内部控制审计，可也采用整合审计。

在整合审计中，注册会计师应当对内部控制设计与运行的有效性进行测试，以同时实现下列目标：（1）获取充分、适当的证据，支持其在内部控制审计中对内部控制有效性发表的意见；（2）获取充分、适当的证据，支持其在财务报表审计中对控制风险的评估结果。整合审计的相关知识见二维码资料。

【扩展阅读】
整合审计

（四）内部控制审计报告

根据《企业内部控制审计指引》的规定，标准内部控制审计报告应当包括下列要素：（1）标题。（2）收件人。（3）引言段。（4）企业对内部控制的责任段："按照《企业内部控制基本规范》《企业内部控制应用指引》《企业内部控制评价指引》的规定，建立健全和有效实施内部控制，并评价其有效性是（被审计单位）董事会的责任。"（5）注册会计师的责任段："我们的责任是在实施审计工作的基础上，对财务报告内部控制的有效性发表审计意见，并对注意到的非财务报告内部控制的重大缺陷进行披露。"（6）内部控制固有局限性的说明段："内部控制具有固有局限性，存在不能防止和发现错报的可能性。此外，由于情况的变化可能导致内部控制变得不恰当，或对控制政策和程序遵循的程度降低，根据内部控制审计结果推测未来内部控制的有效性具有一定风险。"（7）财务报告内部控制审计意见段："我们认为，××××于（内部控制评价报告基准日）按照《企业内部控制基本规范》和相关规定在所有重大方面保持了有效的财务报告内部控制。"（8）非财务报告内部控制重大缺陷描述段（仅限重大缺陷）。注册会计师对在审计过程中注意到的非财务报告内部控制缺陷，应当区别具体情况予以处理：注册会计师认为非财务报告内部控制缺陷为一般缺陷的，应当与企业进行沟通，提醒企业加以改进，但无须在内部控制审计报告中说明；注册会计师认为非财务报告内部控制缺陷为重要缺陷的，应当以书面形式与企业董事会和经理层沟通，提醒企业加以改进，但无须在内部控制审计报告中说明；注册会计师认为非财务报告内部控制缺陷为重大缺陷的，应当以书面形式与企业董事会和经理层沟通，提醒企业加以改进，同时应当在内部控制审计报告中增加非财务报告内部控制重大缺陷描述段，对重大缺陷的性质及其对实现相关控制目标的影响程度进行披露，提示内部控制审计报告使用者注意相关风险。（9）注册会计师的签名和盖章。（10）会计师事务所的名称、地址及盖章。（11）报告日期。

内部控制审计报告

德师报（审）字（23）第 S00198 号

中国工商银行股份有限公司全体股东：

按照《企业内部控制审计指引》及中国注册会计师执业准则的相关要求，我们审计了中国工商银行股份有限公司（以下简称贵行）2022 年 12 月 31 日的财务报告内部控制的有效性。

一、企业对内部控制的责任

按照《企业内部控制基本规范》《企业内部控制应用指引》《企业内部控制评价指引》的规定，建立健全和有效实施内部控制，并评价其有效性是贵行董事会的责任。

二、注册会计师的责任

我们的责任是在实施审计工作的基础上，对财务报告内部控制的有效性发表审计意见，并对注意到的非财务报告内部控制的重大缺陷进行披露。

三、内部控制的固有局限性

内部控制具有固有局限性，存在不能防止和发现错报的可能性。此外，由于情况的变化可能导致内部控制变得不恰当，或对控制政策和程序遵循的程度降低，根据内部控制审计结果推测未来内部控制的有效性具有一定风险。

四、财务报告内部控制审计意见

我们认为，贵行于 2022 年 12 月 31 日按照《企业内部控制基本规范》和相关规定在所有重大方面保持了有效的财务报告内部控制。

德勤华永会计师事务所（特殊普通合伙）　　中国注册会计师：吴卫军

中国·上海　　中国注册会计师：曾浩

二〇二三年三月三十日

由于发布《企业内部控制内审计指引》时，参考了当时适用的财务报表审计准则，后续并未更新，内部控制审计报告的格式与现行的财务报表审计报告格式差异较大。

二、内部控制审计步骤

《企业内部控制审计指引》指出，我国的内部控制审计工作包括计划审计工作、实施审计工作、评价控制缺陷、完成审计工作、出具审计报告和记录审计工作等步骤。

（一）计划审计工作

在计划审计工作时，注册会计师应当评价下列事项对内部控制、财务报表以及审计工作的影响：与企业相关的风险；相关法律法规和行业概况；企业组织结构、经营特点和资本结构等相关重要事项；企业内部控制最近发生变化的程度；与企业沟通过的内部控制缺陷；重要性、风险等与确定内部控制重大缺陷相关的因素；对内部控制有效性的初步判断；可获取的、与内部控制有效性相关的证据的类型和范围。

注册会计师应当以风险评估为基础，选择拟测试的控制，确定测试所需收集的证据。内部控制的特定领域存在重大缺陷的风险越高，给予该领域的审计关注就越多。

此外，注册会计师应当对企业内部控制自我评价工作进行评估，判断是否利用企业内部审计人员、内部控制评价人员和其他相关人员的工作以及可利用的程度，相应减少可能本应由注册会计师执行的工作。注册会计师利用企业内部审计人员、内部控制评价人员和其他相关人员的工作，应当对其专业胜任能力和客观性进行充分评价。与某项控制相关的风险越高，可利用程度就越低，注册会计师应当更多地对该项控制亲自进行测试。注册会计师应当对发表的审计意见独立承担责任，其责任不因为利用企业内部审计人员、内部控制评价人员和其他相关人员的工作而减轻。

（二）实施审计工作

注册会计师应当按照自上而下的方法实施审计工作。自上而下的方法是注册会计师识别风险、选择拟测试控制的基本思路。注册会计师在实施审计工作时，可以将企业层面控制和业务层面控制的测试结合进行：(1) 在测试企业层面控制时，应当把握重要性原则，至少应当关注与内部环境相关的控制、针对高管凌驾于控制之上的风险而设计的控制、企业的风险评估过程、对内部信息传递和财务报告流程的控制、对控制有效性的内部监督和自我评价。(2) 在测试业务层面控制时，应当把握重要性原则，结合企业实际、企业内部控制各项应用指引的要求和企业层面控制的测试情况，重点对企业生产经营活动中的重要业务与事项的控制进行测试，并关注信息系统对内部控制及风险评估的影响。(3) 无论在测试企业层面控制还是测试业务层面控制时，注册会计师均应当评价内部控制是否足以应对舞弊风险。

在确定拟实施审计程序的性质、时间安排和范围时，注册会计师应当考虑与内部控制相关的风险。与内部控制相关的风险越高，注册会计师需要获取的证据应越多。在连续审计中，注册会计师在确定测试的性质、时间安排和范围时，应当考虑以前年度执行内部控制审计时了解的情况。

（三）评价控制缺陷

内部控制缺陷按其成因分为设计缺陷和执行缺陷。设计缺陷是指企业缺少为实现控制目标的必需控制，或现存的控制并不合理及未能满足控制目标。设计缺陷分为系统的缺陷和手工的缺陷。例如，“未建立定期的现金盘点程序”就属于控制设计问题。执行缺陷是指设计合理及有效的内部控制，但在运作上没有被正确地执行，包括不恰当的人员执行、未按设计的方式运行（如频率不当等）。例如，“物资采购申请金额已超出采购权限，却未向上级公司申请安排大宗物品采购”（存在权限管理规定，却未在实际操作中妥善执行）。

内部控制缺陷按其影响程度分为重大缺陷、重要缺陷和一般缺陷：（1）重大缺陷是指一个或多个控制缺陷的组合，可能严重影响内部整体控制的有效性，进而导致企业无法及时防范或发现严重偏离整体控制目标的情形。例如，有关缺陷为企业带来重大的损失或造成企业财务报表重大的错报、漏报。通常，若出现下列迹象则表明内部控制可能存在重大缺陷：注册会计师发现董事、监事和高级管理人员舞弊；企业更正已经公布的财务报表；注册会计师发现当期财务报表存在重大错报，而内部控制在运行过程中未能发现该错报；企业审计委员会和内部审计机构对内部控制的监督无效。（2）重要缺陷是指一个或多个一般缺陷的组合，其严重程度低于重大缺陷，但导致企业无法及时防范或发现严重偏离整体控制目标的严重程度依然重大，需引起管理层关注。例如，有关缺陷造成的负面影响在部分区域扩散，为公司声誉带来损害。（3）一般缺陷是指除重要缺陷、重大缺陷外的其他缺陷。

注册会计师应当评价其识别的各项内部控制缺陷的严重程度，以确定这些缺陷单独或组合起来是否构成重大缺陷。在确定一项内部控制缺陷或多项内部控制缺陷的组合是否构成重大缺陷时，注册会计师应当评价补偿性控制（替代性控制）的影响。企业执行的补偿性控制应当具有同样的效果。

（四）完成审计工作

注册会计师完成审计工作后，应当取得经企业签署的书面声明。企业如果拒绝提供或以其他不当理由回避书面声明，注册会计师应当将其视为审计范围受到限制，解除业务约定或出具无法表示意见的内部控制审计报告。书面声明应当包括下列内容：（1）企业董事会认可其对建立健全和有效实施内部控制负责；（2）企业已对内部控制的有效性作出自我评价，并说明评价时采用的标准以及得出的结论；（3）企业没有利用注册会计师执行的审计程序及其结果作为自我评价的基础；（4）企业已向注册会计师披露识别出的所有内部控制缺陷，并单独披露其中的重大缺陷和重要缺陷；（5）企业对于注册会计师在以前年度审计中识别的重大缺陷和重要缺陷，是否已经采取措施予以解决；（6）企业在内部控制自我评价基准日后，内部控制是否发生重大变化，或者存在对内部控制具有重要影响的其他因素。

注册会计师应当与企业沟通审计过程中识别的所有控制缺陷。对于其中的重大缺陷和重要缺陷，应当以书面形式与董事会和经理层沟通。另外，注册会计师认为审计委员会和内部审计机构对内部控制的监督无效的，应当就此以书面形式直接与董事会和经理层沟通。书面沟通应当在注册会计师出具内部控制审计报告之前进行。

在完成审计工作阶段应特别留意在企业内部控制自我评价基准日并不存在但在该基准日之后至审计报告日之前（以下简称期后期间）内部控制可能发生变化，或出现其他可能对内部控制产生重要影响的因素。注册会计师应当询问是否存在这类变化或影响因素，并获取企业关于这些情况的书面声明。注册会计师知悉对企业内部控制自我评价基准日内部控制有效性重大负面影响的期后事项的，应当对财务报告内部控制发表否定意见；注册会计师不能确定期后事项对内部控制有效性的影响程度的，应当出具无法表示意见的内部控制审计报告。

(五) 记录审计工作

注册会计师应当按照《中国注册会计师审计准则第 1131 号——审计工作底稿》的规定，编制内部控制审计工作底稿，完整记录审计工作情况。注册会计师应当在审计工作底稿中记录下列内容：内部控制审计计划及重大修改情况；相关风险评估和选择拟测试的内部控制的主要过程及结果；测试内部控制设计与运行有效性的程序及结果；对识别的控制缺陷的评价；形成的审计结论和意见；其他重要事项。

三、内部控制审计意见与审计报告类型

(一) 意见类型的判断流程

如图 10－4 所示，在判断出具何种类型审计意见的过程中，需依次在以下三个方面作出决策：(1) 是否已获取充分、适当的审计证据。注册会计师无法获取充分、适当的审计证据，也称为审计范围受到限制。(2) 被审计单位是否在所有重大方面保持了有效的内部控制。换言之，被审计单位的内部控制是否存在重大缺陷。(3) 是否存在需提醒的重大事项。

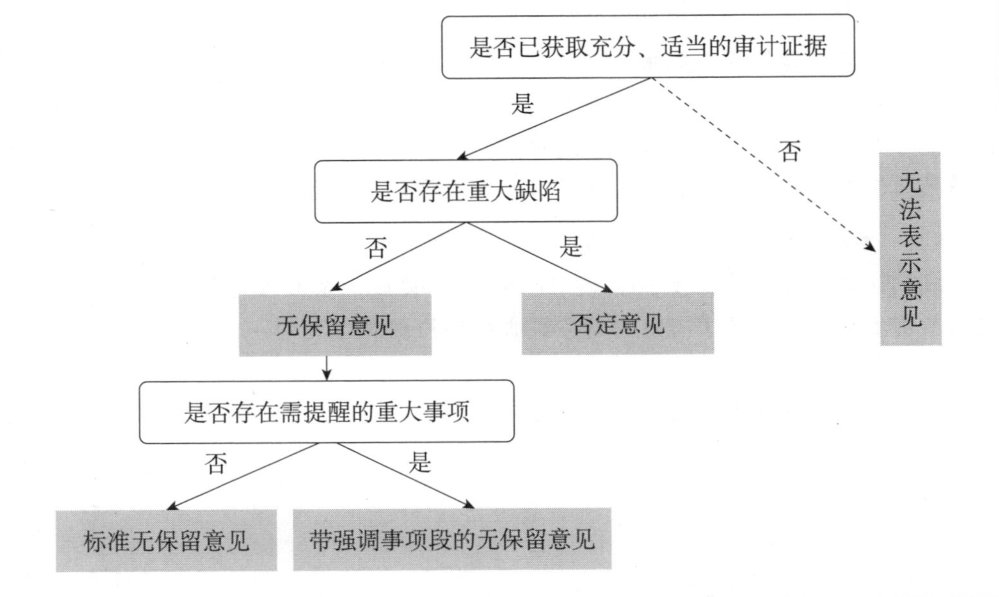

图 10－4 内部控制审计意见类型的判断流程图

根据图 10－4 的判断流程，可将审计意见和报告类型分为以下四类：标准无保留意见、带强调事项段的无保留意见、无法表示意见、否定意见。

1. 标准无保留意见

符合下列所有条件的，注册会计师应当对财务报告内部控制出具无保留意见的内部控制审计报告：（1）注册会计师已经按照《企业内部控制审计指引》的要求计划和实施审计工作，在审计过程中未受到限制。（2）企业按照《企业内部控制基本规范》《企业内部控制应用指引》《企业内部控制评价指引》以及企业自身内部控制制度的要求，在所有重大方面保持了有效的内部控制。

参考格式如下：

内部控制审计报告

天职业字〔2023〕第 24555 号

贵州茅台酒股份有限公司全体股东：

按照《企业内部控制审计指引》及中国注册会计师执业准则的相关要求，我们审计了贵州茅台酒股份有限公司（以下简称贵州茅台）2022 年 12 月 31 日的财务报告内部控制的有效性。

一、企业对内部控制的责任

按照《企业内部控制基本规范》《企业内部控制应用指引》《企业内部控制评价指引》的规定，建立健全和有效实施内部控制，并评价其有效性是贵州茅台董事会的责任。

二、注册会计师的责任

我们的责任是在实施审计工作的基础上，对财务报告内部控制的有效性发表审计意见，并对注意到的非财务报告内部控制的重大缺陷进行披露。

三、内部控制的固有局限性

内部控制具有固有局限性，存在不能防止和发现错报的可能性。此外，由于情况的变化可能导致内部控制变得不恰当，或对控制政策和程序遵循的程度降低，根据内部控制审计结果推测未来内部控制的有效性具有一定风险。

四、财务报告内部控制审计意见

我们认为，贵州茅台于 2022 年 12 月 31 日按照《企业内部控制基本规范》和相关规定在所有重大方面保持了有效的财务报告内部控制。

天职国际会计师事务所（特殊普通合伙）

注册会计师：童文光
（项目合伙人）
注册会计师：刘宗磊
注册会计师：杨 舒

中国 · 北京

二〇二三年三月二十九日

2. 带强调事项段的无保留意见

除了基本意见类型，还有一种带强调事项段的内部控制审计意见。注册会计师认为财务报告内部控制虽不存在重大缺陷，但仍有一项或者多项重大事项需要提请内部控制审计报告使用者注意的，应当在内部控制审计报告中增加强调事项段予以说明。同时，注册会计师应当在强调事项段中指明，该段内容仅用于提醒内部控制审计报告使用者关注，并不影响对财务报告内部控制发表的审计意见。

参考格式如下：

内部控制审计报告

大华内字〔2023〕000082 号

东方集团股份有限公司全体股东：

按照《企业内部控制审计指引》及中国注册会计师执业准则的相关要求，我们审计了东方集团股份有限公司（以下简称东方集团）2022 年 12 月 31 日的财务报告内部控制的有效性。

一、企业对内部控制的责任

…………（限于本书篇幅，具体内容略。）

二、注册会计师的责任

…………（限于本书篇幅，具体内容略。）

三、内部控制的固有局限性

…………（限于本书篇幅，具体内容略。）

四、财务报告内部控制审计意见

我们认为，东方集团于 2022 年 12 月 31 日按照《企业内部控制基本规范》和相关规定在所有重大方面保持了有效的财务报告内部控制。

五、强调事项

我们提醒内部控制审计报告使用者关注，报告期内东方集团在开展粮油贸易业务过程中存在赊销额度管理不完善情形，导致部分粮油贸易业务客户赊销形成的应收账款余额超过核定赊销额度。针对上述问题东方集团已于报告期内进行整改，且如实反映在企业 2022 年度内部控制评价报告中。

本段内容不影响已对财务报告内部控制发表的审计意见。

大华会计师事务所（特殊普通合伙）　　中国注册会计师：高世茂

中国注册会计师：霍耀俊

中国·北京　　二〇二三年四月二十七日

3. 无法表示意见

注册会计师审计范围受到限制的，应当解除业务约定或出具无法表示意见的内部控制审计报告，并就审计范围受到限制的情况，以书面形式与董事会进行沟通。

注册会计师在出具无法表示意见的内部控制审计报告时，应当在内部控制审计报告中指明审计范围受到限制，无法对内部控制的有效性发表意见。

注册会计师在已执行的有限程序中发现财务报告内部控制存在重大缺陷的，应当在内部控制审计报告中对重大缺陷作出详细说明。

参考格式如下：

内部控制审计报告

深正一专审字〔2023〕第01001号

延安必康制药股份有限公司全体股东：

按照《企业内部控制审计指引》及中国注册会计师执业准则的相关要求，我们审计了延安必康制药股份有限公司（以下简称延安必康）2022年12月31日的财务报告内部控制的有效性。

一、企业对内部控制的责任

…………（限于本书篇幅，具体内容略。）

二、内部控制的固有局限性

…………（限于本书篇幅，具体内容略。）

三、导致无法表示意见的事项

延安必康子公司陕西必康制药集团控股有限公司应收账款账面余额为352 950.36万元，账龄2至3年的应收账款账面余额为79 380.19万元、账龄3至4年的应收账款账面余额为160 023.51万元、账龄4年以上的应收账款账面余额为102 810.88万元。

上述大额、长账龄的应收账款具有较高的回收风险，截至本报告出具日，应收款项尚未收回。延安必康公司管理层虽对其进行了单独的信用风险评估，计提减值损失，但表明延安必康公司在客户信用调查、交易风险评估等环节的内部控制存在重大缺陷。

但由于应收账款形成于以前年度并延续至本期，我们无法实施有效的审计程序，无法判断已获取的审计证据是否充分、适当，无法判断应收账款余额的商业实质和真实准确性。

四、财务报告内部控制审计意见

由于审计范围受到上述限制，我们未能实施必要的审计程序以获取发表意见所需的充分、适当证据，因此，我们无法对延安必康制药股份有限公司财务报告内部控制的有效性发表意见。

深圳正一会计师事务所（特殊普通合伙）　　　　中国注册会计师：张燕（项目合伙人）

中国注册会计师：许磊

中国·深圳　　　　二〇二三年四月二十六日

4. 否定意见

注册会计师认为财务报告内部控制存在一项或多项重大缺陷的，除非审计范围受到限制，应当对财务报告内部控制发表否定意见。注册会计师出具否定意见的内部控制审计报告，应当包括重大缺陷的定义、重大缺陷的性质及其对财务报告内部控制的影响程度。

参考格式如下：

内部控制审计报告

利安达审字〔2023〕第 2406 号

熊猫金控股份有限公司全体股东：

按照《企业内部控制审计指引》及中国注册会计师执业准则的相关要求，我们审计了熊猫金控股份有限公司（以下简称熊猫金控公司）2022 年 12 月 31 日的财务报告内部控制的有效性。

一、企业对内部控制的责任

…………（限于本书篇幅，具体内容略。）

二、注册会计师的责任

…………（限于本书篇幅，具体内容略。）

三、内部控制的固有局限性

…………（限于本书篇幅，具体内容略。）

四、导致否定意见的事项

重大缺陷，是指一个或多个控制缺陷的组合，可能导致企业严重偏离控制目标。

经审计，导致熊猫金控公司 2021 年度内部控制被出具否定意见的所涉事项 0.88 亿元逾期贷款已于 2022 年 6 月 30 日前全部收回。2022 年度，熊猫金控公司小额贷款业务虽然通过集中专项清欠治理、建立健全内部控制度建设、强化内控执行措施，在贷前管理、贷中跟踪、贷后管理及风险控制制度方面有极大加强，但未能完全满足业务内控管理要求，导致截至 2022 年 12 月 31 日，公司小额贷款业务仍存在到期贷款 2.11 亿元尚未收回。

熊猫金控公司于 2023 年 2 月改组董事会，于 2023 年 3 月对公司系列内部控制制度进行了修订和完善，对小贷业务风险控制执行了包括但不限于加强风控团队建设、委托第三方律师事务所协助催收、加强内部审计工作、大幅缩减小贷规模等方式改善小贷业务管理缺陷。受限于新的内部控制运行时间较短及审计时点（对 2022 年度的内部控制进行审计）限制，我们认为其 2022 年度内部控制存在重大缺陷。

有效的内部控制能够为财务报告及相关信息的真实完整提供合理保证，而上述重大缺陷使熊猫金控公司内部控制失去这一功能。

上述重大缺陷包含在企业内部控制评价报告中。在熊猫金控公司 2022 年财务报表审计中，我们已经考虑了上述重大缺陷对审计程序的性质、时间安排和范围的影响。本报告并未对我们在2023年4月27日对熊猫金控公司2022年财务报表出具的审计报告产生影响。

五、财务报告内部控制审计意见

我们认为，由于存在上述重大缺陷及其对实现控制目标的影响，熊猫金控股份有限公司于2022年12月31日未能按照《企业内部控制基本规范》和相关规定在所有重大方面保持有效的财务报告内部控制。

利安达会计师事务所（特殊普通合伙）　　中国注册会计师：许长英

中国注册会计师：周砚群

中国·北京　　二〇二三年四月二十七日

（二）非财务报告内部控制对财务报告内部控制审计报告的影响

如本章第一节所述，只有当注册会计师认为非财务报告内部控制缺陷为重大缺陷时，才需要在财务报告内部控制审计报告中增加非财务报告内部控制重大缺陷描述段。该描述段应当包括以下内容：对重大缺陷的性质及其对实现相关控制目标的影响程度进行披露，以提示内部控制审计报告使用者注意相关风险；明确说明非财务报告内部控制的重大缺陷不影响对财务报告内部控制有效性发表的审计意见。

参考格式如下：

内部控制审计报告

XYZH/2023JNAA7B0533

文峰大世界连锁发展股份有限公司全体股东：

按照《企业内部控制审计指引》及中国注册会计师执业准则的相关要求，我们审计了文峰大世界连锁发展股份有限公司（以下简称文峰股份）2022年12月31日的财务报告内部控制的有效性。

一、企业对内部控制的责任

…………（限于本书篇幅，具体内容略。）

二、注册会计师的责任

…………（限于本书篇幅，具体内容略。）

三、内部控制的固有局限性

…………（限于本书篇幅，具体内容略。）

四、财务报告内部控制审计意见

我们认为，文峰股份于2022年12月31日按照《企业内部控制基本规范》和相关规定在所有重大方面保持了有效的财务报告内部控制。

五、非财务报告内部控制的重大缺陷

在内部控制审计过程中，我们注意到文峰股份关于对外投资方面的非财务报告内部控制存在重大缺陷。

文峰股份持有守朴行业优选1号私募证券投资基金份额，在2022年形成公允价值变动损失201 629 162.00元。文峰股份对投资上述私募基金后的跟踪管理、效益分析监测以及其他必要的投后管理措施方面，缺乏相关的内部控制。

由于存在上述重大缺陷，我们提醒本报告使用者注意相关风险。需要指出的是，我们并不对文峰股份的非财务报告内部控制发表意见或提供保证。本段内容不影响对财务报告内部控制有效性发表的审计意见。

信永中和会计师事务所（特殊普通合伙）　　　　中国注册会计师：王贡勇

中国注册会计师：田希伦

中国·北京　　　　二〇二一年四月二十七日

本章小结　　案例分析　　推荐阅读材料

第十一章
国家审计

思维导图

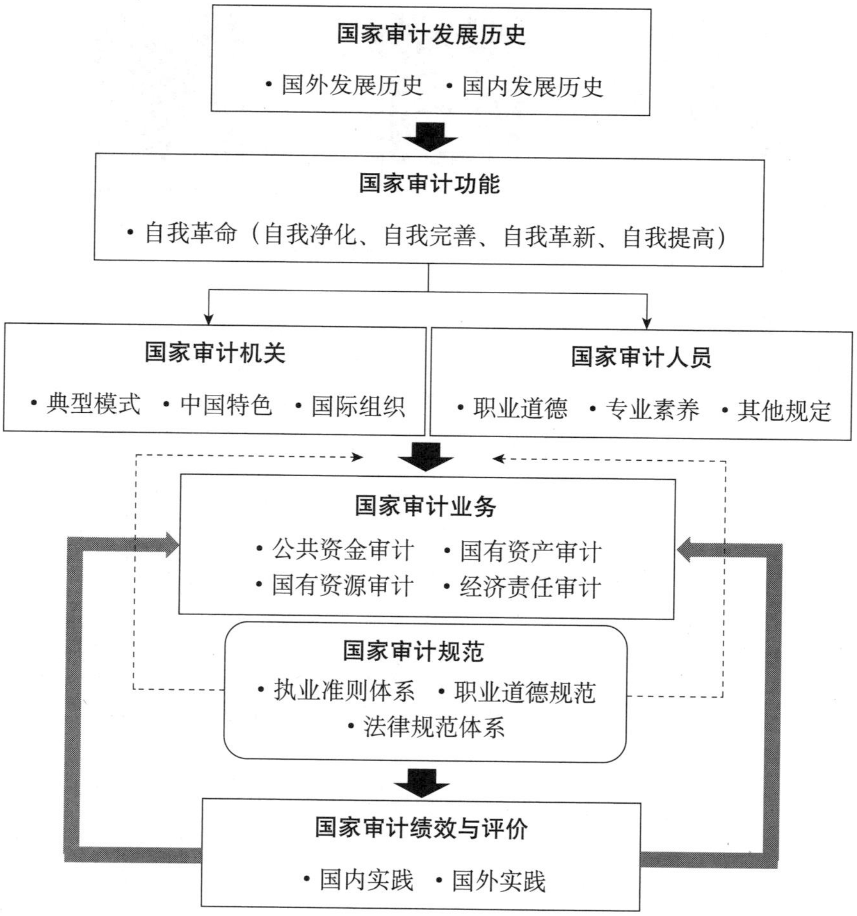

总书记论审计

“审计是党和国家监督体系的重要组成部分，是推动国家治理体系和治理能力现代化的重要力量。党的十九大以来，在党中央集中统一领导下，中央审计委员会推动审计体制实现系统性、整体性重构，走出了一条契合中国国情的审计新路子，审计工作取得历史性成就、发生历史性变革。”

——2023 年 5 月 23 日，习近平在二十届中央审计委员会第一次会议上的讲话

素养提升

1. 价值塑造

- 认真学习习近平总书记关于审计的系列重要讲话精神和重大指示，并结合习近平新时代中国特色社会主义思想，深刻体会习近平总书记一心为民、一心为党和国家的初心、格局与智慧，切实拥护党的领导，共同致力于实现中华民族的伟大复兴。
- 充分认识审计在党和国家监督体系、推进国家治理体系和治理能力现代化中的重要作用，激发爱国热情和家国情怀，并立志学好审计知识，成为服务国家良治的各行业审计监督人才。

2. 知识传授

- 熟悉国家审计的发展历史、理解国家审计的职能，在此基础上形成对国家审计的功能定位和发展趋势的准确把握。
- 熟悉国家审计机关的典型设立模式、我国特色模式以及相关的国家审计国际组织，并清楚成为国家审计人员应具备的素质和资格。
- 掌握国家审计的业务类型以及每一类业务的内容与特点，并掌握指导、规范国家审计业务执行的执业准则体系、职业道德规范、法律规范体系。

3. 能力培养

- 能够理解国家审计的初衷、掌握国家审计的基本知识、了解国家审计的工作环境，从而培养从事国家审计工作的核心思维与专业能力。
- 培养分析与总结能力，并进一步形成知识迁移能力，能够将所学知识灵活运用到各类审计、监察、纪检、监督、监管工作之中。

国家审计，也称政府审计，是指国家审计机关依法独立检查被审计单位的会计凭证、会计账簿、财务会计报告以及其他与财政收支、财务收支有关的资料和资产，

【法规链接】
《中华人民共和国审计法实施条例》

监督财政收支或财务收支真实、合法和效益的行为。它是党和国家监督体系的重要组成部分，是推动并实现国家治理体系和治理能力现代化的重要手段。本章将从国家审计历史与功能、国家审计机关与人员、国家审计业务与规范、国家审计绩效与评价这四个方面系统介绍国家审计的相关知识。

第一节 国家审计历史与功能

引例

习近平总书记的审计治理蓝图

党的十八大以来，以习近平同志为核心的党中央和各级政府，高度重视审计在服务“五位一体”总体布局（经济建设、政治建设、文化建设、社会建设、生态文明建设）和“四个全面”战略布局（全面建成小康社会、全面深化改革、全面依法治国、全面从严治党）中的作用，描绘了新时代中国审计治理的宏伟蓝图。

【扩展阅读】
习近平主持召开中央审计委员会第一次会议

2018 年 3 月，中央审计委员会成立，习近平总书记亲自担任主任，这是我国审计领域一次具有划时代意义的重大变革。2018 年 5 月 23 日，中央审计委员会第一次会议召开。习近平总书记强调，改革审计管理体制，组建中央审计委员会，是加强党对审计工作领导的重大举措。要落实党中央对审计工作的部署要求，加强全国审计工作统筹，优化审计资源配置，做到应审尽审、凡审必严、严肃问责，努力构建集中统一、全面覆盖、权威高效的审计监督体系，更好发挥审计在党和国家监督体系中的重要作用。

【扩展阅读】
习近平主持召开二十届中央审计委员会第一次会议

2023 年 5 月 23 日，习近平总书记在二十届中央审计委员会第一次会议中强调：审计是党和国家监督体系的重要组成部分，是推动国家治理体系和治理能力现代化的重要力量。党的十九大以来，在党中央集中统一领导下，中央审计委员会推动审计体制实现系统性、整体性重构，走出了一条契合中国国情的审计新路子，审计工作取得历史性成就、发生历史性变革。会议指出：做好新时代新征程审计工作，总的要求是在构建集中统一、全面覆盖、权威高效的审计监督体系，更好发挥审计监督作用上聚焦发力。要如臂使指，增强审计的政治属性和政治功能，把党中央部署把握准、领会透、落实好。要如影随形，对所有管理使用公共资金、国有资产、国有资源的地方、部门和单位的审计监督权无一遗漏、无一例外，形成常态化、动态化震慑。要如雷贯耳，坚持依法审计，做实研究型审计，发扬斗争精神，增强斗争本领，打造经济监督的“特种部队”；做好与其他监督的贯通协同，形成监督合力。

上述引例揭示了国家审计对于党和国家治理、经济和社会发展等的重要价值。具体而言，国家审计有哪些功能呢？国家审计发展到具备当前的功能，又经历了怎样的发展历程呢？本节将从国家审计历史、国家审计功能两个方面逐一介绍。

第一节
即测即评

一、国家审计历史

（一）国外的发展历史

在西方国家，早在古希腊时代就有审计官对官吏离任的经济责任所进行的审查监督工作。奴隶制度下的古罗马也由元老院及其所属的监督官对国库和地方的财政收支进行监督。及至中世纪，历代封建王朝大都设有审计机构和人员，对国家的财政收支进行审计监督，但当时的审计，不论是组织机构还是方法，均处于很不完善的初始阶段。

到了资本主义时期，随着资本主义经济的迅速发展和资产阶级国家政权组织形式的日臻完善，国家审计才有了长足的发展。现代资本主义国家大多实行立法、司法、行政三权分立的国家政权组织形式，议会为国家最高立法机关，并对政府行使包括财政监督在内的各种监督权。此外，各国政府依据自己的国情设置了不同类型的审计机关，如隶属于司法系统的法国审计法院、隶属于政府领导的瑞士联邦审计局、既不隶属于司法又不隶属于政府机关的德国模式。

（二）我国的发展历史

在我国，早在3 000多年前的西周，我国的国家审计就进入了萌芽时期，周朝主要通过“宰夫”一职对“百官府群都县鄙”等进行财政财务的监督工作。如表11－1所示，随后我国国家审计的发展大致经历了四个阶段：第一阶段为封建时代的国家审计。秦汉时期的国家审计只被视作御史监察事务的分支，尚无设置专门机构及官员，加之监察内容包罗万象、含混不清，决定了其仍处在审计建制的初始阶段；隋唐至宋时期的国家审计无论从机构设置还是法律制定上均较为完备，是我国封建社会审计走向成熟的时期；元、明、清三朝，封建专制主义中央集权制空前加强，取消了专门的审计机构。第二阶段为北洋政府和民国政府时期的国家审计。时任政府参考国外经验设立了成体系的国家审计机构，并颁布了《审计法》和《审计实施细则》。第三阶段为改革发展时期。该时期为国家审计的制度重建时期，《宪法》赋予国家审计的地位、国家审计机构设立、国家审计法和国家审计准则及其配套的条例和解释等逐步制定并持续修订完善，国家审计制度已经建成。第四阶段为党的十八大以来的新时期。习近平总书记高度重视国家审计工作，在其领导下党和国家出台了一系列卓有成效的国家审计改革创举。比如，2018 年 3 月，中央审计委员会成立，习近平总书记亲自担任主任。这是推进国家治理体系和治理能力现代化的一场深刻变革，是推进审计管理体制改革的伟大创举，也是我国审计改革和发展的里程碑。

表 11－1　我国国家审计的发展历程

第一阶段	• 秦汉时期的审计组织形成了一个上下贯通、中央控制地方、自成体系的监察系统 • 隋唐至宋，均设专门审计机构从事审计监督，且制定了一系列简洁明确系统完备的审计法律 • 元、明、清三朝，封建专制主义中央集权制空前加强，取消了专门的审计机构
第二阶段	• 1912 年，国民临时政府在国务院下设中央审计处，地方设审计分处，并颁布《审计处暂行规定》等法规，授权审计机关对国家岁入岁出，地方行政官署财政收支，以及国债、国家财政收支等进行清查 • 1914 年，北洋政府改审计处为审计院，直属大总统 • 1915 年，北洋政府颁布《审计法》《审计实施细则》 • 1928 年，国民政府设立审计院，并颁布《审计法》 • 1931 年 2 月，审计院被改组为审计部，隶属监察院 • 1938 年 5 月，国民政府公布修订后的《审计法》 • 1945—1949 年，国民政府陆续重新设置或调整了审计机构、制定并修正了一些审计法令法规
第三阶段	• 1949 年，新中国成立后以会计检查取代审计 • 1982 年，建立审计机关、实施审计监督制度被载入新修订的《宪法》 • 1994 年，颁布《中华人民共和国审计法》，对审计的基本原则、职责、权限、程序、法律责任等作了明确的规定 • 1996 年 12 月，发布了《中华人民共和国国家审计基本准则》和一些具体准则，并从 1997 年 1 月 1 日起施行 • 1997 年 10 月，发布《中华人民共和国国家审计准则实施条例》 • 2006 年，颁布修订后的《中华人民共和国审计法》 • 2010 年 9 月，颁布修订后的《中华人民共和国国家审计准则》和《中华人民共和国国家审计准则实施条例》
第四阶段	• 2014 年 10 月 9 日，国务院在《关于加强审计工作的意见》中明确要求实现审计监督全覆盖，促进国家治理现代化和国民经济发展 • 2014 年 10 月 23 日，党中央在十八届四中全会通过的《中共中央关于全面推进依法治国若干重大问题的决定》中对加强国家审计工作进行了系统部署 • 2015 年 12 月 8 日，中共中央办公厅和国务院办公厅联合印发《关于完善审计制度若干重大问题的框架意见》及其相关配套文件，要求更好发挥审计在党和国家监督体系中的重要作用、到 2020 年基本形成与国家治理体系和治理能力现代化相适应的审计监督机制 • 2016 年 5 月 17 日，审计署在其印发的《“十三五”国家审计工作发展规划的通知》中全面系统地阐述了国家审计工作的指导思想、目标要求、基本原则、主要任务以及对各专项审计的要求

续表

第四阶段	• 2017 年 10 月，党的十九大报告指出，要改革审计管理体制 • 2018 年 3 月，中共中央印发《深化党和国家机构改革方案》，提出组建中央审计委员会，其办公室设在审计署 • 2018 年 5 月，习近平总书记在中央审计委员会第一次会议上阐述了中央审计委员会的职责、作用以及未来的发展方向和战略部署，并要求加强全国审计工作统筹，优化审计资源配置，做到应审尽审、凡审必严、严肃问责，努力构建集中统一、全面覆盖、权威高效的审计监督体系，更好发挥审计在党和国家监督体系中的重要作用 • 2019 年 10 月，党的十九届四中全会作出了《中共中央关于坚持和完善中国特色社会主义制度推进国家治理体系和治理能力现代化若干重大问题的决定》，提出要“发挥审计监督职能作用” • 2021 年 6 月，中央审计委员会办公室、审计署印发《“十四五”国家审计工作发展规划》，提出“十四五”期间的国家审计工作目标是：健全集中统一的审计工作体制机制、着力构建全面覆盖的审计工作格局、推动形成权威高效的审计工作运行机制 • 2023 年 5 月，习近平总书记在二十届中央审计委员会第一次会议中强调：在强国建设、民族复兴新征程上，审计担负重要使命，要立足经济监督定位，聚焦主责主业，更好发挥审计在推进党的自我革命中的独特作用

二、国家审计功能

从世界各国的国家治理实践和理论研究观点看，无论治理模式和研究视角存在多大差异，都认为治理的核心始终是公权力如何有效配置与运行的问题，主要内容无非涵盖决策、执行与监督控制的职能。其中，决策与执行是任何组织运行与发展的核心内容，二者逻辑相连、缺一不可，共同构成国家良治的内在基石。国家治理体系中的决策问题主要关注政府或其他公权力部门是否“做正确的事”（doing right things），即政府决策是否科学合理、是否有理有据、是否符合政府的战略初衷和民众的根本利益；国家治理体系中的执行问题主要关注政府或其他公权力部门是否“正确地做事”（doing things rightly），即能否将正确的决策予以执行、实现预期目标与效果，并在此过程中兼顾效率与效果的统一。因此，良好的国家治理体系是科学的决策系统和高效的执行系统的有机整体（见图 11－1）。

【扩展阅读】
国家审计牵出医疗腐败

但是，政府或其他公权力部门的工作人员作为民众的受托人，因存在私利而天然有着自我膨胀和机会主义的倾向，公权力被滥用或被异化从而为少数人谋利，“政府权力部门化、部门权力利益化、部门利益个人化”等腐败现象长期存在。党的二十大报告指出，腐败是危害党的生命力和战斗力的最大毒瘤。为了缓解这一委托代理问题、保护公民利益、实现国家良治，必须引入监督控制系统，以合理保证公权力在行使过程中受到制衡，朝着“做正确的事、正确地做事”（doing right things rightly）的方向发展。国家审计是该监督控制系统的重要组成部分。在 2018 年 5 月召开的中央审计委员会第一次会议上，习近平总书记

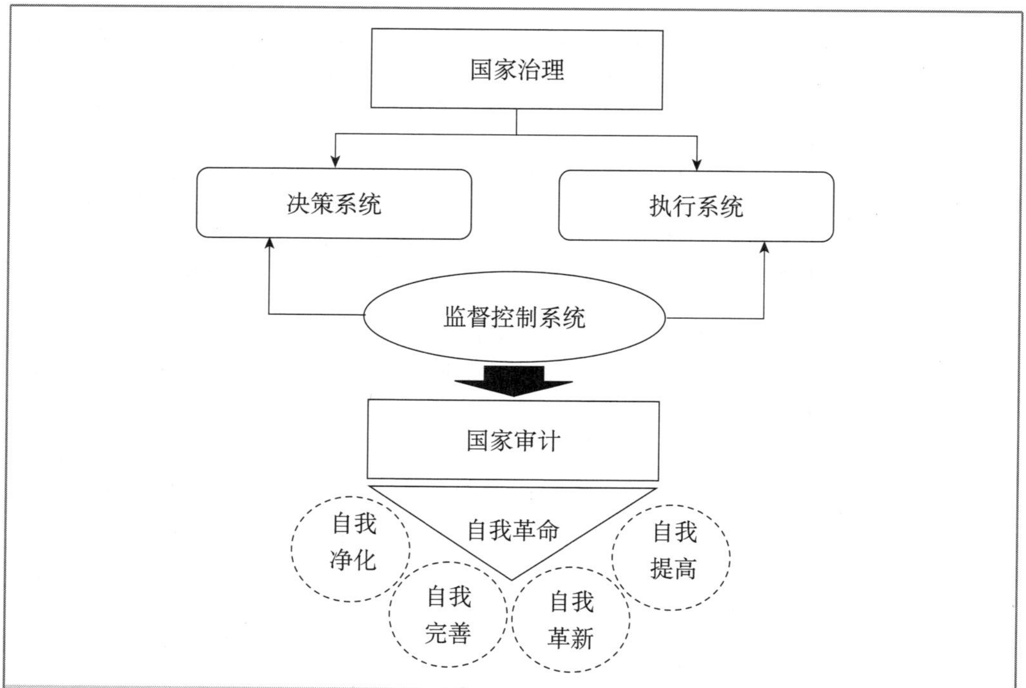

图 11-1　国家审计的功能结构图

强调，要努力构建集中统一、全面覆盖、权威高效的审计监督体系，更好发挥审计在党和国家监督体系中的重要作用，国家审计进入到中国式现代化治理的新阶段。

基于上述整体逻辑关系不难发现，国家审计是内生于国家治理需求、嵌入国家治理体系中的“自我革命”手段之一，是推动国家治理现代化、实现国家良治的重要机制。[①] 2023 年 5 月，习近平总书记在主持召开二十届中央审计委员会第一次会议上强调，在强国建设、民族复兴新征程上，审计担负重要使命，要立足经济监督定位，聚焦主责主业，更好发挥审计在推进党的自我革命中的独特作用。以自我革命为指引的国家审计将发挥以下职能[②]：

（一）国家审计监督效能与自我净化

习近平总书记指出：“有没有强烈的自我革命精神，有没有自我净化的过硬特质，能不能坚持不懈同自身存在的问题和错误作斗争，就成为决定党兴衰成败的关键因素”。[③] 面对腐败毒瘤，国家审计通过发挥监督效能，坚持开展常态化“经济体检”、定期“查病施药”，勇于“割除病灶”，依法揭示和查处腐败行为，为党自我净化提供有力保障。在具体的审计过程中，审计人员广泛收集被审计单位会议记

① 在 2011 年 10 月召开的最高审计机关国际组织（International Organization of Supreme Audit Institutions，INTOSAI）第 62 次治理委员会会议上，与会成员一致同意我国审计署的建议，将“国家审计与国家治理”作为 2013 年国际审计组织第 21 届大会的第一个重要议题。

② 陈汉文，张笛，韩洪灵．自我革命、反腐败与国家审计．审计研究，2023（1）：12-16.

③ 中共中央文献研究室．十八大以来重要文献选编：下．北京：中央文献出版社，2018：591.

录、文件批示、考核评价记录等，评价领导干部在任职期间对重大经济方针政策的贯彻执行效果，关注是否存在意志不坚决、工作不到位等现象，深入“去杂质”；监督大额财政财务收支、项目资金流转、国有资产变动等，识别有无侵占公共资金、损害公共利益的行为，全面“除病毒”；了解被审计单位决策程序、审批制度、内部控制等，评价内部权力制衡制度运行的有效性，揭示是否存在链条式的腐败行为，查深查透权力腐败，进一步“防侵害”。

（二）国家审计整改效能与自我完善

自我完善是在“壮士断腕、刮骨疗伤”的勇气之上，要求党加强“强身健体、固本培元”的“内功修炼”。在反腐败过程中，发挥国家审计整改效能，通过制度的完善来提高党组织的自我完善能力。一方面，基于审计发现，可以弥补被审计单位内部控制缺陷和治理体系漏洞，完善其内部反腐制度机制，筑牢内部“防腐墙”。另一方面，审计机关可以将审计整改意见反馈至决策层，优化宏观国家监督治理体系，实现国家治理的决策系统、执行系统和监督控制系统协同发展、相互促进，夯实外部“防腐墙”。例如，审计机关结合经济责任审计、绩效审计的审计结果，评价被审计单位制度设计的缺陷，识别权力监督盲区，根据其业务特点、行业特征、对被审计单位内部绩效评价体系、内部控制制度、内部审计安排等重要内部权力监督体系提出有针对性的审计整改建议，并督促相关单位进行落实整改意见，提高被审计单位内部治理能力；同时，向决策层反馈制度改进意见，进而弥补国家相关制度与监督体系的不足，助力国家治理体系达成制度完备、管理科学、执行规范、控制得力的境界。

（三）国家审计问责效能与自我革新

习近平总书记强调，“一定要有自我革新的勇气和胸怀，跳出条条框框限制，克服部门利益掣肘，以积极主动精神研究和提出改革举措”。[①] 发挥国家审计问责效能，推进党的自我革新能力建设。一方面，通过建立问题清单，将审计过程中发现的问题具体落实到各流程、各职能部门、主要领导干部，动态跟踪整改过程，并制定出台督促整改实施办法和整改资料验收清单，明确督促整改工作责任和流程，推动组织内部不断清除“废旧细胞”。另一方面，通过将审计结果报告反馈被审计单位的组织和人事部门，将问责结果和整改落实情况列入对领导干部年度业绩考核的范围，为组织内人事任免和干部提拔提供重要参考依据，进一步提高领导干部的责任意识，为党组织输送“新鲜血液”，增强党的自我革新能力。针对资金密集领域腐败，开展绩效审计，识别资金运用过程中的腐败问题，并对资金使用效率低下、侵占公共资金等现象开展审计问责，以此促进组织自我革新能力提升。

（四）国家审计研究效能与自我提高

自我提高是自我净化、自我完善、自我革新的深化，是更高层次的自我能力。

---

① 中共中央文献研究室．十八大以来重要文献选编：上．北京：中央文献出版社，2014：509.

研究型审计注重总结提炼、本质揭示、系统把握、发展应变和价值升华，具有显著的国家治理效能，适应了新时代国家治理的客观需要。通过发挥国家审计的研究效能，能够有效地提升反腐效率效果，增强党的自我提高能力。一方面，国家审计可以结合审计发现，研究国家审计新理念、新思路、新方法，探究国家审计反腐治腐的新路径，优化反腐抗腐的制度机制，提高查腐速度、治腐力度、反腐强度，进而严肃党性修养、净化党内生态，不断提升全党在反腐败斗争中的能力与本领。另一方面，通过开展研究型审计，研究腐败链条，从权力运行主体和审计对象着手，在选人用人制度和领导干部绩效评价体系上提出建设性意见，深化“不敢腐、不能腐、不想腐”思想意识，确保领导队伍的先进性、专业化、高素质，铸就拒腐防变、抵御“围猎”的思想柱石，提升全党面对腐败问题的责任意识和思想觉悟，推动全面从严治党，保持党组织内部的战略定力和战略远见，不断强化自我提高能力。

第二节　国家审计机关与人员

引例

全国审计机关“先进集体”和“先进工作者”揭晓

【扩展阅读】表彰全国审计机关先进集体和先进工作者的决定

2019年12月25日，中央审计委员会办公室、人力资源社会保障部、审计署联合发布了关于表彰全国审计机关先进集体和先进工作者的决定：近5年来，全国审计机关和广大审计干部以习近平新时代中国特色社会主义思想为指导，全面贯彻党的十八大，十九大和十九届二中、三中、四中全会精神，认真落实党中央、国务院决策部署和习近平总书记关于审计工作的重要指示批示精神，依法履行审计监督职责，扎实推进审计全覆盖，努力做好常态化“经济体检”工作，在促进经济高质量发展、促进全面深化改革、促进权力规范运行、促进反腐倡廉等方面发挥了积极作用，涌现出一批先进典型。为表彰先进、弘扬正能量，激励全国审计机关和全体审计干部进一步增强政治责任感、历史使命感、职业荣誉感，切实做好新时代审计工作，中央审计委员会办公室、人力资源社会保障部、审计署决定，授予北京市审计局经济责任审计处等80个集体“全国审计机关先进集体”称号，授予徐梁等45名同志“全国审计机关先进工作者”称号。受表彰个人享受省部级表彰奖励获得者待遇。希望受到表彰的先进集体和先进工作者珍惜荣誉，谦虚谨慎，戒骄戒躁，再接再厉，不断取得新的业绩。

该决定要求全国审计机关和全体审计干部，要以受表彰的先进集体和先进工作者为榜样，学习他们信念坚定，对党忠诚，坚定不移听党话、跟党走；学习他们业务精通，干一行爱一行，钻一行精一行；学习他们作风务实，说实话、办实事、求实效；学习他们清正廉洁，依法履职、严于律己、怀德自重。当前，我国即将全面建成小康社会，改革发展稳定任务繁重艰巨。全国审计机关和全体审计干部，要不断增强“四个意识”、坚定“四个自信”、做到“两个维护”，更加紧密地团结在以习近平同志为核心的党中央周围，不忘初心、牢记使命，锐意进取、担当作为，更好发挥审计在党和国家监督体系中的作用，为实现“两个一百年”奋斗目标、实现中华民族伟大复兴的中国梦作出新的更大贡献。

在引例中，部分国家审计机关和国家审计人员受到了党和政府的表彰。科学管理、有效运行的国家审计机关和廉洁自律、素质过硬的国家审计人员是促进国家审计高质量发展、推进国家治理体系和治理能力现代化的关键要素之一。

第二节
即测即评

一、国家审计机关

国家审计机关的设置模式与管理体制直接影响国家审计机关和国家审计人员的权威性与独立性，进而将在很大程度上决定国家审计总体效能的发挥情况。

（一）国家审计机关设置的典型模式

综观世界各国，现代国家审计机关的设置模式主要有四种——立法模式、司法模式、独立模型、行政模式等四种模式（如表 11－2 所示）。

表 11－2　各国国家审计机关的设置模式

设置模式	代表国家	隶属部门	独立性	一般称谓
立法模式	英国、美国	立法机关（国会、议会）	强	审计署
司法模式	法国	国家司法机关	强	审计法院
独立模式	德国	独立于立法、司法和行政部门，单独形成一个国家政权的分支	很强	联邦审计院
行政模式	苏联	政府行政部门	较弱	审计署

1. 立法模式

在立法模式下，国家审计机关隶属于立法机关，直接对立法机构负责并报告工作，独立于政府，依法实施审计监督权。该模式最早产生于英国，其标志是 1866 年通过的《国库与审计法》。该法要求所有部门编制年度报表（拨款报表），并设立“支出与审计部”和主计审计长，对政府部门财务进行审计并向议会报告审计结果。

20世纪以后，为建立更有力的机制保障审计署独立于政府，英国进行了重大改革，颁布了《1983年国家审计法》（The 1983 National Audit Act），根据该法成立国家审计署（The National Audit Office），取代此前的支出与审计部。国家审计署完全独立于政府，不附属于任何政治派别，代表议会对公共支出进行审计，帮助议会对政府展开问责。议会中成立审计委员会，负责管理审计署工作、审批国家审计署年度预算、指定审计署的外部审计师、研究对审计署进行审计的报告。2007年议会审计委员会在《2011年预算责任与国家审计法》中对国家审计署提出了系列改进措施，规定审计署是一个团体法人（body corporate），成立审计署理事会，由理事会制定审计署发展战略并支持审计长工作。审计长任期10年，在履行法定职能和执行审计决策时，具有完全独立性。国家审计署服务于议会两院中的专门委员会（公共账目委员会和其他20多个其他委员会）和各位议员，其工作内容主要是：审计所有中央政府部门、机构及其他各个部门的财务报表；开展绩效审计，检查政府项目、计划、工作的开展情况并提出工作改进建议；帮助政府机构改进工作绩效、协助议会开展对政府的问责和审计国际组织。国家审计署审计的对象包括中央政府部门（国防部、教育部等）、半官方的小机构（如气候变化委员）以及国有公司（如英国金融投资公司）等。

立法模式的另一个代表性国家是美国。第一次世界大战之后，战争支出使得国家债务剧增，为了加强联邦财务管理，国会通过了《预算与会计法》（The Budget and Accounting Act of 1921）。根据该法第42章第20条，要求总统编制联邦政府年度预算并完善有关报告，同时设立会计总署（General Accounting Office，以下简称GAO），取代以前由财政部履行的审计、会计及举报职能，成为一个不受党派控制的独立机构，服务于国会，属于宪法机构。此后，GAO的发展总共经历五个阶段：（1）从1921年《预算与会计法》到20世纪40年代初，GAO的核心职责是监督，政府出纳人员根据支付凭证进行支付，然后将凭证送审计署审核。（2）第二次世界大战以后，相关法规明确了审计署是立法分支的一部分，但不是国会的一部分。同时，法规授权GAO进行全面的联邦开支审计，为联邦政府制定会计准则并审计联邦政府的内部控制与财务管理。（3）20世纪70年代以后，1970年和1974年颁布的两项法案①拓展了GAO的工作范围，授权其对政府实体、组织等在现行法律下实施的项目或工作的结果开展评估②。（4）到了20世纪80年代及90年代初，美国国会颁布《合同竞争法》、《首席财务官法》和《政府管理改革法》，推动GAO的职能转变为对联邦合同领域有争议的项目进行审查，并审计联邦各机构的财务报表和美国政府的合并财务报表，尤其对政府运作的高风险领域及预算问题给予高度关注。GAO通过向决策者和公众提醒警示政府出现的各种新问题，不断完

---

① 美国国会颁布《立法机构重组法》（The Legislative Reorganization Act of 1970）和《国会预算及资金暂停拨付监督法》（The Congressional Budget and Impoundment Control Act of 1974）。

② 美国《公认政府审计准则》。

善问责制，从而进入一个新的发展阶段。(5) 2004年GAO更名为“美国政府问责署”(U. S Government Accountability Office)，其有90%以上的工作集中在绩效审计、项目评估和政策分析，旨在通过为国会服务，进而推动联邦政府提高绩效，最终实现为美国公民服务。

2. 司法模式

在该模式下，审计机关隶属于国家司法机关，除拥有审计监督权外，还拥有一定司法权，即能够直接对违反财经法规、制度的事项和个人进行处罚。司法型审计模式最早起源于法国，1303年，巴黎审计法庭在西提岛成立；1807年，拿破仑签署第16号法令，宣布成立了现在的审计法院(The Court of Accounts)，其仅对君主负责和报告，仅限于账目审计，具有独立性和集权性；1814年，法国专门制定了《审计法》，审计开始摆脱行政附属的地位，承担起独立审计监督的责任；1869年，审计法院正式成为一个独立的介于立法与行政之间的国家最高审计机关；1946年和1958年法国宪法赋予审计法院以协助政府和议会对法国财经纪律执行情况的审计权力，确认了审计法院对国家预算执行的审计职能。1980年7月，宪法委员会的裁决明确规定，行政法院独立于司法法院，二者是平行的系统，审计法院属于行政法院系统，属于专门行政法院。在地位上，审计法院与立法机关和行政机关是平等的、是独立的，其成员为法官且不能罢免，法官拥有判决权。审计法院和法官的绝对独立性不受国家治理变化的影响，其独立决定年度审计计划，独立编制向公众公开的各类审计报告，且审计法院改革的时间与总理选举时间表无关。审计法院主要做四个方面的工作：一是审计收入和支出的合规性，对公共会计的账目进行判决；二是审计管理的规范性、有效性和效益性，对公共资源的使用进行监督；三是对涉及国家和公共机关、公共企业、社会保障机构、私营组织和筹款组织的公共政策进行评价；四是对国家和社会保障机构的账目进行认证。

3. 独立模式

在独立模式下，审计机关独立于立法、司法和行政部门，单独形成一个国家政权的分支，履行监督权，对法律负责或者作为顾问为立法部门和政府部门提供帮助，对审计中发现的问题没有处理权，需交有关部门处理。独立型审计模式最早起源于德国。1714年，联邦审计院的前身在普鲁士邦成立。1950年，德国根据《基本法》(1949)正式成立了联邦审计院，1969年的《预算法》增加了联邦审计院的审计权限，加强了其在联邦政府中的审计和顾问的独立性和公正性。现在的联邦审计院是根据1985年的《联邦审计院法》(The Federal Court of Audit Act)而设立的，命名为“院”反映了它的合议决策特征，不具备审计法院的司法权。联邦审计院属于最高联邦机构，其地位类似于联邦宪法法院，但具有独立性，不是其他行政机关的一部分或附属机构。联邦审计院既支持立法机关也支持行政机关，在联邦议院、联邦参议院和联邦政府中担任顾问的角色，也可根据议会的要求开展一些工作，但没有义务必须听从议会的要求。在德国国家治理体系中，联邦审计院通过绩效审计、信息提供、财政监督和问责等发挥着极为重要的作用。

4. 行政模式

在行政模式下，审计机关隶属于政府行政部门或政府某一部门，是国家行政机构的一部分，依法对政府各部门、各单位的财政预算和收支活动等进行审计，并对政府负责，以保证政府财经政策、法令、计划和预算等的正常实施。行政型审计模式实质上是一种半独立的审计模式，最高审计机关的独立性和权威性不强，审计机关既是政府的职能部门，执行政府的指令或直接为政府经济管理服务，同时审计机关也是政府的监督部门，代表社会公众利益对政府经济管理进行监督，对政府行政权力进行制约和规范。行政型审计模式曾为苏联所采用。

（二）国家审计机关设置的中国特色

经过多年实践探索，我国已经形成一套特色鲜明、层次分明、职能齐全的国家审计组织体系（如图 11－2 所示）。我国国家审计的基本组织体系由中共中央审计委员会、审计署以及地方审计机关构成。

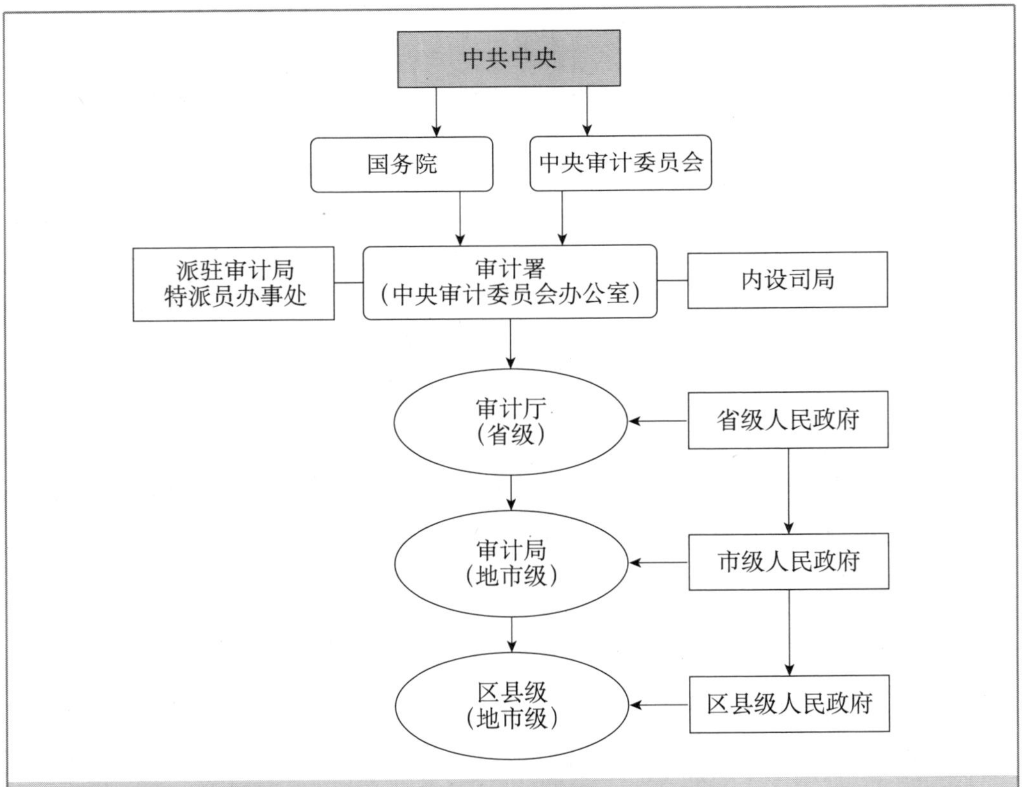

图 11－2　我国国家审计机关的组织结构

1. 中央审计委员会

审计署依《中华人民共和国审计法》于 1983 年 9 月 15 日正式成立，是国务院 25 个组成部门之一。2018 年 3 月，中共中央提出并组建了中央审计委员会，中共中央总书记、国家主席、中央军委主席习近平同志担任中央审计委员会主任，中共中央政治局常委、国务院总理李克强同志和中共中央政治局常委、中央纪律检查委员会书记赵乐际同志担任中央审计委员会的副主任，中央审计委员会的办公室设在审计署，审计长担任办公室主任。这种国家审计机关设置模式在世界范围内都是绝无仅有的，是新时代的制度创新举措。它极大程度上保障了国家审计的权威性、独立性以及战略性。

【扩展阅读】
中央审计委员会的成立背景及主要职责

设置中央审计委员的目的在于落实党中央对审计工作的部署要求，加强全国审计工作统筹，优化审计资源配置，以做到应审尽审、凡审必严、严肃问责，努力构建集中统一、全面覆盖的审计监督体系，更好地发挥审计在党和国家监督体系中的重要作用。其主要职责是：研究提出并组织实施在审计领域坚持党的领导、加强党的建设方针政策，审议审计监督重大政策和改革方案，审议年度中央预算执行和其他财政支出情况审计报告，审议决策审计监督其他重大事项等。

2. 审计署

作为中央审计委员会的办事机构，接受中央审计委员会和国务院的双重领导。审计长是审计署的行政首长，是国务院组成人员。我国《宪法》规定，审计长由国务院总理提名并经全国人民代表大会决定。在机构设置上，审计署直接领导21个内设司局、30个派驻审计局及18个特派员办事处（如表11－3所示），组织开展各项审计工作、专项审计调查。

【扩展阅读】
审计署的职权范围

表11－3　审计署内部机构设置

一、内设司局（21个）					
办公厅	政策研究室	法规司	审理司	内部审计指导监督司	电子数据审计司
财政审计司	税收征管审计司	行政事业审计司	农业农村审计司	固定资产投资审计司	社会保障审计司
自然资源和生态环境审计司	金融审计司	企业审计司	涉外审计司	经济责任审计司	国际合作司或港澳台办公室
人事教育司	机关党委（巡视工作办公室）	离退休干部办公室			
二、派驻审计局（30个）					
中央机关审计局	宣传审计局	统战审计局	外交审计局	政法审计局	教育审计局
科学技术审计局	工信建设审计局	民政社保审计局	资源环境审计局	交通运输审计局	农业水利审计局
贸易审计局	卫生体育审计局	社会管理审计局	经济执法审计局	广电通讯审计局	发展统计审计局

续表

群团文化审计局	金融审计一局	金融审计二局	金融审计三局	企业审计一局	企业审计二局
企业审计三局	企业审计四局	企业审计五局	企业审计六局	企业审计七局	企业审计八局
三、特派员办事处（18个）					
京津冀特派员办事处	驻太原特派员办事处	驻沈阳特派员办事处	驻哈尔滨特派员办事处	驻上海特派员办事处	驻南京特派员办事处
驻武汉特派员办事处	驻广州特派员办事处	驻郑州特派员办事处	驻济南特派员办事处	驻西安特派员办事处	驻兰州特派员办事处
驻昆明特派员办事处	驻成都特派员办事处	驻长沙特派员办事处	驻深圳特派员办事处	驻长春特派员办事处	驻重庆特派员办事处

资料来源：审计署网站.

3. 地方审计机关

对应于中央层面主管全国审计工作的审计署，我国在省级层面设立主管本省审计工作的审计厅，在地市级及区县级层面分别设立主管地方性审计工作的审计局。省、自治区、直辖市、设区的市、自治州、县、自治县、不设区的市、市辖区的人民政府的审计机关，分别在省长、自治区主席、市长、州长、县长、区长和上一级审计机关的领导下，负责本行政区域内的审计工作。地方各级审计机关对本级人民政府和上一级审计机关负责并报告工作，审计业务上以上级审计机关领导为主。审计机关根据工作需要，经本级人民政府批准，可以在其审计管辖范围内设立派出机构，其可根据审计机关的授权，依法进行审计工作。审计机关履行职责所必需的经费，应当列入预算予以保证。

【前沿资讯】
审计机关领导与管理体制改革探索

国务院和县级以上地方人民政府应当每年向本级人民代表大会常务委员会提出审计工作报告。审计工作报告应当报告审计机关对预算执行、决算草案以及其他财政收支的审计情况，重点报告对预算执行及其绩效的审计情况，按照有关法律、行政法规的规定报告对国有资源、国有资产的审计情况。必要时，人民代表大会常务委员会可以对审计工作报告作出决议。国务院和县级以上地方人民政府应当将审计工作报告中指出的问题的整改情况和处理结果向本级人民代表大会常务委员会报告。

（三）最高审计机关国际组织

最高审计机关国际组织（INTOSAI）成立于1953年，是一个独立自治的非政府组织，具有联合国经济及社会理事会（ECOSOC）的特别咨询身份。该组织的核心价值观是“独立、正直、专业、可信、包容、合作、创新”，目标是促进各成员国审计机关帮助所在国政府充分考虑广大人民的利益，改进绩效、加强透明度、坚守责任、维护信誉、打击腐败、提升公众信任，培养更有效地取得和使用公共资源的能力，推动实现良好治理。

该组织由 INTOSAI 大会、理事会、秘书处、地区组织、委员会等机构组成。其中，INTOSAI 大会是该组织的最高权力机构，由所有成员组成，每三年召开一次，在各大洲轮流举办；理事会由 18 个成员组成，经各地区组织推荐，由大会选举产生，向全体成员负责，每年召开一次会议，理事会主席经竞选产生，是 INTOSAI 最高级别代表和主要发言人；秘书处常设在奥地利审计院，由奥地利审计院院长担任秘书长；地区组织包括非洲组织、阿拉伯组织、亚洲组织、加勒比海组织、欧洲组织、拉丁美洲及加勒比组织、太平洋组织；委员会包括职业准则委员会，能力构建委员会，知识共享委员会以及政策、财务及行政委员会这四大目标委员会（INTOSAI Goal Committee）以及新兴问题监督委员会（Supervisory Committee on Emerging Issues）。

INTOSAI 由联合国成员国及其专门机构成员的最高审计机关组成。在成立之初只有 30 个成员，目前发展到 196 个正式会员、5 个非正式会员和 2 个预备会员。我国审计署是世界审计组织的重要成员，于 1982 年加入；2007 年，成为世界审计组织理事会成员；2013 年 10 月至 2016 年 12 月，我国审计署审计长担任 INTOSAI 理事会主席。2013 年 10 月 22 日至 26 日，INTOSAI 第二十一届大会在北京举行。大会通过了《北京宣言——最高审计机关促进良治》，明确促进国家良治是各国最高审计机关的重要任务和目标。作为大会的唯一正式成果文件，《北京宣言——最高审计机关促进良治》总结了世界审计组织成立 60 年以来的重要成就和经验，重申了《利马宣言——关于审计核心原则的指南》《墨西哥宣言——关于最高审计机关的独立性》所阐明的国家审计的基本原则和独立地位，强调了最高审计机关在提高公共行政的效率、增强透明度和强化问责制方面的作用，明确了国家审计是国家治理的重要组成部分，肯定了最高审计机关在维护国家财政安全、促进国家良治方面的重要作用，就如何使世界审计组织成为全球典范机构进行了展望。

【扩展阅读】
《北京宣言
——最高审计机关促进良治》

中国审计长侯凯担任联合国审计委员会主席

2022 年 11 月 29 日，联合国审计委员会在智利首都圣地亚哥举行第 52 次特别会议，决定自 2023 年 1 月 1 日起，由中国审计长侯凯担任联合国审计委员会主席，任期 2 年。

侯凯在接任主席时表示，联合国是最重要的国际组织，当今世界正在经历百年未有之大变局，人类发展面临重大挑战，坚定维护以联合国为核心的国际体系、坚定维护以国际法为基础的国际秩序、坚定维护联合国在国际事务中的核心作用尤为重要。他将团结带领联合国审计委员会认真履行职责使命，通过专业独立的审计工作，促进联合国加强管理、提高绩效，增加透明、强化问责，深化改革、完善治理，为推进 2030 年可持续发展议程，共同构建人类命运共同体作出积极贡献。

联合国审计委员会设立于 1946 年，是联合国治理的重要机构，负责对联合国秘书处、联合国维持和平行动、联合国开发计划署、联合国人权事务高级专员办事处、联合国环境规划署、联合国儿童基金会等机构和基金方案的财务与绩效情况实施独立审计，并向联合国大会提交审计报告、提出审计整改建议，联合国秘书长负责督促联合国各相关单位落实审计整改要求。

联合国审计委员会委员由联合国大会选举产生，3 名委员必须是联合国会员国最高审计机关的审计长或审计法院院长。目前，联合国审计委员会委员包括中华人民共和国审计署审计长侯凯，智利共和国审计长豪尔赫 · 贝穆德斯，法兰西共和国审计法院院长皮埃尔 · 莫斯科维奇。

资料来源：审计署网站 .

二、国家审计人员

【准则链接】
《中华人民共和国国家审计准则》

国家审计人员执行审计业务，应当遵守法律法规和《中华人民共和国国家审计准则》，恪守审计职业道德，保持应有的审计独立性，具备必需的职业胜任能力及其他职业要求。

（一）职业道德要求

国家审计人员应当恪守严格依法、正直坦诚、客观公正、勤勉尽责、保守秘密的基本审计职业道德。具体而言：（1）严格依法，是指审计人员应当严格依照法定的审计职责、权限和程序进行审计监督，规范审计行为。（2）正直坦诚，是指审计人员应当坚持原则，不屈从于外部压力，不歪曲事实，不隐瞒审计发现的问题；廉洁自律，不利用职权谋取私利，维护国家利益和公共利益。（3）客观公正，是指审计人员应当保持客观公正的立场和态度，以适当、充分的审计证据支持审计结论，实事求是地作出审计评价，处理审计中发现的问题。（4）勤勉尽责，是指审计人员应当爱岗敬业、勤勉高效、严谨细致，认真履行审计职责，保证审计工作质量。（5）保守秘密，是指审计人员应当保守其在执行审计业务中知悉的国家秘密、商业秘密；对于执行审计业务取得的资料、形成的审计记录和掌握的相关情况，未经批准不得对外提供和披露，不得用于与审计工作无关的目的。

（二）独立性要求

国家审计人员在执行审计业务时，应当保持应有的审计独立性，不得参加影响审计独立性的活动，不得参与被审计单位的管理活动。审计人员遇有下列可能损害审计独立性情形的，应当向审计机关报告：（1）与被审计单位负责人或者有关主管人员有夫妻关系、直系血亲关系、三代以内旁系血亲以及近姻亲关系；（2）与被审计单位或者审计事项有直接经济利益关系；（3）对曾经管理或者直接办理过的相关业务进行审计；（4）可能损害审计独立性的其他情形。

（三）专业素养与职业能力要求

审计人员应当具备与其从事审计业务相适应的专业知识、职业能力和工作经验。在执行审计业务时，应当合理运用职业判断，保持职业谨慎，对被审计单位可能存在的重要问题保持警觉，并审慎评价所获取审计证据的适当性和充分性，得出恰当的审计结论。同时，审计人员应当从下列方面保持与被审计单位的工作关系：与被审计单位沟通并听取其意见；客观公正地作出审计结论，尊重并维护被审计单位的合法权益；严格执行审计纪律；坚持文明审计，保持良好的职业形象。

（四）其他方面的要求

《中华人民共和国国家审计准则》（以下简称《国家审计准则》）同时也规定了对国家审计机关的资质要求，具体包括资格条件（符合法定的审计职责和权限，有职业胜任能力的审计人员，建立适当的审计质量控制制度，必需的经费和其他工作条件）、独立性、专业胜任能力。其中，专业胜任能力部分涉及了对国家审计机关外聘人员的资质要求——聘请的外部人员应当具备准则规定的职业要求，且不得聘请有下列情形之一的外部人员：（1）被刑事处罚的；（2）被劳动教养的；（3）被行政拘留的；（4）审计独立性可能受到损害的；（5）法律规定不得从事公务的其他情形。

第三节　国家审计业务与规范

引例

《2022 年度审计工作报告》出炉

【扩展阅读】
《国务院关于 2022 年度中央预算执行和其他财政收支的审计工作报告》

2023 年 6 月 26 日，审计署审计长侯凯在第十四届全国人大代表大会常务委员会第三次会议上作了《国务院关于 2022 年度中央预算执行和其他财政收支的审计工作报告》（简称《2022 年度审计工作报告》）。报告分为七大部分，其中第一部分为中央财政管理审计情况："重点审计了税务和海关部门组织财政收入、中央预算分配和投资计划管理、中央决算草案编制、对地方财政监督等 4 方面情况。2022 年，中央一般公共预算收入总量 107 552.14 亿元、支出总量 134 052.14 亿元，赤字 26 500 亿元，与预算持平；中央政府性基金收入 22 728.67 亿元、支出 15 335.58 亿元；中央国有资本经营收入 2 698.92 亿元、支出 2 610 亿元；中央社会保险基金收入 2 789.18 亿元、支出 2 895.29 亿元，年末滚存结余 92.18 亿元。2022 年，国家发展改革委管理分配中央财政投资6 400亿元”。审计结果表明，财政部、国家发展改革委、税务总局等部门认真落实党中央、国务院决策部署，强化财政资源统筹，保障重点支出需要，宏观调整政策靠前发力并保持接续稳定，预算收入、分配和投资计划执行情况与经济发展状况基本匹配、总体较好。审计发现的主要问题包括：(1) 税务和海关部门组织财政收入不够严格，规范性有待提高；(2) 预算分配管理还存在诸多薄弱环节，现代预算制度改革需向纵深推进；(3) 中央决算草案编报不够准确；(4) 地方财政管理不够严格。

其他部分分别为中央部门预算执行情况、重大项目（包括PPP项目、基础研究和关键核心技术攻关相关任务）和重点民生资金（如促进就业资金、住房租赁资金、城乡义务教育补助经费、乡村振兴重点帮扶县产业帮扶政策落实和资金）审计情况、国有资产审计情况（包括企业国有资产审计情况、金融企业国有资产审计情况、行政事业单位国有资产审计情况、国有自然资源资产审计情况）以及重大违纪违法问题线索情况，对审计工作开展内容和所发现的问题进行了逐一报告。

最后，根据审计工作中所发现的问题提出具体的审计建议。比如，推动宏观调控政策统筹兼顾，增强时效性和精准性；稳步推进重点领域和关键环节改革，为实现高质量发展打下坚实基础；着力防范化解重大经济金融风险隐患，严格监督约束权力运行；加强财政资金绩效管理，严肃财经纪律。

第三节
即测即评

由《2022年度审计工作报告》可看出，国家审计的工作内容是非常繁重的。那么，国家审计执行的业务有哪些？为了顺利执行这些业务并实现预期的审计效果，国家审计机关及其人员应遵守哪些规范的指引与约束呢？本节将分别以这两个问题为起点，展开相关介绍。

一、国家审计业务

根据国家审计的定义，国家审计的职能是对国务院各部门和地方各级人民政府及其各部门的财政收支、国有的金融机构和企业事业组织的财务收支以及依法应当接受审计的财政收支、财务收支的真实、合法和效益进审计监督。其中，财政收支，是指依照《中华人民共和国预算法》和国家其他有关规定，纳入预算管理的收入和支出，以及下列财政资金中未纳入预算管理的收入和支出：行政事业性收费；国有资源、国有资产收入；应当上缴的国有资本经营收益；政府举借债务筹措的资金；其他未纳入预算管理的财政资金。财务收支，是指国有的金融机构、企业事业组织以及依法应当接受审计机关审计监督的其他单位，按照国家财务会计制度的规定，实行会计核算的各项收入和支出。国家审计机关依法对审计监督对象（国务院各部门和地方各级人民政府及其各部门、国有的金融机构和企业事业组织的财务收支、其他按规定应当接受审计的部门及其领导干部）执行审计，即审计监督对象必须接受国家审计机关的审计，这是其法定义务。

为了构建与国家治理体系和治理能力现代化相互适应的审计监督机制，国家审计的内容从基础性的预算执行审计逐渐扩展到决算草案审计、金融审计、社保资金审计、扶贫资金审计、资源环境审计、绩效审计、重大政策措施落实情况跟踪审计、经济责任审计等。这些审计内容大致可归类为或穿插于对公共资金、国有资产、国有资源、领导干部履行经济责任情况（以下简称经济责任）的四类审计。① 如图 11－3 所示，公共资金、国有资产、国有资源增减变动涉及公共资源使用的过程与效果，领导干部履行经济责任情况反映领导干部的治理能力与责任，均是推进国家治理体系和治理能力现代化的重点方面。

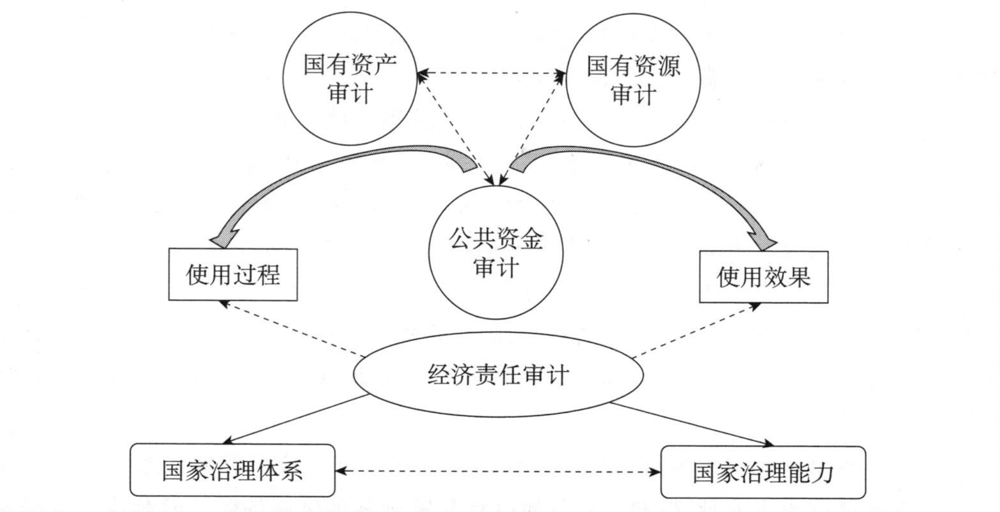

图 11－3 国家审计的业务结构图

（一）公共资金审计

国家审计机关依法对政府的全部收入和支出、政府部门管理或其他单位受政府委托管理的资金，以及相关经济活动进行审计。主要检查公共资金筹集、管理、分配、使用过程中遵守国家法律法规情况，贯彻执行国家重大政策措施和宏观调控部署情况，公共资金管理使用的真实性、合法性、效益性以及公共资金沉淀等情况，公共资金投入与项目进展、事业发展等情况，公共资金管理、使用部门和单位的财政财务收支、预算执行和决算情况，以及职责履行情况，以促进公共资金安全高效使用。国家审计机关应坚持以公共资金运行和重大政策落实情况为主线，将预算执行

【扩展阅读】
2021 年第二季度国家重大政策措施落实情况跟踪审计结果

① 中共中央办公厅，国务院办公厅．关于实行审计全覆盖的实施意见．2015.

审计与决算草案审计、专项资金审计、重大投资项目跟踪等相结合，对涉及的重点部门和单位进行重点监督，加大对资金管理、分配使用关键环节的审计力度。

国家审计查出的中央部门单位违反财经纪律行为

2023年6月，审计署网站公布的2023年第2号公告《中央部门单位2022年度预算执行等情况审计结果》介绍，2022年11月至2023年2月，审计署重点审计了41个部门及所属188家单位财政预算拨款2 285.59亿元。发现以下违反财经纪律的行为：

一、利用部门职权或行业资源违规牟利、收费或转嫁摊派6.19亿元。29家所属单位通过将业务转包、利用特许经营权与外部企业合作、出借资质证书帮助其他单位承揽业务等方式，违规牟利或收费5.58亿元；3个部门和7家所属单位违规举办评比表彰或论坛庆典、利用部门影响力等收费或转嫁摊派3 176.51万元；5家所属单位违规举办培训班、合作办学或远程教育等收费2 937.23万元。

二、依法理财依规决策意识不强。13家所属单位将培训费、资产处置收入等4.36亿元，账外存放或核算形成“小金库”，2个部门和8家所属单位虚列支出、套取资金8 079.67万元，其中471.85万元被用于吃喝、送礼等或涉嫌个人侵占。3个部门和29家所属单位铺张浪费，有的花费2 700多万元租用办公场所导致人均面积达137平方米；有的超合同进度年底突击花钱8 458.07万元。17家所属单位违反行业规定等开展业务或违规决策，造成损失（风险）4.31亿元。25家所属单位违规发放津贴补贴或承担应由个人支出的商业保险等费用8 795.66万元。5家所属单位领导干部违规持股或兼职取酬3 587.39万元。

三、公务用车管理制度落实还需加强。2个部门和3家所属单位无偿占用、换用下级单位公车或违规出借共计23辆；2个部门和9家所属单位超编制、超标准配备公车36辆；34家所属单位仍未完成公车改革，涉及公车55辆。

（二）国有资产审计

国家审计机关依法对行政事业单位、国有和国有资本占控股或主导地位的企业（含金融企业，以下简称国有企业）等管理、使用和运营的境内外国有资产进行审计。主要检查国有资产管理、使用和运营过程中遵守国家法律法规情况，贯彻执行国家重大政策措施和宏观调控部署情况，国有资产真实完整和保值增值情况，国有资产重大投资决策及投资绩效情况，资产质量和经营风险管理情况，国有资产管理部门职责履行情况，以维护国有资产安全，促进提高国有资产运营绩效。国家审计计划机关应根据国有资产的规模、管理状况以及管理主体的战略地位等因素确定重点审计对象，将国有资产管理使用情况作为行政事业单位年度预算执行审计或其他专项审计的内容。

国家审计查出的国有资产损失问题

审计署2021年第5号公告披露了两家导致国有资产损失问题的情况：一是中国煤炭科工集团有限公司原董事长王金华涉嫌违规决策造成国有资产损失。审计发现，2013年4月至12月，王金华涉嫌违规决策造成国有资产损失。2018年11月，审计署将此问题线索移送国资委调查。至2020年11月，王金华被开除党籍、开除公职，并收缴违纪违法所得。二是中国建材集团有限公司原副总经理黄安中涉嫌滥用职权造成国有资产损失。审计发现，截至2014年12月，黄安中涉嫌滥用职权违规向民营企业提供资金，造成国有资金面临损失风险。2016年12月，审计署将此问题线索移送中央纪委调查。2020年10月，黄安中以贪污罪、受贿罪被判处有期徒刑8年，并处罚金80万元，追缴受贿犯罪所得。

审计署2019年第5号公告披露：中国铝业香港有限公司原副总裁李海明涉嫌违规开立信用证造成国有权益损失。审计发现，2010年，李海明涉嫌违规向外方开立具有履约担保功能的信用证，造成国有权益损失。2015年，审计署将此问题线索移送国资委调查。2018年12月，北京市海淀区人民法院以国有公司人员滥用职权罪判处李海明有期徒刑3年。

审计署2018年第42号公告披露：上海市电力公司原总经理冯军违规干预资产处置造成国有权益损失。审计发现，2013年，冯军涉嫌利用职务便利，违规干预上海市电力公司下属企业资产处置业务，造成国有权益损失。2014年11月，审计署将此问题线索移送中央纪委调查。2017年3月，上海市第一中级人民法院以受贿罪判处冯军无期徒刑，剥夺政治权利终身。

（三）国有资源审计

国家审计机关依法对土地、矿藏、水域、森林、草原、海域等国有自然资源，特许经营权、排污权等国有无形资产，以及法律法规规定属于国家所有的其他资源进行审计。主要检查国有资源管理和开发利用过程中遵守国家法律法规情况，贯彻执行国家重大政策措施和宏观调控部署情况，国有资源开发利用和生态环境保护情况，相关资金的征收、管理、分配和使用情况，资源环境保护项目的建设情况和运营效果，国有资源管理部门的职责履行情况，以促进资源节约、集约利用和生态文明建设。根据国有资源的稀缺性、战略性和分布情况等因素，确定重点审计对象。在审计过程中，应加大对资源富集和毁损严重地区的审计力度，对重点国有资源进行专项审计，将国有资源开发利用和生态环境保护等情况作为领导干部经济责任审计的重要内容，对领导干部实行自然资源资产离任审计。

【审计案例】
环渤海地区生态环境保护审计结果出炉

（四）经济责任审计

国家审计机关依法对地方各级党委、政府、审判机关、检察机关，中央和地方各级党政工作部门、事业单位、人民团体等单位的党委（党组、党工委）和行政正职领导干部（包括主持工作 1 年以上的副职领导干部），国有企业法定代表人，以及实际行使相应职权的企业领导人员履行经济责任情况进行审计。主要检查领导干部贯彻执行党和国家经济方针政策、决策部署情况，遵守有关法律法规和财经纪律情况，本地区本部门本单位发展规划和政策措施制定、执行情况及效果，重大决策和内部控制制度的执行情况及效果，本人遵守党风廉政建设有关规定情况等，以促进领导干部守法、守纪、守规、尽责。审计机关应根据领导干部的岗位性质、履行经济责任的重要程度、管理资金资产资源规模等因素，确定重点审计对象和审计周期；在审计中，坚持任中审计和离任审计相结合，经济责任审计与财政审计、金融审计、企业审计、资源环境审计、涉外审计等相结合，实现项目统筹安排、协同实施。

做好经济责任审计，各地纷纷出招

北京市召开 2022 年局级领导干部经济责任审计工作部署会，强调要紧盯责任，促进经济责任审计工作提质增效。立足“经济监督”定位，紧扣领导干部经济责任，持续深化审计内容，坚持依法审计、客观求实，持续提升审计效能和工作质量；通力协作，高标准高质量完成经济责任审计各项任务。各地区各部门要积极配合，重视整改，联席会议办公室做好统筹谋划、组织协调和政策指导，不断完善运行机制，确保联席会议管理规范、运转有序、工作高效。

安徽省审计厅把好任前提醒关，坚持对新任省管领导干部发放《领导干部经济责任告知书》，告知应关注的贯彻执行党和国家经济方针政策等方面经济责任；把好计划安排关，坚持全省经济责任审计工作上下“一盘棋”，加大领导干部经济责任异地交叉审计力度；把好审计实施关，突出创优导向，出台关于创建优秀审计项目工作的意见，提前确定年度拟创优重点项目，加强审计项目质量管理，强化成果导向；把好成果运用关，督促经济责任审计工作联席会议成员单位在各自职责范围内运用审计成果，向省委审计委员会报送年度审计结果运用情况的报告；把好审计整改关，实现对领导干部履行经济责任从“最先一公里”到“最后一公里”全流程闭环监督。

云南省审计厅明确经济责任审计工作主要任务和重点：将全省 129 个县（市、区）委书记任期经济责任审计纳入省审计厅项目计划管理；将全省三级审计机关经济责任审计资源统筹起来，与领导干部自然资源资产离任（任中）审计衔接起来，构建信息互通、计划衔接、成果共享机制；建设经济责任审计信息管理系统，健全完善经济责任审计对象库；加强分类管理和审前研究，集中全省审计力量对重要系统、重点领域和重点行业领导干部实行轮审；推进研究型经济责任审计，全面梳理“十三五”以来审计发现的典型性、普遍性、倾向性、规律性问题，编制印发《省管领导干部应当防范的各种经济风险警示清单》。

二、国家审计规范

国家审计规范是国家审计监督制度建立的法律依据和国家审计机关及其审计人员在审计工作中应当遵循的各种审计法规、制度及准则等的总称。我国的国家审计规范由执业准则体系、职业道德规范以及法律规范体系三部分构成。

（一）执业准则体系

我国的国家审计职业准则体系是由《国家审计准则》确立并构成的。我国现行的《国家审计准则》是审计署于2010年修订的，包括总则、审计机关和审计人员、审计计划、审计实施、审计报告、审计质量控制和责任等内容（如表11-4所示）。

表11-4　《国家审计准则》章节一览表

章节	章名称	分节内容
第一章	总则	—
第二章	审计机关和审计人员	—
第三章	审计计划	—
第四章	审计实施	第一节　审计实施方案
		第二节　审计证据
		第三节　审计记录
		第四节　重大违法行为检查
第五章	审计报告	第一节　审计报告的形式和内容
		第二节　审计报告的编审
		第三节　专题报告与综合报告
		第四节　审计结果公布
		第五节　审计整改检查
第六章	审计质量控制和责任	—
第七章	附则	—

其中，“总则”介绍准则制定的原因、适用准则的情形、适用准则时应承担的责任等；“审计机关和审计人员”规定执行国家审计业务应满足的资格条件和职业要求，包括审计机关的具体资质和审计人员应遵守法律规范、恪守职业道德、保持应有的独立性以及具备必需的职业胜任能力等；“审计计划”要求审计机关应当根据法定的审计职责和审计管辖范围编制年度审计项目计划，具体包括年度计划的编制流程、重点内容、审批流程以及涉及审计计划调整的相关情形和处理方法；“审计实施”明确审计实施过程中的相关要求，包括审计实施方案的编制要求（如了解

被审计单位及其所处环境的内容、程序及方法，据此确定重点审计领域，以及总体和具体实施方案）和具体执行过程中应注意的事项（如审计证据的获取、审计记录（如审计工作底稿）的保存以及充分关注被审计单位的重大违法违规行为等）；“审计报告”主要规范审计报告的具体内容与形式、审计报告的编审程序、审计结果公布和审计整改检查的内容；“审计质量控制和责任”规定了审计机关应满足的审计质量控制要求和应承担的相关责任。

在审计机关和审计人员、审计计划、审计实施、审计报告、审计质量控制和责任中，前四项为作业类具体准则，最后一项为管理类具体准则。作为管理类具体准则的“审计质量控制和责任”是贯穿国家审计全过程中的重要工作，也是国家审计工作的支撑力和落脚点。因此，审计机关应当根据准则中质量控制相关规定并结合具体情况，制定如下几种制度：（1）审计质量控制制度。审计质量控制制度应当包括如下五个要素：审计质量责任、审计职业道德、审计人力资源、审计业务执行、审计质量监控。具体可实行：审计组成员、审计组主审、审计组组长、审计机关业务部门、审理机构、总审计师和审计机关负责人对审计业务的分级质量控制。（2）审计项目档案管理制度。国家审计机关应按照国家有关规定，建立健全审计项目档案管理制度，明确审计项目归档要求、保存期限、保存措施、档案利用审批程序等。审计项目归档工作实行审计组组长负责制，由审计组组长确定立卷责任人，立卷责任人收集审计项目的文件材料，并在审计项目终结后及时立卷归档，由审计组组长审查验收。（3）审计业务质量检查制度。审计机关实行审计业务质量检查制度，对其业务部门、派出机构和下级审计机关的审计业务质量进行检查，重点关注审计结论的恰当性、审计处理处罚意见的合法性和适当性，并向被检查单位通报检查结果。（4）审计业务年度考核制度。审计机关应当对其业务部门、派出机构实行审计业务年度考核制度，考核审计质量控制目标的实现情况，如定期组织并表彰优秀审计项目等。

（二）职业道德规范

我国国家审计的职业道德规范体现在以下准则或准则条款中：

1.《审计机关审计人员职业道德准则》

1996年12月，审计署制定并印发《审计机关审计人员职业道德准则》，后经2001年8月1日修订。该准则旨在提高审计人员素质，加强职业道德修养，规范执业行为，根据《中华人民共和国审计法》和《中华人民共和国国家审计基本准则》而制定。

在该准则中，审计人员职业道德是指审计机关审计人员的职业品德、职业纪律、职业胜任能力和职业责任。审计人员违反职业道德，由所在审计机关根据有关规定给予批评教育、行政处分或者纪律处分。审计人员职业道德的具体要求如表11－5所示。2010年新修订的《国家审计准则》通过后，包括该准则在内的28项准则和规定被同时废止。

表 11-5 《审计机关审计人员职业道德准则》中的具体要求

条款号	具体内容
第三条	审计人员应当依照法律规定的职责、权限和程序，进行审计工作，并遵守国家审计准则。
第四条	审计人员办理审计事项，应当客观公正、实事求是、合理谨慎、职业胜任、保守秘密、廉洁奉公、恪尽职守。
第五条	审计人员在执行职务时，应当保持应有的独立性，不受其他行政机关、社会团体和个人的干涉。
第六条	审计人员办理审计事项，与被审计单位或者审计事项有直接利害关系的，应当按照有关规定回避。
第七条	审计人员在执行职务时，应当忠诚老实，不得隐瞒或者曲解事实。
第八条	审计人员在执行职务特别是作出审计评价、提出处理处罚意见时，应当做到依法办事，实事求是，客观公正，不得偏袒任何一方。
第九条	审计人员应当合理运用审计知识、技能和经验，保持职业谨慎，不得对没有证据支持的、未经核清事实的、法律依据不当的和超越审计职责范围的事项发表审计意见。
第十条	审计人员应当具有符合规定的学历，通过岗位任职资格考试，具备与从事的审计工作相适应的专业知识、职业技能和工作经验，并保持和提高职业胜任能力。不得从事不能胜任的业务。
第十一条	审计人员应当遵守审计机关的继续教育和培训制度，参加审计机关举办或者认可的继续教育、岗位培训活动，学习会计、审计、法律、经济等方面的新知识，掌握与从事工作相适应的计算机、外语等技能。
第十二条	审计人员参加继续教育、岗位培训，应当达到审计机关规定的时间和质量要求。
第十三条	审计人员对其执行职务时知悉的国家秘密和被审计单位的商业秘密，负有保密的义务。在执行职务中取得的资料和审计工作记录，未经批准不得对外提供和披露，不得用于与审计工作无关的目的。
第十四条	审计人员应当遵守国家的法律、法规和规章以及审计工作纪律和廉政纪律。
第十五条	审计人员应当认真履行职责，维护国家审计的权威，不得有损害审计机关形象的行为。审计人员应当维护国家利益和被审计单位的合法权益。

2.《国家审计准则》中的规定

现行《国家审计准则》(2010 年修订，2011 年 1 月 1 日起实施）的第十四至二十五条对国家审计人员和国家审计机关的职业道德作出了明确规定。其中，第十四条规定“审计人员执行审计业务，应当具备下列职业要求：(一）遵守法律法规和本准则；(二）恪守审计职业道德；(三）保持应有的审计独立性；(四）具备必需的职业胜任能力；(五）其他职业要求”。第十五条则规定了国家审计职业道德的基本原则，要求“审计人员应当恪守严格依法、正直坦诚、客观公正、勤勉尽责、保守秘密的基本审计职业道德”。第十六至十九条规范了对国家审计机关和人员的独立性要求与应对措施。第二十至二十四条对合理配置审计人员、确保审计人员具备胜任能力和职业谨慎进行了具体规定。第二十五条对如何保持与被审计单位的工作关系提供了具体规范，包括与被审计单位沟通并听取其意见，客观公正地作出审计结论、尊重并维护被审计单位的合法权益，严格执行审计纪律，坚持文明审计、保持良好的职业形象。

（三）法律规范体系

我国国家审计的法律规范体系包括国家法律、行政法规以及部门规章及规范性文件等，如图 11－4 所示。

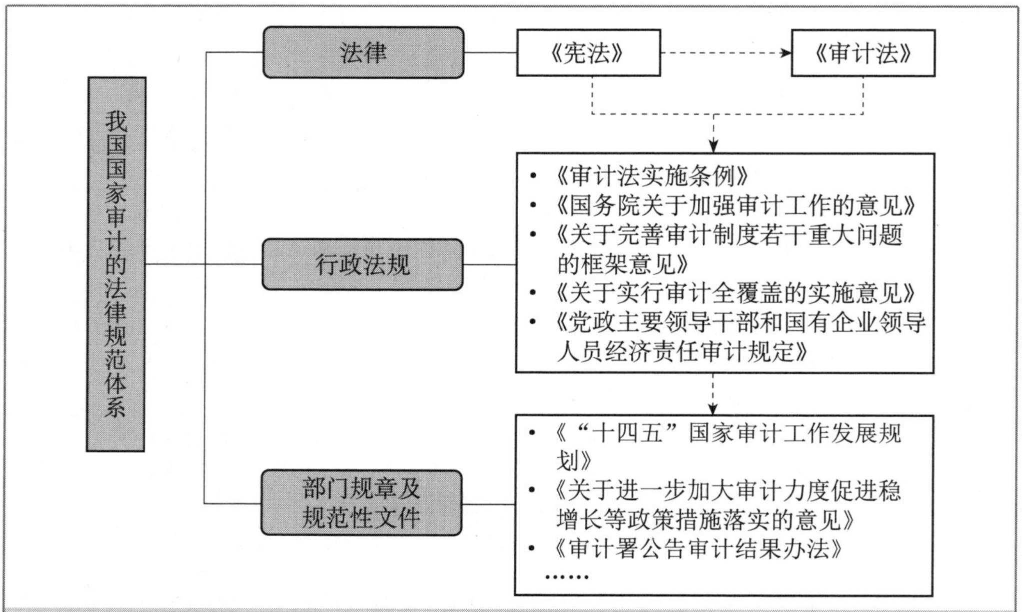

图 11－4　我国国家审计的法律规范体系

1. 法律

（1）《中华人民共和国宪法》。《中华人民共和国宪法》（以下简称《宪法》）第九十一条规定：“国务院设立审计机关，对国务院各部门和地方各级政府的财政收支，对国家的财政金融机构和企业事业组织的财务收支，进行审计监督。审计机关在国务院总理领导下，依照法律规定独立行使审计监督权，不受其他行政机关、社会团体和个人的干涉。”第一百零九条规定：“县级以上的地方各级人民政府设立审计机关。地方各级审计机关依照法律规定独立行使审计监督权，对本级人民政府和上一级审计机关负责。”此外，《宪法》还对审计监督的基本原则、审计机关的设置和领导体制、审计监督基本职责、审计长的地位和任免条件等基本制度做了规定。

【法规链接】
《中华人民共和国审计法》

（2）《中华人民共和国审计法》。2006 年 2 月 28 日颁布的《中华人民共和国审计法》（以下简称《审计法》）对审计机关和审计人员、审计机关职责、审计机关权限、审计程序以及法律责任等内容进行了规范。2021 年 5 月 6 日，《审计法（修正草案）》经国务院会议通过。草案保持我国国家审计的基本制度不变，在宪法和法律框架下扩展审计范围，增加了对除政府投资建设项目外的其他重大公共工程项目、国有资源、国有资产、公共资金和地方银行等进行审计监督的规定，强化审计监督手段，增强审计监督的独立性和公信力，明确要求被审计单位应按规定时间整改审计查出问题，审计机关应对整改情况进行跟踪检查，对拒不整改或整改时弄虚作假的依法追究责任。2021 年 10 月 23 日第十三届全国人民代表大会常务委员会第三十一次会议通过新修订的《审计法》，并从 2022 年 1 月 1 日起施行。

2. 行政法规

（1）《审计法实施条例》。为了指引《审计法》的具体实施工作，国务院于 1997 年 10 月制定了《审计法实施条例》，后于 2010 年 2 月经国务院第 100 次常务会议修订通过。《审计法实施条例》对审计机关和审计人员、审计机关职责、审计机关权限、审计程序、法律责任等内容作了具体规定。

（2）《国务院关于加强审计工作的意见》。2014 年 10 月 27 日，国务院印发了《关于加强审计工作的意见》，具体内容包括：审计机关要把对国家重大政策措施贯彻落实情况进行跟踪审计作为一项日常工作；审计机关要对稳增长、促改革、调结构、惠民生、防风险等政策措施落实情况，以及公共资金、国有资产、国有资源、领导干部经济责任履行情况进行审计；某些重大项目可以进行“全过程跟踪审计”；凡是涉及管理、分配、使用公共资金、国有资产、国有资源的部门、单位和个人，都要接受审计、配合审计。

【法规链接】
《国务院关于加强审计工作的建议》

（3）《关于完善审计制度若干重大问题的框架意见》。2015 年 12 月 8 日，中共中央办公厅、国务院办公厅印发了《关于完善审计制度若干重大问题的框架意见》(以下简称《框架意见》)。《框架意见》要求：加大改革创新力度，完善审计制度，健全有利于依法独立行使审计监督权的审计管理体制，建立具有审计职业特点的审计人员管理制度，对公共资金、国有资产、国有资源和领导干部履行经济责任情况实行审计全覆盖，做到应审尽审、凡审必严、严肃问责。到 2020 年，基本形成与国家治理体系和治理能力现代化相适应的审计监督机制，更好发挥审计在保障国家重大决策部署贯彻落实、维护国家经济安全、推动深化改革、促进依法治国、推进廉政建设中的重要作用。《框架意见》进一步提出：完善审计制度的基本原则是坚持党的领导、坚持依法有序、坚持问题导向、坚持统筹推进；主要任务是实行审计全覆盖、强化上级审计机关对下级审计机关的领导、探索省以下地方审计机关人财物管理改革、推进审计职业化建设、加强

【法规链接】
《关于完善审计制度若干重大问题的框架意见》《关于实行审计全覆盖的实施意见》

审计队伍思想和作风建设、建立健全履行法定审计职责保障机制、完善审计结果运用机制、加强对审计机关的监督。

（4）《关于实行审计全覆盖的实施意见》。与《框架意见》同时发布的还有《关于实行审计全覆盖的实施意见》。意见指出：对公共资金、国有资产、国有资源和领导干部履行经济责任情况实行审计全覆盖，是党中央、国务院对审计工作提出的明确要求。审计机关要建立健全与审计全覆盖相适应的工作机制，科学规划，统筹安排，分类实施，注重实效，坚持党政同责、同责同审。对重点部门、单位要每年审计，其他审计对象1个周期内至少审计1次，对重点地区、部门、单位以及关键岗位的领导干部任期内至少审计1次，对重大政策措施、重大投资项目、重点专项资金和重大突发事件开展跟踪审计，坚持问题导向，对问题多、反映大的单位及领导干部要加大审计频次，实现有重点、有步骤、有深度、有成效的全覆盖等等。

（5）《党政主要领导干部和国有企业领导人员经济责任审计规定》。2010年10月，中共中央、国务院发布了《党政主要领导干部和国有企业领导人员经济责任审计规定》，对经济责任审计的审计对象、审计计划、组织协调、审计内容、审计实施、审计评价、责任界定和结果运用等作出了具体规定。2019年7月，中共中央办公厅、国务院办公厅印发了新修订的《党政主要领导干部和国有企事业单位主要领导人员经济责任审计规定》。新规定共7章52条，相比2010年版本新增1章、修改40条、删除2条、新增10条。重点修订内容包括：（1）明确经济责任审计工作指导思想。强调经济责任审计工作以习近平新时代中国特色社会主义思想为指导，聚焦经济责任，客观评价，揭示问题，促进经济高质量发展，促进全面深化改革，促进权力规范运行，促进反腐倡廉，推进国家治理体系和治理能力现代化。（2）规范计划管理和审计结果报送。坚持党对经济责任审计工作的领导和党管干部原则，强调以任职期间审计为主，年度审计项目计划提交同级审计委员会审议决定。经济责任审计报告等审计结论性文书按照规定程序报同级审计委员会，按照干部管理权限送组织部门。（3）明确审计评价内容。要求在审计范围内，对被审计领导干部履行经济责任情况，包括公共资金、国有资产、国有资源的管理、分配和使用中个人遵守廉洁从政（从业）规定等情况，作出客观公正、实事求是的评价。（4）调整责任类型。将2010年规定的“直接责任、主管责任、领导责任”三类责任调整为“直接责任、领导责任”两类责任，要求综合考虑审计发现问题的历史背景、决策过程、性质、后果和领导干部实际所起的作用等情况界定责任。（5）完善监督纠错机制。明确被审计领导干部对经济责任审计报告有异议的，可以向同级审计委员会办公室申诉，由办公室另外组织人员进行复查并提出复查意见，报审计委员会批准后作出复查决定。①

① 审计署网站，https://www.audit.gov.cn/n6/n37/c134641/content.html.

3. 部门规章及规范性文件

（1）《“十四五”国家审计工作发展规划》。2021年6月，审计署发布了《“十四五”国家审计工作发展规划》，提出审计工作的目标要求：第一，健全集中统一的审计工作体制机制。把加强党对审计工作的领导落实到审计工作全过程各环节，构建完成覆盖全国、上下贯通、执行有力的组织体系，健全党中央关于审计工作的重大决策部署落实机制、军地联合审计工作机制；健全各级党委审计委员会关于审计领域重大事项请示报告制度，形成审计工作全国一盘棋。第二，着力构建全面覆盖的审计工作格局。统筹各级审计力量，拓展审计监督的广度和深度，消除监督盲区，形成多层次、全方位的审计监督体系，确保党中央重大政策措施部署到哪里、国家利益延伸到哪里、公共资金运用到哪里、公权力行使到哪里，审计监督就跟进到哪里。实现审计全覆盖纵向与横向相统一、有形与有效相统一、数量与质量相统一。第三，推动形成权威高效的审计工作运行机制。坚持依法审计，用事实和数据说话，维护审计监督的权威性和公信力。坚持党政同责、同责同审，促进权力规范运行。建立健全审计查出问题整改长效机制。着力构建审计计划、组织实施、复核审理、督促整改等既相互分离又相互制约的审计工作机制，不断提升审计管理的制度化、规范化、信息化水平。

【前沿资讯】
《“十四五”国家审计工作发展规划》

（2）《关于进一步加大审计力度促进稳增长等政策措施落实的意见》。2015年9月18日，审计署印发《关于进一步加大审计力度促进稳增长等政策措施落实的意见》，规定了各级审计机关的主要五项任务——进一步加大审计工作重点领域主动公开力度、进一步深化权威解读和舆论引导、进一步加强政务公开平台建设、进一步推进政务公开制度化规范化、进一步强化对政务公开工作的组织领导。

【法规链接】
《关于进一步加大审计力度促进稳增长等政策措施落实的意见》

（3）《审计署公告审计结果办法》。2006年6月，审计署发布了《审计署公告审计结果办法》。该办法规定，凡审计署统一组织审计项目的审计结果，除受委托的经济责任审计项目和涉及国家秘密、被审计单位商业秘密的内容外，原则上都要向社会公告；对于中央预算执行和其他财政收支的审计工作报告以及审计查出问题纠正情况报告、向国务院报送的综合性专题报告以及其他认为需要报经国务院同意的审计结果应当事先报经国务院同意后再进行公告，其他审计事项的审计结果需要公告的，由审计署决定；审计署公告审计结果需要报经国务院同意的，应当在向国务院呈送的相关报告中加以说明，并形成公告稿报国务院审批。

（4）其他部门规章与规范文件。除此之外，近年来审计署还印发了其他规章和指导意见，如《党政主要领导干部和国有企业领导人员经济责任审计规定实施细则》（2014年）、《国家重大政策措施和宏观调控部署落实情况跟踪审计实施意见（试行）》（2015年）、《审计署关于加强审计监督进一步推动财政资金统筹使用的意

【法规链接】
《审计署办公厅关于进一步加强扶贫审计促进精准扶贫精准脱贫政策落实的意见》

见》（2015 年）、《审计署审计现场管理办法》（2015 年）、《审计署办公厅关于进一步加强扶贫审计促进精准扶贫精准脱贫政策落实的意见》（2016 年）、《审计署关于审计工作更好地服务于创新型国家和世界科技强国建设的意见》（2016 年）、《审计署办公厅关于进一步重申严格依法履职尽责的通知》（2016 年）、《审计署关于进一步完善和规范投资审计工作的意见》（2017 年）、《审计署关于进一步加强减税降费政策措施落实情况审计监督的意见》（2018 年）、《审计署关于在乡村振兴战略实施中加强审计监督的意见》（2018 年）、《审计署关于印发 2019 年度内部审计工作指导意见的通知》（2019 年）、《审计署关于印发政府财务报告审计办法（试行）的通知》（2020 年）等。

第四节　国家审计绩效与评价

引例

国家审计绩效如何？绩效报告来说明

2016 年 9 月 2 日审计署发布了 2015 年度审计署绩效报告。报告介绍：2015 年，审计署共审计 376 个部门和单位，根据法律法规和审计工作需要，还对 7 633 个单位进行了延伸审计和调查。

报告从以下两个方面对于审计署 2015 年度的工作绩效进行了评价。

一是可用货币计量的审计成果。这方面的审计成果是审计工作直接为国家带来的经济效益。2015 年，通过审计发现问题的整改，直接促进财政增收节支、挽回（避免）损失等可用货币计量的审计成果总计 4 031.97 亿元。与此同时，审计署 2015 年度财政拨款支出 15.53 亿元。比较两方面数字，投入产出比为 1∶260，也就是审计每花 1 元财政资金，可为国家带来增收节支等经济效益 260 元。从人均工作成果看，按审计署在职人员 3 341 人计算，人均实现审计成果 12 068 万元。

二是不可用货币计量的审计成果。即审计工作中产生的无法用货币单位精确计量的审计成果，主要是通过审计督促有关方面整改存在的问题、建立健全规章制度、强化追责问责等，从而在促进经济社会健康运行、推动完善国家治理等方面发挥作用来评价。从 2015 年审计工作情况看，可以使用的量化评价指标有：通过审计，提交各类审计报告和专题报告 2 775 篇，提出审计建议 1 456 条，推动被审计单位制定整改措施 2 263 项，促进被审计单位建立健全制度 1 971 项，促进新开工和完工项目 18 862 个，取消和清理行政审批、资质认定和收费等 486 项，移送重大违纪违法问题线索和事项 905 件、涉及 5 750 人等。不可用货币计量的审计成果是审计监督在党和国家监督体系中重要作用的体现。从 2015 年审计工作情况看，具体表现在通过持续开展政策落实跟踪审计，推动资金落实、项目实施、政策落地和追责问责，促进了国家重大决策部署贯彻落实等八大方面。

在上述报告中，我国审计署的国家审计绩效是值得肯定的。实际上，在国家审计的发展历史上，谁来监督与评价国家审计一直是一个颇有争议的话题，它直接关系到国家审计的透明度和独立性。为此，本节分别介绍我国和其他国家的国家审计绩效评价方法。

第四节
即测即评

一、我国的国家审计绩效分析与评价

审计署的绩效报告，从可用货币计量的审计成果和不可用货币计量的审计成果两方面评价了国家审计工作的绩效。

可用货币计量的审计成果指标主要包括挽回或避免的损失、审计署财政拨款支出和投入产出比、审计移送重大违纪违法问题线索和事项的数量及金额等内容。具体包括投入产出比、人均审计成果、人均审计成本等。投入产出比表示部门的工作效果，即该部门在全年的审计工作中取得的可用货币计量的审计成果与部门的实际支出的比例；人均审计成果表示工作人员的工作效果，即该部门在全年的审计工作中取得的可用货币计量的审计成果与部门在职人数的比较；人均审计成本表示工作人员的效率，即该部门在全年的审计工作中的支出与本部门在职人数的比较。具体计算方法是：投入产出比＝全年可用货币计量的审计成果（亿元）/全年的实际支出（亿元）；人均审计成果＝全年可用货币计量的审计成果（亿元）/在职人数（个）；人均审计成本＝全年审计部门支出（亿元）/在职人数（个）；平均单位审计项目耗时率＝所有审计项目总人耗×天数÷完成项目总数。

不可用货币计量的审计成果包括：审计单位数和审计项目数、审计建议被采用的情况、审计报告的数量、提出的审计建议以及被审计单位根据审计建议制定的整改措施；为深化改革、完善制度、加强管理提供了重要参考；发布的审计结果公告、向司法纪检监察机关移送重大违法违纪问题和事项；完成联合国审计项目和国外贷援款公证审计项目等，扩大了审计的国际影响；加强审计法治建设、队伍建设、信息化建设、理论建设和文化建设等自身建设，保证了审计事业的可持续发展；等等。这些成效难以直接通过货币计量，可通过其他量化方式予以指标化，如上报专项审计信息的数量，平均审计单位耗时率，审计专题报告、综合性报告和信息简报数量，审计结果公告数，审计业务工作量（人×日），审计署调查单位总数，平均单位审计项目耗时率以及被审计领导干部数量等。

2022年审计署移送违纪违法问题线索查处情况

据审计署《审计结果公告2022年第2号（总第366号）》统计，2022年审计署移送违纪违规问题线索查处情况有26项，具体包括：中国石油天然气集团有限公司所属企业涉嫌倒卖进口原油问题，一些债务沉重地区（青海、宁夏、贵州、云南等4个地方政府债务风险较高的地区）违规兴建楼堂馆所问题，中国东方资产管理股份有限公司原党委委员、副总裁胡小钢涉嫌违规决策造成国有资产损失问题，国家税务总局山东省税务局总会计师高萍涉嫌受贿问题，中国农业发展银行原巡视工作办公室主任贯楞涉嫌违规放贷问题，云南省曲靖市人大常委会原副主任傅学宾涉嫌受贿问题，北京市农业农村局涉嫌利用企业出具的虚假材料完成高标准农田建设任务问题，中国进出口银行上海分行原党委书记、行长李莅涉嫌违规干预贷款发放问题，中国人民财产保险股份有限公司青岛分公司涉嫌骗取保险理赔金和财政补贴问题，淄博齐翔石油化工集团有限公司涉嫌内部交易问题，建设银行吉林分行原党委书记、行长张勤涉嫌为特定企业融资提供便利问题，辽宁省沈阳市自然资源保护行政执法支队辽中大队临时负责人韩斌斌涉嫌失职渎职放任基本农田被长期占用问题，中国银行河南分行原副行长周璐涉嫌违规决策问题，山西华泰会计师事务所有限公司和山西博林会计师事务所有限公司涉嫌出具虚假审计报告帮助部分企业骗取财政奖励资金问题，浦发银行贵阳分行原行长王兴涉嫌违规放贷问题，富滇银行原副行长曹艳丽涉嫌违规放贷问题，阳光农业互相保险公司所属11个保险社、中国人寿财产保险股份有限公司所属1家公司、中国人民财产保险股份有限公司所属2家公司涉嫌审核把关不严造成农业保险财政补贴和赔偿金被骗取等问题，福建省平和县、建宁县、永春县和仙游县相关单位涉嫌非法占用永久基本农田、高标准农田等问题，甘肃省华池县发展改革局原局长李雨、副局长方建鹏等人涉嫌履职不力造成国有资产损失问题，四川省昭觉县农业农村局原局长罗俊、机械化股原股长万勇等人涉嫌高价采购造成财政资金损失问题，广西壮族自治区昭平县交通运输局副局长卢威涉嫌失职导致扶贫资金被骗取问题，安徽省砀山县李庄镇原人大主席倪铭键涉嫌套取扶贫资金问题，黑龙江省的依安县和克山县3名乡镇干部涉嫌失职渎职导致农业补贴资金被骗取问题，陕西省周至县板房子镇原镇长杨远涉嫌虚报农村户厕改造项目完成数套取财政资金问题，广东省怀集县龙村原村党支部书记、村委会主任卢星帮等人涉嫌侵占村集体资产问题，吉林省长白朝鲜族自治县铭远新能源科技有限责任公司原董事长金哲涉嫌违规审批出借公司资金问题。

资料来源：审计署网站，https://www.audit.gov.cn/n5/n25/c10307951/content.html.

【扩展阅读】
审计署绩效报告（2010—2015）

根据审计署发布的2010—2015年度绩效报告数据，以投入产出、每年实际审计支出、审计业务工作量（人×日）及平均单位审计项目耗时率为例，2010—2015年审计署每年实际审计支出稳步增长，与此同时投入产出比也逐年提高，审计业务工作量（人×日）呈现逐年增长的趋势，审计署对审计的投入不断加大，同时平均单位审计项目耗时率呈显著降低的趋势，表明审计署的审计绩效稳步提升。

二、国外的国家审计绩效分析与评价

（一）美国政府问责署的绩效分析与评价

在美国，对美国政府问责署的绩效分析与评价主要包括以下几个方面：(1) 向国会和公众公开报告美国政府问责署年度绩效与责任报告。该报告包括最近结束的财政年度的美国政府问责署整体的绩效情况和财务信息。通常，美国政府问责署使用一套以成果、客户、公众和内部运作为重点的综合定量绩效测评方法来进行测评，把测评结果与年度绩效计划、绩效预算中设定的目标以及战略规划实施目标进行比较，并且在报告中披露本财政年度机构使用的测评方法、测评结果及问责流程。该报告在美国政府问责署的公共网站对公众公开，公众据此可以理解美国政府问责署的使命、战略规划流程、组织结构、目标实施战略和绩效评估流程的全貌。同时，该报告的提供也满足了《美国法典》(第 31 章第 719 条) 对审计长工作进行年度报告的要求。(2) 美国政府问责署每 3 年邀请独立机构对其绩效审计活动定期开展同业复核。如 2010 年、2013 年邀请了国外最高审计机关国际组织组成的国际团队对绩效审计活动和财务审计活动同时开展同业复核。独立机构根据《公认政府审计准则》进行同业检查，确认其适当性和有效性，向行政管理委员会、管理层和工作人员做简要报告，在美国政府问责署的公共网站公布检查结果。(3) 对于绩效审计、财务审计以及选定的例行非审计业务，美国政府问责署每年都要对机构的质量控制体系进行检查，确认其适当性和有效性，确保现有的政策、程序及《公认政府审计准则》得到有效的遵循，并且根据检查结果制定整改计划予以整改。(4) 美国政府问责署自行聘任外部审计师对其进行财务审计，5 年轮换一次外部审计师，外部审计师报告提交给审计咨询委员会审查。

（二）英国国家审计署的绩效分析与评价

在英国，对国家审计署的绩效分析与评价主要包括以下几个方面：(1) 英国职业监督委员会审计检查部对审计署所开展的财务审计工作进行独立核查，以确保审计署的审计工作质量。(2) 审计署理事会根据审计长提交的日常报告，监督审计长工作的进度及相关预算的执行情况并提出改进建议。(3) 理事会审核批准审计长提交的年度报告，必要时理事会对审计长报告做出修改。(4) 理事会非执行主席和审计长共同向议会审计委员会提交年度报告（其中包括财务报表和审计报告），并在可能举行的审计委员会相关听证会上作证。(5) 经议会审计委员会同意，审计署理事会聘请外部审计师，对审计署实施的财务审计也可实施绩效审计。外部审计师任期不超过 5 年，且外部审计师报告交由议会审查。(6) 议会审计委员会每年开展两次对审计署工作的公开审核。

（三）法国审计法院的绩效分析与评价

在法国，对审计法院的绩效分析与评价主要包括以下几个方面：（1）来自议会的监督。审计法院每年提出预算，经议会审核批准后具体由财政部拨付，议会对审计法院的预算执行情况进行监督。（2）来自内部检察院的监督。检察院常设于审计法院内，监督、协助审计法院的工作，对审计法院的工作发表意见。审计法院的年度工作计划需要事先征求检察院的意见，总检察长或代理检察长有权参加各法庭或部门的会议和审理并发表意见，核查审计法院有关职责、账目、上诉书和复审的资料，对审计法院判决的执行提供帮助并进行监督等。（3）来自同业的监督。外国审计组织对审计法院的工作和绩效进行同业监督，比如 2012 年葡萄牙审计法院和芬兰国家审计署、2010 年及 2013 年瑞士联邦审计局分别对审计法院进行了核查。

（四）德国审计院的绩效分析与评价

在德国，对审计院的绩效分析与评价主要包括以下几个方面：（1）根据《德国联邦预算条例》第 5 部分第 101 条，联邦议会两院负责审查并批准联邦审计院的决算，两院预算委员会的审计委员会审计联邦审计院的账目，审核批准其预算和决算。（2）联邦审计院公开发布年度审计报告，披露审计院的财政收支情况，国会两院和公众据此进行监督。（3）联邦审计院决策成员受联邦纪律法庭管辖，受德国《法官法》的约束。

本章小结　　案例分析　　推荐阅读材料

第十二章
内部审计

思维导图

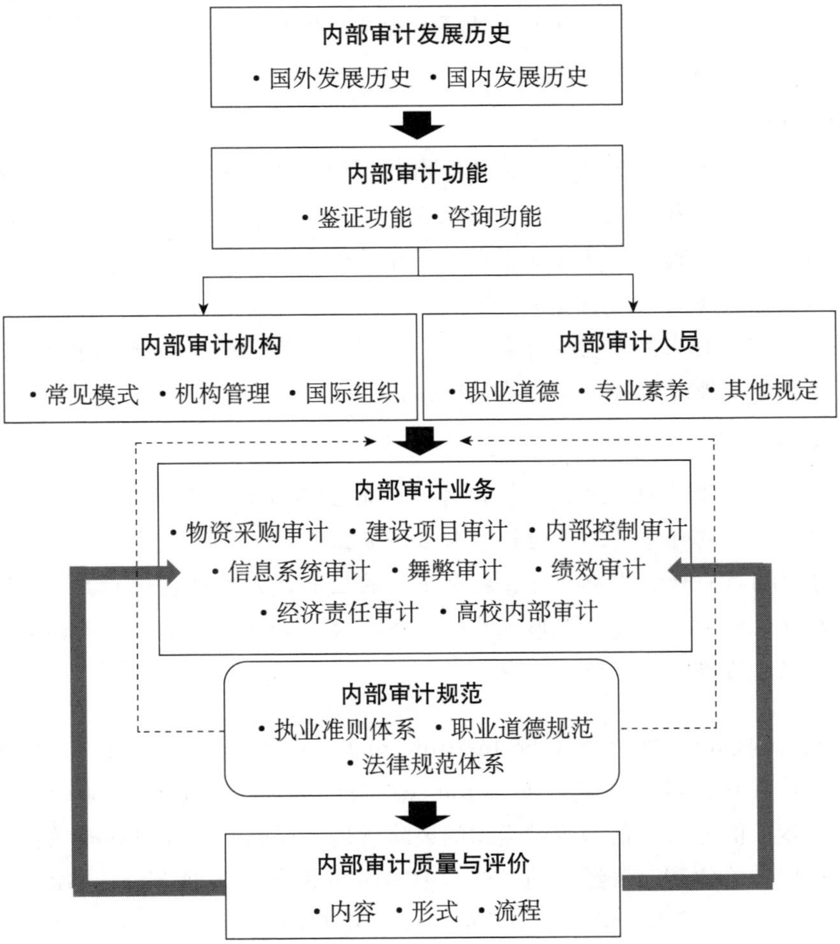

总书记论审计

“要加强对全国审计工作的领导，强化上级审计机关对下级审计机关的领导，加快形成审计工作全国一盘棋。要加强对内部审计工作的指导和监督，调动内部审计和社会审计的力量，增强审计监督合力。”

——2018年5月23日，习近平在中央审计委员会第一次会议上的讲话

素养提升

1. 价值塑造

- 认真学习习近平总书记的审计思想，深刻体会内部审计在“审计工作全国一盘棋”中的重要作用，培养立足本职岗位完善治理监督体系、发挥治理监督效能的使命感、责任心与行动力。
- 充分认识内部审计在党和国家监督体系、推进国家治理体系和治理能力现代化中的重要作用，激发爱国热情和家国情怀，并立志学好审计知识，成为服务国家良治的各行审计监督人才。

2. 知识传授

- 熟悉内部审计的发展历史，辩证理解内部审计的两大功能，在此基础上形成对内部审计的功能定位和发展趋势的准确把握。
- 熟悉内部审计机构的常见设立模式以及相关的内部审计国际组织，并清楚成为内部审计人员应具备的素质和资格。
- 掌握内部审计的业务类型与业务流程，并掌握指导、规范内部审计业务执行的执业准则体系、职业道德规范、法律规范体系。

3. 能力培养

- 能够理解内部审计的初衷、掌握内部审计的基本知识、了解内部审计的工作环境，从而培养从事内部审计工作的核心思维与专业能力。
- 对比分析国家审计、内部审计、社会审计的区别，并总结它们的共性与联系，培养分析与总结能力，并进一步形成知识迁移能力，能够将所学知识灵活运用到各类质疑、监督、检查、治理场景之中。

国际内部审计师协会（the Institute of Internal Auditors，IIA）将内部审计定义为一种独立、客观的鉴证（assurance）与咨询（consulting）活动，它通过运用系统、规范的方法评估和改进组织的风险管理、控制和治理过程有效性，以帮助组织实现增加价值和改善经营的目标。中国内部审计协会（China Institute of Internal Audit，CIIA）基本上沿用了IIA的定义，将其定义为一种独立、客观的确认和咨

询活动，它通过运用系统、规范的方法，审查和评价组织的业务活动、内部控制和风险管理的适当性和有效性，以促进组织完善治理、增加价值和实现目标。

两个定义在具体表述上存在差异：第一，IIA认为内部审计的目标是“增加价值和改善经营”，CIIA则将其表述为“完善治理、增加价值和实现目标”。第二，CIIA将内部审计的评审对象由“风险管理、控制和治理过程有效性”调整为“业务活动、内部控制和风险管理的适当性和有效性”。第三，AII强调“评估和改进”，CIIA仅强调“审查和评价”。这些差异有的是翻译偏差，如assurance被翻译成“确认”①；有的是理念差异，IIA立足于更明确、更聚焦的对象，CIIA倾向于更宽泛、更全面的对象，如“改善经营”替换为“完善治理”、将对过程有效性的评估改为对整体（包括过程和结果）有效性的评估。尽管存在上述差异，但二者的本质与内涵基本上是一致的。本章将分别介绍内部审计的历史与功能、机构与人员、业务与规范、质量评估。

第一节　内部审计历史与功能

引例

令人“恐惧”的万达审计“铁军”

2023年8月8日，据澎湃新闻报道，万达集团高级副总裁刘海波已被公安机关带走，知情人士称或与万达内部反腐有关。近年来，万达已有数次高管被带走调查的情况。万达集团董事长王健林曾表示，万达建立了一支强大的审计队伍，审计部就相当于万达集团的纪委。据悉，万达审计部成立于2001年，其成员由财务、工程、预算、土水电各专业人才组成。自成立以来万达审计中心已经查处多起内部贪腐事件。2015年，万达审计中心查处了西安项目公司原工程副总在内18人的腐败行为，2017年查处了263起违规事件，解除劳动关系129人，司法立案3起。2018年万达再次将两名高管尹建武、金震移交司法机关。2019年，因向商户、供方及员工索贿，万达4名区域高管被万达集团解除劳动关系，录入万达集团除名查询系统，并移交司法。

王健林还曾在2018年工作总结会议上表示：“地产集团个别公司营销人员集体贪腐，损公肥私。反腐常抓不懈，高薪不能养廉，只能长期反腐。”

军人出身的王健林坚持从严治理之道，他指出：“我个人在集团不分管具体业务，唯一管的部门就是审计部，审计部兼有审计和监察双重功能，人财物都直接归我管理。审计部的人员很多是审计师、纪检人员出身。我们对集团下

① 以下内容将统一使用“鉴证”而非“确认”。

属所有公司每年至少审计一次，审计后出示三种意见：一是管理建议书，不处罚，只提管理建议；二是整改通知书，有处罚，但限于行政经济处罚；三是审计通报，开除责任人或移送司法。万达的审计非常严格，这些年开除了不少人，每年都有人被移送司法机关。这种内部审计制度对内部人员违规具有很大的震慑。由于奖惩严格，万达基本做到了令行禁止，所以很多人说万达的企业管理就像军队一样。”万达审计部门在其审计总结中写道：“近年来，在王健林董事长‘强化审计监督’的要求下，审计中心对腐败行为保持高压态势，查办了一批有影响力的大案要案，惩处了一批违法乱纪的腐败分子，对于性质特别恶劣、影响特别严重的坚决移交司法处理。”可以说，万达集团的发展壮大，内部审计功不可没。

第一节
即测即评

引例揭示了内部审计在企业集团治理和发展中的积极作用。除此之外，内部审计还有哪些功能呢？内部审计发展到具备当前的功能，又经历了怎样的历程呢？本节将从内部审计历史、内部审计功能两个方面展开介绍。

一、内部审计历史

（一）国外的发展历史

奴隶社会是内部审计的萌芽时期。人类进入奴隶社会后，出现了私有制，奴隶主为了坐享其成，往往将自己的私有财产委托精明能干的代理人去管理，并委派亲信作为第三者审查代理人是否诚实地履行经济责任。

现代西方内部审计是自20世纪40年代，随着大型企业管理层次的增多和管理人员控制范围的扩大，基于企业单位内部经济监督和管理之需要产生的；60年代以后，便出现管理审计开始与经营审计合二为一，70年代又相继出现环境审计、社会审计等新形式；20世纪90年代，特别是进入21世纪后，企业所面临的内外部风险剧增、风险管理的地位和关注度不断提升，以风险为导向的内部审计开始兴起并逐渐成熟。此外，内部审计师协会对内部审计职业的贡献功不可没。自1947年制定《内部审计师职责条例》以来，相继颁布职业道德条例、继续教育大纲、注册方案等，以及1978年颁布的用以评价和衡量内部审计部门工作的标准《内部审计专业实务准则》，有力地推动了内部审计的不断向前发展，促进现代内部审计的成型。如今在西方国家，内部审计已成为企业内部经济运行的一种重要的约束机制，无论从规模还是服务的内容来看，都已作为一种较为成熟的职业受到社会的青睐。

（二）我国的发展历史

在我国，奴隶制政府机构中也出现了内部审计的萌芽。西周时代的司会，它虽然负责政府会计工作，但同时也拥有内部审计之权。无论是日常的会计核算，还是所有的会计报告，均须经过司会之手进行考察。这可以算是原始意义上的内部审计。

我国的现代内部审计是伴随国家审计的恢复和重建而产生和发展起来的。因此，我国现代意义的内部审计是从 1983 年审计署成立后开启的。随后，经历了三个发展阶段（如图 12－1 所示）。

第一阶段

- 1983年，审计署成立，并开始筹划我国的内部审计工作
- 1985年，《审计署关于内部审计若干规定》发布
- 1987年4月，中国内部审计学会成立
- 1988年11月，《中华人民共和国审计条例》颁布，对内部审计的机构设置、职责、工作范围和领导关系做出了进一步明确规定

第二阶段

- 1994年，《中华人民共和国审计法》颁布，明确规定要建立健全内部审计制度
- 1995年7月，《审计署关于内部审计工作的规定》颁布
- 1999年10月，新修订的《中华人民共和国会计法》细化了对会计资料定期进行内部审计的方法与程序
- 2002年5月，中国内部审计学会公正式更名为中国内部审计协会
- 2003年3月，修订后的《审计署关于内部审计工作的规定》要求设置内部审计机构的领域扩展到了所有组织

第三阶段

- 2003—2005年间，中国内部审计协会陆续颁布了中国内部审计基本准则、20项具体准则和2个内部审计实务指南
- 2004—2007年间，《中央企业内部审计管理暂行办法》（2004年8月）、《交通行业内部审计工作规定》（2004年11月）、《广播电影电视系统内部审计工作规定》（2004年12月）、《国防科工委委属事业单位内部审计工作规定》（2005年6月）、《银行业金融机构内部审计指引》（2006年6月）、《卫生系统内部审计工作规定》（2006年8月）、《国资委关于加强中央企业内部审计工作的通知》（2005年12月）、《新华社审计监察工作规定》（2007年4月）、《教育部关于加强和规范建设工程项目全过程审计的意见》（2007年12月）相继发布
- 2013年，新修订的《中国内部审计准则》发布
- 2014年，审计署发布《审计署关于内部审计工作规定》的征求意见
- 2015年，《保险公司内部审计工作规范》发布
- 2018年1月，修订后的《审计署关于内部审计工作的规定》《审计署关于加强内部审计工作业务指导和监督的意见》颁布
- 2018年9月，审计署成立内部审计指导监督司

图 12－1　我国内部审计的发展历程

第一阶段：起步阶段（1983 年至 20 世纪 90 年代初）。1983 年我国恢复国家审计监督制度的同时，审计署开始筹划内部审计工作，培训内部审计人员，并选择重点企业进行试点；1985 年，审计署根据国务院颁布的《内部审计暂行办法》公布了《审计署关于内部审计若干规定》；1987 年 4 月，中国内部审计学会成立，同年加入 IIA；1988 年 11 月，国务院发布《中华人民共和国审计条例》，对内部审计的机构设置、职责、工作范围和领导关系做出了进一步明确规定。

第二阶段：发展阶段（20 世纪 90 年代至 2003 年）。这一阶段的内部审计虽然还是国家审计的从属，但其从属关系逐渐变淡，要求设置内部审计机构的领域扩展到了所有组织。比如，1995 年 7 月颁布的《审计署关于内部审计工作的规定》规定“非国有经济组织展开内部审计工作，可参照本规定的有关条款执行”，2003 年 3 月修订后的《审计署关于内部审计工作的规定》更是明确要求“国家机关、金融机构、企业事业组织、社会团体以及其他单位，应当按照国家有关规定建立健全内部审计制度”。与之相适应，关于内部审计方法与程序的一些法规、法规和指导性意见相继发布，内部审计学会成功转型为行业自律管理组织，内部审计迎来职业化发展的开端。

第三阶段：振兴阶段（2003 年以后）。在前一阶段建设的基础上，该阶段致力于内部审计工作的制度化和内部审计执业准则的制定。根据 2003 年《审计署关于内部审计工作的规定》的要求，针对各行业、部门的内部审计工作规定与规范先后制定并发布。2003 年至 2005 年间，中国内部审计协会陆续颁布了中国内部审计基本准则、20 项具体准则和 2 个内部审计实务指南，为我国内部审计实务的有效运行提供了一套完整、科学、权威的准则体系；为了适应新的社会经济环境，2013 年 8 月中国内部审计协会对《中国内部审计准则》进行了全面修订，并于 2014 年 1 月 1 日正式开始执行。党的十八大以来，习近平总书记高度重视审计在党和国家治理与监督体系中的作用。以此为契机，2018 年 1 月，审计署先后印发《审计署关于内部审计工作的规定》和《审计署关于加强内部审计工作业务指导和监督的意见》，为国家审计机关指导监督内部审计工作提供了纲领性文件；2018 年 9 月，审计署利用机构改革的有利时机，成立内部审计指导监督司，负责对全国内部审计工作的指导和监督。

【法规链接】
《审计署关于内部审计工作的规定》

【法规链接】
《审计署关于加强内部审计工作业务指导和监督的意见》

二、内部审计功能

（一）内部审计的本质属性：一种治理机制

从起源及发展演进看，当前的内部审计本质上仍是一种内生于分权和分工环境下的治理需求，是监督代理人受托责任履约过程并评价其结果，以促进组织目标实现的制度安排。

内部审计的萌芽发起于古代社会分权与分工的出现，这是因为无论分权还是分工均导致了委托代理关系的出现。分权意味着将权力部分授予他人，让其代为行事。受让权力者成为权力的委托人，而接受权力者成为权力的受托人。在分工环境下，一项活动或事项的完成需要由来自不同岗位或拥有不同技能的人共同完成，该活动或事项的组织者和（或）成果的最终享有者（即剩余索取权拥有者）实质上是委托人，而执行者是受托人。在受托责任关系中，受托人并不会天然履约，其存在为自己谋利的机会主义动机及行为。因此，受托人的行为应受监督，其履约情况应受评估，内部审计应运而生。随着公司这种组织的大量涌现和规模的不断扩大，分权和分工变得更为普遍、更为复杂。作为公司所有者的资本提供者（包括股东和债权人）并不直接参与企业日常经营管理与决策（成为委托人），使得管理者实质上拥有控制权（成为代理人），这是分权与分工的综合体现。由于管理工作的创新性与灵活性和管理者人数的激增，采取“人跟人”式的严密监督并不符合成本收益原则，因此委托人改以通过公司财务报表所反映的企业经营成果来评估代理人的受托责任履行情况。财务报表的可靠性显得尤为重要。来自外部的审计师虽然能够发现财务报表中的问题，但相比于内部审计人员具有滞后性劣势，因此内部审计有着重要的存在价值。此时的内部审计主要服务于企业所有权与控制权分离下的受托责任履约监督需求，以审计会计和财务事项为核心工作，是典型的财务报告导向内部审计。

随着经营环境日趋复杂，企业的生存与发展成为首要问题。在此情境下，越来越多的企业所有者更加清晰地感觉到，财务报告审计不应是内部审计的全部，内部审计应更多关注对具体业务和管理活动（包括风险管理）过程及其绩效的审查与评估，以实现改善企业绩效、增加企业价值的目的。内部审计由此迈入后财务报告导向内部审计阶段，而公司治理较为发达的国家如美国更是进入了现代风险导向内部审计阶段。虽然在后财务报告导向内部审计阶段，内部审计的工作不再局限于财务与会计事项，但本质上还是审计，依然是监督受托责任履约情况的一种治理机制。发展到现在，即使内部审计的一部分重要工作已演变成咨询，也不能改变其本质属性，咨询功能效果的发挥依赖于对企业具体情况的了解程度，而内部审计人员通过审计对企业的相关业务与活动有着较为全面、深入的了解。就此角度而言，内部审计的咨询功能实际上是审计发现和审计经验的衍生品或后续功能。

（二）内部审计的功能定位：鉴证与咨询

内部审计存在多种具体功能，IIA 和 CIIA 均将其归为鉴证和咨询两大功能。鉴证功能是指内部审计人员对相关事项，如对法律法规的遵守性、业务流程的合理性、经营绩效、内部控制、风险管理及公司治理系统的设计和执行的有效性等，提供独立的评价意见，通常包括财务审计、舞弊审计、内部控制审计、绩效审计、信息系统审计、合同审计、质量审计、尽职调查等。咨询功能是指审计人员根据组织的要求对具体事项（包括业务、流程、系统、组织整体所涉及的各方面内容）提供专业的评估与改进意见，帮助组织改善经营管理、实现价值增长，在本质上是一种顾问服务。从工作属性看，鉴证功能和咨询功能似乎是相互排斥的，前者要求独立，后者强调服务。就理论和实践而言，并非如此。因此，正确定位内部审计的功能对内部审计的价值实现具有十分重要的意义。

1. 鉴证是核心，咨询源于鉴证

鉴证功能与咨询功能并非互相排斥的，许多内部审计工作既涉及鉴证又涉及咨询。如在执行内部控制审计业务时，要求内部审计人员提供企业内部控制设计和执

行方面的改进建议。通常，咨询服务派生于鉴证服务，鉴证服务促进咨询服务，二者是相互促进、协调统一的关系。审计服务在促进咨询服务效率和效果方面，具有天然的优势。一方面，在审计过程中内部审计人员对企业整体运行过程、机制、状态及所存在的问题进行深入和细致的了解，是提供具体咨询意见的前提与基础。另一方面，审计人员本身的职业谨慎特点，使得他们能够更加细致地收集证据、更加独立客观地评价现状及存在的问题，在此基础上形成的咨询意见将更深入、更全面，并更具针对性。值得注意的是，对同一事项既要提供鉴证又要提供咨询服务时，应对独立性要求和报告责任有明确界定。首先，由于鉴证服务所要求的独立性高于咨询服务，因此就高不就低，即要保证鉴证的高独立性，否则鉴证效能无法发挥，咨询质量也受影响；其次，应明确报告责任，鉴证结果应向治理部门呈报，而咨询意见可根据情况向治理层或管理层呈报。要实现这两点，就必须要求治理层在此过程中发挥主导作用以确保鉴证职能的实现，而咨询服务是派生服务，受益于高质量的鉴证服务。比如，CIIA 内部审计准则在基本准则中将内部审计的功能界定为鉴证和咨询，但具体准则主要涉及鉴证业务。实际上，这与外部审计对审计服务和咨询服务的要求相一致。

2. 依不同业务和不同时间阶段而各有侧重

在实践中，鉴证业务和咨询业务并非总是针对同一阶段或同一事项，而是因具体业务要求和不同时间阶段而各有侧重。第一，有些业务可能要求鉴证，如财务审计、内部控制审计等，而有些业务可能要求咨询，如风险管理系统改进、业务流程优化等，这取决于企业的需求。第二，在不同阶段，鉴证与咨询的侧重并不一样。以内部审计在企业风险管理中的作用为例。首先，在风险管理流程尚未建立阶段，内部审计师应当发挥咨询职能，通过召集研讨会，提出风险管理的构想，推动风险管理在企业内部的建立，让公司内部人员了解和应对与企业经营目标相关的风险，主动担当倡议者，提醒管理层建立恰当的系统或流程以确保有条不紊地应对风险。在这一阶段，企业只有风险管理意识而并没有实质流程，因而内部审计无法对其进行评价，此时鉴证职能也难以发挥。其次，在风险管理流程初步建立阶段，内部审计部门可以协助企业制定风险管理的相关制度，开发出符合企业实际的风险管理策略。当风险管理流程被整合到日常生产经营中时，企业风险管理的成熟度增加了，企业此时倾向于聘请风险管理专家或者设立风险管理部门，内部审计在推动风险管理中所起的作用会降低，更多的是通过鉴证职能而不再是承担更多的咨询活动为企业提供价值。在这一阶段内部审计应该检查、评价、报告风险管理流程的充分性和有效性并提出改进意见。同时，担任咨询角色的内部审计师也可以帮助企业进一步检讨其识别风险、评价风险以及实施风险管理的方法，这在一定程度上会导致鉴证职能和咨询职能相冲突。最后，在风险管理成熟阶段，越来越多的人员和部门参与到风险管理活动中，内部审计仍然是既有鉴证职能又有咨询职能，只是随着风险管理成熟度的提高，鉴证职能逐渐占据主导位置。这一阶段内部审计工作的重点是复核整个企业的风险管理，确认风险管理系统的适当性和有效性。咨询职能在这一阶段往往以核心的鉴证职能为基础，根据鉴证的结果，对企业在风险管理中的不足提出建议。

3. 二者统一于内部审计系统

随着公司治理的发展，内部审计从传统的揭弊查错逐步延伸至治理层面，在委托代理问题上，内部审计基于解决信息不对称问题而扮演着信息反馈系统的角色。内部审计的信息反馈作用首先体现为内部审计的鉴证职能。内部审计人员依据一定的审计标准对所检查的活动及其效果进行合理的分析和判断，其中为实现组织目标所从事的一切生产经营管理活动都是鉴证的对象。主要的鉴证内容有：计划决策的确定是否符合实际；各种活动是否依据授权并遵照既定的程序、标准进行，是否正在达到预期的效果，实现既定的目标；各种信息是否真实、准确、完整，处理信息的方法是否恰当；资源是否正在经济、有效地被使用等。不同的审计类型所依据的鉴证标准不同。内部审计人员通常运用的标准有：组织内部制定的各种方针、政策、程序、计划和其他制度，以及签订的合同；政府的法律法规和条例；同行业的标准和规范以及一般公认管理原则等。与此同时，鉴证过程中所反馈的信息可用于针对具体问题提出针对性改进建议，比如如何优化企业的信息生产与披露过程，如何规范资源的合理使用等，从而协助组织实现目标，达到增值的目的。因此，鉴证和咨询是统一于内部审计这一信息反馈系统的两大主要功能。

第二节　内部审计机构与人员

引例

内部审计英雄：揭开世通的造假黑幕！

揭开世通造假黑幕的英雄是世通内部审计部副总经理辛西娅·库珀、擅长电脑技术的内部审计师哲恩、内部审计部高级经理格林。库珀对世通会计处理的疑心源于一次意外的会面。2002 年 3 月初，世通无线通信业务负责人思图帕克拜会了公司内部审计部副总经理库珀，向她抱怨 CFO 苏利文勒令其将提取 4 亿美元坏账准备冲回，以抬升世通对外报告盈利。库珀就此致电公司的外部审计机构安达信，但安达信的合伙人艾卫瑞拒绝回应库珀的质询，声称他只听命于苏利文。库珀遂下令其下属哲恩对此进行彻查，并将此事告知了世通审计委员会主席马克斯。在审计委员会的例会上，库珀与其顶头上司苏利文分别就这 4 亿美元坏账准备的会计处理作了陈述。在审计委员会的压力下，苏利文不得不同意予以更正。

由于世通在 2001 年度报告了巨额利润，SEC 勒令世通提供更多的文件资料以证明 2001 年度盈利的真实性。SEC 的这些举动令世通高层措手不及，为此库珀决定将内部审计的范围由经营绩效审计秘密扩张至财务审计，收集了世通将 20 亿美元经营费用包装成资本支出的直接证据。

至此，世通的会计造假基本上真相大白。库珀深知，已掌握的证据足以让世通遭受灭顶之灾，这意味着与她朝夕相处的成千上万同事将失去生计。最终，基于内部审计师职业道德规范的要求，库珀等人披露了造假内幕。

资料来源：黄世忠，等．会计舞弊之反思：世界通信公司治理、会计舞弊和审计失败剖析．大连：东北财经大学出版社，2004.

第二节
即测即评

在引例中，世通内部审计部门的人员直接揭露了公司内部严重的财务舞弊问题。合理设置、有效运行的内部审计机构和独立正直、专业扎实的内部审计人员是促进发挥内部审计潜在效能、促进组织目标和价值实现的核心要素之一。

一、内部审计机构

（一）内部审计机构的设置模式

以企业集团为例，综观世界各国的内部审计机构设置，主要有以下四种模式。

1. 董事会领导模式

该模式以美国、英国和加拿大等国的公司为代表。集团母公司股东会是最高权力机构，董事会向股东会负责。董事会向控股、参股公司派出董事，在董事会内部设立行使监督职能的审计委员会，审计委员会成员主要由外部独立董事组成，督导所属子公司的内部审计工作，从而形成母公司的审计机构受董事会直接领导并围绕董事会的决策从事审计活动的模式。子公司董事会领导其自身的审计工作，母公司通过派驻董事的方式实现在母公司董事会领导下对子公司审计工作的管理。

董事会领导模式的优点是审计机构具有较强的权威性，有利于内部审计机构参与企业重大经营决策并对管理层进行监督与评价。不足之处在于：第一，日常工作参与不足。由于董事会只负责企业的重大决策，并不参与公司日常的生产和经营管理，其下属内部审计部门的责任只对内部管理工作的健全性、有效性做出客观评价与改进建议，但是否接受并采纳建议则仍是管理部门的权力。第二，独立性依然存在一定程度的缺失。由于董事会负责公司重大决策，由董事会下属审计委员会督导的审计机构对董事会的工作进行监督，独立性存在瑕疵。

2. 监事会领导模式

该模式以德国公司为代表。集团母公司股东会是最高权力机构，集团监事会对股东会负责，集团董事会对监事会负责。集团母公司监事会、董事会分别向其控股、参股公司派出监事与董事，因此监事会有权督导所属子公司的内部审计工作。该模式的基本特点是：集团母公司内部审计部门隶属于监事会，向监事会负责，但同时要接受总经理和审计委员会的工作指导；子公司审计部门接受子公司监事会和母公司审计部门的双重领导。监事会领导模式下的内部审计机构能够保持比较高的独立性和权威性，有利于增强监事会的监督力度，使监事会的职责和权力落到实处。不足之处在于，内部审计活动很难真正深入到企业的日常经营管理中，也就难以为改进企业管理做出更多贡献。

3. 总经理领导模式

这种模式下，集团母公司的内部审计机构隶属于总经理，主要为总经理服务，间接服务于董事会。企业总经理受聘于董事会，执行董事会的决议，从事日常经营管理工作。内部审计检查经营业务和方案，以确定其结果是否与既定的目标和任务一致，业务和方案是否按计划实施。这种模式的优点是，内部审计机构直接隶属于总经理，可以将审计工作与日常控制管理相结合，及时发现问题并随时采取纠正措施，促使企业加强并改善日常经营管理，并且也有利于协调内部审计部门同其他业务部门的关系。不足之处在于，审计的独立性和权威性会受到一定影响，尤其是当管理当局与董事会的利益发生冲突时，内部审计机构的独立性和客观性将大打折扣。

4. 财务总监领导模式

财务总监领导模式，又称总会计师领导模式或副总经理领导模式，是集团母公司领导层中分管财务工作的副总裁领导内部审计工作。这种模式源于传统财务审计组织模式，主要是为分管财务的副总经理服务，间接服务于董事会和总经理。其优点在于由于内部审计部门的直接领导是企业经营活动的直接参与者，对企业集团内部各方面的情况比较了解，因此审计报告提出的问题能够得到较为及时的解决。不足之处是，既要接受管理层的领导又要对其进行评价考核，因此独立性和客观性可能会受到影响。

虽然以上四种内部审计组织机构设置模式是集团公司中的情形，但对国家机关、事业单位、社会团体等单位中内部审计机构的设置也具有借鉴意义。如，党委或审计委员会领导可类比董事会领导、纪委或监察部门领导可类比监事会领导、行政一把手可类比总经理模式、财务部负责人领导可类比财务总监模式。我国现行内部审计准则第 2301 号第五条规定，内部审计机构应当接受组织董事会或者最高管理层的领导和监督。2018 年发布的《审计署关于内部审计工作的规定》明确要求：应当在本单位党组织、主要负责人的直接领导下开展内部审计工作，向其负责并报告工作；国有企业内部审计机构或者履行内部审计职责的内设机构应当在企业党组织、董事会（或者主要负责人）直接领导下开展内部审计工作，向其负责并报告工作；国有企业应当按照有关规定建立总审计师制度，总审计师协助党组织、董事会（或者主要负责人）管理内部审计工作。

（二）对内部审计机构的管理

【准则链接】
《第 2301 号内部审计具体准则——内部审计机构的管理》

2013 年，中国内部审计协会发布的《第 2301 号内部审计具体准则——内部审计机构的管理》对内部审计机构的管理作出了明确规定。内部审计机构管理的内容主要包括：审计计划、人力资源、财务预算、组织协调、审计质量及其他事项等。从管理的对象而言，内部审计机构的管理可以分为部门管理和项目管理。部门管理主要包括内部审计机构运行过程中的一般性行政管理，项目管理则主要包括内部审计机构对审计项目业务工作的管理与控制。

【前沿资讯】
内部审计领导和管理体制机制需完善

国家审计机关应当依法对于国家机关、事业单位、社会团体等单位的内部审计工作进行业务指导和监督，明确内部职能机构和专职人员，并履行下列职责：起草有关内部审计工作的法规草案；制定有关内部审计工作的规章制度和规划；推动单位建立健全内部审计制度；指导内部审计统筹安排审计计划，突出审计重点；监督内部审计职责履行情况，检查内部审计业务质量；指导内部审计自律组织开展工作；法律、法规规定的其他职责。

（三）国际内部审计组织

IIA 是世界范围的内部审计师组织。该协会 1941 年成立于美国纽约，在联合国经济和社会开发署享有顾问地位，是最高审计机关国际组织的常任观察员，是国际政府财政管理委员会、国际会计师联合会的团体会员。截至 2019 年 4 月，共有 170 多个国家和地区加入该组织，会员人数超过 20 万人。国际内部审计师协会的组织机构主要有理事会、执行委员会、国际委员会和总部。其中，理事会是协会的最高领导机构，由执行委员会委员、大区组织和地区组织的主任和一般主任组成，他们是来自各行各业的内部审计师，作为志愿者为协会无偿服务，任期一年；执行委员会负责监督协会日常工作，由理事会主席、第一副主席、3 位副主席、国际秘书、国际司库、3 名近期前任理事会主席组成；国际委员会有专业实务委员会、高级技术委员会、专业标准委员会、专业问题委员会，成员全部是由志愿者担任。我国内部审计学会（2002 年 5 月正式更名为“中国内部审计协会”，即 CIIA）在 1987 年加入该协会。

二、内部审计人员

【准则链接】
《第 1101 号内部审计具体准则——内部审计基本准则》

《第 1101 号内部审计具体准则——内部审计基本准则》对内部审计人员的素质与能力作出了明确要求，包括：内部审计人员应当遵守职业道德，在实施内部审计业务时保持应有的职业谨慎；应当具备相应的专业胜任能力，并通过后续教育加以保持和提高。其中，内部审计人员的专业胜任能力集中体现在内部审计人员应掌握的执业技能体系和职业知识体系之中。

1. 执业技能体系

如表 12－1 所示，内部审计人员的执业技能体系由认知技能和行为技能构成。

表 12－1　我国内部审计人员的执业技能体系

认知技能	技术技能	根据既定规则熟练地工作
	分析技能	识别问题或界定任务并构建典型的解决或执行方案
	鉴别技能	在不确定的条件下做出复杂的、有创意的判断
行为技能	个人技能	能很好地应对挑战、压力、冲突、时间紧迫和变化的环境
	人际技能	通过人际互动取得收获
	组织技能	利用组织网络来取得收获

资料来源：企业内部审计编审委员会．企业内部审计实务详解．2019.

2. 职业知识体系

我国内部审计人员职业知识体系可设定为三个部分，即职业基础知识、执业技能知识和职业环境知识（如表 12－2 所示）。

表 12－2　我国内部审计人员的职业知识体系

构成	要素
职业基础知识	经济政策分析基础、管理经济分析基础、会计基础、审计基础、计算机信息系统基础
执业技能知识	公司治理、计算机信息系统审计、组织行为、组织战略、管理会计、风险管理、项目管理、财务管理、内部审计组织管理、内部控制、资产评估、职业道德标准、人际关系沟通技巧
职业环境知识	法律法规、制度政策、专业准则应用与分析

资料来源：企业内部审计编审委员会．企业内部审计实务详解．2019.

3. 国际注册内部审计师的具体资格要求

国际注册内部审计师（Certified Internal Auditors，CIA）不仅是国际内部审计领域专家的标志，也是目前国际审计界唯一公认的职业资格。IIA 自 1974 年起在全球指定地点举行注册内部审计师资格考试。1998 年我国内部审计协会与 IIA 签订协议，将 IIA 在国际上举办的国际注册内部审计师考试引入中国。CIA 的具体要求如下：

（1）资格条件。取得 CIA 证书的资格条件如表 12－3 所示。

表 12－3　取得 CIA 证书的资格条件

考生教育背景或持有其他职业资格的情况	参加考试条件		取得 CIA 资格条件		备注
	通过资质审核	其他要求	全科通过 3 个部分的考试	累计相关工作年限	
本科学历/学士学位	√	无	√	2 年	

续表

考生教育背景或持有其他职业资格的情况	参加考试条件		取得CIA资格条件		备注
	通过资质审核	其他要求	全科通过3个部分的考试	累计相关工作年限	
研究生学历/硕士及以上学位	√	无	√	1年	
内部审计从业者资格（Internal Audit Practitioner，IAP）持有人，且资格状态为“活动”	√	无	√	5年	IAP资格目前尚未引进中国内地，仅适用于已在其他国家和地区取得该资格的考生
其他学历背景且不具有IAP资格	√	5年相关工作经历	√	无	

资料来源：中国内部审计协会网站，http://www.ciia.com.cn/cndetail.html?id=78675.

（2）考试规定。每年有4次考试，一般分别在每年3月、6月、9月和12月。考试的内容分为三部分：第一部分为内部审计基础，主要考察内部审计基础知识，独立性与客观性，胜任能力及应有的职业审慎，质量保证与改进程序，治理、风险管理和控制，舞弊风险；第二部分为内部审计实务，主要考察管理内部审计活动、计划审计业务、执行审计业务、沟通审计业务结果并监督进展；第三部分为内部审计知识要素，主要考察业务敏感度、信息安全、信息技术、财务管理。

三部分考试的试题均为单项选择题。其中，第一部分试题为125道，第二、三部分试题各为100道。第1部分的考试时间为150分钟，第二、三部分考试时间各为120分钟。考生可在预约考试时选择简体中文或英文。

应当注意，自资质审核通过、考生CIA考试获得“已批准”状态之日起，考生需在3年内通过所有科目（如实际考试日期超出上述3年成绩有效期，则考试成绩无效）并完成工作经验验证，否则所有已通过科目成绩作废、认证申请失效。另外，如考生前往考场参加了某一科目的考试，60天内（含60天）不得再次前往考场参加该科目考试。

第三节　内部审计业务与规范

引例

中央企业内部审计监督工作仍在持续深化

2020年9月28日，国务院国有资产监督管理委员会印发《关于深化中央企业内部审计监督工作的实施意见》的通知。其中，第五部分要求突出关键环节，强化对重点领域的监督力度。具体包括以下内容：（1）围绕提质增效稳增长开展全面监督。适应常态化疫情防控和国际形势变化，结合经营业绩考核指标，重点关注会计政策和会计估计变更、合并报表范围调整、期初数大额调整、收入确认、减值计提等会计核算事项，保障会计信息真实性。加大对成本费用管控目标实现情况、应收账款和存货“两金”管控目标完成情况、资金集中管控情况、人工成本管控情况以及降杠杆减负债等工作的审计力度。（2）突出主责主业专项监督。围绕持续推动国有资本布局优化，聚焦主责主业发展实体经济等工作要求，加大对非主业、非优势业务的“两非”剥离和无效资产、低效资产的“两资”处置情况的审计力度。将打通供应链、稳住产业链等工作落实情况以及投资项目负面清单执行、长期不分红甚至亏损的参股股权清理、通过股权代持或虚假合资等方式被民营企业挂靠等情况纳入内部审计重要任务。对国有资产监管机构政策措施和监管要求落实情况进行跟踪审计，推动各项工作要求落实到位。（3）对混合所有制改革全过程进行审计监督。将混合所有制改革过程中的决策审批、资产评估、交易定价、职工安置等环节纳入内部审计重点工作任务，及时纠正混合所有制改革过程中出现的问题和偏差。规范开展混合所有制改革中参股企业的审计，通过公司章程、参股协议等保障国有股东审计监督权限，对参股企业财务信息和经营情况进行审计监督，坚决杜绝“只投不管”现象，等等。

引例中，凸显了国资委对中央企业内部审计工作的期望与要求。那么，内部审计负责的业务有哪些？为了顺利执行这些业务并实现预期的审计效果，内部审计机构及其人员应遵守哪些规范的指引与约束呢？本节将分别以这两个问题为起点，展开相关介绍。

第三节
即测即评

一、 内部审计业务

（一）内部审计的主要业务

《中国内部审计准则》对八种类型（或情形）的内部审计业务进行了规范。如图 12-2 所示，物资采购审计和建设项目审计是针对具体业务与项目的审计，信息系统审计、内部控制审计、对舞弊行为进行检查与报告（以下简称舞弊审计）是针对过程与系统的审计，绩效审计、经济责任审计是针对结果与究责的审计，高校内部审计是针对特定组织的审计，各类业务相互关联，构建起系统性的内部审计业务体系。

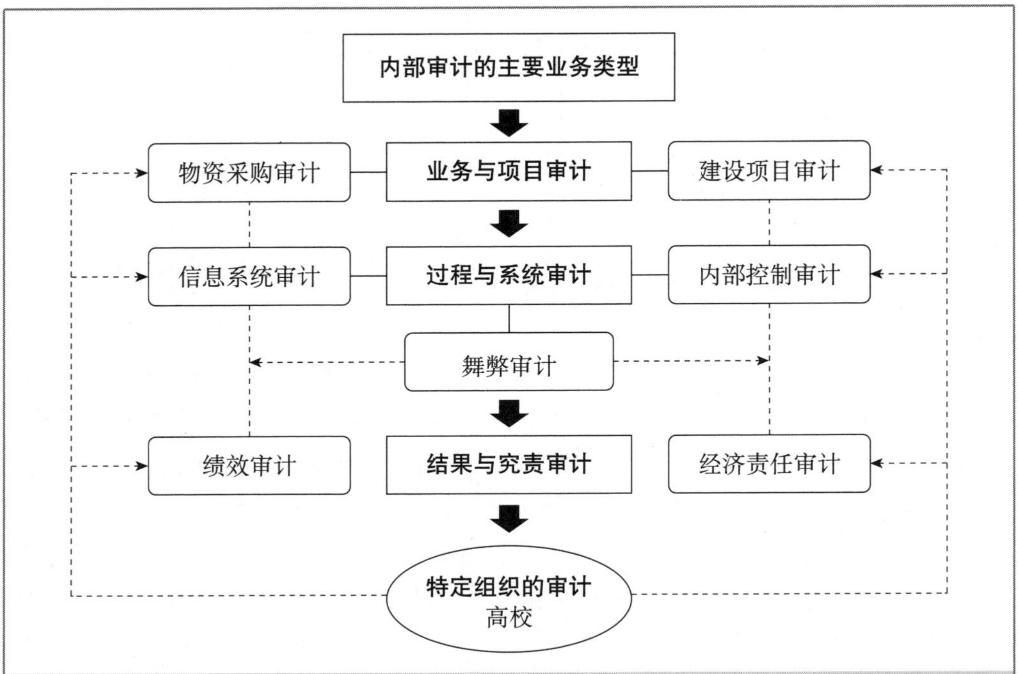

图 12-2　内部审计的业务结构图

【审计案例】10 起政府采购违法典型案例

1. 物资采购审计

物资采购审计，是指内部审计机构和人员依据有关的法律、法规、政策及相关标准，按照一定的程序和方法，对物资采购各部门和环节的经营活动和内部控制等进行的独立监督和评价活动。物资采购审计的主要内容包括：审计物资采购内部控制、采购计划、采购合同、采购招标、供货商选择、采购数量、采购价格、采购质量、物资保管、结算付款以及物资采购期后事项等。物资采购审计可采取项目管理式审计和过程参与式审计：项目管理式审计是有重点、有目的地将某物资采购部门、环节或物资品种纳入年度审计计划，形成特定审计项目，并实施相应审计程序的审计模式；过程参与式审计是由专职内部审计人员参与监督物资采购的全过程或者部分重要过程，实现物资采购审计的日常化。

【准则链接】《第 3201 号内部审计实务指南——建设项目审计》

2. 建设项目审计

建设项目审计，是指内部审计机构和人员对建设项目实施全过程的真实性、合法性、效益性所进行的独立监督和评价活动。建设项目审计的主要内容包括：建设项目前期决策审计、建设项目内部控制与风险管理审计、建设项目采购审计、建设项目工程管理审计、建设项目工程造价审计、建设项目财务审计、建设项目绩效审计等。具体到每个审计项目时，审计内容视开展审计的时间和项目进展情况而有所差异。内部审计机构既可对建设项目开展全面审计，也可选择项目部分环节、部分时段建设内容开展专项审计。对重大项目，可采取全程跟踪审计方式对各具体建设活动过程进行审计。

5起工程建设领域腐败典型案例

2023年6月19日，湖北省纪委监委通报了5起工程建设领域腐败典型案例。

湖北省商务厅原党组书记、厅长秦军违规决策推进工程项目建设问题：2015年至2017年，秦军任襄阳市市长期间，明知河道滩地不能开发建设，在水利、规划等部门明确提出异议的情况下，仍多次主持召开会议强行推进卧龙古镇项目建设。该项目后因违法占用行洪滩地被拆除，致使国家利益遭受特别重大损失。秦军还存在其他严重违纪违法问题，被开除党籍、开除公职，涉嫌犯罪问题被移送检察机关依法审查起诉。

武汉市政府原党组成员、副市长李忠在土地收储和出让过程中徇私舞弊问题：2006年至2011年，李忠任武汉市蔡甸区区长、区委书记期间，在蔡甸城建投资开发有限公司收购某房地产开发公司土地过程中，接受他人请托，未经评估擅自决定将代征土地视为商住用地净地等价收购，并由城投公司代缴土地增值税；在批准决定向某房地产企业出让商住用地过程中，接受他人请托，未经土地价格评估和公开招拍挂，以低于同批次出让同类土地的价格，向该公司定向出让458.45亩商住用地，致使国家利益遭受特别重大损失，个人从中收受贿赂。李忠还存在其他严重违纪违法犯罪问题，被开除党籍、开除公职，判处有期徒刑十三年。

湖北经济学院原党委副书记、纪委书记梅华插手干预工程招投标问题：2015年至2021年，梅华任湖北经济学院党委副书记、纪委书记期间，利用分管采购和招投标工作等职务上的便利，通过在招标文件中设置倾向性条款、给业主评委打招呼、泄露评委信息、指使请托人恶意举报等方式，帮助请托人中标，个人从中收受贿赂。梅华还存在其他严重违纪违法问题，被开除党籍、开除公职，涉嫌犯罪问题被移送检察机关依法审查起诉。

湖北联投集团原总经济师喻中权在工程项目承揽、工程款结算等方面违规为他人提供帮助问题：2011年至2015年，喻中权任湖北联投集团综合办公室主任、总经理助理等职务期间，接受某公司相关负责人请托，向湖北联投集团下属公司负责人打招呼，帮助其承揽工程项目，后又多次要求该下属公司在工程款结算方面予以关照，个人从中收受贿赂。喻中权还存在其他严重违纪违法问题，被开除党籍、开除公职，涉嫌犯罪问题被移送检察机关依法审查起诉。

钟祥市委原书记林长洲插手干预工程建设各环节并收受贿赂问题：2011年至2019年，林长洲任钟祥市市长、市委书记期间，利用职务上的便利，在承揽工程项目、调整项目规划、减免规费、土地出让、变更土地性质、办理土地使用权证、返还土地出让金、拨付规划设计费等事项上为多名请托人提供帮助，索取或非法收受贿赂。林长洲还存在其他严重违纪违法问题，被开除党籍、开除公职，涉嫌犯罪问题被移送检察机关依法审查起诉。

资料来源：https://baijiahao.baidu.com/s?id=1769116276059817382&wfr=spider&for=pc.

3. 信息系统审计

信息系统审计，是指内部审计机构和内部审计人员对组织的信息系统及其相关的信息技术内部控制和流程所进行的审查与评价活动。信息系统审计的目的是通过实施信息系统审计工作，对组织是否实现信息技术管理目标进行审查和评价，并基于评价意见提出管理建议，协助组织信息技术管理人员有效地履行职责。组织的信息技术管理目标主要包括：保证组织的信息技术战略充分反映组织的战略目标；提高组织所依赖的信息系统的可靠性、稳定性、安全性及数据处理的完整性和准确性；提高信息系统运行的效果与效率，合理保证信息系统的运行符合法律法规以及相关监管要求。

【准则链接】
《第 2203 号内部审计具体准则——信息系统审计》

【准则链接】
《第 3205 号内部审计实务指南——信息系统审计》

【审计案例】
中冶赛迪集团信息系统审计的实践

【准则链接】
《第 2201 号内部审计具体准则——内部控制审计》

4. 内部控制审计

内部控制审计，是指内部审计机构对组织内部控制设计和运行的有效性进行的审查和评价活动。内部审计的责任是对内部控制设计和运行的有效性进行审查和评价，出具客观、公正的审计报告，促进组织改善内部控制及风险管理。内部控制审计应当在对内部控制全面评价的基础上，关注重要业务单位、重大业务事项和高风险领域的内部控制。按其范围划分，内部控制审计可分为全面内部控制审计和专项内部控制审计（如，针对采购业务、资产管理、销售业务、研究与开发、工程项目、担保业务、业务外包、财务报告、全面预算、合同管理、信息系统等的专项审计）。

著名大学内部财务审计：直接提升食堂饭菜质量

某著名大学不少学生反映食堂饭菜质量差、定价高，而食堂管理部门却说一直在亏本经营。面对这一矛盾，学校决定对食堂 2015—2016 年度财务收支情况进行审计。该大学一直采用自办食堂的管理方式，食堂负责统一采购主要食材，供应 5 个校区 9 个餐厅的 120 多个经营组。内部审计组以财务收支审计为基础，结合内部控制审计的技术方法，在把握基本情况的基础上突出重点内容。

审计后发现，食堂存在诸多问题：第一，食堂内部管理制度不健全，缺乏章程、岗位职责等基本的内部管理制度。第二，食堂与各经营组之间无成文的经营协议，责权利不明确。第三，非政府采购支出缺乏规范程序与合理的内部控制。第四，修理费用等经常性费用支出缺乏规范的控制程序。例如，2016 年 6 月某餐厅修理门锁、清理餐厅屋顶油腻等支出 4.2 万元，修理清单上只有食堂经办人一人签字，无餐厅经理或其他验收证明人签字。第五，资产管理制度不健全，遗留问题较多。例如，在 2015 年 11 月的盘点中发现价值 175 万元的 517 件固定资产有账无物，至审计结束时仍未作处理。第六，食堂未按照学校规定的标准发放补贴和奖金，补贴和奖金名目繁多且未作统一的会计科目核算。食堂在财务核算中通过超额提取福利基金、超额预提水电费、多记应付经营账款等名目隐匿利润 160 多万元。第七，财务部门未经学校决策程序从学生一卡通就餐费用中无理由提取管理费，2015 年和 2016 年共计提取 9 万元，增加了学生的就餐成本。第八，私车公费报销。2015 年车辆费用支出中有 9.5 万元属于私车公费报销。针对以上发现的问题，审计组提出了整改意见。三个月后的后续审计表明，被审计单位整改工作取得了较好的效果。

资料来源：太原理工大学审计处．学生反映饭菜贵，食堂却说亏损，问题出在哪?：大学食堂财务收支审计案例．中国内部审计，2016 (8)：54-57.

5. 舞弊审计

舞弊审计，是指内部审计机构和人员实施必要的检查程序，以确定舞弊迹象所显示的舞弊行为是否已经发生，并以书面或者口头形式向组织适当管理层或者董事会报告舞弊检查情况及结果的过程。本部分所称舞弊，是指组织内、外人员采用欺骗等违法违规手段，损害或者谋取组织利益，同时可能为个人带来不正当利益的行为，具体情形包括：收受贿赂或者回扣、支付贿赂或者回扣；贪污、挪用、盗窃组织资产；泄露组织的商业秘密；从事违法违规的经营活动；故意错报交易事项、记录虚假的交易事项，使财务报表使用者误解而作出不适当的投融资决策；隐瞒或者删除应当对外披露的重要信息等。

【准则链接】
《第 2204 号内部审计具体准则——对舞弊行为进行检查和报告》

6. 绩效审计

绩效审计，是指内部审计机构和人员对本组织经营管理活动的经济性、效率性和效果性进行的审查和评价。其中，经济性，是指组织经营管理过程中获得一定数量和质量的产品或服务及其他成果时所耗费的资源多寡；效率性，是指组织经营管理过程中投入资源与产出成果之间的对比关系；效果性，是指组织经营管理目标的实现程度。根据实际情况和需要，绩效审

【准则链接】
《第 2202 号内部审计具体准则——绩效审计》

【审计案例】
中国人民银行成都分行对集中采购内部绩效审计的探索

计可以同时对组织经营管理活动的经济性、效率性和效果性进行审查和评价，也可以只侧重某一方面进行审查和评价。绩效审计报告应当注重从体制、机制、制度上分析问题产生的根源，兼顾短期目标和长期目标、个体利益和组织整体利益，提出切实可行的建议。

7. 经济责任审计

经济责任审计，是指内部审计机构和人员对本单位所管理的领导干部在任职期间的经济责任履行情况的监督、评价和建议活动。经济责任审计的对象包括：党政工作部门、纪检监察机关、法院、检察院、事业单位和人民团体等单位所属独立核算单位的主要领导干部，以及所属非独立核算但负有经济管理职能单位的主要领导干部；企业（含金融机构）本级中层主要领导干部，下属全资、控股或占主导地位企业的主要领导干部，以及对经营效益产生重大影响或掌握重要资产的部门和机构的主要领导干部；上级要求以及本单位内部确定的其他重要岗位人员等。

【准则链接】
《第2205号内部审计具体准则——经济责任审计》

【准则链接】
《第3204号内部审计实务指南——经济责任审计》

【准则链接】
总经理离任经济责任审计案例

8. 高校内部审计

高校内部审计，是指高校内部审计机构和人员通过对学校与资料利用有关的业务活动及其内部控制的适当性、合法性和有效性的审查，并进行确认、评价、咨询，旨在促进完善管理控制、防范风险、创造效益，从而促进学校事业目标的实现。高校内部审计的主要内容涵盖内部控制（包括内部控制自评、教学管理内部控制、科研管理内部控制、财务管理内部控制、房产管理内部控制、设备管理内部控制、物资采购管理内部控制）审计、预算执行和决算审计、建设工程项目审计、领导干部经济责任审计等。

两所北京知名高校的审计问题

2023年6月，审计署网站公布的2023年第2号公告《中央部门单位2022年度预算执行等情况审计结果》介绍，2022年11月至2023年2月，审计署重点审计了41个部门及所属188家单位财政预算拨款2 285.59亿元。其中，两所北京高校存在问题。

某知名理工高校存在的问题包括：（1）至2022年底，未按规定及时催收上缴学费

1 035.73 万元。(2) 至 2022 年底，未按规定规范或撤销 9 个未经审批设立的远程教育教学点，2022 年取得相关学费收入 124.39 万元；开设的 5 个专业超出该校全日制专科专业范围，2022 年取得相关学费收入 150.88 万元。(3) 违反“高校不得以任何形式从学生食堂盈利”的规定，向食堂承包单位收取经营服务费 209.45 万元。(4) 2020—2022 年，扩大支出范围，在“基本科研业务费”项目中列支无关支出 56.65 万元，其中 2022 年 31.52 万元。(5) 在实验室智慧教学项目的供应商尚未履行合同约定、未达全额付款条件的情况下，一次性支付全部货款 393.79 万元。(6) 至 2022 年底，少计无形资产 1 431.42 万元：未按规定转销已失效的专利 561 项；61 942 平方米、账面原值 2.79 亿元的厂房未进行产权登记；下属的出版社有限责任公司等 6 户企业未按规定办理企业国有资产产权登记，涉及资产总额 1.28 亿元。(7) 未报经审批出租房产 37 048.92 平方米，取得租金收入 6 972.74 万元。

某知名财经高校存在的问题包括：(1) 至 2022 年底，194.73 万元报名考试费等未及时上缴财政；559.96 万元学费等未及时催收并上缴财政。(2) 2022 年 1 月至 4 月，下属的某研究院违规与 4 家社会培训机构联合举办语言培训等非学历教育，取得收入 104.25 万元。(3) 至 2022 年 8 月底，未经审批违规参与举办营利性民办学校，取得学费收入 1 750.26 万元。(4) 2020 年至 2022 年 8 月，违反高校“不得以任何形式从学生食堂盈利”的规定，向食堂承包单位收取管理服务费 490.94 万元。(5) 2018 年至 2022 年 8 月底，部分房产长期闲置，涉及建筑面积 4 490.72 平方米、账面价值 9 633.98 万元；未经审批违规对外出租房产或无偿提供给下属出版社有限责任公司使用，涉及面积 4 890.9 平方米、账面价值 1 796.36 万元。(6) 至 2022 年 8 月底，未将已完成并投入使用的 6 个信息系统作为无形资产登记入账，涉及资金 583.3 万元。(7) 2021 年 6 月至 2022 年 8 月，下属某酒店管理（北京）有限公司未将 555.37 万元房产出租收入上缴学校，其中 2022 年 255.83 万元。(8) 2021 年，未按规定履行政府采购程序，自行采购多媒体电器等物资 200.65 万元。(9) 2020 年至 2021 年，在 4 个教学项目建设未实施或未完成的情况下，超进度向供货方或施工方支付合同款 1 742.01 万元。(10) 2020 至 2021 年，扩大支出范围，在 2 个专项经费中列支无关支出 82.08 万元；在 2018 年已结项的 11 个科研项目结余资金中列支无关支出 192.46 万元。(11) 经 2020 年 10 月底，5 辆公务用车未纳入学校财务核算，涉及账面价值 202.58 万元；2020 年 10 月，拍卖其中 3 辆车的收入 23.8 万元也未纳入学校财务核算。

（二）内部审计的业务流程

一般而言，一个内部审计项目的执行过程可以分为审计计划阶段、审计实施阶段、审计报告阶段和后续追踪阶段等。

1. 审计计划阶段

年度审计工作计划是对年度预期要完成的审计任务所作的工作安排，是组织年度工作计划的重要组成部分。编制年度审计工作计划应当结合内部审计中的长期规划，以风险评估为基础，根据组织的风险状况、管理需要和审计资源的配置情况，确定具体审计项目及时间安排。图 12－3 列示了某公司年度审计工作计划编制流程。

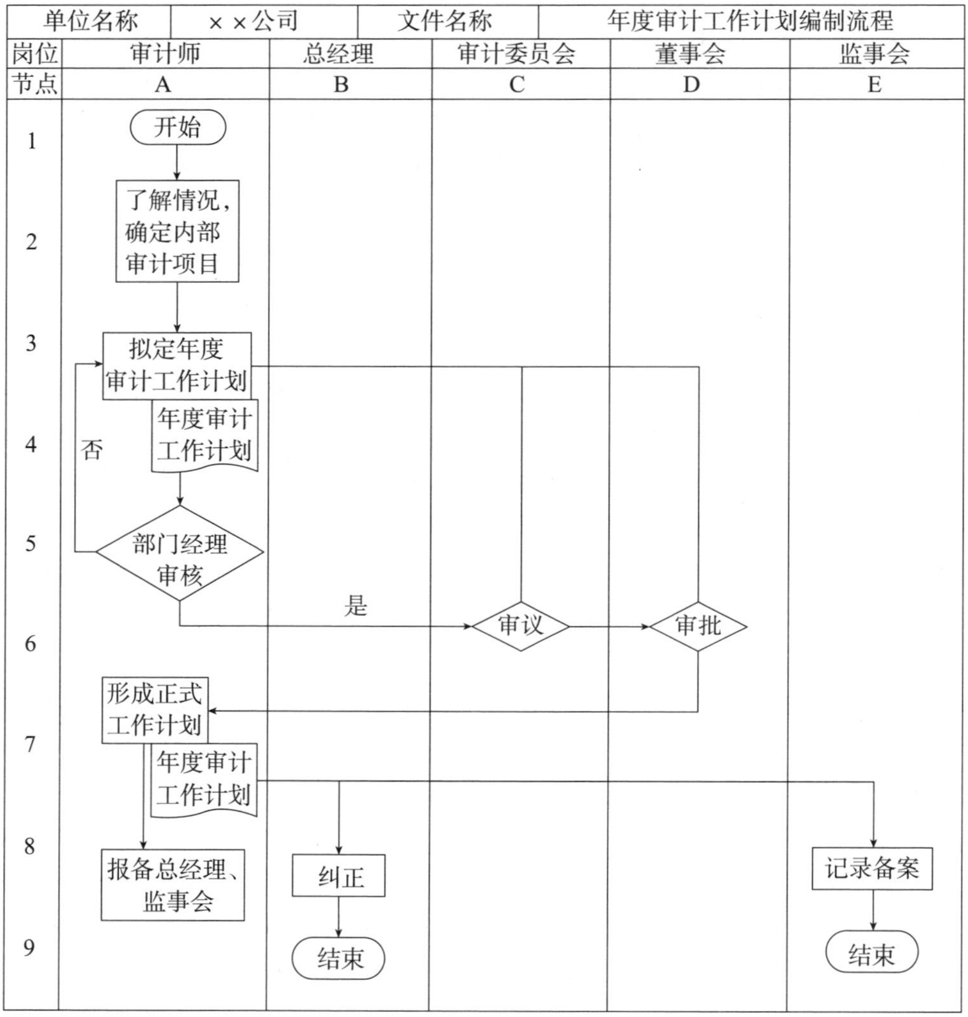

图 12－3　某公司年度审计工作计划编制流程

在年度审计工作计划编制的过程中，要贯穿不相容职务相分离的原则，同时，不同的部门有不同的工作标准（见表 12－4）。

表 12－4　年度审计工作计划编制流程工作标准

承办部门：审计部

任务名称	节点	控制标准	时限	风险序号	制度索引
岗位职责分离与制度建设		不相容职务至少包括： 拟定年度审计工作计划与审核/审批		R1	《内部审计工作制度》
		制度建设： 建立内部审计工作制度		R2	
年度审计工作计划编制流程	A2	审计部副经理了解公司的发展目标及年度工作重点，综合考虑组织风险、管理需要和审计资源，确定具体审计项目			
	A3	审计部副经理拟定年度审计工作计划，内容包括：内部审计年度工作目标、需要执行的具体审计项目及其先后顺序、各审计项目所分配的审计资源、后续审计的必要安排等			
	A4	审计部经理审核年度审计工作计划，确保年度审计工作计划科学、可行		R3	
	C5	审计委员会审议年度审计工作计划			
	D5	董事会审批年度审计工作计划			
	A6	审计部副经理修订完善，形成正式年度审计工作计划			
	A7	审计部副经理将正式的年度审计工作计划报备总经理、监事会		R4	
	B8	总经理阅悉年度审计工作计划			
	E8	监事会将年度审计工作计划记录备案			

2．审计实施阶段

内部审计人员应当根据年度审计工作计划编制项目审计方案，并采取适当的审计方法，获取充分适当的审计证据，揭示审计发现的事实、原因和后果，为形成审计结论和意见以及提出有价值的审计建议创造必要的条件。

3．审计报告阶段

审计报告阶段包括内部审计的结果沟通和内部审计报告。结果沟通是指内部审计机构与被审计单位、组织适当管理层就审计概况、审计依据、审计发现、审计结论、审计意见和审计建议进行的讨论和交流。内部审计报告是指内部审计人员根据审计计划对被审计单位实施必要的审计程序后，就被审计事项做出审计结论，提出审计意见和审计建议的书面文件。内部审计人员应当在审计实施结束后，以经过核实的审计证据为依据，形成审计结论、意见和建议，出具审计报告。某公司内部审计实施与报告流程如图 12－4 所示。

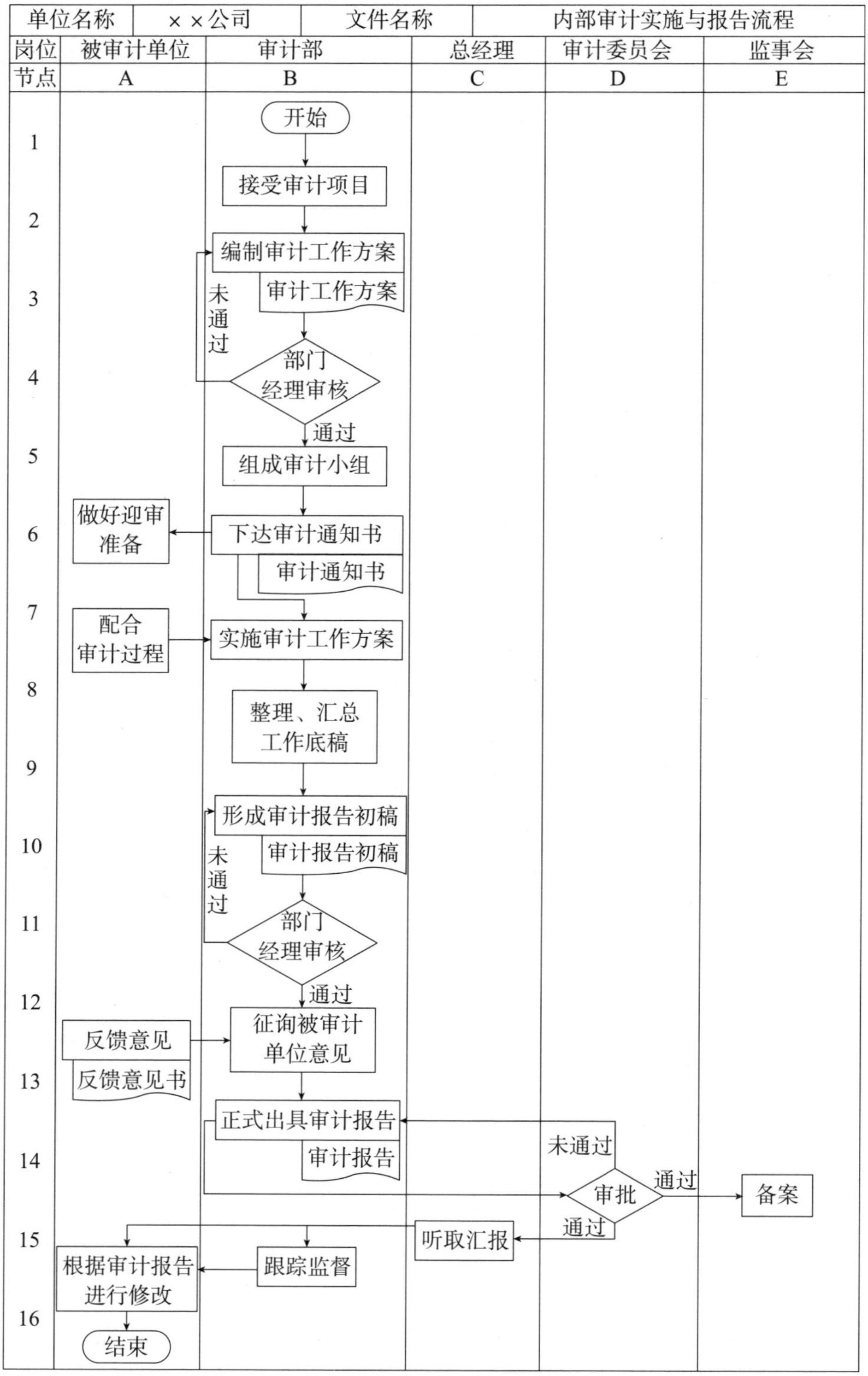

图 12-4　某公司内部审计实施与报告流程

在审计实施与报告的流程中，要贯穿不相容职务相分离的原则。对此，企业内部不同的部门、部门内部不同的层级有不同的工作要求与标准（见表 12－5）。

表 12－5 内部审计实施流程工作标准

承办部门：审计部

任务名称	节点	控制标准	时限	风险序号	制度索引
岗位职责分离与制度建设		不相容职务至少包括： 编制审计工作方案与审核 编写审计报告与审核/审批		R1	《内部审计工作制度》
		制度建设： 建立内部审计工作制度		R2	
内部审计实施流程	B2	审计部经理接受审计项目			
	B3	审计部副经理编制审计工作方案，包括审计目的、审计范围、具体审计方法和程序、审计小组构成、审计时间分配等内容			
	B4	审计部经理审核审计工作方案，确保方案的科学性、合理性、可行性		R3	
	B5	审计部副经理根据审计工作方案成立审计小组，确保审计小组人员的专业胜任能力和独立性			
	A6	审计部经理向被审计单位下达审计通知书			
	B6	被审计单位做好迎审准备			
	A7	审计小组实施审计工作方案，采用适当的抽样方法，综合运用分析性复核、询问、观察、审阅与检查、重新执行等测试方法，获取充分、相关、可靠的审计证据			
	B7	被审计单位密切配合审计小组的审计工作			
	B8	审计小组整理、汇总工作底稿。工作底稿应内容完整、记录清晰、结论明确，客观反映审计工作方案的制定及实施情况，并包括与形成审计结论和建议有关的所有重要事项			
	B9	审计小组以经过核实的审计证据为依据，形成审计结论与建议，编写审计报告初稿 审计报告应当客观、完整、清晰、及时、具有建设性，并体现重要性原则			
	B10	审计部经理审核审计报告初稿		R4	
	A11	审计小组征询被审计单位对审计报告初稿的意见。被审计单位对审计报告持有异议的，审计小组应研究、核实，必要时进行修改		R5	
	B11	被审计单位与审计小组沟通并反馈意见			

续表

任务名称	节点	控制标准	时限	风险序号	制度索引
内部审计实施流程	B12	审计小组正式出具审计报告，上报审计委员会审批、监事会备案			《内部审计工作制度》
	D13	审计委员会审批审计报告		R4	
	E13	监事会将审计报告整理备案			
	A15	被审计单位根据审计报告进行整改			
	B15	审计专员跟踪监督被审计单位整改情况		R6	

4. 后续追踪阶段

后续追踪阶段是指内部审计机构为跟踪检查被审计单位针对审计发现的问题所采取的纠正措施及其改进效果而进行的审查和评价活动。被审计单位管理层应当对审计中发现的问题及时采取纠正措施，内部审计人员应当及时跟进评价被审计单位管理层所采取的纠正措施是否及时、合理、有效。

二、内部审计规范

我国内部审计规范也由执业准则体系、职业道德规范以及法律规范体系三部分组成。

【准则链接】
《第1201号——内部审计人员职业道德规范》

（一）执业准则体系

如表12-6所示，《中国内部审计准则》包括三个层次：

第一层次是内部审计基本准则和内部审计人员职业道德规范。其中，《第1101号——内部审计基本准则》作为内部审计准则的总纲，是内部审计机构和人员进行内部审计时应当遵循的基本规范，也是制定具体准则和实务指南的基本依据；《第1201号——内部审计人员职业道德规范》要求内部审计人员在实施内部审计业务时应当保持诚信正直和客观性原则，同时注意保密，并不断保持和提升自身专业胜任能力。

第二层次是具体准则。具体准则依据基本准则制定，是内部审计机构和人员在进行内部审计工作时应当遵循的具体规范。目前具体准则共分为作业类、业务类和管理类三大类，共有22个。其中，作业类准则包括审计计划、审计通知书、审计证据、审计工作底稿、结果沟通、审计报告、后续审计、审计抽样、分析程序等9个涵盖内部审计工作全过程的具体准则；业务类准则对具体审计业务执行予以规范，包括内部控制审计、绩效审计、信息系统审计、对舞弊行为进行检查和报告、经济责任审计5个具体准则；管理类准则用以指引如何对内部审计机构和人员进行管理，包括内部审计机构的管理、与董事会或者最高管理层的关系、内部审计与外部审计的协调、利用外部专家服务、人际关系、内部审计质量控制、评价外部审计工作质量、审计档案工作等8个具体准则。

其中，《第 2306 号内部审计具体准则——内部审计质量控制》是指导内部审计机构管理与控制内部审计质量的准则。内部审计质量控制可分为内部审计机构质量控制和内部审计项目质量控制，主要包括下列目标：保证内部审计活动遵循内部审计准则和本组织内部审计工作手册的要求；保证内部审计活动的效率和效果达到既定要求；保证内部审计活动能够增加组织的价值，促进组织实现目标。内部审计机构质量控制的具体措施包括：确保内部审计人员遵守职业道德规范；保持并不断提升内部审计人员的专业胜任能力；依据内部审计准则制定内部审计工作手册；编制年度审计计划及项目审计方案；合理配置内部审计资源；建立审计项目督导和复核机制；开展审计质量评估；评估审计报告的使用效果；对审计质量进行考核与评价等。

【准则链接】
《第 2306 号内部审计具体准则——内部审计质量控制》

第三层次是实务指南。目前共 6 个，依据基本准则和具体准则制定，为内部审计机构和人员进行内部审计工作提供可操作的指导性意见。其中，《第 3101 号——审计报告》是《第 2106 号——审计报告》的应用指南，《第 3204 号——经济责任审计》是《第 2205 号——经济责任审计》的应用指南，《第 3205 号——信息系统审计》是《第 2203 号——信息系统审计》的应用指南，其他 3 项为对特别、特殊业务审计的执行指引，包括《第 3201 号——建设项目审计》《第 3202 号——物资采购审计》《第 3203 号——高校内部审计》。

【前沿资讯】
《全球内部审计准则——2023》征求意见公示稿

表 12-6 《中国内部审计准则》的层次结构

<table>
<tr><th colspan="2">准则层次</th><th>准则编号</th><th>准则名称</th><th>准则编号</th><th>准则名称</th></tr>
<tr><td colspan="2">第一层次</td><td>1101</td><td>内部审计基本准则</td><td>1201</td><td>内部审计人员职业道德规范</td></tr>
<tr><td rowspan="16">第二层次</td><td rowspan="5">作业类具体准则</td><td>2101</td><td>审计计划</td><td>2106</td><td>审计报告</td></tr>
<tr><td>2102</td><td>审计通知书</td><td>2107</td><td>后续审计</td></tr>
<tr><td>2103</td><td>审计证据</td><td>2108</td><td>审计抽样</td></tr>
<tr><td>2104</td><td>审计工作底稿</td><td>2109</td><td>分析程序</td></tr>
<tr><td>2105</td><td>结果沟通</td><td></td><td></td></tr>
<tr><td rowspan="3">业务类具体准则</td><td>2201</td><td>内部控制审计</td><td>2204</td><td>对舞弊行为进行检查和报告</td></tr>
<tr><td>2202</td><td>绩效审计</td><td>2205</td><td>经济责任审计</td></tr>
<tr><td>2203</td><td>信息系统审计</td><td></td><td></td></tr>
<tr><td rowspan="4">管理类具体准则</td><td>2301</td><td>内部审计机构的管理</td><td>2305</td><td>人际关系</td></tr>
<tr><td>2302</td><td>与董事会或者最高管理层的关系</td><td>2306</td><td>内部审计质量控制</td></tr>
<tr><td>2303</td><td>内部审计与外部审计的协调</td><td>2307</td><td>评价外部审计工作质量</td></tr>
<tr><td>2304</td><td>利用外部专家服务</td><td>2308</td><td>审计档案工作</td></tr>
</table>

续表

准则层次		准则编号	准则名称	准则编号	准则名称
第三层次	实务指南	3101	审计报告	3203	高校内部审计
		3201	建设项目审计	3204	经济责任审计
		3202	物资采购审计	3205	信息系统审计

【法规链接】
《关于深化中央企业内部审计监督工作的实施意见》

此外，根据 2003 年《审计署关于内部审计工作的规定》的要求，各行业、部门也分别制定了指导各自内部审计制度建设与内部审计工作开展的规定、规范与指引。比如，《中央企业内部审计管理暂行办法》《交通行业内部审计工作规定》《广播电影电视系统内部审计工作规定》《国防科工委委属事业单位内部审计工作规定》《银行业金融机构内部审计指引》《卫生系统内部审计工作规定》《国资委关于加强中央企业内部审计工作的通知》《新华社审计监察工作规定》《教育部关于加强和规范建设工程项目全过程审计的意见》《保险公司内部审计工作规范》在 2004 至 2015 年间被相继发布（主要集中在 2004 年至 2007 年间）。2020 年 9 月，国务院国有资产监督管理局印发《关于深化中央企业内部审计监督工作的实施意见》，对推动中央企业建立符合中国特色现代企业制度要求的内部审计领导和管理体制机制、提高内部审计效能提出了指导意见。这些文件是对《中国内部审计准则》的有益补充，有助于提高内部审计工作执行的专业化、针对性与细致度。

（二）职业道德规范

相比于社会审计中的职业道德规范，内部审计中的职业道德规范则较为简单，主要分布在以下规定和规范中：

1.《第 1101 号——内部审计基本准则》

《第 1101 号——内部审计基本准则》中的第六至九条规定了内部审计机构和人员应遵循的职业道德要求：（1）第六条规定“内部审计机构和内部审计人员应当保持独立性和客观性，不得负责被审计单位的业务活动、内部控制和风险管理的决策与执行”。（2）第七条规定“内部审计人员应当遵守职业道德，在实施内部审计业务时保持应有的职业谨慎”。（3）第八条明确了对内部审计人员的能力要求“内部审计人员应当具备相应的专业胜任能力，并通过后续教育加以保持和提高”。（4）第九条明确规定相应保密义务“内部审计人员应当履行保密义务，对于实施内部审计业务中所获取的信息保密”。

2.《第 1201 号——内部审计人员职业道德规范》

为了规范内部审计人员的职业行为、维护内部审计职业声誉，中国内部审计协会根据《审计法》及其实施条例，以及其他有关法律、法规和规章，制定了《第 1201 号——内部审计人员职业道德规范》。该规范要求：内部审计人员从事内部审计活动时，应当遵守此规范，认真履行职责，不得损害国家利益、组织利益和内部审计职业声誉；内部审计人员违反该规范要求的，组织应当批评教育，也可以视情节给予一定的处分。该规范主要由四项内部审计人员职业道德一般原则构成——诚信正直、客观性、专业胜任能力、保密。

3.《审计署关于内部审计工作的规定》

《审计署关于内部审计工作的规定》中第五条和第七条涉及对内部审计职业道德的要求。具体内容如下：第五条："内部审计机构和内部审计人员从事内部审计工作，应当严格遵守有关法律法规、本规定和内部审计职业规范，忠于职守，做到独立、客观、公正、保密。内部审计机构和内部审计人员不得参与可能影响独立、客观履行审计职责的工作。"第七条："内部审计人员应当具备从事审计工作所需要的专业能力。单位应当严格内部审计人员录用标准，支持和保障内部审计机构通过多种途径开展继续教育，提高内部审计人员的职业胜任能力。内部审计机构负责人应当具备审计、会计、经济、法律或者管理等工作背景。"

（三）法律规范体系

按照发布机构不同，我国有关内部审计的主要法律规范体系可以分为三个层次。

第一层次是法律层面，主要是《中华人民共和国审计法》。其第三十二条规定："被审计单位应当加强对内部审计工作的领导，按照国家有关规定建立健全内部审计制度；审计机关应当对被审计单位的内部审计工作进行业务指导和监督。"

第二层次是行政法规，主要是国务院发布的《中华人民共和国审计法实施条例》。其第二十六条规定："依法属于审计机关审计监督对象的单位的内部审计工作，应当接受审计机关的业务指导和监督。依法属于审计机关审计监督对象的单位，可以根据内部审计工作的需要，参加依法成立的内部审计自律组织。审计机关可以通过内部审计自律组织，加强对内部审计工作的业务指导和监督。"

第三层次是部门规章，主要是《审计署关于内部审计工作的规定》和《审计署关于加强内部审计工作业务指导和监督的意见》。2018 年 1 月，审计署发布新修订的《审计署关于内部审计工作的规定》，要求结合本单位（即依法属于审计机关审计监督对象的单位和参照该规定执行的单位）实际情况，建立健全内部审计制度，加强对内部审计机构和人员的管理，明确内部审计工作的领导体制、职责权限、人员配备、经费保障，建立健全审计发现问题整改机制、提高审计结果运用效率与效果，加大对被审计单位和内部审计机构与人员违法违规行为的责任追究等。同月，《审计署关于加强内部审计工作业务指导和监督的意见》发布，对国家审计机关如何加强对内部审计的指导监督提出了具体要求，包括建立健全内部审计指导监督的工作机制（如建立健全指导和监督工作长效机制、建立健全内部审计资料备案及成果运用机制、建立健全与主管部门的协作机制）、加强对内部审计工作的业务指导（如加强对建立健全内部审计工作机制的指导、加强对内部审计计划安排和审计重点的指导、加强对内部审计人员的业务指导）、加强对内部审计工作的监督检查（如加强日常监督、结合实施审计项目开展监督、开展专项检查）。

第四节　内部审计质量评估

引例

柳州银行获国内商业银行首家内部审计质量“AAA”评级

柳州银行股份有限公司（以下简称柳州银行）成立于1997年3月，目前下设107个营业网点及7家控股村镇银行，是一家服务区域经济、服务小微企业、服务社区居民的地方性商业银行。2017年10月，柳州银行聘请中国内部审计协会派出的专家组对公司内部审计质量实施了现场评估，外部评估专家组逐一对内部审计环境和内部审计业务两大类别、17个评估要素、39个评估要点进行了量化评分，认为柳州银行内部审计遵循程度的评估结论为“合格”，评定级别为“AAA”。柳州银行获得“AAA”评级，标志着柳州银行在实现有形指标倍增的同时，内部审计建设和发展持续保持了先进性，风险管理和内部控制能力也同步实现了显著提升。它开创了广西乃至西部省区内部审计质量外部评估的先河，通过开展内部审计质量外部评估，进一步改善了内部审计环境，促进内部审计准则的遵循，规范内部审计工作，提高内部审计人员专业胜任能力。同时，也为质量评估工作在广西以及西部地区的深入开展积累了宝贵的经验，为发展符合中国国情的质量评估工作作出了新的探索。

内部审计质量评估是国际内部审计师协会在全球范围推行的一项重点工程。中国内部审计协会对此次内部审计质量外部评估工作非常重视，鲍国明副会长兼秘书长亲自审定了评估方案，同时精心遴选具备实践经验的骨干力量组成评估组，并由协会副秘书长沈立强担任评估组组长。

资料来源：中国内部审计协会网站，http://www.ciia.com.cn/cndetail.html?id=66981.

第四节
即测即评

【法规链接】
《内部审计质量评估办法》

在引例中，柳州银行的内部审计质量被外部专业机构评为最高级别。那么，如何对内部审计质量进行评价呢？《第2306号内部审计具体准则——内部审计质量控制》明确要求，内部审计机构负责人和审计项目负责人通过督导、分级复核、质量评估等方式对内部审计质量进行控制。2012年5月15日，CIIA印发《内部审计质量评估办法（试行）》和《中国内部审计质量评估手册（试行）》（以下简称《评估手册》），要求自2012年5月1日起施行。为进一步推动内部审计质量评估工作的开展，2014年8月14日，中国内部审计协会发布《内部审计质量评估办法》（以下简称《评估办法》）。《评估手册》的主要内容和《评估办法》的核心思路基本参考了 IIA 发布的《内部审计质量评价手册》。本节聚焦我国的内部审计质量评估内容、形式与流程。

一、内部审计质量评估的内容

内部审计质量评估，是指由具备职业胜任能力的人员，以内部审计准则（以下简称《准则》）、内部审计人员职业道德规范为标准，同时参考风险管理、内部控制等方面的法律法规，对组织的内部审计工作进行独立检查和客观评价的活动。

《评估手册》规定，内部审计质量评估的内容涵盖内部审计管理和实施的全过程，主要包括以下方面：《准则》和内部审计章程等的遵循情况；内部审计组织架构及运行机制的合理性、健全性；内部审计管理的规范性；审计工具和技术的适用性；内部审计人员的知识结构、工作经验和不同专业的组合搭配；各利益相关方对内部审计机构的满意程度；内部审计工作是否为组织增加了价值、改进了组织运营。《评估办法》对此也作出了基本相同的规定，具体包括：内部审计准则和内部审计人员职业道德规范的遵循情况；内部审计组织结构及运行机制的合理性、健全性；内部审计人员配置及专业胜任能力；内部审计业务开展及项目管理的规范程度；各利益相关方对内部审计的认可程度和满意程度；内部审计增加组织价值、改善组织运营的情况。

整体上，可将评估内容分为内部审计环境和内部审计业务两大类。其中，内部审计环境评估的内容包括内部审计的独立性与客观性、内部审计机构与治理层或最高管理层的关系、内部审计机构管理、内部审计质量控制、内部审计督导、人际关系管理、结果沟通、后续教育、内部审计与外部审计协调、评价外部审计（外部专家）工作质量和内部审计人员职业道德规范等 11 项评估要素、19 个评估要点。内部审计业务评估的内容包含审计计划、审计通知书、重要性和审计风险、审计工具和技术、审计证据、审计工作底稿、审计报告和后续审计等 8 项评估要素、15 个评估要点。各评估要素和评估要点的细化内容参见二维码资料。

【扩展阅读】
内部审计质量评估工作底稿

二、内部审计质量评估的形式

在我国，中国内部审计协会负责指导和管理全国内部审计质量评估工作。内部审计质量评估包括内部评估和外部评估两种形式，由组织根据情况选择实施。

（一）内部评估

内部评估是由组织内部的有关人员对内部审计管理和实施情况进行检查和评价的活动。内部审计、人力资源、内控合规、风险管理等部门中了解和熟悉内部审计工作的人员都可以参与内部评估。内部评估的优点是评估人员来自组织内部，对组织文化及各项具体业务活动的了解较为深入。实践中，由于各个组织的内部审计活动在规模、权限、工作范围、人员技能等方面存在差异，因此，内部评估程序可以根据不同的情况灵活运用。通常，内部评估主要通过以下方式进行：(1) 对审计业务实施日常监督（如审计项目质量管理）；(2) 通过审计管理系统对审计项目实施情况进行实时跟踪；(3) 审计工作结束后，由被审计单位和其他利益相关方做出评价或反馈；(4) 由未参与审计项目的其他内部审计人员有选择地进行审计工作底稿互查；(5) 对利益相关方进行深入访谈和调查；(6) 对审计绩效衡量指标（例如审计项目预算的控制情况、审计计划完成情况、审计建议采纳情况）考核评估等。

（二）外部评估

外部评估是由组织外部独立第三方对内部审计管理和实施情况进行检查和评价的活动。《评估办法》规定：外部评估由中国内部审计协会或者其核准的机构实施；选择实施外部评估的组织，应当向中国内部审计协会或者其核准的机构提出书面申请，由双方协商评估范围、评估时间、评估人员、评估费用等事宜；参与外部评估的人员应当具备良好的审计职业道德和一定的审计工作经历，具有被评估组织所在行业、领域的相关知识或者经验，接受过中国内部审计协会组织的内部审计质量评估培训，具备从事评估工作的专业胜任能力。

确定外部评估的范围时应注意，时间范围应不少于一年，业务范围应涵盖与内部审计相关的所有活动，即包括全部确认和咨询业务。外部评估应定期进行，通常至少每五年进行一次。依据《准则》，如果内部审计机构的组织结构较为合理，规章制度较完善，人员素质较高，审计质量控制较为完备，或者组织内部适当管理层在近期对内部审计质量的相关内容进行过考核与评价，则外部评估的时间间隔可以适当延长。

三、内部审计质量评估的流程

内部审计质量评估流程通常分为前期准备、现场实施和出具报告三个阶段。其中，前期准备阶段包括组建评估组、制定评估方案；现场实施阶段包括召开进点会、现场评估、汇总评估结果、召开出点会；出具报告阶段包括在现场评估结束后的一定时间内出具质量评估报告。实践中，评估流程会因具体情况不同略有差别。

（一）组建评估组

组建评估组包括两项工作：(1) 确定评估组组长。无论是内部评估还是外部评估，对于评估组组长的选择不仅要考虑其业务胜任能力和经验，还要考察其在项目组织方面的整体掌控能力、协调能力和沟通能力。因此，评估组组长除了具备一般评估人员应有的素质之外，还应具有大型企事业单位内部审计负责人、社会审计组织负责人或类似的工作经历。(2) 选择评估组成员。评估人员应当具备较高的职业素质。除此之外，评估组应保证其成员中至少有一人熟悉接受评估单位所在行业或领域的相关知识或具有相关从业经验，也可利用其他领域的专家，例如企业风险管理、IT 审计、统计抽样或控制自我评估方面的专家，参与评估工作的特定环节，以协助评估组开展工作。

（二）制定评估方案

评估方案是整个质量评估过程中依据的重要文件。评估组应在了解和熟悉接受评估单位基本情况的基础上，按照评估标准和评估流程制定评估方案。一般情况下，评估方案可以在前期准备阶段编制完成，在现场实施过程中，可以根据实际情况进行调整。制定评估方案的实施要点如下：（1）准备工作。首先，应将质量评估需准备的资料清单提交给接受评估单位，以便其及时收集整理相关资料，同时，初步与接受评估单位沟通评估工作的基本事项，如评估的时间安排、评估的一般性流程、拟参与本次评估的评估组成员是否与接受评估单位存在利益冲突等。（2）制定评估方案。评估方案的内容主要包括评估目的、接受评估单位的基本状况、评估依据、评估标准、评估程序、评估范围及方法、评估组成员构成及分工、评估时间安排以及评估重点等。（3）明确评估职责。评估方案编制完成后，应当以内部培训或讨论的形式使评估组成员进一步了解接受评估单位的基本情况，明确本次评估的目标、基本内容、评估方法及步骤，并按照评估方案的进度要求和任务分工，明确评估组成员的职责。

【扩展阅读】
内部审计质量评估需要的资料清单

【扩展阅读】
内部审计质量评估标准

（三）召开进点会

进点会是与接受评估单位的管理层、内部审计机构负责人和其他利益相关方建立正式联系的第一次正式会议。成功的进点会是双方良好合作的开端。召开进点会的实施要点如表 12－7 所示。

表 12－7　召开进点会的实施要点

序号	要点	具体要求
1	初步熟悉评估环境	评估双方应相互介绍参加会议人员，熟悉评估领域的情况，询问限制条件，对评估组不宜实地了解的区域或特殊情况，应协商做好安排。
2	评估组组长介绍评估方案	向接受评估单位介绍此次评估工作实施的整体情况，如评估目标、评估依据、评估标准、评估程序，说明评估方法、评估范围，提示特别注意事项等。
3	接受评估单位介绍内部评估情况	接受评估单位就以前开展过的内部评估情况，包括评估人员构成、评估所花费的时间、评估范围、评估中发现的问题及整改情况逐一介绍。
4	做出保密承诺	除了说明对评估过程中知悉的接受评估单位商业秘密予以保密之外，更要强调评估组将对问卷调查和访谈所获得的具体内容予以保密，但可将其汇总结果运用到评估报告中。

续表

序号	要点	具体要求
5	落实后勤保障	就现场评估中评估组有关办公、后勤保障等事项与接受评估单位协商落实，并要求其指定一名协调人或成立工作组具体配合，以便评估工作顺利实施。

【扩展阅读】
内部审计质量评估工具

（四）现场评估

现场评估的重点在于发现和验证。对于内部审计环境类的评估，通常采用问卷调查、访谈等评估技术获得信息和线索，并通过核对审计管理文件、审计工作报告、会议记录等相关资料予以印证；对于内部审计业务类的评估则通过抽取具有代表性的审计业务工作档案等资料，检查其程序执行是否到位、归档是否完整等。

（五）汇总评估结果

汇总评估结果是评估组组长召集评估组成员对现场评估阶段的情况逐一进行分析、确认和汇总，主要目的是确定针对各评估要点的评估意见和建议是否准确、所打分值是否合理，同时汇总得出评估结论，为出点会做充分准备。汇总评估结果时应注意确认评估程序和评估方法的恰当性、准确性以及相关性。

（六）召开出点会

现场评估结束后，评估组应召集接受评估单位管理层、内部审计机构负责人和其他利益相关方人员召开出点会，就评估发现的需关注事项、相关意见和建议等交换意见，确定事实是否清楚、证据是否恰当、评估结论是否客观等。

【扩展阅读】
内部审计质量外部评估报告

（七）出具质量评估报告

质量评估报告是在综合评估的基础上，对接受评估单位遵循《准则》的情况、审计管理的健全性和规范性、审计业务的效果和效率等方面发表评估意见，并提出改进建议。质量评估报告草稿通常应在现场实施结束后的 10 个工作日内提交给接受评估单位征求意见，待其书面反馈后的 10 个工作日内应出具正式报告。内部审计质量评估的结论分为合格与不合格两类。对评估合格的组织还应进行评级，由高至低依次分为 AAA 级、AA 级和 A 级。外部评估结果由中国内部审计协会统一公布。经中国内部审计协会核准的机构实施的外部评估的结果，应报送中国内部审计协会备案。

本章小结　　**案例分析**　　**推荐阅读材料**

第十三章

审计职业判断

思维导图

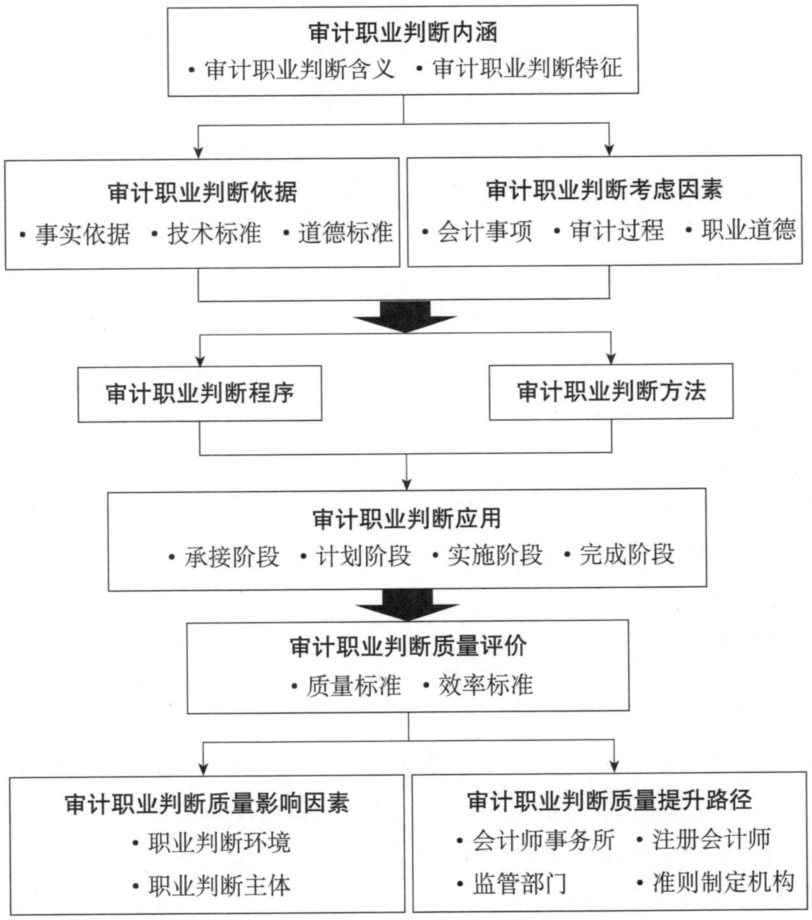

总书记论审计

“以审计精神立身，以创新规范立业，以自身建设立信。”

——2018 年 5 月 23 日，习近平在中央审计委员会第一次会议上的讲话

素养提升

1. 价值塑造

- 通过认识审计职业判断的科学属性，加深对审计职业的认同感和使命感，自觉提升知识技能、不断积累经验、提高判断水平，运用审计职业判断对职业道德事项进行评价，树立诚实守信、客观公正的职业道德观念。
- 迁移职业判断思维的科学方法，应用在日常生活，形成客观理性的判断习惯，以习近平新时代中国特色社会主义思想作为判断标准，对社会上出现的恶意谣言做出客观判断，避免人云亦云、为不法分子错误引导，自觉树立四个意识。

2. 知识传授

- 理解审计职业判断的含义与特征，认识三种职业判断依据的内涵和常见形式，在此基础上掌握与会计事项、审计过程、职业道德相关职业判断的考虑因素。
- 掌握审计职业判断的基本程序，了解常见的职业判断方法，并熟悉审计职业判断在承接阶段、计划阶段、实施阶段和完成阶段的具体应用。
- 掌握审计职业判断质量的评价标准，识别影响职业判断质量的环境和主体因素，了解会计师事务所、注册会计师、监管部门和准则制定机构提升职业判断质量的具体路径。

3. 能力培养

- 理解审计职业判断在审计工作中的作用，在实际工作中能够选择合适的判断标准，在进行职业判断过程中充分考虑各类因素。
- 能够按照相应程序步骤实施职业判断，在实际判断过程中运用常见职业判断方法进行思考，并能在各阶段审计过程中应对具体职业判断问题，迁移相应的思维方式应用在其他工作。
- 能够灵活运用质量标准对职业判断进行评价，同时用以指导自身判断工作，分析当前影响职业判断质量的因素，并有针对性地提升自身判断质量。

审计职业判断，是指在审计准则、财务报告编制基础和职业道德要求的框架下，注册会计师综合运用相关知识、技能和经验，作出适合审计业务具体情况、有根据的行动决策。职业判断是注册会计师行业的精髓，从本质上讲，审计工作就是由一系列判断行为构成的，贯穿整个审计过程。本章将从审计职业判断的内涵与依

据、审计职业判断的程序和方法、审计职业判断质量的评价与提升三个方面系统介绍审计职业判断的相关知识。

第一节 审计职业判断的内涵与依据

引例

错误判断内控缺陷，“乐视”审计无“乐事”

【扩展阅读】
中国证监会行政处罚决定书（信永中和）

信永中和在为乐视网2015年和2016年年度财务报表提供审计服务时，分别出具了无保留意见及带强调事项段无保留意见的审计报告（强调事项与销售收入及利润无关）。在审计过程中，注册会计师对乐视网广告业务“销售与收款循环”进行了内控测试。控制目标“主要风险和报酬转移后对销售收入进行确认”对应的控制措施描述为：广告实际投放后，应收账款主管复核与客户的对账报告，即向客户寄发的对账单是否均已收回，客户回复金额是否与明细账记录金额一致，如有差异，差异原因是否已经调查，是否需要调整会计记录。控制频率为每月一次。

注册会计师将此控制认定为关键控制，以防止未经发布的广告确认了收入。注册会计师在穿行测试时即发现这一控制措施未得到执行，即没有收到客户的对账回单，但仍得出“未发现销售收款循环中有缺失的环节”的审计结论，也未选取样本进行控制测试。注册会计师在“业务层面缺陷评估表”中将发现的两个内控缺陷描述为：(1) 乐视网每月根据广告的实际投放进度与客户进行对账，但未留下纸质对账单；(2) 乐视网签订的广告合同约定有第三方检测报告，但实际业务执行过程中大部分为内部数据信息，该信息财务未留存，对方收到对账邮件后未反馈就视同认可。注册会计师将上述两个缺陷认定为一般缺陷。

中国证监会在处罚决定书中提出，根据乐视网广告业务特点、广告行业的通常做法以及注册会计师对此控制措施的认定，上述缺陷应属内部控制的重大缺陷，注册会计师职业判断错误。同时，注册会计师也未意识到上述重大缺陷增加了广告业务的舞弊风险。

资料来源：中国证监会行政处罚决定书（信永中和会计师事务所、常晓波、白西敏）. http://www.csrc.gov.cn/csrc/c101928/c2379115/content.shtml.

第一节
即测即评

上述引例中，注册会计师在内部控制缺陷的性质判断中出现失误，从而导致审计失败，也因此受到证监会的处罚。那么，审计职业判断究竟有什么特点？在实际执行审计工作中，应当如何选择合适的判断标准？针对不同事项的判断，应当考虑哪些因素？本节将对审计职业判断的含义和特征、判断依据和考虑因素几个方面进行介绍。

一、审计职业判断的含义及特征

（一）审计职业判断的含义

判断是一个逻辑学概念，是对思维对象是否存在、是否具有某种属性以及事物之间是否具有某种关系的肯定或否定。审计职业判断作为审计职业中的一种特殊专业判断，这一概念最初由美国的 C. W. 尚德尔在 1978 年提出。他在《审计理论》一书中首次将审计职业判断作为审计理论结构的基本要素提出并加以研究。此后，一些学者也纷纷对此展开讨论，其中最具代表性的是 Giibbins 和 Emby 的定义，认为“审计判断是导致决策和行动的过程，是决策和行动的基础”。

【法规链接】
《中国注册会计师职业判断指南》

《国际审计准则第 200 号——独立审计师的总体目标和按照国际审计准则执行审计工作》对审计职业判断的定义则是：“职业判断，是指在审计准则、会计准则和职业道德要求的框架下，注册会计师依据已有的专业知识、经验做出具有可操作性特征的正确决策。”

2015 年 3 月，我国颁布《中国注册会计师职业判断指南》，指南中对注册会计师职业判断的阐述是，“在审计准则、财务报告编制基础和职业道德要求的框架下，注册会计师综合运用相关知识、技能和经验，作出适合审计业务具体情况、有根据的行动决策”。

通过以上定义可以看出，在审计职业判断中，作出判断的主体是注册会计师，判断的依据和标准是审计准则、会计准则和职业道德要求，判断的基础是注册会计师个体的知识和经验，判断的对象既包括审计事项，也包括个人行为。因此，审计判断可以认为是一个收集、评价审计证据并将其与相关判断标准进行对照的决策过程。

（二）审计职业判断的特征

1. 审计职业判断贯穿审计全过程

审计职业判断贯穿整个审计的全过程。从开始了解被审计单位的基本情况起，会计师事务所的负责人就应该对本所注册会计师的独立性、保持职业谨慎的能力、职业胜任能力，以及对被审计单位管理当局的诚信能力等作出判断，以确定是否接受委托。在审计的计划阶段，注册会计师要评价被审计单位的内部控制、分析审计风险、确定重要性水平，这些都需要运用审计的职业判断。在审计实施阶段，注册会计师同样会大量使用职业判断。比如在决定使用审计抽样时，必须依靠职业判断来决定是使用非统计抽样还是统计抽样，而不管是统计抽样还是非统计抽样，都要对所抽取样本的代表性及特征作出判断。在得到审计证据之后，必须对所获取证据的充分性和适当性作出判断，以及判断哪些证据有可能是伪证，哪些证据放在一起可以得到新的证据等等。在审计报告阶段，注册会计师必须正确运用职业判断，综合所收集的各种证据，根据独立审计准则，形成恰当的审计意见，以此来出具审计报告。

2. 审计职业判断具有主观性

判断是思维的一种方式，具有强烈的主观色彩。审计职业判断受审计人员的知识程度、性格习惯、认识能力、心理状态以及实践经验等因素的影响，再加上有些审计判断领域里既无有效的规范和权威的技术，也没有约定俗成的合理判断和决策可供审计人员遵循，因此，不同的人对同一事项的判断结果可能会不相同，甚至差别很大。同时人都有一些容易导致判断错误的心理倾向，产生判断偏差难以避免，这也是由人的局限性导致的。因此，审计判断的质量在很大程度上取决于审计主体自身的素质，也就是说审计判断具有很强的主观性。

3. 审计职业判断具有复杂性

审计判断的复杂性是由判断内容的复杂性、判断过程的复杂性和判断标准的模糊性决定的。从判断过程来看，审计职业判断是一种复杂的心理过程，并且这个过程建立在审计人员的实践经验、专业素质、分析、筛选、归纳、评价、决策、解决问题等能力的基础上，同时也受环境以及个人内在因素的影响。从判断内容上来看，审计职业判断包含在审计的全部过程中，它的范围非常广。从判断标准来看，审计职业判断现在还没有明确的标准，多数工作几乎完全依靠审计人员的判断力和执业经验来作出结论。

4. 审计职业判断具有渐进性和延续性

审计职业判断的渐进性是指在同一审计过程中，由于审计资源和审计时间的限制，审计人员不可能在收集到所有所需信息之后再进行判断，而是在掌握了一定的信息之后就要先作出初步的判断。这一初步判断并不是最后的结论，随着审计人员在此之后得到新的信息，原来最初的判断还要进行恰当的调整。例如，随着审计过程中审计人员证据的积累，审计人员可能会对风险的初步评估结果进行修正，并相应修改原计划实施的进一步审计程序。审计职业判断的延续性是指在每次审计业务结束之后，审计人员所作的判断要么以工作底稿的形式被记录下来，要么作为审计人员的经验被总结了下来，从而持续到下一次审计任务中，对下一次审计任务产生影响。审计职业判断的渐进性和延续性表明，在审计过程中细致准确地记录判断过程，并且不断地积累和总结审计经验有助于提高审计职业判断的质量。

5. 审计职业判断具有风险性

审计判断和审计风险之间存在极其密切的联系。只要有判断，就会有判断正确或错误以及判断被接受或拒绝的问题，相应地就会有风险。审计风险是指财务报表存在重大错报而注册会计师发表不恰当审计意见的可能性。审计结论是以审计职业判断为基础的，这一判断结果可能导致报表使用者因信赖经其审计过的财务报表而作出错误的决策并造成损失，那么遭受损失的人很可能要求对他们的损失予以赔偿，从而使审计人员及其会计师事务所遭受审计风险，并承担法律责任。

6. 审计职业判断具有可验证性

在审计判断过程中，虽然判断主体的经验起着重要的作用，具有不同知识水平和经验的审计人员作出的判断之间会存在一定的差异，但是如果给定的条件相同，不同审计人员对同一判断事项的判断应得到大致相同的结果，即可以相互证实，也即审计判断是可以验证的。否则的话审计判断的结果和质量就失去了评价标准，审计工作将失去可信性，也无法明确审计人员的责任，审计的意义也就荡然无存。因此，可验证性为检验审计判断的质量提供了依据和可能性。

二、审计职业判断的依据和考虑因素

（一）审计职业判断的依据

审计判断依据，是注册会计师在审计判断过程中用以衡量客观事项和个人行为的参照系。如果没有明确的判断依据，注册会计师所面对的事项和行为本身只是一种客观现象，不存在正确与否，判断也就失去了目标。从职业判断目标来看，主要包括三个方面：是否合乎事实、是否合乎技术标准、是否合乎公众道德预期。对此，审计职业判断的依据也包括三个层次：事实依据、技术标准、道德标准。

首先是事实依据，包括过去、当前和未来的事实，对应的是对过去、当前和未来事项的判断依据。从过去事项来看，财务报告提供的主要是历史信息，因此注册会计师的主要工作就是判断财务报告陈述是否反映了过往真实交易、业务的发生，例如判断报告期间收入发生的真实性；从当前事项来看，注册会计师在执行审计工作时通常是在财务报告截止日之后，审计证据的来源主要是当下的现实，如判断资产的存在性、内部控制的有效性等；从未来事项来看，财务报告中的诸多会计处理涉及对未来事项的估计，而判断该项估计是否合理，核心就在于是否符合未来的事实，如判断资产减值损失时的未来现金流、企业未来的持续经营状况等。值得一提的是，事实依据并不是显而易见的，注册会计师通常很难了解事实的全貌，尤其是涉及未来估计的事实，这就提高了职业判断的复杂性和不确定性。

其次是技术标准，包括对审计事项和审计行为的两方面规范。就审计事项的技术标准而言，财务报告信息除了反映过去事实外，还应遵循相关法律和会计准则。注册会计师在明确符合事实的基础上，应进一步判断财务报告是否依照相关法律和会计准则，将真实发生的交易和事项转化为财务报告信息。鉴于当前会计准则制定主要采用原则导向，会计人员在会计政策和会计估计的适用上存在选择空间，这就需要注册会计师对其选择的合理性作出职业判断。就审计行为的技术标准而言，注册会计师在执行审计工作、实施审计程序、收集审计证据、发表审计意见等一系列行为过程中，同样也受到相关法律、审计准则、事务所内部程序的约束。注册会计师在开展具体行动前，需要运用职业判断确定拟开展的行动是否符合上述技术标准，以确保审计工作的合法合规、行之有效。

最后是道德标准，主要针对的是审计行为的判断。注册会计师的职业特殊性，决定了其个人行为必须满足社会公众的期望，核心在于遵循职业道德规范。道德标准又包括两个层面，一是显性的职业道德守则，与技术标准类似，以法规等形式予以明确，具有较强的可操作性和稳定性；二是隐性的个人道德标准，取决于注册会计师个人的价值认同，在不同个体间存在差异，且对同一个体也随时间和外部环境而改变。注册会计师对照道德标准进行判断，可能产生两种行动模式：当拟开展行为符合道德标准，将实施行动，例如注册会计师认为追加审计程序符合“勤勉尽责”原则时，注册会计师将选择实施进一步审计程序；当行为违背道德标准，将中止行动，例如注册会计师认为承接该项业务可能违背独立性原则时，可能拒绝接受该项目。图 13－1 列示了审计判断对象与审计判断依据间的关系。

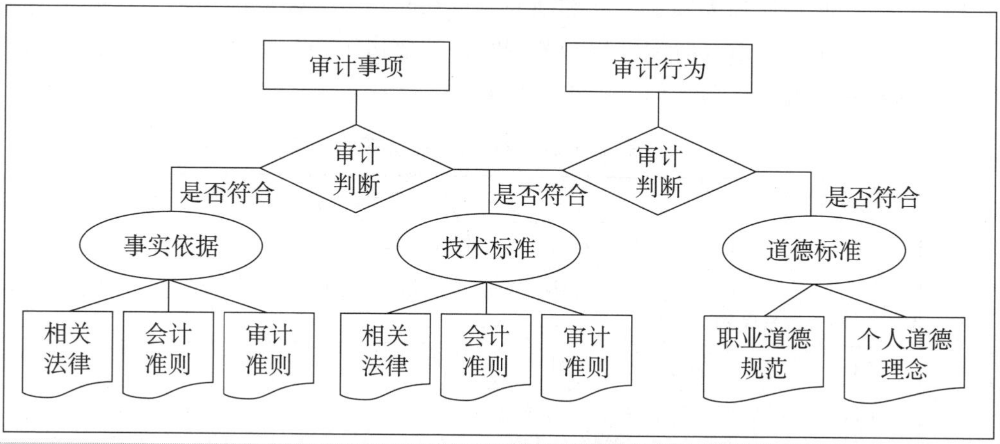

图 13－1　审计判断对象与审计判断依据关系示意图

（二）审计职业判断的考虑因素

1. 与会计事项相关的职业判断

与具体会计事项相关的职业判断是一种再判断。财务报告编制者在编制财务信息时，需要根据适用的财务报告编制基础（如企业会计准则），对实体的会计事项作出其自身的职业判断。而注册会计师需要根据审计准则和财务报告编制基础的规定，对财务报告编制者的职业判断作出再判断。与具体会计事项相关的职业判断考虑因素（包括但不限于）如表 13－1 所示。

表 13-1　会计事项相关职业判断考虑因素

序号	考虑因素
(1)	与资产减值相关的职业判断。例如，资产是否发生减值，资产减值准备的计提金额，资产减值准备能否转回，是否需要作出披露以及披露的内容等。
(2)	与收入确认相关的职业判断。例如，根据经济业务的实质判断某项业务是否符合收入确认条件，收入确认的时点和金额等。
(3)	与公允价值计量相关的职业判断。例如，投资性房地产公允价值的确定、金融资产公允价值的确定等。
(4)	与关联方关系及其交易的会计处理和披露相关的职业判断。例如，关联方交易的价格是否公允，关联方关系及其交易的披露是否充分等。
(5)	与或有事项相关的职业判断。例如，对或有事项发生可能性的估计、对或有负债的确认和计量等。
(6)	与期后事项相关的职业判断。例如，调整事项与非调整事项的区分等。
(7)	与合并报表相关的职业判断。例如，合并范围的确定等。
(8)	其他与会计政策和会计估计相关的职业判断。例如，固定资产折旧年限的确定、发出存货核算方法的选择等。

2. 与审计过程相关的职业判断

注册会计师为满足审计准则的要求和收集审计证据的需要，在确定所需实施的审计程序的性质、时间安排和范围时，需要运用职业判断。与审计过程相关的职业判断考虑因素（包括但不限于）如表 13-2 所示。

表 13-2　审计过程相关职业判断考虑因素

序号	考虑因素
(1)	确定重要性，识别和评估重大错报风险。
(2)	在实施实质性分析程序时确定预期值，并确定已记录金额与预期值之间的可接受差异额。
(3)	评价内部控制的有效性。
(4)	评价审计过程中识别出的错报。
(5)	对被审计单位持续经营能力的评估。
(6)	为实现审计准则规定的目标和注册会计师的总体目标，评价是否已获取充分、适当的审计证据以及是否还需执行更多的工作。
(7)	根据已获取的审计证据得出结论，选择恰当的审计意见类型。
(8)	确定是否利用以及在多大程度上利用内部审计人员或专家的工作。

3. 与职业道德相关的职业判断

《中国注册会计师职业道德守则》要求注册会计师遵循职业道德基本原则，并运用职业道德概念框架识别、评估和应对对职业道德基本原则的不利影响。注册会计师在运用职业道德概念框架时，需要运用职业判断，以评价不利影响的严重程度并决定采取的防范措施。在具体业务中，与遵守职业道德要求相关的职业判断考虑因素（包括但不限于）如表 13－3 所示。

表 13－3 职业道德相关职业判断考虑因素

序号	考虑因素
（1）	与网络或网络事务所相关的职业判断。例如，对某个联合体是否构成网络的判断等。
（2）	与公众利益实体相关的职业判断。例如，对某一实体是否属于公众利益实体的判断等。
（3）	与经济利益相关的职业判断。例如，某项经济利益是直接经济利益还是间接经济利益，因经济利益产生的不利影响的严重程度等。
（4）	与密切关系相关的职业判断。例如，密切关系的性质，可能对独立性影响的严重程度等。
（5）	与非鉴证服务相关的职业判断。例如，某项非鉴证服务是否涉及承担管理层职责、某项非鉴证服务是否影响鉴证业务的独立性等。

第二节 审计职业判断的程序和方法

引例

600 亿元收入无中生有，审计师竟毫无察觉

【扩展阅读】
中国证监会行政处罚决定书（中天运）

山东胜通集团创立于 1987 年，业务范围涵盖金属制品、新材料制品、化工和房地产，主营业务是钢帘线和化工业务，曾经被誉为山东的“钢帘线大王”，连续九年进入中国企业 500 强之列。自 2011 年起，胜通集团在证券交易所债券市场和银行间债券市场累计发行债券 136.5 亿元。然而，经中国证监会调查，2013—2017 年期间，胜通集团通过编制虚假财务报表、直接修改经审计的财务报表等方式，连续 5 年将亏损披露为盈利，累计虚增收入 615 亿元，虚增利润 119 亿元。

然而，中天运会计师事务所（以下简称中天运）在上述期间均为胜通集团出具了标准无保留意见的审计报告，经证监会认定，注册会计师主要存在以下问题。第一，在识别、评估重大错报风险因素方面存在缺陷。一方面，未能按照审计程序实地察看被审计单位主要生产经营场所，未发现用于造假的子公司胜通化工实际已处于停产状态；另一方面，未对前五大供应商集中且同时

为客户的异常情况保持职业怀疑并有效实施进一步审计程序。第二，在对内部控制实施审计程序时，只在集团层面进行了测试，没有对各子公司进行控制测试，尤其是对ERP系统的内部控制实施审计程序。第三，在实质性审计程序中存在缺陷，在应收账款审计时未能对函证回函的有效性进行判断，同时在营业收入审计时未对纳税申报资料、产能、发票、合同等出现的异常情况作出识别。

针对上述情况，证监会对中天运和两名注册会计师下达了处罚决定书，对事务所责令改正，没收业务收入575万元，并处以1 150万元罚款；对两名签字注册会计师给予警告，并分别处以10万元罚款。

资料来源：中国证监会行政处罚决定书（中天运会计师事务所、杨锡刚、张友富）. http://www.csrc.gov.cn/csrc/c101928/c1560139/content.shtml.

第二节
即测即评

在上述引例中，胜通集团连续5年财务造假，虚构了从未存在的600亿元收入。然而，注册会计师在风险评估、控制测试和实质性程序阶段，不断地错过这些近乎摆在眼前的线索，正是一次次的职业判断失误，最终酿成了严重的财务舞弊。在执行审计职业判断过程中，注册会计师应当遵循什么样的程序和方法，在审计的各个阶段应当如何运用职业判断，才能避免上述问题的发生呢？本节将就审计职业判断的程序、方法和应用进行介绍。

一、审计职业判断的程序

审计职业判断过程基本上可以看作一个决策过程，因而学术界通常以决策理论为基础，把审计职业判断研究归入行为决策理论，并按照决策步骤对职业判断程序进行划分。对于职业判断的具体决策程序学者之间存在不同的划分方式。Ashton（1984）将职业判断决策程序概括为四个基本类型的活动：评估或判断现有信息、预测未来结果、评价与修正特定结果的概率、在备选方案中进行选择。莫茨和夏拉夫（1961）将职业判断分为五个步骤：（1）认定需加证明的命题；（2）评价命题，看该命题是需要具有高度或然性的证据，还是需要具有中等或然性的证据；（3）在确定的时间和成本范围内收集证据；（4）评价已获证据是否有效；（5）对需证明的命题作出判断。加拿大特许会计师协会（CICA）将审计决策过程描述为：（1）识别关键事项；（2）收集信息；（3）识别可能方案；（4）评价备选方案；（5）得出结论。我国的《中国注册会计师职业判断指南》中则将注册会计师职业判断的决策过程划分为下列五个步骤：（1）确定职业判断的问题和目标；（2）收集和评价相关信息；（3）识别可能采取的解决方案；（4）评价可供选择的方案；（5）得出职业判断结论并作出书面记录。

尽管上述关于决策过程在阶段的划分上存在差异，但其核心内容是一致的。本节将以《中国注册会计师职业判断指南》的划分方式为基础，对各个程序进行介绍。具体流程如图 13－2 所示。

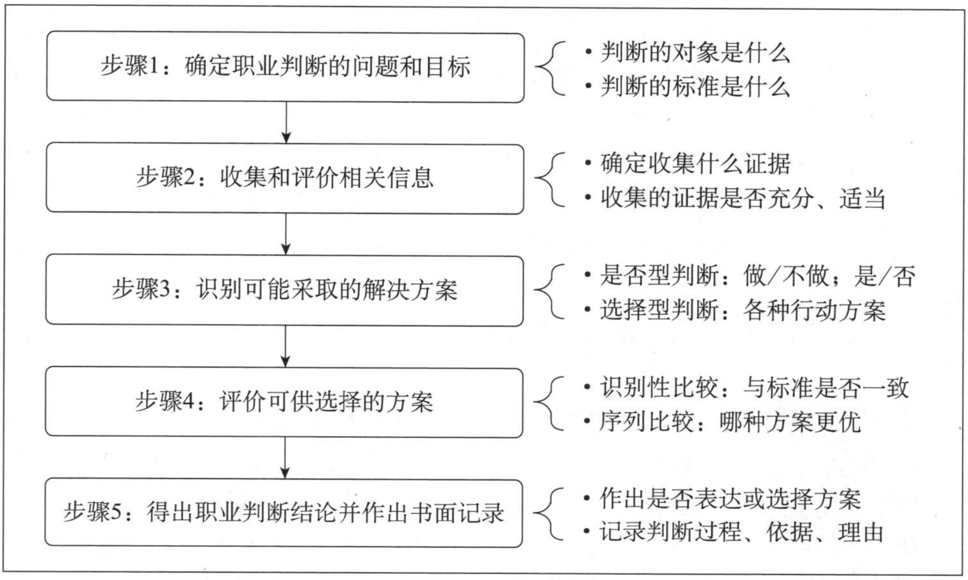

图 13－2　审计职业判断的程序

（一）确定职业判断的问题和目标

当注册会计师进行一项职业判断时，首先需要明确对什么作出判断，以及判断要达到什么目标。确定问题和目标至关重要，构成整个职业判断的基础。职业判断的问题既可能是注册会计师的审计事项或行为，也可能是不同的财务报表项目或认定。职业判断的目标通常和审计目标是一致的，是审计目标的细分和拆解，例如在财务报表审计中审计目标一般是对报表公允性表示意见，而审计判断的目标是判断财务报表是否符合公允性要求。审计问题是审计目标的具体化，确定了判断的对象和标准，其问题模式通常表现为“某一事项或行为是否符合某一标准”。

在明确职业判断问题和目标的同时，判断的标准也就得到了确认，或者说确定职业判断问题这一程序包含标准的选择。针对不同的判断对象，应针对性地选择事实依据、技术标准或道德标准，并充分考虑标准的客观性、相关性和匹配性。其中，客观性指的是以客观事实为依据，不受注册会计师个人倾向的影响；相关性指的是判断标准必须为判断目标服务，通过与标准的对比能够实现相应目标；匹配性是指判断标准与判断对象之间具有概念上的对应，使得注册会计师能够将标准的抽象概念与判断对象的形象思维进行对比。

（二）收集和评价相关信息

审计证据资料是作出审计职业判断的基础。对于任何形式的审计职业判断，收集和评价证据资料都是十分重要的环节。在确定问题和目标的阶段，注册会计师可能已经完成了一部分信息的收集工作。一般来说，需要收集的信息至少包括事实依据、行业及被审计单位的情况等。例如，注册会计师需要了解可能影响客观性和独立性的因素，识别财务报表使用者和其他利益相关者，还可能需要考虑相关准则在以往类似情况下或在其他被审计单位是如何适用的。注册会计师在收集和评价证据时，同样也需要作出职业判断，如根据审计问题判断收集的方法、范围、重点，在评价时判断审计证据是否具有充分性和适当性。证据资料通过验证成为合格的审计证据，以证明被审计对象的经济现实及其与相关标准的符合程度。审计证据不充分、与判断问题脱节，都将影响审计职业判断的准确程度。在收集和评价相关信息时，与被审计单位进行沟通将有助于注册会计师确定关键问题及可能存在的偏见。

审计证据不当，引发错误判断

【扩展阅读】
中国注册会计师协会会计师事务所执业质量检查通告（第十八号）

根据中注协的执业质量检查通告，2018年四川华信的两名注册会计师，因在某公司2017年度财务报表审计中存在主要执业违规行为，受到行业协会惩戒。具体违规行为如下：

注册会计师未关注该公司对外投资9.3亿元的交易实质和可收回性，未结合公司公告中所称的资金汇出时间晚于实际日期、公告中持股比例以及损益承担与投资协议不符、汇款通知书上的收款人地址为其子公司的注册地址等异常事项，对该公司舞弊风险进行重新评估；对该公司判断为无控制、无重大影响的投资并按成本法核算的情形，注册会计师未考虑合伙企业的设立目的和真实投资比例为100%等因素，未获取充分适当的审计证据以判断其会计处理是否正确。

该公司的收入和成本依赖信息系统，信息系统审计为收入审计的重要应对措施。该公司2017年三季度末新旧系统进行转换，注册会计师测试了数据迁移完整性，但未测试旧业务系统的一般控制，对新系统的一般控制测试不到位。此外，对成本相关的信息系统审计程序缺失。

此外，固定资产及在建工程监盘程序未评价所选取的样本是否足以代表总体特征，减值准备审计程序实施不到位；商誉减值未实施能够获取充分适当的审计证据的进一步审计程序，利用专家的工作审计程序实施不到位。

资料来源：中国注册会计师协会会计师事务所执业质量检查通告（第十八号）. https://www.cicpa.org.cn/xxcx/kjsswszyzljc/201901/t20190107_23728.html.

（三）识别可能采取的解决方案

就某一具体职业判断问题而言，解决方案可能不是唯一的。为了作出决策，注册会计师需要识别尽可能多的解决方案，以便对每一种方案进行评价，找出优点和不足。注册会计师在识别方案时，应首先区分不同的判断对象属于事项还是行为。

在对审计事项进行判断时，识别可采取的方案实质上是明确不同的结论，对于一些简单事项来说可供选择的方案只有是或否两种，例如某项会计估计是否符合会计准则的要求；一些复杂事项则可能需要确定不同性质或量化指标，例如某项错报对报表整体公允性的影响程度。而在对审计行为进行判断时，既可能是对某一拟采用的行动方案进行二元判断，如收受客户单位提供的小礼品是否影响独立性；也可能是识别下一步可采用的多种审计程序，如针对应收账款的审计可采用函证、验证发票和收款凭证、分析程序。注册会计师所识别的方案应当是明确的，能够为下一步行动或决策提供具有可操作性的指引，从而实现判断目标。

（四）评价可供选择的方案

注册会计师在评价可能的方案时，主要工作是把所要判断的对象与确定的判断标准进行比较，确定其与标准的符合程度。审计证据是审计对象的载体，在注册会计师确认审计证据的有效性后，才能将其与审计标准进行比较。具体比较程序涉及两种类型，一种是识别性比较，指的是判断的事项与判断标准是否一致；另一种是序列比较，即将不同结论或者方案进行排序，从中选择最佳结果。此外，在资源和时间约束的前提下，注册会计师在评价不同方案时也需要考虑可操作性问题，权衡审计投入和审计效果。

（五）得出职业判断结论并作出书面记录

在对各种可能方案作出评价的基础上，注册会计师需要作出肯定或否定形式的判断或选择性判断。最终的审计判断，是对所提出审计问题的确定性回答，能够达成审计判断的目标并指引下一步行动。在作出判断后，注册会计师应当就职业判断作出适当记录，包括判断的过程、依据和相关证据。注册会计师在审计工作底稿中的记录内容，应当使未曾接触该项审计工作的有经验的专业人士清楚了解在对重大事项得出结论时作出的重大职业判断。

值得注意的是，上述决策过程的各步骤并不是严格的依次继起关系，有时注册会计师可能需要回到前面的步骤。例如，在识别或评价可供选择的方案时，注册会计师可能发现收集到的相关信息不足，因而需要回到收集和评价相关信息的步骤。在某些情况下，注册会计师可能根据实际情况简化执行某些步骤。例如，会计师事务所内部的技术手册已经就某一职业判断问题作出明确指引，并且这些指引能够为该问题提供较为合理的解决方案，注册会计师可能不需要识别并评价更多可能的解决方案。再如，在对某些会计事项进行再判断时，注册会计师通常只需要确定财务报告编制者作出职业判断时所选择的方案是否符合相关财务报告编制基础的要求，而不需要列出各种可选择的方案并进行评价。

二、审计职业判断的方法

审计职业判断的方法，是指注册会计师在进行判断时的思维模式或应用工具。具体运用何种判断方法，与注册会计师的个人经验和判断对象的特点有关，在一项判断中也可能同时采用多种方法，并不存在绝对正确的模式。以下是六种常见的职业判断方法。

（一）直觉法

直觉判断法是注册会计师运用已有经验和知识对当前判断事项作出分析和推论。在许多情况下，注册会计师无法说明判断的具体逻辑，只是觉得应该如此，但并不意味直觉判断没有意义。相反，直觉判断主要源自注册会计师长期工作经验的积累，通过大量现象到结论的映射训练，大脑形成了瞬时分析、足以忽略过程逻辑推导的能力。例如，注册会计师在评估管理层的诚信风险时，可能通过管理层的一些个人行事风格作出判断，但这种判断本身很难说明逻辑，而是注册会计师在过往工作中接触了许多管理人员，并与事后的审计结果进行对比积累下的直觉经验。

（二）比较法

比较判断法是审计职业判断的主要方法，本质上判断就是一个将判断事项与判断标准进行比较的过程。在具体判断时，注册会计师可以将判断事项与历史情况、同行业公司情况进行对比，用以确定数字是否存在异常；也可以与此前自己审计的经验进行比较，确定下一步行动。注册会计师在进行一项判断时，通常会在以往项目经历中找到与当前事项最相似的场景进行比较，针对两者差异部分参照以往判断细节作出调整，有效迁移过往的判断经验。例如，在确定重要性水平时，注册会计师可以将当前公司与以往类似客户的环境、经营特点等进行比较，在参照客户的重要性水平上针对风险差异进行调整。

（三）归纳法

归纳法是指从个别事项中提炼出具有普遍原理的方法，包括完全归纳法和简单枚举法。完全归纳法和简单枚举法的区别在于，前者需要对全部对象进行观察而提炼出共性结论，后者则只需要对部分对象进行观察。在风险导向审计下，注册会计师主要采用的是简单枚举法，通过对审计证据进行抽样确认推断整个样本。例如，在对销售费用进行审计时，从被审计单位的 1 000 笔业务中抽取 50 笔进行审计，而这 50 笔记录的金额都是正确的，由此判断该单位的销售费用金额是正确的。

（四）演绎法

演绎法是指从一般原理出发，推演出个别结论的思维方式，与归纳法的方向恰好相反。在一些判断问题没有标准或者标准不明确的情况下，审计人员需要根据一般原理进行推演而对具体事项作出判断。由于会计准则和审计准则不可能穷尽会计处理和审计行为的所有情况，在很多情况下都需要根据一般性原理进行逻辑演绎。例如，在判断准则中未明确具体计量方式的资产项目金额是否准确时，应运用财务会计概念框架进行推演，判断当前计量方法是否满足可靠性和相关性等信息质量要求。

（五）咨询法

由于注册会计师个人的经验总是受限的，在面对自身不熟悉的判断事项时，可通过寻求向他人咨询，听取他人意见。咨询的对象包括项目组成员、事务所支持部门，也可以是外部专家。咨询的内容可以是直接针对判断问题，也可以是就判断中的某些技术细节。在咨询过程中，可以与咨询对象进行互动式讨论，相互交流经验和看法，不断修正形成最终判断；也可以采用复核型咨询，先由注册会计师作出判断，再咨询他人判断事项是否正确，对不恰当的部分进行修正。

（六）信息技术辅助法

对于一些审计证据数量庞大、可供选择方案众多、比较标准情形复杂的判断任务，仅凭注册会计师的人工处理可能无法完成，需要借助信息技术进行判断。注册会计师可通过预先设定目标函数、输入各类原始数据，运用多种数据分析方法对各类方案进行评价，最终输出符合最佳标准的决策建议。值得注意的是，运用信息技术进行判断并不意味其能够替代注册会计师的工作，也无法免除注册会计师的判断责任。信息系统所生成的结果也是注册会计师判断的参考标准之一，是否采用系统所提供的方案也取决于注册会计师的进一步判断。

【扩展阅读】
德勤成立行业首个机器人卓越中心，推进审计数字化转型

三、审计职业判断的应用

审计职业判断在审计过程中具有普遍性，贯穿注册会计师执行工作的每一阶段。但在不同阶段中，职业判断的具体应用方法和侧重有所不同。以下就审计程序的承接阶段、计划阶段、实施阶段和完成阶段，分别讨论职业判断的具体应用。

（一）承接阶段

1. 首次承接业务

根据《中国注册会计师职业道德守则第 3 号——提供专业服务的具体要求》，会计师事务所在决定是否承接一项业务之前，需要判断是否存在利益冲突的影响。除了识别职业道德守则中规定的情形外，一些较为复杂情况需要注册会计师进行判断，如网络事务所的认定、非鉴证服务金额的重要性等。此外，首次承接业务时还需结合事务所的风险承受能力，对拟承接客户的审计风险进行判断。一些研究表明，事务所会根据整体风险承担水平进行客户组合管理，避免承接过多高风险客户。因此，在承接客户时需要通过与公司治理层沟通、了解前任注册会计师变更原因等途径，初步了解客户的风险水平。在此基础上，进一步判断客户风险水平与现有客户组合的风险总和是否超出事务所的既定风险承受能力，

【准则链接】
《中国注册会计师职业道德守则第 3 号——提供专业服务的具体要求》（2020 年 12 月 17 日修订）

从而决定是否接受该项业务。

【准则链接】
《中国注册会计师职业道德守则第 4 号——审计和审阅业务对独立性的要求》

2. 审计收费

在确认承接业务后，会计师事务所还需要就客户的审计收费进行判断，同样也涉及独立性和风险水平两方面。在独立性方面，根据《中国注册会计师职业道德守则第 4 号——审计和审阅业务对独立性的要求》，会计师事务所应对收费结构进行评价，判断某一客户收取的全部费用占收费总额的比重是否过高，导致对客户的依赖及对可能失去该客户的担心将因自身利益或外在压力对独立性产生不利影响。在风险水平方面，应判断客户的风险水平以确定将风险降至可接受的水平所需投入的审计资源，根据成本补偿和风险定价原则确定审计收费。

【准则链接】
《中国注册会计师审计准则第 1221 号——计划和执行审计工作时的重要性》

（二）计划阶段

1. 重要性水平的确定

《中国注册会计师审计准则第 1221 号——计划和执行审计工作时的重要性》中指出，注册会计师对重要性的确定属于职业判断，受注册会计师对财务报表使用者对财务信息需求的认识的影响。在计划审计工作时，注册会计师需要判断何种情形构成重大错报，并确定财务报表的整体重要性。在此基础上，注册会计师需要将总体重要性水平分配至具体账户，应考虑具体账户的金额、性质以及差错的可能，这一过程也需要职业判断。相较于金额重要性，性质的重要性的不确定性更强，需要综合考虑企业经营特点和可能引发的投资者反应，更加依赖于注册会计师的职业判断水平。在对重要性的判断中，注册会计师应当权衡审计成本和审计风险两个方面，当重要性水平程度过低，将加大审计工作量、降低审计效率；当重要性水平过高，审计效率虽然提高，但审计质量则无法得到保证。

【准则链接】
《中国注册会计师审计准则第 1101 号——注册会计师的总体目标和审计工作的基本要求》

2. 审计目标和管理层认定

确定重要的审计目标和管理层认定，目的在于突出审计工作的重点。在进行审计目标的判断时，首先要了解被审计单位的基本情况，对重要的审计范围和重要的交易、账户作出判断，然后针对性地判断具体审计目标。尽管不同账户或交易与管理层认定之间通常具有较为固定的对应关系，但企业的情况不同，交易和余额的风险特点也存在差异，需要注册会计师根据具体情况对各类账户的审计目标进行判断。例如，通常而言对收入发生的审计目标是确认其真实性，但在当年经营业绩较好、企业有动机进行利润平滑的情况下，审计目标的重点可能是对完整性和截止认定的确认。

3. 重大错报风险

【准则链接】
《中国注册会计师审计准则第 1211 号——重大错报风险的识别和评估》

《中国注册会计师审计准则第 1101 号——注册会计师的总体目标和审计工作的基本要求》中指出，注册会计师在整个审计过程中运用职业判断和保持职业怀疑，其中在审计计划环节，识别和评估重大错报风险是职业判断的核心内容。在《中国注册会计师审计准则第 1211 号——重大错报风险的识别和评估》中，准则也明确了职业判断在识别重大错报风险的具体应用场景，如特别风险的识别和评估、能够有助于实现与认定层次重大错报风险有关目标的控制等。当然，针对重大错报风险的职业判断并不仅限于上述内容，而是贯穿了整个风险评估程序，在了解被审计单位及环境、评估内部控制缺陷的过程中都需要注册会计师运用职业判断加以识别。

审计风险判断：货币资金怎么查？

【扩展阅读】
中国证监会行政处罚决定书（瑞华所）

瑞华会计师事务所（以下简称瑞华所）在对千山药机 2015 和 2016 年年度财务报告进行时，在审计策略的风险判断中将货币资金项目列为的高风险项目。但在实际审计过程中，却未保持合理职业怀疑，未针对高风险项目实施有效充分的审计程序，获取充分、适当的审计证据。具体而言，主要存在以下问题：

第一，未对获取证据真实性进行有效判断。瑞华所在审计底稿中收录了公司银行账户对账单，但审计底稿中未记录对银行流水的检查过程和结论。审计过程中，瑞华所审计人员一方面未亲自前往相关开户银行调取公司银行账户对账单，直接将其作为审计证据收录入审计工作底稿中，另一方面也没有对重要银行账户的大额资金收付记录进行充分、有效的检查，未通过电子银行核对等方式对公司财务部提供的银行账户对账单可靠性予以验证。

第二，样本选取不恰当，审计程序不充分。瑞华所对公司银行存款收付记录与银行对账单进行了抽样核对。其中，2015 年审计，在公司 49 个银行结算账户中共抽取 30 笔收款记录与银行对账单核对，共抽取 30 笔付款记录与银行对账单核对；2016 年审计，在公司 58 个银行结算账户中共抽取 26 笔收款记录与银行对账单核对，共抽取 25 笔付款记录与银行对账单核对。瑞华所在选取银行账户核对检查时，抽取的样本量较少，且不具备代表性，对大额异常的资金进出未予以重点关注并选取检查。

第三，未对银行大额存单持续关注，审计程序不充分适当。2015 年审计中，瑞华所对公司华夏银行某账户定期存款单 1.66 亿元进行了检查，查看了存单原件，对银行账户进行了函证，认定该存单与公司账目一致，存单没有质押。该存单存入日期为 2015 年 11 月 30 日，到期日 2016 年 11 月 30 日，年利率 1.95%。但是，2016 年审计中，对此大额存单项目未予持续关注，未对该存单项目变化以及相关资金使用情况予以检查核对。

资料来源：中国证监会行政处罚决定书（瑞华会计师事务所、刘杰等4名责任主体）. http://www.csrc.gov.cn/csrc/c101928/c1e3b5969bb984b749fa99e6cd47d250f/content.shtml.

【准则链接】
《中国注册会计师审计准则第1201号——计划审计工作》

4. 审计计划

注册会计师应当制定总体审计策略，以确定审计工作的范围、时间安排和方向，并指导具体审计计划。《中国注册会计师审计准则第1201号——计划审计工作》中提出，注册会计师应根据职业判断，在制定总体审计策略过程中应考虑用以指导项目组工作方向的重要因素。这些因素包括：针对具体领域调配资源的性质和数量，例如哪些高风险领域需要分派经验丰富的项目组成员、对应的审计时间预算；判断如何调配审计资源，例如在期中审计阶段还是在关键的截止日期调配资源；对审计资源利用的指导和监督，例如何时召开项目组预备会和总结会、项目合伙人和经理如何进行复核。在进一步制定具体审计计划时，注册会计师也应运用职业判断，确定拟实施审计程序的性质、时间安排和范围。

【准则链接】
《中国注册会计师审计准则第1301号——审计证据》

（三）实施阶段

1. 审计证据

对审计证据的判断包括数量和质量两个方面。审计证据的数量主要指充分性，与抽样方法有关；质量主要指审计证据的可靠性，是审计证据的可信赖程度。《中国注册会计师审计准则第1301号——审计证据》应用指南中指出，注册会计师是否已获取充分、适当的审计证据，是一项职业判断。针对充分性问题，注册会计师应当结合重大错报风险、重要性水平、审计总体规模、审计对象的性质等各类因素，对抽样数量、抽样方法、可容忍偏差率作出判断。针对可靠性问题，应考虑审计证据的来源、获取方式、及时性、相关内部控制有效性等因素对其作出判断，以决定是否采信该项审计证据以及是否追加审计程序。

2. 会计事项

在会计准则的实际运用中，被审计单位的会计人员需要涉及大量的专业判断，注册会计师的工作本质上就是对这些判断进行再判断。在审计证据充分可靠的前提下，注册会计师和被审计单位所面对的依据是相同的，但对于具体处理过程所采用的会计政策和估计则可能因为认知差异不同而产生分歧，特别是涉及未来期间估计的处理存在不确定性，此时就需要注册会计师运用职业判断进行评价。需要注册会计师运用职业判断的会计事项通常包括但不限于：资产减值的计提，例如未来现金流和可变现净值的估计是否合理；固定资产和无形资产的折旧摊销，如收益期间和净残值的估计是否合理；收入、费用的确认，如根据合同要求所选定的确认时点是否合理；金融资产的划分，如资产管理方式和收益获取方式的适用是否合理；会计政策和会计估计的变更，如固定资产折旧方法的调整是否合理；关联方交易的判断，如对关联方的具体界定是否符合经济实质；或有负债的认定，例如未来清偿义务的概率和金额确定是否有可靠证据等。

抽样不充分，收入事项判断错误

根据中注协的执业质量检查通告，中准所的两名注册会计师在某公司 2016 年度财务报表审计中存在主要执业违规行为，受到行业协会惩戒。具体违规行为如下：

注册会计师对某公司 2016 年度营业收入的重大审计调整证据不充分。注册会计师仅依据该公司提供的“2016 年 12 月 31 日已发货未开票客户明细”“发出商品统计线性表”和部分“销售出库单”，大额调增该公司 2016 年度营业收入，改变了该公司列报的盈亏状况。对于该审计调整事项，注册会计师未抽取足够的样本进行细节测试；未统计出库样本抽查中发现的无客户签收的异常金额，未实施进一步的审计程序；未通过函证等程序获取审计调整的外部证据。

此外，注册会计师未对该公司预付账款与采购金额的异常差异执行进一步审计程序；未关注非购销原因形成的应付账款的商业实质；未对管理费用中金额大幅变动的项目执行有针对性的审计程序。

资料来源：中国注册会计师协会会计师事务所执业质量检查通告（第十六号）. https://www.cicpa.org.cn/xxcx/kjsswszyzljc/201801/t20180123_23726.html.

3. 道德行为

职业道德概念框架为注册会计师解决职业道德问题提供了思路和方法，注册会计师应当运用职业道德概念框架来识别、评价和应对对职业道德基本原则的不利影响。然而，对职业道德基本原则的不利影响可能产生于多种事实和情况，并且因业务的性质和工作任务不同，产生的不利影响的类型也可能不同，相关守则无法针对每种事实和情况都作出具体规定。因此，《中国注册会计师职业道德守则第 2 号——职业道德概念框架》明确指出，注册会计师在运用职业道德概念框架时应充分运用职业判断。在具体实施审计程序的过程中，注册会计师应结合职业道德基本原则、概念框架和具体守则，判断是否存在影响自身利益、自我评价、过度推介、密切关系和外在压力的不利因素，并判断其影响的严重程度，提出应对方法。

【准则链接】
《中国注册会计师职业道德守则第 2 号——职业道德概念框架》

（四）完成阶段

1. 审计调整

注册会计师在完成审计程序后，应将审计过程中发现的差异进行汇总，并判断是否需要被审计单位对相关内容进行调整。一方面，需要与整体重要性水平进行比对，从金额上判断需要调整的会计事项；另一方面，也需要判断差异的性质是否重大。在完成判断后，对于需要调整的差异进行汇总，并建议被审计单位进行调整。

2. 持续经营能力

当前通用的财务报表通常是按照持续经营假设编制的，管理层需要对持续经营能力进行评估，并在特定时点对事项或情况的未来结果作出判断。鉴于持续经营能力是对未来期间的假设，存在固有的不确定性，注册会计师需要综合考虑企业当前的财务状况、经营状况和外部环境，对持续经营假设的适当性进行判断，并就被审计单位持续经营能力是否存在重大不确定性得出结论。根据《中国注册会计师审计准则第1324号——持续经营》的规定，如果注册会计师根据职业判断认为，鉴于不确定性潜在影响的重要程度和发生的可能性，为了使财务报表实现公允反映，管理层有必要适当披露该不确定性的性质和影响，则表明存在重大不确定性。如果财务报表已按照持续经营假设编制，但根据判断认为管理层在财务报表中运用持续经营假设是不适当的，注册会计师应当发表否定意见。

3. 审计意见

出具恰当的审计意见，是注册会计师在综合前述各种审计判断基础上作出的最终判断。虽然各国的审计准则均明确规定了发表各种类型审计意见的特定情形，然而在实务中究竟应出具何种意见的区别仅在于错报漏报的严重程度有所不同，对于“个别”“局部”“重要”“严重”等措辞的把握必须依靠注册会计师的职业判断。一般而言，审计判断应该是结论性的，当注册会计师不能获得充分有效证据去消除对某一重要项目的合理怀疑时，只能缓作结论或拒绝表示意见。

第三节　审计职业判断的评价与提升

引例

无凭无据，判断错误难免责

2021年11月15日，中国证监会就对亚太（集团）会计师事务所（以下简称亚太所）和两名注册会计师的行政处罚举行了听证会。此前，亚太所审计的科融环境 2017 年年度报告存在虚假记载，通过将 21 个项目调试报告日期由以前年度涂改为 2017 年，并在 2017 年确认调试收入，虚增利润 7 178 800.95 元，占当年利润总额的 17.16%。然而，亚太所却为其出具了带强调事项段的无保留意见，受到证监会的立案调查。

【扩展阅读】
中国证监会行政处罚决定书（亚太所）

证监会认为，亚太所在执行审计工作时未能勤勉尽责，在收入截止性测试时，选取样本随意。亚太所 2017 年审计底稿中制定的收入截止性测试步骤为"抽取截止日前后 10 张凭证追查至发货单"，但索引表显示亚太所截止日期前未连续选取凭证，截止日期后仅选取 3 笔凭证且不连续，测试过程随意。对此，亚太所无法提供合理解释。

针对证监会所认定的违法事实，亚太所在其申辩材料及听证过程中提出，审计测试依赖职业判断并具有抽样风险，因而请求免于处罚。证监会经过复核认为，根据审计准则的相关规定，如果注册会计师认为收入确认存在舞弊风险的假定不适用于业务的具体情况，从而未将收入确认作为由于舞弊导致的重大错报风险领域，注册会计师应当在审计底稿中记录得出该结论的理由。然而，亚太所的审计底稿中没有相关证据及记录说明作出该项判断的理由。最终，证监会对亚太所的申辩意见不予采纳，并于 2021 年 12 月对其下达了行政处罚决定。

资料来源：中国证监会行政处罚决定书（亚太所、吴平权、周铁华）. http://www.csrc.gov.cn/csrc/c101927/c1664256/content.shtml.

在上述引例中，注册会计师以职业判断有一定的抽样风险为由希望免除责任，但在底稿中却没有作出判断的相关理由，其申述最终并未被采纳。可以看到，能否对理由作出合理说明、能否对自身判断提供有效辩护，是职业判断质量的重要评价标准。那么，除此之外还有哪些职业判断质量的评价标准？哪些因素会对职业判断质量产生影响？又如何提升职业判断的质量？本节将介绍职业判断质量的两类评价标准，并就其影响因素和提升路径进行介绍。

第三节
即测即评

一、审计职业判断质量的评价标准

（一）质量标准

从理论上来说，审计职业判断的最为明显的评价指标是所作判断的准确程度，但在现实中无法观察到绝对正确的客观事实或者标准答案用以评价审计职业判断。因此，在实践中经常借助于一些替代指标来衡量职业判断的质量，其中最为常用的包括意见一致性、决策一贯性和稳定性，以及可辩护性。

1. 意见一致性

意见一致性是指不同职业判断主体针对同一职业判断问题所作判断彼此认同的程度。对某一职业判断问题，会计师事务所内部的技术手册一般代表了该事务所意见的一致性；业界对某一问题的主流看法，一般体现了行业大多数意见的一致性。不同注册会计师或会计师事务所对同一职业判断问题，可能达成高度共识，也可能存在差异甚至分歧。当存在差异和分歧时，对于职业判断质量的衡量，可能还需要结合其他因素予以考虑，例如，该判断是否为业界的主流意见，或者作出判断的主体是否在该判断领域具有足够的经验、专业权威等。通常而言，经验丰富的注册会计师或专家判断结果比其他注册会计师的判断结果更正确。此外，当注册会计师遇上审计诉讼时，论证其他注册会计师在类似的环境中亦会作出同样的职业判断，能保护注册会计师使之免于承担责任。

2. 决策一贯性和稳定性

审计的重要特点之一是任务的相似性或重复性，在相同或类似的环境下，同一注册会计师在不同时期或针对不同客户对同一问题应该得到相同或类似的结论，不同的结论必须有不同的环境证据来予以支持。决策一贯性用于衡量同一注册会计师针对同一项目的不同判断问题作出的判断之间的关系。例如，在审计工作中，注册会计师对重大错报风险的评估结果与对所需收集审计证据数量和质量的判断需要具有内在的一贯性。稳定性用于衡量注册会计师针对相同的职业判断问题在不同时点所作出的判断之间的关系。例如，在审计工作中，同一注册会计师在不同时点，基于相同或相似的情况得出的职业判断结论相同或相似，则该职业判断具有较高的稳定性。

3. 可辩护性

职业责任是审计判断环境一个重要的方面，当报表使用者对审计报告提出质疑时，注册会计师必须对其所作职业判断的理由给出令人信服的解释，从而避免承担责任，这就是审计职业判断的可辩护性。可辩护性可以从三个方面进行衡量：理由的充分性、思维的逻辑性和程序的合规性。书面记录是记录职业判断中观察、思维和决策的主要手段，对职业判断进行详细的书面记录可提高判断决策的可辩护性。例如，在审计工作中，对下列事项进行书面记录，有利于提高职业判断的可辩护性：（1）对职业判断问题和目标的描述；（2）解决职业判断相关问题的思路；（3）收集到的相关信息（包括咨询专家的意见）；（4）得出的结论以及得出结论的理由；（5）就决策结论与被审计单位进行沟通的方式和时间。

（二）效率标准

效率标准是衡量注册会计师进行判断时工作效率高低的标准。注册会计师进行的是有偿服务，在追求审计判断高质量的同时，还必须考虑完成审计判断任务所需要的时间与成本。注册会计师要取得好的判断绩效，不仅要作出高质量的审计判断，还要尽可能缩短作出审计判断所用的时间或者降低取得信息的单位成本，同时符合以上两个方面的要求才达到了一个良好的判断绩效要求的标准。审计判断效率的评价同样缺乏一个十分适当的标准，通常采取以下两种方法加以评价：一是与其他注册会计师作出同样判断所花费的时间进行对比。这里的其他注册会计师主要是指同类或同级注册会计师，作为对比的同类注册会计师所花费的时间标准，既可以是会计师事务所的同类人员的平均水平，也可以是行业的平均水平。二是与以前作出同类判断所需的时间或计划时间相比较。

二、审计职业判断质量的影响因素

职业判断质量的影响因素包括判断环境和判断主体两个方面。其中，职业判断环境主要包括制度环境、组织环境和任务环境，制度环境主要指会计准则、审计准则和职业道德准则；组织环境主要为会计师事务所；任务环境主要为被审计对象。职业判断主体主要包括精神独立性、胜任能力和职业怀疑三个方面。具体如图 13-3 所示。

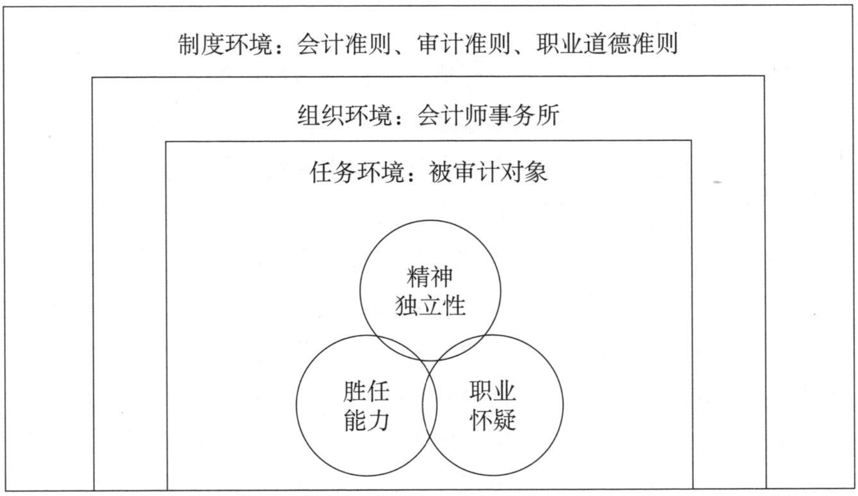

图 13-3　审计职业判断质量的影响因素

（一）职业判断环境

职业判断环境是指注册会计师进行职业判断时所面临的各种因素的总和。判断环境对审计职业判断始终存在显著的影响，这是因为注册会计师总是在一定的审计环境中开展工作，而审计职业判断具有强烈的主观性，审计主体极易受其所处环境的影响。能否有效运用审计职业判断在很大程度上取决于审计环境的状况，审计环境的演进直接导致了审计职业判断的产生与发展，并使得审计职业判断在审计活动中日益扮演着更为重要的角色。这就要求注册会计师在进行审计职业判断时，必须意识到并谨慎对待审计环境可能引起的压力，考虑并适应其所处环境中各种因素的影响，根据环境的变化对审计职业判断的方式与内容作出适当的调整以避免审计失败。具体而言，主要包括制度环境、组织环境和任务环境三个方面。

1. 制度环境因素

职业判断的相关依据包括会计准则、审计准则以及职业道德准则。职业准则的两个特点会导致注册会计师因缺乏判断标准而无所适从。其一是准则的模糊性，审计准则有较为笼统或模糊不清之处，或是对于同一问题规定了多种审计程序，这使得注册会计师需要利用自己的职业判断作出选择。类似地，会计准则的原则导向同样提供了众多备选方案，导致在许多情况下被审计单位的会计人员可以随意选择不一致甚至是不合适的会计方法，加大了审计职业判断的难度。其二是准则存在空白地带，随着经济的发展、公司业务的日益复杂化，注册会计师在执业中会不断碰到新问题；同时，由于每个被审计单位的实际情况不同，职业准则不可能对审计过程中可能出现的一切问题进行全面规定。此时，注册会计师对这类准则未加明确、无法提供确切标准的事项作出判断可能出现困难。

2. 组织环境因素

组织环境即会计师事务所环境。会计师事务所提供的资源和支持是注册会计师作出职业判断的重要基础。具体来说主要包括以下方面。首先，会计师事务所可以通过正式化的流程和手册为注册会计师作出判断提供详细指引，减少判断的不确定性，能够在一定程度上弥补准则的模糊性和空白地带。注册会计师在面对一些不确定事项的判断时，可以通过遵循事务所操作流程明确所需开展的程序，查询事务所以往其他项目审计经验中所出现的类似情形。其次，会计师事务所的内部专家团队能够为注册会计师无法明确判断的问题提供技术支持。专家团队的成员可能是一些长期从事一线审计工作、富有经验的注册会计师，也可能是一些从事特定行业、信息技术、准则研究的专门人员。再次，会计师事务所可以通过组织培训、交流等形式，提升个体注册会计师的判断水平，针对审计过程中常见的一些判断问题分享经验。最后，事务所可以通过安排质量复核程序对注册会计师所作的职业判断进行评价，对其中不恰当的判断予以修正。此外，会计师事务所也可能对注册会计师的职业判断产生负面影响，如工作和时间压力，当注册会计师需要在短时间内完成审计任务，或者同时参与多个项目审计工作时，注册会计师可能在没有获取充分证据或者深思熟虑的情况下就作出判断，导致偏离事实标准。

注册会计师行业“十四五”规划：推动事务所做专做精

2021年4月，中国注册会计师协会发布了《注册会计师行业发展规划（2021—2025年）》，其中针对会计师事务所提出了发展要求。规划中指出，会计师事务所是行业提供专业服务的主体，未来5年发展需要关注以下四个方面：

第一是推动会计师事务所做优做特、做专做精。加强政策指导和扶持力度，以做优做特、做专做精为导向，培育一批优质会计师事务所。改革完善综合评价指标体系，研究推出分类评价标准，优化评价指标，规范评价程序，强化评价宣传，推动评价成果应用，将会计师事务所综合评价打造成具有强大公信力和国际影响力的品牌。激励和支持会计师事务所提升综合服务能力。研究出台适合中小会计师事务所特色业务的标准和指引，探索建立中小会计师事务所业务交流机制。支持优特专精会计师事务所的发展壮大。加强中小会计师事务所和欠发达地区会计师事务所的指导和帮扶。支持会计师事务所加大新科技的研发和应用，协调相关部门，探索建立会计师事务所创新研发和科技应用的激励机制，争取与其他行业机构在税收、高新技术资格认定等方面享有同等待遇。

第二是深化会计师事务所内部治理建设。修订完善会计师事务所内部治理指南。推动会计师事务所完善内部体制机制，持续提升一体化水平，真正实现人员调配、财务安排、业务承接、技术标准、信息化建设的实质性一体化管理。推动制定会计师事务所一体化水平衡量指标，将之纳入会计师事务所综合评价指标体系，引导会计师事务所切实提升内部管理水平，推动会计师事务所可持续发展。推动会计师事务所建立和完善适合行业高质量发展要求的合伙人（股东）治理机制。倡导会计师事务所树立“人合、事合、心合、志合”的治理理念，形成诚信、合作、民主、和谐的治理文化。

第三是强化会计师事务所质量控制和风险管理。对标会计师事务所质量管理准则，推动会计师事务所建立健全质量管理体系，推动会计师事务所建立以职业道德、执业质量为关键标准的业绩评价体系和晋升机制。加强行业风险警示教育，强化会计师事务所风险管理意识，提高行业整体风险警示识别、评估和应对能力。研究制定会计师事务所发布透明度报告制度，提高公众对行业的信任度。推动会计师事务所优化内部质量管理环境，建立崇尚质量、尊重专业的内部文化。

【扩展阅读】
《注册会计师行业发展规划（2021—2025年）》

第四是加强会计师事务所品牌建设。倡导会计师事务所树立品牌文化，促进会计师事务所提升品牌意识，鼓励和支持会计师事务所将品牌建设与诚信建设、战略实施、文化建设、人才建设、业务发展相结合。建立会计师事务所创建和维护品牌的激励机制，以品牌建设引领和推动行业执业质量提升。构建会计师事务所品牌管理体系，建立会计师事务所品牌监控与评价机制。推动会计师事务所建立健全风险防御机制，为会计师事务所打造“百年老店”品牌保驾护航。

资料来源：《注册会计师行业发展规划（2021—2025年）》. https://www.audit.gov.cn/n4/n10224811/c10224514/content.html.

3. 任务环境因素

影响职业判断的任务环境因素主要包括被审计单位的行业特性、经营风险、财务状况、管理人员的道德状况、公司治理结构和内部审计状况等。注册会计师进行会计报表审计是对被审计单位的会计报表的公允性发表意见，而被审计单位的会计报表是在被审计单位编制的，换言之，是在被审计单位的环境下形成的。因此，被审计单位的状况不可避免地影响审计判断绩效。一般而言，被审计单位的风险越大，审计判断风险也就越大，越不容易作出正确的判断，且需要收集的证据也越多，审计判断绩效往往比较低；被审计单位的内部审计越健全、公司治理结构越完善，越容易作出正确的审计判断，取得良好的审计判断绩效。

（二）职业判断主体

职业判断是注册会计师的一种思维过程和智力活动，作为判断主体的注册会计师在职业判断中起到关键的作用。职业判断会受到注册会计师的以下三方面特性的影响：精神独立性、胜任能力与职业怀疑。

1. 精神独立性

从一般意义来讲，注册会计师在各项审计活动中均须保持精神独立。在作出职业判断时，注册会计师不能让自己的判断从属于他人，也不能受利益杂念的支配。精神独立性意味着在进行棘手的判断时，要保持客观、不带任何偏见，只有这样才能作出正确的职业判断。在任何环节上注册会计师的精神独立性受到被审计单位或其他外界因素的干扰，都可能会造成不合理的职业判断，并最终导致审计报告的歪曲。如果没有注册会计师在精神上、实质上的独立性，即使其具有胜任能力和学识仍难以保证其判断的合理性。因此，精神独立性不仅是一种预期的精神状态，而且能保证注册会计师在面临各种可能影响其正直性或诚实性的压力下，仍能独立地进行判断与行动。

2. 胜任能力

注册会计师的胜任能力主要包括知识、经验和专业技能三个方面，但这三者通常很难明确区分。一般来说，知识和经验来源于注册会计师的教育、培训和执业实践，知识和经验较丰富的注册会计师，其职业判断质量通常高于知识和经验较贫乏的注册会计师。然而，对于具备一定的知识和经验，但缺乏必要专业技能的注册会计师来说，在作出某些需要专业知识和技能（如金融工具的公允价值）的职业判断时，其职业判断质量难以保证。专业技能是一个综合性的概念，其决定性因素包括注册会计师对相关专业知识的掌握以及解决实际问题的能力，例如数据分析能力、逻辑推理能力、沟通协调能力等，这些能力在很大程度上是从解决问题的过程中培养出来的。

3. 职业怀疑

职业怀疑与注册会计师的思维模式有关。注册会计师需要采取质疑的思维方式，对可能表明由于错误或舞弊导致错报的迹象保持警觉，以及对审计证据进行审慎评价。职业怀疑固有地存在于注册会计师的职业判断中。当注册会计师面对一项审计任务，或取得一项审计证据时，不能无理由相信被审计单位的陈述或提供的证据是可信的。应当强调的是，注册会计师在进行职业判断时，应保持谨慎而非极端的怀疑态度。若过于盲信，则可能会接受不适当的信息，在存在问题时疏于跟踪警告信号；但另一方面，注册会计师若偏执地带着极端怀疑的态度去作出每一项判断，可能导致无法完成任务。

三、审计职业判断质量的提升路径

职业判断质量的提升，不仅仅取决于注册会计师个人的能力，同样也受到事务所、监管力度和制度环境的影响。因此，能否有效提升职业判断质量，依赖于会计师事务所、注册会计师个人、监管机构和准则制定机构的共同努力。根据《中国注册会计师职业判断指南》的建议，本部分对审计职业判断质量具体提升路径进行总结。

（一）会计师事务所

注册会计师的职业判断质量，与会计师事务所的业务质量和经营风险密切相关。会计师事务所遵循《会计师事务所质量管理准则第 5101 号——业务质量管理》的规定，建立并保持质量管理制度，有助于保证或提高本会计师事务所注册会计师的职业判断质量。表 13－4 所列措施可能有助于会计师事务所提高职业判断质量。

表 13－4　会计师事务所提升职业判断质量的路径

序号	提升路径
(1)	建立完善的组织架构，加大事务所企业文化和风险意识的宣传贯彻力度，整体提高注册会计师的专业能力和风险意识。
(2)	建立和完善培训制度，提高注册会计师的专业素质，并将职业判断作为培训的重点项目，提高注册会计师的职业判断意识和能力。
(3)	建立并及时更新知识库和案例库，以专家的职业判断和以往的职业判断来丰富注册会计师的知识和经验。
(4)	创造良好的组织文化，鼓励项目组成员之间的讨论，充分发挥群体决策的优势。
(5)	建立和完善咨询机制，合理保证注册会计师能够就职业判断中的疑难问题或争议事项获取咨询建议。
(6)	制定相关政策和程序，处理和解决注册会计师之间可能发生的意见分歧。
(7)	制定相关政策和程序，要求对特定业务实施项目质量控制复核，以客观评价项目组作出的重大判断以及在编制报告时得出的结论。
(8)	由经验较丰富的人员复核经验较少的人员的工作。
(9)	建立和完善有关独立性的政策和程序，合理保证注册会计师执业的独立、客观和公正。

续表

序号	提升路径
(10)	制定相关政策和程序，督促注册会计师就相关职业判断情况作出及时完整的书面记录。

（二）注册会计师

职业判断存在风险，通常受时间压力、知识和经验不足以及所获取信息有限等因素的影响。由于职业判断的风险性，注册会计师难以保证职业判断完美无缺，可能会发生判断偏差，从而影响职业判断的质量。注册会计师通常需要采取防范措施，以降低发生判断偏差的可能性。表13－5所列措施可能有助于注册会计师提高其个人职业判断的质量。

表13－5　注册会计师提升职业判断质量的路径

序号	提升路径
(1)	积极参加相关培训，包括与职业判断相关的培训，增强自身的职业判断意识、信心和能力。
(2)	参与、观察同一审计项目组中职业判断水平较高的注册会计师的工作，或阅读他们的工作记录，了解其作出职业判断的过程和技巧。
(3)	就职业判断中的疑难问题向经验较丰富的注册会计师咨询，并在必要时进行集体决策。
(4)	在作出职业判断前更充分地收集和评价相关信息。
(5)	在相关法律法规、职业标准的框架下作出职业判断，并以客观事实为依据。
(6)	在作出职业判断前实施适当的应循程序，评估并质疑财务报告编制者的职业判断。
(7)	严格遵守职业道德要求，始终保持独立、客观和公正。
(8)	保持适当的职业怀疑，对引起疑虑的情形保持警觉，并审慎评价相关证据。
(9)	对执业过程中遇到的重要事项、得出的结论以及在得出结论过程中的重要职业判断进行记录，包括对财务报告编制者的判断所作的评估和质疑。

（三）监管部门

监管部门在实施监管的过程中，可能需要对财务报告编制者或注册会计师的职业判断作出再判断，以评估财务报告编制者或注册会计师的职业判断是否恰当。表13－6所列建议可能有助于监管部门作出判断。

表13－6　监管部门提升职业判断质量的路径

序号	提升路径
(1)	依据财务报告编制者或注册会计师在作出职业判断的时点可获取的信息来对判断进行评估，而不是以实施监管时可获取的信息为依据。
(2)	充分了解职业标准与职业判断的关系，尤其是原则导向的职业标准中允许作出职业判断的界限，尊重财务报告编制者和注册会计师的职业判断。

续表

序号	提升路径
(3)	评估相关职业判断是否已按照相关法律法规或职业标准的要求在财务报告或其他文件中予以充分披露。
(4)	评估相关职业判断是否已按照相关规定得到恰当记录。

（四）准则制定机构

职业标准与职业判断之间的关系非常密切，因此，准则制定机构的角色对于职业判断也是非常重要的。表 13－7 所列建议可能有助于准则制定机构恰当行使其职责。

表 13－7　准则制定机构提升职业判断质量的路径

序号	提升路径
(1)	职业标准的制定以原则导向为基础，为财务报告编制者和注册会计师提供适当的职业判断空间，并将职业判断的要求写入职业标准。
(2)	原则导向的职业标准需要有一个清晰的结构层次，包括全局性的概念、反映这些概念的原则以及使标准具备可操作性的指南。
(3)	职业标准的指南需要具有一定程度的灵活性，着重于重要问题，而将具体细节交由财务报告编制者和注册会计师作出判断。
(4)	制定职业判断指南，指导财务报告编制者和注册会计师如何作出职业判断，提高职业判断能力。
(5)	指导财务报告编制者和注册会计师对重要的职业判断事项或行为作出记录并在必要时予以披露。

本章小结　　案例分析　　推荐阅读材料

第十四章

IPO 审计

思维导图

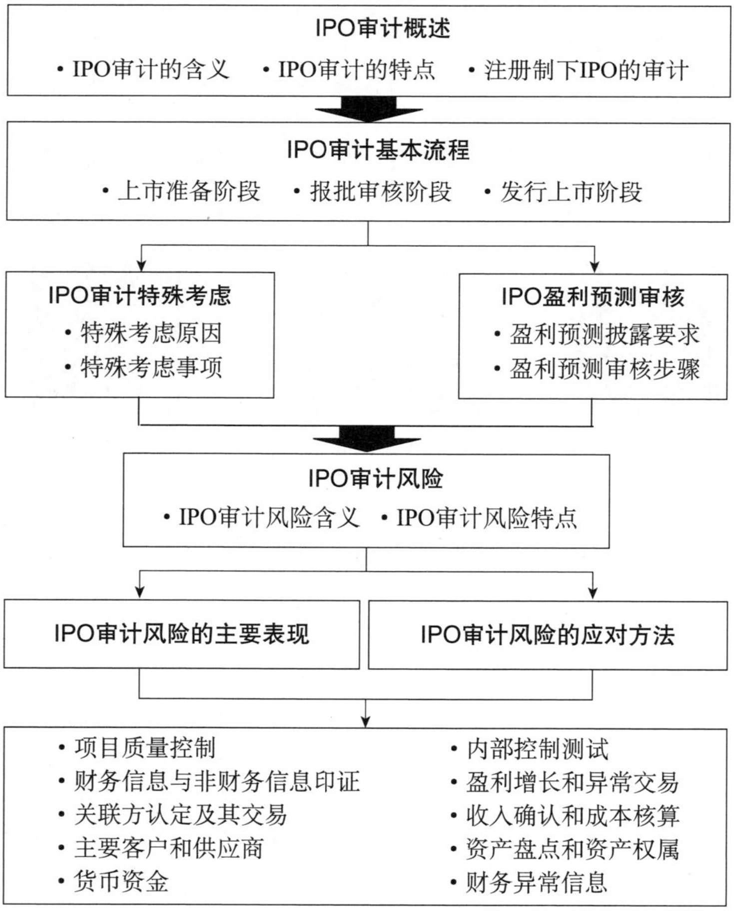

总书记论审计

“设立科创板并试点注册制要坚守定位，提高上市公司质量，支持和鼓励‘硬科技’企业上市，强化信息披露，合理引导预期，加强监管。”

——2019 年 11 月 3 日，习近平总书记在上海考察时的讲话

素养提升

1. 价值塑造

- 深刻理解注册制改革的内涵和意义，充分了解我国上市监管的相关规则，加深对我国资本市场现状的认识，树立扎根祖国大地的理念；了解我国在资本市场制度建设的伟大成就，领会党和政府对投资者保护的坚定决心，强化制度自信。
- 认识 IPO 审计在资本市场“看门人”的重要作用，将个人的专业技能提升与国家的资本市场发展联系起来，强化审计职业的认同感、使命感；充分认识上市发行中财务舞弊带来的严重危害以及审计失败所产生的重大后果，树立正直诚信的职业道德观念。

2. 知识传授

- 从狭义和广义两个维度理解 IPO 审计的含义，认识 IPO 审计相较年报审计的区别与特点，了解注册制改革的基本内涵及对 IPO 审计的影响。
- 熟悉 IPO 审计的基本流程，掌握上市准备阶段、报批审核阶段、发行上市阶段注册会计师的工作内容和要求，认识 IPO 审计的特殊考虑事项，了解 IPO 审计中对盈利预测报告审核的内容和要求。
- 了解 IPO 审计风险的内涵和特点，识别当前我国 IPO 审计风险的主要表现和问题，并掌握应对风险的具体要点。

3. 能力培养

- 能够从各个维度对 IPO 审计与年报审计进行比较，针对 IPO 审计的特点提炼出工作模式的差异，分析注册制改革对 IPO 审计提出的新挑战。
- 建立起 IPO 审计流程的整体思路，在实际工作中能够合理安排各阶段的具体任务，在执行 IPO 审计过程中能对相关特殊事项进行充分考虑，掌握盈利预测审核的具体方法。
- 能够识别 IPO 审计风险的因素，针对发行人出现的可疑迹象保持应有的职业怀疑，针对具体问题和事项制定相应的审计程序。

注册会计师审计是企业 IPO 的法定程序和必经环节，是确保 IPO 信息披露真实可靠的重要基础，从源头上确保投资者的合法权益和资本市场健康发展。那么 IPO 审计相比于年度财务报表审计有何不同？注册会计师在执行 IPO 审计时涉及哪些环节、需要遵循哪些步骤？又需要对哪些领域进行特殊考虑？此外，IPO 审计通

常会面临怎样的风险，注册会计师应如何应对？针对上述问题，本章将从 IPO 审计的含义与特点、IPO 审计的基本流程与特殊考虑、IPO 审计的风险与应对三个方面介绍 IPO 审计的相关知识。

第一节 IPO 审计概述

引例

事务所被立案 牵连 IPO 项目中止

【扩展阅读】
天津同仁堂《关于申请公开发行股票并在创业板上市及进展公告》

2022 年 1 月 28 日，天津同仁堂（以下简称津同仁）发布公告称，近日收到深交所下发的《津同仁 IPO 查阅项目中止通知》，其在创业板上市进程中止审核。此前，津同仁已于 2021 年 6 月 22 日在全国中小企业股份转让系统停牌，并于 6 月 28 日取得深交所的上市申请受理。此次暂停的原因在于，为津同仁 IPO 提供审计服务的信永中和会计师事务所被中国证监会立案调查，根据《深圳证券交易所创业板股票发行上市审核规则》第六十四条的相关规定，交易所予以中止审查。此前，信永中和与中德证券、金杜律师事务所于 2022 年 1 月 26 日被证监会立案调查，与上述机构有关的 60 家 IPO 企业被集体中止审核。据悉，信永中和与上述两家机构在 2015 年至 2016 年曾共同服务于乐视网再融资项目。此次立案调查与乐视网的虚假披露和财务舞弊有关。

无独有偶，继信永中和之后，中审华会计师事务所也遭到证监会的立案调查。2022 年 8 月 2 日，冠农股份发布公告称，其公开发行可转债因中审华受到立案调查而中止。近年来，中审华也频因执业问题被警示。诸如，2021 年 1 月 5 日，贵州证监局披露的警示函显示，对中审华所执业的 *ST 天成 2017—2019 年年报审计项目进行现场检查，发现执业方存在未保持应有的职业怀疑并采取进一步审计程序、函证程序执行不到位、前后任会计师沟通程序不到位等违规行为，而在中审华官网也披露了资本市场执业基本信息，其中在 2019 年 1 月 1 日—2022 年 6 月 30 日之间，中审华共被出具行政监管措施 7 次，被行政处罚 2 次，自律处分 1 次。对此，媒体和广大投资者也不免担忧，由中审华负责 IPO 审计的江盐股份和天纺标两家公司，是否也会因此而中止 IPO 进程。

资料来源：天津同仁堂《关于申请公开发行股票并在创业板上市及进展公告》. http://www.cninfo.com.cn/new/disclosure/detail?plate=neeq&orgId=gfbj0834915&stockCode=834915&announcementId=1212303066&announcementTime=2022-01-28.

上述引例中，多家拟上市公司因为注册会计师受到证监会立案调查，而中止了 IPO 进程。可以看出，交易所制定相关规则，正是因为注册会计师在 IPO 过程中具有十分重要的地位。那么，IPO 审计具体包含哪些内容？与年报审计相比具有哪些特点？在当前注册制推行的背景下，IPO 审计又会面临怎样的机会和挑战？本节将就 IPO 审计的含义、特点以及注册制下的 IPO 审计几个方面进行介绍。

第一节
即测即评

一、IPO 审计的含义

首次公开发行（initial public offering，IPO）是指一家企业第一次向不特定的社会公众出售股份用以募集资金的融资行为。一般来说，发行人应当是依法设立且合法存续的股份有限公司，但有限责任公司在依法变更为股份有限公司时，也可以采取募集设立的方式公开发行股票。发行人在获得发行资格后，公开发行的股份通常由证券公司负责销售，并且可以在证券交易所进行公开交易，因此这一过程也被称为上市。由此，发行人从一家私人公司转变为公众公司。

发行人在由私人公司向公众公司转变过程中，面临的一个核心问题是公司内部人与公众投资者间的信息不对称。在公开发行前，发行人股东人数有限且股份无法公开交易，不需要向公众公开信息；而在进入发行程序后，为了让公众投资者了解公司状况以决定是否购买公司股份，在公司上市后对公司履行股东权利进行监督，需要按照法律要求对外披露公司的详细信息。招股说明书是发行人公开发行股票时，就募集事宜发布的书面通告，是与公众投资者进行沟通、缓解信息不对称的重要载体。招股说明书的内容通常包括公司状况、经营计划、业务现状及预测、股本和股票发行情况、财务状况等。其中，财务报告是招股说明书的核心内容，是公众投资者决定认购股票以及确定发行定价的核心依据；而财务报告内容是否真实公允、是否遵循会计准则和相关会计制度，也就成为公众投资者关注以及监管部门和交易所审查的重点。因此，注册会计师的 IPO 审计也就至关重要，如果说 IPO 是资本市场的第一道门，注册会计师就是这道门的首位“看门人”。

IPO 审计包括狭义和广义两个方面。狭义上的 IPO 审计指的是，具备证券业务服务资格的会计师事务所，对拟上市公司在招股说明书中提供的财务报告进行鉴证的过程。根据《证券法》的规定，公司首次公开发行新股应满足最近三年财务会计报告被出具无保留意见审计报告。根据《首次公开发行股票并上市管理办法》的规定，首次公开发行股票并上市应当符合“发行人会计基础工作规范，财务报表的编制符合企业会计准则和相关会计制度的规定，在所有重大方面公允地反映了发行人的财务状况、经营成果和现金流量，并由注册会计师出具了无保留意见的审计报告”。而广义上的 IPO 审计，指的是会计师事务所为企业 IPO 所提供的各类鉴证服务的总和，除了财务报告审计外，还包括前期准备阶段所进行的尽职调查和财务辅导，申报提交材料中的

【法规链接】
《首次公开发行股票并上市管理办法》

盈利预测报告审核、内部控制鉴证报告、主要税种纳税情况说明意见，上市完成后的验资等。

二、IPO 审计的特点

IPO 审计的特点主要是相较年度财务报告审计而言。尽管 IPO 审计与年报审计均是获取充分、适当的审计证据，对财务报表是否不存在重大错报提供合理保证，以增强除管理层之外的预期使用者对财务报表信赖的程度，但因 IPO 环节的特殊性，IPO 审计在若干方面与年报审计有所不同。具体如表 14－1 所示。

表 14－1　IPO 审计与年报审计对比

比较事项	IPO 审计	年报审计
预期使用者	潜在投资者、保荐机构和证券发行审核部门以及其他利益相关者	股东、潜在投资者、银行、证券监督管理机构以及其他利益相关者
审计对象	审核期财务报告审计及其他鉴证审核内容（如股份改制、盈利预测、纳税情况）	年度财务报告
投入资源	时间较多、安排经验丰富的审计师	时间较短，无特殊需求
风险程度	重大错报风险较大，监管关注度高	重大错报风险较小，监管关注度低
收费水平	收费水平较高	收费水平较低
工作模式	与保荐机构、律师、资产评估机构共同完成	独立完成

（一）预期使用者不同

年报审计的预期使用者与财务报告一致，主要包括股东、潜在投资者、银行、证券监督管理机构以及其他利益相关者等。而 IPO 审计主要以上市发行股份为目的，通常不包括银行在内，且由于上市前股东人数较少，IPO 审计的对象主要是广大的潜在投资者。此外，IPO 审计的对象还包括保荐机构和证券发行审核部门，一方面 IPO 审计后的财务报告是保荐机构用以撰写招股材料的主要依据，相关财务指标分析都需要得到注册会计师确认才可执行；另一方面，证券发行审核部门在拟上市公司提交材料后，负责对其真实性和合理性进行审核，其中经审计的财务报告是审核的重点内容，并就其中披露不充分的部分要求公司进行修改回复。

（二）审计对象不同

年报审计要求对公司当期财务报表是否不存在重大错报提供合理保证，通常只涵盖一个会计年度。而根据《证券法》和《首次公开发行股票并上市管理办法》的要求，上市公司则需要提供最近三年经审计的财务报告。此外，在 IPO 审计中注册会计师根据公司情况可能还需要涉及财务报告外的其他审计工作，如对于有限责任公司变更为股份有限公司的情况，还需进行改制审计；针对发行人编制的盈利预测的审核工作；主要税种纳税情况的专项审计等。总体而言，IPO 审计所需涵盖的审计对象，无论从覆盖周期还是内容范围都要广于普通年报审计。

（三）投入资源不同

根据规定，上市公司年度财务报告应于每年度终了后4个月内对外披露，通常对年报的审计为会计年度当年的11月到次年年报刊出日。而企业从首次进场到成功发行上市，短则数月、长则数年，审计师需要在这一过程中持续为拟上市公司财务报表审计提供服务。此外，鉴于IPO审计的工作量大、监管要求多、拟上市公司前期财务问题较多，会计师事务所通常会为IPO项目分配更多审计资源、安排经验丰富的注册会计师。相较年报审计项目，IPO审计的时间和资源投入都更加丰富。

（四）风险程度不同

相较于已经上市的公司，拟上市公司的重大错报风险更大。一方面，拟上市公司与已上市公司相比，通常公司治理体系不健全、内部控制较为薄弱、前期财务规范性差，一般是在确定上市后才邀请专业机构进行辅导；另一方面，由于长期以来IPO有一定的盈利要求，且更高的盈利水平能够在发行时获得更高定价，一旦上市成功以后原有股东的个人财富将成倍上涨，因此股东有着强大的盈利操纵动机，以达到“包装”上市的目的。

（五）收费水平不同

通常IPO审计的收费水平要显著高于普通年报审计，主要原因包括两个方面：一是IPO审计的年度覆盖周期更长，工作量和审计投入都更多，需要获得更多的成本补偿；二是IPO审计的风险要远高于年度审计，包含了风险溢价。例如，在2017—2021年五年间，我国A股年报审计的平均审计收费为141.6万元，而同一期间IPO审计的平均收费则为751.91万元，大约为年报审计的5倍。因此，IPO审计项目通常受到会计师事务所的青睐。此外，承接IPO项目还能使会计师事务所获得更高的市场声誉。同时，在成功上市之后，公司往往会在较长一段时间内继续聘请同一事务所负责年报审计。

（六）工作模式不同

年报审计通常只需要由注册会计师独立完成即可，不需要与其他中介机构合作，只在遇到特殊问题时沟通。而在IPO审计中，注册会计师通常需要与保荐机构、律师事务所、资产评估机构等中介机构持续地沟通和合作。保荐机构通常负责上市进程的整体时间安排，制作发行申请文件并出具保荐报告等，其中财务指标分析是招股说明书中的重要组成部分，需要不断与会计师事务所就相关数据的可靠性、相关会计政策和估计的合理性进行讨论。注册会计师在审计过程中，也需要得到律师事务所就有关股权结构、债权债务关系信息的支持，以合理确定资产负债的归属和范围；还需要与资产评估师进行沟通，确认各项资产尤其是一些非货币性资产的计量。

【扩展阅读】
习近平出席首届中国国际进口博览会开幕式并发表主旨演讲

三、注册制改革与IPO审计

长期以来，我国资本市场股票发行制度实行核准制，即由国家证券监督管理部门对证券发行条件进行核准。核准制下，一方面政府的“有形之手”干预市场政策运作，不利于实现资源优化配置；另一方面，IPO审核周期过长导致IPO“堰塞湖”，企业上市难、融资难，上市公司“壳资源”贵，IPO市场处于极度的“供不应求”状态。同时投资者依赖于证券监管部门对上市企业的“价值背书”，难以形成健全的投资能力和正确的投资责任意识。

2018年11月5日，国家主席习近平在首届中国国际进口博览会开幕式上宣布设立科创板并试点注册制，开启了资本市场的“供给侧改革”。相比于核准制的证券发行监管制度，注册制以信息披露为核心，要求证券发行人真实、准确、完整地披露公司信息，投资者可以获得必要的信息对证券价值进行判断并作出是否投资的决策，证券监管机构仅对注册文件进行形式审查，对证券的价值好坏、价格高低不作实质性判断。由此，证券发行也由传统的政府主导转为市场主导。

【扩展阅读】
2021年12月8日至10日中央经济工作会议

2019年7月22日首批科创板公司上市交易，2020年8月24日创业板改革并试点注册制落地实施，2021年9月2日习近平总书记宣布设立北京证券交易所，2021年12月8日召开的中央经济工作会议明确提出“全面实行股票发行注册制”，注册制改革从科创板到创业板再到设立北交所同步试点注册制、从“增量”改革深化到“存量”改革，资本市场正发生着深刻的结构性变化。当前，我国经济正处于转向高质量发展的关键阶段，2022年《政府工作报告》中指出，“深入实施创新驱动发展战略，巩固壮大实体经济根基。推进科技创新，促进产业优化升级，突破供给约束堵点，依靠创新提高发展质量”。2023年2月17日，中国证监会及交易所等发布全面实行股票发行注册制制度规则和相关配套制度规则，标志着股票发行注册制的全面实施。沪深交易所主板注册制首批企业于2023年4月10日上市交易，代表股票发行注册制改革全面落地。据同花顺数据统计，截至2023年8月11日，注册制下北证上市公司133家，IPO募资259.54亿元；主板上市公司累计达18家，IPO募资320.12亿元；科创板上市公司累计达552家，IPO募资8 848.87亿元；创业板上市公司累计达493家，IPO募资4 867.64亿元。可以说在注册制改革进程中，资本市场为科技创新类企业提供了更全面、更精准的投融资服务，为科技腾飞提供了源源不断的驱动力。

中芯国际火速上市科创板

芯片被誉为现代工业的“粮食”，也是现代科技“皇冠上的明珠”。以芯片为代表的半导体行业推动了移动互联网、消费电子、工业数字化、人工智能等众多新兴产业的蓬勃发展，引领了第三次工业革命的浪潮。可以说，芯片已经上升到国家战略性产业的高度，是国家科技核心竞争力的体现。但中国的芯片制造工艺一度落后于国际先进水平，在全球贸易与大国博弈中，美国动辄以芯片作为“大棒”，使中国面临芯片“卡脖子”的难题。

中芯国际是中国技术最先进、规模最大、配套服务最完善、跨国经营的专业晶圆代工企业，在2019年成为中国首家实现14纳米工艺量产的企业，但依旧比国际领先水平晚了四年。晶圆代工为重资本行业，已在港交所上市的中芯国际一直在探索回归A股以促进更好发展的机会。2020年4月30日，中国证监会发布实施《关于创新试点红筹企业在境内上市相关安排的公告》，下调了上市红筹企业回归A股的门槛，同日中芯国际董事会决议通过科创板上市的议案。

2020年6月1日，中芯国际科创板上市申请被上交所受理，6月10日晚间，上交所官网显示，科创板上市委员会定于6月19日审议中芯国际的上市申请，从申请上市到上会审议仅历时18天，被内业称为“闪电”速度，刷新了科创板上会用时纪录。7月3日，证监会发布批复公告，按法定程序同意该公司科创板首次公开发行股票的注册申请。7月5日，中芯国际披露《首次公开发行股票并在科创板上市公告》，确定发行价为27.46元/股，若超额配售选择权全额行使，则其发行总股数达到19.38亿股，募资总额高达532.30亿元，创继2010年7月农业银行IPO融资687.36亿元后，A股10年来第二大IPO纪录。7月16日，中芯国际正式登陆科创板，从董事会作出上市决议至成功登陆科创板仅历时77个自然日。

中芯国际回归A股上市有着非同寻常的意义，首先，中芯国际成为红筹企业申请科创板上市的典范；其次，中芯国际有望成为A股市场市值最高、最具前景的芯片制造上市公司，为投资者提供了良好的投资标的；最后，巨额的IPO募资以及上市后可能的再融资将为中芯国际自主研发芯片制造技术、新建芯片制造项目提供资金支持，助力中国集成电路产业实现跨越式发展。

随着注册制改革的逐步推行，IPO审计的重要地位也更加凸显。首先，随着核准制的取消，不再对拟上市公司的盈利性作出明确限制，投资者对财务信息的依赖程度更高，也就更加需要真实、公允的财务信息作为投资决策依据。只有财务信息真实可靠，投资者才有信心参与市场投资，吸引更多资金进入股市，我国的资本市场才能持续健康发展。其次，发行监管部门的审核重心由未来盈利性的审核转向信息披露的真实性，加大了对IPO审计的监督。注册制下，发行监管部门将更好地扮演“裁判员”的角色，由市场自发决定IPO公司的定价，而拟上市公司的财务信息质量也将成为最终能否成功上市的最核心因素。最后，与注册制相伴的新《证券法》出台，大幅提高了违规信息披露的成本，加大了中介机构的核查验证责任，IPO审计的法律风险也随之显著提升。

第二节　IPO审计基本流程与特殊考虑

引例

注册会计师在IPO审核中的问询回复：合诚技术股份有限公司

2023年3月30日，深交所向合诚技术股份有限公司（以下简称合诚）下发了首次公开发行申请文件的第一轮审核问询函。问询函中，交易所就分销及自产业务、股东持股方式、关联交易、募集资金使用及土地使用权、财务内控及现金分红、股份支付、收入核查、存货盘点、研发费用及业务招待费等财务会计相关问题进行提问，要求发行人对相关问题进行说明。

针对上述问题，负责为合诚提供IPO审计服务的天健会计师事务所于2023年7月31日向交易所提交了相关问题的说明，并在发行人回复的基础上，对相关问题进行了核实。例如，针对关联交易问题，交易所要求发行人说明关联方是否主要向发行人提供服务，对比向第三方采购物流运输服务的价格说明定价公允性。对此，注册会计师实施了一系列核查程序，包括：访谈关联方实际控制人，了解其经营及财务情况、与公司交易情况、定价方式，了解其收入主要来自公司的原因及其未来经营规划；获取并核查物流运输商市场化招标询价相关文件，核查招投标流程是否公平、公正，中标结果是否合理；获取报告期内关联方独立联系第三方运输公司和个人协助运输的全部明细，以及报告期内公司委托关联方运输的全部明细，交叉核查关联方通过第三方协助运输的具体形式及数量；获取并核查报告期内关联方承运运输的发货单、签收单等相关记录之间的相互匹配、印证情况等。在实施上述核查程序后，注册会计师在说明中发表了明确意见，认为与关联方的交易价格和同类型短途物流运输服务单价不存在重大差异，不存在对关联方的利益输送情况。又如，交易所要求发行人说明公司与可比公司专利对比情况，同时也要求注册会计师明确相关意见。对此，注册会计师查阅了公司专利文件，了解公司专利情况；查阅同行业公司公开信息披露文件，对比了公司与可比公司专利情况。经过核查，注册会计师发表了明确意见，截至报告期末，公司与同行业上市公司对比，公司发明数量整体处于上市公司中上水平，具有一定的领先性。

上述专项说明连同发行人及保荐机构回复意见、律师事务所补充法律意见书均已提交交易所，同时也于主板发行上市审核信息公开网站对外披露，便于投资者等利益相关者了解相关情况。

资料来源：天健会计师事务所《关于合诚技术股份有限公司IPO审核问询函中有关财务事项的说明》. http://listing.szse.cn/projectdynamic/ipo/detail/index.html? id=1003037.

第二节
即测即评

在上述引例中，注册会计师参与了 IPO 审核环节的问询回复，在原先审计工作的基础上又开展了大量复核工作，甚至也参与了对未来经营业绩的分析和讨论。可以看到，IPO 审计并不仅仅局限于申报期的报表审计。那么，注册会计师在整个 IPO 过程中究竟扮演了什么样的角色？在申报前期，需要准备哪些材料？在申报审核过程中，如何对发行监管部门的问题作出回应？在发行审核后，是否还有相关工作需要完成？此外，相较于年报审计，IPO 审计有哪些需要考虑的事项？涉及未来盈利预测的，注册会计师应当如何实施审核？本节将就 IPO 审计的基本流程、特殊考虑以及盈利预测审核进行讨论。

一、IPO 审计的基本流程

我国 A 股 IPO 的发行上市流程主要包括三个阶段：上市准备阶段、报批审核阶段以及发行上市阶段。注册会计师的审计工作主要处于上市准备阶段，包括前期与保荐代表一同完成尽职调查和规范辅导，实际执行工作中包括财务报表审计、盈利预测报告审核、内部控制鉴证、主要税种纳税情况审阅、差错情况说明等。在报批审核阶段，注册会计师需要协同公司和保荐人一同回复发行审核部门所提出的问询。在发行上市阶段需要在收到募集款时对募集资金进行验资，出具验资报告和募集资金置换专项鉴证报告。总体而言，在 IPO 过程中的财务报告审计与年报审计在流程上没有太大区别，因此本部分主要就注册会计在 IPO 整体过程中的工作流程进行介绍。具体如图 14－1 所示。

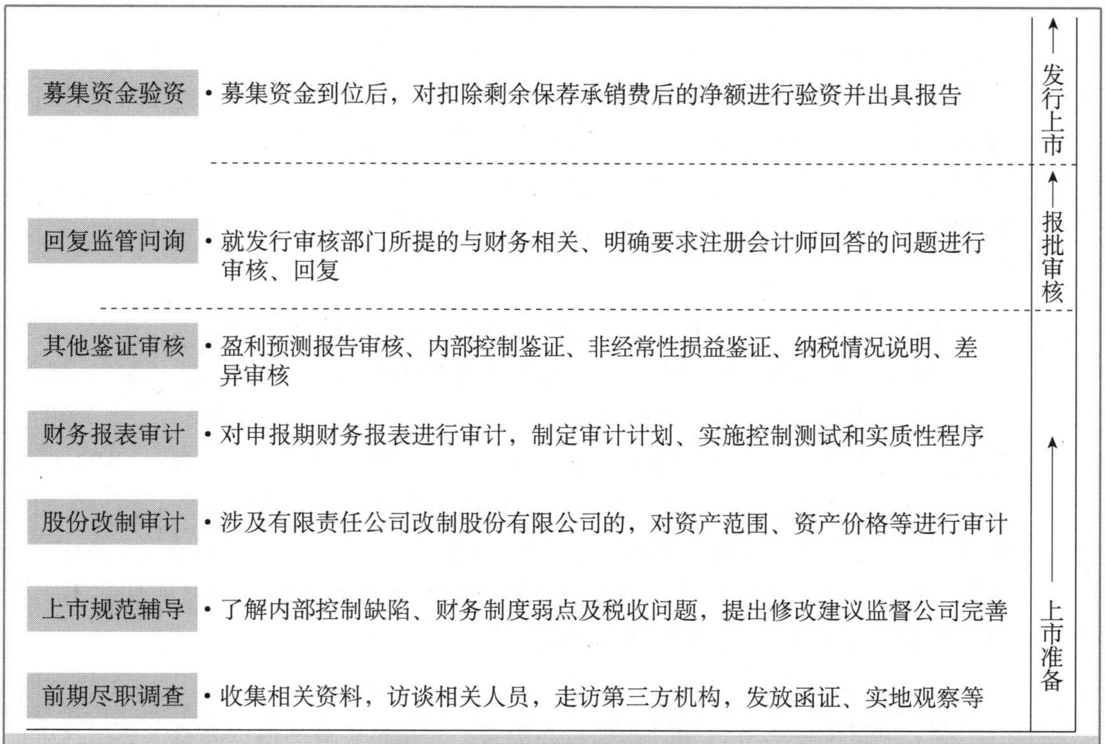

图 14－1　IPO 审计基本流程图

（一）上市准备阶段

1. 前期尽职调查

尽职调查是企业 IPO 过程中的一项法定要求和必要环节，是中介机构全面了解上市公司的基本程序。尽职调查的目的主要是收集资料为后续工作打下基础，在这一阶段准备相关工作底稿，以履行上市相关法规要求。尽职调查包括收集资料、访谈相关人员、访谈第三方机构等工作。其中，注册会计师主要负责的财务尽职调查内容包括：了解公司财务业绩、资产负债、会计结算等情况，为开展估值工作及发行定价提供依据；履行发放函证，走访主要客户及供应商，资金流水核查等监管机构要求的财务核查程序。此外，注册会计师也应协同保荐人一同参与公司综合、业务、风险等方面的尽职调查，如业务方面，应了解公司所处行业情况及公司经营情况，包括行业市场环境、规模、竞争格局、行业壁垒等；综合方面，应掌握公司情况，包括基本情况、历史沿革、公司治理、组织架构、管理及内部控制制度、人力资源等情况。

2. 上市规范辅导

上市规范辅导一般由保荐代表人担任，对拟上市公司的董事、监事、高级管理人员、实际控制人（或法定代表人）以及持股 5%以上的股东进行培训，使其全面掌握发行上市的法律法规，了解信息披露责任义务。上市规范辅导中的一项重要内容是对财务和税务的规范化，除保荐代表以外，实务中注册会计师通常也会参与协助完成辅导。很多企业上市前，财务、会计税务基础较为薄弱，考虑较为简单，存在诸多不符合准则和上市条件要求的情况。注册会计师需要根据监管规则要求，甄别持续尽职调查中发现的问题，对不符合上市规范的财务制度和披露等提出建议，并要求公司进行完善。通常辅导过程至少持续 3 个月，完成辅导后需向验收机构提交验收材料，并由验收机构出具验收工作完成函。

3. 股份改制审计

根据《首次公开发行股票并上市管理办法》第八条的规定，首次公开发行股票并上市的企业，应当是依法设立且合法存续的股份有限公司。因此部分非股份制企业需要通过改制上市。在企业改制中，注册会计师需要参与制定改制方案，协助公司选择历史沿革简单、产权清晰、主营业务完整、独立性强、盈利能力强的主体，使得改制后的主体有完整的业务体系和直接面向市场独立经营的能力，并为公司设置股本、设计股本结构提供建设性的意见。同时，注册会计师需对改制后的资产、负债、所有者权益进行审计，确保改制资产的真实性和完整，剥离不良和不实资产，应重点关注净资产账面价格和评估价格的关系。

4. 财务报表审计

财务报表审计是 IPO 审计中的核心内容，与年报审计类似，同样需要经过审计计划、识别和评估错报风险、开展控制测试和实质性程序、出具审计报告等环节。

但在 IPO 审计中，由于前期已参与尽职调查和上市规范辅导，注册会计师对公司已经有了较为全面的了解，获得了一定的审计证据。在这一阶段，需要根据前期了解的相关情况进一步确定需要获取的审计证据，追加审计程序。根据《证券法》和《首次公开发行股票并上市管理办法》的规定，注册会计师需对最近 3 年的财务报表进行审计。但因实际 IPO 材料准备周期较长，可能出现期间变化而导致财务报表超出有效期的规定。根据最新修改后的管理办法，目前采取的是“6＋3”有效期政策，即发行人财务报告截止日至招股说明书签署日之间超过 4 个月的，应补充提供经会计师事务所审阅的期间 1 个季度的财务报表；超过 7 个月的应补充经会计师事务所审阅的期间 2 个季度的财务报表。因此，以上超出期限的财务报表也在注册会计师的工作范围内。

5. 其他鉴证审核

除上述财务报表审计外，注册会计师在 IPO 审计中还需承担多项鉴证工作。具体包括：（1）盈利预测报告的审核。根据上市发行要求，拟上市公司需提供对未来盈利的预测，且该项预测需要经注册会计师审核，对盈利预测编制的基本假设、会计政策、编制基础进行检查、评价、复算和核对。（2）内部控制鉴证。《首次公开发行股票并上市管理办法》规定，发行人的内部控制制度健全且被有效执行，能够合理保证财务报告的可靠性、生产经营的合法性、营运的效率与效果。同时，发行人的内部控制在所有重大方面是有效的，并由注册会计师出具了无保留结论的内部控制鉴证报告。可以看到，在 IPO 企业的内部控制鉴证中，不仅局限于财务报告相关内控方面，而且是面向整体内控。（3）非经常性损益明细表的鉴证。由于上市条件中有关净利润指标的要求是以扣除非经常性损益前后较低者为依据，因此拟上市公司需提交有关非经常性损益的明细说明，该明细表也需要注册会计师进行鉴证。（4）对主要税种纳税情况说明出具意见。根据要求，发行人需提供近 3 年的纳税申报表、税收优惠证明以及主要税种纳税情况，上述材料同样需要注册会计师对其出具意见，确认是否符合相关法律法规和事实。（5）其他材料，如发行人需提供的原始财务报表与申报财务报表的差异比较表，需要注册会计师对差异情况出具意见；涉及发行人利用募集资金收购资产的，需注册会计师对收购资产出具审计报告。

（二）报批审核阶段

在报批审批阶段，发行人需要向发行审核部门提交包括招股说明书在内的各项材料以进行审核，审核的目的是判断发行人是否具备相应上市板块的上市条件。目前，在全面实施注册制下，上市公司审核权均由交易所负责。在审核阶段，交易所就公司业务、治理、财务、法律、信息披露等方面提出问题，其中一些财务问题可能明确要求注册会计师核查并发表意见。注册会计师需对发行审核部门提出的问题进行核查，并撰写核查意见提

【扩展阅读】
容诚会计师事务所就英思特 IPO 审核问询中的专项核查意见

交发行部门。

【扩展阅读】
立信会计师事务所就志特新材募集资金置换专项鉴证报告

（三）发行上市阶段

在通过发审会获得上市资格后，公司即可进入正式发行程序，包括路演、询价、定价、申购等。而在这一阶段，注册会计师还需完成最后一步工作，即当募集资金到位后进行验资，确定实际到账资金准确无误，并出具验资报告。针对发行人的验资，指的是经券商扣除剩余的保荐承销费后转到发行人指定账户的净额。同时，还应出具募集资金置换专项鉴证报告，其中募集资金置换指的是以募集资金置换预先投入的自筹投资项目行为资金。

二、IPO 审计的特殊考虑

拟上市企业的审计工作与年报审计工作存在诸多差异，决定了 IPO 审计时注册会计师需要进行一些特殊考虑。首先，拟上市企业相较于已上市公司而言，财务制度和内部控制基础较为薄弱，涉及诸多不规范情形和调整事项，需要对前期事项进行考虑；其次，拟上市企业由于仍未上市，在对权益工具等涉及市场价格的公允价值估计需要特别考虑；最后，上市条件审核相较日常年报监管要求更加严格，监管部门存在一些特别关注事项，同样要求注册会计师特别考虑。针对上述问题，本部分将就 IPO 审计的一些常见问题进行介绍。具体如表 14-2 所示。

表 14-2　IPO 审计特殊考虑原因及事项

特殊考虑原因	特殊考虑事项
1. 上市前历史问题及上市发行条件要求	财务相关内部控制问题
	会计政策、会计估计变更或差错更正问题
	发行时尚未盈利或最近一期存在未弥补亏损
2. 权益工具公允价值问题	期权激励计划问题
3. 监管重点关注，要求额外信息披露复核	研发支出资本化问题
	第三方回款问题
	经销商模式下的收入确认问题

（一）财务相关内部控制问题

部分企业在提交申报材料的审计截止日前存在财务内控不规范情形，如为满足贷款银行受托支付要求，在无真实业务支持情况下，通过供应商等取得银行贷款或为客户提供银行贷款资金走账通道（简称“转贷”行为）；向关联方或供应商开具无真实交易背景的商业票据，通过票据贴现后获取银行融资；与关联方或第三方直接进行资金拆借；通过关联方或第三方代收货款；利用个人账户对外收付款项；出借公司账户为他人收付款项；违反内部资金管理规定对外支付大额款项、大额现金借支和还款、挪用资金等重大不规范情形等。针对上述情况，注册会计师应关注前述行为信息披露充分性，如对相关交易形成原因、资金流向和使用用途、利息、违反有关法律法规具体情况及后果、后续可能影响的承担机制、整改措施、相关内控建立及运行情况等；对前述行为相关的财务核算是否真实、准确，与相关方资金往来的实际流向和使用情况，是否通过体外资金循环粉饰业绩。

（二）会计政策、会计估计变更或差错更正问题

发行人在申报前的上市规范辅导阶段，如发现存在不规范或不谨慎的会计处理事项并进行审计调整的，应当符合《企业会计准则第28号——会计政策、会计估计变更和差错更正》及相关审计准则的规定，并保证发行人提交首发申请时的申报财务报表能够公允地反映发行人的财务状况、经营成果和现金流量。注册会计师应按要求对发行人编制的申报财务报表与原始财务报表的差异比较表出具审核报告并说明差异调整原因，关注是否有充分、合理的证据表明变更的合理性，并说明变更会计政策或会计估计后，能够提供更可靠、更相关的会计信息的理由。

首发材料申报后，发行人如存在会计政策、会计估计变更事项，应当依据准则规定，对首次提交的财务报告进行审计调整或补充披露，相关变更事项应符合专业审慎原则，与同行业上市公司不存在重大差异，不存在影响发行人会计基础工作规范性及内控有效性情形。注册会计师应当充分说明专业判断的依据，对相关调整变更事项的合规性发表明确的核查意见。在此基础上，发行人应提交更新后的财务报告。

（三）发行时尚未盈利或最近一期存在未弥补亏损

部分申请创业板或科创板上市的企业尚未盈利或最近一期存在累计未弥补亏损的情形，在信息披露中，应就以下内容进行说明：（1）结合行业特点分析导致上述情形的原因；（2）尚未盈利或最近一期存在累计未弥补亏损对公司现金流、业务拓展、人才吸引、团队稳定性、研发投入、战略性投入、生产经营可持续性等方面的影响；（3）未来是否可实现盈利的前瞻性信息，以及相关假设基础；（4）相关风险因素，包括未来一定期间无法盈利或无法进行利润分配的风险等；（5）落实保护投资者合法权益规定的各项措施，包括发行前累计未弥补亏损是否由新老股东共同承担以及已履行的决策程序。注册会计师应充分核查相关情况，对以上内容是否影响发行人持续经营能力明确发表结论性意见。

（四）期权激励计划问题

对于发行人存在首发申报前制定的期权激励计划，并准备在上市后实施的，根据上市规则要求，应进行相应的信息披露，具体包括：期权激励计划的基本内容、制定计划履行的决策程序、目前的执行情况；期权行权价格的确定原则以及和最近一年经审计的净资产或评估值的差异与原因；期权激励计划对公司经营状况、财务状况、控制权变化等方面的影响；涉及股份支付费用的会计处理等。针对上述内容，注册会计师应重点关注股份支付相关权益工具公允价值的计量方法及结果是否

合理，发行人报告期内股份支付相关会计处理是否符合会计准则相关规定。

（五）研发支出资本化问题

根据上市规则要求，发行人存在研发支出资本化情况的，在招股说明书中应披露：（1）与资本化相关研发项目的研究内容、进度、成果、完成时间、经济利益产生方式、当期和累计资本化金额、主要支出构成，以及资本化的起始时点和确定依据等内容；（2）与研发支出资本化相关的无形资产的预计使用寿命、摊销方法、减值等情况，并说明是否符合相关规定；（3）相关无形资产的减值风险及其对公司未来业绩可能产生的不利影响。注册会计师应对发行人研发支出资本化相关会计处理的合规性、谨慎性和一贯性发表核查意见，尤其是研发支出成本费用归集范围是否恰当、研究阶段和开发阶段划分是否合理、资本化条件是否均已满足、与可比公司是否存在重大差异。

（六）第三方回款问题

实务中，发行人可能存在部分销售回款由第三方代客户支付的情形，即发行人收到的销售回款的支付方（如银行汇款的汇款方、银行承兑汇票或商业承兑汇票的出票方或背书转让方）与签订经济合同的往来客户不一致的情况。在这种情况下，注册会计师应重点审查以下方面，包括第三方回款的真实性，是否存在虚构交易或调节账龄情形；第三方回款形成收入占营业收入的比例；第三方回款的原因、必要性及商业合理性；发行人及其实际控制人、董监高或其他关联方与第三方回款的支付方是否存在关联关系或其他利益安排；境外销售涉及境外第三方的，其代付行为的商业合理性或合法合规性；报告期内是否存在因第三方回款导致的货款归属纠纷；如签订合同时已明确约定由其他第三方代购买方付款，该交易安排是否具有合理原因；资金流、实物流与合同约定及商业实质是否一致。

（七）经销商模式下的收入确认问题

发行人采取经销商销售模式的，根据上市规则要求，应就经销商模式相关内容进行披露，包括经销商的关联关系、同行业同比上市公司类似情况、经销商销售比例和毛利是否异常等。针对上述情况和披露，注册会计师应对经销商业务进行充分核查，综合利用电话访谈、合同调查、实地走访、发询证函等多种核查方法，核查发行人报告期内经销商模式下的收入确认原则、费用承担原则及给经销商的补贴或返利情况、经销商的主体资格及资信能力，核查关联关系，结合经销商模式检查与发行人的交易记录及银行流水记录、经销商存货进销存情况、经销商退换货情况。注册会计师应对经销商模式下收入的真实性发表明确意见。

三、IPO 审计中的盈利预测

（一）IPO 盈利预测披露要求

盈利预测报告是指，发行人编制的反映发行人对公司预测期间内经营成果的预测过程、结果的书面文件。根据中国证监会颁布的《公开发行证券的公司信息披露内容与格式准则第 1 号——招股说明书（2015 年修订）》（以下简称《内容与格式准则第 1 号》）规定，现阶段我国 A 股 IPO 的盈利预测报告属于半强制披露性信息，存在自愿披露和强制披露两种情形。

【法规链接】
《公开发行证券的公司信息披露内容与格式准则第 1 号——招股说明书（2015 年修订）》

其中，属于强制披露情形的包括：（1）当发行人本次募集资金拟用于重大资产购买的，则应当披露发行人假设按预计购买基准日完成购买的盈利预测报告及假设发行当年 1 月 1 日完成购买的盈利预测报告。（2）根据证监会发行监管部、创业板发行监管部于 2012 年 5 月 23 日发布的《关于新股发行定价相关问题的通知》规定，经发行人董事会确定的发行市盈率高于同行业上市公司平均市盈率 25％的，原则上发行人应补充提供经会计师事务所审核的盈利预测报告，并在公告盈利预测报告后重新询价。（3）如果同时在境内和境外实施首次公开发行，且相关境外信息披露规范要求在境外公告的招股说明书中提供盈利预测报告的，则出于保证境内外信息披露公平性的考虑，发行人一般也应当在境内披露盈利预测报告。除上述情况外，如果发行人认为提供盈利预测报告将有助于投资者对发行人及投资于发行人的股票作出正确判断，且发行人确信有能力对最近的未来期间的盈利情况作出比较切合实际的预测，发行人可以自愿选择披露盈利预测报告。

发行人披露盈利预测报告的，应声明："本公司盈利预测报告是管理层在最佳估计假设的基础上编制的，但所依据的各种假设具有不确定性，投资者进行投资决策时应谨慎使用。"发行人披露的盈利预测报告应包括盈利预测表及其说明。盈利预测表的格式应与利润表一致，其中预测数应分栏列示已审实现数、未审实现数、预测数和合计数。需要编制合并财务报表的发行人，应分别编制母公司盈利预测表和合并盈利预测表。盈利预测说明应包括编制基准、所依据的基本假设及其合理性、与盈利预测数据相关的背景及分析资料等。盈利预测数据包含了特定的财政税收优惠政策或非经常性损益项目的，应特别说明。

发行人披露盈利预测的，利润实现数如未达到盈利预测的 80％，除因不可抗力外，其法定代表人、盈利预测审核报告签字注册会计师应当在股东会及中国证监会指定报刊上公开作出解释并道歉；中国证监会可以对法定代表人处以警告。利润实现数未达到盈利预测的 50％的，除因不可抗力外，中国证监会在 36 个月内不受理该公司的公开发行证券申请。

（二）注册会计师对 IPO 盈利预测审核

盈利预测审核，是指注册会计师接受委托，对被审核单位盈利预测进行审查与复核，并发表审核意见。根据《内容与格式准则第 1 号》的规定，发行人在招股说明书及其摘要中披露的财务会计资料应有充分的依据，所引用的发行人的盈利预测报告应由具有证券期货相关业务资格的会计师事务所审核。与财务报表审计不同，盈利预测是基于未来情况的估计而非已发生的交易事项，具有天然的不确定性，存在大量的主观判断，注册会计师无法对预测结果的可实现程度作出保证。因此，盈利预测的审核对象主要是对被审核单位盈利预测所依据的基本假设、选用的会计政策及其编制基础。在盈利预测审核中，注册会计师应当遵循的程序如图14－2所示。

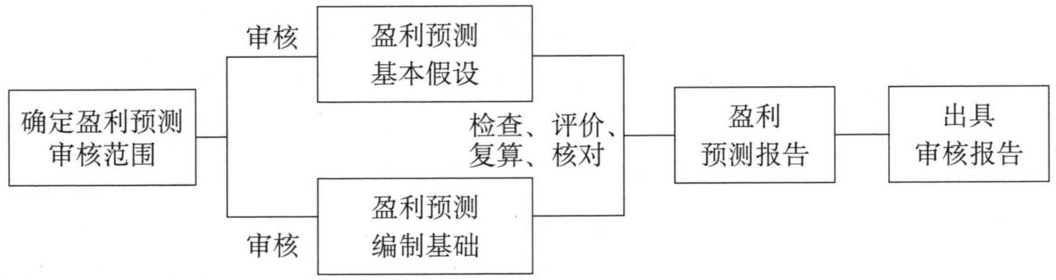

图14－2 IPO盈利预测审核步骤

1. 确定盈利预测审核范围

注册会计师在进行盈利预测前，应首先了解发行人的经营情况及影响未来经营成果的关键因素，并确定盈利预测的审核范围。在了解发行人的经营情况及影响未来经营成果的关键因素时，主要包括以下方面：（1）发行人的历史背景、行业性质、生产经营方式、市场竞争能力、有关法律法规及会计政策的特殊要求；（2）发行人产品或劳务的市场占有率及营销计划；（3）发行人生产经营所需要的人、财、物等资源的供应情况和成本水平；（4）发行人以前年度的经营成果及发展趋势；（5）宏观经济的影响。

2. 审核盈利预测基本假设

注册会计师应当获取发行人关于盈利预测基本假设的书面文件，并检查实际编制盈利预测所依据的基本假设是否与其一致。同时，应当检查相关假设是否有合理的支持证据，建立假设的过程是否合理。具体而言，应当特别关注以下假设：（1）对盈利预测结果有重大影响的；（2）特别容易受关键因素变动影响的；（3）偏离历史趋势的；（4）具有高度不确定性的。

3. 审核盈利预测编制基础

在明确预测范围和假设后，注册会计师应当了解盈利预测的编制过程和以前盈利预测的实现程度，并实施以下程序，以审核盈利预测所采用的会计政策和编制基础：（1）分析和评价经营业务的稳定性及其发展趋势；（2）核实盈利预测的支持证据是否充分；（3）审查盈利预测选用的会计政策与实际采用的相关会计政策是否一致；（4）核实盈利预测的计算方法是否适当。

4. 对盈利预测报表进行审核

在对盈利预测报告进行实际审核时，应当取得被审核发行人有关盈利预测的声明书。基于已审核的预测假设和编制基础，对盈利预测报表的内容采用检查、评价、复算和核对等审计程序。同时，将盈利预测审核业务的执行过程及结果记录于审核工作底稿，并进行必要的复核。

5. 出具审核报告

在完成上述审核程序后，注册会计师以经过核实的证据为依据，形成审核意见，出具审核报告。审核报告中应明确审核范围、发行人的责任和注册会计师的责任、审核的依据和所开展的审核程序。出具的审核意见，应当明确盈利预测依据的基本假设是否已充分披露，是否有证据表明这些基本假设是不合理的；盈利预测选用的会计政策与实际采用的相关会计政策是否一致；盈利预测是否按确定的编制基础编制。

第三节　IPO 审计风险及其应对

引例

绿巨人轰然倒塌，会计师难辞其咎

江西绿巨人生态环境股份有限公司（以下简称绿巨人）成立于 2005 年 4 月，是一家生态环境建设工程服务商，主要从事生态修复和园林绿化工程的设计、施工、养护以及园林苗木的生产销售业务。2019 年 6 月 12 日，绿巨人首次报送招股说明书，目标是登陆深交所中小板，但在随后的现场检查中，绿巨人的 IPO 之路因财务造假戛然而止。2020 年 4 月，中国证监会发布公告，因发现绿巨人在上市过程中大量更改银行流水、隐瞒关联方贷款、会计基础及内部控制存在缺陷等一系列问题，对其采取 36 个月内不受理股票发行申请的监管措施。随后，证监会对绿巨人进行了立案调查，并于 2021 年 9 月由证监会江西监管局发布了对绿巨人的行政处罚决定书。

【扩展阅读】
中国证监会江西监管局对绿巨人行政处罚决定书

处罚决定书中指出，绿巨人存在以下违法事实：第一，首次公开发行时未完整披露关联交易，通过伪造网上银行电子回单、修改对手方名称、篡改银行流水等方式，隐匿与实际控制人关联方林科龙脑之间高达 2 605 万元的关联方交易。第二，招股说明书中存在虚假记载，包括以跨期调整项目方式虚增营业收入 5 883 万元、以虚增应收账款项目回款方式虚增利润 837 万元。针对上述事项，证监会江西监管局对绿巨人责令改正，给予警告，并处以 60 万元罚款，对绿巨人董事长、副董事长、财务总监、董事会秘书等人予以警告和罚款等处理。

上述处罚决定一经公开，为绿巨人提供上市审计服务的天健会计师事务所也成为公众质疑的焦点。根据上市规定，发行人提交的材料中应包含注册会计师提供的无保留意见审计报告，这意味着注册会计师在审计时并未指出上述虚假披露问题。媒体纷纷指出，保荐人和会计师事务所都应为 IPO 造假承担责任。

资料来源：中国证监会江西局行政处罚决定书（行政处罚决定书〔2021〕4 号）. http://www.csrc.gov.cn/jiangxi/c104168/c7b8e8b25f30e459bb0dccd161977818f/content.shtml.

第三节
即测即评

从上述引例中可以看到，IPO 企业存在重大舞弊的可能性，同时相较于年报审计，IPO 审计也受到了更多的监管关注，一旦审计失败，将对注册会计师产生重大影响。那么，IPO 审计风险具有哪些特点？注册会计师在 IPO 审计过程中存在哪些问题和风险？应当如何应对？本节主要介绍 IPO 审计风险的特点、表现与应对三方面内容。

一、IPO 审计风险的特点

IPO 审计风险是指拟上市公司财务报表存在重大错报而注册会计师发表不恰当审计意见的可能性。回顾国内 A 股市场的历史，曾出现诸如绿大地、新大地、万福生科、欣泰电气等一众欺诈上市的大案，这其中尽管发行人、实际控制人及董监高对欺诈发行行为负直接责任，但中介机构的缺位失职、未依法勤勉尽责也是间接纵容或致使相关违法行为发生的重要原因。与一般年报审计相比，IPO 审计风险具有如下特点。

（一）管理层舞弊动机更强

企业成功上市将使公司股东、高管和企业自身财富成倍上涨，且部分公司面临上市对赌的压力，有着天然的舞弊动机。由于管理层所处的特殊地位，其所实施的舞弊手段和方式具有不可预见性，管理层舞弊通常会对财务报表的整体产生影响并导致重大错报，且往往是精心策划并刻意隐瞒，所导致的重大错报未被发现的风险很高。注册会计师在 IPO 审计过程中应高度关注管理层凌驾于内部控制之上导致财务舞弊的可能性，给予高度的职业怀疑和审计关注，特别是防范上市公司董事、监事、高级管理层和实际控制人等“关键少数”的舞弊风险。

（二）重大错报风险更高

拟上市公司多处于生命周期的成长期，相对于已上市的成熟企业，内部控制通常较为薄弱、前期财报基础较差，可能存在诸多不规范甚至违法的情形，管理层通常对此也缺乏必要关注，整体面临较高的控制风险。同时，拟上市企业经营风险通常较高，行业政策的变化、市场发展前景不确定、大量的研发投入、行业竞争的加剧和资金匮乏导致其自身抵抗风险的能力较弱，此时可能激发大股东和管理层舞弊以掩盖风险。

（三）专业胜任能力挑战更大

自创业板和科创板推行注册制后，我国 IPO 以鼓励成长性创新企业为主，创业板主要服务成长型创新创业企业，支持传统产业与新技术、新产业、新业态、新模式深度融合，科创板则主要服务于具备科创属性的硬科技企业。针对这些行业，尽管注册会计师在财务审计领域具有专业优势，但对发行人所涉及的新经济领域、新兴行业特征和新兴经营模式可能难以准确把握和判断，不确定因素增加，从而增加了审计难度，面临专业胜任能力不足所导致的审计风险。

（四）独立性冲突更高

IPO 企业多为处于成长初期的企业，内部控制制度不完善、财务合规性较差，IPO 审计注册会计师除了接受审计业务委托，往往还会提供内控设计咨询、税务咨询、财务管理咨询等增值服务，甚至在实务中出现由注册会计师代编财务报表和附注的情况，这将导致因自我评价对审计独立性产生严重不利影响。此外，在实务中或有收费也将对审计独立性产生不利影响。尽管审计准则对或有收费作出限制，但部分 IPO 企业会在成功上市后，通过给予高额验资费的形式，变相作为成功上市的奖励，且若成功上市，有助于会计师事务所获得持续的年报审计业务，可能存在自身利益的不利影响。

二、IPO 审计风险的表现与应对

IPO 审计是控制资本市场风险的“第一道屏障”，为了促进新股发行中会计师事务所归位尽责，进一步提高首次公开发行股票公司财务信息披露质量，中国证监会发布了《会计监管风险提示第 4 号——首次公开发行股票公司审计》，就会计师事务所执行 IPO 审计业务的监管关注进行提示，列举了常见问题和风险，并为会计师事务所提供了应对指引。

（一）会计师事务所 IPO 审计项目质量控制

会计师事务所在 IPO 审计项目质量控制中，主要存在以下问题和风险：（1）在承接 IPO 审计业务时，未充分了解发行人的基本情况和重大风险的领域，未充分关注发行人在 IPO 过程中更换注册会计师的行为，与前任注册会计师进行充分沟通。（2）在选派项目组成员时，未充分识别和评价独立性和专业胜任能力。（3）在 IPO 审计业务执行阶段，会计师事务所未完善有关监督、咨询、符合的体系；质量控制复核人员往往介入过晚，复核工作未充分关注发行人经营模式和经营特点对会计处理和财务报表的影响。（4）分所执行 IPO 审核业务时，总所未对分所执行 IPO 审计业务进行充分的业务指导，未对其 IPO 审计项目执业质量进行必要的复核和检查。

针对上述问题，会计师事务所应当：（1）在承接 IPO 审计业务时，应当对发行人上市动机、所处行业的基本情况及其行业地位、可能存在的高风险领域、公司治理情况及申报期基本财务指标等进行调查。对于发行人存在欺诈上市嫌疑或者注册会计师无法应对重大审计风险的情况，应坚决拒绝接受委托。如果发行人在 IPO 过程中曾经更换过注册会计师，后任注册会计师应就发行人更换注册会计师的原因与前任注册会计师进行沟通，以了解发行人管理层的诚信情况，发行人与前任注册会计师存在重大分歧的会计、审计问题及其他可能对审计造成重大影响的事项。（2）在选派项目组成员时，应检查 IPO 审计项目组成员是否与发行人存在关联关系或直接经济利益关系等影响独立性的行为；根据对审计风险的评估，检查项目组成员是否具有包括相应技术知识、相关行业审计实务经验等在内的专业胜任能力。（3）在 IPO 审计业务执行阶段，应建立健全与监督、咨询和复核等有关的质量控制体系，始终将审计风险控制在可接受的范围。质量控制复核人员可尽早介入，结合行业特点、行业同期基本情况，全面分析发行人的经营模式、经营特点和在申报期内的变化情况，以及发行人会计处理的合理性和会计处理在申报期内的变化情况，以确定可能存在舞弊和重大错报风险的领域及其对财务报告的影响程度。（4）总所应加强对分所 IPO 审计业务执业质量的管理，定期对各分所进行执业质量培训和质量控制检查，提升分所审计业务执业质量。

财政部：《会计师事务所一体化管理办法》

【扩展阅读】
财政部《会计师事务所一体化管理办法》

2022 年 5 月，财政部发布了关于印发《会计师事务所一体化管理办法》的通知。该办法指出，会计师事务所在人员管理、财务管理、业务管理、技术标准和质量管理、信息化建设等方面，应建立并有效实施实质统一的管理体系；应对设立的分支机构、内设部门、业务团队进行一体化管理，在合伙协议（公司章程）中明确一体化管理要求。

该办法指出，设立分支机构的会计师事务所应当对分支机构负责人和质量管理负责人、财务负责人等关键管理人员实施统一委派、监督和考核，在全所范围内实施统一的人力资源调度和配置。同时，办法还要求，会计师事务所应当实行矩阵式管理，即结合所服务客户的行业特点和业务性质，以及本会计师事务所分支机构的地域分布，对业务团队进行专业化设置，以团队专业能力的匹配度为依据分派业务。此外，该办法还对质量复核的一体化管理提出要求，会计师事务所应当明确项目质量复核人员资格条件并建立合格人员清单，确保项目质量复核人员独立于项目组，并在全所范围内统一委派项目质量复核人员。质量复核人员的人选，以及相关人员的业绩考评、晋升与薪酬不受被复核或检查的项目组的干预或影响。会计师事务所应当统一安排质量检查抽取的项目和执行质量检查的人员。

资料来源：财政部 . 关于印发《会计师事务所一体化管理办法》的通知 . http://www.mof.gov.cn/jrttts/202205/t20220531_3814751.htm.

（二）内部控制测试

在IPO审计中，有关内部控制测试主要存在以下问题和风险：（1）内部控制鉴证中，对发现的内部控制缺陷未能正确判断其严重程度及其对内部控制鉴证报告或内部控制审计报告结论的影响。（2）财务报表审计中，实施实质性程序时未充分考虑财务报表重大错报风险（包括控制风险）的评估结果，对实质性程序发现的财务报表重大错报，未考虑其是否与内部控制缺陷相关。

针对上述问题，注册会计师应当采取以下应对措施：（1）对于发行人内部控制缺陷，应评价其严重程度，并考虑其对财务报表的影响程度；对于在实质性程序中发现的财务报表重大错报，应考虑其是否与内部控制缺陷相关；对于发行人财务会计基础薄弱的，应特别关注其是否存在内部控制重大缺陷，并考虑对发行人内部控制有效性的影响。（2）考虑发行人的内部控制缺陷是否在内部控制鉴证报告或内部控制审计报告中得到恰当反映。（3）对审计委员会及内部审计部门是否切实履行职责进行尽职调查，并记录于审计工作底稿。

先正达：巨型跨国企业集团并购发展，内部控制有效性受问询

先正达集团股份有限公司（以下简称先正达）是全球最大的植保公司和第三大种子公司，于2021年7月2日申请在科创板首次公开发行，拟募集资金650亿元。先正达是巨型跨国企业，通过不断并购达到现有的规模，2020年末经审计的总资产高达4 725亿元。其管理架构复杂，企业集团内部控制有效性是保证企业持续经营的基础。

【扩展阅读】
先正达集团股份有限公司首次公开发行股票并在科创板上市申请文件的审核问询函之回复报告

根据招股说明书，截至2020年12月31日，先正达共有全资及控股子公司359家、分公司1家，这些公司多为近年收购、重组的公司。发行人建立了健全的股东大会、董事会及专门委员会、监事会和经营管理层等法人治理结构，明确了权力分配制度、披露程序、各项议事规则和决策程序，制定了各项治理制度，从而保障了公司治理的不断完善发展，确认现有内部控制已建立健全，能够适应公司管理的要求和发展的需要。

在上海证券交易所首轮审核问询中，上交所要求先正达从管理者角度，简要披露集团作出重大决策，决策执行，对子公司特别是收购、重组的境外子公司的管理机制，保障有效管理和内部控制的措施及取得的效果。保荐机构的回复将集团内控的情况作为重点描述，突出了全球领导团队的作用，说明了根据发行人的治理结构、内部管理流程及控制体系，发行人能够对下属全资及控股子公司在业务运营、财务管理、人员管理、信息披露、关联交易管理、信息交换等重大方面进行有效管理。

资料来源：先正达集团股份有限公司首次公开发行股票并在科创板上市申请文件的审核问询函之回复报告. http://kcb.sse.com.cn/renewal/xmxq/index.shtml?auditId=992&anchor_type=0.

（三）财务信息披露和非财务信息披露的相互印证

注册会计师在核对包含已审计财务报表的文件中的其他信息时，通常存在以下问题和风险：(1) 忽视招股说明书其他部分引用已审计财务报表中财务信息的准确性和一致性。(2) 忽视招股说明书中披露的业务数据与已审计财务报表的一致性。(3) 未结合发行人的经营特点对财务报表各项目进行客观分析。

针对上述问题，注册会计师应当：(1) 确认发行人招股说明书披露的财务信息是否与已审计财务报表一致，如招股说明书中披露的申报期研发费用发生额是否与财务报表中披露的研发支出一致。(2) 关注发行人的经营模式、产销量和营业收入、营业成本、应收账款、期间费用等是否能够相互匹配；发行人的产能、主要原材料及能源耗用是否与产量相匹配；发行人资产的形成过程是否与发行人历史沿革和经营情况相互印证。(3) 确认招股说明书中披露的财务信息分析是否与了解的实际情况相符。

周六福：加盟模式受质疑，IPO被否

【扩展阅读】
第十八届发审委2020年第154次会议审核结果公告

周六福珠宝股份有限公司（以下简称周六福）是集珠宝首饰研发设计、生产加工、连锁销售、品牌运营为一体的时尚珠宝集团。2019年4月30日，周六福珠宝首次申报深交所中小板IPO，但在发审委2020年第154次审核会议中，周六福的首发上市申请未获通过。从发审委会议提出询问的主要问题可知，周六福加盟模式下的收入合理性是导致此次失败的主要问题。根据招股说明书，其主营业务收入主要来源于加盟模式，在2016—2018年以及2019年1—6月四个会计期间内，该模式下收入占主营业务收入的比例分别为90.69%、86.45%、82.18%、80.50%，占比始终较高，且2016—2018年期间加盟模式收入复合年均增长率高达40.83%，增幅远高于同行业可比公司。由于加盟模式下的收入对于公司盈利能力和持续经营能力至关重要，但已有披露信息并未充分证明其合理性，因此周六福首次IPO被否。而从周六福后续重新提交的招股说明书的数据看，加盟模式收入的持续性问题也的确存在，该项收入由2019年的17.9亿元下降至2021年的15.56亿元，同比下降13.10%。

资料来源：中国证监会第十八届发审委2020年第154次会议审核结果公告．http://www.csrc.gov.cn/csrc/c105899/c1009503/content.shtml.

（四）发行人申报期内的盈利增长和异常交易

注册会计师在核查发行人申报期内的盈利增长和异常交易时，通常存在以下问题：(1) 在分析发行人申报期内盈利增长异常时，缺乏对重要比率和趋势的科学预判、对异常变动的深入调查以及多个业务指标间的联动分析。(2) 在审计发行人申报期内异常交易时，局限于采用常规审计程序收集审计证据，忽视了对异常交易商

业实质的考虑和取证。

针对上述风险，注册会计师应当：（1）对包括但不限于毛利率、期间费用率、应收账款周转率、存货周转率、预收账款变动率、产能利用率、产销率等影响发行人盈利增长的重要财务指标和非财务指标，进行多维度的分析。（2）对于公司申报期内毛利率高于同行业水平，而应收账款周转率、存货周转率低于同行业水平，以及经营性现金流量与净利润脱节的情况应当追查其合理性，应识别发行人是否存在利润操纵。（3）为了识别发行人是否通过挤占申报期前后的经营成果以美化申报期的财务报表，应在审计发行人申报期财务报表时关注申报期前1至2年的财务报表和申报期财务报表日至财务报表报出日之间的财务信息。（4）关注发行人在申报期内的盈利异常增长现象并发表核查意见，督促发行人在招股说明书中作补充披露。

雨中情：毛利率远超同行业，应收账款异常折戟IPO

【扩展阅读】
第十八届发审委2023年第3次会议审核结果公告

雨中情防水技术集团股份有限公司（以下简称雨中情）是专业从事防水材料研发、生产、销售和服务的高新技术企业。公司拟发行股份不超过5 305万股，占发行后总股本的比例不低于25.00%，拟于深交所主板上市。然而，在发审委2023年第3次审核会议中，雨中情的首发上市申请未获通过。

相关资料显示，2018年—2020年及2021年1—9月期间，雨中情综合毛利率分别为36.65%、42.03%、43.38%和37.40%。而可比同行业的综合毛利率均值为34.25%、36.12%、39.06%和30.75%。雨中情的综合毛利率高于同行业上市公司的平均值。对此，雨中情解释称公司产品销售以直销为主，报告期内直销占90%，产品直销毛利率普遍高于经销毛利率，且报告期内直销毛利率比经销毛利率高15%左右。然而，直销模式在给雨中情带来高毛利的同时，也伴随着大量的诉讼。此外，公司招股说明书中存在诸多风险因素，例如逾期应收账款余额逐年上升且上升速度大于收入、一次性支付大额履约保证金、2021年以来经营业绩持续下滑、2022年下半年大额销售原材料沥青业务等。

上述问题得到了发审委的关注，2023年1月5日发审委会议上，雨中情并未通过首次发行申请，其中重要原因即在于毛利率远超同行业、应收账款增速过快、履约保证金支付异常等。

资料来源：第十八届发审委2023年第3次会议审核结果公告.http://www.csrc.gov.cn/csrc/c105899/c6958708/content.shtml.

（五）关联方认定及其交易

注册会计师审计关联方及其交易通常存在以下问题：（1）风险评估程序执行不到位，对关联方交易舞弊动机关注不足，对与关联方及其交易的内部控制了解不够充分；（2）分析程序流于形式，不重视分析财务数据与非财务数据之间的关系，对于识别出的异常或偏离预期的关系不进行调查或简单认可管理层的解释，较少设定独立的预期。（3）关联方识别程序缺失，未向管理层或内部其他人员询问有关关联方的信息，或检查重要会议纪要等识别未披露关联方，未采取有效措施核实异常交易的对手方是不是未披露关联方。（4）其他重要审计程序不到位，包括函证程序不到位，未能通过函证程序发现资金、交易往来等通过未披露关联方实施舞弊的线索；对存货监盘程序不到位，未能有效利用收入、成本和期末库存之间的关系识别通过未披露关联方实施的虚假购销业务；不注重利用专家的工作，特别是对某些交易存在重大疑虑时未考虑利用专家的工作以识别未披露的关联方。

针对上述问题和风险，注册会计师应当：（1）充分分析舞弊动机，判断公司是否存在通过关联交易进行盈余操纵的可能性。（2）了解公司识别、记录、汇总和披露关联方的内部控制，评估其设计合理性，测试其运行有效性。（3）执行分析程序，重视分析程序在识别收入舞弊中的作用，加强对产能、水电能耗、劳动生产率等非财务信息和财务数据之间关系的分析，注重收入与现金流匹配情况的分析；分析公司的重要财务信息指标与同行业其他公司的显著差异，对异常波动或偏离预期，认真调查原因。（4）关注重大异常交易是否具备未披露关联方交易的特征，考虑该交易是否属于利用未披露关联方实施舞弊的常见形式。在询问管理层或检查相关文件时是否特别关注不一致的信息，并将重大异常交易的有关信息和项目组其他成员分享。（5）进一步核实未披露关联方关系。如果存在未披露关联方迹象，应当恰当采取措施进一步核实未披露关联方关系的存在性，如调查重要交易方的背景信息、询问直接参与交易的基层员工交易方是否与公司存在不寻常的关系、对存在疑虑的重要客户及供应商进行实地走访、查询互联网或外部商业数据库、聘请信用调查机构或律师协助调取工商资料。（6）进一步核实未披露关联方交易。如果存在未披露关联方交易迹象，应当恰当采取措施进一步核实未披露关联方交易的存在性，如查验已记录的大额资金往来、检查银行对账单和大额现金交易、关注是否存在异常资金流动、向重要股东和关键管理人员函证以确认是否存在尚未识别的关联方关系及其交易。（7）核查实物资产，认真了解公司的存货存放位置和监盘计划，关注由于性质、位置无法实施监盘的存货是否确实无法监盘，管理层如何确认存货的数量和状态，并实施充分的替代审计程序。（8）重视与有关各方的沟通，在公司审计中如果识别出舞弊或怀疑存在舞弊，应当与公司治理层及时沟通，并考虑征询法律意见，同时根据法律法规的要求，确定是否向监管机构报告重大舞弊。

汇富纳米：业绩波动异常，关联方交易存疑

湖北汇富纳米材料股份有限公司（以下简称汇富纳米）是专业从事气相法纳米材料——气相二氧化硅、气相二氧化钛、气相三氧化二铝研发、生产和销售的国家高新技术企业。公司 2022 年 6 月申请创业板上市，拟募资 6.25 亿元。

申报材料显示，2019 年至 2021 年，公司主营业务收入分别为 24 987.14 万元、18 052.59 万元、32 260.83 万元，归母净利润分别为 257.55 万元、241.65 万元、6 075.17 万元。2021 年四季度发行人营业收入为 11 983.54 万元，同比增长 105.15%，该季度收入增长的原因及合理性成为监管关注的重要事项。

【扩展阅读】
深圳证券交易所上市审核委员会 2023 年第 13 次审议会议结果公告

此外，2019 年发行人认定兴瑞硅材料为关联方，2020 年将兴瑞硅材料视同关联方。2019 年至 2021 年，公司向兴瑞硅材料的采购额分别为 2 626.48 万元、2 780.67 万元和 6 934.96 万元，占采购总额的比例分别为 22.99%、22.18%、36.87%。发行人向兴瑞硅材料采购一甲价格与向第三方采购价格差异比例分别为 29.98%、−38.61%、−12.73%，兴瑞硅材料向发行人销售一甲价格与向第三方销售价格差异比例分别为−38.72%、−29.15%、−21.52%。以上情况不禁令人怀疑发行人向兴瑞硅材料采购价格的公允性，发行人与兴瑞硅材料之间是否存在利益输送或其他利益安排，是否存在实质上的关联关系。

深交所上市委 2023 年第 13 次审议会议否决了汇富纳米的上市申请，上市审核中心在审核问询中也就业绩波动及成长性问题进行了关注。

资料来源：深圳证券交易所上市审核委员会 2023 年第 13 次审议会议结果公告．http://listing.szse.cn/announcement/commitee/detail/index.html? id=51483.

（六）收入确认和成本核算

注册会计师在对发行人申报期收入确认和成本核算进行审计时，通常存在以下问题和风险：(1) 忽视对发行人不同销售模式，特别是创新销售模式下收入确认的分析。(2) 忽视申报期内各期应收账款、预收款项、营业收入和经营活动现金流量等数据之间的逻辑关系，未发现其中的异常情况。(3) 忽视对发行人申报期内成本核算真实性、完整性和收入成本配比合理性的分析。(4) 忽视同行业公司毛利率分析，未能发现发行人毛利率异常背后的真实原因。

针对上述问题和风险，注册会计师应当：(1) 针对申报期内发行人采取的不同销售模式，重点关注对应的收入确认方式以及相关特殊情况，分析盈利模式和交易方式创新对经济实质和收入确认的影响。(2) 考虑与营业收入相关的报表项目之间的逻辑关系，例如发行人应收账款余额较大，或者应收账款增长比例高于销售收入的增长比例，应当通过扩大函证比例、增加大客户访谈、增加截止测试和期后收款测试的比例等方式，加强应收账款的实质性程序。又如发行人经营性现金流量与利润严重不匹配，应要求发行人分析经营性现金流量与净利润之间产生差异的原因，并逐项核对差异是否合理。(3) 关注发行人申报期内成本核算的真实性、完整性和收入成本配比的合理性，包括成本核算的会计政策是否符合经营情况、是否存在通过少转成本虚增毛利润的行为、是否向实际控制人及其关联方或其他第三方转移成本以降低期末存货和当期营业成本、是否通过调节成本确认期间在各年度之间调节利润。

建发致新：研发费用异常增长，收入确认备受质疑

【扩展阅读】
深圳证券交易所上市审核委员会2023年第43次审议会议结果公告

上海建发致新医疗科技集团股份有限公司（以下简称建发致新）主要从事医疗器械直销及分销业务，并为终端医院提供医用耗材集约化运营（SPD）等服务。公司2021年6月申请深交所创业板上市，拟募资4.84亿元。

建发致新申请创业板上市，但无专利权，核心技术为信息管理系统，“致新医疗供应链操作云平台软件”与“医院手术室耗材管理软件”系委托第三方开发。根据发行人申报材料，在2020—2022年间，建发致新综合毛利率分别为6.12%、7.02%、7.71%，低于同行业可比公司。发行人对其是否符合创业板板块定位，是否具有“三创四新”特征的说明不够充分。

此外，公司的研发费用和收入确认也受到质疑。在2020—2022年间，发行人研发费用分别为270.35万元、479.15万元、1 362.10万元。即2022年建发致新研发费用较2021年和2020年大幅上升。在2020—2022年间，发行人直销业务收入占主营业务收入比例分别为81.77%、75.05%、65.71%，其中寄售式直销业务占直销业务收入的比例分别为89.60%、81.32%、78.28%。发行人寄售式直销业务采用总额法确认收入且期末无存货。研发费用大幅增长的合理性、期末无存货的合理性、收入确认的合理性也成为上市发行审核的主要疑问。

在深圳证券交易所上市审核委员会2023年第43次审议会议中，建发致新首发申请被暂缓审议，发审委提出询问的主要问题关注了建发致新板块定位问题、研发费用问题以及收入确认问题，要求公司说明其是否符合创业板板块定位、研发费用归集及核算的合理性以及收入确认的合理性。

资料来源：深圳证券交易所上市审核委员会2023年第43次审议会议结果公告．http://listing.szse.cn/announcement/commitee/detail/index.html? id=56824.

（七）主要客户和供应商

核实主要客户和供应商信息是注册会计师执行IPO审计业务一项非常重要的程序，注册会计师在核查中通常存在以下问题和风险：（1）未对发行人或保荐人提供的主要客户和供应商信息执行必要的审计程序以核实其真实性。（2）未对取得的主要客户和供应商信息保持必要的职业怀疑态度，未识别出关联方或者存在异常的客户和供应商。（3）未对审计中发现的委托采购、集合销售等名义采购及销售业务的真实性执行进一步审计程序。

针对上述问题和风险，注册会计师应当：（1）对发行人主要客户和供应商情况进行核查，取得客户或供应商的工商登记资料；根据重要性原则，对主要客户和供应商进行实地走访或电话访谈，并记录于审计工作底稿。特别注意甄别客户和供应商的实际控制人及关键经办人员与发行人是否存在关联方关系。（2）对比历年主要客户和供应商名单，对报告期新增的主要客户核查其基本情况，必要时通过实地走访等方式核实其交易的真实性；对于与原有主要客户、供应商交易额大幅减少或合作关系取消的情况，应关注变化原因。（3）关注发行人与主要客户交易的真实性、客户所购货物是否有合理用途、客户的付款能力和货款回收的及时性，以及供应商的真实性和供货来源。

裕鸢航空：客户依赖风险较大，收入成长空间令人担忧

成都裕鸢航空智能制造股份有限公司（以下简称裕鸢航空）主营航空零部件加工制造业务，产品包括军民用飞机零部件、军民用航空发动机零部件；同时公司还从事燃气轮机零部件的加工制造业务。公司 2022 年 6 月申请创业板上市，拟募资 5.35 亿元。

根据申报材料，公司客户主要集中于中航工业和中国航发下属单位。2019—2021 年以及 2022 年 1—6 月，中航工业下属单位收入占主营业务收入比例分别为 23.07%、59.81%、68.25%和 77.99%，中国航发下属单位收入占主营业务收入比例分别为 61.68%、34.40%、19.40%和 14.90%，合计占比分别为 84.75%、94.21%、87.66%和 92.89%。其中，公司从中航工业下属 A01 单位获取的销售收入金额分别为 1 505.62 万元、8 556.29 万元、13 718.92 万元、7 298.09 万元，该销售收入占营业收入的比例分别为 22.22%、59.71%、68.25%、77.81%。上述信息表明裕鸢航空存在较大的客户依赖风险。

同时，申报材料显示，2020 年 6 月，科研件重要客户中国航发 B02 单位和 B04 单位变更招标方式为公开招标后，发行人来自前述客户的科研项目收入规模及毛利率均出现较大幅下降。裕鸢航空独立面向市场获取业务的能力及其收入的成长空间令人担忧。

2023 年 4 月 13 日，深交所上市委 2023 年第 21 次审议会议否决了裕鸢航空的上市申请，要求裕鸢航空对其成长性、客户重大依赖以及研发能力等问题进行说明。

【扩展阅读】
深圳证券交易所上市审核委员会 2023 年第 21 次审议会议结果公告

资料来源：深圳证券交易所上市审核委员会 2023 年第 21 次审议会议结果公告 . https://listing.szse.cn/announcement/commitee/detail/index.html? id=53549.

（八）资产盘点和资产权属

注册会计师在执行 IPO 审计业务的监盘程序和核实资产权中主要存在以下问题和风险：（1）忽视异地存放或由第三方保管或控制的存货。（2）忽视申报期第 1 年和第 2 年年末存货余额的审计。（3）忽视货币资金的受限情况，忽视房屋及建筑

物、交通工具、矿权等资产权属的抵押、质押情况。(4) 未能正确判断自身对资产监盘的专业胜任能力，未能及时聘请专家执行监盘工作。(5) 混淆发行人盘点和注册会计师监盘之间的不同责任。

针对上述问题和风险，注册会计师应当：(1) 如果存在异地存放和由第三方保管或控制的存货，应当针对发行人实际情况，执行异地盘点或向第三方发函等审计程序。(2) 对于在申报期第1年或第2年结束后担任发行人注册会计师，无法对前两年末的存货实施监盘，应考虑利用前任会计师的监盘结果。(3) 在进行银行函证时，关注是否存在受限货币资金；对于房屋及建筑物等监盘，除实地查看外，应同时查看资产权属证明原件，了解是否设定对外抵押；对于正在办理权属证明的大额资产，应了解权属证明办理情况，确认是否存在权属纠纷或实质性障碍。(4) 如果自身实施监盘程序确有困难，可考虑聘请专家进行监盘程序。(5) 关注发行人不同时期存放存货的仓库变动情况，以确定发行人盘点范围是否完整，是否存在因仓库变动未将存货纳入盘点范围的情况发生。

坤恒顺维：异地存放存货的管控及核查程序

【扩展阅读】
大华会计师事务所就成都坤恒顺维科技股份有限公司首次公开发行并在科创板上市申请文件的第二轮审核问询函中有关财务事项的说明

成都坤恒顺维科技股份有限公司（以下简称坤恒顺维）主要从事高端无线电测试仿真仪器仪表研发、生产和销售。公司2021年6月申请科创板上市，拟募资3.69亿元。由于公司高端无线电测量仪器具有技术含量高、结构复杂、单价昂贵等特点，下游用户在购买产品前通常存在一个相对较长的试用环节。产品试用根据客户需求不同，时间亦有所不同，试用时间一般为1～3个月。公司产品发出后作为异地库存管理，由试用方进行日常的保管，公司的销售人员不定期对异地库存进行现场查验。产品试用期间，公司通过备查台账对异地库存进行管理，不做会计处理。2021年6月末，坤恒顺维正在外部试用的存货金额为1 144.75万元。上述问题在第二轮审核问询中受到关注，注册会计师在回复中披露了发行人对异地存货的管控措施及核查情况。

1. 发行人对异地存货的管控措施

报告期内公司建立并完善了《样机管理制度》，对异地存货实施动态化管理。根据公司制度，公司样机借用/试用等需经过公司审批，明确外借单位名称、联系人、联系电话、借用/租用天数等信息，必要时签订借用/租赁合同。公司对异地库存实施动态化管理，建立备查工作簿，实施定期盘点与不定期查看相结合的管理制度。每年末，公司对异地库存实施全面的盘点清查工作，年内由销售人员不定期到客户现场实施现场察看工作。

公司对销售人员的异地库存不定期现场查看工作有明确的查看要求及报备制度，查看内容包括设备存放地点、设备状态、样机数量、产品规格型号、保管情况、设备使用及性能情况，查看后须形成记录。如设备存在毁损情况，需要及时通知公司人员对设备进行检验检测，判断是否需要对设备进行维修，设备维修维护成本较高的需要和客户协商相关费用，如设备正常使用，形成查看记录，并将查看记录交样机管理人员报备。公司样机管理人员根据设备查看原始记录在异地存货备查工作簿中进行查看登记。报告期内，公司样机性能稳定，未发生毁损情况。

2. 申报会计师履行的核查程序

注册会计师对此执行了一系列核查程序，具体包括：(1) 获取并查阅公司《样机管理制度》，并执行控制测试检查内部控制执行的有效性；(2) 获取公司异地库存备查簿，检查各期末异地存货的数量及金额信息、样机借用及试用信息，并追查至各期末每一项存货的发货记录、签收记录；(3) 检查公司对异地库存的不定期查看记录；(4) 对公司异地存货实施盘点程序；(5) 对公司异地存货实施函证程序，未回函的异地存货实施替代测试查验。

资料来源：大华会计师事务所．成都坤恒顺维科技股份有限公司首次公开发行并在科创板上市申请文件的第二轮审核问询函中有关财务事项的说明．http://kcb.sse.com.cn/renewal/xmxq/index.shtml?auditId=904&anchor_type=0.

（九）货币资金

注册会计师在对IPO公司货币资金进行审计时，通常存在以下问题和风险：(1) 忽视对发行人申报期内大额现金收支交易真实性的审计，未能针对现金收支交易取得充分、适当的审计证据。(2) 未将对货币资金特别是现金收支交易的审计，和发行人与货币资金相关的内部控制设计和执行的有效性测试结合起来。(3) 对申报期内银行询证函等外部证据的取得不够重视。(3) 将货币资金的审计简单等同于申报期内货币资金余额的确认。

针对上述问题和风险，注册会计师应当采取以下应对：(1) 在对发行人大额现金收支交易进行审计时，应当关注大额现金使用范围是否合规、现金销售中付款方和付款金额与合同是否一致。(2) 在对与发行人申报期内货币资金相关内部控制执行有效性进行测试时，应当对申报期内现金的收支、费用的开支和备用金的管理等按规定的审批权限、支取流程和程序作重点抽查，复核银行存款余额调节表。(3) 在执行与货币资金有关的实质性审计程序时，应该结合发行人申报期内的销售、采购交易等情况，适当运用分析程序。(4) 转变余额审计观念，重视核对发行人申报期内银行交易。

北农大：货币资金内控存在重大缺陷

北农大科技股份有限公司（以下简称北农大）主营业务为蛋鸡饲料的研发、生产及销售，蛋鸡育种、扩繁及雏鸡销售。公司是国内少数掌握蛋鸡核心育种技术，具有蛋鸡品种

【扩展阅读】
创业板上市委 2022 年第 12 次审议会议结果公告

培育能力，拥有从纯系选育、祖代及父母代扩繁到商品代生产、推广及自有蛋鸡品种专用饲料生产完整体系的育繁推一体化科技型企业，同时拥有从蛋鸡育种、蛋鸡饲料到蛋品销售全产业链服务的能力。公司 2020 年 9 月申请创业板上市，拟募资 5.9 亿元。

2022 年 3 月 17 日召开的 2022 年第 12 次上市委审议会议上，北农大的创业板首发上市申请被否，根据公开资料显示，上市委员会关注的主要问题如下：

（1）报告期内发行人存在代管客户银行卡并通过 POS 机刷卡大额收款的情况，通过代管银行卡合计收款 4 104.77 万元。现场督导发现，发行人持有的 82 张代管客户银行卡中仅有 29 张能获取银行流水，且其中 23 张代管卡存在较大比例非客户本人转入资金或者无法识别打款人名称的情形。

（2）发行人重要子公司江苏农牧、泰州饲料的负责人陈亮与发行人重要客户陆长来和东台市飞翔蛋鸡养殖场的控股股东陈国庆存在异常资金往来，陈亮还与陆长来共同投资养鸡场，对于上述资金往来原因及合作情况，发行人在督导前后回复内容不一致。此外，发行人其他子公司负责人与其客户亦存在资金往来。

（3）报告期内发行人及各子公司普遍存在财务人员混同、岗位分离失效的情形，如会计凭证制单人与审核人为同一人，记账人与审核人为同一人，出纳与会计岗位混同。此外，发行人还存在销售订单与物流单不能匹配，个别员工用个人银行账户从客户收款、归集并取现，部分原材料出库单及产成品入库单缺少审批人签名或签章等不规范情形。

资料来源：创业板上市委 2022 年第 12 次审议会议结果公告 . http://listing. szse. cn/announcement/commitee/detail/index. html? id=33157.

（十）财务异常信息的审计

针对 IPO 中发行人财务异常信息的审计，注册会计师通常存在以下问题：（1）忽视发行人申报期各年度财务数据、申报期财务数据与申报期前历史数据、申报期财务数据与同行业公司财务数据以及申报财务报表与原始财务报表数据的对比，未能发现发行人申报期财务指标变动存在的异常情况。（2）忽视与同行业公司财务数据的对比，未能发现发行人申报期财务数据变动与同行业公司之间的显著差异情况。（3）忽视对发行人申报期内会计政策和会计估计变更原因及其合理性的分析。

针对上述问题和风险，注册会计师应当采取以下应对：（1）关注发行人申报期各年度财务数据、申报期财务数据与申报期前历史数据的变动情况，是否与注册会计师了解的发行人基本情况保持一致；核实申报期财务数据与同行业公司财务数据相比是否存在异常，与原始财务报表是否存在差异，并分析原因。（2）关注发行人所采用的会计政策和会计估计是否与同行业公司存在明显差异，分析其是否利用会计政策和会计估计变更操纵利润，如降低坏账计提比例、改变存货计价方式、改变投资性房地产的计价方式、改变收入确认方式等。（3）关注发行人是否人为改变正常经营活动以粉饰业绩，如发行人放宽付款条件促进短期销售增长、推迟广告投入减少销售费用、短期降低员工工资、引进临时客户等。

穗晶光电：会计政策变更不谨慎、存货跌价准备计算错误

深圳市穗晶光电股份有限公司（以下简称穗晶光电）主营业务为LED封装，是一家专业从事LED器件及背光灯条模组产品的研发、生产与销售的高新技术企业。公司2020年9月申请创业板上市，拟募资2.3亿元。在交易所问询中，关注到了一项会计政策变更异常以及前期所受的行政监管措施。

【扩展阅读】
深圳证监局关于对深圳市穗晶光电股份有限公司采取责令改正措施的决定

2019年3月28日，穗晶光电公告对成本分摊的会计政策进行变更，变更日期自2018年1月1日起。公司据此对以前年度的存货与成本进行追溯调整。而经检查发现，追溯调整金额中实际包含了以前年度的各类呆滞产品成本，穗晶光电以前年度对该类呆滞产品计提的存货跌价准备不足；会计政策变更后，部分对外销售的档外产品收入与成本不配比。最终，因上述计算公式错误，2018年存货跌价准备多计提100万元。

公司因上述问题，于2019年12月7日收到深圳证监局的责令改正措施决定书。此后，在IPO问询过程中该问题也再次被深交所提及。最终，公司于2021年12月6日终止创业板上市进程，撤回相关申请材料。

资料来源：深圳证监局关于对深圳市穗晶光电股份有限公司采取责令改正措施的决定．http://www.csrc.gov.cn/shenzhen/c104320/c1582628/content.shtml.

本章小结　　案例分析　　推荐阅读材料

第十五章

数智时代审计

思维导图

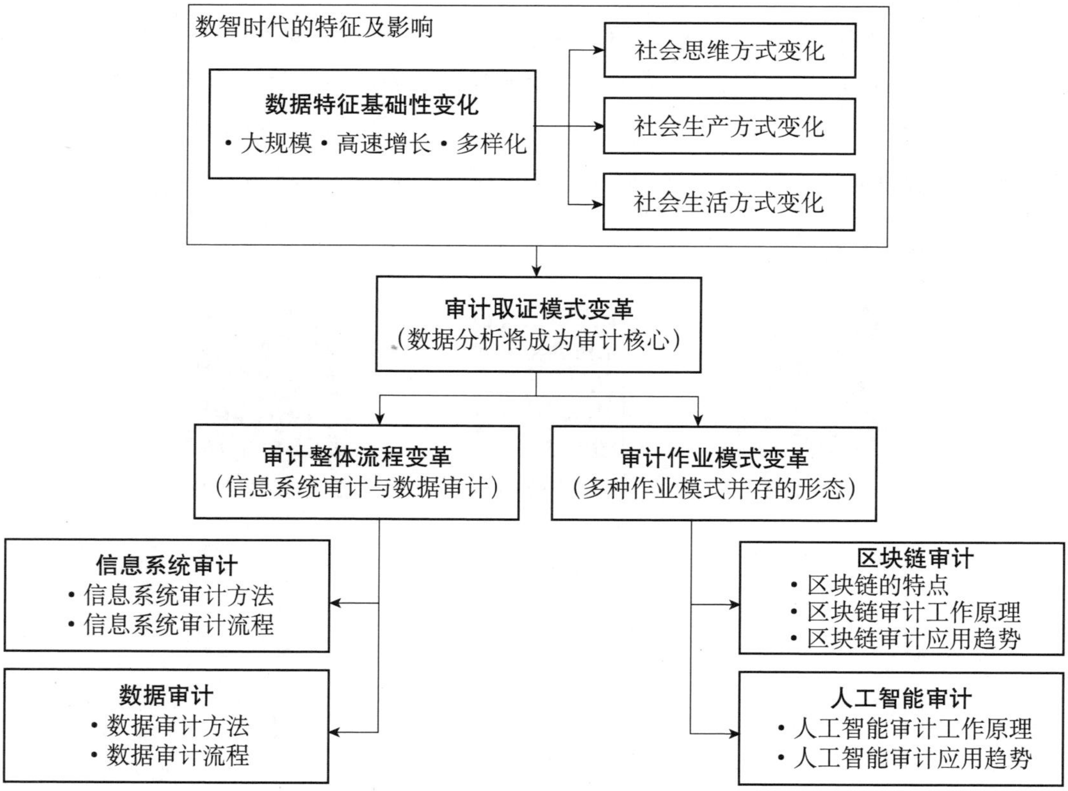

总书记论审计

“坚持科技强审，加强审计信息化建设。”

——2018 年 5 月 23 日，习近平在中央审计委员会第一次会议上的讲话

素养提升

1. 价值塑造

- 认真学习习近平总书记关于“科技强审，加强审计信息化建设”的重要讲话精神，强化大数据思维，提升大数据审计能力，推广数字化审计模式，增强审计监督的时效性和穿透力。
- 充分认识信息系统审计、数据审计、区块链审计和人工智能审计在现代风险导向审计中的作用，掌握计算机技术，成为大数据审计方面的专门人才。

2. 知识传授

- 熟悉数智时代的特征及影响，在此基础上把握数智时代的审计取证模式的变革、审计作业流程的变革以及审计作业模式的变革。
- 熟悉信息系统审计、数据审计，并掌握信息系统审计的方法与作业流程、数据审计的方法与作业流程。
- 熟悉区块链审计作业模式和人工智能审计作业模式，熟悉区块链的特点、工作原理及区块链审计的应用趋势，熟悉人工智能审计的工作原理及应用趋势。

3. 能力培养

- 理解数智时代审计变革的动因，在此基础上掌握数智时代审计取证模式、审计作业流程以及审计作业模式变革的趋势。
- 对比分析内部控制审计与信息系统审计的区别与联系，数据审计与传统财务审计之间的联系，了解区块链审计和人工智能审计，将所学到的知识与审计工作有机结合，并为从事该领域的理论、实践与探索研究夯实基础。

SEC 前主席亚瑟·利维特（Authur Levitt，1999）曾指出：“今天，竞争、技术与全球化的力量势不可挡地汇集在一起，激发出伟大的创造；我们每天都能看到新概念、新发明、新规则在不可思议地重塑着我们的世界。”信息技术的广泛运用导致社会经济数字化的全面形成，这意味着数智时代不可避免地到来了。在数智时代的格局下，审计环境与审计客体都将发生深刻的变化，这必然会引发审计技术、方法与模式的重大变革。本章以数智时代为背景，较为系统地探讨审计的未来变革趋势，包括信息系统审计、

【扩展阅读】
德勤：2023 技术趋势报告

数据审计、区块链审计以及人工智能审计等。

第一节 数智时代与审计变革

引例

人工智能与大数据：重塑审计师，还是取代审计师？

2016年，德勤CEO在纽约的一次公开演讲中指出，在不久的将来，审计行业将会出现重大创新，机器人、无人机等人工智能（artificial intelligence，AI）产品将被运用到审计领域，例如，存货盘点可运用无人机或机器人。摩根大通则设计了一款金融合同解析软件COIN，原来需要花费36万小时的工作，COIN只需几秒完成。若将COIN应用于合同审计，“审计猿”的需求数量将大大减少。

2017年，德勤开发的“德勤财务机器人”具备以下特点：(1) 可替代财务流程中的手工操作（特别是高重复的）；(2) 管理和监控各自动化财务流程；(3) 录入信息，合并数据，汇总统计；(4) 根据既定业务逻辑进行判断；(5) 识别财务流程优化点；(6) 部分合规和审计工作将有可能实现“全查”而非“抽查”；(7) 完成任务的每个步骤可被监控和记录，从而作为审计证据以满足合规性要求；(8) 精准度高于人工，7×24小时不间断工作；(9) 机器人流程自动化技术的投资回收期短，可在现有系统基础上进行低成本集成。“德勤财务机器人”的出现，将导致成千上万的财务人员与审计人员面临失业危险。2018年，云栖大会提出，按需制造的核心是数据，以前制造业靠电，未来的制造业靠数据，数据将成为制造业必不可少的生产资料。根据这一思想，数据也将成为审计工作必不可少的资料，“审计猿”的知识结构必须重构。随着机器人、无人机等人工智能产品在审计中的应用，未来的人工智能会抢走大多数“审计猿”的饭碗吗？成千上万的“审计猿”将何去何从呢？

资料来源：华尔街的金领们可能要失业了 摩根大通开发AI软件将36万小时工作缩至秒级．http://www.sohu.com/a/127900980_313745；财务机器人横空出世 会计人如何“跑得快”．http://www.mtmt.com.cn/news/newsDetail-19-7067.html；制造业以前靠电，未来靠数据．http://www.sohu.com/a/254843156_182272.

如本节引例所述，数据与人工智能正在重构着未来的审计以及审计职业。在未来，数据成为最大的生产资料，即成为像水、电、石油一样的资源，而智能化革命在全球范围内已经形成不可逆转的发展趋势，人类社会进入数智时代。在数智时代，数据量呈现几何级数增长，数智时代引发的海量信息资产变化，导致审计对象的特征发生根本的变化，由此必将对审计带来巨大的影响、挑战与机遇。人工智能技术的不断发展，改变了人类社会的生产方式、生活方式和思维方式，也对人的解放产生了重要的影响。审计人员必须迎接数智时代的挑战，对自身进行重塑，对审计职业、审计技术乃至审计理论进行重塑与变革。为此，本节主要描述与探讨数智时代的特征及其对审计变革的影响。

第一节
即测即评

一、数智时代的特征及其影响

【扩展阅读】
安永：面向元宇宙的数字化转型创新

随着计算机、物联网、传感器等技术的发展，数据生产方式由人、机的二元世界转变为人、机、物的三元世界（李国杰、程学旗，2012）。人、机、物三元世界的高度融合，引发了数据规模的爆炸式增长和数据模式的高度复杂化，世界已进入网络化的数智时代（Steve，2012）。著名的管理咨询公司麦肯锡（McKinsey）最早将数据规模超出传统数据库管理软件的获取、存储、管理以及分析能力的数据集称为大数据。IBM 则提出了大数据的 5V 特征：大规模（volume）、高速增长（velocity）、多样化（variety）、低价值密度（value）、真实性（veracity）。目前，认可度较高的是前三个特征，即大规模、高速增长和多样化。海量数据驱动了社会生产与生活方式的变革，数智时代将呈现若干新的特征。

（一）数据特征的基础性变化

【扩展阅读】
中国数字经济发展研究报告（2023 年）

如前所述，数智时代的数据呈现出三个最显著的新特征，即大规模、高速增长与多样化。根据咨询公司 IDC 的统计，2011 年全球被创建和复制的数据总量为 1.8ZB（1.18059×10^{21} 个字节）①，其中 75%来自个人，远远超过人类有史以来所有印刷材料的数据总量（200PB）。在数智时代，数据量将呈现出爆炸式增长，已从 GB 到 TB 再到 PB 级，甚至开始以 EB 和 ZB 来计数（李国杰、程学旗，2012）。如图 15-1 所示，2017 年，全球大数据储量为 21.6ZB，而到 2021 年全球大数据储量达到 53.7ZB，增长 148.61%（中商产业研究院，2022）。从区域分布来看，2021 年我国数据产生量约占全球数据产生量的 23%，美国约占 21%，EMEA（欧洲、中东、非洲）约占 30%，APJxC（日本和亚太）约占 18%（中商产业研究院，2022）。据 IDC 预测，中国 2026 年的数据规模将达到 56.16ZB，2021—2026 年的年均复合增长率将达到 24.9%，增速位居全球第一（见图 15-2）。如何运用数据挖掘方法挖掘大数据背后的规律与价值将成人类社会共同面临的问题。

---

① 1ZB=1 024EB，1EB=1 024PB，1PB=1 024TB，1TB=1 024GB，1GB=1 024MB，1MB=1 024KB，1KB=1 024B。

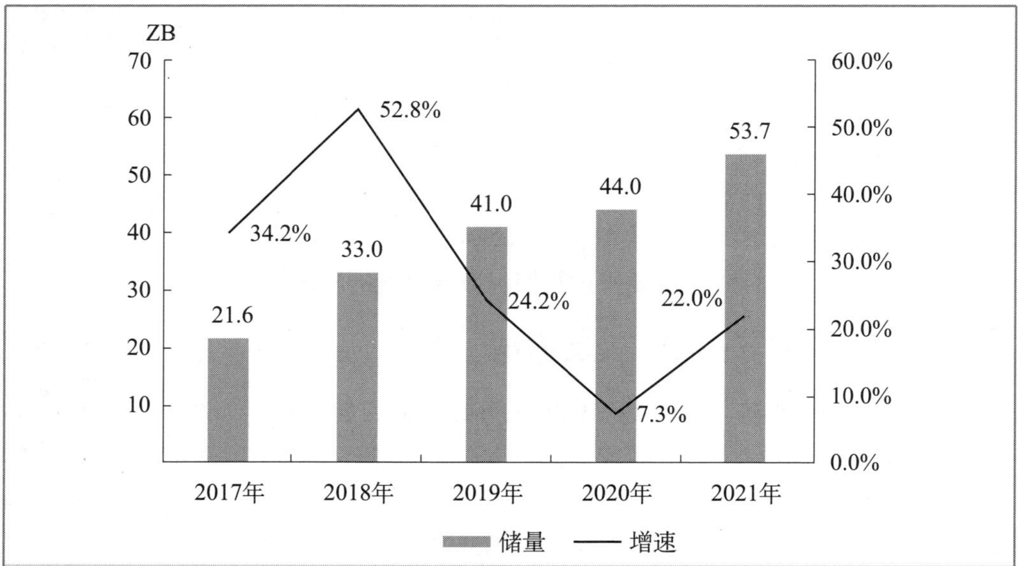

图 15-1　2017—2021 年全球大数据储量及增长率趋势图

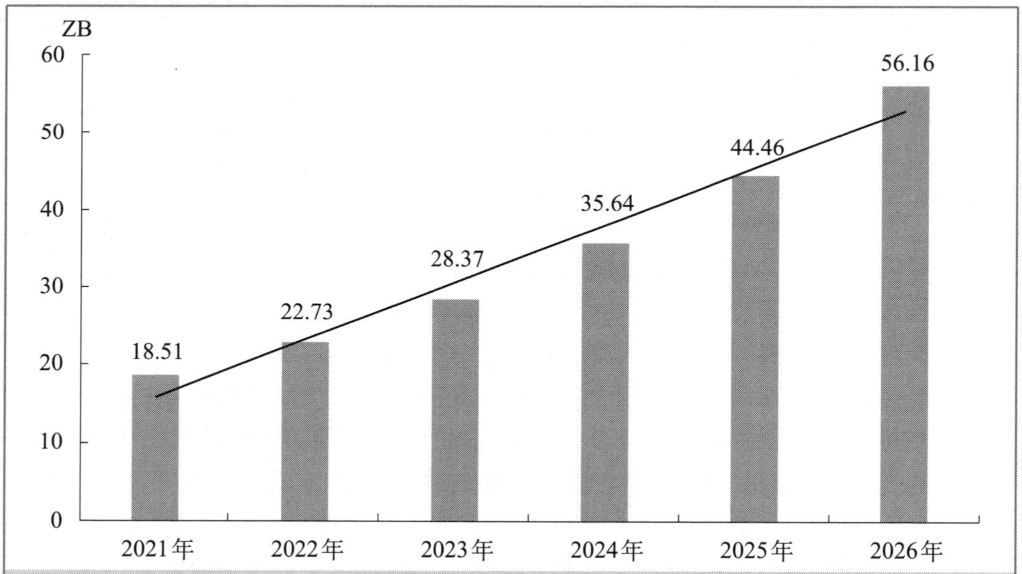

图 15-2　2021—2026 年中国数据规模及预测图

数据量的飙升主要来自日常生活，特别是互联网公司的服务。例如，百度每天大约要处理几十 PB 的数据；脸书注册用户超过 10 亿，每月上传的照片超过 10 亿张，每天生成 300TB 以上的日志数据；淘宝网会员超过 3.7 亿，在线商品超过 8.8 亿，每天交易数千万笔，产生约 20TB 数据。传感器网络和物联网的蓬勃发展是大数据的又一推动力，各个城市的视频监控和工业设备的监控每时每刻都在采集巨量的流媒体数据（李国杰、程学旗，2012）。数据量的增长速度已经远远超过人类社会有史以来的增长速度。数据以动态形式快速产生，时效性较强，人类只有掌握这些数据流，才能有效利用。

此外，数据来源呈现多样化的趋势，大量的结构化数据①、半结构化数据②和非结构化数据③并存。结构化数据可用二维表的逻辑表达来实现，一般采用数据记录存储，而非结构数据一般采用文件系统存储。目前，半结构化数据和非结构化数据的增长速度快于结构化数据的增长速度，呈现爆炸式增长态势。半结构化数据以及非结构化数据的模式多样，并无强制性的结构要求，为数据存储、分析等带来了巨大的挑战（HU，2012）。

以业务与财务数据为例，自业财一体化思想提出以来，企业资源计划（enterprise resource planning，ERP）在企业经营管理中得到广泛运用，经济业务的发生会自动驱动采购与付款系统、生产系统和销售与收款系统等采集电子数据，并将电子数据存储于业务数据库中（见图 15－3）。而财务共享服务中心的理念与架构则直接驱动企业财务数据与业务数据进一步集中存储于“财务云”中，即业务数据与财务数据的全面“云化”。此外，政府资源计划（government resource planning，GRP）的应用也已经达到相当普及程度，GRP 系统使得金融、财政、海关、税务、民航、铁道、电力、石化等关系国计民生的重要部门开始广泛运用计算机、数据库、网络等现代信息技术进行管理，政务信息全面数据化。所有这些都将导致半结构化数据和非结构化数据呈现爆炸式增长态势。

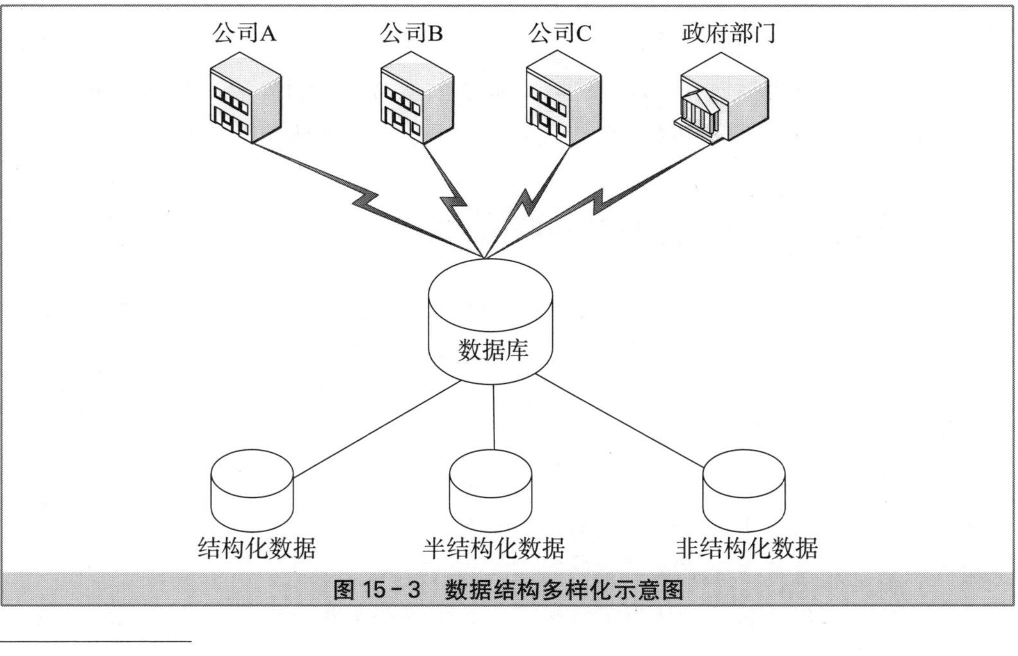

图 15－3 数据结构多样化示意图

① 结构化数据，简单来说就是数据库，如企业 ERP 系统、医疗 HIS 数据库、教育一卡通、政府行政审批、其他核心数据库等。

② 半结构化数据介于结构化数据与非结构化数据之间。如存储的员工的简历，不同于员工的基本信息，每个员工的简历大不相同，有的员工的简历很简单，比如只包括教育情况；有的员工的简历却很复杂，比如包括工作情况、婚姻情况、出入境情况、户口迁移情况、党籍情况、技术技能等。

③ 非结构化数据指结构不规则或不完整，没有预定义的数据模型，不方便用数据库二维逻辑表来表现的数据。包括所有格式的办公文档、文本、图片、XML、HTML、报表、图像和音频/视频信息等。

（二）社会思维方式的变化

2007年，图灵奖获得者詹姆斯·尼古拉·格雷（James Nicholas Gray）提出科学的第四范式（the fourth paradigm of science），即数据密集型科学。第四范式的提出标志着数据对于科学研究的重要性提升，其实质是科学研究将从以计算机为中心转向以数据为中心，即数据思维的到来。数智时代的发展不仅改变了人们的思维方式，也必然会引起企业、政府部门思维方式的变革。这种思维变革主要体现在以下四个方面：

1. 由经验向预测转变

数据的核心在于预测，通过数据挖掘分析工具预测事物的发展和人的行为，缓解人类对于未知世界的迷茫与恐惧。例如，2013年北京拓尔思信息技术股份有限公司通过数据挖掘成功预测科雷亚连任厄瓜多尔总统。

2. 由注重因果关系向同时考虑相关关系转变

挖掘事物之间的因果关系是人类长期以来的习惯。近现代科学研究体系主要建立在因果关系基础上，而海量数据的存在使人类很难从中挖掘因果关系。相比之下，挖掘数据与数据之间的相关关系则变得更加容易。分析相关关系，可以帮助人类捕捉事物之间的联系，拓展人类认识世界的思维模式，如沃尔玛在飓风来临之前将手电筒与蛋挞放在一起销售，增加了上述商品的销售量。因此，在数智时代，同时注重因果关系和相关关系，人类才能更加清楚地认识整个世界。

沃尔玛的商业秘密：啤酒和尿布的相关性

20世纪90年代，沃尔玛超市管理人员运用相关关系分析销售数据时发现了一个令人难以理解的现象：在某些特定的情况下，啤酒与尿布两件看上去毫无关系的商品会经常出现在同一个购物篮中，这种独特的销售现象引起了管理人员的注意。经过后续调查发现，这种现象经常出现在年轻父亲身上。在美国有婴儿的家庭中，一般是母亲在家中照看婴儿，年轻的父亲去超市买尿布。父亲在购买尿布的同时，往往会顺便为自己购买啤酒。如果这个年轻的父亲在卖场只能买到两件商品之一，他很可能会放弃购物而去另一家可以一次同时买到啤酒与尿布的商店。

由此，沃尔玛开始在卖场尝试将啤酒与尿布摆放在相同区域，让年轻的父亲可以同时找到这两件商品，并很快地完成购物，从而获得了很好的商品销售收入。

资料来源：啤酒与尿布，会同时出现在你的购物篮吗？. http://www.sohu.com/a/156982800_774717.

3. 由抽样分析向整体分析转变

在原始社会和封建社会，人类对世界的认识开始于一个混沌整体。而工业革命的出现导致社会生产力飞速发展，社会分工越来越细，人类对未知世界的求知欲和探索推动了数据分析向抽样分析方法转变，即根据研究目标从总体中抽取部分作为样本，通过观测样本属性，对事物整体做出估计判断，从而达到研究目的。抽样分析方法的出现主要是因为海量数据存储技术、数据分析技术以及数据采集技术的限制，而随机抽样本身带有很大的缺陷。大数据时代的到来将改变上述思维模式，数据处理分析技术和存储技术的发展将推动数据分析的回归，即对数据整体进行分析。

4. 从精确性向精确性与非精确性并存转变

近代以来，许多科学家致力于测量工具和数据收集工具的改善，旨在追求数据的精确性。量子力学“测不准定律”（uncertainty law）的出现正在逐步毁灭“追求数据精确性”的梦想，人类应当重新认识精确性。如前所述，进入数智时代，数据结构呈现多样化的特性，既包括结构化数据，又包括非结构化数据和半结构化数据，且非结构化数据成为数据的主体。从表面现象看，数智时代正在破坏数据的精确性；而从其实质来看，数智时代从更大规模上实现了数据的精确性，减少了研究机会被忽略或被错过的可能性，从而提升了数据预测分析的准确性。数智时代的思维转变正在见证人类思维经历“肯定—否定—否定之否定”的辩证过程。

（三）社会生产方式的变化

目前，人类社会经历了三次工业革命，随着科学技术的进步，德国提出了“工业 4.0”的概念，即人类社会将经历第四次工业革命，构建以智能制造为主的社会生产方式（见图 15－4）。未来的制造业靠数据，数据将成为制造业必不可少的生产资料。推动工业 4.0 实现的基础是数据的存储、处理与分析能力。这也意味着生产制造业必须转向以数据分析为核心，数据的发展将推动这一方式的变革。

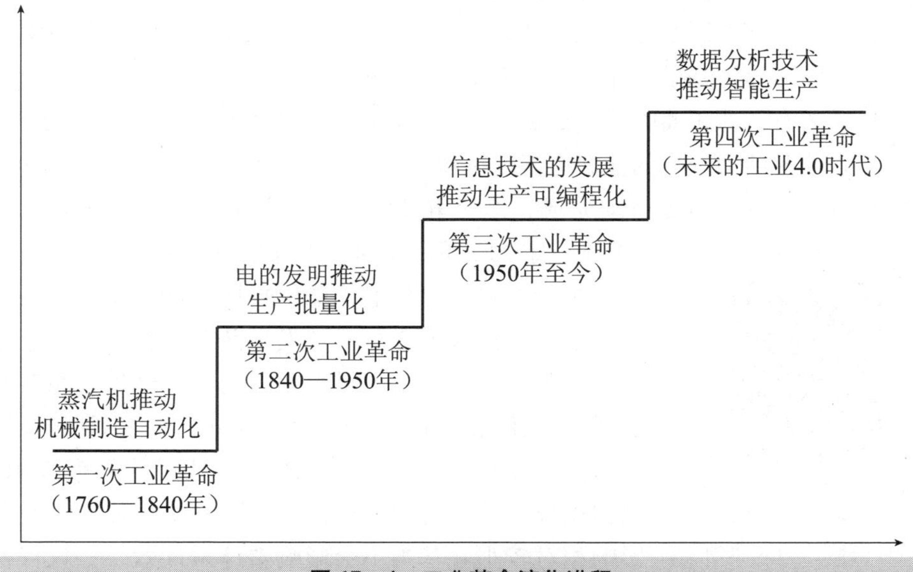

图 15－4 工业革命演化进程

（四）社会生活方式的变化

随着技术发展和工具的更新换代，人类提出了更高的生存要求，即实现人类生存的智能化。2006年，美国科学院在其发布的《美国竞争力计划》中将信息物理系统（cyber physical system，CPS）列为重要研究项目，其内涵就是使“cyber”与“physical”高度融合的智能化系统。CPS系统将改变人类的生活方式，无人机、自主导航汽车、手术自动化、智能家具和智慧城市等将引导人类的日常生活，而CPS系统成功的基础是对数据的采集、处理与分析。Mayer-Schonberger & Cukier（2013）提出了现代生活“一切皆可数据化”的思维。物联网、传感器网络技术、互联网、大数据等现代技术的出现将推动CPS系统的成功运用，并改变人类社会的生活方式。

二、数智时代的审计变革

【扩展阅读】
智慧审计研究：理论前沿、实务进展与基本结论

任何理论与方法的变革都不是偶然的，而是众多因素综合作用的结果，数智时代的审计也不例外。如前所述，在数智时代，海量数据对社会思维方式、生产与生活方式等形成了全面冲击。在数智时代，审计人员面临着社会经济全面信息化与数据化的挑战，如何从大量的结构化与非结构化电子业务数据与财务数据中挖掘其背后隐藏的审计线索成为探讨未来审计变革的逻辑起点。

（一）审计取证模式的变革：数据分析将成为审计核心

如本书第三章所述，基本审计方法（模式）经历了由账项基础审计到制度基础审计再到风险导向审计的历史演进，其中审计取证模式也随之不断演化发展。账项基础审计的取证模式以会计账簿为取证切入点，制度基础审计的取证模式以传统会计账簿和内部控制制度为取证切入点，而风险导向审计的取证模式则以广泛的风险评估和内部控制制度为取证切入点。上述取证模式的共同特征表现为均以纸质凭证、账簿等为基础，通过检查纸质材料获取审计证据。在数智时代，上述审计取证模式的有效性正面临严峻挑战。当政府部门和企事业单位全面实现信息化和数据化后，业务活动产生的证据更多以机器可读的形式存在，业务处理过程全部按照计算机发出的程序指令自动完成。传统审计线索在数智时代逐步消失，或者很难被发现，审计取证模式需要进行重大变革，即对被审计单位的数据进行分析。

【扩展阅读】
勾稽关系：无锡：巧用“大数据”力促财政审计突破“四大瓶颈”

在数智时代，被审计单位数据大规模化和结构多样化的特征，使得审计取证方法必然发生变革。在过去，挖掘数据因果关系是审计人员关注的重点内容之一，因果关系对数据精确性的要求会耗费大量的人力、物力和财力，不利于审计工作效率的提高。在数智时代，审计人员可获得的数据来源相当广泛，数据规模经常达到PB级以上，单一数据对整体数据准确性的影响相对较小，基本不会影响整体审计效果。仅仅挖掘数据与数据之间的因果关系在某种程度上是不经济的，而挖掘数据背后隐藏的相关关系

可能会提供更多的审计线索。与此同时，数据具有结构多样化的特征，既有来自数据库的结构化数据，也有来自网站、办公自动化系统、文本、音频和视频等的半结构化和非结构化数据。常规数据分析方法和数据挖掘方法可以实现对结构化数据的有效处理，但面对半结构化数据和非结构化数据时，审计人员需要开发新的数据分析方法加以应对。

勾稽关系：税收数据审计开启“诚信纳税时代”

无锡市审计局积极探索外部数据和税收数据的关联运用，通过 SQL 查询，比对国土部门提供的土地出让数据和税务部门提供的契税征收数据，发现有 17 家企业在变更土地容积率、补交土地出让金后，未缴纳契税近 1 000 万元。通过探索税务部门各税种的勾稽关系，比对契税和土地使用税两个不同税种的土地面积，发现 100 多家企业在申报城镇土地使用税时填报的土地面积与申报契税时填报的土地面积不一致，8 家企业存在未缴纳或少缴纳城镇土地使用税的情况，涉及金额 400 余万元。

资料来源：巧用“大数据”力促 2 100 余万元土地税费入库．http://www.audit.gov.cn/n4/n20/n524/c102691/content.html.

为此，美国注册会计师协会于 2014 年发布的白皮书《在无线世界中重构审计》认为，审计中的数据分析是为执行审计计划、完成审计目标，对被审计单位数据进行数据发现、分析数据模式、识别异常、提取有用信息，或者进行相关分析、建模和可视化的科学和艺术。该白皮书强调数据科学领域的模式识别、数据建模和数据可视化等大数据分析方法在未来审计中的应用。2014 年，我国《国务院关于加强审计工作的意见》指出，要“探索在审计实践中运用大数据技术的途径，加大数据综合利用力度，提高运用信息化技术查核问题、评价判断、宏观分析的能力”。这标志着数据分析方法将开启审计取证模式的一个新时代①。

【扩展阅读】
大数据与投资审计融合发展的实现路径

（二）审计整体流程的变革：信息系统审计与数据审计

摩尔定律（Moore's law）指出，当价格不变时，集成电路上可容纳的元器件的数目，大概每隔 24 个月便会增加一倍，性能也将提升一倍。随着云计算以及高性能计算机在审计中的应用，数据分析方法必将成为其中的关键角色，这也必将使审计整体流程发生重大变革。如前所述，现代风险导向审计的整体流程分为审计计划、风险评估、风险应对和审计报告四个阶段。数智时代对审计整体流程的影响集中体现在：（1）在计划阶段，数智时代要求在制定具体审计计划时配置计算机审计专业人才，尤其是精通信息系统审计、数据库技术和数据分析技术的专业人才。（2）在风险评估和

① 审计署时任审计长胡泽君在 2018 年全国审计机关集中整训动员会上提出，要让国家审计向信息化要效果，向大数据要资源。这也意味着，数据分析方法在未来的国家审计中将扮演越来越重要的角色。

风险应对阶段，控制测试演变为对信息系统的审计，而且是对数据进行分析的必经程序；实质性程序则演变为对数据进行分析和延伸取证两个层面，即先对被审单位的数据进行分析，再根据数据分析结果延伸取证。此外，随着数据分析能力的大幅提升，未来有可能会出现目前风险导向审计中的风险评估程序不必要的情况，审计的流程直接进入风险应对阶段，即控制测试和实质性程序阶段（见图 15－5）。

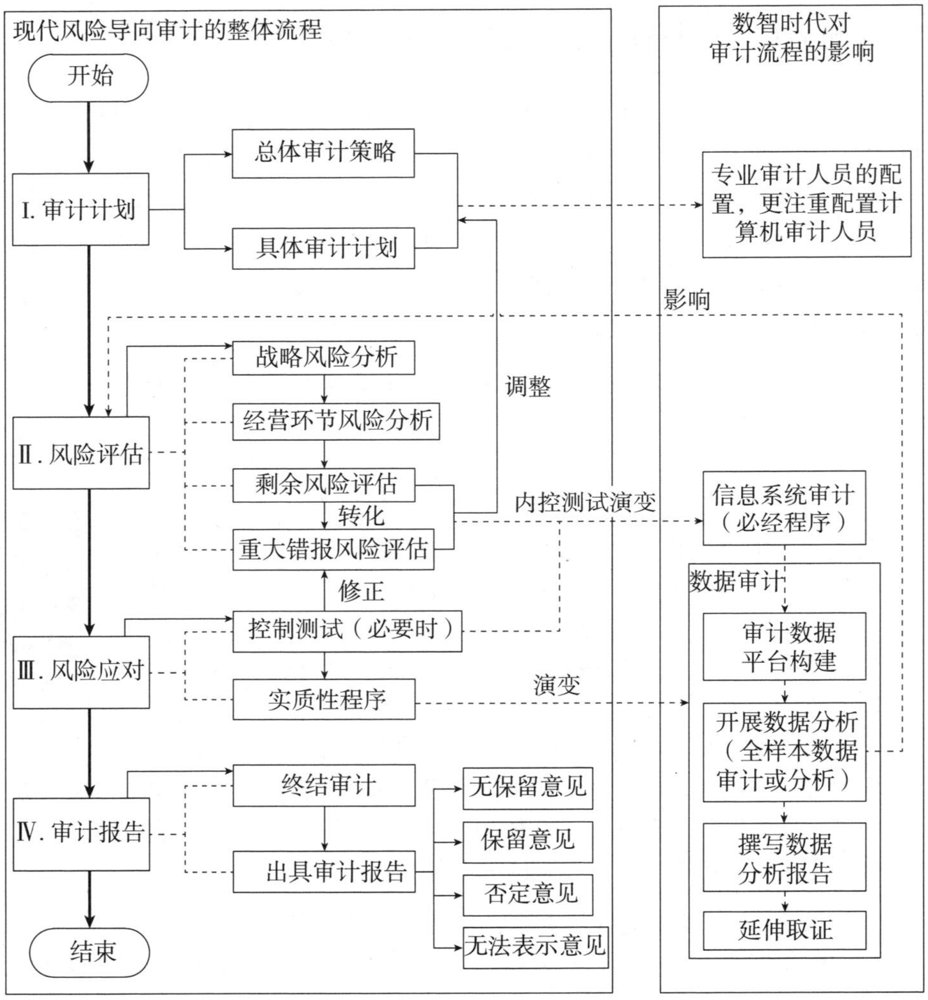

图 15－5　数智时代审计流程的变革

对风险评估程序形成影响的根源在于，随着数据分析能力的大幅提升，实质性程序将针对全样本进行数据分析，而非对局部样本数据进行分析。采用局部样本数据进行审计是数据处理技术受限情况下的产物，也是审计人员迫不得已的选择。随着大数据、云计算、数据挖掘以及区块链等技术在审计中的应用，未来的全样本数据审计将成为现实，并将以更大的深度和效率挖掘数据背后隐藏的审计线索，风险评估程序将趋于消亡。

全样本数据审计——违规低保户的“掘墓人”

2017 年，江苏省审计厅某审计部门在某市民政社会救助资金管理使用情况专项审计调查中，通过将低保享受对象与死亡人员、财政供养人员、住房公积金、养老金待遇领取、大型农机具购置等多部门数据作关联比对，查出违规发放 329 户。通过与死亡人员数据比对，审查发现已死亡人员截至 2016 年第三季度仍继续享受低保金情况，查出 205 名已在 2015 年及以前年度死亡的低保对象，仍违规享受低保金；通过与财政供养人员数据比对，审查财政供养人员享受低保待遇情况，查出 4 名财政供养人员在领取工资的同时，未如实申报收入状况，违规享受低保待遇；通过与住房公积金缴纳数据比对，审查低保享受对象同时缴纳住房公积金情况，查出 72 名低保对象在缴纳住房公积金的同时违规享受低保待遇；通过与养老金待遇领取数据比对，审查低保享受对象同时享受养老金待遇情况，查出 27 名低保对象已享受养老金待遇又违规享受低保待遇；通过与大型农机具购置数据比对，审查低保享受对象在享受低保期间购置大型农机具情况，查出 8 户低保享受对象在享受低保期间仍购置大型农机具。

资料来源：比对多部门数据查处低保违规发放对象 329 户 . http://www.jssj.gov.cn/art/2017/4/5/art_341_201861.html.

因此，数智时代的审计流程将变革为：运用现代信息技术手段，以被审计单位信息系统和底层电子数据为切入点，在对信息系统进行检查测评的基础上，通过对底层数据的采集、转换、清理、验证，形成审计中间表；运用查询分析、多维分析、数据挖掘等多种技术和方法构建模型进行数据分析，发现趋势、异常和错误；基于“把握总体、突出重点、精确延伸”的思想收集审计证据，最终实现审计目标。简而言之，在数智时代，首先，审计人员需要开展信息系统审计，验证信息系统的可靠性；其次，通过采集被审单位底层电子数据构建数据审计平台，开展数据分析并撰写数据分析报告，即数据审计（data audit）；最后，根据数据分析报告延伸取证，进而完成终结审计并出具审计报告。数智时代的审计流程如图 15－6 所示。

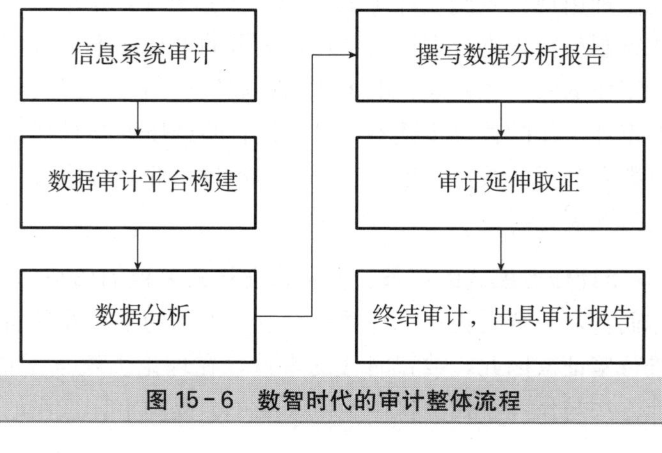

图 15－6 数智时代的审计整体流程

由此可见，在数智时代，审计整体流程中的关键是信息系统审计与数据审计。前已述及，制造资源计划（material requirement planning，MRP）、企业资源计划、政府资源规划等信息化手段的广泛应用，纸质审计对象逐步消失，信息系统审计和数据审计必将逐步替代原有的内部控制审计和传统的财务审计。

1. 信息系统审计

随着企业和政府部门对信息系统的依赖程度越来越高，传统的人工控制为信息系统自动控制所替代。当企业和政府部门全面实现信息化后，内部控制审计将演变为对管理经济活动和进行财务核算的信息系统进行审计，即信息系统审计。信息系统审计是通过收集和评价证据，以确定信息系统与相关资源能否适当地保护资产、维护数据完整、提供相关和可靠的信息、有效地完成组织目标、高效率地利用资源，同时是否存在有效的内部控制，以确保满足业务、运作和控制目标，并在发生非期望事件的情况下，能够及时地阻止、检测或更正的过程（ISACA，2009）。在数智时代，信息系统审计是开展数据审计的前提条件。换言之，面对网络化与无纸化环境的构建，生产数据的工厂——信息系统成为数智时代审计的切入点之一。若信息系统存在问题，则由信息系统产生的数据将不可避免地不能被审计人员利用。开展信息系统审计的目的在于，确保资产得到适当保护，确保数据的完整、可靠性、有效性、效率性，以防止被审计单位信息系统成为一个巨大的“柠檬”，进而影响数据审计工作的开展（ISACA，2009；Strous，1998；Wulandari，2003）。信息系统审计主要包括信息系统内部控制审计、信息系统生命周期审计、信息系统安全审计和信息系统软硬件审计等内容，本章第二节将主要对信息系统内部控制审计展开阐述。

2. 数据审计

如前所述，面对政府部门、事业单位及企业业财处理的全面信息化与数据化，纸制会计凭证、账簿和报表等将逐步退出经济活动领域，取而代之的则是大量以电子形式存在的业财数据，海量存储技术的出现将更快地推动这一进程。因此，审计对象将演变为存储于计算机及其智能终端的文本、视频、图片和声音等信息，数据将大到无法利用现行主流软件工具，即至少达到 PB 级以上。若将 PB 级以上的数据打印成纸制材料再进行审计需要耗费大量的审计成本，且不能提高审计效率。为提高审计工作的效率和效果，电子数据将取代纸制材料成为审计的主要对象，审计人员开展审计工作的首要步骤不再是直接查验纸质的会计凭证、账簿和报表，而是首先进行数据分析。数据式审计和大数据审计由此开始取代传统的财务审计，本章第二节将对此展开讨论。

（三）审计作业模式的变革：多种作业模式并存的形态

总体而言，数智时代的审计并没有改变审计的本质及其目标，仍然是对信息的可信性进行鉴证。因此，数智时代的审计，在理论上继承了传统审计的合理内核，但在审计方法与作业模式上将产生重大变革。提高审计工作的效率和效果是审计发展的永恒主题。在数智时代，为提高审计的效率与效果，审计人员必将引入区块链、互联网和人工智能等现代技术以改进或变革审计作业模式，未来将形成多种审计作业模式并存的局面。

新的审计作业模式：航空摄影与遥感技术在资源环境审计调查中的应用

广州市审计局采用无人机航拍及遥感技术，通过对航拍某市饮用水源保护区获取的遥感影像资料进行判读和解译，结合近 5 年饮用水源保护区基础环境数据和现场核实，对饮用水源保护区基础环境状况及管理现状进行识别和分析。

本次专项审计的工作人员仅 2 人，加上短期聘请的专业工程师，仅用一个多月时间，就发现了大量违规行为，如发现了部分饮用水源保护区一级保护区存在除水厂外的其他建筑物、农业种植地块、渣土砂石散货物料堆置场；某饮用水源保护区二级保护区存在违规新建楼盘等问题。

资料来源：张洋．航空摄影与遥感技术在资源环境审计调查中的应用探讨．http://www.gzaudit.gov.cn/gzssjj/ywtt02p/201704/dc3d50d8c2574709a8e7f601ee17915f.shtml.

如图 15-7 所示，未来审计将呈现多种作业模式并存的局面：（1）区块链分布式、去中心化、数据公开透明、不可篡改等特征迎合了审计发展的需求。为减少数

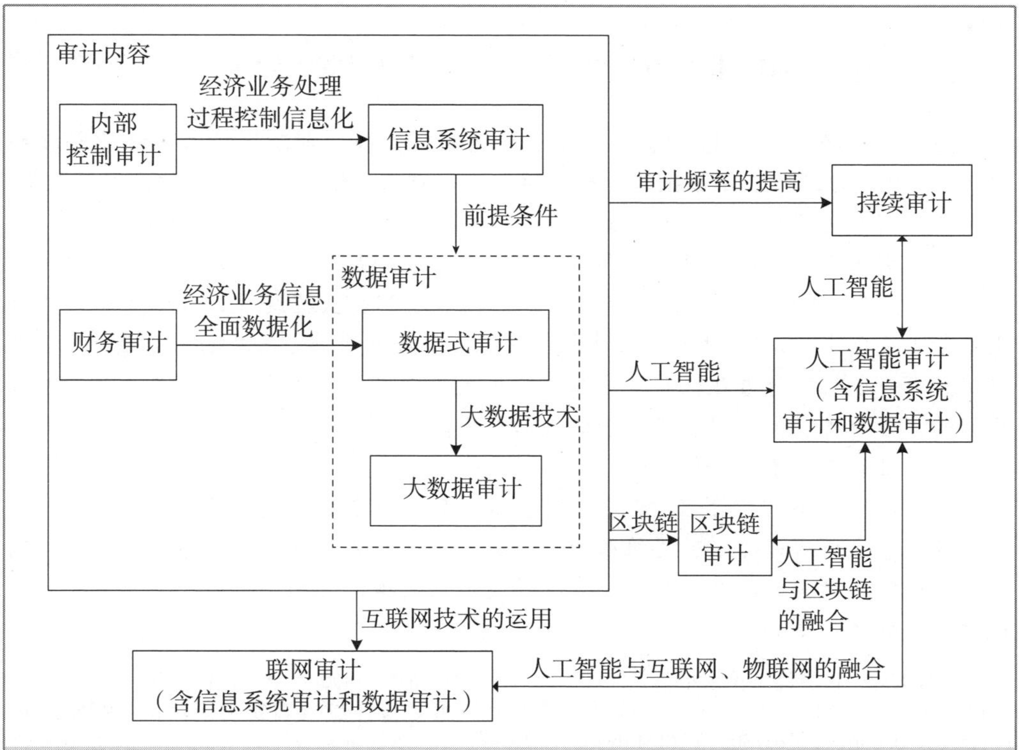

图 15-7　数智时代多种审计作业模式

据获取成本，提高数据分析的可靠性，区块链技术开始应用于审计领域，称为“区块链审计”（block chain audit）或“区块链＋审计”（block chain＋audit）。（2）互联网技术的引入实现了对被审计单位的远程网上审计，即联网审计（audit-online）将应运而生。（3）无人机、智能机器人等人工智能技术的引入，将大幅提升审计的智能化程度，称为“人工智能审计”（artificial intelligence audit）或“人工智能＋审计”（artificial intelligence＋audit）。（4）随着人工智能审计的进一步发展，可以自动实现信息系统审计、数据式审计、大数据审计和联网审计等，这又将进一步改变审计的作业模式，促进持续审计（continuous audit）作业模式的实现。本章第三节将对未来新兴且变革最大的审计作业模式——区块链审计和人工智能审计展开阐述。

【扩展阅读】《抢滩数字时代·2023人才迁徙报告》

综上所述，数智时代的审计将在审计取证模式、审计整体流程与审计作业模式等方面发生重大而全方位的变革，这又将引发对审计人员和审计职业的重大影响与挑战。我们预测：（1）在数智时代发展的前期，目前与审计计划、风险评估和终结审计相关的普通工作岗位将逐步被人工智能取代，从事基础审计工作的人员将面临失业危险，而审计职业判断和出具审计报告会被暂时保留下来；（2）到数智时代发展的中期，审计行业将会兴起很多新的岗位或职业，如审计数据分析模型构建师、审计数据分析师等；（3）到数智时代的高度发达时期，审计行业可能仅仅需要数据审计和信息系统审计的规则制定者，以及应用于审计的新兴技术开发人员，绝大部分传统审计岗位将消失。

审计行业的技术变革：“审计猿”饭碗还牢靠吗？

根据世界经济论坛发布的《2018未来就业》报告，自动化技术和智能科技的发展将取代7 500万份工作。但该报告指出，随着公司重新规划机器与人类的分工，另有1.33亿份新工作将应运而生，也就是说到2022年净增的新工作岗位多达5 800万份。

高盛引进人工智能自动化交易后，588名交易员丢了饭碗。四大会计师事务所开展区块链审计，“审计猿”的位置也岌岌可危。据智联招聘数据统计，成都对审计工作人员的需求量占全国10%，是对审计人员需求量仅次于江苏的排名第二的一个城市。然而，在成都仍然有一大批审计专业人员、应届毕业生找不到工作。究其原因主要是目前数字化信息存储的快速推进、大数据和云存储的普遍应用，区块链与会计审计行业的不断融合，导致对审计人员的需求不断降低。

此外，近两年信息管理、数学、计算机等理工类专业更受四大会计师事务所欢迎。理工科专业学生逻辑能力强、思维缜密，而这些正是四大会计师事务所所看重的。将会计和科技或数学、数据科学结合起来，掌握并能应用数据、信息安全和一般控制知识的应聘者成为四大会计师事务所新的“宠儿”。

资料来源：世界经济论坛报告：2022年人工智能将新增5 800万个新岗位．http://www.cac.gov.cn/2018-09/18/c_1123448206.htm；区块链智酷．2018年，审计员饭碗要被区块链砸掉?．http://blockchain.51cto.com/art/201805/572344.htm.

第二节　信息系统审计与数据审计

引例

数据审计让“虚列收入”无所遁形

某集团公司属于生产销售企业，在行业整体利润下滑的情况下，该集团公司仍然保持40%以上的利润增长幅度。为确保企业损益的真实、完整和可靠，审计部门于2017年派出审计组对该公司2012—2016年的收入确认情况进行了审计。审计后发现，集团公司存在“虚列收入”的现象。具体审计过程如下。

1. 审计准备阶段

（1）开展信息系统调查研究。集团公司与甲骨文公司合作，全面引进并实施ERP系统，包括总账、应收、应付、资产、现金、采购管理、库存管理等模块。

（2）了解业务流程，确定审计重点。审计组通过查看业务流程图等，了解各业务模块的核心功能、各模块之间的关联关系、数据交互情况等，并通过座谈、查阅资料、进行控制测试等方式，对集团公司业务流程进行分析和讨论，最终确认把审计重点放在销售模块。在熟悉集团公司销售业务的基本流程后，审计组将审计关注点放在收入确认依据是否充分、是否存在财务造假的可能性等方面。

2. 审计实施阶段

（1）数据采集，数据整理，建立审计中间表。审计组采集的数据总量达320GB，涉及表空间620个、数据库用户150个、数据表36 000张。

（2）数据分析，数据验证。根据集团公司关于销售业务流程的规定，门卫放行是销售业务的必经环节。若商品提货单在门卫放行系统中标示为“已提货放行”，则可以判定商品已经发货，销售收入确认符合收入确认的相关规定。通过对比“销售模块中的已确认收入提货表数据”和“门卫放行系统中的未提货放行数据”，分析该集团公司是否存在虚列销售收入的情况。审计组从销售模块中提取“已确认收入提货表”，再从门卫系统中提取“成品放行表”，并将两个表进行关联，从中筛选出“已确认收入，而未在门卫系统中标识为放行”的记录。筛选出上述记录后，延伸取证落实，得出审计结论。

3. 形成审计结论

2012—2016年已确认收入的商品提货数据中，门卫放行系统无放行记录的达数百万元。审计抽查了2016年的92笔发货提货单，金额达420万元，其中32笔未见有提货人签名确认收货记录，金额达230万元。

资料来源：罗璇，邹琦．企业计算机数据审计实例分析．http://www.gzaudit.gov.cn/gzssjj/ywtt02p/201712/ac1ba75a3a6d4198a4be134d4bd8b118.shtml.

第二节
即测即评

上述引例属于当前典型的数据审计，即先通过构建审计平台进行数据分析，然后实施精确延伸取证。前已述及，在数智时代，随着制造资源计划、企业资源计划、政府资源计划等信息化手段的全面应用，审计整体流程中的关键部分将变革为信息系统审计与数据审计，以逐步替代原有的内部控制审计和传统的财务审计，本节对此展开论述。

一、信息系统审计

【扩展阅读】
计算机审计实务公告第34号——信息系统审计指南

信息系统审计包括信息系统内部控制审计、信息系统生命周期审计、信息系统安全审计和信息系统软硬件审计等。本节以信息系统内部控制审计为例，说明信息系统审计的方法与流程。

（一）信息系统审计方法

美国内部审计师协会在1977年发表了著名的《系统可审计性及控制制度的研究》（简称SAC报告），提出利用计算机对计算机信息系统直接进行审核检查的开创性做法。归纳起来，信息系统审计的方法可分为黑箱法、白箱法和灰箱法。

1. 黑箱法

黑箱法是指一个系统内部结构不清楚或根本无法弄清楚时，先从外部输入控制信息，使系统内部发生反应后输出信息，再根据其输出信息来研究其功能和特性的一种方法。审计人员把计算机信息系统视为一个黑箱，不探究被审计单位信息系统的应用程序和逻辑，只对该系统的输入和输出进行审查核对，从而间接评价被审计单位系统的应用程序和逻辑的正确性。审计人员在采用黑箱法进行审计时，不依赖于有关应用程序的内部逻辑的具体知识，而是通过审阅信息系统流程图和询问被审计单位专业人员来了解信息系统的功能和程序，并对信息系统程序的输入和输出结果进行核对，核实信息系统的输出是否满足功能要求（见图15-8）。

2. 白箱法

诺伯特·维纳（Norbert Wiener）在1962年再版的《控制论》的序言中写道："我把某些具有已知结构的物体叫白箱，用它们表示所求展开式的各项。"白箱法也称结构测试或逻辑驱动测试，是指在输出和输入之间的研究方法，是如同一个透明

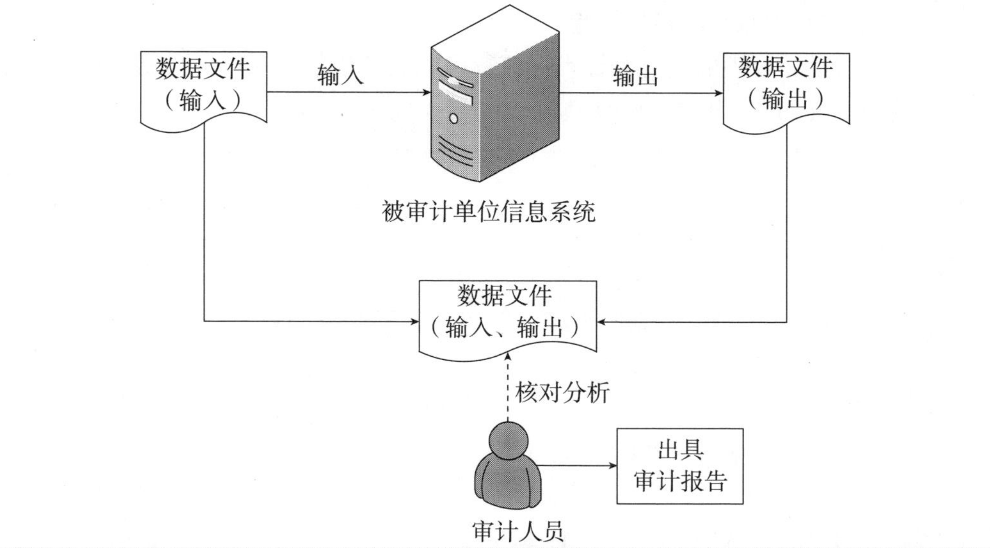

图 15-8 黑箱法的基本原理

的玻璃盖子一样明确处理涉及问题的思维方法。在信息系统审计中，白箱法是指审计人员通过对信息系统程序内部逻辑的深刻理解，利用已知的变量实施详细测试，并将获得的结果与计算机结果进行客观比较的技术方法（见图 15-9）。采用这种方法，审计人员不仅要对信息系统的内部逻辑有深刻理解，而且还要对信息系统内部控制功能加以直接测试，这就要求审计人员具备较高的计算机程序语言水平，并会使用计算机辅助测试工具。

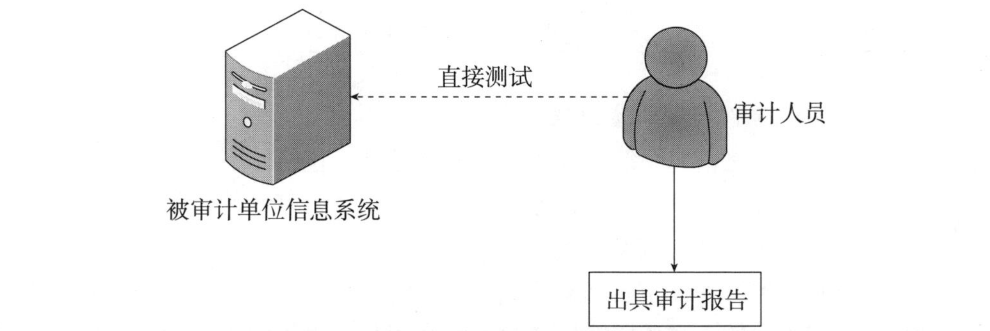

图 15-9 白箱法的基本原理

此外，审计人员还可采用灰箱法对被审计单位的信息系统进行审计。灰箱法介于黑箱法和白箱法之间，是以已知信息为依据，对灰箱进行研究辨识和预测的方法。从认知上讲，黑箱是一无所知的系统，白箱则是完全了解的系统，灰箱是部分已知、部分未知的系统。如果是这种部分黑、部分白的系统，审计人员可以采用灰箱法对被审计单位信息系统内部控制进行测试，即基于被审计单位信息系统已知部分的深入分析，辨识和预测被审计单位信息系统内部控制的有效性。

（二）信息系统审计流程

科学、合理的信息系统审计流程是顺利实施信息系统的关键。信息系统审计的具体流程如图15-10所示。

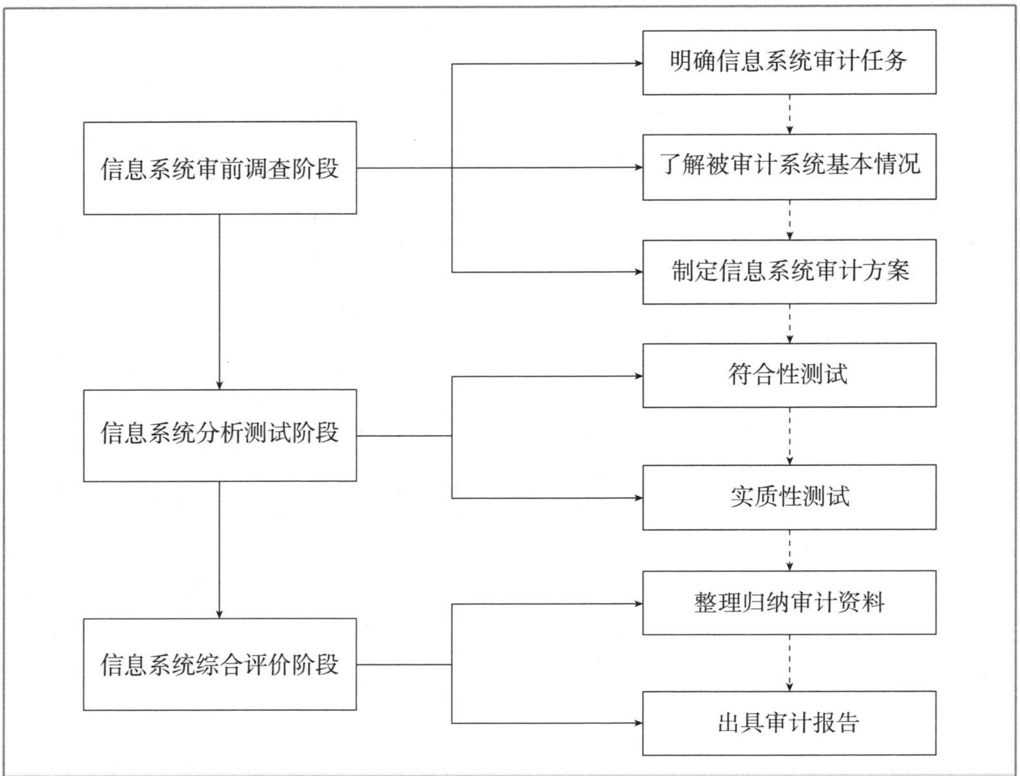

图15-10 信息系统审计流程

1. 信息系统审前调查阶段

审前调查是信息系统审计工作开展的基础，包括以下内容：

(1) 明确信息系统审计任务，即明确信息系统审计的目的和范围，了解信息技术在信息系统审计中应发挥的作用。

(2) 了解被审计系统基本情况，即了解被审计单位信息系统的硬件设备、系统软件、应用软件、文档资料以及数据的类型与大小等内容，为拟定信息系统审计方案夯实基础。

(3) 制定信息系统审计方案，包括被审计单位系统的名称和概况、信息系统审计的范围和重点、审计实施步骤和时间安排、审计方式、人员分工、运用的信息系统审计方法及审计实施注意事项等。

2. 信息系统分析测试阶段

信息系统分析测试阶段是审计人员到被审计单位开展具体工作的阶段，其主要工作环节有：

（1）符合性测试，审计人员通常需要通过书面描述、内部控制问卷和流程图等方法调查被审计单位信息系统的内部控制情况，然后对信息系统进行测试与评价。

（2）实质性程序，审计人员可以通过审计软件或被审计单位信息系统的查询、分析等模块开展实质性程序。

3. 信息系统综合评价阶段

总结审计工作，出具审计意见书。若发现程序控制和处理功能不符合相关法律法规的规定，应在审计报告中说明，并建议被审计单位进行改进。此外，需要特别说明的是，审计报告直接影响着后续的数据审计工作的开展，若信息系统存在问题，也需要对信息系统产生的底层电子数据进行调整和处理；若不存在问题，则可直接开展后续的数据审计。

大数据环境下的信息系统审计：“电子数据审计处”

为推动信息系统审计工作的开展，广州市审计局于2015年率先成立电子数据审计处，负责组织实施信息化审计项目和信息系统审计，并从建立电子数据定期报送制度和运用大数据开展审计分析预警等方面，积极探索开展大数据环境下的信息系统审计。

1. 建立定期报送制度解决数据来源问题

自2016年3月起，广州市审计局着手建立电子数据定期报送制度，要求广州市、区两级行政事业单位和市属国有企业定期报送电子数据，同时上报信息系统建设和应用情况，并开通信息系统的查询权限。截至2017年底，广州市审计局已基本掌握广州市被审计对象信息系统概况，归集电子数据高达150TB，基本形成覆盖公共资金、国有资产、国有资源方面的审计大数据。

2. 运用大数据开展审计分析预警

通过电子数据定期报送制度，广州市审计局基本掌握了全市被审计对象的数据资源，通过对实时的电子数据进行审计分析和挖掘，及时发现疑点和风险，以审计提醒函方式发送给有关部门和单位，有效地发挥预警和防范风险作用。以信息系统内部控制审计为例，广州市审计局通过对业务审批数据进行分析，查找出录入人、审核人、审批人是否为同一个人，发现信息系统在内部控制方面存在的重大缺陷。若存在缺陷，则发送提醒函给相关部门或单位，要求其整改，以确保信息系统所产生的数据真实、可靠，夯实数据审计工作开展的基础。

资料来源：罗勇．广州市审计局探索在大数据环境下开展信息系统审计．http://www.gzaudit.gov.cn/gzssjj/ywtt02/201808/337c2bedd4a74ac695f101b95d765f5b.shtml.

二、数据审计

如前所述，伴随着经济活动的全面数据化，电子数据成为审计的主要对象，从而推动了数据审计的发展。数据审计不同于以往任何一种审计模式，它不是账目或

【扩展阅读】
计算机审计实务公告第33号——数据审计指南

【扩展阅读】
计算机审计实务公告第13号——计算机审计方法语言编制规范

信息化环境下的电子账套，而是将电子数据作为直接的审计对象，无需将其转换成规定的电子账套（石爱中、孙俭，2005）。数据审计是一个在现存审计理论框架中新生的概念，是对存储于信息系统中的电子数据进行的审计。数据审计是大数据时代一种较为系统、崭新的取证模式，与传统取证模式相比，存在很大差异。

（一）数据审计方法

数据分析是数据审计的重要组成部分。根据信息技术的应用程度，数据分析方法可以分为常规数据分析方法、数据挖掘方法和新兴的大数据审计方法。

1. 常规数据分析方法

最高审计机关国际组织和ACL公司专家戴维·科德尔（David G. Coderre）在其著作《使用数据分析技术检查舞弊》中对数据分析方法进行了概括性总结，提炼出了17种数据分析方法，其中15项是关于数据审计的常规分析方法，具体如表15-1所示。

表15-1 常规数据分析方法

序号	方法名称	作用
1	筛选	按照条件对数据进行检索或者选择，筛选出审计人员需要的数据
2	排序	检索出金额较大或较小的经济业务；通过检索发现被审计单位数据存在的规律或异常特征
3	统计	用于检查数值型字段的平均值、方差、最小值、最大值和记录数
4	查询断号	检索出记录缺失的文档记录
5	查询重复	检索某个字段或者某个字段组织是否存在重复现象
6	时间间隔分析	对一笔经济业务不同阶段的日期相差天数进行分析
7	表达式与计算	利用被审计单位电子数据，使用工具软件提供的函数、运算计算生成新的字段
8	抽样	按照预先设定的条件检索出部分记录
9	分组计算	获取数据和业务运营的总体情况，以便进一步实施审计数据分析
10	分层	将单元划分为多个子总体，每个子总体由一组具有相同特征（通常为货币金额）的抽样单元组成
11	连接	将两个不同数据源或相同数据源的数据信息进行排序，并将对应的记录匹配组合在一起，可以检索出一些关键信息

续表

序号	方法名称	作用
12	趋势分析	通过检查数据中存在的异常发现有问题的部分
13	数字分析	检查被审计单位不合理或不恰当的数字
14	比率分析	发现数据比率的异常情况
15	班福定律	发现异常数字

会“说话”的指纹签到机

2018 年 3—5 月，某市审计局在省审计厅统一安排下，对市下辖六县 2016—2017 年基础教育政策落实和资金绩效情况实施了审计调查。在审计过程中，审计人员将指纹机带回修理。经过维修还原，成功导出指纹机中的数据，运用统计和查询断号分析方法发现两名支教老师严重脱岗，其中，2017 年 9 月至 2018 年 5 月 8 日，甲老师未出勤共 81 天；2017 年 9 月至 2018 年 5 月 8 日，乙老师未出勤共 73 天。

资料来源：会“说话”的指纹签到机．http://www.audit.gov.cn/n6/n1560/c125959/content.html.

2. 数据挖掘方法

数据挖掘是从大量数据提取隐含、事先未知但又潜在有用的信息、知识的过程。常用的数据挖掘方法有聚类、分类、回归、关联分析、时间序列预测等（见表 15-2），这些数据分析方法有助于从“验证型”审计分析向“发掘型”审计转变。不同数据挖掘方法能够解决不同类型的问题，不同算法对数据有不同的结构要求。审计人员在实践中需要根据要解决的具体问题选择合适的方法。

表 15-2 常见的数据挖掘方法

数据挖掘方法	概念	常见方法
聚类	依据样本特征将事例分到多个簇中，使得同一簇中的事例“相似”，而与其他簇中的事例“不相似”	*K* 均值、自组织图、层次聚类、谱聚类等
分类	把一些事例映射到给定类别中某一类别的过程，特点是根据事例的某些属性，估计一个特定属性的值	朴素贝叶斯、决策树、*K* 最近邻、神经网络分类、支持向量机等
回归	研究一个随机变量 Y 对另一个变量（X）或一组变量的相依关系的统计分析方法，在数据挖掘实践中常用来进行预测	单线性回归、多项式回归、多元线性回归、多变量回归、Logistic 回归、泊松回归、非线性回归等
关联分析	从大量事务数据中发现项与项之间的关联	Apriori、FP-Tree 等

续表

数据挖掘方法	概念	常见方法
时间序列预测	由历史的和当前的事件推测未来的事件	移动平均法、趋势外推法、自回归滑动平均模型等
其他方法		神经网络和遗传算法

航空公司：明修栈道，暗度陈仓

审计署在对某航空公司审计时了解到，由于国内航油价格较国外航油价格高，国内部分航空公司存在利用飞机从国外带油的现象。而在分析该航空公司航油支出占比时发现，该公司航油支出占总支出的28.93%，同其他航空公司存在较大差距。因此，审计人员将航空油料支出的真实性和合法性作为审计的一个重要内容。

审计人员采集了该航空公司航班生产管理系统的底层数据，经过数据清理和验证后，形成了三张审计中间表。在数据分析阶段，审计人员采用了Microsoft聚类分析方法分析数据之间的相关关系。聚类分析结果发现，“航段分类”“航班类别”“航班分类”属性为“国际”时，该航空公司加油量大于消耗量，存在利用飞机从国外带油的现象。

资料来源：刘汝焯，等．审计线索的特征发现．北京：清华大学出版社，2007：58-61.

3．大数据审计方法

在大数据的推动下，社会网络分析、数据可视化分析、文本挖掘分析等面向非结构化数据的分析方法将在审计领域得到广泛运用，面向结构化数据的数据挖掘等分析方法也将在审计领域中得到进一步深化。

（1）社会网络分析方法。社会网络分析方法是对数据中巨大的节点与节点之间共同构成的网络进行分析的方法。在信息化环境下，物理、计算机、通信、社会关系等领域包括各种类型的网络，分析多种数据构成的复杂网络有助于审计人员了解审计对象的网络特征，为挖掘其特征提供基础。基于关系的网络分析方法包括社团发现、节点影响力分析、子图检索等（见表15-3）。

表15-3 社会网络分析方法分类

序号	方法名称	作用
1	社团发现	有助于揭示网络结构，一个社区就是网络中的一个密集子网，社区内部的顶点连接相对紧密，但是社区与社区之间联系相对稀疏
2	节点影响力分析	有助于发现网络中有影响力的重要节点，可以通过中心度、介数等指标进行刻画

续表

序号	方法名称	作用
3	子图检索	利用审计经验发现子图、循环路径，有助于发现审计线索
4	其他网络分析方法	

（2）数据可视化分析方法。数据可视化是利用数据进行绘图的分析方法。在传统的数据分析中，存在大量的图形以表示数据，但随着数据量的增加以及应用场景的变化，传统图形已经不能完成相关任务。目前流行的可视化分析是一种通过交互式的可视化界面辅助审计人员对大规模复杂数据集进行分析推理的科学与技术方法。根据分析目的，数据可视化分析方法可分为探索性可视化和解释性可视化（见表 15－4）。

表 15－4　数据可视化分析方法分类

序号	数据可视化分析方法名称	作用
1	探索性可视化	审计人员对审计原始数据进行必要的转换、清理与验证后，再通过视觉编码和交互手段实现数据可视化，有助于审计人员更加轻松地把握数据结构及其分布规律，节省审计人员书写大量 SQL 语句的时间
2	解释性可视化	可视化图形具有简洁、美观、信息量大等优点，可以帮助审计人员将成果以最直观的形式展现在报告使用者面前，免去大段文字说明，增强报告内容的丰富性和多样性

（3）文本挖掘分析方法。文本挖掘属于典型的非数值分析方法。通过对文本挖掘技术的使用，能够对文本信息进行有效组合整理，实现对信息的准确检索与定位，最终为审计人员提供有用的审计线索。常用的文本挖掘方法包括中文分词、分类、聚类等（见表 15－5）。

表 15－5　文本挖掘分析方法分类

序号	文本挖掘分析方法名称	作用
1	中文分词	通过字典匹配、语义分析、概率统计模型等方法进行分词
2	分类	适用于识别文本语义主题，并将之归集到预先定义好的主题分类中
3	聚类	将类似文本进行聚合，根据目标文本自动生成聚类项并进行归集。
4	其他	

除上述大数据分析方法外，大数据和云计算技术的运用还将带来其他数据分析方法。在未来，合理选择大数据分析方法是完成审计目标的前提条件，同时有助于避免进入数据分析的误区，实现提高审计效率和效果的目标。

（二）数据审计流程

数据审计的发展分为数据式审计和大数据审计两个阶段。数据式审计流程是在数据审计的初始阶段构建的审计流程，大数据审计流程是对数据式审计流程的深化，扩大了数据采集范围，扩展了数据分析方法。

1. 数据式审计流程

数据式审计流程一般可分为审计平台构建阶段、审计数据分析阶段、审计报告撰写阶段和审计延伸取证阶段（见图15-11）。

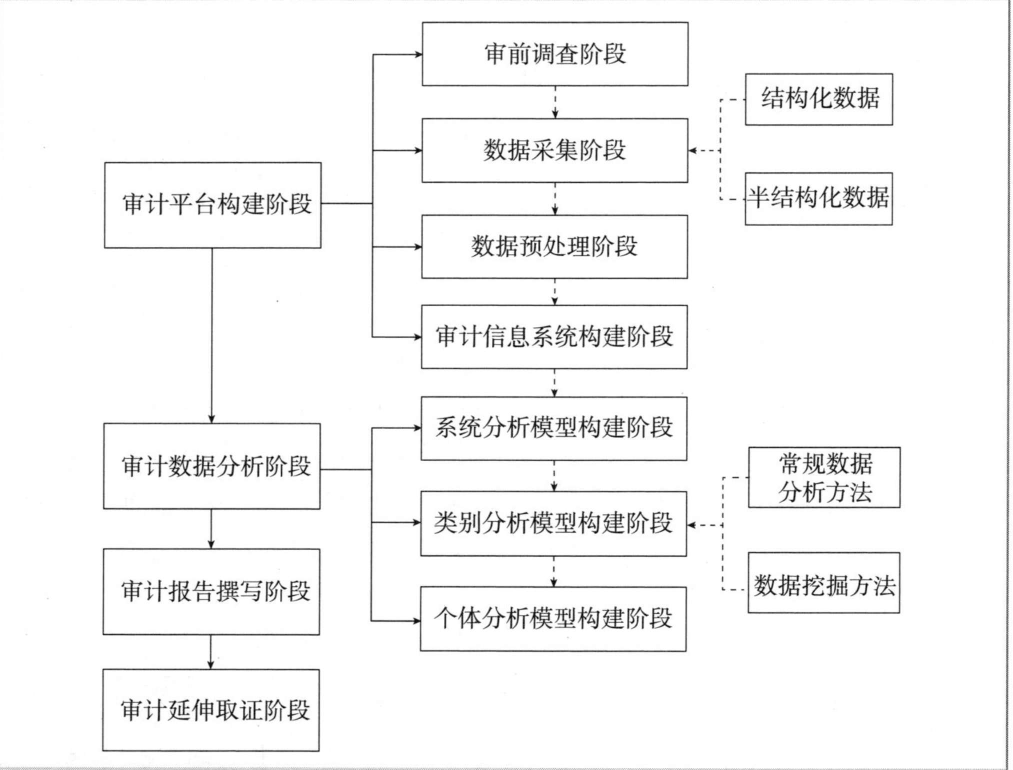

图15-11 数据式审计流程

（1）审计平台构建阶段。审计平台，又称审计资源平台，是开展数据审计的前提和基础。数据审计取证的切入点是被审计单位的信息系统和底层电子数据，但底层电子数据需要导入审计机构的软硬件平台，经过数据清理、转换后形成审计中间表，进而构建审计信息系统，由此才能服务于审计人员开展数据分析。审计人员构建审计资源平台通常被分为审前调查、数据采集、数据预处理和审计信息系统构建等几个阶段。

（2）审计数据分析阶段。审计数据分析阶段是指以审计资源平台为基础，结合审计目标，开展有针对性的数据分析的过程，主要包括系统分析模型构建、类别分析模型构建和个体分析模型构建三个阶段。其中，系统分析模型构建和类别分析模型构建可以帮助审计人员把握被审计单位总体情况，锁定审计重点，选择合适的审计突破口。个体分析模型构建通过数据分析方法，查找审计线索，形成数据分析报告，为延伸取证奠定坚实的基础。

【扩展阅读】
计算机审计实务公告第 14 号——计算机审计方法体系基本规划

（3）审计报告撰写阶段。该阶段的审计报告并不是最终的审计报告，而是审计中的数据分析报告，是记录分析审计中间表数据的过程和结果的文件。数据分析报告的撰写应分成三个阶段进行，首先让负责数据分析工作的审计人员根据自身数据分析结果撰写本部分数据分析报告；其次由审计组负责人撰写审计数据分析报告；最后由审计组组长或主审复核审计数据分析报告，验证审计数据分析报告的科学性和合理性。

（4）审计延伸取证阶段。它是指在数据分析报告形成后，审计人员根据数据分析发现的审计线索进行延伸落实，获取被审计单位舞弊的证据，辅助财务审计、工程项目审计等工作的开展的过程。

2. 大数据审计流程

大数据正在改变审计规则（Earley，2015）和审计人员的工作方式（Schneider et al.，2015），视频、音频以及文本信息等将拓展审计功能（Warren，Moffitt & Byrnes，2015），提高审计证据的充分性、适当性和审计工作效率。如前所述，大数据审计是数据式审计的深化，而不是对数据式审计的否定，它同样包括审计平台构建、审计数据分析、审计报告撰写和审计延伸取证四个阶段，是在采集结构化数据、半结构化数据和非结构化数据的基础上，运用大数据审计方法开展的数据分析工作，其流程如图 15－12 所示。

由图 15－12 可知，大数据审计流程同数据式审计流程的区别在于数据采集的范围更广泛，运用的数据分析方法更多样。具体来讲，大数据审计的主要特点表现在“大数据”的特点上：（1）大数据审计的数据体量大，一般在 10TB 规模左右。在实际应用中，审计人员将被审计单位多个数据集放在一起，形成 TB 级或 PB 级的数据量。（2）大数据审计的数据类别多。被审计单位的数据来自图像、语言、文本以及数据库等多种数据源，数据种类和格式非常丰富，包括结构化数据、半结构化数据和非结构化数据。（3）数据真实性高。随着社交数据等新兴数据源的兴起，传统数据源的局限性被打破，被审计单位和审计机构均愈发需要真实可靠的数据以确保信息的真实性和可靠性，以降低审计风险。（4）半结构化和非结构化数据将推动新兴大数据分析方法的应用，社会网络分析、数据可视化分析、文本挖掘分析等面向非结构化数据的分析方法将在大数据审计中得以广泛应用。

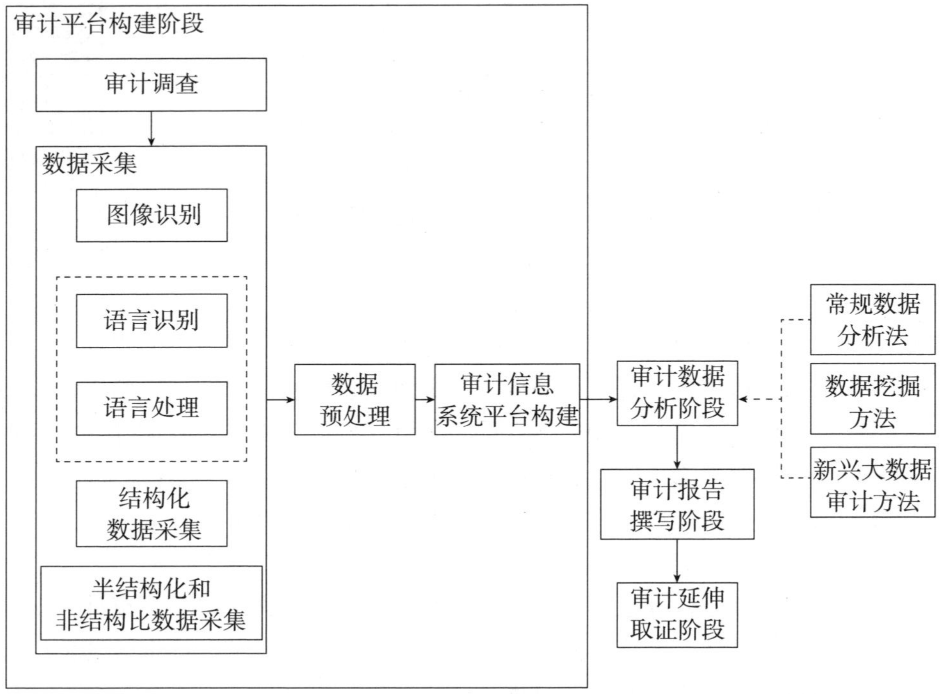

图 15-12 大数据审计流程

第三节 区块链审计与人工智能审计

引例

"四大"引入人工智能，审计师在自我革命吗？

2016年3月10日，德勤宣布，与Kira Systems联手正式将人工智能引入会计、税务、审计等财务工作领域，开启了一个全新的时代。这一创新型合作将帮助德勤员工远离枯燥乏味地阅读合同以及其他文件等工作。此次合作基于德勤在认知技术上的商业见解以及Kira Systems在机器学习领域的先进技术，制造出一个能快速"阅读"数千份复杂文件的"德勤机器人"，从中攫取和构建文本信息以更好地做出分析。

安永于2017年宣布任命机器学习和人工智能方面的权威专家奈吉尔·杜菲（Nigel Duffy）为全球创新人工智能主管。作为安永全球创新团队的一员，杜菲博士将领导AI在整个安永的应用。审计工作领域引入人工智能，能节省手工操作的大量的人力和时间，大大增强数据的准确性，还能够快速响应企业业务的变化和扩展，使之真正能达到100%全覆盖，甚至是24×7的不间断工作。

大数据、云计算技术和人工智能等现代信息技术的飞速发展以及在社会经济各个领域的运用，会推动现代审计信息技术向什么样的方向发展是值得探讨的重要课题。

资料来源：德勤/安永都引入人工智能，你的饭碗有危险吗？. https://www.sohu.com/a/149152383_399252.

如本节引例所述，未来审计作业模式的变革可能是全方位的。从持续审计、联网审计、区块链审计到人工智能审计，审计作业模式的未来发展将呈现出多维度的交叉复合状态。本节主要简述正在向我们走来、对审计的未来影响最大的区块链审计与人工智能审计。

第三节
即测即评

一、区块链审计

区块链技术的研究始于2008年化名中本聪（Satoshi Nakamoto）的学者在密码学邮件组发表的比特币奠基性论文《比特币：一种点对点的电子现金系统》。目前，对于区块链技术尚没有统一的定义，中国工业和信息化部在2016年10月发布的《中国区块链技术和应用发展白皮书》中将区块链技术描述为分布式数据存储、点对点传输、共识机制、加密算法等计算机技术的新型应用模型。

【扩展阅读】
区块链白皮书（2022年）

（一）区块链的特点

"数字经济之父"唐·泰普斯科特（Don Tapscott）在TED的一次演讲中提到，给未来几十年带来巨大影响的科技已经出现，它不是社交媒体，不是大数据，也不是机器人科学，甚至不是人工智能。你会惊讶地了解到，它是比特币等数字货币的技术基础，叫作区块链。区块链技术通常被理解为"全民记账"，一般具有分布式、去中心化、透明、不可篡改和数字化等特征。

1. 分布式

区块链采用分布式数据库技术记录网络上发生的所有交易，网络上的每个节点都可将发生的数据传递到区块链网络之上，而其他节点则能够存储全网发生的历史交易记录的完整、一致账本，这样就保证了整个网络数据的一致性和唯一性（见图15-13）。区块链网络数据的唯一性有利于审计人员获取被审计单位真实可靠的信息。

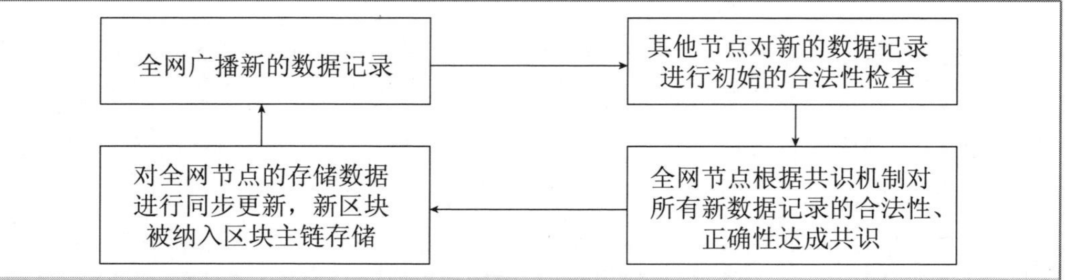

图 15-13　区块链工作原理

2. 去中心化

区块链技术引入之后，全网的节点是通过点对点的方式连接起来的，没有单一的中心化服务器，因此，不存在单一的攻击入口。在典型的区块链网络中，每一个节点都能存储全网发生的历史交易记录的完整、一致账本，对个别节点的账本数据的篡改、攻击不会影响全网总账的安全性。去中心化使得审计人员可以从多个节点获取数据，降低了从数据库服务中心或中心节点采集数据造成的风险。

3. 透明

除私密信息被加密外，区块链上的所有数据对全网公开，每个人或授权节点均可通过公开接口查询区块链上的所有数据，因此，区域链上的信息是高度透明的。审计人员可以从区块链上获取被审计单位的全部数据，消除信息不对称所引发的审计风险，从而提高了被审计单位数据的可审计性，也为审计人员对被审计单位开展持续审计夯实了基础。

4. 不可篡改

一旦通过节点录入到区块链网络上，数据就不能被修改或者删除了。当被审计单位数据通过共识算法写入区块后，新生成的区块会被及时更新至整个网络，具有不可逆转性。上述特性简化了数据处理流程，降低了交易过程中的欺诈风险，保持了数据的原始性和可追溯性。与此同时，区块链技术所采用的共识算法要求输入的数据不能是错误数据，若输入错误数据则不会被网络中的其他节点认可。因此，区块链技术使用的共识算法排除了错误数据的录入。

5. 数字化

区块链的技术来源包括 P2P 网络技术、非对称加密算法、数据库技术和数字货币等。数据库技术和数字货币的使用使得绝大部分交易或者资产以数字形式存在。通过区块链上设置的数据处理程序，参与交易的人员能实现智能合约和交易自动化，而交易结果以数字化形式存在于区块链网络体系之中，为审计人员通过数据分析降低审计成本提供了便利。

（二）区块链审计的工作原理

当前，我们处于一个信息泛滥的时代，各种数据充斥我们周围，然而，数据是否真实可信却不得而知。区块链技术因其特殊的机制，其中的数据具有“可信”的宝贵特征，这使得基于区块链数据分析的信息具有重要的价值（陈伟利、郑子彬，2018）。

目前，区块链的应用已从单一的数字货币应用开始延伸到经济社会的各个领域，包括审计行业。2015年12月，中共中央办公厅、国务院办公厅印发的《关于实行审计全覆盖的实施意见》中提出，希望“探索建立审计实时监督系统”，而区块链可以在一定程度上推动联网实时审计的实现。相互验证的广播机制易于实时监督，可以赢得整个系统的公信力；智能合约的可编程性方便限定约束条件，可以设置某笔资金的去向，达到专款专用的目的；时间戳的不可逆性降低了财务舞弊和重大错报的风险；公私密钥的签名提升了内部控制中相关查验工作的可靠性。基于区块链应用平台的审计工作原理如图15-14所示。

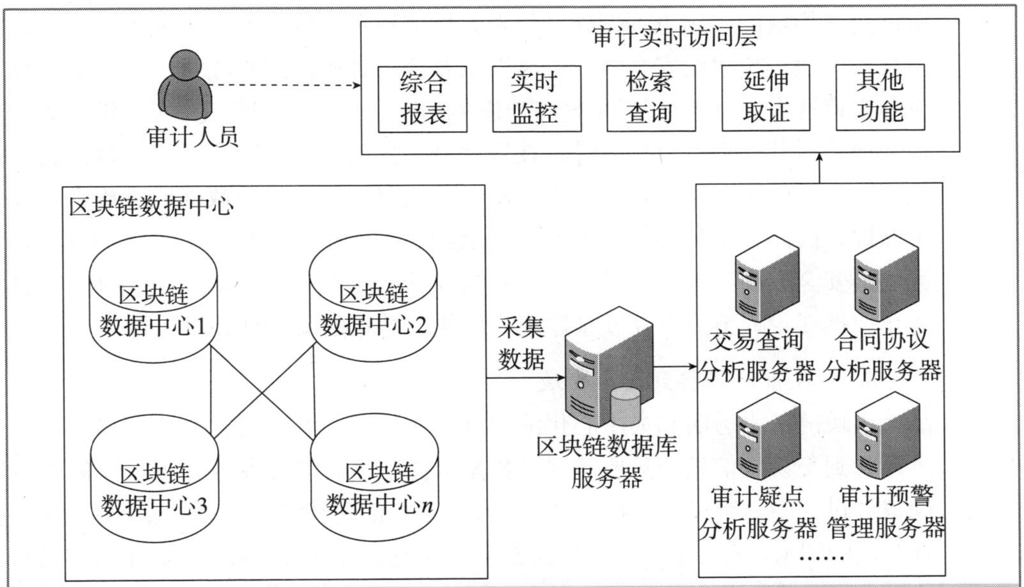

图15-14　基于区块链应用平台的审计工作原理

（三）区块链审计的应用趋势

1. 促进审计成本与审计风险的降低

区块链技术的分布式存储、共识机制等技术在审计业务中的应用，将降低审计成本与审计风险，主要表现为：（1）虚假交易和账目欺诈是重大错报风险的重点领域，而使用区块链记录交易和账目信息，因无法被篡改，且有共识机制要求数据库的修改需要得到整个系统中多数节点的认同，使得财务数据造假和欺诈难度大幅提升。（2）可以提高审计工作效率。一方面，通过区块链网络获取审计需求信息更加便捷容易，如果企业能够在区块链开放API数据接口①，使审计请求实现分钟级甚

① API（application programming interface，应用程序编程接口）是一些预先定义的函数，目的是提供应用程序与开发人员基于某软件或硬件访问一组例程的能力，且无须访问源码或理解内部工作机制的细节。

至秒级响应，能够节省大量信息收集和整理时间，从而提高审计效率；同时，基于区块链的加密算法也消除了企业对数据隐私的担忧。另一方面，区块链技术的共识机制使所有数据在第一时间得到共同确认，保障数据的及时性和准确性。区块链审计平台也能够大幅提升数据的真实性和完整度，省去大量询问和函证程序，从而提高审计效率，节约人力成本。（3）能显著降低审计数据被攻击的风险。传统的审计资料被存储在中心化的云服务器上，极易受到黑客攻击，导致文件丢失或者数据被篡改。而通过区块链技术将数据分布式存储，多个节点备份数据，即便单个节点遭到黑客攻击，也不会影响数据在全网的共识状态（工业和信息化部信息中心，2018）。

2. 推动区块链技术应用的新审计业务发展

任何一项现代信息技术在审计业务领域的应用都是一把双刃剑，区块链技术在审计业务领域的应用也不例外。随着区块链技术在审计业务领域的广泛应用，社会公众对区块链技术的安全性、可靠性以及合法合规性还存在疑虑，社会公众的疑虑将催生审计人员基于区块链技术应用的新审计业务的发展。在区块链设置方面，审计人员将对其合理性进行审计；在数据录入方面，区块链不可篡改性的特点保证了数据录入后的不可篡改，但共识机制并不能完全保障录入数据的准确性、及时性和可靠性，因此，审计人员需要对数据录入的准确性、及时性和可靠性进行审计；在区块链安全方面，审计人员将对区块链单个节点可能受到的攻击进行安全性审计，防止数据在录入节点存在安全隐患，以提升数据的安全性和可靠性。

3. 全民审计将得到大力发展

区块链技术透明和去中心化的特点，使得每个参与到区块链网络系统中的人都可以看到交易或信息。只要掌握了数据资源和相关审计业务知识，人们都可以参与到审计过程中，都可以对相关单位的经济业务活动和财务活动发表审计意见。全民审计时代的到来，意味着社会公众对传统审计报告的市场需求减少，绝大多数传统审计人员将逐步退出审计行业，或实现转型。这无疑是对现有审计人员的一个巨大挑战。

4. 推动“区块链＋大数据”审计的发展

区块链是一种不可篡改的、全历史的数据库存储技术。随着区块链技术在社会经济各个领域的应用，数据规模会越来越大，不同业务场景的区块链数据的融合将进一步丰富数据内容和扩大数据规模。区块链提供的数据是完整的，但其统计分析能力相对较弱。大数据囊括海量数据存储技术和数据分析技术，区块链与大数据的融合将大大提升区块链数据的价值与使用空间。区块链分布式、去中心化、透明、不可篡改和数字化的特征，让更多存储于被审计单位的数据得到释放，推动数据呈几何级增长。而其可追溯性迫使数据获得很强的信任背书，在很大程度上保证了数据分析结果的正确性和数据挖掘的效果。数据在不同区块链节点之间的交易流通，有利于突破被审计单位的信息系统与信息系统之间的“信息孤岛”现状，建立数据流通机制，推动企业和政府部门内部数据与关联方数据的整合。区块链与大数据的融合将催生“区块链＋大数据”审计业务的发展。通过区块链系统网络获取海量真实、可靠的被审计单位数据，运用云计算技术和数据分析技术对被审计单位的数据开展分析，精确锁定被审计单位的审计线索，为审计延伸取证夯实基础。同时，区块链与大数据的融合也将进一步推动传统审计业务的消亡。

此外，云计算、物联网和人工智能与区块链的融合也将推动区块链技术在审计实务工作中应用的深化，审计实务工作将进一步面临前所未有的挑战。

二、人工智能审计

【扩展阅读】
人工智能生成内容（AIGC）白皮书（2022 年）

人工智能的直接起源是艾伦·麦席森·图灵（Alan Mathison Turing）的机器智能思想，而人工智能一词诞生于 1956 年在美国达特茅斯学院举行的人工智能夏季研讨会，此次会议标志着人工智能作为一个研究领域正式出现。人工智能是利用数字计算机或者数字计算机控制的机器模拟、延伸和扩展人的智能，感知环境、获取知识并使用知识获得最佳结果的理论、方法、技术及应用系统（中国电子技术标准化研究院，2018）。典型的智能系统一般具备以下几个基本特征：（1）具有领域专家水平的专门知识；（2）能进行推理求解问题；（3）推理机与知识库相分离；（4）具有获取知识的能力；（5）具有解释能力；（6）具有海量数据表现和筛选能力；（7）具有智能化和个性化服务能力（吴璇，2007）。

（一）人工智能审计的工作原理

人工智能是计算机科学的一个分支，通过开发人工构建的人类意识和思维模式，可以取代人类完成一些工作（尼克，2017）。人工智能审计是数智时代产生的新兴审计作业模式（见图 15－15），并不是对联网审计、持续审计等作业模式的否

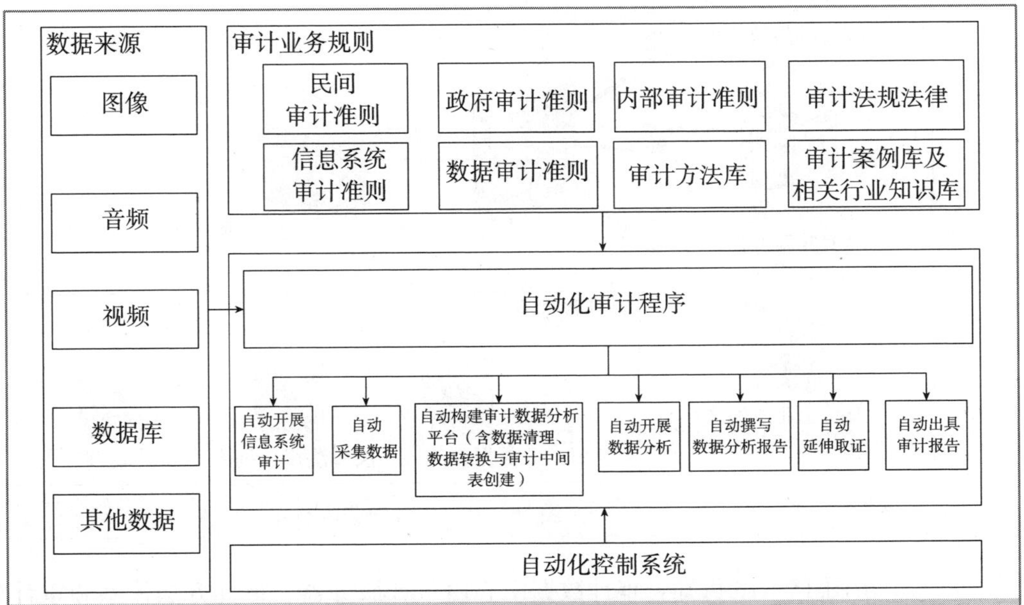

图 15－15　人工智能审计的工作原理

定，而是将图像识别、语言识别、结构化数据采集、非结构化数据采集、信息系统审计规则和数据审计规则等封装进入智能机器人或软件系统，实现审计数据采集、数据平台构建、数据分析、报告撰写和延伸取证的自动化，以提高审计工作的效率和效果。

（二）人工智能审计的应用趋势

1. 构建审计数据中心

传统的数据审计平台构建主要强调采集被审计单位结构化的电子数据，而对非结构化电子数据的采集则是其劣势。将人工智能引入审计领域后，审计数据的采集范围不再局限于获得一般的结构化数据和非结构化数据，智能机器人或软件系统可以通过其独特的语言识别系统和图像识别系统处理采集更加广泛的数据，采集的数据包括图像数据、视频数据、音频数据、结构化数据和其他非结构化数据。人工智能是一个系列规则的载体，智能机器人或软件系统在规则的驱动下，开展审计工作。面对半结构化和非结构化数据，人工智能需要更多的审计处理规则和审计实务案例，这一因素将直接驱动国家审计机关、内部审计机构和民间审计机构大力构建审计数据中心（见图 15 - 16）。

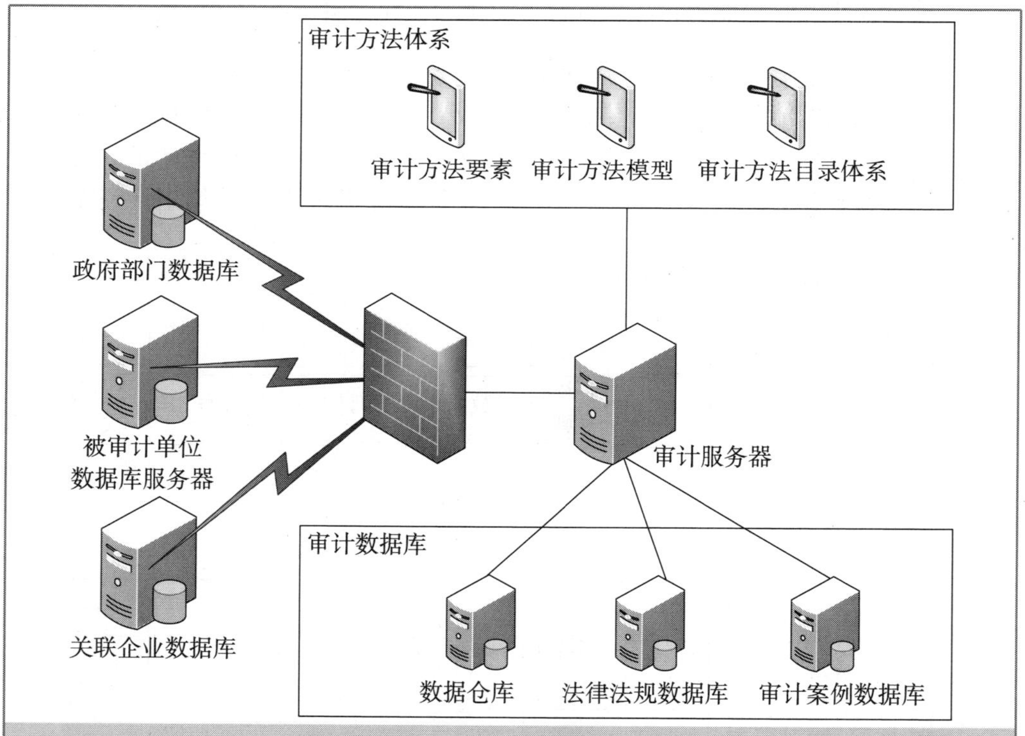

图 15 - 16 审计数据中心

由图 15 - 16 可知，审计数据中心由审计服务器、审计方法体系和审计数据库三个部分组成。其中，审计方法体系包括审计方法要素、审计方法模型和审计方法目录体系；审计数据库由数据仓库、法律法规数据库和审计案例数据库等组成。在人工智能审计中，审计服务器既可以读取审计方法体系中的审计方法模型等，又可以读取审计数据库中的数据。

2. 推动大数据标准化工作的开展

【扩展阅读】
德勤：2023人工智能基础数据服务白皮书

人工智能首要解决的就是采集数据的标准化问题。如本章第一节所述，在数智时代，非结构化数据占据主体地位。无统一的大数据标准，数据挖掘、数据可视化和文本分析等审计技术方法的运用只能是空中楼阁，将人工智能引入审计各个领域或各行业更是无从谈起。2015年9月，国务院在印发的《促进大数据发展行动纲要》中明确提出：建立标准规范体系。推进大数据产业标准体系建设，加快建立政府部门、事业单位等公共机构的数据标准和统计标准体系，推进数据采集、政府数据开放、指标口径、分类目录、交换接口、访问接口、数据质量、数据交易、技术产品、安全保密等关键共性标准的制定和实施。加快建立大数据市场交易标准体系。开展标准验证和应用试点示范，建立标准符合性评估体系，充分发挥标准在培育服务市场、提升服务能力、支撑行业管理等方面的作用。积极参与相关国际标准的制定工作。

2016年3月，《中华人民共和国国民经济和社会发展第十三个五年规划纲要》指出，要完善大数据产业公共服务支撑体系和生态体系，加强标准体系和质量技术基础建设。数据标准的缺失导致形成数据信息孤岛，影响数据的互用性和互通性，也会影响人工智能在审计领域的广泛应用。审计署于2008年成立了全国审计信息化标准化技术委员会（SAC/TC341），致力于审计数据标准的研究工作。表15-6列示了全国审计信息化标准化技术委员会制定与发布的国家标准。

表15-6 全国审计信息化标准化技术委员会制定与发布的国家标准（部分）

标准号	标准中文名称
GB/T 42940—2023	财经信息技术 财政预算管理软件审计数据接口
GB/T 41250—2022	财经信息技术 商业银行审计数据采集接口
GB/T 40217—2021	财经信息技术 养老保险基金审计数据接口
GB/T 35296—2017	财经信息技术 建设项目投资管理软件通用数据
GB/T 32180.6—2015	财经信息技术 企业资源计划软件数据接口 第6部分：资金
GB/T 32180.5—2015	财经信息技术 企业资源计划软件数据接口 第5部分：预算
GB/T 32180.4—2015	财经信息技术 企业资源计划软件数据接口 第4部分：销售
GB/T 32180.3—2015	财经信息技术 企业资源计划软件数据接口 第3部分：库存
GB/T 32180.2—2015	财经信息技术 企业资源计划软件数据接口 第2部分：采购
GB/T 32180.1—2015	财经信息技术 企业资源计划软件数据接口 第1部分：公共基础数据
GB/T 24589.4—2011	财经信息技术 会计核算软件数据接口 第4部分：商业银行

续表

标准号	标准中文名称
GB/T 24589.3—2011	财经信息技术 会计核算软件数据接口 第 3 部分：总预算会计
GB/T 24589.2—2011	财经信息技术 会计核算软件数据接口 第 2 部分：行政事业单位
GB/T 24589.1—2010	财经信息技术 会计核算软件数据接口 第 1 部分：企业

3. 促进审计工作的智能化

为推动人工智能在社会经济各个领域的应用，国家发展改革委、科技部、工业和信息化部、中央网信办于 2016 年 5 月制定了《“互联网＋”人工智能三年行动实施方案》，旨在指导人工智能技术的创新与产业发展；国务院于 2017 年 7 月印发了《新一代人工智能发展规划》，对我国人工智能发展做了中长期的系统性部署。国家在战略层面推动人工智能在社会经济发展中的应用，无疑会促进审计工作的智能化。将人工智能引入审计领域，机械化、有规律可循的原始凭证和记账凭证审计、合同文本检查、数据统计分析等基础性审计工作将由机器人或软件系统承担（见图 15－17）。随着无人机、智能机器人、量子通信、航天遥感、北斗卫星系统在审计工作中的应用，这种现象将更加明显。当然，在人工智能介入审计活动的前期，审计主观判断、审计报告出具等非机械化、无规律可循的审计工作仍然需要审计人员的介入，对该部分的替代需要一个漫长的过程。到人工智能介入审计活动的后期，随着人工智能水平的提高，无人机、智能机器人的审计判断水平将得到大幅提升，传统的审计业务很可能完全实现机械化和自动化，绝大部分审计人员的审计工作将被替代。

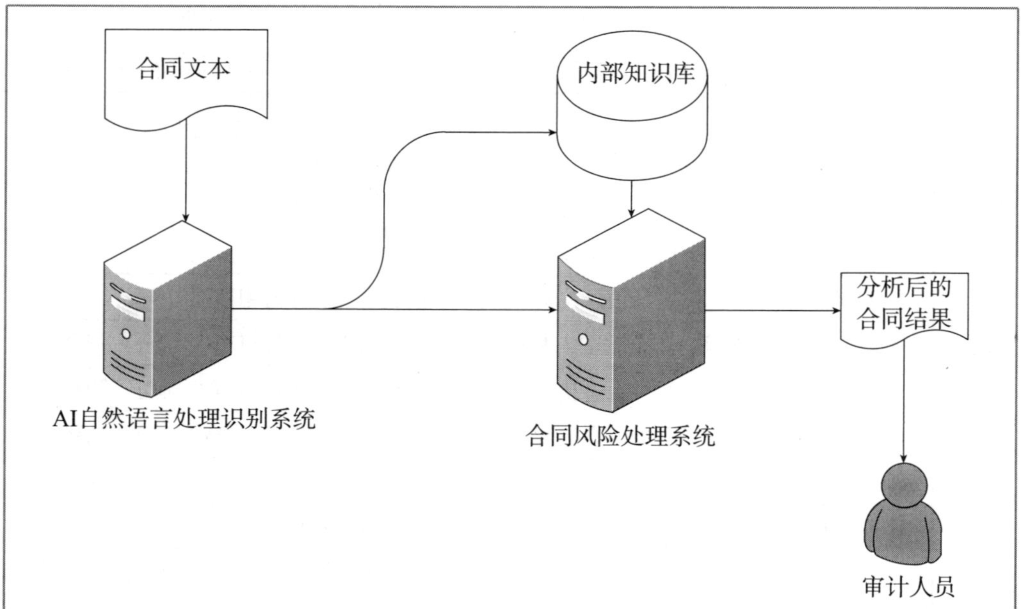

图 15－17　人工智能在合同审计中的运用

财务智能机器人——“美梦”VS“噩梦”

继“四大”相继上市财务机器人及财务机器人解决方案后，中化国际（控股）股份有限公司（简称中化国际）财务共享中心于2018年5月选择普华永道机器人帮助提升税务及财务工作效率，在降低人力时间成本、提升工作质量等方面收效明显。中化国际在未引入该机器人之前，财务共享中心需要花费大量人力处理银行对账、来款确认、增值税记账核对、增值税发票查伪验证等财税基础工作。双方经过1个月努力，快速完成业务流程梳理，测试验证及部署工作，并正式投入运营。完成部署后，银行对账、月末入款提醒、进销项差额提醒和增值税验证等业务过程在效率和准确性上得到大大提升。

普华永道智能机器人若引入审计领域，银行对账、增值税发票查伪验证等基础性财税审计工作也将被替代。这不仅仅是会计人员的“恶梦”，也是审计人员必须面对的客观现实。

资料来源：财务机器人横空出世 会计人如何“跑得快”. http://www.mtmt.com.cn/news/newsDetail-19-7067.html.

本章小结　　案例分析　　推荐阅读材料

参考文献

［1］陈汉文，韩洪灵．实证审计理论［M］．北京：中国人民大学出版社，2012.

［2］陈汉文，韩洪灵．审计理论［M］．北京：机械工业出版社，2009.

［3］陈俊，韩洪灵，陈汉文．审计质量的双维研究范式及其述评［J］．会计研究，2009（12）：76－84.

［4］文森特·M. 奥赖利，巴里·N. 威诺格拉德，詹姆斯·S. 格尔森，亨利·R. 耶尼克．蒙哥马利审计学：第12版［M］．北京：中信出版社，2007.

［5］文硕．世界审计史：修订版［M］．北京：企业管理出版社，1998.

［6］马强．合伙法律制度研究［M］．北京：人民法院出版社，2000.

［7］罗伯特·K. 莫茨，侯赛因·A. 夏拉夫．审计理论结构［M］．北京：中国商业出版社，1990.

［8］迈克尔．查特菲尔德．会计思想史［M］．北京：中国商业出版社，1989.

［9］汤姆·李．企业审计［M］．天津：天津大学出版社，1991.

［10］莫茨，夏拉夫．审计哲学［M］．北京：中国商业出版社，1990.

［11］尚德尔．审计理论［M］．北京：中国财政经济出版社，1992.

［12］刘明辉．高级审计研究［M］．3版．大连：东北财经大学出版社，2018.

［13］查里·沙利文．蒙氏审计学［M］．北京：中国商业出版社，1984.

［14］陈汉文，韩洪灵．注册会计师职业道德准则之变迁：基于公共合约观的描述与分析［J］．审计研究，2005（3）：10－17.

［15］陈汉文．注册会计师职业行为准则研究［M］．北京：中国金融出版社，1999.

［16］韩洪灵，陈汉文．会计职业道德之性质与实施：契约理论视角的解说［J］．当代财经，2007（2）：111－117.

［17］R. 科斯，A. 阿尔钦，D. 诺斯，等．财产权利与制度变迁：产权学派与新制度学派译文集［M］．上海：上海人民出版社，1994.

［18］莱昂纳多·J. 布鲁克斯．商务伦理与会计职业道德：第2版［M］．北京：中信出版社，2004.

［19］李若山，周勤业．注册会计师法律责任理论与实务［M］．北京：中国时代经济出版社，2002.

［20］刘桥．会计师民事责任研究［M］//梁慧星．民商法论丛：第16卷．北京：法

律出版社，2000.

［21］刘燕．验资报告的“真实”与“虚假”：会计界与法律界的对立：兼评最高人民法院法函［1996］56号［J］．法学研究，1998（4）：91-103.

［22］刘燕．注册会计师民事责任研究：回顾与展望［J］．会计研究，2003（11）：34-38.

［23］杨时展．审计的基本概念［J］．财会探索，1990（2）.

［24］丁平准等．中国注册会计师法律责任：案例与研究［M］．辽宁：辽宁人民出版社，1998.

［25］中国注册会计师协会．注册会计师行业课题研究报告（第一辑）［M］．北京：中国财政经济出版社，2004.

［26］陈汉文．审计［M］．2版．厦门：厦门大学出版社，2006.

［27］常勋．注册会计师业务研讨：对新执业准则的逐一评述［M］．厦门：厦门大学出版社，2007.

［28］陈毓圭．对风险导向审计方法的由来及其发展的认识［J］．会计研究，2004（2）：58-63.

［29］谢荣，吴建友．现代风险导向审计理论研究与实务发展［J］．会计研究，2004（4）：47-51.

［30］张龙平，李长爱，邓福贤．国际审计风险准则的最近发展及其启示［J］．会计研究，2004（12）：76-81.

［31］霍华德·M. 施利特，杰里米·皮勒．财务诡计［M］．北京：机械工业出版社，2012.

［32］郑朝晖．财报粉饰面对面［M］．北京：机械工业出版社，2015.

［33］黄世忠．会计数字游戏：美国十大财务舞弊案例剖析［M］．北京：中国财政经济出版社，2003.

［34］项保华，李庆华．企业战略理论综述［J］．经济学动态，2000（7）：70-74.

［35］商迎秋．企业战略管理理论演变与战略风险思想探析［J］．技术经济与管理研究，2011（3）：65-69.

［36］刘升福．企业战略风险管理理论综述［J］．现代管理科学，2003（12）：31-33.

［37］张爽．国外战略风险管理理论研究综述［J］．改革与战略，2009（6）：181-183.

［38］吕鸿江，刘洪．基于匹配视角的商业模式与战略关系分析［J］．东南大学学报（哲学社会科学版），2011（2）：46-52.

［39］汪寿成．现代风险导向审计［M］．大连：大连出版社，2009.

［40］谢荣，吴建友．现代风险导向审计基本内涵分析［J］．审计研究，2004（5）：26-30.

［41］迈克尔·波特．竞争优势［M］．北京：华夏出版社，1997.

［42］企业内部控制编审委员会．企业内部控制：主要风险点、关键控制点与案例解

析［M］. 上海：立信会计出版社，2018.

［43］谢志华，崔学刚．风险导向审计：机理与运用［J］. 会计研究，2006（7）：15-20.

［44］唐建华．风险导向审计思想的历史演进：对美国审计准则发展史的案例研究［J］. 审计研究，2009（2）：79-83.

［45］刘明辉．审计与鉴证服务［M］. 北京：高等教育出版社，2007.

［46］阿尔文·A. 阿伦斯，兰德尔·J. 埃尔德，马克·S. 比斯利．审计学：一种整合方法：第14版［M］. 北京：中国人民大学出版社，2013.

［47］于亦铭．论审计风险与审计重要性的关系［J］. 审计研究，2000（4）：63-64.

［48］方宝璋．试论审计重要性水平［J］. 审计研究，2004（4）：19-37.

［49］中国注册会计师协会．审计［M］. 北京：中国财政经济出版社，2018.

［50］贝利，格拉姆林，拉姆蒂．内部审计思想［M］. 北京：中国时代经济出版社，2006.

［51］菲尔·格里夫茨．风险导向内部审计［M］. 北京：中国金融出版社，2014.

［52］国际内部审计师协会．国际内部审计专业实务框架［M］. 北京：中国金融出版社，2014.

［53］王凤彬，赵民杰．企业集团管控体系：理论·实务·案例［M］. 北京：经济管理出版社，2012.

［54］段磊，张宏波．企业集团管控：理论、实践及案例［M］. 北京：经济管理出版社，2012.

［55］罗伯特·穆勒．布林克现代内部审计：通用知识体系：第7版．［M］. 北京：电子工业出版社，2015.

［56］张庆龙，沈征．内部审计理论与方法：基于2013内部审计准则的解释［M］. 北京：中国财政经济出版社，2014.

［57］凌华薇，王烁．银广厦陷阱［J］. 财经，2001（9）.

［58］陈汉文，池国华．CEO内部控制［M］. 北京：北京大学出版社，2015.

［59］董大胜．中国政府审计［M］. 北京：中国时代经济出版社，2005.

［60］张庆龙，沈征．政府审计学［M］. 北京：中国人民大学出版社，2015.

［61］刘家义．国家治理现代化进程中的国家审计：制度保障与实践逻辑［J］. 中国社会科学，2015（9）：64-83.

［62］刘家义．论国家治理与国家审计［J］. 中国社会科学，2012（6）：60-72.

［63］陈汉文．审计［M］. 2版．北京：中国人民大学出版社，2017.

［64］陈汉文，夏文贤，黎代福．受托责任、信息披露与规则安排：公司治理、受托责任与审计委员会制度（上）［J］. 财会通讯，2003（12）：19-21.

［65］陈汉文，夏文贤，陈秋金．上市公司审计委员会：案例分析与模式改进：公司治理、受托责任与审计委员会制度（下）［J］. 财会通讯，2004（1）：10-13.

［66］周维培．国际政府审计散论［M］. 北京：中国时代经济出版社，2018.

[67] 审计署科研所．世界主要国家和国际组织审计概况 [M]. 北京：中国时代经济出版社，2014.

[68] 审计署国际合作司．十国审计长谈国家审计 [M]. 北京：中国时代经济出版社，2014.

[69] 审计署审计科研所．中外审计体制系列研究报告之二：新民主主义革命时期审计体制研究（1921 年—1949 年）[J]. 审计研究报告，2018 (3).

[70] 审计署审计科研所．中外审计体制系列研究报告之三：美国、英国、澳大利亚、加拿大国家审计体制研究：立法型审计体制国家研究[J]. 审计研究报告，2018 (4).

[71] 审计署审计科研所．中外审计体制系列研究报告之四：法国、意大利、巴西国家审计体制研究：司法型审计体制国家研究[J]. 审计研究报告，2018 (5).

[72] 审计署审计科研所．中外审计体制研究报告之五：德国、日本、俄罗斯国家审计体制研究：独立于立法、行政、司法部门的审计体制国家研究[J]. 审计研究报告，2018 (6).

[73] 审计署审计科研所．中外审计体制研究报告之六：韩国审计体制研究：监审合一审计体制国家研究[J]. 审计研究报告，2018 (7).

[74] 中国注册会计师协会．中国注册会计师专业标准问题解答 [M]. 北京：经济科学出版社，2015.

[75] 中国注册会计师协会．中国注册会计师执业准则 2017 [M]. 北京：中国财政经济出版社，2017.

[76] 中国注册会计师协会．中国注册会计师执业准则应用指南 2017 [M]. 北京：中国财政经济出版社，2017.

[77] 陈伟利，郑子彬．区块链数据分析：现状、趋势与挑战 [J]. 计算机研究与发展，2018 (9)：1853-1870.

[78] 李国杰，程学旗．大数据研究：未来科技及经济社会发展的重大战略领域 [J]. 中国科学院院刊，2012 (6)：647-657.

[79] 尼克．人工智能简史 [M]. 北京：人民邮电出版社，2017.

[80] 彭宇，庞景月，刘大同，彭喜元．大数据：内涵、技术体系与展望．电子测量与食品学报，2015 (4)：469-482.

[81] 石爱中，孙俭．初释数据审计模式 [J]. 审计研究，2005 (4)：3-6.

[82] 吴璇．基于人工智能方法的金审工程研究 [D]. 天津：天津大学，2007.

[83] 张群，吴东亚，赵菁华．大数据标准体系 [J]. 大数据，2017 (4)：11-19.

[84] 工业和信息化部信息中心．2018 年中国区块链产业发展白皮书．2018.

[85] 中国电子技术标准化研究院．人工智能标准化白皮书（2018 年版）. 2018.

[86] 约瑟夫·熊彼特．经济发展理论 [M]. 北京：商务印书馆，1990.

[87] Brown R G. Changing audit objectives and techniques [J]. The Accounting Review, 1962(4)：696-703.

[88] Flesher D L, Previts G J, Samson W D. Auditing in the United States: a histor-

ical perspective [J]. Abacus, 2005(1): 21-39.

[89] Kinney Jr W R. Twenty-five years of audit deregulation and reregulation: what does it mean for 2005 and beyond? [J]. Auditing: A Journal of Practice & Theory, 2005 (s-1): 89-109.

[90] Lee T. The professionalization of accountancy: a history of protecting the public interest in a self-interested way [J]. Accounting, Auditing & Accountability Journal, 1995(4): 48-69.

[91] Power M K. Auditing and the production of legitimacy [J]. Accounting, Organizations and Society, 2003(4): 379-394.

[92] Power M. Business risk auditing-debating the history of its present [J]. Accounting, Organizations and Society, 2007(4-5): 379-382.

[93] Wallace W A. Integrating recent developments in attestation, risk evaluation, technology, and regulation into the Ph. D. auditing seminar [J]. Issues in Accounting Education, 1987(10): 325-348.

[94] Watts R L, Zimmerman J L. Agency problems, auditing, and the theory of the firm: some evidence [J]. The Journal of Law and Economics, 1983(3): 613-633.

[95] Zeff S A. How the US accounting profession got where it is today: part Ⅱ[J]. Accounting Horizons, 2003(4): 267-286.

[96] American Institute of Certified Public Accountants(AICPA). Rules of Professional Conduct. New York, NY: AICPA, 1973.

[97] American Institute of Certified Public Accountants(AICPA). Restructuring Professional Standards to Achieve Professional Excellence in a Changing Environment. New York, NY: AICPA, 1986.

[98] American Institute of Certified Public Accountants(AICPA). Serving the Public Interest: A New Concept Framework for Auditor Independence. New York, NY: AICPA, 1997.

[99] American Institute of Certified Public Accountants(AICPA). A History of Accounting & Auditing Standards. New York, NY: AICPA, 2002.

[100] American Institute of Certified Public Accountants(AICPA). RE: PCAOB Rulemaking Docket Matter No. 004-Statement Regarding the Establishment of Auditing and Other Professional Standards. New York, NY: AICPA, 2003.

[101] Abott A. The System of Professions: An Essay on the Division of Expert Labor [M]. Chicago: University of Chicago Press, 1998.

[102] Antonio D. The usefulness of the audit report in investment and financing decisions [J]. Managerial Accounting Journal, 2003(6-7): 549-559.

[103] Ball R, Walker, R G, Whittred G P. Audit qualified and share price [J] , Abacus, 1979(6): 23-34.

[104] Bamber E M, Stratton R A. The information content of uncertainty-modified audit report: evidence from bank loan officers [J]. Accounting Horizon, 1997(2): 1-11.

[105] Broaker F, Chapman R. The American Accountants Manual. Vol. 1. New York, 1897.

[106] Chaney P K, Philioich K L. Shredded reputation: the cost of audit failure [J]. Journal of Accounting Research, 2002(4): 1221-1245.

[107] Chen J P, Su X, Zhao R. An emerging market's reaction to initial modified audit opinions: evidence from the shanghai stock exchange [J]. Contemporary Accounting Research, 2010(3): 429-455.

[108] Choi S K, Jeter D C. The effects of qualified audit opinion on earnings response coefficients [J]. Journal of Accounting and Economics, 1992(15): 229-247.

[109] Dye R A. Auditing standards, legal liability and auditor wealth [J]. Journal of Political Economy, 1993(5): 887-914.

[110] Elliot J. Subject to audit opinions and abnormal security returns: outcomes and ambiguities [J]. Journal of Accounting Research, 1982(20): 617-638.

[111] Fields L, Wikins M. The information content of withdrawn audit qualifications: new evidence on the Value of "Subject-to" opinion auditing [J]. A Journal of Practice and Theory, 1991(2): 62-69.

[112] Firth M. A note on the impact of audit qualifications on lending and credit decision [J]. Journal of Banking and Finance, 1980(3): 257-267.

[113] Firth M. Qualified audit reports: their impact on investment decisions [J]. The Accounting Review, 1978(3): 642-650.

[114] Geiger M A. Setting the Standard for the New Auditor's Report: An Analysis of Attempts to Influence the Auditing Standards Board [M]. Greenwich, Conn. : JAI Press, 1993.

[115] Guiral A, Gonzalo-Angulo J A, Rodgers W. Information content and recency effect of the audit report in loan rating decisions [J]. Accounting and Finance, 2007(2): 285-304.

[116] Gul F A. The effects of uncertainty reports on lending officers' perception of risk and additional information required [J]. Abacus, 1987(23): 172-181.

[117] Healy P. The impact of bonus schemes on the select of accounting principles [J]. Journal of Accounting and Economics, 1985(1-3): 85-107.

[118] Herbohn K, Ragunathan, V, Garsden R. The horse has bolted: revisiting the market reaction to going concern modifications of audit reports [J]. Accounting & Finance, 2007(3): 473-493.

[119] Holmstrom B. Moral hazard and observability [J]. The Bell Journal of Economics, 1979(1): 74-91.

[120] Hopwood W S, MCkeown J C, Mutchler J F. A test of the incremental explanatory power of opinion for consistency and uncertainty [J]. The Accounting Review, 1989(1): 28-48.

[121] Hopwood W S, MCkeown J C, Mutchler J F. A reexamination of auditor versus model accuracy within the context of the going-concern opinion decision [J]. Contemporary Accounting Research, 1994(2): 409-431.

[122] Ijiri Y. Theory of Accounting Measurement. American Accounting Association, 1975.

[123] International Ethics Standards Board for Accountants(IAASB). Handbook of the International Code of Ethics for Professional Accountants. IAASB Website, 2018.

[124] Jones F. The information content of the auditor's going concern evaluation [J]. Journal of Accounting and Public Policy, 1996(1): 1-27.

[125] Kirschenheiter M. Optimal contracting, accounting standards, and market structures [J]. Contemporary Accounting Research, 1999(2): 243-276.

[126] Lambert R A. Contracting theory and accounting [J]. Journal of Accounting and Economics, 2001(1-3): 3-87.

[127] Lee T. Corporate Audit Theory [M]. London: Chapman & Hal, 1993.

[128] Lin Z, Tang Q, Xiao J. An experimental study of users' responses to qualified audit reports and taxation in china [J]. Journal of International Accounting, Auditting and Taxation, 2003(12): 1-22.

[129] Loudder M. The information content of audit qualifications [J]. Journal of Practice and Theory, 1992(1): 69-82.

[130] Mohrman M B. The use of fixed GAAP provisions in debt contracts [J]. Accounting Horizons, 1996(10): 78-91.

[131] Ng D S. An information economics analysis of financial reporting and external auditing [J]. The Accounting Review, 1978(4): 910-920.

[132] Sunder S. Theory of accounting and control [J]. South-Western College Publishing, 1997(4): 764-766.

[133] The International Ethics Standards Board for Accountants(IESBA). Code of Ethics for Professional Accountants. IESBA Website, 2018.

[134] Treadway Commission. Report of the National Commission on Fraudulent Public Reporting [R]. AICPA, 1987.

[135] Wallace W A. The economic role of the audit in free and regulated markets: a look back and a look forward [J]. Research in Accounting Regulation, 2004(4): 267-298.

[136] Watts, Zimmerman. Agency problems, auditing, and the theory of the firm: some evidence [J]. Journal of Law and Economics, 1983(3): 613-633.

[137] Watts R L, Zimmerman J L. Postive Accounting Theory [M]. Englewood Cliffs, Prentice-Hall, 1986.

[138] Zeff S A. The rise of economic consequences [J]. Journal of Accountancy, 1978(6): 56-63.

[139] Bell T B, Marrs F O, Solomon I, Thomas H. Auditing Organizations Through a Strategic-Systems Lens: The KPMG Business Measurement Process [M] , Montvale, NJ: KPMG Peat Marwick, 1997.

[140] Hamel G, Prahalad C K. Strategic intent [J]. Harvard Business Review, 1989 (89): 63-76.

[141] Brandenburger A M, Nalebuff B J. Co-Opetition [M]. Doubleday, New York, 1996.

[142] Doogar R, Sivadasan P, Solomon I. The regulation of public company auditing: evidence from the transition to AS 5 [J]. Journal of Accounting Research, 2010(4): 795-814.

[143] Stice J D. Using financial and market information to identify preengagement factors associated with lawsuits against auditors [J]. The Accounting Review, 1991(3): 516-533.

[144] Lys T, Watts R L. Lawsuits against auditors [J]. Journal of Accounting Research, 1994(32): 65-93.

[145] Bell T B, Landsman W R, Shackelford D A. Auditors' perceived business risk and audit fees: analysis and evidence [J]. Journal of Accounting Research, 2001(1): 35-43.

[146] Palmrose Z V. Litigation and independent auditors: the role of business failures and management fraud [J]. Auditing: A Journal of Practice & Theory, 1987(2): 90-103.

[147] Johnson R A, Kast F E, Rosenzweig J E. The Theory and Management of Systems, 1963.

[148] Beer S. Brain of the Firm [M]. John Wiley and Sons, 1963.

[149] Eilifsen A, Knechel W R, Wallage P. Application of the business risk audit model: a field study [J]. Accounting Horizons, 2001(3): 193-207.

[150] Knechel W R. The business risk audit: origins, obstacles and opportunities [J]. Accounting, Organizations and Society, 2007(4-5): 383-408.

[151] Knechel W R. Auditing: Assurance & Risk. 2nd Edition [M]. Cincinnati, OH: South-Western College Publishing, 2001.

[152] Sayan C, Michael H L, Wiliam S S. Toward a strategic theory of risk premium: moving beyond CAPM [J]. The Academy of Management Review, 1999 (3): 556-567.

[153] Natalia K, William F M. Strategic analysis and auditor risk judgments [J]. Auditing: A Journal of Practice & Theory, 2011(5): 33-46.

[154] Novack R A, Simco S W. The industrial procurement process: a supply chain perspective [J]. Journal of Business Logistics, 1991(1): 145-167.

[155] Treleven M, Schweikhart S B. A risk/benefit analysis of sourcing strategies: single vs. multiple sourcing [J]. Journal of Operations Management, 1988(3): 93-114.

[156] Gurnani H, Mehrotra A, Ray S. Supply Chain Disruptions [M]. Springer London, 2012.

[157] Chewning G, Pany K, Wheeler S. Auditor reporting decisions involving accounting principle changes: some evidence on materiality thresholds [J]. Journal of Accounting Research, 1989(1): 78-96.

[158] Knechel W R. Auditing: Assurance & Risk [M]. South Western College Pubfishing, 2001.

[159] Konrath L F. Auditing Concepts and Application: A Risk Analysis Approach [M]. West Info Access, 1993.

[160] Lennox C, Wu Xi, Zhang Tianyu. The effect of audit adjustments on earnings quality: evidence from china [J]. Journal of Accounting and Economics, 2016(2): 545-562.

[161] AICPA. Reimagining auditing in a wired world(White Paper) [EB/OL]. New York: American Institute of Certified Public Accountants, 2014.

[162] Earley C E. Data analytics in auditing: opportunities and challenges [J]. Business Horizons, 2015(5): 493-500.

[163] Hu Y. Non-structure data storage technology-an discussion [C]. 2012 IEEE / ACIS 11th International Conference on Computer and Information Science, Shanghai, 2012: 482-487.

[164] ISACA. IS Standards, Guidelines and Procedures for Auditing and Control Professionals [R]. ISACA, 2009.

[165] Mayer-Schonberger V, Cukier K. Big Data: A Revolution That will Transform How We Live, Work, and Think [M]. John Murray Publishers Ltd, 2013.

[166] Schneider G, Dai J, Janvrin D, et al. Infer, predict, and assure: accounting opportunities in data analytics [J]. Accounting Horizons, 2015(3): 719-742.

[167] Steve L. The Age of Big Data [M]. New York Times, 2012.

[168] Strous L. Audit of information systems: the need for cooperation(SOFSEM' 98: theory and practice of informatics) [J]. Springer Berlin / Heidelberg, 1998(20): 264-274.

[169] The 2011 Digital Universe Study: Extracting Value from Chaos [R]. International Data Corporation, 2012.

［170］ Warren J D，Moffitt K C.，Byrnes P. How big data will change accounting ［J］. Accounting Horizons，2015(2)：397－407.

［171］ Wulandari S S. Information systems audit adopted as an assurance service in accounting firms ［J］. Ingenious，2003(1)：2.

后记

我生命的起点在川东大巴山，我学术的起点在厦门大学。

彼时的川东大巴山坳，信息非常闭塞，山里没有电视，也没有收音机，根本不了解外面的世界。我父亲是一名乡村赤脚医生，那时他有一种装药的透明塑料盒子，凭着盒子上“厦门鱼肝油厂”的标签，我第一次知道了大山外一个叫厦门的城市。在四川话里，厦门读作“耍门”，年幼的我认为这一定是个很好玩的地方。

“厦门”就这样在我心里埋下了种子。1986 年，高考后的我只填报了一所重点大学即厦门大学，最后被厦门大学会计系审计学专业录取，就这样，因为奇妙的缘分从大山里走到大海边，开启了与厦门大学的相遇。那时的厦门很小，只有三路公共汽车，那时的厦大会计很大，是中国南方的学术重镇。

青葱年华，念念不释厦园记忆

1986 年的厦门大学有着漂亮的群贤、建南、芙蓉楼群，经济学院的大楼已是现在的雏形，在我眼里是“高大上”的存在。我住在芙蓉，如今回想三十多年前，一切都非常美好。

20 世纪 80 年代的中国，随着改革开放的推进、思想的解放、经济的增长，全国上下一片生机勃勃，高校的氛围也非常活跃，我们充满理想主义和家国情怀，就像改革开放后的中国一样意气风发。

回想起厦门大学的本科生活，许多画面印象深刻，其中最难以忘怀的就是图书馆。厦大图书馆是我最常去的地方，我常与室友一起在校园里骑着自行车去图书馆学习，我们求知若渴、只要学习就有收获的纯粹时光，现在想起来犹在眼前。

入学时，厦门大学会计系刚刚成立，新生开学典礼在博学楼 201 举办，由系主任吴水澎老师主持，他给我们介绍厦门大学会计系在中国的地位和会计系的师资，让身为会计系学生的我感到特别自豪。我们的第一门课“会计学原理”也是由吴水澎老师讲授，吴老师正值壮年，意气风发，课堂上指点学术，学生们如沐春风，陶醉在会计之美中。他给我们上课的内容包括这门课的重要性，到现在我还记得，我真正认同会计和对会计感兴趣，就源于这门课。于我而言，今生最大的幸运就是吴老师引领我进入会计学殿堂，并培养我至博士毕业担任大学教授与博导。

幸得恩师，诲我为人著文之道

20 世纪八九十年代，厦门大学经济学院群星荟萃，我作为学生，受到一众名师君子之风的浸润，这对我之后做人、治学产生了重大影响。

1994 年的中秋，由于考试、学习和工作压力大，我得了急性阑尾炎，一个人躺在宿舍床上休息。这天，李若山老师叫我去家中过节，见我如此不适，李老师赶紧蹬着自行车送我去厦门大学医院，医生要求我动手术，但我只身一人在厦门，并无亲人，李老师就帮我在手术单上签了字，当晚我便动了手术。读博期间，吴水澎老师也是如此，逢年过节就将学生聚在一起吃饭游玩，亲如家人。

1992 年我刚开始硕士阶段的学习，硕士生课程“高级管理会计”由余绪缨老师亲自讲授。有一次，余老师特地问我哪个时间考博士，并说道：“当老师的人，最高兴的事就是得英才而育之。”余老师这一句鼓励的话，每每想起，我都满怀感激。1994 年，在吴水澎老师的帮助下，经时任学校党委副书记王豪杰老师同意，我报考了葛家澍老师的博士生。在葛老师的亲自辅导下，我顺利通过考试并以葛老师方向第一名的成绩被录取。当年吴老师刚被国务院学位委员会遴选为博士生导师，于是我主动向吴老师提出，请吴老师做我的导师。经过吴老师与葛老师商量同意，我转到吴老师门下，开始博士研究生阶段学习。许多年后，葛老师对我讲，当年非常希望我能入他门下，虽然我主动转投吴老师，但葛老师此话的温暖却始终铭记，我想，即便他不是我的学位论文导师，也已经是我重要的学术导师和人生导师。

当年这些生活的点点滴滴一直影响着我，几位恩师在我的求学生涯中，不仅诲我为人著文之道，还如同亲人一般照拂我生活琐碎，对彼时一无所有的学生倾注了极大的爱心和关心，我也十分坚定一个信念：要做一个好人，要做一个有爱心、善良的人。

治学上，经济学院的多名老教师对我后来的学术、从教生涯也起着重要的启迪作用。1986 年，吴水澎老师给我们上了第一门课“会计学原理”，他在课上既讲课本内容，也讲他的理论研究。当时中国会计学界争论非常激烈，葛家澍老师和余绪缨老师提出“信息系统论”，把会计看作一个信息系统，它主要通过提供客观而真实的信息，为管理提供参谋服务；而财政部杨纪琬教授和中国人民大学阎达五教授提出了“管理活动论”，认为会计的本质是一种管理活动。针对前沿理论，吴老师站在方法论的视角和高度给我们讲解他的观点，认为这两者是可以合二为一的。吴老师始终强调要重视方法论，重视辩证法，并从哲学的高度看待会计问题，这不仅激发了我的学术兴趣，还对我的学术理念产生了深远影响。

大四的时候，李若山老师从比利时访学后回国授课，当时他让我翻译了两本书——《审计理论》和《绿色会计》。作为一个本科生，翻译的过程非常痛苦，但结束之后我的外语水平和写作水平都有了很大的提升。正临毕业，李老师指导我的毕业论文，经过他的严导，我的毕业论文当年发表在《江西审计》。在做毕业论文期间，福建省中青年审计研究组会议在厦门召开，李老师让我写了《关于审计三化的思考》一文在会议上宣读，审计署科研所蒋志方所长在总结时专门表扬了我的观点，后经李老师进一步修改，文章在当年发表在《福建审计》。这些经历对我在学术和论文写作上的自信心产生了极大的鼓舞，我记得 1997 年在厦门大学评副教授的时候，我已经在《会计研究》《审计研究》等专业期刊发表了三十几篇论文。

后来，我也走上了教师岗位，经院许多老师的课堂都历历在目，也对我的教学形成了深远影响。葛家澍老师治学严谨，讲求追根溯源，哪怕只是一个会计的名词讲解，葛老师都是先解释术语，再阐明内涵，最后说明它在财务会计领域当中的位置，一丝不苟；余绪缨老师的课堂生动和幽默，有时还会给我们念诗，他的课堂笔记完整做下来如同一篇文章般条理清晰，结构分明；黄世忠老师风度翩翩，每次上课穿戴整齐，西服领带，非常洋派。这些老师的风格、气质无一不潜移默化地影响着我，指引着我的整个教学生涯。

现在回首，那是我人生最幸福的时光，也是我最感恩的岁月。

济济群英，促我刻不容松前行

在我念博士的时候，厦门大学经济学院汇集了一批青年才俊，他们不仅天资聪颖而且勤奋刻苦。那时候，经济研究所的博士生黄少安经常邀我一起打乒乓球，他是我国产权理论和制度经济学领域的代表性人物之一，我们常常一边锻炼一边聊学术问题，他跟我的聊天、探讨让我对经济学产生了很大的兴趣。

周末时光，我们偶尔喝茶闲聊来放松。记得有一次，王江学长跟我们喝茶聊天，结束后我们回宿舍休息，王江学长则开始写文章，一晚上一气呵成，第二天即投出去，之后这篇文章就在《金融研究》上发表了。他的室友潘贤掌学习非常刻苦，基本利用所有时间埋头读书，他当时写了一篇文章，一投到《经济研究》就予以发表。可以想象，当年那一批同学是何等优秀！跟他们在一起交流，不管是在学术上还是个人感情上，我都深受影响。王江学长阅历丰富，除了学术研讨，还如同兄长一般，常教我们如何在正式场合得体着装，如何在生活中孝敬、尊重父母等；我们的同学张金良不管是专业知识还是外语学习都异常刻苦，加之他玉树临风，一表人才，是同学中的“模范生”。在那个学习氛围极其浓厚的年代里，不管是做学术还是为人处事，同学之间都互相影响，相处愉快。

离开厦门的渔舟唱晚，历经京城的大气恢弘，再到江南的烟雨迷蒙，似乎都在一瞬之间。我始终感恩人生中从大山到大海与厦门大学的遇见，感恩如此福地所赐予我的一切。从此穷尽一生学习、研究和讲授审计，是我的工作，也是我的人生。作为高校审计教员，审计教材与审计课程教与学的晦涩难懂相伴我几十年，为此总想着做点什么。又经过五年的苦心孤诣，终于完成此书第 2 版。书稿付梓，已是金陵中秋，别有一番滋味在心头。

是为后记。

陈汉文

2024 年 9 月 10 日凌晨于南京市雨山西路 89 号

图书在版编目（CIP）数据

审计理论与实务：立体化数字教材版/陈汉文，韩洪灵，刘思义主编．--2版．--北京：中国人民大学出版社，2024.10．--（新编21世纪研究生系列教材）．
ISBN 978-7-300-33027-3

Ⅰ.F239.0

中国国家版本馆CIP数据核字第2024CC4435号

新编21世纪研究生系列教材·会计硕士（MPAcc）
新编21世纪研究生系列教材·审计硕士（MAud）
审计理论与实务（第2版·立体化数字教材版）
主　编　陈汉文　韩洪灵　刘思义
副主编　董　望　张鹏东　曹　强　杨道广
　　　　陈　俊　周中胜　刘　杰
Shenji Lilun yu Shiwu

出版发行	中国人民大学出版社		
社　　址	北京中关村大街31号	**邮政编码**	100080
电　　话	010－62511242（总编室）		010－62511770（质管部）
	010－82501766（邮购部）		010－62514148（门市部）
	010－62515195（发行公司）		010－62515275（盗版举报）
网　　址	http://www.crup.com.cn		
经　　销	新华书店		
印　　刷	北京宏伟双华印刷有限公司	**版　　次**	2019年3月第1版
开　　本	787 mm×1092 mm　1/16		2024年10月第2版
印　　张	32 插页1	**印　　次**	2025年11月第2次印刷
字　　数	680 000	**定　　价**	78.00元

中国人民大学出版社　管理分社

教师教学服务说明

中国人民大学出版社管理分社以出版工商管理和公共管理类精品图书为宗旨。为更好地服务一线教师，我们着力建设了一批数字化、立体化的网络教学资源。教师可以通过以下方式获得免费下载教学资源的权限：

★ 在中国人民大学出版社网站 www.crup.com.cn 进行注册，注册后进入“会员中心”，在左侧点击“我的教师认证”，填写相关信息，提交后等待审核。我们将在一个工作日内为您开通相关资源的下载权限。

★ 如您急需教学资源或需要其他帮助，请加入教师 QQ 群或在工作时间与我们联络。

中国人民大学出版社　管理分社

教师 QQ 群：648333426(工商管理)　1057207274(财会)　648117133(公共管理)
教师群仅限教师加入，入群请备注（学校+姓名）

联系电话：010-62515782，82501868，82501048，62514760

电子邮箱：glcbfs@crup.com.cn

通讯地址：北京市海淀区中关村大街甲 59 号文化大厦 1501 室（100872）

管理书社　　人大社财会　　公共管理与政治学悦读坊